# 교정직

## 교정학 개론, 기본간호학

# 교정직

## 전과목 총정리

| | |
|---|---|
| 초판 인쇄 | 2023년 3월 15일 |
| 초판 발행 | 2023년 3월 17일 |

| | |
|---|---|
| 편 저 자 | 공무원시험연구소 |
| 발 행 처 | ㈜서원각 |
| 등록번호 | 1999-1A-107호 |
| 주　　소 | 경기도 고양시 일산서구 덕산로 88-45(가좌동) |
| 교재주문 | 031-923-2051 |
| 팩　　스 | 031-923-3815 |
| 교재문의 | 카카오톡 플러스 친구[서원각] |
| 홈페이지 | www.goseowon.com |

# PREFACE

국가공무원 경력경쟁채용시험 교정직 9급(교도) 간호분야 채용대비를 위한 교재입니다.

학습해야 하는 분량이 방대하기 때문에 단기간에 최상의 학습효과를 얻기 위해서는 꼭 필요한 핵심이론을 파악하고 충분한 문제풀이를 통해 문제해결능력을 높이는 것이 필요합니다. 즉, 자주 출제되는 이론과 빈출유형의 문제를 파악하고 다양한 유형의 문제를 반복적으로 접해 완벽히 자신의 지식으로 만드는 것이 중요합니다.

본서는 경력경쟁채용시험에 대비하기 위한 전과목 총정리로, 수험생들이 단기간에 최상의 학습효율을 얻을 수 있도록 주요 이론을 정리하고 빈출 유형문제를 수록하였습니다.

먼저 체계적으로 정리된 이론 학습을 통해 기본 개념을 탄탄하게 다지고, 과목·단원별 출제경향을 파악한 뒤, 다양한 난도의 예상문제를 풀어봄으로써 학습의 완성도를 높일 수 있습니다.

*신념을 가지고 도전하는 사람은 반드시 그 꿈을 이룰 수 있습니다. 서원각이 수험생 여러분의 꿈을 응원합니다.*

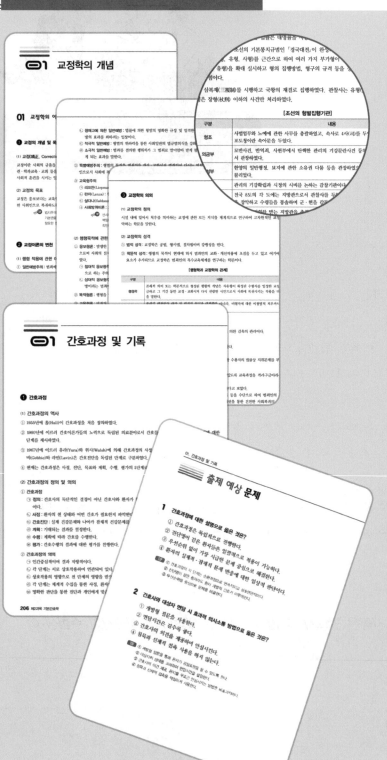

## 핵심이론정리

교정학 개론, 기본간호학의 중요 내용을 체계적으로 정리하여 영역을 구분한 후 해당 단원에서 중요내용을 정리하여 수록했습니다. 출제가 예상되는 핵심적인 내용만을 학습함으로써 단기간에 학습 효율을 높일 수 있습니다.

## 출제예상문제

출제가 예상되는 문제를 엄선하여 다양한 난도와 유형의 문제를 수록하였습니다. 충분한 문제풀이를 통해 실전에 확실하게 대비할 수 있도록 구성하였습니다.

# CONTENTS

# 01 PART

# 교정학 개론

# 01 교정학의 개념

## 01 교정학의 이해

### ❶ 교정의 개념 및 목표

#### (1) 교정(矯正, Corrections)의 개념

교정이란 사회의 규율을 위반한 범죄인을 격리구금하여 그 행위에 대한 응보(형벌)를 가함과 동시에 직업훈련·학과교육·교회 등을 통하여 수용자를 교정·교화함으로써 건전한 사회인으로 복귀할 수 있도록 다양한 사회적 훈련을 시키는 일련의 행위를 말한다.

#### (2) 교정의 목표

교정은 응보보다는 교육형주의의 이념에 따라 범죄인의 재범을 방지하고 사회생활에 적응하게 함으로써 건전한 사회인으로 복귀하도록 하는 것을 궁극적 목표로 한다.

> **TIP** 법치주의
> 기본권을 제한할 경우에는 반드시 헌법과 법률에 근거가 있거나 법률관계로 설정한 목적을 달성하기 위하여 필요한 한계를 초월해서는 안 된다는 것을 말한다.

### ❷ 교정이론의 변천

#### (1) 행형 작용에 관한 이론

① 일반예방주의 : 범죄예방의 대상을 일반사회인에게 두고 형벌에 의하여 일반사회인을 위하·경계함으로써 장차 일반인이 범죄에 빠지는 것을 예방을 할 수 있다는 입장이다.
  ㉠ 형집행에 의한 일반예방 : 형을 준엄·잔혹하게 공개집행하여 일반사회인의 범죄예방의 효과를 꾀하는 입장이다.

ⓛ 형예고에 의한 일반예방 : 법률에 의한 형벌의 명확한 규정 및 엄격한 실시를 통하여 사회일반의 범죄예방의 효과를 꾀하려는 입장이다.

ⓒ 적극적 일반예방 : 형벌의 위하력을 통한 사회일반의 법규범의식을 강화시켜 주는 효과를 말한다.

ⓔ 소극적 일반예방 : 범죄를 결의한 행위자가 그 범죄로 말미암아 받게 될 형벌을 생각하여 범죄를 단념하게 되는 효과를 말한다.

② **특별예방주의** : 형벌의 목적은 범죄인을 개선·교화시켜 범죄인이 다시는 범죄에 빠지지 않고, 선량한 사회인으로서 사회에 복귀시키는 데에 있다고 하는 입장이다.

③ **교육형주의**

ⓖ 리프만(Liepmann) : 형벌은 인도적인 교육형이어야 한다.

ⓛ 란자(Lanza) : 형벌은 교육이어야 하며, 그렇지 않으면 존재이유가 없다.

ⓒ 살다나(Saldana) : 형벌은 사회에 공헌할 수 있을 때에 정당화될 수 있다.

④ **사회방위이론** : 그라마티카(Gramatica)는 형벌을 사회방위의 보안처분으로 대체할 것을 요구하였다.

> **TIP** 신사회방위이론
> 책임에 근거를 둔 형벌을 인정하면서도 사회방위는 자유와 책임에 대한 교육·치료를 의미하며, 형벌도 범죄인에 대한 예방적 조치가 되어야 한다고 하여 피고인의 사회복귀를 강조하였다.

## (2) 행형목적에 관한 이론

① **응보형론** : 발생한 범죄에 대한 보복을 수단으로 하는 행형을 의미한다. 근대 이전에는 범죄에 대해 보복함으로써 사회의 질서를 유지한다는 생각으로 범죄의 정도와 동일한 처벌을 가하였으며 그 방법 또한 잔인하였다.

ⓖ 절대적 응보형주의 : 형벌에는 응보 이외의 다른 목적이 존재할 수 없고 오로지 응보 그 자체를 자기목적으로 하는 주의이다.

ⓛ 상대적 응보형주의 : 형벌의 본질은 정의실현으로서의 응보이지만 그 목적은 사회질서 유지 또는 일반예방이라는 범죄예방에 있다고 하여 형벌의 목적을 점차 시인하는 응보형주의이다.

② **목적형론** : 행형을 형벌 자체가 아닌 형벌 이외의 목적을 달성하기 위한 것으로 파악하는 사상이다.

③ **교육형론** : 범죄의 원인을 조사하고 범죄인의 성격을 파악하여 그에 상응하는 교육적인 행형관리를 하는 것이 행형의 본질이라고 파악하는 사상이다

## ❸ 교정학의 의의

### (1) 교정학의 정의

시설 내에 있어서 처우를 의미하는 교정에 관한 모든 지식을 체계적으로 연구하여 고차원적인 교정개념을 파악하는 학문을 말한다.

### (2) 교정학의 성격

① 법적 성격 : 교정학은 공법, 형사법, 절차법이며 강행성을 띤다.

② 학문적 성격 : 행형의 목적이 현대에 와서 범죄인의 교화 · 개선작용에 초점을 두고 있고 여기에 교육적인 요소가 추가되므로 교정학은 범죄인의 특수교육체계를 연구하는 학문이다.

**[행형학과 교정학의 관계]**

| 구분 | 내용 |
|---|---|
| 행형학 | 본래적 의미 또는 학문적으로 형성된 행형의 개념은 자유형이 확정된 수형자를 일정한 교정시설에 구금하고 그 기간 동안 교정 · 교화시켜 다시 선량한 시민으로서 사회에 복귀시키는 작용을 다루는 학문을 말한다. |
| 교정학 | 종래의 행형학의 대상 및 범죄의 원인과 대책뿐만 아니라, 비행자에 대한 비형벌적 처우까지 포함하는 광범위한 개념이다. |

### (3) 교정학의 변천

① 감옥학 : 자유형 집행에 관한 학문으로 질서와 강제적 권위주의에 의한 감옥의 관리이다.

② 행형학
　㉠ 목적형주의의 수용 : 형벌의 본질로서 사회방위작용을 강조하였다.
　㉡ 수형자를 개별적으로 처우하려는 개별처우주의를 확인하였다.
　㉢ 격리구금에 수반하는 여러 폐단을 시정하기 위하여 고려해야 할 수용자의 법률상 지위문제를 부각시켰다.

③ 교정학
　㉠ 교정시설에서의 교정교육이 훌륭하게 교육목표를 달성할 수 있도록 교육과정을 격리구금이라는 교정 제1목표와 조화시켜가는 방법을 연구하는 학문을 말한다.
　㉡ 수형자의 교정을 위하여 시설내 처우와 시설외 처우가 필요하다고 보았다.
　㉢ 판결전 조사제도, 부정기형제도, 분류처우제도, 보호관찰제도 등을 수단으로 하여 범죄인의 성격 교정, 처우의 과학화 및 개별화를 도모하고 이를 통해 범죄인의 개선을 통한 건전한 사회복귀의 목적을 달성하고자 하였다.

④ 신응보형주의(교정보호론)
  ㉠ 프랜시스 알렌 : 교정철학은 형사사법체제를 부패시켰고 범인을 치료자의 처분에 맡겼다고 비판하면서 강제적 치료보다는 정의에 입각한 처벌과 범인에 대한 법률적 보호를 강변하였다.
  ㉡ 윌슨 : 오직 경찰의 강력한 범죄단속과 법률 집행을 주장하였다.
  ㉢ 포겔 : 치료적 교정주의는 아무 가치가 없다고 주장하였다.


# 02 교정제도의 역사

## ❶ 서양교정제도의 역사

### (1) 복수시대(원시시대~고대국가형성기)
범죄에 대한 제재로서 개인이나 부족에 의한 잔인한 복수가 행하여졌다.

### (2) 위하시대(형벌의 국가화, 고대국가~17세기)
범죄에 대한 개인적 복수를 금지하고 범죄에 대한 형벌 집행을 국가가 관장하게 되어 형벌의 국가화가 실현되었다.

### (3) 박애시대(형벌의 법률화, 18세기 초~19세기 중엽)
① 죄형법정주의로 변화

② 행형건물의 발전(독거실, 혼거실)

### (4) 과학시대(형벌의 개별화, 19세기 후반~20세기 초)
① 범죄의 원인과 범죄인의 특성을 실증적·과학적으로 연구하는 범죄와 형벌에 대한 새로운 사상이 등장하였다.

② 형벌의 개별화사상과 형벌의 인격화사상의 등장하였다.

③ 범죄인의 범죄성을 개선·교육하는 작용을 강조하였다(행형의 과학화시대).

④ 수용자의 교육과 사회복귀를 위한 직업훈련시설, 질병의 감염방지와 건강을 위한 채광 및 통풍을 고려한 위생적이고 의료적 배려하에 현대식으로 건축되었다.

⑤ 행형의 집행기구도 보다 집약적인 교정업무를 강력히 수행할 수 있도록 개편되었다.

**(5) 사회적 권리보장시대(제2차 세계대전 후~현재)**

① 종전의 범죄자에 대한 개선·치료프로그램의 실패에 대한 반성으로 보호관찰, 가석방, 중간처우 등의 사회내 처우프로그램이 등장한 시기이다.

② 수형자의 권리보장을 위한 교정제도의 개선이 이루어지고 있다.

**(6) 국제적 배려시대(20세기 이후~현재)**

① 20세기는 사회적 권리보장시대이면서 한편으로는 국제적 배려의 시대이다.

② 행형의 과학적 운영도 공통된 요망으로 각국은 국제적인 조직하에 상호 정보교환과 계획을 토의하고 상호·권고하는 활발한 활동을 통하여 발전하였다.


## ❷ 우리나라 교정제도의 역사

**(1) 고대시대**

① **고조선** : 후한 반고의 「한서지리지」에 8조 금법 중 3개조만 현재까지 전해 내려온다.
   ㉠ 개인의 생명과 사유재산의 보호 및 가부장제적 가족제도가 있었다.
   ㉡ 응보형주의에 입각한 준엄한 형벌이다.
   ㉢ 공권력에 의한 형벌사상이 어느 정도 확립되었다.

② **부여** : 고조선의 8조 금법과 유사한 법이 있었다.

> **TIP** 원형옥
> 부여에는 원형옥이 있었다는 기록이 있는데 이 원형옥은 신라, 고려, 조선을 지나 1914년경까지 약 2000년간 영향을 미쳤다. 특히 원형옥으로 한 이유는 감시와 편리함도 있었지만 그보다는 범죄인을 어질게 다스리고 교화·개선시키기 위해 원형으로 만들었다고 보는 것이 타당하다.

③ **옥저와 동예** : 부여와 유사한 제도를 가지고 있었으며, 생활구역의 침범에 대한 재산형으로 노비와 우마를 변상하도록 하는 책화가 있었다.

④ **삼한**
   ㉠ 제정분리의 사회였다.
   ㉡ 별읍(別邑)인 소도가 있어 죄인의 안전을 보호하고 질서를 유지하였다.
   ㉢ 「삼국지위지동이전」, 「진조(辰條)」에 삼한에는 법질서가 존재하였다는 기록이 남아있다.

(2) 삼국시대

① 고구려

    ㉠ 전쟁에 패한 자, 항복한 자, 살인자, 모반자 등 중죄인이 발생하면 부족장이 회의하여 사형에 처하고 그 처자는 노비로 삼았으며, 또한 그 재산을 몰수하는 등 엄격하게 실시하였다.

    ㉡ 도둑은 12배의 배상을 하게 하였다(1책12법).

    ㉢ 범죄자는 제가(諸加)회의에서 결정하여 처분하였다.

    ㉣ 「삼국사기」, 「당서(唐書)」, 「후한서」, 「삼국지위지동이전」 등에 나타난 형벌의 종류를 보면 사형, 노비제도, 배상이 있었다.

    ㉤ 「삼국사기」에 의하면 소수림왕 3년(A.D. 373)에 율령을 반포하였다고 기록되어 있다.

② 백제

    ㉠ 국가공권력에 의한 형벌의 집행을 중시하여 법에 의한 통치개념을 확립시켰다.

    ㉡ 응보, 위하를 중심으로 한 행형이 제도화되었다.

    ㉢ 6좌평 중 조정좌평에서 형옥을 관장하였다.

③ 신라

    ㉠ 법흥왕 때 율령을 반포하였다.

    ㉡ 관습적인 고유성과 율령을 적절히 혼용한 행형제도를 갖고 있었다.

    ㉢ 진덕왕 때 형률관장기관인 이방부(理方府)를 설치하였으며, 문무왕 때 좌·우이방부로 변경하였다.

    ㉣ 반역죄, 전투에서 퇴각한 자는 엄단하고 살인자는 사형, 절도자는 배상하도록 하였다.

> **TIP** 삼국의 감옥명칭
> 영어(囹圄), 뇌옥(牢獄), 형옥(刑獄), 수옥(囚獄) 등

(3) 고려시대

① 행형기구

    ㉠ **중앙** : 신라의 좌·우이방부, 조선의 형조에 해당하는 형부가 설치되었다. 형부의 속사로는 전옥서와 상서도관이 있었다.

    ㉡ **지방**

      • 주, 부, 군, 현의 수령이 일반 행정과 함께 행형을 맡았다.

      • 시옥 : 공민왕 때 전옥서 이외에 각 지방에 설치한 감옥이다.

② 형벌의 종류

    ㉠ **기본형** : 태(笞), 장(杖), 도(徒), 유(流), 사(死)

    ㉡ **부가형**

      • 삽루형 : 범죄인의 얼굴에 칼로 흉터를 남기는 형

      • 경면형(자자형) : 얼굴에 묵침으로 글자를 새겨 넣는 형

- 가재몰수
- 속전제도 : 일정한 조건 아래 형을 대신하여 돈을 받고 형을 면해줌
- 대역죄에 따른 노비몰입이 있었다.

**[고려의 특이한 제도]**

| 구분 | 내용 |
|---|---|
| 3원신수법(문종) | 법관의 편파적 판결을 방지하기 위하여 3차에 걸쳐 3인이 각각 심리하는 제도 |
| 결옥일한제(숙종) | 심리기한을 정해 놓은 제도 |
| 오복 · 삼복제(공양왕) | 사형수를 처결함에는 신중을 기하여 개경에는 다섯 번을 심사하게 한 오복제, 지방에는 세 번을 심사하게 한 삼복제의 규정을 두어 인명을 중요시한 제도 |

### (4) 조선시대

① 유교를 국가의 통치이념으로 하여 강력한 중앙집권적 관료주의원칙을 표방하여 행형제도 역시 유교적 사상에 근거하였으며, 형사에 관한 법률은 대명률을 사용하였다.

② 성종 대에 이르러 조선의 기본통치규범인 「경국대전」이 완성되었다. 이에 의하면 조선의 형벌은 5가지(태형, 장형, 도형, 유형, 사형)를 근간으로 하여 여러 가지 부가형이 실시되었으며, 고려시대와 다른 점은 자유형(도형, 유형)을 확대 실시하고 형의 집행방법, 형구의 규격 등을 정형화하여 전국적으로 통일성을 기하였다는 점이다.

③ 사형 삼복제(三覆制)를 시행하고 국왕의 재결로 집행하였다. 관찰사는 유형(流刑) 이하의 사건만, 군 · 현의 수령은 장형(杖刑) 이하의 사건만 처리하였다.

**[조선의 형벌집행기관]**

| 구분 | 내용 |
|---|---|
| 형조 | 사법업무와 노예에 관한 사무를 총괄하였고, 속사로 4사(司)를 두었으며 율학청, 전옥서, 좌 · 우포도청이란 속아문을 두었다. |
| 의금부 | 모반사건, 반역죄, 사헌부에서 탄핵한 관리의 기강문란사건 등의 특수범죄를 왕의 명령에 의해서 관장하였다. |
| 한성부 | 한양의 일반행정, 묘지에 관한 소유권 다툼 등을 관장하였으며 사헌부, 형조와 함께 삼법사로 불리었다. |
| 사헌부 | 관리의 기강확립과 시정의 시비를 논하는 감찰기관이다. |
| 관찰사 | 전국 8도의 각 도에는 지방관으로서 관찰사를 두었으며, 이들은 도내의 3권(사법, 군사, 행정)을 장악하고 수령들을 통솔하며 군 · 현을 감독하였다. |
| 수령 | 관찰사의 지휘를 받는 지방관을 총칭하여 수령이라 하였는데, 이들은 관할지역 내의 행형업무를 관장하였다. |

### (5) 갑오개혁 이후의 행형

① 갑오개혁
- ㉠ 이전의 기본형벌 중 장형을 폐지하였다.
- ㉡ 도형을 징역으로 바꾸고 징역형 수형자는 감옥서에서 노역에 종사하게 하였다.
- ㉢ 유형은 정치범에 한하여 적용하였다.
- ㉣ 형조에 소속된 전옥서를 경무청 감옥서로 변경하였다.
- ㉤ 미결수와 기결수를 분리·수용하였다.
- ㉥ 이전에 형조, 의금부, 한성부 등 직수아문에 부설되었던 감옥을 폐지하여 감옥사무를 일원화하였다.
- ㉦ 감옥운영의 기분이 되는 감옥규칙을 제정하였고 연좌제를 폐지하였다.

② 광무시대(1897~1907) : 갑오개혁의 미비점을 보완하여 조선 고유의 성격을 살리면서 점진적인 제도개선으로 근대 행형의 기반을 이루었다. 감옥관제를 개편하여 여러 감옥기구를 감옥서로 일원화하고 경무청을 창설하였으며, 사법과 행정을 분리하였다.

③ 융희시대(1907~1910) : 일본의 행형제도를 도입하여 감옥관계의 조직과 법령을 대폭적으로 개편하였다. 그러나 자주권을 상실하여 일본식 제도의 모방에 불과하였다.

### (6) 일제 강점 이후

① 행형기구
- ㉠ 1910년 : 식민지 지배를 위한 조선총독부관제를 제정·반포하면서 총독부의 사법부에서 사법업무를 총괄
- ㉡ 1919년 : 사법부를 법무국으로 개칭
- ㉢ 1923년 : 감옥명칭을 형무소로 개칭
- ㉣ 1931년 : 행형제도가 전시체제로 전환
- ㉤ 1938년 : 국가총동원법의 시행으로 인한 전시행형의 본격화

② 직원양성기관
- ㉠ 1918년 : 간수교습규정 제정
- ㉡ 1925년 : 간수교습소를 형무관연습소로 개칭

## (7) 미군정시대

행형의 기본이념을 민주행형에 두었지만 실제로 일제시대의 조선감옥령을 의용하고, 조선총독부의 행형조직을 그대로 인수하여 운영하면서도 미국 교정의 이념에 근거를 두어 우리나라에서 본격적으로 교화이념에 입각한 행영이 시작된 과도기의 시대라 할 것이다. 따라서 미군정법령 제172호 '우량수형자석방령과 재소자석방청원제, 형구사용의 제한과 징벌제도의 개선'등의 조치가 단행된 바 있다.

## (8) 대한민국

① 1950년 : 행형부흥 5개년 계획 수립 · 시행

② 1955년 : 형무관점검규칙

③ 1956년 : 가석방심사규정, 수형자행장심사규정

④ 1961~1963년 : 행형관계법령의 대폭적 제정과 개정으로 교육형주의를 표방하였다. 형무소, 형무관의 명칭을 교도소, 교도관으로 개칭하였고 수형자이송제도, 귀휴제도, 종파별 교회제도를 제정하였으며, 교도작업특별회계법을 제정하였다.

⑤ 1964년 : 수형자 분류 심사방안 제정
   ㉠ 과학적 분류심사
   ㉡ 개별처우의 합리화
   ㉢ 분류심사의 전문화

⑥ 1969년 : 공공직업훈련소의 전국적 설치, 분류처우와 행정심사를 일원화하여 교정누진처우규정을 제정 · 시행

⑦ 1972년 : 분류처우제도의 강화, 직업훈련의 강화 등 현대적 민주행형제도의 확립

⑧ 1980년 : 긴급필요시에는 피수용자 외에도 무기사용을 가능케 하였고, 분류처우제도의 근거규정을 명시하였으며, 교정교육훈련근거규정을 제정하였다.

⑨ 1995년 : 수용자 권리를 위한 관계규정을 명문화함으로써(미결수용, 징벌, 접견, 서신 등) 교육형주의에 입각한 교정선진화의 기초를 마련

⑩ 1996년 : 1월 10일 수형자분류처우규칙 개정안을 공포하여 2월 8일부터 시행하였다. 그 내용으로는 서신발송횟수를 전수형자를 대상으로 무제한 허용하였고, 누진계급 1급의 모범수는 소장의 허락으로 외부 영화관람, 외부 종교행사 참석을 할 수 있으며, TV시청과 라디오청취는 1급 모범수의 경우 월 4회 이내에서 수시로 할 수 있고, 이전에는 2급 이상 수형자에게 허용된 TV시청을 3급 이하의 수형자도 소장의 허락으로 시청할 수 있게 되었다.

⑪ 1999년 : 12월 28일 수용자의 인권보호를 위한 수용자 처우를 개선하고 교도소 등의 설치 및 운영에 관한 업무의 일부를 민간에 위탁할 수 있는 근거를 마련하기 위하여 행형법과 수형자분류처우규칙을 대폭 개정하였다.

**TIP** 법무부 교정본부(중앙기구)

법무부 교정본부

| 서울지방교정청 | 대구지방교정청 | 대전지방교정청 | 광주지방교정청 |
|---|---|---|---|
| 서울구치소<br>안양교도소<br>수원구치소<br>서울동부구치소<br>인천구치소<br>서울남부구치소<br>화성직업훈련교도소<br>여주교도소<br>의정부교도소<br>서울남부교도소<br>춘천교도소<br>원주교도소<br>강릉교도소<br>영월교도소<br>강원북부교도소<br>평택지소<br>소망교도소(민영) | 대구교도소<br>부산구치소<br>경북북부제1교도소<br>부산교도소<br>창원교도소<br>포항교도소<br>진주교도소<br>대구구치소<br>경북직업훈련교도소<br>안동교도소<br>경북북부제2교도소<br>경북북부제3교도소<br>김천소년교도소<br>울산구치소<br>경주교도소<br>통영구치소<br>밀양구치소<br>상주교도소 | 대전교도소<br>천안개방교도소<br>청주교도소<br>천안교도소<br>청주여자교도소<br>공주교도소<br>충주구치소<br>홍성교도소<br>서산지소<br>논산지소 | 광주교도소<br>전주교도소<br>순천교도소<br>목포교도소<br>군산교도소<br>제주교도소<br>장흥교도소<br>해남교도소<br>정읍교도소 |
| **17개 기관** | **18개 기관** | **10개 기관** | **9개 기관** |

⑫ 2000년대 : 스마트접견을 도입하고 전문적인 심리치료를 위해서 심리치료과를 신설하였다.

# 출제 예상 문제

**1** 특별예방이론에 관한 설명으로 옳지 않은 것은?

① 주로 재사회화를 추구한다.

② 범죄를 소질과 환경의 산물로 이해한다.

③ 처벌되어야 하는 것은 행위라고 한다.

④ 목적달성의 수단으로 형벌의 개별화를 주장한다.

> **TIP** ③ 일반예방주의는 범죄행위에 대하여 처벌함으로써 일반인들이 위하를 느끼고 범죄를 저지르지 않게 함을 목적으로 하지만, 특별예방주의는 행위자를 대상으로 형벌을 가하여 다시는 범죄를 저지르지 않게 하는 것을 목적으로 한다. 따라서 일반예방주의는 행위에 대하여 처벌하지만 특별예방주의는 행위자에 대하여 처벌하게 된다.

**2** 우리나라의 교정사에 관한 설명 중 옳지 않은 것은?

① 대한민국 건국 직후 법무부의 형정국이 교정행정을 총괄하였다.

② 일제시대부터 사용되어 오던 형무소라는 용어는 대한민국 정부가 수립된 1948년도에 교도소로 그 명칭이 변경되었다.

③ 갑오경장 이후에 감옥규칙을 제정하여 미결감과 기결감을 구분하였다.

④ 조선시대의 행형제도는 이조 말엽까지 생명형, 장형, 유형제도가 그 중심을 이루고 있었다.

> **TIP** ② 1961년 이후에 형무소·형무관의 명칭을 교도소·교도관으로 개칭하였다.
> ① 1948년 11월 4일 발족된 법무부는 교정행정을 총괄하는 형정국을 비롯하여 1실 4국 21개과로 구성되었으며 1962년 5월 21일 교정국으로 개칭되었다.
> ③ 감옥규칙은 고종 31년(1894년) 11월 25일에 제정되어 새로운 감옥사무의 지침이 마련되었는데, 처음을 미결감과 기결감을 구분하여 판·검사의 감옥순시를 명시하였으며, 재감자준수사항 등을 규정하였다.

**Answer** 1.③ 2.②

**3** 조선시대 유형 중 집 주위에 가시나무 울타리를 치고 그 안에서 살게 하는 형벌은?

① 본향안치                 ② 위리안치

③ 절도안치                 ④ 부처

> **TIP** ② 위리안치는 중죄인에 대한 유배형 중의 하나로 귀양을 간 죄인이 그곳에서 달아나지 못하도록 가시로 울타리를 만들고 그 안에
> 가두어 두는 것을 말한다.
> ① 죄인을 고향에 안치하는 것
> ③ 외딴섬에 안치하는 것
> ④ 죄를 관원에 대하여 일정한 지역을 정해 거주하게 하는 형벌

**4** 다음 중 교육형주의와 관계있는 것은?

① 범죄인의 처벌           ② 범죄인에 대한 응보

③ 범죄인의 구금           ④ 범죄인의 교정 · 교화

> **TIP** ④ 교육형주의는 "형벌은 교육이다."라는 이념을 바탕으로 형벌을 통하여 범인을 선량한 국민으로 교정 · 교화함으로써 범죄인의 재
> 범을 방지하는 데 형벌의 목적이 있다고 한다.

**5** 우리나라의 교정제도 변천사에 관한 설명 중 옳지 않은 것은?

① 조선시대에는 태, 장, 도, 유, 사의 5형이 있었다.

② 1923년에 감옥명칭을 형무소로 개칭하였다.

③ 조선시대 유형(流刑)의 종류로는 천도(遷徒), 부처(付處), 안치(安置)가 있었다.

④ 근대적 자유형제도를 확립한 시기는 한일합방 이후이다.

> **TIP** ④ 근대적 자유형제도가 확립된 시기는 갑오개혁 이후이다.

**6** 교정이념에 가장 부합하는 형벌의 목적은?

① 소극적 일반예방        ② 특별예방

③ 응보                     ④ 적극적 일반예방

> **TIP** ② 교정이념은 수형자를 교화 · 개선하여 사회에 복귀시킴으로써 재범을 방지하고 범죄로부터 사회를 보호하고자 하는 데 있으므로,
> 형벌의 목적 중 특별예방과 상통한다.

**Answer**   3.②  4.④  5.④  6.②

**7** 교정학의 관심분야로 가장 옳지 않은 것은?

① 범죄인의 악성 교정　　　　　　② 범죄로부터의 사회방위

③ 범죄사실의 철저한 규명　　　　④ 국가형벌권의 적정한 행사

> **TIP** ③ 범죄사실의 철저한 규명은 교정학의 관심분야가 아니라 수사학의 한 분야이다.

**8** 조선시대 형벌제도 중 자유형으로서의 성격이 가장 강한 형벌은?

① 장형(杖刑)　　　　　　　　　② 참형(斬刑)

③ 자자형(刺字刑)　　　　　　　④ 도형(徒刑)

> **TIP** ④ 도형(徒刑)은 단기 1년에서 장기 3년까지 5종으로 구분하여 형의 기간 동안 구금·강제노역을 하게 하는 자유형의 일종으로 반드시 장형과 함께 집행하였다.

**9** 다음 중 행형법의 성격으로 옳지 않은 것은?

① 공법　　　　　　　　　　　② 형사법

③ 강행법　　　　　　　　　　④ 실체법

> **TIP** ④ 행형법은 형의 집행에 대한 절차를 규정한 절차법이다. 결론적으로 행형법은 공법, 행정법, 형사법, 절차법, 강행법에 속한다고 할 수 있다.

**10** 응보형이론에 대한 비판내용이 아닌 것은?

① 절대적 국가개념을 전제로 한다.
② 절대적 범죄개념을 전제로 하는 점도 받아들이기 힘들다.
③ 형벌을 수단으로 하여 목적지향성을 인정한다.
④ 형사정책으로 보아 응보형이론은 형사정책적 경직성으로 나아가게 한다.

> **TIP** 응보형이론과 목적형이론

| 구분 | 내용 |
|---|---|
| 응보형이론 (절대형이론) | 형벌을 수단으로 하여 범죄자를 개선·교화하려는 목적지향성을 인정하지 않고, 오직 형벌의 근거를 죄에 대한 응보로만 간주하므로 형벌은 형사정책적 목적에 기여하지 못한다. |
| 목적형이론 | 형벌을 통하여 범죄자를 교화·개선하려 하므로 형벌은 형사정책적 목적에 기여하게 된다. |

**11** 행형의 기초개념에 관한 내용으로 옳지 않은 것은?

① 광의의 행형은 사형인의 수용 및 미결수용 등도 포함하여 말한다.
② 협의의 행형은 자유형의 집행방법을 말한다.
③ 현대의 행형제도는 자유형 구금주의로부터 교정처우 중심주의로 이행한다.
④ 자유형의 집행에 관한 기본적인 사항을 규정하고 있는 법률은 형법이다.

> **TIP** ④ 자유형의 집행에 관한 기본적인 사항을 규정하고 있는 법률은 행형법이다.

**12** 행형법의 기능에 대한 설명 중 옳은 것은?

① 강제적 기능 – 행형법에 정한 표준에 따라 적법·위법을 평가하여 그에 상응한 법적 효과를 부여한다.
② 규범적 기능 – 국가와 피수용자 간의 관계를 규율하는 법적 질서로 행위준칙에 복종할 것을 요구한다.
③ 보호적 기능 – 국가가 피수용자를 교정·교화함에 있어서 최저한도의 문화적 생활보장과 기본적 인권을 존중해주는 기능을 말한다.
④ 형제적(刑制的) 기능 – 단순한 교정풍습규범에 의하여 인정된 제도이다.

> **TIP** ③ 보호적 기능은 국가가 피수용자를 교정·교화함에 있어서 최저한도의 문화적 생활보장과 기본적 인권을 존중해주는 기능을 말한다.
> ※ 행형법의 기능

| 구분 | 내용 |
| --- | --- |
| 규범적 기능 | 교도소와 피수용자 간에 발생하는 여러가지 일을 행형법에 정한 표준에 따라 적법·위법을 평가하여 그에 상응한 법적 효과를 부여하는 기능 |
| 강제적 기능 | 행형법에 따라 피수용자의 의사를 강제하고 구속하며, 피수용자가 행형법이 요구하는 내용에 반하는 행위를 할 때에는 국가가 강제적으로 이를 실현하는 기능 |
| 보호적 기능 | 국가가 피수용자를 교정·교화함에 있어서 최저한도의 문화적 생활보장과 기본적 인권을 존중해주는 기능 |
| 형제적 기능 | 단순한 교정풍습규범에 의하여 인정된 것이 아니라 행형법규에 의하여 지지된 제도를 말하는 것으로 교도소에 관한 관련제도를 정립함에 있어서 성립하는 기능 |

**13** 다음 교정제도의 시대적 변화순서가 올바른 것은?

① 위하주의시대 → 과학적 처우시대 → 박애주의시대 → 형벌의 국제화시대
② 사적 복수시대 → 박애주의시대 → 형벌의 국제화시대 → 과학적 처우시대
③ 위하주의시대 → 박애주의시대 → 과학적 처우시대 → 형벌의 국제화시대
④ 사적 복수시대 → 위하주의시대 → 형벌의 국제화시대 → 과학적 처우시대

**TIP** ③ 교정제도의 시대적 변화순서는 위하주의시대 → 박애주의시대 → 과학적 처우시대 → 형벌의 국제화시대순이다.
※ 교정제도의 시대적 변화순서

| 구분 | 특징 | 내용 |
|---|---|---|
| 사적 복수시대 | 동해보복적 사상 | • 사형제도 위주<br>• 종교적 사회규범에 의한 제도 |
| 위하주의시대<br>(고대~17세기) | 형벌의 국가화 | • 왕권강화와 공형벌<br>• 엄격한 형벌제도<br>• 일반예방주의 강조 |
| 박애주의시대<br>(18세기 초~19세기 중엽) | 교육적 개선형 | • 계몽주의·합리주의<br>• 개인의 자유와 인권 중시<br>• 죄형법정주의 |
| 과학적 처우시대<br>(19세기 말~20세기) | 처우의 개별화 | • 합리적인 피수용자의 구금 분류와 처우<br>• 수형자의 교육과 사회복귀를 위한 직업훈련 |
| 형벌의 국제화 시대<br>(20세기 이후) | 범죄현상의 세계 각국의 공통화 | 행형의 과학적 운영을 위한 세계 각국의 정보교환 |

**14** 다음 중 행형학의 발전순서로 옳은 것은?

① 감옥학 → 형벌학 → 교정학 → 행형학
② 행형학 → 감옥학 → 형벌학 → 교정학
③ 형벌학 → 감옥학 → 교정학 → 범죄하
④ 형벌학 → 감옥학 → 행형학 → 교정학

**TIP** ④ 교정학은 형벌학에서 감옥학 → 행형학 → 교정학으로 발달하였다.
※ 행형학의 발전순서
㉠ 형벌학 : 19세기 이전
㉡ 감옥학 : 19세기 후반
㉢ 행형학 : 제1차 세계대전 전후
㉣ 교정학 : 20세기 중반

**Answer** 13.③ 14.④

**15** 교정의 목적에 해당하지 않는 것은?

① 처우의 단일화

② 사회격리

③ 격리의 과학화

④ 관리의 적정화

**TIP** ① 모든 수형자의 자유를 박탈하여 죄를 회개하는 데 그치는 것이 아니라, 각 개인에 맞는 교도작업, 교육을 통해 이성적·도덕적 인간으로 일반사회에 복귀하도록 돕는 처우의 개별화에 목적이 있다.

※ 교정(행형)의 목적

| 구분 | 내용 |
|---|---|
| 격리의 과학화 | 피수용자를 합리적이고 능률적으로 사회와 격리시키는 한편, 피수용자들을 그들의 죄질·성별·성격 등에 따라 과학적으로 분류하여 격리시킴으로써 교정의 촉진 및 조기사회복귀를 돕는다. |
| 처우의 개별화 | 단지 모든 수형자의 자유를 박탈하여 죄를 회개하는 데 그치는 것이 아니라, 각 개인에 맞는 교도작업, 교육을 통해 이성적·도덕적 인간으로 일반사회에 복귀하도록 돕는다. |
| 관리(운영·교육·훈련)의 적정화 | 교정의 양대 축은 격리와 교육·훈련인데, 이 둘은 상충되기 쉬우므로 격리작용을 해치지 않으면서 사회적응과 복귀를 위하여 시설의 운영관리와 교육 그리고 훈련을 극대화시켜야 한다. |
| 보호의 사회화 | 교정시설에서 충분한 교육을 통하여 출소 후 또다시 불량한 환경에 접하더라도 범죄를 저지르지 않으리라는 확신과, 복귀 이후의 보호작용을 배려한 처우가 출소 전 단계부터 체계적으로 이루어져야 한다. |
| 사회격리 | 미결수용자라도 교정시설에 수용된 이상 국가는 일반국민적 교육차원의 교정교육은 수형자와 같이 실시하되, 미결신분에 맞는 체계적이고 구조적인 교육프로그램을 계속 개발·발전시켜야 한다. |

**16** 다음 중 삼국시대의 행형기록으로 옳지 않은 것은?

① 고구려에는 도둑에 대해 12배 배상을 물리는 1책 12법이 존재하였다.

② 신라에는 경주에 옥적(獄跡)이라는 원형옥이 있었다.

③ 주서(周書)의 이역전(異域傳)에 고구려의 형률(刑律)에 관한 기록이 있다.

④ 신라시대의 '조정좌평'에서 형옥(刑獄)을 관장했다는 기록이 있다.

**TIP** ④ 조정좌평은 백제의 행정기관이다.

※ 삼국시대의 행형

| 구분 | 내용 |
| --- | --- |
| 고구려 | 김부식의 「삼국사기」에 소수림왕 3년에 율령을 반포했다는 기록과 「주서(周書)」의 이역전(異域傳)에 고구려의 형률(刑律)에 관한 기록, 「수서(隨書)」에 민·형사사건을 분리하지 않았음을 알 수 있다. 고구려 행형의 특징은 당시의 범죄에 대하여 준형(峻刑)으로 처리하였고 반역자를 엄한 형벌로 다루었다. |
| 백제 | '내두좌평'이 예의와 관아를 관장하고, 그 중 '조정좌평'은 형옥(刑獄)을 담당했으며, 「주서(周書)」의 북사(北史)에 절도자는 유형, 강간자는 노비로 삼는다고 했고, 다루왕 2년에는 지방의 감옥에 구금되어 있는 죄수에 관하여는 비록 사형에 처할 죄라 할지도 즉시 집행하지 말고 경사(京師)에 이송하여 재심한 후에 행하였다는 기록이 있다. |
| 신라 | 「삼국사기」 기록에 법흥왕 7년에 법령을 반포하였고, 문무왕이 삼국을 통일한 직후 대사(大赦)를 행했다는 기록과 내해왕 때에는 큰 가뭄으로 죄수를 석방시켰다. |

**17** 고려시대의 형률기록에 대한 다음 설명 중 옳지 않은 것은?

① 범죄의 유형을 구체적으로 명시하고 있다.

② 수사, 재판, 수옥(囚獄)을 단계별로 구분하여 각각의 독립된 기관에서 관장하였다.

③ 상서성의 6부 중 형부가 형옥을 관장하였다.

④ 전옥서가 옥수(獄囚)를 담당하였다.

**TIP** ② 형정관제는 수사, 재판, 수옥(囚獄)에 이르기까지 동일한 기관에서 행사하였고 문종 때 3차의 심리를 하여 법과의 심증이 편파에 흐르는 것을 방지하고자 했다.

**Answer** 16.④ 17.②

**18** 고려시대의 형벌제도에 대한 설명으로 옳지 않은 것은?

① 태형은 죄상이 경한 자에게, 장형은 중한 자에게 적용하였다.

② 도형은 신체형의 일종으로서 주로 국사범에게 사용되었다.

③ 유형(流刑)은 오늘날의 무기형에 해당하는 형벌이었다.

④ 사형에는 교형(목을 매어 처형)과 참형(斬刑)이 있었다.

> **TIP** ② 도형(徒刑)은 자유형의 일종으로 오등(1년, 1년 반, 2년, 2년 반, 3년)으로 나누어 동기간 동안 일정한 장소에서 구금하였고, 그 외 집행의 방법에 대하여는 문헌상 상세기록은 없다.


**19** 다음 중 갑오개혁 때의 형벌제도에 대한 설명으로 옳지 않은 것은?

① 오형(五刑) 중 장형을 폐지하고 도형을 징역으로 바꾼다.

② 유형은 정치범에 한해서 적용한다.

③ 미결수와 기결수를 구분하여 분리수용한다.

④ 감옥을 형무소로 개칭하였다.

> **TIP** ④ 감옥을 형무소로 개칭한 시기는 1923년 5월 5일 일제강점기에서 이루어졌다
> ※ 갑오개혁 때의 형벌제도 변천
> ⊙ 오형(五刑) 중 장형을 폐지하고 도형을 징역으로 바꿈
> ⓒ 유형은 정치범에 한해서 적용
> ⓒ 미결수와 기결수를 구분하여 분리수용
> ⓔ 징역형을 받은 자는 감옥서에서 노역에 종사시킴
> ⓜ 감옥운영의 기본이 되는 감옥규칙과 징역수형자의 누진처우를 규정하는 징역표의 제정

**Answer** 18.② 19.④

# 02 교정행정과 범죄인 처우

## 01 교정시설과 교정조직

### ❶ 교정시설

(1) 교정기관

① **교도소(여자 · 소년 · 직업훈련교도소)** : 수형자에 대한 형의 집행 등 행형에 관한 사무를 주된 임무로 하고 있으나 교도소 내에 별도로 미결수용실을 설치하여 미결수용자에 관한 업무도 관장하고 있다.

② **구치소** : 형사피의자 또는 형사피고인으로서 구속영장의 집행을 받은 자의 수용 등 미결수용업무를 관장하고 있다.

🔊TIP 수용자의 구분

| 구분 | 내용 |
|---|---|
| 수형자 | 징역형 · 금고형 또는 구류형의 선고를 받아 그 형이 확정된 사람과 벌금 또는 과료를 완납하지 아니하여 노역장 유치명령을 받은 사람 |
| 미결수용자 | 형사피의자 또는 형사피고인으로서 체포되거나 구속영장의 집행을 받은 사람 |
| 수용자 | 수형자, 미결수용자, 사형확정자, 그 밖에 법률과 적법한 절차에 따라 교도소 · 구치소 및 그 지소에 수용된 사람 |

③ **개방교도소** : 수감자에게 자율권을 보장해주고 이들의 사회 복귀에 초점을 맞추는 새로운 형태의 교도소로 전국의 교도소에서 선발된 모범수형자들을 모아 수용자치제도를 실시하는 교도소이다.

## (2) 범죄예방정책국

① **보호관찰심사위원회** : 1988년 보호관찰법이 공포되면서 1989년 05월 26일에 기관이 신설되었다. 소년수형자에 대한 가석방, 소년원생에 대한 퇴원 및 임시퇴원, 보호관찰대상자에 대한 은전 및 제재조치 등 보호관찰에 관한 사항을 심사·결정하는 준사법적 성격의 심사기관이다.

② **위치추적관제센터** : 2007년 법률안이 통과되고 공포되었고 2008년 08월 27일에 위치추적중앙관재센터가 개청되었다. 보호관찰 위치추적전자감독제도(electronic monitoring supervision system with gps tracking)는 특정범죄자에게 구금, 격리 등 시설내 교정처우 대신에 사회내교정처우(community based treatment)로써 제한적인 사회생활을 허용하면서, 보호관찰기간 중 일정기간동안 위치추적적 전자감독장치 부착명령을 부과하여 특정시간대 외출제한, 특정장소 출입금지, 범죄피해자 등에 대한 접근금지, 치료프로그램 이수 등의 준수사항 이행을 통해 범죄피해자와 지역사회를 보호하고, 부착보호관찰대상자의 재범방지와 범죄성향 등의 교정으로 건전한 사회복귀를 촉진하여 안전한 지역사회통합(community restoration)을 추구하는 선진 보호관찰제도이다.

③ **보호관찰소** : 보호관찰, 사회봉사, 수강 또는 갱생보호 등 사회 내 처우가 필요한 이들의 사무를 관장하기 위한 기관을 말한다.

④ **소년원** : 소년법 및 보호소년 등의 처우에 관한 법률에 따라서 가정법원 및 지방법원 소년부의 보호처분에 의하여 송치된 소년을 수용하여 교정교육을 행할 목적으로 설립된 법무부 산하 특수교육기관을 말한다. 보호처분에 의하여 송치된 보호소년을 수용·보호하고 이들의 교정교육에 관한 사무를 관장한다. 법무부장관은 보호소년의 처우상 필요하다고 인정하면 대통령령으로 정하는 바에 따라 소년원을 초·중등교육, 직업능력개발훈련, 의료재활 등 기능별로 분류하여 운영하게 할 수 있다.

⑤ **소년분류심사원** : 소년분류심사원은 법원소년부로부터 위탁된 소년(소위 위탁소년)을 수용·보호하고 이들의 분류심사에 관한 사무를 관장하는 기관이다. 청소년 가운데 한순간의 잘못으로 국가의 특별한 보호조치가 필요한 청소년들을 법원소년부로부터 위탁받아 보호하면서 이들의 비행원인과 문제 행동을 진단하여 법원소년부에 조사와 심리에 필요한 자료를 제공하고, 소년원, 보호관찰소, 가정, 학교 등에는 처우지침이나 권고사항 등 지도방향을 제시해 주는 국가기관으로 서울소년분류심사원이 있다.

⑥ **청소년꿈키움센터** : 법무부 소속 청소년비행예방 기능을 담당하는 국가기관으로 법원소년부 및 검사가 의뢰한 비행청소년에 대한 처분자료와 지도지침을 제공하고 일반학교 적응학생 및 우범소년 등 위기청소년의 대안교육과 적성검사, 심성순화·인성교육프로그램 참가를 희망하는 청소년들을 대상으로 일일체험과정을 운영하는 기관이다.

⑦ **국립법무병원** : 정신질환·약물중독·성폭력범죄자의 재범 방지를 통한 안전한 사회를 구현하기 위하여 설치된 법무부 소속 전문치료기관으로 정신질환자의 효과적인 치료와 성공적인 사회복귀, 그리고 인권보장을 위한 기관이다.

## ❷ 교정조직

### (1) 교정기관의 구성

① **교정본부** : 교정행정을 총괄하는 중앙기구로 법무부장관과 법무부차관 아래에 교정본부장이 있고, 교정행정 전반에 걸쳐 교정본부장을 보좌하는 기구이다.

   ㉠ **교정본부 역할** : 교정본부는 수형자에게 교육, 교화활동 및 직업훈련 등을 실시하여 출소 후 사회에서 성공적으로 정착할 수 있도록 각종 사회복귀 프로그램 정책을 수립하고, 일선 교정시설에서 시행할 수 있도록 지원과 관리 · 감독을 하는 곳을 말한다.

   ㉡ **교정본부 구성** : 교정정책단장과 보안정책단장이 있으며, 각 소관업무에 관하여 정책을 입안하는 교정기획과, 직업훈련과, 사회복귀과, 복지과, 보안과, 의료과, 분류심사과, 심리치료과 등 8개과를 두고 있다.

② **지방교정청** : 지방교정청은 소속기관 업무집행의 지휘감독을 관장하는 중간 감독기관으로서 1991년 11월부터 서울 · 대구 · 대전 · 광주지방교정청을 설치 · 운영하고 있다. 기구로는 총무과, 보안과, 사회복귀과, 분류센터를 두고 있으며, 서울지방교정청에는 전산 관리과를 별도로 두고 있다.

③ **교정기관** : 현재 전국에는 교도소 기관, 구치소 기관, 지소 기관 등 총 54개의 교정기관이 있으며, 교도소는 수형자 형 집행 및 교정교화를 통한 사회복귀 지원에 관한 업무와 미결수용자의 수용에 관한 업무를 관장하고, 구치소는 주로 미결수용 업무를 관장 한다. 부속 기구로는 총무과, 보안과, 출정과, 분류심사과, 직업훈련과, 수용기록과, 사회복귀과, 민원과, 복지과, 의료과, 시설과, 심리치료과, 국제협력과 등을 두고 있다.

### (2) 교정행정조직의 분류

① **행정관청** : 행정에 관한 국가 의사를 결정 · 표시하는 권한을 가진 행정기관으로, 법무부장관과 교도소장이 여기에 해당한다.

② **집행기관** : 행정관청의 명을 받아 국가의사를 사실상 집행하는 기관으로 교도관이 여기에 해당한다.

③ **감사기관** : 다른 행정기관의 행정사무의 처리를 감시 · 검사하는 권한을 가진 기관으로 감사원이 있다.

④ **교정 관련 위원회**

   ㉠ **중앙위원회**(교정본부)

     • **가석방심사위원회** : 행형법 제6차 개정에 의거, 종전에 각 교정기관에 설치되었던 가석방심사위원회가 폐지되고, 법무부차관을 위원장으로 하는 법무부장관 소속의 가석방심사위원회가 설치되었다. 동 위원회는 형법 제72조에 의한 가석방의 적격여부를 심사하며, 위원장을 포함한 5인 이상 9인 이하의 위원으로 구성되는데, 위원은 판사, 검사, 변호사, 법무부 소속 공무원 및 교정에 관한 학식과 경험이 풍부한 자 중에서 법무부장관이 임명 또는 위촉한다.

- 중앙급식관리위원회 : 중앙급식관리위원회는 수용자급식관리위원회규칙에 의거, 수용자에게 급여할 부식의 식군과 수량 및 급식기준과 열량을 결정하여 법무부장관에게 건의하기 위한 자문기관으로서, 교정본부장을 위원장으로 하고 교정정책단장과 보안정책단장 등 당연직 위원이외에, 영양 및 조리에 관한 학식과 경험이 풍부한 외부인사 6명을 위원으로 위촉하여 운영하고 있다.

ⓛ 지방교정청

- 행정심판위원회 : 산하 교정기관의 행정처분에 대한 행정심판청구를 심리·의결하기 위하여 각 지방교정청에 행정심판위원회가 설치되어 있는 바, 위원장은 지방교정청장이 되고, 위원은 지방교정청 소속 공무원이나 변호사 자격이 있는 자, 법률학 교수, 전직 4급이상의 공무원중에서 지방교정청장이 임명 또는 위촉하며, 위원회는 위원장을 포함한 15인이내의 위원으로 구성한다.

ⓒ 일선교정기관

- 분류처우위원회 : 형의 집행 및 수용자의 처우에 관한 법률(법률 제9136호) 제62조에 의거, 분류심사에 관한 사항, 소득점수 등의 평가 및 평정에 관한 사항, 수형자 처우와 관련하여 소장이 심의를 요구한 사항, 가석방 적격심사 신청 대상자 선정 등에 관한 사항, 그 밖에 수형자의 수용 및 처우에 관한 사항을 심의·의결하기 위하여 교정시설에 분류처우위원회를 두며, 매월 10일에 정기회의를 개최한다. 위원회는 위원장을 포함한 5인 이상 7인 이하의 위원으로 구성하고, 위원장은 소장이 되며, 위원은 위원장이 소속기관의 부소장 및 과장 중에서 임명한다.

- 지방급식관리위원회 : 수용자 주·부식의 품종선택, 수량 및 함유영양량 등에 관하여 일선 교정기관장의 자문에 응하고, 필요한 사항을 건의할 수 있도록 각 기관장 소속하에 지방급식관리위원회를 두고 있다. 위원장은 당해 소장이 되고, 소속 과장, 및 영양과 조리에 관한 학식과 경험이 풍부한 자 중에서 5인 이상 7인 이하의 위원을 소장이 임명 또는 위촉한다. 정기회는 매월 1회 이상 개최하며, 위원 2인 이상의 요구가 있는 때에는 위원장이 임시회를 소집한다.

- 귀휴심사위원회 : 법무부령 제655호 제131조의 규정에 의거, 수형자의 귀휴허가에 관한 심사를 하기 위하여 교정시설에 귀휴심사위원회를 두고 있으며, 위원장은 소장이 되고 위원은 부소장 및 과장중 소장이 임명하는 자와 교정에 관한 학식과 경험이 풍부한 자중에서 위원장이 임명하는 2인이상 위원으로 구성한다.

- 징벌위원회 : 형의 집행 및 수용자의 처우에 관한 법률(법률 제9136호) 제111조 규정에 의거, 징벌대상자의 징벌을 결정하기 위하여 교정시설에 징벌위원회를 두며, 위원장은 소장의 바로 다음 순위자가 되고 위원은 소속 기관의 과장 및 교정에 관한 학식과 경험이 풍부한 외부인사중에서 소장이 임명하는 3인이상으로, 위원장을 포함한 5인 이상 7인 이하의 위원으로 구성한다.

(3) 교정본부 구성

① 보안과

　　㉠ 수용자의 수용·처우 및 석방에 관한 기본계획의 수립·시행

　　㉡ 수용자의 이송에 관한 사항

　　㉢ 수용자의 규율·계호 및 보안에 관한 기본계획의 수립·시행

　　㉣ 공안사범의 수용·처우·이송 및 석방에 관한 사항

　　㉤ 공안사범의 규율·계호 및 보안에 관한 사항

　　㉥ 공안사범의 청원에 관한 사항

　　㉦ 수용사고 조사 및 사고예방 등에 관한 지도

　　㉧ 수용자의 선거 및 수용기록에 관한 사항

　　㉨ 교정행정의 정보화 및 전산장비 운영 업무 지도·감독에 관한 사항

　　㉩ 출정(出廷)업무 지도·감독에 관한 사항

　　㉪ 접견업무 지도·감독에 관한 사항

　　㉫ 교정시설의 경비 및 비상훈련에 관한 기본계획의 수립·시행

　　㉬ 교정시설의 무기 및 탄약 관리의 지도

　　㉭ 보호장비 및 보안장비의 운영에 관한 종합계획의 수립·시행교

② 직업훈련과

　　㉠ 교도작업의 계획 및 관리 운영

　　㉡ 교도작업제품 홍보 및 판매에 관한 사항

　　㉢ 교도작업특별회계의 경리·용도 및 결산

　　㉣ 교도작업특별회계 소관의 물품 및 국유재산관리

　　㉤ 수형자의 직업능력개발훈련에 관한 기본계획의 수립 및 제도개선

　　㉥ 국가기술자격 검정시험 지도에 관한 기본계획의 수립·시행

　　㉦ 수형자 취업·창업지원협의회 운영 및 석방예정자 취업알선·지원에 관한 사항

③ 복지과

　　㉠ 교정본부 일반회계 예산편성 및 재배정에 관한 사항

　　㉡ 교정시설 조성 예산편성 및 관리에 관한 사항

　　㉢ 교정행정공무원의 피복 및 급양에 관한 사항

　　㉣ 수용자의 영치금품관리제도에 관한 사항

　　㉤ 수용자의 피복 및 급양에 관한 사항

　　㉥ 수용자 급식관리위원회의 운영에 관한 사항

　　㉦ 국유재산 및 교정시설 이전·신축에 관한 사항

④ 사회복귀과

    ㉠ 수형자의 교육 및 교화에 관한 기본계획의 수립 · 시행

    ㉡ 수형자의 교화프로그램 연구 및 개발

    ㉢ 수형자의 검정고시 교육과정 및 평생교육 등에 관한 기본계획의 수립 · 시행

    ㉣ 수형자의 교육프로그램 시행에 관한 사항

    ㉤ 공안사범의 교육 및 교화에 관한 사항

    ㉥ 수용자(피보호감호자를 포함) 교화방송에 관한 사항

    ㉦ 교정위원의 위촉 · 해촉 및 지도관리 등에 관한 사항

    ㉧ 수형자 사회복귀 중장기 계획수립 및 관계 법령 · 제도 연구

    ㉨ 사회복귀지원사업 관련 법인에 대한 인 · 허가 및 관리 · 감독

    ㉩ 수형자의 귀휴 · 사회견학 및 봉사체험에 관한 사항

    ㉪ 석방예정자 사회적응교육 및 지원에 관한 사항

    ㉫ 가족만남의 집, 가족만남의 날 계획수립 및 시행

    ㉬ 불우수형자 가족지원을 위한 계획의 수립 · 시행

⑤ 분류심사과

    ㉠ 수형자의 분류처우에 관한 기본계획의 수립 · 시행

    ㉡ 개별처우계획의 수립 및 처우프로그램의 개발

    ㉢ 과학적 분류기법의 개발 · 운영에 관한 사항

    ㉣ 분류처우회의 운영 및 관리에 관한 사항

    ㉤ 가석방심사 업무에 관한 사항

    ㉥ 가석방심사위원회의 운영 및 관리에 관한 사항

    ㉦ 민영교도소 운영의 관리 · 감독에 관한 사항

    ㉧ 수용자의 청원 및 인권보호에 관한 사항

⑥ 의료과

    ㉠ 수용자의 보건위생관리 종합계획의 수립 · 시행

    ㉡ 수용자의 의료 및 약제에 관한 사항

    ㉢ 의료장비의 공급 및 관리계획의 수립 · 시행

    ㉣ 수용자 건강검진에 관한 계획의 수립 · 시행

    ㉤ 수용자 질병예방 관련 업무

⑦ 심리치료과

    ㉠ 수용자 심리치료 기획에 관한 사항

    ㉡ 성폭력 · 아동학대사범 치료프로그램에 관한 사항

    ㉢ 약물중독 · 행위중독사범 재활치료프로그램에 관한 사항

ⓔ 자살우려자 등 특이수용자 전문상담에 관한 사항

ⓜ 직원 정신건강 프로그램 운영에 관한 사항

ⓗ 심리치료관련 전문인력 양성에 관한 사항

## (4) 지방교정청

지방교정청은 교정본부장을 보좌하며 일선기관 업무집행의 지휘감독을 관장하는 중간감독기관이다. 지방교정청에 청장 각 1인을 두되, 청장은 고위공무원단에 속하는 일반직공무원으로 보한다. 서울지방교정청, 대구지방교정청, 대전지방교정청, 광주지방교정청 등 4개 지방교정청이 있다.

> **TIP** 지방교정청의 기구로는 총무과, 보안과, 직업훈련과, 의료분류과, 사회복귀과를 두고 있으며, 서울지방교정청에는 전산관리과를 별도로 두고 있다.

### ① 총무과

ⓐ 관인 및 관인대장의 관리

ⓑ 소속 공무원의 인사 · 복무 · 급여 · 교육훈련 및 연금

ⓒ 문서의 분류 · 수발 · 심사 · 보존 기타 문서의 관리

ⓓ 물품의 구매 및 조달

ⓔ 국유재산 및 물품의 관리

ⓗ 예산 · 회계 · 결산

ⓘ 홍보 및 언론 대응

ⓞ 교도소 등에 대한 시찰 · 참관에 관한 사항

ⓩ 관할 교도소등에 대한 복무지도 및 감독

ⓒ 특별기동감찰반의 운영

ⓚ 기타 청내 다른 과의 주관에 속하지 아니하는 사항

### ② 보안과

ⓐ 소속공무원의 규율 · 점검 및 훈련

ⓑ 수용자의 수용 · 구금 · 규율 · 계호 · 이송 · 석방 및 보안에 관한 사항

ⓒ 교도소 등의 보안장비 및 방호에 관한 사항

ⓓ 수용자의 청원에 관한 사항

ⓜ 각종 소송 및 행정심판 업무에 관한 사항

ⓗ 수용자의 분류처우/적성판정에 관한 사항

ⓘ 수용자의 가석방신청의 조정

ⓞ 수용자의 보건위생 · 의료 및 약제에 관한 사항

ⓩ 교정민원콜센터 설치 · 운영

③ 사회복귀과
  ㉠ 수용자의 교육 및 교화에 관한 사항
  ㉡ 수용자의 서신 및 도서관리에 관한 사항
  ㉢ 수용자의 귀휴 및 사회견학에 관한 사항
  ㉣ 수용자의 학력인정시험 · 기능검정 기타 자격시험응시자 선발
  ㉤ 출소자의 보호에 관한 사항
  ㉥ 교도작업특별회계의 경리 · 용도 및 결산
  ㉦ 교도작업의 운영지도 및 관리
  ㉧ 수용자의 직업훈련에 관한 사항
  ㉨ 교도작업생산제품의 홍보 및 판촉
  ㉩ 심리치료센터 설치 · 운영

④ 분류센터(서울지방교정청)
  ㉠ 분류센터 심사대상자의 위험관리 수준 및 재범위험성 평가에 관한 사항
  ㉡ 분류센터 심사대상자에 대한 분류심사 및 개별 처우에 관한 사항
  ㉢ 분류센터 심사대상자에 대한 분류심사 자료 등 정보관리에 관한 사항
  ㉣ 분류센터 심사대상자의 수용 및 이송에 관한 사항
  ㉤ 분류센터 심사대상자에 대한 처우프로그램 수립 및 시행에 관한 사항
  ㉥ 분류센터 운영에 필요한 외부전문가 자문에 관한 사항

⑤ 전산관리과(서울지방교정청)
  ㉠ 교정정보화에 대한 종합계획 수립 · 시행
  ㉡ 교정업무 관련 전산프로그램 개발 및 운영 · 관리
  ㉢ 전산장비 운영 및 전산자료의 구축 · 보호
  ㉣ 교정 정보화 관련 제도개선 및 정보통신 보안에 관한 사항
  ㉤ 교정통신망 운영 · 관리 및 그밖의 교정 정보화에 관한 사항

(5) 일선교정기관

① 교도소
  ㉠ 보안과
    • 직원의 훈련 · 점검 및 규율
    • 수용자의 구금 및 계호
    • 수용자의 상벌 · 출정 · 접견 · 무기 및 경비
  ㉡ 분류심사과
    • 수용자의 자질검사
    • 처우의 분류

- 교육 및 작업의 적성판정
- 교정성적 평가
- 가석방 및 가석방심사위원회의 운영

ⓒ **직업훈련과**
- 교도작업특별회계의 재산 및 물품수급과 작업계획 · 경영 · 관리
- 수용자의 직업훈련
- 작업장려금의 계산
- 작업통계

ⓔ **사회복귀과**
- 수용자의 교육 · 교화
- 도서 및 서신
- 귀휴 등 가족관계회복 프로그램

ⓜ **복지과**
- 물품의 출납 · 용도 · 건축 및 영선
- 국유재산의 관리
- 수용자에 대한 급여

ⓗ **의료과**
- 수용자의 보건 · 의료 및 의약품 관리
- 소내의 보건위생

ⓢ **심리치료과**
- 수용자의 심리치료 업무 집행에 관한 사항
- 성폭력사범 · 아동학대사범에 대한 치료프로그램의 이수명령 집행에 관한 사항
- 중독수용자 등 특이수용자 교육 및 고충상담

② **구치소**

ⓖ **출정과**
- 수용자의 출정통지
- 출정계호

ⓛ **수용기록과**
- 수용자의 수용 및 석방
- 신분장관리
- 구속기간 및 형기계산
- 수용자의 소송업무
- 수용자의 이송 및 수용통계
- 교도작업의 운영(구치소에 한한다)

ⓒ 민원과
- 수용자의 접견 및 영치금품의 검사
- 영치금품의 보관 및 출납

# 02 범죄자 처우

## ❶ 범죄자 처우의 형태와 분류

### (1) 형사단계에 따른 범죄자 처우의 형태

① 사법처우
  ㉠ 행형 이전의 단계에서 법관이 형벌의 종류와 정도를 결정하는 것을 의미한다.
  ㉡ 형벌에 처할 것인가, 보안·보호처분에 처할 것인가의 처우선택의 문제와 범죄자의 여러 측면을 고려하여 어떤 종류, 정도의 처분을 과할 것인가라는 처우 양정(量定)의 문제가 주요 쟁점이다.

② 교정처우(시설 내 처우)
  ㉠ 교정처우란 교정단계에서 이루어지는 범죄자의 처우를 말하며 주로 교정시설 내에서의 처우를 말한다.
  ㉡ 교정처우는 법원에 의한 재판 다음 단계에서 재판의 형식적 집행과 범죄인의 개선을 목적으로 한다. 가석방·개방처우 등과 연결되면 그 효과를 더욱 높일 수 있다.
  ㉢ 구분

| 구분 | 내용 |
|------|------|
| 분류처우 | 분류제도에 입각하여 수형자를 적절한 수형시설에 수용시켜 교정시킨다는 의미를 가진 처우방법이다. |
| 누진처우 | 분류처우에 더하여 행형성적에 따라 수형자에 대한 처우내용을 달리하여 다소 수형자에 의한 자발적인 재사회화 노력을 촉진시키고자 하는 처우방법이다. |

③ 보호처우
  ㉠ 사법처우와 연결하여 교정처우 단계에서 범죄인의 재사회화를 주된 목적으로 하는 처우를 말한다.
  ㉡ 사회 내 처우의 대표적인 형태인 보호관찰이 중심을 이루며 여러 가지 유예제도나 가석방과 보호관찰의 결합, 갱생보호의 실시 등에 주안점을 둔다.

## (2) 처우의 형태에 따른 분류

| 분류 | 내용 | 예 |
|---|---|---|
| 시설 내 처우 | 범죄자의 처우영역이 폐쇄된 시설 내에서 이루어지고 구금 및 질서유지를 위한 보안처우에 보다 중점을 두고 행해짐을 특징으로 한다. | 교도소 구금 |
| 사회적 처우 | 보안상태나 행동의 자유에 대한 제한 등이 완화된 시설에서 사회생활의 준비를 하는 단계에서의 처우를 의미한다. | 개방시설의 처우나 외부통근, 주말구금, 귀휴제 등 |
| 사회 내 처우 | 범죄자를 일반 사회 속에서 지내도록 하면서 행동의 자유에 일정한 제한을 가하여 정상적인 생활을 유도하는 것으로 보호단계에서 실시된다. | 보호관찰, 사회봉사 및 수강명령, 가석방, 갱생보호 등 |

## (3) 교정처우의 기본원리

① **인도적 처우** : 모든 인간은 인간으로서의 존엄성을 가지고 있다는 점을 바탕으로 이에 과거의 응보, 위하 위주의 처우방식을 개선하여 인간의 존엄성을 보장하는 측면에서 어떠한 이유로도 고문, 생체실험 등과 같은 비인간적인 방법을 지양해야 한다.

> 📢 **TIP** 인도적 처우에 관한 법령 및 조약
> ㉠ 대한민국 헌법 제10조 : 모든 국민은 인간으로서의 존엄과 가치를 가지며, 행복을 추구할 권리를 가진다. 국가는 개인이 가지는 불가침의 기본적 인권을 확인하고 이를 보장할 의무를 진다.
> ㉡ 형의 집행 및 수용자 처우에 관한 법률 제4조(인권의 존중) : 이 법을 집행하는 때에 수용자의 인권은 최대한으로 존중되어야 한다.
> ㉢ 자유권규약 제10조(UN인권 B 규약) : 자유를 빼앗긴 모든 자는 인도적이며 인간고유의 존엄을 존중받도록 취급한다.

② **공평한 처우** : 범죄수형자에게도 우리 헌법의 대원칙인 법 앞의 평등원칙이 적용되어야 한다는 것을 의미한다. UN 기준규칙 제6조에 따라 수형자도 인종·성별·언어·종교·정치적 신조·국적·사회적 신분·재산에 의하여 차별 받아서는 안 된다고 규정하고 있다.

③ **법적 지위에 상응하는 처우** : 수형자는 그 법적 지위가 어떠냐에 따라 그에 상응하는 차별적 대우를 받는다는 것을 의미한다. 이것은 공평한 처우에서 합리적 이유가 있는 상대적 평등처우로 보면 된다. 헌법상의 평등원칙은 불합리한 차별의 금지를 의미하고 불평등한 것을 불평등하게 대하는 합리적 차별은 가능하다. 따라서 수형자의 등급에 따라 달리 처우하는 누진처우가 공평처우의 원칙에 반하는 것은 아니다.

④ **과학적 처우(처우의 개별화)**
   ㉠ 범죄자의 개인적·환경적 특성에 따라 각자 그에 알맞은 개별적·과학적 처우를 행함으로써 그를 재사회화시키는 원리로 범죄인 처우에 과학의 성과를 도입한 것이다.
   ㉡ 처우의 개별화를 위해서는 범죄자가 개인에 대해 정확히 이해할 수 있는 절차와 제도적 장치가 마련되어야 한다. 따라서 한편으로 양형절차의 합리화, 판결 전 또는 판결 후 조사제도의 채택과 시설의 다양화, 전문인력의 확보, 재정지원 등이 이루어져야 하고, 한편으로는 수형자에 대한 과학적 분류와 처우기법의 개발 등이 요청되고 있다.

⑤ 법률에 근거한 처우
  ㉠ 법률에 의한 수형자 처우를 의미한다.
  ㉡ 행형법에 의거하여 수용자의 권리, 의무에 따른 교정을 실시한다.
  ㉢ 형법이 범죄자의 대장전(Magna Carta)라면, 행형법은 수형자의 마그나카르타이다.


# ❷ 범죄인 처우의 모델

## (1) 구금모델

① 일종의 관리모형으로 교정시설의 보안, 훈육, 질서유지 등을 강조한다.

② 응보형 사상이 지배하던 근세 초기부터 19세기까지 교정이념으로 널리 인정되었다가 교화개선사상에 밀려 퇴보한 이론이다. 그러나 1970년대 이후 미국에서 교정이념에 대한 회의론이 제기되면서 중벌화를 주장하는 처벌모델과 형사사법의 정의회복이라는 공정모델의 등장으로 다시 주목받게 된 모델이다.

## (2) 개선모델

① 응보형 주의에 기초한 가혹한 형의 집행을 지양하고, 19세기 교육형 사상을 기초로 수용자의 개선·교화를 통하여 범죄방지를 도모하고자 하는 모델이다.

② 수용자의 교화개선을 위한 실제적이고 구체적인 처우기술이 개발·교화를 통하여 범죄방지를 도모하고자 하는 모델이다.

## (3) 의료 · 치료 · 갱생모델

① 수요자를 인격이나 사회화에 결함이 있는 사람으로 보아 환자라는 관점에서 접근한 모델이다.

② 치료라는 이름 아래 수용자의 자율적인 의사를 무시한 강제처우를 함으로써 인권침해를 야기할 수 있는 우려가 제기되었다.

③ 범죄자의 지식과 진단능력을 기초하여 형사사법제도에서 의사결정권을 가질 것과 범죄자의 치료를 위해 정신건강시설의 활용이 제시되고 있다.

## (4) 사법 · 정의 · 공정모델

① 극단적인 개선모델이나 치료모델이 초래하는 범죄인의 인권침해라는 문제점을 고려하여 범죄인의 '법적 권리의 보장'이라는 차원에서 처우의 중점을 공정성의 확보라는 점에 두고 있다.

② 교정주의에 대한 회의론과 함께 응보주의에로의 회귀경향과 맞물려 등장하였다.

③ 범죄에 대한 형벌의 비례성, 부정기형이 아닌 정기형, 재판과 행형에 있어서 재량의 제거, 양형의 균형화, 적법절차에 의한 인권보호 등이 핵심적 명제가 되고 있다.

### (5) 재통합 · 사회복귀모델

① 수용자의 주체성과 자율성을 인정하면서 그 동의와 참여하에 처우프로그램을 결정하고 집행하려는 것이다.

② 형의 집행은 사회복귀에 필요한 한도 내에서 지도 · 원조를 내용으로 하는 처우의 이념과 방식에 따라야 한다는 주장으로 20세기 중반 양심범이나 외국인 범죄자의 문제가 제기되면서 교정의 의미에 대한 새로운 해석으로 시도되었다.

③ 수용자를 단순한 처우의 객체로 보지 아니하고, 교정관계자와 수용자가 상호신뢰에 입각하여 자발적으로 규율을 지키고 처우 프로그램에 참여함으로써 상호학습을 통한 영향력을 주고 받는다.

### (6) 범죄인 처우의 새로운 경향(응보주의로의 회귀)

① 1970년대 초부터 미국을 중심으로 실증주의 교정철학에 입각한 교정프로그램들이 누범율의 증가 등에 따라 사실상 실패했다고 비판하면서 형벌의 특별예방목적 못지않게 일반예방목적을 재강조함으로써 18세기의 응보주의로 회귀하려는 경향을 말한다(현대고전주의 또는 신고전주의 입장).

② 대표학자 및 주장내용

   ㉠ F. Allen : 실증주의 교정철학 내지 교정주의는 형사사법 체계를 부패시켰고, 범죄인을 치료자의 처분에 내맡겼다고 비판하면서 강제적인 치료보다는 정의에 입각한 처벌과 범죄인의 법률적 보호를 강조하였다.

   ㉡ G.Q. Wilson : 경찰의 강력한 범죄단속과 법률집행을 주장하였다.

   ㉢ D. Fogel : 치료적 교정주의는 아무가치도 없다는 극단적인 입장을 표명하였다. 정의모델의 대표적 주장자이다.

   ㉣ A.V. hirschi : 수용자 치료는 실패하였다고 주장하였다.

③ 두 가지 접근방법

   ㉠ 응보주의적 접근 : 범죄인의 인격적 특성이 아니라, 행위의 중요성에 따라 형벌이 집행되어야 한다는 입장이다.

   ㉡ 선별적 무능화(Selective Incapacitation)방안

   • 의의 : 반복적으로 범죄를 범하는 소수의 범죄인들을 사회로부터 장기간 격리시켜 무력하게 만들어야 한다는 이론이다.

   • 주장자 : P. Greenwood

   • 내용 : 누범자들을 사회로부터 격리함으로써 범죄감소 효과를 얻을 수 있고, 중범죄인(직업범죄인 또는 만성적 범죄인)만을 구금하므로 교도소의 과밀수용도 해소 가능하다고 주장하였다.

## ❸ 행형의 집행과 교정처우

### (1) 범죄인 처우에 따른 행형의 집행

① **독거제** : 수형자를 교도소 내 독방에 구금하여 수형자 간의 접촉을 방지하는 것을 목적으로 하는 제도이다.

| 장점 | 단점 |
|---|---|
| • 수용자간 통모방지, 수용자의 악풍감염방지에 유리<br>• 회오반성 및 속죄의 기회를 제공<br>• 개별처우에 적절<br>• 전염병 예방에 유리<br>• 감시감독 및 질서유지에 편리<br>• 미결수의 경우 증거인멸 방지에 유리 | • 공동생활의 사회적 훈련 불가능<br>• 수형자 자치제 활용 불가능<br>• 신체의 허약, 자살, 정신장애 초래<br>• 행형실무상 교육·교회·운동·작업 등 집단적 교육이 불편<br>• 국가 재정부담 증대 |

② **혼거제** : 여러 명의 수형자를 같은 방에 구금하는 방식으로 가장 전형적인 방법이다.

| 장점 | 단점 |
|---|---|
| • 시설관리 편리<br>• 건축비 등 행형비용 절약<br>• 상호감시로 자살방지 등에 유리<br>• 작업시행 편리<br>• 인간의 감정과 일치<br>• 수형자의 심신단련 도모<br>• 형벌의 통일을 도모 | • 악풍감염 및 탈옥 가능성<br>• 수형자간의 갈등<br>• 교도관의 감시 불편<br>• 적절한 개별처우의 곤란<br>• 석방 후 상호 간의 지속적 교제로 인한 공범화 가능성<br>• 비위생적이며 방역상 곤란 |

🔈**TIP** 혼거제의 수정형태

| 구분 | 내용 |
|---|---|
| 분류제 | 혼거제의 폐해를 제거하고 그 장점을 활용할 목적으로 수용자의 형기·죄질·범수·연령·경력 등을 참작하고 분류하여 수용하는 방법이다. |
| 완화독거제<br>(반독거제, 오번제, 침묵제) | 독거제와 혼거제의 장점을 살리기 위해 수형자를 주간에는 엄중한 침묵을 지키게 하면서 혼거시켜 일정한 작업에 종사하게 하고, 야간에는 각자 독방에 수용하여 취침케 하는 제도이다. |

③ **펜실베이니아제(엄정독거제)** : 절대침묵 속에서 자신의 과오를 반성하게 하고 속죄함으로써 정신적 개선을 촉구하려는 범죄자의 정신적 개선에 중점을 둔 행형제도이다.

| 장점 | 단점 |
|---|---|
| • 정신적 개선에 유리<br>• 악습전염 방지<br>• 수형자의 사생활 보호<br>• 질병·전염병의 예방방지에 효과적<br>• 개별처우에 적합 | • 의지력을 약화, 신체건강 약화<br>• 정신병에 걸리기 쉬우며 자살 등 사고발생 우려<br>• 수용자를 사회적인 개선된 인간으로 교화하기에 부적합<br>• 국가 재정비용이 증가<br>• 집단적인 교육이나 작업에 불편 |

④ **오번제**(침묵제 : Auburn System) : 주간에는 수형자 상호 간의 대화를 엄격하게 금지하여 침묵상태에서 작업에 종사하게 하고 야간에는 독거구금하는 것이다.

| 장점 | 단점 |
|---|---|
| • 작업경영상 경제적<br>• 엄정독거제에 비하여 인간적이고 작업실시에 적합<br>• 혼거구금시의 수형자 간의 악풍감염 방지<br>• 사회적 훈련이 가능<br>• 정신적 · 육체적 문제점 방지가능<br>• 주 · 야 독거제의 폐해제거 가능 | • 수용자에 대한 개별처우가 곤란<br>• 계호상의 감시와 기율유지가 곤란<br>• 출소 후 수용자동료의 접촉으로 범행의 가능성이 큼<br>• 실내에서 수형자 간의 그룹을 형성하여 분쟁을 일으킬 가능성이 큼<br>• 독거제에 비하여 비위생적<br>• 수용자 상호 간에 의사소통을 금지하기 때문에 사회성 훈련을 실시하기가 곤란하고 또한 그로 인해 정신적 장애 초래 우려 |

⑤ **엘마이라제**(Elmira System) : 부정기형과 행형성적에 따라 진급하는 누진제를 결합하여 계급에 따른 처우와 가석방을 실시함으로써 자율적 개선에 중점을 둔 제도이다.

⑥ **카티지제**(Cottage System) : 집단교정의 종래 제도의 폐해들을 개선하고자 소집단적인 제도의 운영으로 교정효과를 추구하는 제도이다.
  ㉠ 수형자를 적성 및 특성에 따라 각개의 소집단으로 분류하며 소집단별로 자치적으로 활동하게 한다.
  ㉡ 엄격한 행동제한 및 적정한 처우방법을 강구하여 교정을 도모하였다.

> **TIP** 우리나라
> 독거수용이 원칙이고, 예외적인 혼거수용이 가능하다.

## (2) 교정처우

① **수형자의 분류처우** : 수형자의 개선 · 갱생 및 출소 후 사회적응을 도모하기에 적당하도록 합리적으로 처우하기 위하여 각 수형자의 개성과 특성을 과학적으로 조사하고 분석하여 합리적인 처우계획을 수립하고 교정의 전 단계에 걸쳐 이를 기초로 필요한 처우와 지도를 행하는 일련의 절차이다.

② **수형자의 누진처우** : 교도소 내의 자유형 집행중인 수형자에 대한 처우에 있어서 처우의 단계를 수단계로 나누고 각 단계에서의 행형성적에 따라 1계급씩 승급 또는 강급하게 하는 방법으로, 처우효과를 증진시키고자 하는 제도이다. 가석방과 연계되어 또는 점수제와 결합하여 시행되고 있다.

## ❹ 교정시설

### (1) 교도소의 구조

① 분방형

　ⓐ 세계최초의 분방형은 1704년 로마 산 미켈레(San Michele) 소년감화원이며 장방형의 사방을 방사익형으로 배열한 형태이다.

　ⓑ Gand 교도소의 방사익형 건축양식은 19세기 펜실베이니아제에 승계되고 유럽 각국에서 모방하였다.

② **파놉티콘형** : 벤담이 창안한 원형독거형으로 후에 펜실베이니아제에 영향을 미쳤다. 평면에서 보면 원모양으로 되어 있어서 원형이라고도 하는데 한 사람의 감시자가 중앙의 감시대에서 전체 사방과 거실내부를 볼 수 있게 되어 있다.

③ **파빌리온형** : 푸신(Pussin)이 창안한 병렬식 구조이다. 수형자의 분류별 처우와 보건위생을 중시한 건축양식이다. 일자의 복도 양측으로 방들이 배열되어 있다.

④ **펜실베이니아형** : 고독은 인간본성을 박탈하므로 독거구금의 폐단을 제거할 것이 필요하게 되었다. 이에 의한 요청에 의해 1818년부터 펜실베이니아주에 동·서부교도소를 설립하였다.

　ⓐ **서부교도소** : 원형의 건축양식이다.

　ⓑ **동부교도소**

　　• 방사선식의 날개 여덟 개를 가진 건축양식을 채택하였다.

　　• 독거구금의 폐해를 완화하기 위해 제한된 작업과 교도관 등의 독방방문을 인정하여 일명 펜실베이니아제를 이룩하였다.

　　• 관리에는 더없이 편리하나 수형자의 교정에 문제점이 있다.

⑤ 오번형

　ⓐ 내측사방제의 건축양식과 공장을 함께 운영하였다.

　ⓑ 야간에는 분리구금을 실시하고, 주간에는 침묵제 아래 작업에 종사하게 하였다.

　ⓒ 교정시설·구조에 일대변화를 초래하였다.

⑥ 기타

　ⓐ **개방식 교정형** : 청소년이나 여성수용자를 위한 교정시설로 대학 구내 모양으로 건축을 분산한 형이다.

　ⓑ **정원형** : 일부 중구금교도소를 포함한 최근의 교도소 건축양식으로, 전주형과는 달리 긴 중앙복도를 통하여 수용자들이 이동하는 것이 아니라 앞뜰 또는 정원을 가로질러서 수용자들이 이동할 수 있도록 바꾼 형태이다.

　ⓒ **자폐형** : 사방(舍房) 또는 공장을 주벽 대신으로 구내를 에워싼 형이다.

　ⓓ **풍차형** : 전주형이 4개의 짧은 방사형의 복도로 되어 있는 형태이다.

　ⓔ **위성형** : 캘리포니아주에서 수용자가 급증함에 따라 여러 개의 시설을 하나로 통합시킨 형이다.

ⓗ 클로버형 : 4개의 클로버 잎 모양이다.

ⓢ 기타 : 폐쇄형, 고층형, 일자형 등이 있다.

⑦ 우리나라

　ⓐ 대부분은 일자형이 양쪽으로 배열되어 있는 전주형이 일반적이다.

　ⓑ 다소 위생적인 면에서 유리하고 보안을 중시하여 건축한 형태이다.

　ⓒ 우리나라 교정시설의 문제점

　　• 대규모의 시설구조로 수용자의 질서확립과 개별처우가 곤란하다.

　　• 교도소 내 미결수용실의 병치로 교정행정업무의 복잡과 수형자 중심처우에 일관성을 유지하기가 곤란하다.

　　• 행형법과 달리 실제는 원칙적으로 혼거수용, 예외적으로 독거수용을 인정할 만큼 사방수가 부족하고 사방규모가 너무 협소하다.

　　• 보안중심의 시설형태로 개별적 교정처우가 곤란한 시설구조로 되어 있다.

# 03 수용자 처우

## ❶ 수용자의 법적 지위와 권리

### (1) 수용자의 법적 지위

① 헌법상의 권리

　ⓐ 헌법 제10조 : 인간의 존엄성과 행복추구권을 규정하고 있는데 이 조문은 당연히 수용자에게도 적용된다.

　ⓑ 헌법 제11조 : 모든 국민은 법 앞에 평등하다는 평등원칙을 수용자에게도 적용된다.

　ⓒ 헌법 제12조 : 수용자도 법률과 적법한 절차에 의하지 아니하고는 처벌 · 보안처분 또는 강제노역을 받지 아니한다.

　ⓓ 헌법 제37조 : 수용자에 대한 기본권의 제한은 헌법상 부여되어 있는 기본권의 성격과 해당 사항의 수용관계의 목적을 비교하여 구체적인 권리를 법률로써 제한해야 하며, 행형목적을 위해 필요한 최소한의 제한만을 하여야 한다. 이는 수용자 인권제한의 중요한 기본원칙이다.

　　　🔊 **관련 법조항**

　　　　ⓐ 헌법 제10조 : 모든 국민은 인간으로서의 존엄과 가치를 가지며, 행복을 추구할 권리를 가진다. 국가는 개인이 가지는 불가침의 기본적 인권을 확인하고 이를 보장할 의무를 진다.

　　　　ⓑ 헌법 제11조

　　　　　• 모든 국민은 법 앞에 평등하다. 누구든지 성별 · 종교 또는 사회적 신분에 의하여 정치적 · 경제적 · 사회적 · 문화적 생활의 모든 영역에 있어서 차별을 받지 아니한다.

- 사회적 특수계급의 제도는 인정되지 아니하며, 어떠한 형태로도 이를 창설할 수 없다.
- 훈장등의 영전은 이를 받은 자에게만 효력이 있고, 어떠한 특권도 이에 따르지 아니한다.
ⓒ 헌법 제12조
- 모든 국민은 신체의 자유를 가진다. 누구든지 법률에 의하지 아니하고는 체포 · 구속 · 압수 · 수색 또는 심문을 받지 아니하며, 법률과 적법한 절차에 의하지 아니하고는 처벌 · 보안처분 또는 강제노역을 받지 아니한다.
- 모든 국민은 고문을 받지 아니하며, 형사상 자기에게 불리한 진술을 강요당하지 아니한다.
- 체포 · 구속 · 압수 또는 수색을 할 때에는 적법한 절차에 따라 검사의 신청에 의하여 법관이 발부한 영장을 제시하여야 한다. 다만, 현행범인인 경우와 장기 3년 이상의 형에 해당하는 죄를 범하고 도피 또는 증거인멸의 염려가 있을 때에는 사후에 영장을 청구할 수 있다.
- 누구든지 체포 또는 구속을 당한 때에는 즉시 변호인의 조력을 받을 권리를 가진다. 다만, 형사피고인이 스스로 변호인을 구할 수 없을 때에는 법률이 정하는 바에 의하여 국가가 변호인을 붙인다.
- 누구든지 체포 또는 구속의 이유와 변호인의 조력을 받을 권리가 있음을 고지받지 아니하고는 체포 또는 구속을 당하지 아니한다. 체포 또는 구속을 당한 자의 가족등 법률이 정하는 자에게는 그 이유와 일시 · 장소가 지체없이 통지되어야 한다.
- 누구든지 체포 또는 구속을 당한 때에는 적부의 심사를 법원에 청구할 권리를 가진다.
- 피고인의 자백이 고문 · 폭행 · 협박 · 구속의 부당한 장기화 또는 기망 기타의 방법에 의하여 자의로 진술된 것이 아니라고 인정될 때 또는 정식재판에 있어서 피고인의 자백이 그에게 불리한 유일한 증거일 때에는 이를 유죄의 증거로 삼거나 이를 이유로 처벌할 수 없다.
ⓔ 헌법 제37조
- 국민의 자유와 권리는 헌법에 열거되지 아니한 이유로 경시되지 아니한다.
- 국민의 모든 자유와 권리는 국가안전보장 · 질서유지 또는 공공복리를 위하여 필요한 경우에 한하여 법률로써 제한할 수 있으며, 제한하는 경우에도 자유와 권리의 본질적인 내용을 침해할 수 없다.

② **수용자의 권리**
ㄱ 수용자는 자유를 박탈당하는 외에 부당하게 신체적 · 생명적 침해를 받지 않으며 명예, 재산, 가족의 침해를 받지 않는다.
ㄴ 수용자는 인간으로서의 최저한도의 생활보장을 받을 권리가 있으며, 의식주 및 위생에 필요한 처우를 받을 권리가 있고 법령에 의한 계호장비 이외의 고통은 받지 않는다.
ㄷ 국가는 수용자에게 교육과 개선으로 갱생시켜 사회에 복귀할 수 있도록 적극적인 의무를 갖고 있음과 동시에 생명과 재산을 보호할 의무를 가지고 있다.

③ **수용자 권리구제 근거** : 형집행법 제17조에 따르면 신입자 및 다른 교정시설로부터 이송되어 온 사람에 대하여는 '접견 · 서신, 그 밖의 수용자의 권리에 관한 사항'과 '청원, 「국가인권위원회법」에 따른 진정, 그 밖의 권리구제에 관한 사항'에 대하여 말이나 서면으로 알려주도록 하고 있다.

| 구분 | 종류 |
|---|---|
| 사법적 구제 | • 헌법소원<br>• 민·형사소송<br>• 행정소송 |
| 비사법적 구제 | • 소장면담<br>• 청원<br>• 행정심판<br>• 민원조사관<br>• 국가인권위원회 |

## (2) 수용자의 비사법적 권리구제 수단

### ① 소장면담

㉠ 수용자는 그 처우에 관하여 소장에게 면담을 신청할 수 있다.

㉡ 소장은 수용자의 면담신청이 있으면 다음의 어느 하나에 해당하는 사유가 있는 경우를 제외하고는 면담에 응하여야 한다.

- 정당한 사유 없이 면담사유를 밝히지 아니하는 때
- 면담목적이 법령에 명백히 위배되는 사항을 요구하는 것인 때
- 동일한 사유로 면담한 사실이 있음에도 불구하고 정당한 사유 없이 반복하여 면담을 신청하는 때
- 교도관의 직무집행을 방해할 목적이라고 인정되는 상당한 이유가 있는 때

㉢ 소장은 특별한 사정이 있으면 소속 교도관으로 하여금 그 면담을 대리하게 할 수 있다. 이 경우 면담을 대리한 사람은 그 결과를 소장에게 지체 없이 보고하여야 한다.

㉣ 소장은 면담한 결과 처리가 필요한 사항이 있으면 그 처리결과를 수용자에게 통지하여야 한다.

### ② 청원

㉠ 수용자는 그 처우에 관하여 불복하는 경우 법무부장관·순회점검공무원 또는 관할 지방교정청장에게 청원할 수 있다.

㉡ 청원하려는 수용자는 청원서를 작성하여 봉한 후 소장에게 제출하여야 한다. 다만, 순회점검공무원에 대한 청원은 말로도 할 수 있다.

㉢ 소장은 청원서를 개봉하여서는 아니 되며, 이를 지체 없이 법무부장관·순회점검공무원 또는 관할 지방교정청장에게 보내거나 순회점검공무원에게 전달하여야 한다.

㉣ 순회점검공무원이 청원을 청취하는 경우에는 해당 교정시설의 교도관등이 참여하여서는 아니 된다. 청원에 관한 결정은 문서로써 하여야 한다.

㉤ 소장은 청원에 관한 결정서를 접수하면 청원인에게 지체 없이 전달하여야 한다.

　　ⓐ 소장은 수용자가 순회점검공무원에게 청원하는 경우에는 그 인적사항을 청원부에 기록하여야 한다.
　　ⓑ 순회점검공무원은 수용자가 말로 청원하는 경우에는 그 요지를 청원부에 기록하여야 한다.
　　ⓒ 순회점검공무원은 청원에 관하여 결정을 한 경우에는 그 요지를 청원부에 기록하여야 한다.
　　ⓓ 순회점검공무원은 청원을 스스로 결정하는 것이 부적당하다고 인정하는 경우에는 그 내용을 법무부장관
　　　에게 보고하여야 한다.

③ **정보공개청구**

　ⓐ 수용자는 「공공기관의 정보공개에 관한 법률」에 따라 법무부장관, 지방교정청장 또는 소장에게 정보의
　　공개를 청구할 수 있다.

　ⓑ 현재의 수용기간 동안 법무부장관, 지방교정청장 또는 소장에게 정보공개청구를 한 후 정당한 사유 없
　　이 그 청구를 취하하거나 「공공기관의 정보공개에 관한 법률」에 따른 비용을 납부하지 아니한 사실이 2
　　회 이상 있는 수용자가 정보공개청구를 한 경우에 법무부장관, 지방교정청장 또는 소장은 그 수용자에
　　게 정보의 공개 및 우송 등에 들 것으로 예상되는 비용을 미리 납부하게 할 수 있다.

　ⓒ 정보의 공개 및 우송 등에 들 것으로 예상되는 비용을 미리 납부하여야 하는 수용자가 비용을 납부하지
　　아니한 경우 법무부장관, 지방교정청장 또는 소장은 그 비용을 납부할 때까지 「공공기관의 정보공개에
　　관한 법률」에 따른 정보공개 여부의 결정을 유예할 수 있다.

④ **국가인원위원회 구제**

　ⓐ 위원회는 필요하다고 인정하면 그 의결로써 구금·보호시설을 방문하여 조사할 수 있다.

　ⓑ 방문조사를 하는 위원은 필요하다고 인정하면 소속 직원 및 전문가를 동반할 수 있으며, 구체적인 사항
　　을 지정하여 소속 직원 및 전문가에게 조사를 위임할 수 있다. 이 경우 조사를 위임받은 전문가가 그
　　사항에 대하여 조사를 할 때에는 소속 직원을 동반하여야 한다.

　ⓒ 방문조사를 하는 위원, 소속 직원 또는 전문가는 그 권한을 표시하는 증표를 지니고 이를 관계인에게
　　내보여야 하며, 방문 및 조사를 받는 구금·보호시설의 장 또는 관리인은 즉시 방문과 조사에 편의를
　　제공하여야 한다.

　ⓓ 방문조사를 하는 위원 등은 구금·보호시설의 직원 및 구금·보호시설에 수용되어 있는 사람과 면담할
　　수 있고 구술 또는 서면으로 사실이나 의견을 진술하게 할 수 있다.

　ⓔ 구금·보호시설의 직원은 위원 등이 시설수용자를 면담하는 장소에 참석할 수 있다. 다만, 대화 내용을
　　녹음하거나 녹취하지 못한다.

⑤ **옴부즈맨(Ombudsman)제도** : 행정기능의 확대로 행정에 대한 입법부 및 사법부의 견제의 실효성을 얻기 위
　한 보완책으로써, 국회를 통해 임명된 조사관이 공무원의 권력남용 등을 조사·감시하는 행정통제제도를
　말한다. 의회가 임명한 입법부 소속의 공무원이 공무원의 직무집행과정을 조사하고 행정상의 민원을 신속
　하게 처리하여 행정의 비리와 권력남용을 시정하는 행정구제제도의 보충적 기능을 가지고 있다.

⑥ **수용자불평처리위원회** : 수용자와 교정직원 모두에게 이용될 수 있는 공식적 분쟁해결절차이다.

(3) 수용자의 사법적 권리구제 수단

① 헌법소원 : 모든 국민은 헌법상의 기본권이 침해된 경우 헌법소원을 제기할 수 있으며 수용자도 국민의 한 사람으로 당연히 헌법소원권이 보장된다.

② 소송 제기 : 수용자의 신체에 대한 강제력 행사나 계구나 무기 사용으로 인한 문제에 있어서 부적법한 대우를 받았을 때 「국가배상법」에 따라 교정직원에 대한 민사 또는 형사처분을 제기할 수 있다. 또한, 처우방법에 대한 인권침해를 이유로 행정소송의 제기도 가능하다.


## ❷ 수형자자치제와 선시제도

(1) 수형자자치제

① 의의 : 수형자자치제란 행형의 운영을 수형자 자신의 손에 맡기고 그들의 책임하에 교도소의 질서를 유지하고 스스로 개선하여 사회에 복귀하는 준비를 하게 하려는 처우방법을 말한다.

② 전제요건
    ㉠ 자유형 집행의 범위 내에서의 자치이므로 자치의 일정한 한계가 설정되어야 한다(제한적 자치).
    ㉡ 자치는 집단을 전제하므로 타인에게 악풍을 감염시킬 수 있는 자는 제외한다. 이를 위한 철저한 과학적 분류가 따라야 한다.
    ㉢ 자율정신과 사회성 복귀 여부에 의해 형의 기간이 결정되므로 부정기주의와 함께 실시하는 것이 효과가 크다.
    ㉣ 자치의 한계상 대규모의 교도소 수형자대표에 의해 좌우되어 효과를 얻기가 어렵기 때문에 소규모의 교도소에서 실시되어야 효과적이다.
    ㉤ 사회자체가 민주적이어야 교도소 사회도 민주적이 된다.
    ㉥ 가석방제도와 연계되어 시행되어야 한다.
    ㉦ 비교적 안전한 영역에서만 실시되어야 한다.

③ 유형
    ㉠ 오번제
       • 오스번(Osborne)이 오번 교도소에 자원수형자로 들어가 체험한 것을 바탕으로 하여 수형자 자치제를 도입하였다.
       • 수형자 자치단체인 상호복지연맹을 조직하여 수형자대표회의에서 자율적으로 질서유지 등을 도모하였다.
       • 그 후 뉴욕 싱싱교도소 등에서 실시하였다(오스번이 소장으로 임명됨).
       • 현재 세계 각국에서 제한적으로 실시하고 있다.
    ㉡ 카티지제(Cottage System) : 25~30인 내외의 인원을 수용할 수 있도록 교도소의 각 감방건물을 소규모로 분할 · 설치하고 각 시설단위마다 가족적 분위기에서 수형생활을 하게 하는 것이다.

### (2) 선시제도(Good-Times System)

① 의의

　㉠ 선시제도는 수형기간 중 스스로 선행을 유지함으로써 자신의 석방시기를 그만큼 단축할 수 있는 제도로 형기 자기 단축제도, 선행보상제도 또는 선행감형제도라고도 부른다.

　㉡ 수형자를 열악한 시설 내 생활로부터 가능한 빨리 사회에 내보내서 그의 재사회화를 촉진시킨다는 형사 정책적 의미를 가지고 있다.

> **TIP** 선시제도와 가석방
> ㉠ 가석방은 형기를 그대로 존속하고 처우방법을 시설 내 처우에서 사회 내 처우로 변경하는 것인데 반하여, 선시제는 형기 자체를 실질적으로 단축시킨다는 점에서 양자는 본질적으로 다르다.
> ㉡ 가석방은 비록 소내생활에 있어서 누진계급 최상위 수형자라 하더라도 장래의 적법한 생활가능성이라는 추가적 기준으로 허용되는 것인데 반하여, 선시제도는 재범의 위험성 유무와는 관계없이 단순히 과거의 선행과 근면으로 형기가 단축되는 점에서 양자는 또한 서로 다르다.

② 선시제도의 문제점

　㉠ 선행보상제도의 경우에도 결국은 교정시설의 형집행자에게 석방결정에 대한 재량을 허용할 수밖에 없다는 점에서 가석방의 경우와 다른 점이 없다.

　㉡ 선행보상제도는 소내에서의 선행업적이 있는 이상 재범의 위험성의 유무와는 관계없이 수형자가 석방되기 때문에 사회방위의 관점에서 부정적이다.

　㉢ 3권분립하에서 사법부에 의하여 정해진 형기를 행정권에 의하여 단축한다는 점에서 사법권의 침해이며, 3권분립의 원칙에 어긋난다.

　㉣ 교도소생활에 익숙한 교활한 수형자가 석방될 우려가 있다.

　㉤ 선행보상제도는 수형자의 교화개선을 수형자 자신에게 부담시키는 것이므로 근본적으로 수형자의 교화개선에 대한 국가의 의무를 포기하는 것이다.

## ❸ 수형자의 분류처우

### (1) 처우(형의 집행 및 수용자의 처우에 관한 법률 제57조)

① 수형자는 분류심사의 결과에 따라 그에 적합한 교정시설에 수용되며, 개별처우계획에 따라 그 특성에 알맞은 처우를 받는다.

② 교정시설은 도주방지 등을 위한 수용설비 및 계호의 정도(경비등급)에 따라 다음으로 구분한다. 다만, 동일한 교정시설이라도 구획을 정하여 경비등급을 달리할 수 있다.

| 구분 | 내용 |
|---|---|
| 개방시설 | 도주방지를 위한 통상적인 설비의 전부 또는 일부를 갖추지 아니하고 수형자의 자율적 활동이 가능하도록 통상적인 관리 · 감시의 전부 또는 일부를 하지 아니하는 교정시설 |
| 완화경비시설 | 도주방지를 위한 통상적인 설비 및 수형자에 대한 관리 · 감시를 일반경비시설보다 완화한 교정시설 |
| 일반경비시설 | 도주방지를 위한 통상적인 설비를 갖추고 수형자에 대하여 통상적인 관리 · 감시를 하는 교정시설 |
| 중(重)경비시설 | 도주방지 및 수형자 상호 간의 접촉을 차단하는 설비를 강화하고 수형자에 대한 관리 · 감시를 엄중히 하는 교정시설 |

③ 수형자에 대한 처우는 교화 또는 건전한 사회복귀를 위하여 교정성적에 따라 상향 조정될 수 있으며, 특히 그 성적이 우수한 수형자는 개방시설에 수용되어 사회생활에 필요한 적정한 처우를 받을 수 있다.

④ 소장은 가석방 또는 형기 종료를 앞둔 수형자 중에서 법무부령으로 정하는 일정한 요건을 갖춘 사람에 대해서는 가석방 또는 형기 종료 전 일정 기간 동안 지역사회 또는 교정시설에 설치된 개방시설에 수용하여 사회적응에 필요한 교육, 취업지원 등의 적정한 처우를 할 수 있다.

⑤ 수형자는 교화 또는 건전한 사회복귀를 위하여 교정시설 밖의 적당한 장소에서 봉사활동 · 견학, 그 밖에 사회적응에 필요한 처우를 받을 수 있다.

⑥ 학과교육생 · 직업훈련생 · 외국인 · 여성 · 장애인 · 노인 · 환자 · 소년(19세 미만인 자를 말한다), 중간처우의 대상자, 그 밖에 별도의 처우가 필요한 수형자는 법무부장관이 특히 그 처우를 전담하도록 정하는 시설(전담교정시설)에 수용되며, 그 특성에 알맞은 처우를 받는다. 다만, 전담교정시설의 부족이나 그 밖의 부득이한 사정이 있는 경우에는 예외로 할 수 있다.

### (2) 처우등급

① **처우등급** : 처우등급이란 수형자의 처우와 관련하여 수형자를 수용할 시설 및 계호의 수준, 처우의 등급을 구별하기 위한 기준을 말한다.

② **수형자의 처우등급 부여** : 소장은 수형자의 처우수준을 개별처우계획의 시행에 적합하게 정하거나 조정하기 위하여 교정성적에 따라 처우등급을 부여할 수 있다.

**TIP** 교정성적

수형자의 수용생활 태도, 상벌 유무, 교육 및 작업의 성과 등을 종합적으로 평가한 결과를 말한다.

③ **처우등급**(형의 집행 및 수용자의 처우에 관한 법률 시행규칙 제72조)

| 구분 | 내용 |
|------|------|
| 기본수용급 | 성별·국적·나이·형기 등에 따라 수용할 시설 및 구획 등을 구별하는 기준 |
| 경비처우급 | 도주 등의 위험성에 따라 수용시설과 계호의 정도를 구별하고, 범죄성향의 진전과 개선정도, 교정성적에 따라 처우수준을 구별하는 기준 |
| 개별처우급 | 수형자의 개별적인 특성에 따라 중점처우의 내용을 구별하는 기준 |

④ **기본수용급 구분**(형의 집행 및 수용자의 처우에 관한 법률 시행규칙 제73조) … 여성수형자, 외국인수형자, 금고형수형자, 9세 미만의 소년수형자, 23세 미만의 청년수형자, 65세 이상의 노인수형자, 형기가 10년 이상인 장기수형자, 정신질환 또는 장애가 있는 수형자, 신체질환 또는 장애가 있는 수형자로 구분한다.

⑤ **경비처우급**(형의 집행 및 수용자의 처우에 관한 법률 시행규칙 제74조)

　㉠ **경비처우급의 구분**

| 구분 | 내용 |
|------|------|
| 개방처우급 | 개방시설에 수용되어 가장 높은 수준의 처우가 필요한 수형자 |
| 완화경비처우급 | 완화경비시설에 수용되어 통상적인 수준보다 높은 수준의 처우가 필요한 수형자 |
| 일반경비처우급 | 일반경비시설에 수용되어 통상적인 수준의 처우가 필요한 수형자 |
| 중(重)경비처우급 | 중(重)경비시설에 수용되어 기본적인 처우가 필요한 수형자 |

　㉡ **경비처우급에 따른 작업기준**

| 구분 | 내용 |
|------|------|
| 개방처우급 | 외부통근작업 및 개방지역작업 가능 |
| 완화경비처우급 | 개방지역작업 및 필요시 외부통근작업 가능 |
| 일반경비처우급 | 구내작업 및 필요시 개방지역작업 가능 |
| 중(重)경비처우급 | 필요시 구내작업 가능 |

⑥ **개별처우급**(형의 집행 및 수용자의 처우에 관한 법률 시행규칙 제76조) … 직업훈련, 학과교육, 생활지도, 작업지도, 운영지원작업, 의료처우, 자치처우, 개방처우, 집중처우로 구분한다.

## (3) 분류심사제도

### ① 분류심사(형의 집행 및 수용자의 처우에 관한 법률 제59조)

ㄱ 소장은 수형자에 대한 개별처우계획을 합리적으로 수립하고 조정하기 위하여 수형자의 인성, 행동특성 및 자질 등을 과학적으로 조사 · 측정 · 평가(분류심사)하여야 한다. 다만, 집행할 형기가 짧거나 그 밖의 특별한 사정이 있는 경우에는 예외로 할 수 있다.

ㄴ 수형자의 분류심사는 형이 확정된 경우에 개별처우계획을 수립하기 위하여 하는 심사와 일정한 형기가 지나거나 상벌 또는 그 밖의 사유가 발생한 경우에 개별처우계획을 조정하기 위하여 하는 심사로 구분한다.

ㄷ 소장은 분류심사를 위하여 수형자를 대상으로 상담 등을 통한 신상에 관한 개별사안의 조사, 심리 · 지능 · 적성 검사, 그 밖에 필요한 검사를 할 수 있다.

ㄹ 소장은 분류심사를 위하여 외부전문가로부터 필요한 의견을 듣거나 외부전문가에게 조사를 의뢰할 수 있다.

### ② 관계기관 등에 대한 사실조회 등(형의 집행 및 수용자의 처우에 관한 법률 제60조)

ㄱ 소장은 분류심사와 그 밖에 수용목적의 달성을 위하여 필요하면 수용자의 가족 등을 면담하거나 법원 · 경찰관서, 그 밖의 관계 기관 또는 단체에 대하여 필요한 사실을 조회할 수 있다.

ㄴ ㄱ의 조회를 요청받은 관계기관 등의 장은 특별한 사정이 없으면 지체 없이 그에 관하여 답하여야 한다.

### ③ 분류전담시설(형의 집행 및 수용자의 처우에 관한 법률 제61조) : 법무부장관은 수형자를 과학적으로 분류하기 위하여 분류심사를 전담하는 교정시설을 지정 · 운영할 수 있다.

### ④ 분류처우위원회(형의 집행 및 수용자의 처우에 관한 법률 제62조)

ㄱ 수형자의 개별처우계획, 가석방심사신청 대상자 선정, 그 밖에 수형자의 분류처우에 관한 중요 사항을 심의 · 의결하기 위하여 교정시설에 분류처우위원회를 둔다.

ㄴ 위원회는 위원장을 포함한 5명 이상 7명 이하의 위원으로 구성하고, 위원장은 소장이 되며, 위원은 위원장이 소속 기관의 부소장 및 과장(지소의 경우에는 7급 이상의 교도관) 중에서 임명한다.

ㄷ 위원회는 그 심의 · 의결을 위하여 외부전문가로부터 의견을 들을 수 있다.

### ⑤ 분류심사 사항(형의 집행 및 수용자의 처우에 관한 법률 시행규칙 제63조)

ㄱ 처우등급에 관한 사항

ㄴ 작업, 직업훈련, 교육 및 교화프로그램 등의 처우방침에 관한 사항

ㄷ 보안상의 위험도 측정 및 거실 지정 등에 관한 사항

ㄹ 보건 및 위생관리에 관한 사항

ㅁ 이송에 관한 사항

ㅂ 가석방 및 귀휴심사에 관한 사항

ㅅ 석방 후의 생활계획에 관한 사항

ㅇ 그 밖에 수형자의 처우 및 관리에 관한 사항

⑥ **분류심사 제외**(형의 집행 및 수용자의 처우에 관한 법률 시행규칙 제62조 제1항)
  ㉠ 징역형·금고형이 확정된 사람으로서 집행할 형기가 형집행지휘서 접수일부터 3개월 미만인 사람
  ㉡ 구류형이 확정된 사람

⑦ **분류심사 유예**(형의 집행 및 수용자의 처우에 관한 법률 시행규칙 제62조 제2항)
  ㉠ 질병 등으로 분류심사가 곤란한 때
  ㉡ 다음 징벌에 해당하는 행위 및 징벌대상행위의 혐의가 있어 조사 중이거나 징벌집행 중인 때
    • 「형법」, 「폭력행위 등 처벌에 관한 법률」, 그 밖의 형사 법률에 저촉되는 행위
    • 수용생활의 편의 등 자신의 요구를 관철할 목적으로 자해하는 행위
    • 정당한 사유 없이 작업·교육·교화프로그램 등을 거부하거나 태만히 하는 행위
    • 제92조의 금지물품을 지니거나 반입·제작·사용·수수·교환·은닉하는 행위
    • 다른 사람을 처벌받게 하거나 교도관의 직무집행을 방해할 목적으로 거짓 사실을 신고하는 행위
  ㉢ 그 밖의 사유로 분류심사가 특히 곤란하다고 인정하는 때

⑧ **신입심사 시기**(형의 집행 및 수용자의 처우에 관한 법률 시행규칙 제64조) : 개별처우계획을 수립하기 위한 신입심사는 매월 초일부터 말일까지 형집행지휘서가 접수된 수형자를 대상으로 하며, 그 다음 달까지 완료하여야 한다. 다만, 특별한 사유가 있는 경우에는 그 기간을 연장할 수 있다.
  ㉠ **분류조사 사항**(형의 집행 및 수용자의 처우에 관한 법률 시행규칙 제69조) : 신입심사를 할 때에는 다음의 사항을 조사한다.
    • 성장과정
    • 학력 및 직업경력
    • 생활환경
    • 건강상태 및 병력사항
    • 심리적 특성
    • 마약·알코올 등 약물중독 경력
    • 가족 관계 및 보호자 관계
    • 범죄경력 및 범행내용
    • 폭력조직 가담여부 및 정도
    • 교정시설 총 수용기간
    • 교정시설 수용(과거에 수용된 경우를 포함한다) 중에 받은 징벌 관련 사항
    • 도주(음모, 예비 또는 미수에 그친 경우를 포함한다) 또는 자살기도(企圖) 유무와 횟수
    • 상담관찰 사항
    • 수용생활태도
    • 범죄피해의 회복 노력 및 정도
    • 석방 후의 생활계획
    • 재범의 위험성

- 처우계획 수립에 관한 사항
- 그 밖에 수형자의 처우 및 관리에 필요한 사항

ⓛ **분류조사 방법**(형의 집행 및 수용자의 처우에 관한 법률 시행규칙 제70조) : 분류조사의 방법은 다음과 같다.
- 수용기록 확인 및 수형자와의 상담
- 수형자의 가족 등과의 면담
- 검찰청, 경찰서, 그 밖의 관계기관에 대한 사실조회
- 외부전문가에 대한 의견조회
- 그 밖에 효율적인 분류심사를 위하여 필요하다고 인정되는 방법

ⓒ **분류검사**(형의 집행 및 수용자의 처우에 관한 법률 시행규칙 제71조)
- 소장은 분류심사를 위하여 수형자의 인성, 지능, 적성 등의 특성을 측정·진단하기 위한 검사를 할 수 있다.
- 인성검사는 신입심사 대상자 및 그 밖에 처우상 필요한 수형자를 대상으로 한다. 다만, 수형자가 다음의 어느 하나에 해당하면 인성검사를 하지 아니할 수 있다.
  −분류심사가 유예된 때
  −그 밖에 인성검사가 곤란하거나 불필요하다고 인정되는 사유가 있는 때
- 이해력의 현저한 부족 등으로 인하여 인성검사를 하지 아니한 경우에는 상담 내용과 관련 서류를 토대로 인성을 판정하여 경비처우급 분류지표를 결정할 수 있다.
- 지능 및 적성 검사는 인성검사 제외 대상에 해당하지 아니하는 신입심사 대상자로서 집행할 형기가 형 집행지휘서 접수일부터 1년 이상이고 나이가 35세 이하인 경우에 한다. 다만, 직업훈련 또는 그 밖의 처우를 위하여 특히 필요한 경우에는 예외로 할 수 있다.

ⓔ **소득점수**(형의 집행 및 수용자의 처우에 관한 법률 시행규칙 제77조) : 소득점수는 다음의 범위에서 산정한다.

| 구분 | 내용 |
|---|---|
| 수형생활 태도 | 5점 이내 |
| 작업 또는 교육 성적 | 5점 이내 |

ⓜ **소득점수 평가 기간 및 방법**(형의 집행 및 수용자의 처우에 관한 법률 시행규칙 제78조)

- 소장은 수형자의 소득점수를 소득점수 평가 및 통지서에 따라 매월 평가하여야 한다. 이 경우 대상기간은 매월 초일부터 말일까지로 한다.
- 수형자의 소득점수 평가 방법은 다음으로 구분한다.

| 구분 | 평가방법 | 점수 |
|------|----------|------|
| 수형생활 태도 | 품행·책임감 및 협동심의 정도 | • 매우양호(수, 5점)<br>• 양호(우, 4점)<br>• 보통(미, 3점)<br>• 개선요망(양, 2점)<br>• 불량(가, 1점) |
| 작업 또는 교육 성적 | 부과된 작업·교육의 실적 정도와 근면성 등 | • 매우우수(수, 5점)<br>• 우수(우, 4점)<br>• 보통(미, 3점)<br>• 노력요망(양, 2점)<br>• 불량(가, 1점) |

- 수형자의 작업 또는 교육 성적을 평가하는 경우에는 작업 숙련도, 기술력, 작업기간, 교육태도, 시험성적 등을 고려할 수 있다.
- 보안·작업 담당교도관 및 관구(교정시설의 효율적인 운영과 수용자의 적정한 관리 및 처우를 위하여 수용동별 또는 작업장별로 나누어진 교정시설 안의 일정한 구역)의 책임교도관은 서로 협의하여 소득점수 평가 및 통지서에 해당 수형자에 대한 매월 초일부터 말일까지의 소득점수를 채점한다.

ⓗ **소득점수 평가기준**(형의 집행 및 수용자의 처우에 관한 법률 시행규칙 제79조)

- 수형생활 태도 점수와 작업 또는 교육성적 점수에서 수는 소속 작업장 또는 교육장 전체 인원의 10퍼센트를 초과할 수 없고, 우는 30퍼센트를 초과할 수 없다. 다만, 작업장 또는 교육장 전체인원이 4명 이하인 경우에는 수·우를 각각 1명으로 채점할 수 있다.
- 소장이 작업장 중 작업의 특성이나 난이도 등을 고려하여 필수 작업장으로 지정하는 경우 소득점수의 수는 5퍼센트 이내, 우는 10퍼센트 이내의 범위에서 각각 확대할 수 있다. 소장은 수형자가 부상이나 질병, 그 밖의 부득이한 사유로 작업 또는 교육을 받지 못한 경우에는 3점 이내의 범위에서 작업 또는 교육 성적을 부여할 수 있다.

⑨ **경비처우급 조정**(형의 집행 및 수용자의 처우에 관한 법률 시행규칙 제81조) : 경비처우급을 상향 또는 하향 조정하기 위하여 고려할 수 있는 평정소득점수의 기준은 다음과 같다. 다만, 수용 및 처우를 위하여 특히 필요한 경우 법무부장관이 달리 정할 수 있다.

| 구분 | 내용 |
| --- | --- |
| 상향 조정 | 8점 이상(재심사의 경우에는 7점 이상) |
| 하향 조정 | 5점 이하 |

⑩ **조정된 처우등급의 처우 등**(형의 집행 및 수용자의 처우에 관한 법률 시행규칙 제82조)
　㉠ 조정된 처우등급에 따른 처우는 그 조정이 확정된 다음 날부터 한다. 이 경우 조정된 처우등급은 그 달 초일부터 적용된 것으로 본다.
　㉡ 소장은 수형자의 경비처우급을 조정한 경우에는 지체 없이 해당 수형자에게 그 사항을 알려야 한다.

⑪ **재심사의 구분**(형의 집행 및 수용자의 처우에 관한 법률 시행규칙 제65조) : 형이 확정된 이후 개별처우계획을 수립하기 위하여 하는 신입심사 이후 개별처우계획을 조정할 것인지를 결정하기 위한 분류심사는 다음으로 구분한다.

| 구분 | 내용 |
| --- | --- |
| 정기재심사 | 일정한 형기가 도달한 때 하는 재심사 |
| 부정기재심사 | 상벌 또는 그 밖의 사유가 발생한 경우에 하는 재심사 |

⑫ **정기재심사**(형의 집행 및 수용자의 처우에 관한 법률 시행규칙 제66조) : 정기재심사는 다음의 어느 하나에 해당하는 경우에 한다. 다만, 형집행지휘서가 접수된 날부터 6개월이 지나지 아니한 경우에는 그러하지 아니하다.
　㉠ 형기의 3분의 1에 도달한 때
　㉡ 형기의 2분의 1에 도달한 때
　㉢ 형기의 3분의 2에 도달한 때
　㉣ **형기의 6분의 5에 도달한 때**
　• 부정기형의 재심사 시기는 단기형을 기준으로 한다.
　• 무기형과 20년을 초과하는 징역형·금고형의 재심사 시기를 산정하는 경우에는 그 형기를 20년으로 본다.
　• 2개 이상의 징역형 또는 금고형을 집행하는 수형자의 재심사 시기를 산정하는 경우에는 그 형기를 합산한다. 다만, 합산한 형기가 20년을 초과하는 경우에는 그 형기를 20년으로 본다.

⑬ **부정기재심사**(형의 집행 및 수용자의 처우에 관한 법률 시행규칙 제67조) : 부정기재심사는 다음의 어느 하나에 해당하는 경우에 할 수 있다.

   ㉠ 분류심사에 오류가 있음이 발견된 때

   ㉡ 수형자가 교정사고(교정시설에서 발생하는 화재, 수용자의 자살·도주·폭행·소란, 그 밖에 사람의 생명·신체를 해하거나 교정시설의 안전과 질서를 위태롭게 하는 사고)의 예방에 뚜렷한 공로가 있는 때

   ㉢ 수형자를 징벌하기로 의결한 때

   ㉣ 수형자가 집행유예의 실효 또는 추가사건(현재 수용의 근거가 된 사건 외의 형사사건)으로 금고이상의 형이 확정된 때

   ㉤ 수형자가 「숙련기술장려법」에 따른 전국기능경기대회 입상, 기사 이상의 자격취득, 학사 이상의 학위를 취득한 때

   ㉥ 그 밖에 수형자의 수용 또는 처우의 조정이 필요한 때

⑭ **재심사 시기 등**(형의 집행 및 수용자의 처우에 관한 법률 시행규칙 제68조) : 소장은 재심사를 할 때에는 그 사유가 발생한 달의 다음 달까지 완료하여야 한다. 재심사에 따라 경비처우급을 조정할 필요가 있는 경우에는 한 단계의 범위에서 조정한다. 다만, 수용 및 처우를 위하여 특히 필요한 경우에는 두 단계의 범위에서 조정할 수 있다.

## (4) 처우등급별 처우 등

① **처우등급별 수용**(형의 집행 및 수용자의 처우에 관한 법률 시행규칙 제83조) : 소장은 수형자를 기본수용급별·경비처우급별로 구분하여 수용하여야 한다. 다만 처우상 특히 필요하거나 시설의 여건상 부득이한 경우에는 기본수용급·경비처우급이 다른 수형자를 함께 수용하여 처우할 수 있다. 소장은 수형자를 수용하는 경우 개별처우의 효과를 증진하기 위하여 경비처우급·개별처우급이 같은 수형자 집단으로 수용하여 처우할 수 있다.

② **물품지급**(형의 집행 및 수용자의 처우에 관한 법률 시행규칙 제84조) : 소장은 수형자의 경비처우급에 따라 물품에 차이를 두어 지급할 수 있다. 다만, 주·부식, 음료, 그 밖에 건강유지에 필요한 물품은 그러하지 아니하다. 의류를 지급하는 경우 수형자가 개방처우급인 경우에는 색상, 디자인 등을 다르게 할 수 있다.

③ **봉사원 선정**(형의 집행 및 수용자의 처우에 관한 법률 시행규칙 제85조)

   ㉠ 소장은 개방처우급·완화경비처우급·일반경비처우급 수형자로서 교정성적, 나이, 인성 등을 고려하여 다른 수형자의 모범이 된다고 인정되는 경우에는 봉사원으로 선정하여 담당교도관의 사무처리와 그 밖의 업무를 보조하게 할 수 있다.

   ㉡ 소장은 봉사원의 활동기간을 1년 이하로 정하되, 필요한 경우에는 그 기간을 연장할 수 있다.

   ㉢ 소장은 봉사원의 활동과 역할 수행이 부적당하다고 인정하는 경우에는 그 선정을 취소할 수 있다.

   ㉣ 소장은 봉사원 선정, 기간연장 및 선정취소에 관한 사항을 결정할 때에는 법무부장관이 정하는 바에 따라 분류처우위원회의 심의·의결을 거쳐야 한다.

④ **자치생활**(형의 집행 및 수용자의 처우에 관한 법률 시행규칙 제86조)

　㉠ 소장은 개방처우급·완화경비처우급 수형자에게 자치생활을 허가할 수 있다.

　㉡ 수형자 자치생활의 범위는 인원점검, 취미활동, 일정한 구역 안에서의 생활 등으로 한다.

　㉢ 소장은 자치생활 수형자들이 교육실, 강당 등 적당한 장소에서 월 1회 이상 토론회를 할 수 있도록 하여야 한다.

　㉣ 소장은 자치생활 수형자가 법무부장관 또는 소장이 정하는 자치생활 중 지켜야 할 사항을 위반한 경우에는 자치생활 허가를 취소할 수 있다.

⑤ **접견**(형의 집행 및 수용자의 처우에 관한 법률 시행규칙 제87조) : 수형자의 경비처우급별 접견의 허용횟수는 다음과 같다.

| 구분 | 내용 |
|------|------|
| 개방처우급 | 1일 1회 |
| 완화경비처우급 | 월 6회 |
| 일반경비처우급 | 월 5회 |
| 중(重)경비처우급 | 월 4회 |

　㉠ '개방처우'를 제외한 나머지의 경우 접견은 1일 1회만 허용한다. 다만, 처우상 특히 필요한 경우에는 그러하지 아니하다.

　㉡ 소장은 교화 및 처우상 특히 필요한 경우에는 수용자가 다른 교정시설의 수용자와 통신망을 이용하여 화상으로 접견하는 것을 허가할 수 있다. 이 경우 화상접견은 접견 허용횟수에 포함한다.

　㉢ **접견 장소**(형의 집행 및 수용자의 처우에 관한 법률 시행규칙 제88조) : 소장은 개방처우급 수형자에 대하여는 법무부장관이 정하는 바에 따라 접촉차단시설이 설치된 장소 외의 적당한 곳에서 접견을 실시할 수 있다. 다만, 처우상 특히 필요하다고 인정하는 경우에는 그 밖의 수형자에 대하여도 이를 허용할 수 있다.

⑥ **가족 만남의 날 행사**(형의 집행 및 수용자의 처우에 관한 법률 시행규칙 제89조)

　㉠ 소장은 개방처우급·완화경비처우급 수형자에 대하여 가족 만남의 날 행사에 참여하게 하거나 가족 만남의 집을 이용하게 할 수 있다. 이 경우 접견 허용횟수에는 포함되지 아니한다.

　㉡ 소장은 가족이 없는 수형자에 대하여는 결연을 맺었거나 그 밖에 가족에 준하는 사람으로 하여금 그 가족을 대신하게 할 수 있다.

　㉢ 소장은 교화를 위하여 특히 필요한 경우에는 일반경비처우급 수형자에 대하여도 가족 만남의 날 행사 참여 또는 가족 만남의 집 이용을 허가할 수 있다.

⑦ **전화통화의 허용횟수**(형의 집행 및 수용자의 처우에 관한 법률 시행규칙 제90조) : 수형자의 경비처우급별 전화통화의 허용횟수는 다음과 같다.

| 구분 | 내용 |
|---|---|
| 개방처우급 | 월 5회 이내 |
| 완화경비처우급 | 월 3회 이내 |
| 일반경비처우급 · 중(重)경비처우급 | 처우상 특히 필요한 경우 월 2회 이내 |

ⓐ 소장은 처우상 특히 필요한 경우에는 개방처우급 · 완화경비처우급 수형자의 전화통화 허용횟수를 늘릴 수 있다.

ⓑ 전화통화는 1일 1회만 허용한다. 다만, 처우상 특히 필요한 경우에는 그러하지 아니하다.

⑧ **경기 또는 오락회 개최 등**(형의 집행 및 수용자의 처우에 관한 법률 시행규칙 제91조)

ⓐ 소장은 개방처우급 · 완화경비처우급 또는 자치생활 수형자에 대하여 월 2회 이내에서 경기 또는 오락회를 개최하게 할 수 있다. 다만, 소년수형자에 대하여는 그 횟수를 늘릴 수 있다.

ⓑ 경기 또는 오락회가 개최되는 경우 소장은 해당 시설의 사정을 고려하여 참석인원, 방법 등을 정할 수 있다.

ⓒ 경기 또는 오락회가 개최되는 경우 소장은 관련 분야의 전문지식과 자격을 가지고 있는 외부강사를 초빙할 수 있다.

⑨ **사회적 처우**(형의 집행 및 수용자의 처우에 관한 법률 시행규칙 제92조)

ⓐ 소장은 개방처우급 · 완화경비처우급 수형자에 대하여 교정시설 밖에서 이루어지는 다음에 해당하는 활동을 허가할 수 있다. 다만, 처우상 특히 필요한 경우에는 일반경비처우급 수형자에게도 이를 허가할 수 있다.

• 사회견학
• 사회봉사
• 자신이 신봉하는 종교행사 참석
• 연극, 영화, 그 밖의 문화공연 관람

ⓑ 사회적 처우 활동을 허가하는 경우 소장은 별도의 수형자 의류를 지정하여 입게 한다. 다만, 처우상 필요한 경우에는 자비구매의류를 입게 할 수 있다.

ⓒ 연극, 영화, 그 밖의 문화공연 관람의 활동에 필요한 비용은 수형자가 부담한다. 다만, 처우상 필요한 경우에는 예산의 범위에서 그 비용을 지원할 수 있다.

⑩ **중간처우**(형의 집행 및 수용자의 처우에 관한 법률 시행규칙 제93조)

ⓐ 소장은 개방처우급 혹은 완화경비처우급 수형자가 다음 각 호의 사유에 모두 해당하는 경우에는 교정시설에 설치된 개방시설에 수용하여 사회 적응에 필요한 교육, 취업지원 등 적정한 처우를 할 수 있다.

• 형기가 3년 이상인 사람
• 범죄 횟수가 2회 이하인 사람
• 중간처우를 받는 날부터 가석방 또는 형기 종료 예정일까지 기간이 3개월 이상 1년 6개월 이하인 사람

ⓛ 소장은 ㉠에 따른 처우의 대상자 중 중간처우를 받는 날부터 가석방 또는 형기 종료 예정일까지의 기간이 9개월 미만인 수형자에 대해서는 지역사회에 설치된 개방시설에 수용하여 제1항에 따른 처우를 할 수 있다.

ⓒ ㉠에 따른 중간처우 대상자의 선발절차는 법무부장관이 정한다.

⑪ **작업·교육 등의 지도보조**(형의 집행 및 수용자의 처우에 관한 법률 시행규칙 제94조) : 소장은 수형자가 개방처우급 또는 완화경비처우급으로서 작업·교육 등의 성적이 우수하고 관련 기술이 있는 경우에는 교도관의 작업지도를 보조하게 할 수 있다.

⑫ **개인작업**(형의 집행 및 수용자의 처우에 관한 법률 시행규칙 제95조)

ⓐ 소장은 수형자가 개방처우급 또는 완화경비처우급으로서 작업기술이 탁월하고 작업성적이 우수한 경우에는 수형자 자신을 위한 개인작업을 하게 할 수 있다. 이 경우 개인작업 시간은 교도작업에 지장을 주지 아니하는 범위에서 1일 2시간 이내로 한다.

ⓑ 소장은 개인작업을 하는 수형자에게 개인작업 용구를 사용하게 할 수 있다. 이 경우 작업용구는 특정한 용기에 보관하도록 하여야 한다.

ⓒ 개인작업에 필요한 작업재료 등의 구입비용은 수형자가 부담한다. 다만, 처우상 필요한 경우에는 예산의 범위에서 그 비용을 지원할 수 있다.

⑬ **외부 직업훈련**(형의 집행 및 수용자의 처우에 관한 법률 시행규칙 제96조) : 소장은 수형자가 개방처우급 또는 완화경비처우급으로서 직업능력 향상을 위하여 특히 필요한 경우에는 교정시설 외부의 공공기관 또는 기업체 등에서 운영하는 직업훈련을 받게 할 수 있다.

## (5) 분류처우위원회

① **심의·의결 대상**(형의 집행 및 수용자의 처우에 관한 법률 시행규칙 제97조)

ⓐ 처우등급 판단 등 분류심사에 관한 사항

ⓑ 소득점수 등의 평가 및 평정에 관한 사항

ⓒ 수형자 처우와 관련하여 소장이 심의를 요구한 사항

ⓓ 가석방 적격심사 신청 대상자 선정 등에 관한 사항

ⓔ 그 밖에 수형자의 수용 및 처우에 관한 사항

② 위원장의 직무

    ㉠ 위원장은 위원회를 소집하고 위원회의 사무를 총괄한다.

    ㉡ 위원장이 부득이한 사유로 그 직무를 수행할 수 없을 때에는 위원장이 미리 지정한 위원이 그 직무를 대행할 수 있다.

③ 회의(형의 집행 및 수용자의 처우에 관한 법률 시행규칙 제99조)

    ㉠ 위원회의 회의는 매월 10일에 개최한다. 다만, 위원회의 회의를 개최하는 날이 토요일, 공휴일, 그 밖에 법무부장관이 정한 휴무일일 때에는 그 다음 날에 개최한다.

    ㉡ 위원장은 수형자의 처우와 관련하여 필요한 경우에는 임시회의를 개최할 수 있다.

    ㉢ 위원회의 회의는 재적위원 3분의 2이상의 출석으로 개의하고, 출석위원 과반수의 찬성으로 의결한다.

④ 간사(형의 집행 및 수용자의 처우에 관한 법률 시행규칙 제100조) : 위원회의 사무를 처리하기 위하여 분류심사 업무를 담당하는 교도관 중에서 간사 1명을 둔다. 간사는 위원회의 회의록을 작성하여 유지하여야 한다.

# 출제 예상 문제

**1** 다음 중 독수용의 예외 사유가 아닌 것은?

① 독거실 부족 등 시설여건이 충분하지 아니한 때

② 수용자의 생명 또는 신체의 보호, 정서적 안정을 위하여 필요한 때

③ 수형자의 교화 또는 건전한 사회복귀를 위하여 필요한 때

④ 「형사소송법」이나 그 밖의 법률에 따른 서신의 수수금지 및 압수의 결정이 있는 때

> **TIP** ④ 「형사소송법」이나 그 밖의 법률에 따른 서신의 수수금지 및 압수의 결정이 있는 때는 서신수수의 금지사항이다.
> ※ 형집행법 제14조(독거수용)
> 수용자는 독거수용한다. 다만, 다음의 어느 하나에 해당하는 사유가 있으면 혼거수용을 할 수 있다.
> ⊙ 독거실 부족 등 시설여건이 충분하지 아니한 때
> ⓒ 수용자의 생명 또는 신체의 보호, 정서적 안정을 위하여 필요한 때
> ⓒ 수형자의 교화 또는 건전한 사회복귀를 위하여 필요한 때

**2** 다음 중 엄정독거제의 문제점을 보완하면서 악풍감염을 없애기 위해 주간에는 절대침묵 속에 작업에 종사하게 하고 야간에는 독거구금하도록 하는 방식은?

① 혼거제                    ② 엘마이라제

③ 펜실베이니아제            ④ 오번제

> **TIP** ④ 오번제란 주간에는 수형자 상호 간의 대화를 엄격하게 금지하여 침묵상태에서 작업에 종사하게 하고 야간에는 독거구금하는 것으로 침묵제(Auburn System)라고도 한다.
> ① 여러 명의 수형자를 같은 방에 구금하는 방식으로 가장 전형적인 방식이다.
> ② 부정기형과 행형성적에 따라 진급하는 누진제를 결합하여 계급에 따른 처우와 가석방을 실시함으로써 자율적 개선에 중점을 준 제도이다.
> ③ 절대침묵 속에서 자신의 과오를 반성하게 하고 속죄함으로써 정신적 개선에 중점을 둔 제도이다.

**Answer** 1.④  2.④

**3** 다음 중 사회 내 처분이 아닌 것은?

① 보호관찰
② 외부통근
③ 가석방
④ 갱생보호

**TIP** ② 사회 내 처분은 범죄자를 일반 사회 속에서 지내도록 하면서 행동의 자유에 일정한 제한을 가하여 정상적인 생활을 유도하는 것으로 보호단계에서 실시되며, 보호관찰, 사회봉사 및 수강명령, 가석방, 갱생보호 등이 있다.

**4** 'UN피구금자처우최저기준규칙'에 관한 설명으로 옳지 않은 것은?

① 소년은 성년과 분리하여 구금하여야 한다.
② 모든 교정시설에는 1명 이상의 정신과 의사를 배치하여 의료를 받을 수 있도록 해야 한다.
③ 여자피구금자는 전문적인 직무를 행하는 경우 이외에는 여자직원에 의하여서만 보호되고 감독되어야 한다.
④ 일반적으로 폐쇄시설의 수용인원은 가급적 1,000명을 초과하지 않도록 한다.

**TIP** ④ 폐쇄시설에 있어서의 수형자의 수는 개별처우를 방해할 정도로 많지 아니하는 것이 바람직하다. 일부국가에서는 이와 같은 시설의 피수용자 인원은 500명을 초과해서는 아니 되는 것으로 보고 있다. 개방시설의 수용인원은 가능한 한 적어야 한다.
　※ 형집행법 제6조(교정시설의 규모 및 설비)
　　㉠ 신설하는 교정시설은 수용인원이 500명 이내의 규모가 되도록 하여야 한다. 다만, 교정시설의 기능·위치나 그 밖의 사정을 고려하여 그 규모를 증대할 수 있다.
　　㉡ 교정시설의 거실·작업장·접견실이나 그 밖의 수용생활을 위한 설비는 그 목적과 기능에 맞도록 설치되어야 한다. 특히, 거실은 수용자가 건강하게 생활할 수 있도록 적정한 수준의 공간과 채광·통풍·난방을 위한 시설이 갖추어져야 한다.

**5** 수형자치제도에 관한 설명으로 옳지 않은 것은?

① 수형자치제는 수형자의 자율과 책임을 강조하여 사회 적응력을 함양하게 하여 건전한 사회인으로의 복귀를 용이하게 하기 위한 것이다.
② 소집단처우제도와 결합하여 실시하는 것이 효과적이다.
③ 수형자에 대한 사회 내 처우의 일종이다.
④ 부정기형제도와 결합하여 운영하여야 효과가 있다는 주장도 있다.

**TIP** ③ 수형자치제는 교도시설 내에서 실시하므로 시설 내 처우의 일종이다.

**Answer** 3.② 4.④ 5.③

**6** 과밀수용문제의 해결을 위해 시행되고 있는 정책 중 하나인 선시제(Good time system)는 어느 부류에 속하는가?

① 후문을 통한 해결방식

② 정문을 통한 해결방식

③ 수용규모의 확장

④ 민영화를 통한 해결방식

> **TIP** ① 선시제도는 교도소 내에서 선행을 통해 석방의 시기가 단축되는 것으로 후문을 통한 해결방식에 일종이다.
>
> ※ 과밀수용문제의 해결

| 구분 | 내용 |
|---|---|
| 후문을 통한 해결방식 | 석방을 조절하여 해결하는 방식으로 가석방, 선시제도 등을 통하여 형기를 단축하거나 조기에 석방함으로써 수용인원을 줄이는 방법을 말한다. |
| 정문을 통한 해결방식 | 입소, 즉 수용되는 사람들을 조절하는 방법으로 집행유예, 보호관찰, 벌금형 등을 활용하여 자유형의 집행대상을 축소하거나 전환방법을 활용하여 수용을 회피하는 방법을 말한다. |
| 규모의 확장을 통한 해결방법 | 시설의 증설을 통하여 수용밀도를 조절함으로써 과밀수용을 해결하는 방식이다. |
| 민영화를 통한 해결방안 | 교정시설 및 운영의 일부 또는 전부를 민간에 위탁함으로써 과밀수용을 해결하고자 하는 방식이다. |

**7** 다음 중 올바른 것은?

① 교도소에는 만 20세 이상의 수형자를 수용한다.

② 소년교도소에는 만 18세 미만의 수형자만을 수용한다.

③ 교도소에 미결수용자를 수용할 수 없다.

④ 신설하는 교정시설은 수용인원이 500명 이내의 규모가 되도록 하여야 한다.

> **TIP** ④ 신설하는 교정시설은 수용인원이 500명 이내의 규모가 되도록 하여야 한다(형집행법 제6조 제1항).
> ① 19세 이상 수형자는 교도소에 수용한다.
> ② 19세 미만 수형자는 소년교도소에 수용한다.
> ③ 관할 법원 및 검찰청 소재지에 구치소가 없거나 구치소의 수용인원이 정원을 훨씬 초과하여 정상적인 운영이 곤란한 때 또는 범죄의 증거인멸을 방지하기 위하여 필요하거나 그 밖에 특별한 사정이 있는 때에 해당하면 교도소에 미결수용자를 수용할 수 있다(형집행법 제12조).

**Answer** 6.① 7.④

**8** 다음 중 순회점검, 시찰, 참관에 대하여 옳은 것은?

① 판사, 검사는 교정시설을 시찰할 수 없다.
② 외국인 참관 시 법무부장관의 승인을 필요로 한다.
③ 남자교도관은 야간에 여자수용자를 시찰할 수 없다.
④ 순회점검은 1년에 1회 실시한다.

> **TIP** ④ 법무부장관은 교정시설의 운영, 교도관 및 경비교도의 복무, 수용자의 처우 및 인권실태 등을 파악하기 위하여 매년 1회 이상 교정시설을 순회점검하거나 소속 공무원으로 하여금 순회점검하게 하여야 한다(형집행법 제8조).
> ① 판사와 검사는 직무상 필요하면 교정시설을 시찰할 수 있다(형집행법 제9조).
> ② 소장은 외국인에게 참관을 허가할 경우에는 미리 관할 지방교정청장의 승인을 받아야 한다(형집행법 시행령 제3조 제2항).
> ③ 소장은 특히 필요하다고 인정하는 경우가 아니면 남성교도관이 야간에 수용자거실에 있는 여성수용자를 시찰하게 하여서는 아니된다(형집행법 시행령 제7조).

**9** 우리나라 교도소시설의 일반적인 형태는?

① 분방식
② 전주형
③ Panopticon형
④ Pavillion형

> **TIP** ② 우리나라의 교정시설은 일반적으로 전주형의 모습을 보이며, 위생적인 측면에서 유리하고 보안성이 높지만 대규모시설로 수용자 개별 처우가 곤란한 문제점이 있다.
> ※ 교도소의 구조

| 구분 | 내용 |
|---|---|
| 분방식 | • 장방형의 사방을 방사익형으로 배열<br>• 로마 산 미켈레 소년감화원 |
| 파놉티콘형 | • 한 사람의 감시자가 중앙의 감시대에서 전체 사방과 거실 내부를 볼 수 있도록 고안<br>• 영국 철학자 벤담이 고안 |
| 파빌리온형 | • 병렬식 구조로 수용자의 분류처우와 보건위생을 중시한 건축양식<br>• 푸신에 의해 고안 |
| 전주형 | • 일자형의 사동을 병렬<br>• 우리나라의 일반적 형태 |

**Answer** 8.④ 9.②

**10** 수형자의 법률적 지위에 대한 설명으로 옳지 않은 것은?

① 행복추구권, 법 앞의 평등권 등은 제한할 수 없다.
② 사상의 자유와 종교의 자유는 제한할 수 있다.
③ 양심의 자유 등 정신적 자유권은 제한할 수 없다.
④ 신체의 자유와 직업선택의 자유는 제한할 수 있다.

> **TIP** ② 수형자의 사상 및 양심의 자유, 종교의 자유 등은 일반 국민과 같이 보장되어야 한다.

**11** 수형자자치제도와 관계가 없는 것은?

① T.M. Osborne(오스본)  ② 수형자의 과학적 분류조사의 필요성
③ 독거제  ④ 자유에 의한 자유에로의 교육

> **TIP** ③ 수형자자치제는 일정수의 수형자가 스스로 가족적인 분위기를 살리며 수형생활을 하게 하는 것이므로 혼거제를 필수적 요건으로
> 한다.
> ① 수형자자치제는 미국의 오스번(Osborne)에 의하여 오번 교도소에서 처음 실시되었다.
> ② 수형자자치제가 성공하기 위해서는 과학적 분류에 의한 자치제의 적용에 적합한 자를 선정하여야 한다.
> ④ 수형자자치제는 수형자 스스로의 자유에 의하여 자치정신을 배양하고, 상부상조하면서 사회적응능력을 배워 사회에 복귀하여서도
> 타율적 간섭 없이 자유에 의하여 생활할 수 있도록 하는 제도이다.

**12** 펜실베이니아제의 구금방식으로 맞는 것은?

① 완화독거  ② 엄정독거
③ 혼거구금  ④ 주간혼거, 야간독거

> **TIP** ② 펜실베이니아제는 주야 구별 없이 엄정하게 독거수용하는 구금방법이다.
> ※ 펜실베이니아제(엄정독거제): 절대침묵 속에서 자신의 과오를 반성하게 하고 속죄함으로써 정신적 개선을 촉구하려는 범죄자의 정
> 신적 개선에 중점을 둔 행형제도이다.

| 장점 | 단점 |
| --- | --- |
| • 정신적 개선에 유리<br>• 악습전염 방지<br>• 수형자의 사생활 보호<br>• 질병 · 전염병의 예방방지에 효과적<br>• 개별처우에 적합 | • 의지력을 약화, 신체건강 약화<br>• 정신병에 걸리기 쉬우며 자살 등 사고발생 우려<br>• 수용자를 사회적인 개선된 인간으로 교화하기에 부적합<br>• 국가 재정비용이 증가<br>• 집단적인 교육이나 작업에 불편 |

**13** 수형자자치제와 상관없는 것은?

① 싱싱감옥에서 최초로 시행되었다.

② 과학적 분류처우를 전제로 한다.

③ 부정기형하에서 효과적이다.

④ 소규모시설에서 효과적이다.

> **TIP** ① 수형자자치제가 최초로 실시된 것은 1914년 뉴욕의 오번(Auburn)감옥이다.
>
> ※ 수형자자치제도 시행 요건
> - 혼거제
> - 과학적 분류와 조사
> - 소규모시설에서 운영
> - 부정기형제도에서 효과적

**14** 다음 중 그 연결이 옳지 못한 것은?

① 카티지제 – 소집단 처우제도

② 엘마이어제 – 부정기형

③ 오번제 – 개별처우 용이

④ 펜실베이니아제 – 고독 속의 참회

> **TIP** ③ 오번제는 주간에는 수형자 상호 간의 엄격한 침묵 아래 작업에 종사하고, 야간에는 독거구금하는 것이므로 수용자에 대한 개별처우가 곤란하다.
>
> ① 카티지제도는 기존의 행형제도가 주로 대형화 또는 집단화를 전제로 하여 획일적으로 운영됨으로써 많은 폐해를 낳았음에 착안하여 이러한 폐해를 줄이고자 시도된 소집단 처우제도이다. 1854년 미국 오하이오주 랭커스터에서 처음 시행하였다. 이 제도는 수형자를 개별특성에 따라 20~30명 단위의 소집단으로 나누어 각 소집단별로 행형내용의 강도를 달리하는 적합한 처우방법을 적용함으로써 효과의 극대화를 꾀하였다.
>
> ② 엘마이라제(Elmira System)는 부정기형과 행형성적에 따라 진급하는 누진제를 결합하여 계급에 따른 처우와 가석방을 실시함으로써 자율적 개선에 중점을 둔 제도이다.
>
> ④ 펜실베이니아제(엄정독거제)는 절대침묵 속에서 자신의 과오를 반성하게 하고 속죄함으로써 정신적 개선을 촉구하려는 범죄자의 정신적 개선에 중점을 둔 행형제도이다.

**15** 다음 중 파놉티콘(Panopticon)형을 주장한 자는?

① 벤담

② 서덜랜드

③ 펜

④ 베카리아

> **TIP** ① 파놉티콘(Panopticon)형은 영국의 철학자 벤담(J. Bentham)이다.

**Answer** 13.① 14.③ 15.①

## 16 행형건축 중 파빌리온(Pavillion)형은?

① 병렬형　　　　　　　　　　② 전주형

③ 부채형　　　　　　　　　　④ 학교형

> **TIP** ① 파빌리온(Pavillion)형은 수용자의 분류처우와 보건위생을 중시한 건축양식으로 푸신(Pussin)에 의하여 고안된 병렬식 구조이다.

## 17 수용자가 일신상의 사정에 관하여 소장에게 호소하여 도움을 받을 수 있는 제도는?

① 행정심판　　　　　　　　　② 소장면회

③ 청원　　　　　　　　　　　④ 행정소송

> **TIP** ② 소장면회는 실질적으로 가장 손쉽고 효과적인 구제방법으로 소장은 수용자의 처우 또는 일신상의 사정에 관하여 면담을 요하는 수용자를 면접하도록 되어 있다.

## 18 독거제의 장점에 관한 다음 내용 중 옳지 않은 것은?

① 작업시행에 편리하다.

② 수용자 간의 통모를 방지할 수 있다.

③ 반성의 기회를 준다.

④ 개별처우에 편리하다.

> **TIP** ① 작업시행이 편리한 것은 혼거제이다.
> ※ 독거제 : 수형자를 교도소 내 독방에 구금하여 수형자 간의 접촉을 방지하는 것을 목적으로 하는 제도이다.

| 장점 | 단점 |
| --- | --- |
| • 수용자간 통모방지, 수용자의 악풍감염방지에 유리 | • 공동생활의 사회적 훈련 불가능 |
| • 반성 및 속죄의 기회를 제공 | • 수형자 자치제 활용 불가능 |
| • 개별처우에 적절 | • 신체의 허약, 자살, 정신장애 초래 |
| • 전염병 예방에 유리 | • 행형실무상 교육, 교회, 운동, 작업 등 집단적 교육이 불편 |
| • 감시감독 및 질서유지에 편리 | • 국가 재정부담 증대 |
| • 미결수의 경우 증거인멸 방지에 유리 | |

**19** 다음 중 혼거제의 장점이 아닌 것은?

① 작업의 시행상 유리하다.

② 교도소의 건축비용이 적게 든다.

③ 인간의 사회적 본성과 합하여 인격의 병적 파괴를 방지한다.

④ 직원의 감시가 용이하고 난동의 방지에 유리하다.

> **TIP** ④ 직원의 감시감독 및 질서유지에 편리한 것은 독거제의 장점이다.
>
> ※ 혼거제 : 여러 명의 수형자를 같은 방에 구금하는 방식으로 가장 전형적인 방법이다.

| 장점 | 단점 |
|---|---|
| • 시설관리 편리<br>• 건축비 등 행형비용 절약<br>• 상호감시로 자살방지 등에 유리<br>• 작업시행 편리<br>• 인간의 감정과 일치<br>• 수형자의 심신단련 도모<br>• 형벌의 통일을 도모 | • 악풍감염 및 탈옥 가능성<br>• 수형자간의 갈등<br>• 교도관의 감시 불편<br>• 적절한 개별처우의 곤란<br>• 석방 후 상호 간의 지속적 교제로 인한 공범화 가능성<br>• 비위생적이며 방역상 곤란 |

**20** 다음 중 교도소 수형자의 권리구제책이 아닌 것은?

① 집단행동

② 청원

③ 소장면회

④ 소송의 제기

> **TIP** ① 집단행동은 할 수 없다.
>
> ※ 수용자의 권리구제 수단

| 구분 | 종류 |
|---|---|
| 사법적 구제 | • 헌법소원<br>• 민 · 형사소송<br>• 행정소송 |
| 비사법적 구제 | • 소장면담<br>• 청원<br>• 행정심판<br>• 민원조사관<br>• 국가인권위원회<br>• 옴브즈만 제도 |

**Answer** 19.④ 20.①

**21** 우리나라 교도소의 구금원칙은?

① 독거제　　　　　　　　　　② 혼거제
③ 분류제　　　　　　　　　　④ 잡거제

> **TIP** ① 우리나라는 독거수용을 원칙으로 하며 시설 등의 사정에 비추어 필요하다고 인정될 경우에는 혼거수용할 수 있다.
> ※ 형집행법 제14조(독거수용) : 수용자는 독거수용한다. 다만, 다음의 어느 하나에 해당하는 사유가 있으면 혼거수용할 수 있다.
> ㉠ 독거실 부족 등 시설여건이 충분하지 아니한 때
> ㉡ 수용자의 생명 또는 신체의 보호, 정서적 안정을 위하여 필요한 때
> ㉢ 수형자의 교화 또는 건전한 사회복귀를 위하여 필요한 때

**22** 오번제(Auburn System)의 단점이 아닌 것은?

① 상호의사소통이 안되므로 작업능률이 오르지 않는다.
② 집단생활하에서 사회적 훈련이 가능하다.
③ 인간 본래의 사회생활교육이 불가능하다.
④ 독거제에 비하여 비위생적이며 방역이 곤란하다.

> **TIP** ② 오번제는 집단생활하의 상호적 적응훈련 용이하다는 장점을 갖는다.
> ※ 오번제

| 장점 | 단점 |
| --- | --- |
| • 엄정독거에 비하여 보다 인간적이며 작업 시행에 적합<br>• 상호 간의 악풍을 방지<br>• 집단생활하의 상호적 적응훈련 용이<br>• 주야독거제의 부작용인 심신허약 등 여러 폐해 방지 | • 수형자 상호 간에 의사소통을 금하므로 인간의 본성에 반하여 사회성 훈련이 불완전<br>• 개별처우 곤란 및 교담금지의 실제적 실현 곤란<br>• 계호감시와 기율유지 곤란<br>• 은밀한 부정행위나 출소 후 동료 수형자와의 교제로 재범가능성 증진<br>• 혼거로 인한 위생과 방역곤란<br>• 상호 간의 의사소통금지로 작업능률저하 |

**Answer** 21.① 22.②

## 23 다음 설명 중 옳지 않은 것은?

① 펜실베이니아제의 창시자는 윌리암 펜(William Penn)이다.

② 엄격한 침묵제 아래에서 교도작업을 실시하는 제도가 엘마이라 제도이다.

③ 오번제는 수형자 상호 간의 악풍감염을 방지할 수 있다.

④ 카티지제는 교정경제상의 막대한 부담을 초래할 수 있다.

**TIP** ② 엄격한 침묵제 아래에서 교도작업을 실시하는 제도는 오번(Auburn)제이다. 엘마이라(Elmira)제도는 부정기형하에서 행형성적에 따라 누진제를 채택함으로써 자력적 개선에 중점을 둔 행형제도이다.

## 24 수형자자치제에 대한 설명으로 옳지 않은 것은?

① 원래 소년의 감화개선을 위해 실시되던 제도에서 유래되었다.

② 소규모인 교도소에서 보다 효과적으로 시행할 수 있다.

③ 수형자들의 교도관리로 인하여 교도소폭동이 일어날 염려가 거의 없다.

④ 부정기형을 도입하는 경우에는 이 제도를 실시하기가 유리하다.

**TIP** ③ 교도소의 엄격한 관리하에 있는 경우보다 교도소폭동이 일어날 염려가 더 많다.

## 25 다음 중 수형자자치제에 대한 내용으로 옳지 않은 것은?

① 1914년에 오스본(Osborne)이 처음 시행한 바 있다.

② 교도민주주의의 실험이라고 볼 수 있다.

③ 일정한 수형자는 제외된다.

④ 우리나라는 전면적 자치제를 시행하고 있다.

**TIP** ④ 우리나라에서는 부분적으로 실시되고 있다.
　　※ 동법 시행규칙 제86조(자치생활)
　　　　㉠ 소장은 개방처우급·완화경비처우급 수형자에게 자치생활을 허가할 수 있다.
　　　　㉡ 수형자 자치생활의 범위는 인원점검, 취미활동, 일정한 구역 안에서의 생활 등으로 한다.
　　　　㉢ 소장은 자치생활 수형자들이 교육실, 강당 등 적당한 장소에서 월 1회 이상 토론회를 할 수 있도록 하여야 한다.
　　　　㉣ 소장은 자치생활 수형자가 법무부장관 또는 소장이 정하는 자치생활 준수사항을 위반한 경우에는 자치생활 허가를 취소할 수 있다.

**Answer**　23.② 24.③ 25.④

**26** 다음 (    ) 안에 들어갈 알맞은 것은?

개방처우급 또는 (          ) 수형자에게 자치생활을 허가할 수 있다.

① 개별처우급                    ② 중경비급
③ 완화처우급                    ④ 일반경비처우급

**TIP** ③ 소장은 개방처우급·완화경비처우급 수형자에게 자치생활을 허가할 수 있다(동법 시행규칙 제86조 제1항).

**27** 수형자자치제도의 전제조건이라고 할 수 없는 것은?

① 민주적 사회                    ② 계호주의
③ 수형자의 과학적 분류            ④ 혼거제

**TIP** ② 수형자자치제는 계호주의의 결함을 시정하기 위한 것이다.
※ 수형자자치제의 전제조건
  ㉠ 자유형 집행중의 자치이므로 그 교육적 효과에도 스스로 한계를 두어야 한다는 점에 유의하여야 한다.
  ㉡ 혼거에 따른 악풍감염의 염려로 일정한 수형자를 제외해야 하므로 수형자의 철저한 과학적 심사·분류를 조건으로 해야 한다.
  ㉢ 부정기형주의를 전제로 한다.
  ㉣ 교도소를 소규모로 운용하는 경우에 보다 효과적일 수 있다.
  ㉤ 근본적으로 사회 그 자체가 민주적이어야 한다.
  ㉥ 가석방제도와 연계되어 운영되어야 더욱 효과적이다.
  ㉦ 교도관과 수형자 사이에 깊은 인격적 신뢰가 유지되어야 한다.

**28** 수형자자치제와 관계없는 것은?

① 소집단처우                    ② 인격존중 신뢰
③ 부정기형 제도                  ④ 석방시기의 단축

**TIP** ④ 수형자자치제는 부정기형주의를 전제로 하고, 사회적 훈련이라고도 일컬어지며, 자치의 인정은 수형자의 인격을 높이 평가하고 교도관과의 인간관계에 신뢰를 주게 된다. 석방시기의 단축은 선시제도에 관한 사항이다.
※ 선시제도(Good-Times System) : 선시제도는 수형기간 중 스스로 선행을 유지함으로써 자신의 석방시기를 그만큼 단축할 수 있는 제도로 형기 자기 단축제도, 선행보상제도 또는 선행감형제도라고도 부른다. 수형자를 열악한 시설내 생활로부터 가능한 빨리 사회에 내보내서 그의 재사회화를 촉진시킨다는 의미를 가지고 있다.

**Answer** 26.③ 27.② 28.④

**29** 선시제도(Good Time System)에 관한 설명으로 옳지 않은 것은?

① 수형자의 선행을 기초로 일정한 법적 기준에 따라 석방시기를 앞당기는 제도이다.
② 교도소의 규율을 유지하고 교화개선을 촉진한다는 목적이 있다.
③ 행형이념의 변화에 따른 개방처우의 한 형태이다.
④ 수형자의 선행업적에 따라 요건이 충족되면 별도의 심사없이 석방되므로 사회방위에 불리하다는 지적이 있다.

**TIP** ③ 선시제도, 수형자체제도는 폐쇄형 처우의 형태이다.
※ 교정처우의 구분

| 구분 | 내용 |
|------|------|
| 폐쇄형 처우 | 수형자자치제, 선시제도 |
| 개방형 처우 | 개방교도소, 외부통근과 통학, 귀휴, 부부 및 가족접견, 주말구금제도 등 사회견학제 |
| 사회형 처우 | 지역사회교정, 중간처우소, 보호관찰 |

**30** 다음 중 처우개별화의 전제조건인 것은?

① 정기형제도
② 분류심사제도
③ 누진처우제도
④ 수형자자치제

**TIP** ② 수형자에 대한 개별처우계획을 합리적으로 수립하고 조정하기 위하여 수형자의 인성, 행동특성 및 자질 등을 과학적으로 분류심사를 하여야 한다.
※ 수형자분류제도의 목적

| 구분 | 내용 |
|------|------|
| 수형자 상호 간의 악풍감염과 범죄배양작용 방지 | 수형자를 그 유형에 따라 분류하지 않고 무작정 혼거수용할 경우에 발생하는 수형자 상호 간의 악풍감염과 범죄배양작용을 방지하는 데 있다. |
| 범죄자처우의 개별화·과학화 도모 | 적극적으로는 수형자 처우를 보다 능률적이고 합리적으로 운영하기 위하여 범죄자처우의 개별화·과학화를 도모하는 데 있다. |

# 03 시설 내 처우

## ❶ 시설의 수용

### (1) 구분수용(형의 집행 및 수용자의 처우에 관한 법률 제11조)

① 수용자는 다음에 따라 구분하여 수용한다.

| 구분 | 내용 |
|---|---|
| 19세 이상 수형자 | 교도소 |
| 19세 미만 수형자 | 소년교도소 |
| 미결수용자 | 구치소 |
| 사형확정자 | 교도소 또는 구치소 |

② 사형확정자는 교도소 또는 구치소에 수용할 수 있다. 이 경우 사형확정자는 사형집행시설이 설치되어 있는 교정시설에 수용하되, 다음과 같이 구분하여 수용한다.

| 구분 | 내용 |
|---|---|
| 교도소 | 교도소 수용 중 사형이 확정된 사람, 교도소에서 교육·교화프로그램 또는 신청에 따른 작업을 실시할 필요가 있다고 인정되는 사람 |
| 구치소 | 구치소 수용 중 사형이 확정된 사람, 교도소에서 교육·교화프로그램 또는 신청에 따른 작업을 실시할 필요가 없다고 인정되는 사람 |

### (2) 구분수용의 예외(형의 집행 및 수용자의 처우에 관한 법률 제12조)

① 다음의 어느 하나에 해당하는 사유가 있으면 교도소에 미결수용자를 수용할 수 있다.
   ㉠ 관할 법원 및 검찰청 소재지에 구치소가 없는 때
   ㉡ 구치소의 수용인원이 정원을 훨씬 초과하여 정상적인 운영이 곤란한 때
   ㉢ 범죄의 증거인멸을 방지하기 위하여 필요하거나 그 밖에 특별한 사정이 있는 때

② 취사 등의 작업을 위하여 필요하거나 그 밖에 특별한 사정이 있으면 구치소에 수형자를 수용할 수 있다.

③ 수형자가 소년교도소에 수용 중에 19세가 된 경우에도 교육·교화프로그램, 작업, 직업훈련 등을 실시하기 위하여 특히 필요하다고 인정되면 23세가 되기 전까지는 계속하여 수용할 수 있다.

④ 소장은 특별한 사정이 있으면 구분수용 기준에 따라 다른 교정시설로 이송하여야 할 수형자를 6개월을 초과하지 아니하는 기간 동안 계속하여 수용할 수 있다.

(3) 교정시설의 규모 및 설비(형의 집행 및 수용자의 처우에 관한 법률 제6조)

① 신설하는 교정시설은 수용인원이 500명 이내의 규모가 되도록 하여야 한다. 다만, 교정시설의 기능 · 위치나 그 밖의 사정을 고려하여 그 규모를 늘릴 수 있다.

② 교정시설의 거실 · 작업장 · 접견실이나 그 밖의 수용생활을 위한 설비는 그 목적과 기능에 맞도록 설치되어야 한다. 특히, 거실은 수용자가 건강하게 생활할 수 있도록 적정한 수준의 공간과 채광 · 통풍 · 난방을 위한 시설이 갖추어져야 한다.

③ 법무부장관은 수용자에 대한 처우 및 교정시설의 유지 · 관리를 위한 적정한 인력을 확보하여야 한다.

(4) 분리수용(형의 집행 및 수용자의 처우에 관한 법률 제13조)

① 남성과 여성은 분리하여 수용한다.

② 제12조에 따라 수형자와 미결수용자, 19세 이상의 수형자와 19세 미만의 수형자를 같은 교정시설에 수용하는 경우에는 서로 분리하여 수용한다.

(5) 독거수용(형의 집행 및 수용자의 처우에 관한 법률 제14조)

수용자는 독거수용한다. 다만, 다음의 어느 하나에 해당하는 사유가 있으면 혼거수용할 수 있다.

① 독거실 부족 등 시설여건이 충분하지 아니한 때

② 수용자의 생명 또는 신체의 보호, 정서적 안정을 위하여 필요한 때

③ 수형자의 교화 또는 건전한 사회복귀를 위하여 필요한 때

(6) 신입자의 수용(형의 집행 및 수용자의 처우에 관한 법률 제16조)

① 소장은 법원 · 검찰청 · 경찰관서 등으로부터 처음으로 교정시설에 수용되는 사람(신입자)에 대하여는 집행지휘서, 재판서, 그 밖에 수용에 필요한 서류를 조사한 후 수용한다.

② 소장은 신입자에 대하여는 지체 없이 신체 · 의류 및 휴대품을 검사하고 건강진단을 하여야 한다.

③ 신입자는 ②에 따라 소장이 실시하는 검사 및 건강진단을 받아야 한다.

④ 간이입소절차에 해당하는 신입자(형의 집행 및 수용자의 처우에 관한 법률 제16조의2)

　　㉠ 「형사소송법」 제200조의2, 제200조의3 또는 제212조에 따라 체포되어 교정시설에 유치된 피의자

　　㉡ 「형사소송법」 제201조의2제10항 및 제71조의2에 따른 구속영장 청구에 따라 피의자 심문을 위하여 교정시설에 유치된 피의자

⑤ **고지사항**(형의 집행 및 수용자의 처우에 관한 법률 제17조) ··· 신입자 및 다른 교정시설로부터 이송되어 온 사람에게는 말이나 서면으로 다음 각 호의 사항을 알려 주어야 한다.

ㄱ 형기의 기산일 및 종료일

ㄴ 접견·편지, 그 밖의 수용자의 권리에 관한 사항

ㄷ 청원, 「국가인권위원회법」에 따른 진정, 그 밖의 권리구제에 관한 사항

ㄹ 징벌·규율, 그 밖의 수용자의 의무에 관한 사항

ㅁ 일과(日課) 그 밖의 수용생활에 필요한 기본적인 사항

⑥ **수용의 거절**(형의 집행 및 수용자의 처우에 관한 법률 제18조) ··· 소장은 다른 사람의 건강에 위해를 끼칠 우려가 있는 감염병에 걸린 사람의 수용을 거절할 수 있다. 소장은 수용을 거절하였으면 그 사유를 지체 없이 수용지휘기관과 관할 보건소장에게 통보하고 법무부장관에게 보고하여야 한다.

⑦ **사진촬영**(형의 집행 및 수용자의 처우에 관한 법률 제19조) ··· 소장은 신입자 및 다른 교정시설로부터 이송되어 온 사람에 대하여 다른 사람과의 식별을 위하여 필요한 한도에서 사진촬영, 지문채취, 수용자 번호지정, 그 밖에 대통령령으로 정하는 조치를 하여야 한다. 소장은 수용목적상 필요하면 수용 중인 사람에 대하여도 이 조치를 할 수 있다.

⑧ **수용사실의 알림**(형의 집행 및 수용자의 처우에 관한 법률 제19조) ··· 소장은 신입자 또는 다른 교정시설로부터 이송되어 온 사람이 있으면 그 사실을 수용자의 가족(배우자, 직계 존속·비속 또는 형제자매를 말한다. 이하 같다)에게 지체 없이 알려야 한다. 다만, 수용자가 알리는 것을 원하지 아니하면 그러하지 아니하다.

⑨ **수용자의 이송**(형의 집행 및 수용자의 처우에 관한 법률 제20조) ··· 소장은 수용자의 수용·작업·교화·의료, 그 밖의 처우를 위하여 필요하거나 시설의 안전과 질서유지를 위하여 필요하다고 인정하면 법무부장관의 승인을 받아 수용자를 다른 교정시설로 이송할 수 있다. 법무부장관은 이송승인에 관한 권한을 대통령령으로 정하는 바에 따라 지방교정청장에게 위임할 수 있다.

## ❷ 물품 지급

(1) **생활용품 지급 시의 유의사항**(형의 집행 및 수용자의 처우에 관한 법률 시행령 제25조)

① 소장은 의류·침구, 그 밖의 생활용품을 지급하는 경우에는 수용자의 건강, 계절 등을 고려하여야 한다.

② 소장은 수용자에게 특히 청결하게 관리할 수 있는 재질의 식기를 지급하여야 하며, 다른 사람이 사용한 의류등을 지급하는 경우에는 세탁하거나 소독하여 지급하여야 한다.

(2) 생활기구의 비치(형의 집행 및 수용자의 처우에 관한 법률 시행령 제26조)

① 소장은 거실·작업장, 그 밖에 수용자가 생활하는 장소에 수용생활에 필요한 기구를 갖춰 둬야 한다.

② 거실 등에는 갖춰 둔 기구의 품목·수량을 기록한 품목표를 붙여야 한다.

(3) 음식물의 지급

① **음식물의 지급**(형의 집행 및 수용자의 처우에 관한 법률 시행령 제27조) ··· 수용자에게 지급하는 음식물은 주식·부식·음료, 그 밖의 영양물로 한다.

② **주식의 지급**(형의 집행 및 수용자의 처우에 관한 법률 시행령 28조, 시행규칙 제11조)

　　㉠ 수용자에게 지급하는 주식은 쌀로 한다.

　　㉡ 소장은 쌀 수급이 곤란하거나 그 밖에 필요하다고 인정하면 주식을 쌀과 보리 등 잡곡의 혼합곡으로 하거나 대용식을 지급할 수 있다.

　　㉢ 수용자에게 지급하는 주식은 1명당 1일 390 그램을 기준으로 한다.

　　㉣ 소장은 수용자의 나이, 건강, 작업 여부 및 작업의 종류 등을 고려하여 필요한 경우에는 ㉢의 지급 기준량을 변경할 수 있다.

　　㉤ 소장은 수용자의 기호 등을 고려하여 주식으로 빵이나 국수 등을 지급할 수 있다.

③ **부식**(형의 집행 및 수용자의 처우에 관한 법률 시행규칙 제13조) ··· 부식은 주식과 함께 지급한다. 소장은 작업의 장려나 적절한 처우를 위하여 필요하다고 인정하는 경우 특별한 부식을 지급할 수 있다.

④ **주·부식의 지급횟수**(형의 집행 및 수용자의 처우에 관한 법률 시행규칙 제14조) ··· 주·부식의 지급횟수는 1일 3회로 한다. 수용자에게 지급하는 음식물의 총열량은 1명당 1일 2천500 킬로칼로리를 기준으로 한다.

⑤ **특식 등 지급**(형의 집행 및 수용자의 처우에 관한 법률 시행규칙 제14조) ··· 특식은 예산의 범위에서 지급한다. 소장은 작업시간을 3시간 이상 연장하는 경우에는 수용자에게 주·부식 또는 대용식 1회분을 간식으로 지급할 수 있다.

⑥ **환자의 음식물**(형의 집행 및 수용자의 처우에 관한 법률 시행령 제30조) ··· 소장은 의무관의 의견을 고려하여 환자에게 지급하는 음식물의 종류 또는 정도를 달리 정할 수 있다.

(4) 자비구매물품

① **물품의 자비구매**(형의 집행 및 수용자의 처우에 관한 법률 제24조)

　　㉠ 수용자는 소장의 허가를 받아 자신의 비용으로 음식물·의류·침구, 그 밖에 수용생활에 필요한 물품을 구매할 수 있다.

　　㉡ 물품의 자비구매 허가범위 등에 관하여 필요한 사항은 법무부령으로 정한다.

② **자비구매물품의 종류**(형의 집행 및 수용자의 처우에 관한 법률 시행규칙 제16조)

　㉠ **종류** : 음식물, 의약품 및 의료용품, 의류·침구류 및 신발류, 신문·잡지·도서 및 문구류, 수형자 교육 등 교정교화에 필요한 물품, 그 밖에 수용생활에 필요하다고 인정되는 물품이다.

　㉡ 자비구매물품의 품목·유형 및 규격 등은 자비 구매 물품의 기준에 어긋나지 아니하는 범위에서 소장이 정하되, 수용생활에 필요한 정도, 가격과 품질, 다른 교정시설과의 균형, 공급하기 쉬운 정도 및 수용자의 선호도 등을 고려하여야 한다.

> 🔊 **자비 구매 물품의 기준**(형의 집행 및 수용자의 처우에 관한 법률 시행령 제31조)
> 수용자가 자비로 구매하는 물품은 교화 또는 건전한 사회복귀에 적합하고 교정시설의 안전과 질서를 해칠 우려가 없는 것이어야 한다.

　㉢ 법무부장관은 자비구매물품 공급의 교정시설 간 균형 및 교정시설의 안전과 질서유지를 위하여 공급물품의 품목 및 규격 등에 대한 통일된 기준을 제시할 수 있다.

③ **구매허가 및 신청제한**(형의 집행 및 수용자의 처우에 관한 법률 시행규칙 제17조)

　㉠ 소장은 수용자가 자비구매물품의 구매를 신청하는 경우에는 법무부장관이 교정성적 또는 경비처우급을 고려하여 정하는 보관금의 사용한도, 교정시설의 보관범위 및 수용자가 지닐 수 있는 범위에서 허가한다.

　㉡ 소장은 감염병(「감염병의 예방 및 관리에 관한 법률」에 따른 감염병을 말한다)의 유행 또는 수용자의 징벌집행 등으로 자비구매물품의 사용이 중지된 경우에는 구매신청을 제한할 수 있다.

## (5) 의류 및 침구

① **의류**

　㉠ **의류의 품목**(형의 집행 및 수용자의 처우에 관한 법률 시행규칙 제4조) ⋯ 평상복·특수복·보조복·의복부속물·모자 및 신발이 있다.

- 평상복 : 겨울옷·봄가을옷·여름옷을 수형자용(用), 미결수용자용 및 피보호감호자(종전의 「사회보호법」에 따라 보호감호선고를 받고 교정시설에 수용 중인 사람)용과 남녀용으로 각각 구분하여 18종으로 한다.
- 특수복 : 모범수형자복·외부통근자복·임산부복·환자복·운동복 및 반바지로 구분하고, 그 중 모범수형자복 및 외부통근자복은 겨울옷·봄가을옷·여름옷을 남녀용으로 각각 구분하여 6종으로 하고, 임산부복은 봄가을옷·여름옷을 수형자용과 미결수용자용으로 구분하여 4종으로 하며, 환자복은 겨울옷·여름옷을 남녀용으로 구분하여 4종으로 하고, 운동복 및 반바지는 각각 1종으로 한다.
- 보조복 : 위생복·조끼 및 비옷으로 구분하여 3종으로 한다.
- 의복부속물 : 러닝셔츠·팬티·겨울내의·장갑·양말로 구분하여 5종으로 한다.
- 모자 : 모범수형자모·외부통근자모·방한모 및 위생모로 구분하여 4종으로 한다.
- 신발 : 고무신·운동화 및 방한화로 구분하여 3종으로 한다.

　㉡ **자비 구매 의류 등의 사용**(형의 집행 및 수용자의 처우에 관한 법률 시행령 제32조) ⋯ 소장은 수용자가 자비로 구매한 의류 등을 보관한 후 그 수용자가 사용하게 할 수 있다.

　㉢ **의류 등의 세탁**(형의 집행 및 수용자의 처우에 관한 법률 시행령 제33조) ⋯ 소장은 수용자가 사용하는 의류 등을 적당한 시기에 세탁·수선 또는 교체하도록 하여야 한다. 자비로 구매한 의류 등을 세탁 등을 하는 경우 드는 비용은 수용자가 부담한다.

② 침구

　㉠ **침구의 품목**(형의 집행 및 수용자의 처우에 관한 법률 시행규칙 제6조) … 수용자 침구의 품목은 이불 2종(솜이불 · 겹이불), 매트리스 2종(일반매트리스 · 환자매트리스), 담요 및 베개로 구분한다.

　㉡ **침구의 품목별 사용 시기 및 대상**(형의 집행 및 수용자의 처우에 관한 법률 시행규칙 제7조)

　　• 이불

| 구분 | 내용 |
|---|---|
| 솜이불 | 환자 · 노인 · 장애인 · 임산부 등의 수용자 중 소장이 지급할 필요가 있다고 인정하는 자가 겨울철에 사용 |
| 겹이불 | 수용자가 봄 · 여름 · 가을철에 사용 |

　　• 매트리스

| 구분 | 내용 |
|---|---|
| 일반매트리스 | 수용자가 겨울철에 사용 |
| 환자매트리스 | 의료거실에 수용된 수용자 중 의무관이 지급할 필요가 있다고 인정하는 사람이 사용 |

③ **의류 · 침구 등 생활용품의 지급기준**(형의 집행 및 수용자의 처우에 관한 법률 시행규칙 제8조)

　㉠ 수용자에게 지급하는 의류 및 침구는 1명당 1매로 하되, 작업 여부 또는 난방 여건을 고려하여 2매를 지급할 수 있다.

　㉡ 생활용품 지급일 이후에 수용된 수용자에 대하여는 다음 지급일까지 쓸 적절한 양을 지급하여야 한다.

　㉢ 신입수용자에게는 수용되는 날에 칫솔, 치약 및 수건 등 수용생활에 필요한 최소한의 생활용품을 지급하여야 한다.


## ❸ 금품관리

### (1) 휴대금품

① **정의**(형의 집행 및 수용자의 처우에 관한 법률 시행령 제34조) … 신입자가 교정시설에 수용될 때에 지니고 있는 현금(자기앞수표를 포함한다)과 휴대품을 말한다.

② **휴대금품의 보관 등**(형의 집행 및 수용자의 처우에 관한 법률 제25조)

　㉠ 소장은 수용자의 휴대금품을 교정시설에 보관한다. 다만, 휴대품이 다음 어느 하나에 해당하는 것이면 수용자로 하여금 자신이 지정하는 사람에게 보내게 하거나 그 밖에 적당한 방법으로 처분하게 할 수 있다.

　　• 썩거나 없어질 우려가 있는 것

　　• 물품의 종류 · 크기 등을 고려할 때 보관하기에 적당하지 아니한 것

　　• 사람의 생명 또는 신체에 위험을 초래할 우려가 있는 것

　　• 시설의 안전 또는 질서를 해칠 우려가 있는 것

　　• 그 밖에 보관할 가치가 없는 것

ⓛ 소장은 수용자가 ㉠ 단서에 따라 처분하여야 할 휴대품을 상당한 기간 내에 처분하지 아니하면 폐기할 수 있다.

## (2) 보관

① **금품의 보관**(형의 집행 및 수용자의 처우에 관한 법률 시행령 제35조) … 수용자의 현금을 보관하는 경우에는 그 금액을 보관금대장에 기록하고 수용자의 물품을 보관하는 경우에는 그 품목·수량 및 규격을 보관품대장에 기록해야 한다.

② **귀중품의 보관**(형의 집행 및 수용자의 처우에 관한 법률 시행령 제36조) … 소장은 보관품이 금·은·보석·유가증권·인장, 그 밖에 특별히 보관할 필요가 있는 귀중품인 경우에는 잠금장치가 되어 있는 견고한 용기에 넣어 보관해야 한다.

③ **보관의 예외**(형의 집행 및 수용자의 처우에 관한 법률 시행령 제44조) … 음식물은 보관의 대상이 되지 않는다.

④ **보관품 매각대금의 보관**(형의 집행 및 수용자의 처우에 관한 법률 시행령 제37조) … 소장은 수용자의 신청에 따라 보관품을 팔 경우에는 그 비용을 제외한 나머지 대금을 보관할 수 있다.

⑤ **물품의 폐기**(형의 집행 및 수용자의 처우에 관한 법률 시행령 제40조) … 수용자의 물품을 폐기하는 경우에는 그 품목·수량·이유 및 일시를 관계 장부에 기록하여야 한다.

⑥ **수용자가 지니는 물품**(형의 집행 및 수용자의 처우에 관한 법률 제26조)
   ㉠ 수용자는 편지·도서, 그 밖에 수용생활에 필요한 물품을 법무부장관이 정하는 범위에서 지닐 수 있다.
   ㉡ 소장은 ㉠에 따라 법무부장관이 정하는 범위를 벗어난 물품으로서 교정시설에 특히 보관할 필요가 있다고 인정하지 아니하는 물품은 수용자로 하여금 자신이 지정하는 사람에게 보내게 하거나 그 밖에 적당한 방법으로 처분하게 할 수 있다.
   ㉢ 소장은 수용자가 ㉡에 따라 처분하여야 할 물품을 상당한 기간 내에 처분하지 아니하면 폐기할 수 있다.

## (3) 유류금품(형의 집행 및 수용자의 처우에 관한 법률 제28조, 시행령 제45조)

① 소장은 사망자 또는 도주자가 남겨두고 간 금품이 있으면 사망자의 경우에는 그 상속인에게, 도주자의 경우에는 그 가족에게 그 내용 및 청구절차 등을 알려 주어야 한다. 다만, 썩거나 없어질 우려가 있는 것은 폐기할 수 있다.

② 소장은 상속인 또는 가족이 ①의 금품을 내어달라고 청구하면 지체 없이 내어주어야 한다. 다만, ①에 따른 알림을 받은 날(알려줄 수가 없는 경우에는 청구사유가 발생한 날)부터 1년이 지나도 청구하지 아니하면 그 금품은 국고에 귀속된다.

③ 소장은 사망자의 유류품을 건네받을 사람이 원거리에 있는 등 특별한 사정이 있는 경우에는 유류품을 받을 사람의 청구에 따라 유류품을 팔아 그 대금을 보낼 수 있다. 유류품을 팔아 대금을 보내는 경우에 드는 비용은 유류금품의 청구인이 부담한다.

## ❹ 위생과 의료

**(1) 위생·의료 조치의무(형의 집행 및 수용자의 처우에 관한 법률 제30조)**

소장은 수용자가 건강한 생활을 하는 데에 필요한 위생 및 의료상의 적절한 조치를 하여야 한다.

**(2) 위생**

① **청결유지**(형의 집행 및 수용자의 처우에 관한 법률 제31조) ··· 소장은 수용자가 사용하는 모든 설비와 기구가 항상 청결하게 유지되도록 하여야 한다.

② **청결의무**(형의 집행 및 수용자의 처우에 관한 법률 제32조)

  ㉠ 수용자는 자신의 신체 및 의류를 청결히 하여야 하며, 자신이 사용하는 거실·작업장, 그 밖의 수용시설의 청결유지에 협력하여야 한다.

  ㉡ 수용자는 위생을 위하여 머리카락과 수염을 단정하게 유지하여야 한다.

③ **운동 및 목욕**(형의 집행 및 수용자의 처우에 관한 법률 제33조)

  ㉠ 소장은 수용자가 건강유지에 필요한 운동 및 목욕을 정기적으로 할 수 있도록 하여야 한다.

  ㉡ **실외운동**(형의 집행 및 수용자의 처우에 관한 법률 시행령 제49조) ··· 소장은 수용자가 매일(공휴일 및 법무부장관이 정하는 날은 제외한다) 「국가공무원 복무규정」 제9조에 따른 근무시간 내에서 1시간 이내의 실외운동을 할 수 있도록 하여야 한다. 다만, 다음 어느 하나에 해당하면 실외운동을 실시하지 아니할 수 있다.
  - 작업의 특성상 실외운동이 필요 없다고 인정되는 때
  - 질병 등으로 실외운동이 수용자의 건강에 해롭다고 인정되는 때
  - 우천, 수사, 재판, 그 밖의 부득이한 사정으로 실외운동을 하기 어려운 때

  ㉢ **목욕횟수**(형의 집행 및 수용자의 처우에 관한 법률 시행령 제50조) ··· 소장은 작업의 특성, 계절, 그 밖의 사정을 고려하여 수용자의 목욕횟수를 정하되 부득이한 사정이 없으면 매주 1회 이상이 되도록 한다.

④ **건강검진**(형의 집행 및 수용자의 처우에 관한 법률 제34조) ··· 소장은 수용자에 대하여 건강검진을 정기적으로 하여야 한다.

⑤ **건강검진횟수**(형의 집행 및 수용자의 처우에 관한 법률 시행령 제51조)

  ㉠ 소장은 수용자에 대하여 1년에 1회 이상 건강검진을 하여야 한다. 다만, 19세 미만의 수용자와 계호상 독거수용자에 대하여는 6개월에 1회 이상 하여야 한다.

  ㉡ ㉠의 건강검진은 「건강검진기본법」 제14조에 따라 지정된 건강검진기관에 의뢰하여 할 수 있다.

(3) 의료

① **감염병 등에 관한 조치**(형의 집행 및 수용자의 처우에 관한 법률 제35조) … 소장은 감염병이나 그 밖에 감염의 우려가 있는 질병의 발생과 확산을 방지하기 위하여 필요한 경우 수용자에 대하여 예방접종 · 격리수용 · 이송, 그 밖에 필요한 조치를 하여야 한다.

>  감염병에 관한 조치(형의 집행 및 수용자의 처우에 관한 법률 시행령 제53조)
> ① 소장은 수용자가 감염병에 걸렸다고 의심되는 경우에는 1주 이상 격리수용하고 그 수용자의 휴대품을 소독하여야 한다.
> ② 소장은 감염병이 유행하는 경우에는 수용자가 자비로 구매하는 음식물의 공급을 중지할 수 있다.
> ③ 소장은 수용자가 감염병에 걸린 경우에는 즉시 격리수용하고 그 수용자가 사용한 물품과 설비를 철저히 소독하여야 한다.
> ④ 소장은 제3항의 사실을 지체 없이 법무부장관에게 보고하고 관할 보건기관의 장에게 알려야 한다.

② **부상자 등 치료**(형의 집행 및 수용자의 처우에 관한 법률 제36조)

㉠ 소장은 수용자가 부상을 당하거나 질병에 걸리면 적절한 치료를 받도록 하여야 한다.

㉡ ㉠의 치료를 위하여 교정시설에 근무하는 간호사는 야간 또는 공휴일 등에 「의료법」 제27조에도 불구하고 대통령령으로 정하는 경미한 의료행위를 할 수 있다.

>  간호사의 의료행위(형의 집행 및 수용자의 처우에 관한 법률 시행령 제54조의2) … 법 제36조제2항에서 "대통령령으로 정하는 경미한 의료행위"란 다음 각 호의 의료행위를 말한다.
> ㉠ 외상 등 흔히 볼 수 있는 상처의 치료
> ㉡ 응급을 요하는 수용자에 대한 응급처치
> ㉢ 부상과 질병의 악화방지를 위한 처치
> ㉣ 환자의 요양지도 및 관리
> ㉤ ㉠부터 ㉣까지의 의료행위에 따르는 의약품의 투여

③ **의료거실 수용**(형의 집행 및 수용자의 처우에 관한 법률 시행령 제54조) … 소장은 수용자가 부상을 당하거나 질병에 걸린 경우에는 그 수용자를 의료거실에 수용하거나, 다른 수용자에게 그 수용자를 간병하게 할 수 있다.

④ **의료설비의 기준**(형의 집행 및 수용자의 처우에 관한 법률 시행규칙 제23조)

㉠ 교정시설에는 「의료법」 제3조에 따른 의료기관 중 의원(醫院)이 갖추어야 하는 시설 수준 이상의 의료시설(진료실 등의 의료용 건축물을 말한다. 이하 같다)을 갖추어야 한다.

㉡ **교정시설에 갖추어야 하는 의료장비의 기준**

| 구분 | 기준 |
|---|---|
| 일반장비 | 청진기, 체온계, 혈압계, 체중계, 신장계, 고압증기멸균기 |
| 진단장비 | 진단용 엑스선촬영장치, 심전계, 혈당측정기 |
| 처치장비 | 심장충격기, 산소공급기, 상처소독용(dressing) 이동식 밀차 |
| 그 밖의 장비 | 휠체어, 환자운반기, 약품포장기, 의료용 필름현상기 |

㉢ 의료시설의 세부종류 및 설치기준은 법무부장관이 정한다.

⑤ **비상의료용품 기준**(형의 집행 및 수용자의 처우에 관한 법률 시행규칙 제24조)

   ㉠ 소장은 수용정원과 시설여건 등을 고려하여 적정한 양의 비상의료용품을 갖추어 둔다.

   ㉡ 교정시설에 갖추어야 하는 비상의료용품의 기준

| 구분 | 기준 |
|---|---|
| 외과용 기구 | 의료용 핀셋, 의료용 가위, 의료용 칼, 봉합사, 지혈대,4 의료용 장갑, 위장용 튜브 도관, 비뇨기과용 튜브 도관, 수액세트, 수액거치대, 마스크, 수술포, 청진기, 체온계, 타진기(신체를 두드려서 진단하는 데에 쓰는 의료기구), 혈당측정기, 혈압계, 혀누르개(설압자) |
| 구급용품 | 붕대, 탄력붕대, 부목, 반창고, 거즈, 화상거즈, 탈지면, 1회용 주사기 |
| 구급의약품 | 바세린, 포타딘(potadine), 리도카인(lidocaine : 국소 마취제로 쓰는 흰색이나 연노란색의 결정), 수액제, 항생제, 지혈제, 강심제, 진정제, 진경제, 해열진통제, 혈압강하제, 비타민제 |

⑥ **외부의료시설 진료 등**(형의 집행 및 수용자의 처우에 관한 법률 제37조)

   ㉠ 소장은 수용자에 대한 적절한 치료를 위하여 필요하다고 인정하면 교정시설 밖에 있는 의료시설(외부의료시설")에서 진료를 받게 할 수 있다.

   ㉡ 소장은 수용자의 정신질환 치료를 위하여 필요하다고 인정하면 법무부장관의 승인을 받아 치료감호시설로 이송할 수 있다.

   ㉢ ㉡에 따라 이송된 사람은 수용자에 준하여 처우한다.

   ㉣ 소장은 ㉠ 또는 ㉡에 따라 수용자가 외부의료시설에서 진료받거나 치료감호시설로 이송되면 그 사실을 그 가족(가족이 없는 경우에는 수용자가 지정하는 사람)에게 지체 없이 알려야 한다. 다만, 수용자가 알리는 것을 원하지 아니하면 그러하지 아니하다.

   ㉤ 소장은 수용자가 자신의 고의 또는 중대한 과실로 부상 등이 발생하여 외부의료시설에서 진료를 받은 경우에는 그 진료비의 전부 또는 일부를 그 수용자에게 부담하게 할 수 있다.

⑦ **외부의사의 치료**(형의 집행 및 수용자의 처우에 관한 법률 시행령 제55조) … 소장은 특히 필요하다고 인정하면 외부 의료시설에서 근무하는 의사(외부의사)에게 수용자를 치료하게 할 수 있다.

⑧ **외부 의료시설 입원 등 보고**(형의 집행 및 수용자의 처우에 관한 법률 시행령 제57조) … 소장은 수용자를 외부 의료시설에 입원시키거나 입원 중인 수용자를 교정시설로 데려온 경우에는 그 사실을 법무부장관에게 지체 없이 보고하여야 한다.

⑨ **자비치료**(형의 집행 및 수용자의 처우에 관한 법률 제38조) … 소장은 수용자가 자신의 비용으로 외부의료시설에서 근무하는 의사에게 치료받기를 원하면 교정시설에 근무하는 의사(공중보건의사를 포함)의 의견을 고려하여 이를 허가할 수 있다.

⑩ **진료환경**(형의 집행 및 수용자의 처우에 관한 법률 제39조)

- ㉠ 교정시설에는 수용자의 진료를 위하여 필요한 의료 인력과 설비를 갖추어야 한다.
- ㉡ 소장은 정신질환이 있다고 의심되는 수용자가 있으면 정신건강의학과 의사의 진료를 받을 수 있도록 하여야 한다.
- ㉢ 외부의사는 수용자를 진료하는 경우에는 법무부장관이 정하는 사항을 준수하여야 한다.
- ㉣ 교정시설에 갖추어야 할 의료설비의 기준에 관하여 필요한 사항은 법무부령으로 정한다.

⑪ **수용자의 의사에 반하는 의료조치**(형의 집행 및 수용자의 처우에 관한 법률 제40조)

- ㉠ 소장은 수용자가 진료 또는 음식물의 섭취를 거부하면 의무관으로 하여금 관찰·조언 또는 설득을 하도록 하여야 한다.
- ㉡ 소장은 ㉠의 조치에도 불구하고 수용자가 진료 또는 음식물의 섭취를 계속 거부하여 그 생명에 위험을 가져올 급박한 우려가 있으면 의무관으로 하여금 적당한 진료 또는 영양보급 등의 조치를 하게 할 수 있다.

⑫ **위독 사실의 알림**(형의 집행 및 수용자의 처우에 관한 법률 시행령 제56조) ⋯ 소장은 수용자가 위독한 경우에는 그 사실을 가족에게 지체 없이 알려야 한다.


## ❺ 접견제도

**(1) 접견**(형의 집행 및 수용자의 처우에 관한 법률 제41조)

① 수용자는 교정시설의 외부에 있는 사람과 접견할 수 있다. 다만, 다음의 어느 하나에 해당하는 사유가 있으면 그러하지 아니하다.

- ㉠ 형사 법령에 저촉되는 행위를 할 우려가 있는 때
- ㉡ 「형사소송법」이나 그 밖의 법률에 따른 접견금지의 결정이 있는 때
- ㉢ 수형자의 교화 또는 건전한 사회복귀를 해칠 우려가 있는 때
- ㉣ 시설의 안전 또는 질서를 해칠 우려가 있는 때

② 수용자의 접견은 접촉차단시설이 설치된 장소에서 하게 한다. 다만, 다음 어느 하나에 해당하는 경우에는 접촉차단시설이 설치되지 아니한 장소에서 접견하게 한다.

- ㉠ 미결수용자(형사사건으로 수사 또는 재판을 받고 있는 수형자와 사형확정자를 포함)가 변호인(변호인이 되려는 사람을 포함)과 접견하는 경우
- ㉡ 수용자가 소송사건의 대리인 변호사와 접견하는 경우 등 수용자의 재판청구권 등을 실질적으로 보장하기 위하여 대통령령으로 정하는 경우로서 교정시설의 안전 또는 질서를 해칠 우려가 없는 경우

③ ②에도 불구하고 다음 어느 하나에 해당하는 경우에는 접촉차단시설이 설치되지 아니한 장소에서 접견하게 할 수 있다.

  ㉠ 수용자가 미성년자인 자녀와 접견하는 경우

  ㉡ 그 밖에 대통령령으로 정하는 경우(형의 집행 및 수용자의 처우에 관한 법률 시행령 제59조 제3항)

  • 수형자가 교정성적이 우수한 때, 교화 또는 건전한 사회복귀를 위하여 특히 필요하다고 인정되는 때에 해당하는 경우

  • 미결수용자의 처우를 위하여 소장이 특별히 필요하다고 인정하는 경우

  • 사형확정자의 교화나 심리적 안정을 위하여 소장이 특별히 필요하다고 인정하는 경우

④ 소장은 다음 어느 하나에 해당하는 사유가 있으면 교도관으로 하여금 수용자의 접견내용을 청취·기록·녹음 또는 녹화하게 할 수 있다.

  ㉠ 범죄의 증거를 인멸하거나 형사 법령에 저촉되는 행위를 할 우려가 있는 때

  ㉡ 수형자의 교화 또는 건전한 사회복귀를 위하여 필요한 때

  ㉢ 시설의 안전과 질서유지를 위하여 필요한 때

⑤ ④에 따라 녹음·녹화하는 경우에는 사전에 수용자 및 그 상대방에게 그 사실을 알려 주어야 한다.

⑥ 접견의 횟수·시간·장소·방법 및 접견내용의 청취·기록·녹음·녹화 등에 관하여 필요한 사항은 대통령령으로 정한다.

## (2) 접견의 세부사항

① 수용자의 접견은 매일(공휴일 및 법무부장관이 정한 날은 제외한다) 「국가공무원 복무규정」 제9조에 따른 근무시간 내에서 한다.

② 변호인(변호인이 되려고 하는 사람을 포함)과 접견하는 미결수용자를 제외한 수용자의 접견시간은 회당 30분 이내로 한다.

③ 수형자의 접견 횟수는 매월 4회로 한다.

④ 수형자, 사형확정자 및 미결수용자를 제외한 수용자의 접견 횟수·시간·장소 등에 관하여 필요한 사항은 법무부장관이 정한다.

⑤ 소장은 교정시설의 외부에 있는 사람의 수용자 접견에 관한 사무를 수행하기 위하여 불가피한 경우 「개인정보 보호법」에 따른 주민등록번호, 여권번호, 운전면허의 면허번호 또는 외국인등록번호가 포함된 자료를 처리할 수 있다.

### (3) 접견의 중지 등(형의 집행 및 수용자의 처우에 관한 법률 제42조)

교도관은 접견 중인 수용자 또는 그 상대방이 다음의 어느 하나에 해당하면 접견을 중지할 수 있다.

① 범죄의 증거를 인멸하거나 인멸하려고 하는 때

② 금지물품을 주고받거나 주고받으려고 하는 때

③ 형사 법령에 저촉되는 행위를 하거나 하려고 하는 때

④ 수용자의 처우 또는 교정시설의 운영에 관하여 거짓사실을 유포하는 때

⑤ 수형자의 교화 또는 건전한 사회복귀를 해칠 우려가 있는 행위를 하거나 하려고 하는 때

⑥ 시설의 안전 또는 질서를 해하는 행위를 하거나 하려고 하는 때

### (4) 접견의 예외

① 소장은 수형자의 교화 또는 건전한 사회복귀를 위하여 특히 필요하다고 인정하면 접견 시간대 외에도 접견을 하게 할 수 있고 접견시간을 연장할 수 있다.

② 소장은 수형자의 접견 횟수는 매월 4회로 제한함(제58조 제3항)에도 불구하고 수형자가 다음의 어느 하나에 해당하면 접견 횟수를 늘릴 수 있다.
    ㉠ 19세 미만인 때
    ㉡ 교정성적이 우수한 때
    ㉢ 교화 또는 건전한 사회복귀를 위하여 특히 필요하다고 인정되는 때

### (5) 접견 시 외국어 사용(형의 집행 및 수용자의 처우에 관한 법률 시행령 제60조)

① 수용자와 교정시설 외부의 사람이 접견하는 경우에 접견내용이 청취·녹음 또는 녹화될 때에는 외국어를 사용해서는 아니 된다. 다만, 국어로 의사소통하기 곤란한 사정이 있는 경우에는 외국어를 사용할 수 있다.

② 소장은 ① 단서의 경우에 필요하다고 인정하면 교도관 또는 통역인으로 하여금 통역하게 할 수 있다.

### (6) 접견 시 고지

① **접견 시 유의사항 고지** : 소장은 접견을 하게 하는 경우에는 수용자와 그 상대방에게 접견 시 유의사항을 방송이나 게시물 부착 등 적절한 방법으로 알려줘야 한다.

② **접견중지 사유의 고지** : 교도관이 수용자의 접견을 중지한 경우에는 그 사유를 즉시 알려주어야 한다.

(7) 접견내용의 청취 · 기록 · 녹음 · 녹화(형의 집행 및 수용자의 처우에 관한 법률 시행령 제62조)

① 소장은 청취 · 기록을 위하여 다음 사람을 제외한 수용자의 접견에 교도관을 참여하게 할 수 있다.

　　㉠ 변호인과 접견하는 미결수용자

　　㉡ 소송사건의 대리인인 변호사와 접견하는 수용자

② 소장은 특별한 사정이 없으면 교도관으로 하여금 수용자와 그 상대방에게 접견내용의 녹음 · 녹화 사실을 수용자와 그 상대방이 접견실에 들어가기 전에 미리 말이나 서면 등 적절한 방법으로 알려 주게 하여야 한다.

③ 소장은 청취 · 녹음 · 녹화한 경우의 접견기록물에 대한 보호 · 관리를 위하여 접견정보 취급자를 지정하여야 하고, 접견정보 취급자는 직무상 알게 된 접견정보를 누설하거나 권한 없이 처리하거나 다른 사람이 이용하도록 제공하는 등 부당한 목적을 위하여 사용해서는 아니 된다.

④ 소장은 관계기관으로부터 다음 각 호의 어느 하나에 해당하는 사유로 제3항의 접견기록물의 제출을 요청받은 경우에는 기록물을 제공할 수 있다.

　　㉠ 법원의 재판업무 수행을 위하여 필요한 때

　　㉡ 범죄의 수사와 공소의 제기 및 유지에 필요한 때

⑤ 소장은 제4항에 따라 녹음 · 녹화 기록물을 제공할 경우에는 제3항의 접견정보 취급자로 하여금 녹음 · 녹화 기록물을 요청한 기관의 명칭, 제공받는 목적, 제공 근거, 제공을 요청한 범위, 그 밖에 필요한 사항을 녹음 · 녹화기록물 관리프로그램에 입력하게 하고, 따로 이동식 저장매체에 옮겨 담아 제공한다.


## ❻ 편지수수 제도

(1) 편지수수(형의 집행 및 수용자의 처우에 관한 법률 제43조)

① 수용자는 다른 사람과 편지를 주고받을 수 있다. 다만, 다음 어느 하나에 해당하는 사유가 있으면 그러하지 아니하다.

　　㉠ 「형사소송법」이나 그 밖의 법률에 따른 서신의 수수금지 및 압수의 결정이 있는 때

　　㉡ 수형자의 교화 또는 건전한 사회복귀를 해칠 우려가 있는 때

　　㉢ 시설의 안전 또는 질서를 해칠 우려가 있는 때

② 제1항 ㉠~㉢ 외의 부분 본문에도 불구하고 같은 교정시설의 수용자 간에 편지를 주고받으려면 소장의 허가를 받아야 한다.

③ 소장은 수용자가 주고받는 편지에 법령에 따라 금지된 물품이 들어 있는지 확인할 수 있다.

④ 수용자가 주고받는 편지의 내용은 검열받지 아니한다. 다만, 다음 어느 하나에 해당하는 사유가 있으면 그러하지 아니하다.

㉠ 편지의 상대방이 누구인지 확인할 수 없는 때

　　㉡ 「형사소송법」이나 그 밖의 법률에 따른 서신검열의 결정이 있는 때

　　㉢ 제1항 ㉡ 또는 ㉢에 해당하는 내용이나 형사 법령에 저촉되는 내용이 기재되어 있다고 의심할 만한 상
　　　당한 이유가 있는 때

　　㉣ 마약류사범·조직폭력사범 등 법무부령으로 정하는 수용자인 때

　　㉤ 편지를 주고받으려는 수용자와 같은 교정시설에 수용 중인 때

　　㉥ 규율위반으로 조사 중이거나 징벌집행 중인 때

　　㉦ 범죄의 증거를 인멸할 우려가 있는 때

⑤ 소장은 제3항 또는 제4항 단서에 따라 확인 또는 검열한 결과 수용자의 편지에 법령으로 금지된 물품이 들
　어 있거나 편지의 내용이 다음 각 호의 어느 하나에 해당하면 발신 또는 수신을 금지할 수 있다.

　　㉠ 암호·기호 등 이해할 수 없는 특수문자로 작성되어 있는 때

　　㉡ 범죄의 증거를 인멸할 우려가 있는 때

　　㉢ 형사 법령에 저촉되는 내용이 기재되어 있는 때

　　㉣ 수용자의 처우 또는 교정시설의 운영에 관하여 명백한 거짓사실을 포함하고 있는 때

　　㉤ 사생활의 비밀 또는 자유를 침해할 우려가 있는 때

　　㉥ 수형자의 교화 또는 건전한 사회복귀를 해칠 우려가 있는 때

　　㉦ 시설의 안전 또는 질서를 해칠 우려가 있는 때

⑥ 소장이 편지를 발송하거나 교부하는 경우에는 신속히 하여야 한다.

⑦ 소장은 제1항 단서 또는 제5항에 따라 발신 또는 수신이 금지된 편지는 그 구체적인 사유를 서면으로 작성해
　관리하고, 수용자에게 그 사유를 알린 후 교정시설에 보관한다. 다만, 수용자가 동의하면 폐기할 수 있다.

### (2) 편지수수의 횟수(형의 집행 및 수용자의 처우에 관한 법률 시행령 제64조)

수용자가 보내거나 받는 편지는 법령에 어긋나지 아니하면 횟수를 제한하지 아니한다.

### (3) 편지 내용물의 확인(형의 집행 및 수용자의 처우에 관한 법률 시행령 제65조)

① 수용자는 편지를 보내려는 경우 해당 편지를 봉함하여 교정시설에 제출한다. 다만, 소장은 다음 어느 하나
　에 해당하는 경우로서 금지물품의 확인을 위하여 필요한 경우에는 편지를 봉함하지 않은 상태로 제출하게
　할 수 있다.

　　㉠ 다음 어느 하나에 해당하는 수용자가 변호인 외의 자에게 편지를 보내려는 경우

　　• 법 제104조 제1항에 따른 마약류사범·조직폭력사범 등 법무부령으로 정하는 수용자

　　• 제84조 제2항에 따른 처우등급이 법 제57조 제2항 제4호의 중(重)경비시설 수용대상인 수형자

ⓛ 수용자가 같은 교정시설에 수용 중인 다른 수용자에게 편지를 보내려는 경우

ⓒ 규율위반으로 조사 중이거나 징벌집행 중인 수용자가 다른 수용자에게 편지를 보내려는 경우

② 소장은 수용자에게 온 편지에 금지물품이 들어 있는지를 개봉하여 확인할 수 있다.

### (4) 편지 내용의 검열(형의 집행 및 수용자의 처우에 관한 법률 시행령 제66조)

① 소장은 다음 어느 하나에 해당하는 수용자가 다른 수용자와 편지를 주고받는 때에는 그 내용을 검열할 수 있다.

ⓐ 법 제104조 제1항에 따른 마약류사범·조직폭력사범 등 법무부령으로 정하는 수용자인 때

ⓛ 편지를 주고받으려는 수용자와 같은 교정시설에 수용 중인 때

ⓒ 규율위반으로 조사 중이거나 징벌집행 중인 때

ⓔ 범죄의 증거를 인멸할 우려가 있는 때

② 수용자 간에 오가는 편지에 대한 제1항의 검열은 편지를 보내는 교정시설에서 한다. 다만, 특히 필요하다고 인정되는 경우에는 편지를 받는 교정시설에서도 할 수 있다.

③ 소장은 수용자가 주고받는 편지가 법 제43조 제4항 각 호의 어느 하나에 해당하면 이를 개봉한 후 검열할 수 있다.

④ 소장은 제3항에 따라 검열한 결과 편지의 내용이 발신 또는 수신 금지사유에 해당하지 아니하면 발신편지는 봉함한 후 발송하고, 수신편지는 수용자에게 건네준다.

⑤ 소장은 편지의 내용을 검열했을 때에는 그 사실을 해당 수용자에게 지체 없이 알려주어야 한다.

### (5) 편지의 송부 및 비용

① **관계기관 송부문서**(형의 집행 및 수용자의 처우에 관한 법률 시행령 제67조) : 소장은 법원·경찰관서, 그 밖의 관계기관에서 수용자에게 보내온 문서는 다른 법령에 특별한 규정이 없으면 열람한 후 본인에게 전달하여야 한다.

② **편지 등의 대서**(형의 집행 및 수용자의 처우에 관한 법률 시행령 제68조) : 소장은 수용자가 서신, 소송서류, 그 밖의 문서를 스스로 작성할 수 없어 대신 써 달라고 요청하는 경우에는 교도관이 대신 쓰게 할 수 있다.

③ **편지 등 발송비용의 부담**(형의 집행 및 수용자의 처우에 관한 법률 시행령 제69조) : 수용자의 서신·소송서류, 그 밖의 문서를 보내는 경우에 드는 비용은 수용자가 부담한다. 다만, 소장은 수용자가 그 비용을 부담할 수 없는 경우에는 예산의 범위에서 해당 비용을 부담할 수 있다.

## ❼ 전화통화

### ⑴ 전화통화(형의 집행 및 수용자의 처우에 관한 법률 제44조)

① 수용자는 소장의 허가를 받아 교정시설의 외부에 있는 사람과 전화통화를 할 수 있다.

② 허가에는 통화내용의 청취 또는 녹음을 조건으로 붙일 수 있다.

③ 통화내용을 청취 또는 녹음하려면 사전에 수용자 및 상대방에게 그 사실을 알려 주어야 한다.

### ⑵ 전화통화의 허가(형의 집행 및 수용자의 처우에 관한 법률 시행규칙 제25조)

① 소장은 전화통화(발신하는 것만을 말한다)를 신청한 수용자에 대하여 다음의 어느 하나에 해당하는 사유가 없으면 전화통화를 허가할 수 있다.
　ⓘ 범죄의 증거를 인멸할 우려가 있을 때
　ⓛ 형사법령에 저촉되는 행위를 할 우려가 있을 때
　ⓒ 「형사소송법」에 따라 접견 · 편지수수 금지결정을 하였을 때
　ⓔ 교정시설의 안전 또는 질서를 해칠 우려가 있을 때
　ⓜ 수형자의 교화 또는 건전한 사회복귀를 해칠 우려가 있을 때

② 소장은 허가를 하기 전에 전화번호와 수신자(수용자와 통화할 상대방)를 확인하여야 한다. 이 경우 수신자에게 제1항에 해당하는 전화불허가 사유가 있으면 허가를 아니할 수 있다.

③ 전화통화의 통화시간은 특별한 사정이 없으면 3분 이내로 한다.

### ⑶ 전화이용시(형의 집행 및 수용자의 처우에 관한 법률 시행규칙 제26조)

① 수용자의 전화통화는 매일(공휴일 및 법무부장관이 정한 날은 제외한다) 「국가공무원 복무규정」 제9조에 따른 근무시간 내에서 실시한다.

② 소장은 평일에 전화를 이용하기 곤란한 특별한 사유가 있는 수용자에 대해서는 전화이용시간을 따로 정할 수 있다.

### ⑷ 통화허가의 취소(형의 집행 및 수용자의 처우에 관한 법률 시행규칙 제27조)

소장은 다음의 어느 하나에 해당할 때에는 전화통화의 허가를 취소할 수 있다.

① 수용자 또는 수신자가 전화통화 내용의 청취 · 녹음에 동의하지 아니할 때

② 수신자가 수용자와의 관계 등에 대한 확인 요청에 따르지 아니하거나 거짓으로 대답할 때

③ 전화통화 허가 후 전화통화 금지에 해당되는 사유가 발견되거나 발생하였을 때

(5) 통화내용의 청취·녹음(형의 집행 및 수용자의 처우에 관한 법률 시행규칙 제28조)

① 소장은 전화통화 금지에 해당하지 아니한다고 명백히 인정되는 경우가 아니면 통화내용을 청취하거나 녹음한다.

② 녹음기록물은 「공공기록물 관리에 관한 법률」에 따라 관리하고, 특히 녹음기록물이 손상되지 아니하도록 유의해서 보존하여야 한다.

③ 교도관은 수용자의 전화통화를 청취하거나 녹음하면서 알게 된 내용을 누설 또는 권한 없이 처리하거나 타인이 이용하도록 제공하는 등 부당한 목적으로 사용하여서는 아니 된다.

(6) 통화요금의 부담(형의 집행 및 수용자의 처우에 관한 법률 시행규칙 제29조)

① 수용자의 전화통화 요금은 수용자가 부담한다.

② 소장은 교정성적이 양호한 수형자 또는 영치금이 없는 수용자 등에 대하여는 예산의 범위에서 요금을 부담할 수 있다.

## ❽ 종교활동

(1) 종교행사의 참석(형의 집행 및 수용자의 처우에 관한 법률 제45조)

① 수용자는 교정시설의 안에서 실시하는 종교의식 또는 행사에 참석할 수 있으며, 개별적인 종교상담을 받을 수 있다.

② 수용자는 자신의 신앙생활에 필요한 책이나 물품을 지닐 수 있다.

③ 소장은 다음 어느 하나에 해당하는 사유가 있으면 제1항 및 제2항에서 규정하고 있는 사항을 제한할 수 있다.
  ㉠ 수형자의 교화 또는 건전한 사회복귀를 위하여 필요한 때
  ㉡ 시설의 안전과 질서유지를 위하여 필요한 때

④ 종교행사의 종류·참석대상·방법, 종교상담의 대상·방법 및 종교도서·물품을 지닐 수 있는 범위 등에 관하여 필요한 사항은 법무부령으로 정한다.

> **TIP** 종교행사의 종류
> ㉠ 종교집회 : 예배·법회·미사 등
> ㉡ 종교의식 : 세례·수계·영세 등
> ㉢ 교리 교육 및 상담
> ㉣ 그 밖에 법무부장관이 정하는 종교행사

(2) **종교행사의 방법**(형의 집행 및 수용자의 처우에 관한 법률 시행규칙 제31조)

① 소장은 교정시설의 안전과 질서를 해치지 아니하는 범위에서 종교단체 또는 종교인이 주재하는 종교행사를 실시한다.

② 소장은 종교행사를 위하여 각 종교별 성상·성물·성화·성구가 구비된 종교상담실·교리교육실 등을 설치할 수 있으며, 특정 종교행사를 위하여 임시행사장을 설치하는 경우에는 성상 등을 임시로 둘 수 있다.

(3) **종교행사의 참석대상**(형의 집행 및 수용자의 처우에 관한 법률 시행규칙 제32조)

수용자는 자신이 신봉하는 종교행사에 참석할 수 있다. 다만, 소장은 다음의 어느 하나에 해당할 때에는 수용자의 종교행사 참석을 제한할 수 있다.

① 종교행사용 시설의 부족 등 여건이 충분하지 아니할 때

② 수용자가 종교행사 장소를 허가 없이 벗어나거나 다른 사람과 연락을 할 때

③ 수용자가 계속 큰 소리를 내거나 시끄럽게 하여 종교행사를 방해할 때

④ 수용자가 전도를 핑계삼아 다른 수용자의 평온한 신앙생활을 방해할 때

⑤ 그 밖에 다른 법령에 따라 공동행사의 참석이 제한될 때

(4) **종교상담**(형의 집행 및 수용자의 처우에 관한 법률 시행규칙 제33조)

소장은 수용자가 종교상담을 신청하거나 수용자에게 종교상담이 필요한 경우에는 해당 종교를 신봉하는 교도관 또는 교정참여인사로 하여금 상담하게 할 수 있다.

## ❾ 문화활동 및 도서, 신문열람

(1) **구독**

① **신문 등의 구독**(형의 집행 및 수용자의 처우에 관한 법률 제47조)
   ㉠ 수용자는 자신의 비용으로 신문·잡지 또는 도서의 구독을 신청할 수 있다.
   ㉡ 소장은 구독을 신청한 신문 등이 「출판문화산업 진흥법」에 따른 유해간행물인 경우를 제외하고는 구독을 허가하여야 한다.

② **구독신청 수량**(형의 집행 및 수용자의 처우에 관한 법률 시행규칙 제35조) : 수용자가 구독을 신청할 수 있는 신문·잡지 또는 도서는 교정시설의 보관범위 및 수용자가 지닐 수 있는 범위를 벗어나지 않는 범위에서 신문은 월 3종 이내로, 도서(잡지를 포함한다)는 월 10권 이내로 한다. 다만, 소장은 수용자의 지식함양 및 교양습득에 특히 필요하다고 인정하는 경우에는 신문 등의 신청 수량을 늘릴 수 있다.

④ **구독허가의 취소 등**(형의 집행 및 수용자의 처우에 관한 법률 시행규칙 제36조)

   ㉠ 소장은 신문 등을 구독하는 수용자가 다음 각 호의 어느 하나에 해당하는 사유가 있으면 구독의 허가를 취소할 수 있다.

     • 허가 없이 다른 거실 수용자와 신문 등을 주고받을 때

     • 그 밖에 법무부장관이 정하는 신문등과 관련된 준수사항을 위반하였을 때

   ㉡ 소장은 소유자가 분명하지 아니한 도서를 회수하여 비치도서로 전환하거나 폐기할 수 있다.

### (2) 도서

① **도시비치 및 이용**(형의 집행 및 수용자의 처우에 관한 법률 제46조) ··· 소장은 수용자의 지식함양 및 교양습득에 필요한 도서를 비치하고 수용자가 이용할 수 있도록 하여야 한다.

② **비치도서의 이용**(형의 집행 및 수용자의 처우에 관한 법률 시행령 제72조)

   ㉠ 소장은 수용자가 쉽게 이용할 수 있도록 비치도서의 목록을 정기적으로 공개하여야 한다.

   ㉡ 비치도서의 열람방법, 열람기간 등에 관하여 필요한 사항은 법무부장관이 정한다.

③ **문서 · 도화의 외부 발송 등**(형의 집행 및 수용자의 처우에 관한 법률 시행령 제76조)

   ㉠ 소장은 수용자 본인이 작성 또는 집필한 문서나 도화를 외부에 보내거나 내가려고 할 때에는 그 내용을 확인하여 법 제43조 제5항 각 호의 어느 하나에 해당하지 않으면 허가해야 한다.

   ㉡ ㉠에 따라 문서나 도화를 외부로 보내거나 내갈 때 드는 비용은 수용자가 부담한다.

   ㉢ 법 및 이 영에 규정된 사항 외에 수용자의 집필에 필요한 사항은 법무부장관이 정한다.

### (3) 집필(형의 집행 및 수용자의 처우에 관한 법률 제49조)

① 수용자는 문서 또는 도화를 작성하거나 문예 · 학술, 그 밖의 사항에 관하여 집필할 수 있다. 다만, 소장이 시설의 안전 또는 질서를 해칠 명백한 위험이 있다고 인정하는 경우는 예외로 한다.

② ①에 따라 작성 또는 집필한 문서나 도화를 지니거나 처리하는 것에 관하여는 제26조를 준용한다.

③ ①에 따라 작성 또는 집필한 문서나 도화가 제43조 제5항 각 호의 어느 하나에 해당하면 제43조 제7항을 준용한다.

④ 집필용구의 관리, 집필의 시간 · 장소, 집필한 문서 또는 도화의 외부반출 등에 관하여 필요한 사항은 대통령령으로 정한다.

> **TIP** ① 집필용구의 구입비용(형의 집행 및 수용자의 처우에 관한 법률 시행령 제74조) ··· 집필용구의 구입비용은 수용자가 부담한다. 다만, 소장은 수용자가 그 비용을 부담할 수 없는 경우에는 필요한 집필용구를 지급할 수 있다.
> ② 집필의 시간대 · 시간 및 장소(형의 집행 및 수용자의 처우에 관한 법률 시행령 제75조) ··· 수용자는 휴업일 및 휴게시간 내에 시간의 제한 없이 집필할 수 있다. 다만, 부득이한 사정이 있는 경우에는 그러하지 아니하다. 수용자는 거실 · 작업장, 그 밖에 지정된 장소에서 집필할 수 있다.

**❿ 방송시청**

**(1) 라디오 청취와 텔레비전 시청(형의 집행 및 수용자의 처우에 관한 법률 제48조)**

① 수용자는 정서안정 및 교양습득을 위하여 라디오 청취와 텔레비전 시청을 할 수 있다.

② 소장은 다음의 어느 하나에 해당하는 사유가 있으면 수용자에 대한 라디오 및 텔레비전의 방송을 일시 중단하거나 개별 수용자에 대하여 라디오 및 텔레비전의 청취 또는 시청을 금지할 수 있다.

   ㉠ 수형자의 교화 또는 건전한 사회복귀를 해칠 우려가 있는 때

   ㉡ 시설의 안전과 질서유지를 위하여 필요한 때

> **TIP** 라디오 청취 등의 방법
> 수용자의 라디오 청취와 텔레비전 시청은 교정시설에 설치된 방송설비를 통하여 할 수 있다.

**(2) 방송의 기본원칙(형의 집행 및 수용자의 처우에 관한 법률 시행규칙 제37조)**

① 수용자를 대상으로 하는 방송은 무상으로 한다.

② 법무부장관은 방송의 전문성을 강화하기 위하여 외부전문가의 협력을 구할 수 있고, 모든 교정시설의 수용자를 대상으로 통합방송을 할 수 있다.

③ 소장은 방송에 대한 의견수렴을 위하여 설문조사 등의 방법으로 수용자의 반응도 및 만족도를 측정할 수 있다.

**(3) 방송설비(형의 집행 및 수용자의 처우에 관한 법률 시행규칙 제38조)**

① 소장은 방송을 위하여 텔레비전, 비디오카세트레코더(VCR), 스피커 등의 장비와 방송선로 등의 시설을 갖추어야 한다.

② 소장은 물품관리법령에 따라 방송 장비와 시설을 정상적으로 유지·관리하여야 한다.

③ **방송편성시간**(형의 집행 및 수용자의 처우에 관한 법률 시행규칙 제39조) … 소장은 수용자의 건강과 일과시간 등을 고려하여 1일 6시간 이내에서 방송편성시간을 정한다. 다만, 토요일·공휴일, 작업·교육실태 및 수용자의 특성을 고려하여 방송편성시간을 조정할 수 있다.

**(4) 방송프로그램**

① 소장은 「방송법」 제2조의 텔레비전방송 또는 라디오방송을 녹음·녹화하여 방송하거나 생방송할 수 있으며, 비디오테이프에 의한 영상물 또는 자체 제작한 영상물을 방송할 수 있다.

② 방송프로그램은 그 내용에 따라 다음과 같이 구분한다.

   ㉠ **교육콘텐츠** : 한글·한자·외국어 교육, 보건위생 향상, 성(性)의식 개선, 약물남용 예방 등

  ⓛ **교화콘텐츠** : 인간성 회복, 근로의식 함양, 가족관계 회복, 질서의식 제고, 국가관 고취 등

  ⓒ **교양콘텐츠** : 다큐멘터리, 생활정보, 뉴스, 직업정보, 일반상식 등

  ⓔ **오락콘텐츠** : 음악, 연예, 드라마, 스포츠 중계 등

  ⓜ 그 밖에 수용자의 정서안정에 필요한 콘텐츠

③ 소장은 방송프로그램을 자체 편성하는 경우에는 다음의 어느 하나에 해당하는 내용이 포함되지 아니하도록 특히 유의하여야 한다.

  ㉠ 폭력조장, 음란 등 미풍양속에 반하는 내용

  ⓛ 특정 종교의 행사나 교리를 찬양하거나 비방하는 내용

  ⓒ 그 밖에 수용자의 정서안정 및 수용질서 확립에 유해하다고 판단되는 내용

### (5) 수용자가 지켜야 할 사항(형의 집행 및 수용자의 처우에 관한 법률 시행규칙 제41조)

① 수용자는 소장이 지정한 장소에서 지정된 채널을 통하여 텔레비전을 시청하거나 라디오를 청취하여야 한다. 다만, 자치생활 수형자는 법무부장관이 정하는 방법에 따라 텔레비전을 시청할 수 있다.

② 수용자는 방송설비 또는 채널을 임의 조작·변경하거나 임의수신 장비를 지녀서는 안 된다.

③ 수용자가 방송시설과 장비를 손상하거나 그 밖의 방법으로 그 효용을 해친 경우에는 배상을 하여야 한다.

## ⑪ 교육

### (1) 교육(형의 집행 및 수용자의 처우에 관한 법률 제63조)

① 소장은 수형자가 건전한 사회복귀에 필요한 지식과 소양을 습득하도록 교육할 수 있다.

② 소장은 「교육기본법」의 의무교육을 받지 못한 수형자에 대하여는 본인의 의사·나이·지식정도, 그 밖의 사정을 고려하여 그에 알맞게 교육하여야 한다.

③ 소장은 제1항 및 제2항에 따른 교육을 위하여 필요하면 수형자를 중간처우를 위한 전담교정시설에 수용하여 다음 각 호의 조치를 할 수 있다.

  ㉠ 외부 교육기관에의 통학

  ⓛ 외부 교육기관에서의 위탁교육

④ 교육과정·외부통학·위탁교육 등에 관하여 필요한 사항은 법무부령으로 정한다.

### (2) 교육관리 기본원칙(형의 집행 및 수용자의 처우에 관한 법률 시행규칙 제101조)

① 소장은 교육대상자를 소속기관(소장이 관할하고 있는 교정시설)에서 선발하여 교육한다. 다만, 소속기관에서 교육대상자를 선발하기 어려운 경우에는 다른 기관에서 추천한 사람을 모집하여 교육할 수 있다.

② 소장은 교육대상자의 성적불량, 학업태만 등으로 인하여 교육의 목적을 달성하기 어려운 경우에는 그 선발을 취소할 수 있다.

③ 소장은 교육대상자 및 시험응시 희망자의 학습능력을 평가하기 위하여 자체 평가시험을 실시할 수 있다.

④ 소장은 교육의 효과를 거두지 못하였다고 인정하는 교육대상자에 대하여 다시 교육을 할 수 있다.

⑤ 소장은 기관의 교육전문인력, 교육시설, 교육대상인원 등의 사정을 고려하여 단계별 교육과 자격취득 목표를 설정할 수 있으며, 자격취득·대회입상 등을 하면 처우에 반영할 수 있다.

### (3) 교육대상자가 지켜야 할 기본원칙(형의 집행 및 수용자의 처우에 관한 법률 시행규칙 제102조)

① 교육대상자는 교육의 시행에 관한 관계법령, 학칙 및 교육관리지침을 성실히 준수하여야 한다.

② 교육을 실시하는 경우 소요되는 비용은 특별한 사정이 없으면 교육대상자의 부담으로 한다.

③ 교육대상자로 선발된 자는 소장에게 다음의 선서를 하고 서약서를 제출하여야 한다. "나는 교육대상자로서 긍지를 가지고 제반규정을 준수하며, 교정시설 내 교육을 성실히 이수할 것을 선서합니다."

### (4) 교육대상자 선발 등(형의 집행 및 수용자의 처우에 관한 법률 시행규칙 제103조)

① 소장은 각 교육과정의 선정 요건과 수형자의 나이, 학력, 교정성적, 자체 평가시험 성적, 정신자세, 성실성, 교육계획과 시설의 규모, 교육대상인원 등을 고려하여 교육대상자를 선발하거나 추천하여야 한다.

② 소장은 정당한 이유 없이 교육을 기피한 사실이 있거나 자퇴(제적을 포함한다)한 사실이 있는 수형자는 교육대상자로 선발하거나 추천하지 아니할 수 있다.

### (5) 교육대상자 관리 등(형의 집행 및 수용자의 처우에 관한 법률 시행규칙 제104조)

① 학과교육대상자의 과정수료 단위는 학년으로 하되, 학기의 구분은 국공립학교의 학기에 준한다. 다만, 독학에 의한 교육은 수업 일수의 제한을 받지 아니한다.

② 소장은 교육을 위하여 필요한 경우에는 외부강사를 초빙할 수 있으며, 카세트 또는 재생전용기기의 사용을 허용할 수 있다.

③ 소장은 교육의 실효성을 확보하기 위하여 교육실을 설치·관리하여야 하며, 교육목적을 위하여 필요한 경우 신체장애를 보완하는 교육용 물품의 사용을 허가하거나 예산의 범위에서 학용품과 응시료를 지원할 수 있다.

(6) 교육 취소 등(형의 집행 및 수용자의 처우에 관한 법률 시행규칙 제105조)

① 소장은 교육대상자가 다음의 어느 하나에 해당하는 경우에는 교육대상자 선발을 취소할 수 있다.

    ㉠ 각 교육과정의 관계법령, 학칙, 교육관리지침 등을 위반한 때

    ㉡ 학습의욕이 부족하여 구두경고를 하였는데도 개선될 여지가 없거나 수학능력이 현저히 부족하다고 판단되는 때

    ㉢ 징벌을 받고 교육 부적격자로 판단되는 때

    ㉣ 중대한 질병, 부상, 그 밖의 부득이한 사정으로 교육을 받을 수 없다고 판단되는 때

② 소장은 교육대상자에게 질병, 부상, 그 밖의 부득이한 사정이 있는 경우에는 교육과정을 일시 중지할 수 있다.

(7) 이송 등(형의 집행 및 수용자의 처우에 관한 법률 시행규칙 제106조)

① 소장은 특별한 사유가 없으면 교육기간 동안에 교육대상자를 다른 기관으로 이송할 수 없다.

② 교육대상자의 선발이 취소되거나 교육대상자가 교육을 수료하였을 때에는 선발 당시 소속기관으로 이송한다. 다만, 다음의 어느 하나에 해당하는 경우에는 소속기관으로 이송하지 아니하거나 다른 기관으로 이송할 수 있다.

    ㉠ 집행할 형기가 이송 사유가 발생한 날부터 3개월 이내인 때

    ㉡ 징벌을 받고 교육 부적격자로 판단되는 때에 해당하여 교육대상자 선발이 취소된 때

    ㉢ 소속기관으로의 이송이 부적당하다고 인정되는 특별한 사유가 있는 때

(8) 작업 등(형의 집행 및 수용자의 처우에 관한 법률 시행규칙 제107조)

① 교육대상자에게는 작업·직업훈련 등을 면제한다.

② 작업·직업훈련 수형자 등도 독학으로 검정고시·학사고시 등에 응시하게 할 수 있다. 이 경우 자체 평가시험 성적 등을 고려해야 한다.

(9) 검정고시반 설치 및 운영(형의 집행 및 수용자의 처우에 관한 법률 시행규칙 제108조)

① 소장은 매년 초 다음 시험을 준비하는 수형자를 대상으로 검정고시반을 설치·운영할 수 있다.

    ㉠ 초등학교 졸업학력 검정고시

    ㉡ 중학교 졸업학력 검정고시

    ㉢ 고등학교 졸업학력 검정고시

② 소장은 교육기간 중에 검정고시에 합격한 교육대상자에 대하여는 해당 교육과정을 조기 수료시키거나 상위 교육과정에 임시 편성시킬 수 있다.

③ 소장은 고등학교 졸업 또는 이와 동등한 수준 이상의 학력이 인정되는 수형자를 대상으로 대학입학시험 준비반을 편성·운영할 수 있다.

⑩ 방송통신고등학교과정 설치 및 운영(형의 집행 및 수용자의 처우에 관한 법률 시행규칙 제109조)

① 소장은 수형자에게 고등학교 과정의 교육기회를 부여하기 위하여 「초·중등교육법」에 따른 방송통신고등학교 교육과정을 설치·운영할 수 있다.

② 소장은 중학교 졸업 또는 이와 동등한 수준 이상의 학력이 인정되는 수형자가 방송통신고등학교 교육과정을 지원하여 합격한 경우에는 교육대상자로 선발할 수 있다.

③ 소장은 방송통신고등학교 교육과정의 입학금, 수업료, 교과용 도서 구입비 등 교육에 필요한 비용을 예산의 범위에서 지원할 수 있다.

⑪ 독학에 의한 학위 취득과정 설치 및 운영(형의 집행 및 수용자의 처우에 관한 법률 시행규칙 제110조)

① 소장은 수형자에게 학위취득 기회를 부여하기 위하여 독학에 의한 학사학위 취득과정을 설치·운영할 수 있다.

② 소장은 다음의 요건을 갖춘 수형자가 학사고시반 교육을 신청하는 경우에는 교육대상자로 선발할 수 있다.
　㉠ 고등학교 졸업 또는 이와 동등한 수준 이상의 학력이 인정될 것
　㉡ 교육개시일을 기준으로 형기의 3분의 1(21년 이상의 유기형 또는 무기형의 경우에는 7년)이 지났을 것
　㉢ 집행할 형기가 2년 이상일 것

⑫ 방송통신대학과정 설치 및 운영(형의 집행 및 수용자의 처우에 관한 법률 시행규칙 제111조)

① 소장은 대학 과정의 교육기회를 부여하기 위하여 「고등교육법」 제2조에 따른 방송통신대학 교육과정을 설치·운영할 수 있다.

② 소장은 독학에 의한 학사학위 취득과정 교육 대상자로 요건을 갖춘 개방처우급·완화경비처우급·일반경비처우급 수형자가 방송통신대학 교육과정에 지원하여 합격한 경우에는 교육대상자로 선발할 수 있다.

⑬ 전문대학 위탁교육과정 설치 및 운영(형의 집행 및 수용자의 처우에 관한 법률 시행규칙 제112조)

① 소장은 전문대학과정의 교육기회를 부여하기 위하여 「고등교육법」 제2조에 따른 전문대학 위탁교육과정을 설치·운영할 수 있다.

② 소장은 요건을 갖춘 개방처우급·완화경비처우급·일반경비처우급 수형자가 제1항의 전문대학 위탁교육과정에 지원하여 합격한 경우에는 교육대상자로 선발할 수 있다.

③ 제1항의 전문대학 위탁교육과정의 교과과정, 시험응시 및 학위취득에 관한 세부사항은 위탁자와 수탁자 간의 협약에 따른다.

④ 소장은 제1항부터 제3항까지의 규정에 따른 교육을 위하여 필요한 경우 수형자를 중간처우를 위한 전담교정시설에 수용할 수 있다.

⒁ 정보화 및 외국어 교육과정 설치 및 운영 등(형의 집행 및 수용자의 처우에 관한 법률 시행규칙 제113조)

① 소장은 수형자에게 지식정보사회에 적응할 수 있는 교육기회를 부여하기 위하여 정보화 교육과정을 설치·운영할 수 있다.

② 소장은 개방처우급·완화경비처우급·일반경비처우급 수형자에게 다문화 시대에 대처할 수 있는 교육기회를 부여하기 위하여 외국어 교육과정을 설치·운영할 수 있다.

③ 소장은 외국어 교육대상자가 교육실 외에서의 어학학습장비를 이용한 외국어학습을 원하는 경우에는 계호 수준, 독거 여부, 교육 정도 등에 대한 교도관회의의 심의를 거쳐 허가할 수 있다.

④ 소장은 이 규칙에서 정한 교육과정 외에도 법무부장관이 수형자로 하여금 건전한 사회복귀에 필요한 지식과 소양을 습득하게 하기 위하여 정하는 교육과정을 설치·운영할 수 있다.


## ⑫ 교화프로그램

(1) 교화프로그램(형의 집행 및 수용자의 처우에 관한 법률 제64조)

① 소장은 수형자의 교정교화를 위하여 상담·심리치료, 그 밖의 교화프로그램을 실시하여야 한다.

② 소장은 제1항에 따른 교화프로그램의 효과를 높이기 위하여 범죄원인별로 적절한 교화프로그램의 내용, 교육장소 및 전문인력의 확보 등 적합한 환경을 갖추도록 노력하여야 한다.

③ 교화프로그램의 종류·내용 등에 관하여 필요한 사항은 법무부령으로 정한다.

④ **교화프로그램의 종류**(형의 집행 및 수용자의 처우에 관한 법률 시행규칙 제114조)
　　㉠ 문화프로그램
　　㉡ 문제행동예방프로그램
　　㉢ 가족관계회복프로그램
　　㉣ 교화상담
　　㉤ 그 밖에 법무부장관이 정하는 교화프로그램

⑤ **문화프로그램**(형의 집행 및 수용자의 처우에 관한 법률 시행규칙 제115조) : 소장은 수형자의 인성 함양, 자아존중감 회복 등을 위하여 음악, 미술, 독서 등 문화예술과 관련된 다양한 프로그램을 도입하거나 개발하여 운영할 수 있다.

⑥ **문제행동예방프로그램**(형의 집행 및 수용자의 처우에 관한 법률 시행규칙 제116조) : 소장은 수형자의 죄명, 죄질 등을 구분하여 그에 따른 심리측정·평가·진단·치료 등의 문제행동예방프로그램을 도입하거나 개발하여 실시할 수 있다.

⑦ **가족관계회복프로그램**(형의 집행 및 수용자의 처우에 관한 법률 시행규칙 제117조) : 장은 수형자와 그 가족의 관계를 유지·회복하기 위하여 수형자의 가족이 참여하는 각종 프로그램을 운영할 수 있다. 다만, 가족이 없는 수형자의 경우 교화를 위하여 필요하면 결연을 맺었거나 그 밖에 가족에 준하는 사람의 참여를 허가할 수 있다. 수형자는 교도관회의의 심의를 거쳐 선발하고, 참여인원은 5명 이내의 가족으로 한다. 다만, 특히 필요하다고 인정하는 경우에는 참여인원을 늘릴 수 있다.

⑧ **교화상담**(형의 집행 및 수용자의 처우에 관한 법률 시행규칙 제118조) : 소장은 수형자의 건전한 가치관 형성, 정서안정, 고충해소 등을 위하여 교화상담을 실시할 수 있다. 소장은 교화상담을 위하여 교도관이나 교정참여인사를 교화상담자로 지정할 수 있으며, 수형자의 안정을 위하여 결연을 주선할 수 있다.

### (2) 교화프로그램 운영 방법(형의 집행 및 수용자의 처우에 관한 법률 시행규칙 제119조)

① 소장은 교화프로그램을 운영하는 경우 약물중독·정신질환·신체장애·건강·성별·나이 등 수형자의 개별 특성을 고려하여야 하며, 프로그램의 성격 및 시설 규모와 인원을 고려하여 이송 등의 적절한 조치를 할 수 있다.

② 소장은 교화프로그램을 운영하기 위하여 수형자의 정서적인 안정이 보장될 수 있는 장소를 따로 정하거나 방송설비 및 방송기기를 이용할 수 있다.

③ 소장은 교정정보시스템(교정시설에서 통합적으로 정보를 관리하는 시스템을 말한다)에 교화프로그램의 주요 진행내용을 기록하여 수형자 처우에 활용하여야 하며, 상담내용 등 개인정보가 유출되지 아니하도록 하여야 한다.


## ⑬ 작업과 직업훈련제도(형의 집행 및 수용자의 처우에 관한 법률 제4절)

### (1) 작업

① **작업의 부과** : 수형자에게 부과하는 작업은 건전한 사회복귀를 위하여 기술을 습득하고 근로의욕을 고취하는 데에 적합한 것이어야 한다. 소장은 수형자에게 작업을 부과하려면 나이·형기·건강상태·기술·성격·취미·경력·장래생계, 그 밖의 수형자의 사정을 고려하여야 한다.

② **작업의무** : 수형자는 자신에게 부과된 작업과 그 밖의 노역을 수행하여야 할 의무가 있다.

③ **작업실적의 확인**(형의 집행 및 수용자의 처우에 관한 법률 시행령 제92조) : 소장은 교도관에게 매일 수형자의 작업실적을 확인하게 하여야 한다.

④ **신청에 따른 작업** : 소장은 금고형 또는 구류형의 집행 중에 있는 사람에 대하여는 신청에 따라 작업을 부과할 수 있다.

⑤ **신청 작업의 취소**(형의 집행 및 수용자의 처우에 관한 법률 시행령 제93조) : 소장은 작업이 부과된 수형자가 작업의 취소를 요청하는 경우에는 그 수형자의 의사(意思), 건강 및 교도관의 의견 등을 고려하여 작업을 취소할 수 있다.

⑥ **작업의 고지**(형의 집행 및 수용자의 처우에 관한 법률 시행령 제91조) : 소장은 수형자에게 작업을 부과하는 경우에는 작업의 종류 및 작업과정을 정하여 고지하여야 한다. 작업과정은 작업성적, 작업시간, 작업의 난이도 및 숙련도를 고려하여 정한다. 작업과정을 정하기 어려운 경우에는 작업시간을 작업과정으로 본다.

⑦ **작업시간**

    ㉠ 1일의 작업시간(휴식 · 운동 · 식사 · 접견 등 실제 작업을 실시하지 않는 시간을 제외한다)은 8시간을 초과할 수 없다.

    ㉡ ㉠에도 불구하고 취사 · 청소 · 간병 등 교정시설의 운영과 관리에 필요한 작업의 1일 작업시간은 12시간 이내로 한다.

    ㉢ 1주의 작업시간은 52시간을 초과할 수 없다. 다만, 수형자가 신청하는 경우에는 1주의 작업시간을 8시간 이내의 범위에서 연장할 수 있다.

    ㉣ ㉡ 및 ㉢에도 불구하고 19세 미만 수형자의 작업시간은 1일에 8시간을, 1주에 40시간을 초과할 수 없다.

    ㉤ 공휴일 · 토요일과 대통령령으로 정하는 휴일에는 작업을 부과하지 아니한다. 다만, 다음 어느 하나에 해당하는 경우에는 작업을 부과할 수 있다.

      • ㉡에 따른 교정시설의 운영과 관리에 필요한 작업을 하는 경우
      • 작업장의 운영을 위하여 불가피한 경우
      • 공공의 안전이나 공공의 이익을 위하여 긴급히 필요한 경우
      • 수형자가 신청하는 경우

⑧ **작업의 면제**

    ㉠ 소장은 수형자의 가족 또는 배우자의 직계존속이 사망하면 2일간, 부모 또는 배우자의 제삿날에는 1일간 해당 수형자의 작업을 면제한다. 다만, 수형자가 작업을 계속하기를 원하는 경우는 예외로 한다.

    ㉡ 소장은 수형자에게 부상 · 질병, 그 밖에 작업을 계속하기 어려운 특별한 사정이 있으면 그 사유가 해소될 때까지 작업을 면제할 수 있다.

⑨ **소년수형자의 작업**(형의 집행 및 수용자의 처우에 관한 법률 시행령 제90조) : 소장은 19세 미만의 수형자에게 작업을 부과하는 경우에는 정신적 · 신체적 성숙 정도, 교육적 효과 등을 고려하여야 한다.

⑩ **작업수입**

    ㉠ 작업수입은 국고수입으로 한다.

    ㉡ 소장은 수형자의 근로의욕을 고취하고 건전한 사회복귀를 지원하기 위하여 법무부장관이 정하는 바에 따라 작업의 종류, 작업성적, 교정성적, 그 밖의 사정을 고려하여 수형자에게 작업장려금을 지급할 수 있다.

    ㉢ ㉡의 작업장려금은 석방할 때에 본인에게 지급한다. 다만, 본인의 가족생활 부조, 교화 또는 건전한 사회복귀를 위하여 특히 필요하면 석방 전이라도 그 전부 또는 일부를 지급할 수 있다.

### (2) 외부 통근 작업

① 소장은 수형자의 건전한 사회복귀와 기술습득을 촉진하기 위하여 필요하면 외부기업체 등에 통근 작업하게 하거나 교정시설의 안에 설치된 외부기업체의 작업장에서 작업하게 할 수 있다.

② **선정기준**(형의 집행 및 수용자의 처우에 관한 법률 시행규칙 제120조)

    ㉠ 외부기업체에 통근하며 작업하는 수형자는 다음의 요건을 갖춘 수형자 중에서 선정한다.

- 18세 이상 65세 미만일 것
- 해당 작업 수행에 건강상 장애가 없을 것
- 개방처우급 · 완화경비처우급에 해당할 것
- 가족 · 친지 또는 교정위원 등과 접견 · 서신수수 · 전화통화 등으로 연락하고 있을 것
- 집행할 형기가 7년 미만이고 가석방이 제한되지 아니할 것

    ㉡ 교정시설 안에 설치된 외부기업체의 작업장에 통근하며 작업하는 수형자는 요건을 갖춘 수형자로서 집행할 형기가 10년 미만이거나 형기기산일부터 10년 이상이 지난 수형자 중에서 선정한다.

    ㉢ 소장은 작업 부과 또는 교화를 위하여 특히 필요하다고 인정하는 경우에는 위에 열거한 수형자 외의 수형자에 대하여도 외부통근자로 선정할 수 있다.

③ **선정취소**(형의 집행 및 수용자의 처우에 관한 법률 시행규칙 제121조) : 소장은 외부통근자가 법령에 위반되는 행위를 하거나 법무부장관 또는 소장이 정하는 지켜야 할 사항을 위반한 경우에는 외부통근자 선정을 취소할 수 있다.

④ **외부통근자 교육**(형의 집행 및 수용자의 처우에 관한 법률 시행규칙 제122조) : 소장은 외부통근자로 선정된 수형자에 대하여는 자치활동 · 행동수칙 · 안전수칙 · 작업기술 및 현장적응훈련에 대한 교육을 하여야 한다.

⑤ **자치활동**(형의 집행 및 수용자의 처우에 관한 법률 시행규칙 제123조) : 소장은 외부통근자의 사회적응능력을 기르고 원활한 사회복귀를 촉진하기 위하여 필요하다고 인정하는 경우에는 수형자 자치에 의한 활동을 허가할 수 있다.

### (3) 직업능력개발훈련

① 소장은 수형자의 건전한 사회복귀를 위하여 기술 습득 및 향상을 위한 직업능력개발훈련(직업훈련)을 실시할 수 있다.

② 소장은 수형자의 직업훈련을 위하여 필요하면 외부의 기관 또는 단체에서 훈련을 받게 할 수 있다.

③ **직업훈련 직종 선정 등**(형의 집행 및 수용자의 처우에 관한 법률 시행규칙 제124조) : 직업훈련 직종 선정 및 훈련과정별 인원은 법무부장관의 승인을 받아 소장이 정한다. 직업훈련 대상자는 소속기관의 수형자 중에서 소장이 선정한다. 다만, 집체직업훈련 대상자는 집체직업훈련을 실시하는 교정시설의 관할 지방교정청장이 선정한다.

④ **직업훈련 대상자 선정기준**(형의 집행 및 수용자의 처우에 관한 법률 시행규칙 제125조)

○ 소장은 수형자가 다음 각 호의 요건을 갖춘 경우에는 수형자의 의사, 적성, 나이, 학력 등을 고려하여 직업훈련 대상자로 선정할 수 있다.
- 집행할 형기 중에 해당 훈련과정을 이수할 수 있을 것(기술숙련과정 집체직업훈련 대상자는 제외)
- 직업훈련에 필요한 기본소양을 갖추었다고 인정될 것
- 해당 과정의 기술이 없거나 재훈련을 희망할 것
- 석방 후 관련 직종에 취업할 의사가 있을 것
○ 소장은 소년수형자의 선도(善導)를 위하여 필요한 경우에는 ○의 요건을 갖추지 못한 경우에도 직업훈련 대상자로 선정하여 교육할 수 있다.

⑤ **직업훈련 대상자 선정의 제한**(형의 집행 및 수용자의 처우에 관한 법률 시행규칙 제126조) : 소장은 수형자가 다음의 어느 하나에 해당하는 경우에는 직업훈련 대상자로 선정해서는 아니 된다.
○ 15세 미만인 경우
○ 교육과정을 수행할 문자해독능력 및 강의 이해능력이 부족한 경우
○ 징벌대상행위의 혐의가 있어 조사 중이거나 징벌집행 중인 경우
○ 작업, 교육·교화프로그램 시행으로 인하여 직업훈련의 실시가 곤란하다고 인정되는 경우
○ 질병·신체조건 등으로 인하여 직업훈련을 감당할 수 없다고 인정되는 경우

⑥ **직업훈련 대상자 이송**(형의 집행 및 수용자의 처우에 관한 법률 시행규칙 제127조) : 법무부장관은 직업훈련을 위하여 필요한 경우에는 수형자를 다른 교정시설로 이송할 수 있다. 소장은 이송된 수형자나 직업훈련 중인 수형자를 다른 교정시설로 이송해서는 아니 된다. 다만, 훈련취소 등 특별한 사유가 있는 경우에는 그러하지 아니하다.

⑦ **직업훈련의 보류 및 취소 등**(형의 집행 및 수용자의 처우에 관한 법률 시행규칙 제128조)
○ 소장은 직업훈련 대상자가 다음의 어느 하나에 해당하는 경우에는 직업훈련을 보류할 수 있다.
- 징벌대상행위의 혐의가 있어 조사를 받게 된 경우
- 심신이 허약하거나 질병 등으로 훈련을 감당할 수 없는 경우
- 소질·적성·훈련성적 등을 종합적으로 고려한 결과 직업훈련을 계속할 수 없다고 인정되는 경우
- 그 밖에 직업훈련을 계속할 수 없다고 인정되는 경우
○ 소장은 ○에 따라 직업훈련이 보류된 수형자가 그 사유가 소멸되면 본래의 과정에 복귀시켜 훈련하여야 한다. 다만, 본래 과정으로 복귀하는 것이 부적당하다고 인정하는 경우에는 해당 훈련을 취소할 수 있다.

## (4) 위로금·조위금

① 소장은 수형자가 다음의 어느 하나에 해당하면 법무부장관이 정하는 바에 따라 위로금 또는 조위금을 지급한다.
○ 작업 또는 직업훈련으로 인한 부상 또는 질병으로 신체에 장해가 발생한 때
○ 작업 또는 직업훈련 중에 사망하거나 그로 인하여 사망한 때
② 위로금은 본인에게 지급하고, 조위금은 그 상속인에게 지급한다.

## ⑭ 미결수용자의 처우(형의 집행 및 수용자의 처우에 관한 법률 제9장)

### (1) 미결수용자 수용 원칙

① **무죄 추정** : 미결수용자는 무죄의 추정을 받으며 그에 합당한 처우를 받는다.

② **참관금지** : 미결수용자가 수용된 거실은 참관할 수 없다.

③ **분리수용** : 소장은 미결수용자로서 사건에 서로 관련이 있는 사람은 분리수용하고 서로 간의 접촉을 금지하여야 한다.

④ **사복착용** : 미결수용자는 수사 · 재판 · 국정감사 또는 법률로 정하는 조사에 참석할 때에는 사복을 착용할 수 있다. 다만, 소장은 도주우려가 크거나 특히 부적당한 사유가 있다고 인정하면 교정시설에서 지급하는 의류를 입게 할 수 있다.

⑤ **이발** : 미결수용자의 머리카락과 수염은 특히 필요한 경우가 아니면 본인의 의사에 반하여 짧게 깎지 못한다.

⑥ **조사 등에서의 특칙** : 소장은 미결수용자가 징벌대상자로서 조사받고 있거나 징벌집행 중인 경우에도 소송서류의 작성, 변호인과의 접견 · 편지수수, 그 밖의 수사 및 재판 과정에서의 권리행사를 보장하여야 한다.

⑦ **작업과 교화** : 소장은 미결수용자에 대하여는 신청에 따라 교육 또는 교화프로그램을 실시하거나 작업을 부과할 수 있다.

⑧ **유치장** : 경찰관서에 설치된 유치장은 교정시설의 미결수용실로 보아 이 법을 준용한다.

### (2) 변호인과의 접견 및 편지수수

① 제41조 제4항에도 불구하고 미결수용자와 변호인과의 접견에는 교도관이 참여하지 못하며 그 내용을 청취 또는 녹취하지 못한다. 다만, 보이는 거리에서 미결수용자를 관찰할 수 있다.

② 미결수용자와 변호인 간의 접견은 시간과 횟수를 제한하지 아니한다.

③ 미결수용자와 변호인 간의 편지는 교정시설에서 상대방이 변호인임을 확인할 수 없는 경우를 제외하고는 검열할 수 없다.

### (3) 미결수용시설의 설비 및 계호(형의 집행 및 수용자의 처우에 관한 법률 시행령 제9장)

① 미결수용자를 수용하는 시설의 설비 및 계호의 정도는 일반경비시설에 준한다.

② **법률구조 지원** : 소장은 미결수용자가 빈곤하거나 무지하여 수사 및 재판 과정에서 권리를 충분히 행사하지 못한다고 인정하는 경우에는 법률구조에 필요한 지원을 할 수 있다.

③ **공범 분리** : 소장은 이송이나 출정, 그 밖의 사유로 미결수용자를 교정시설 밖으로 호송하는 경우에는 해당 사건에 관련된 사람과 호송 차량의 좌석을 분리하는 등의 방법으로 서로 접촉하지 못하게 하여야 한다.

④ **접견의 예외** : 소장은 미결수용자의 처우를 위하여 특히 필요하다고 인정하면 접견 시간대 외에도 접견하게 할 수 있고, 변호인이 아닌 사람과 접견하는 경우에도 접견시간을 연장하거나 접견 횟수를 늘릴 수 있다.

⑤ **교육·교화와 작업** : 미결수용자에 대한 교육·교화프로그램 또는 작업은 교정시설 밖에서 행하는 것은 포함하지 아니한다. 소장은 작업이 부과된 미결수용자가 작업의 취소를 요청하는 경우에는 그 미결수용자의 의사, 건강 및 교도관의 의견 등을 고려하여 작업을 취소할 수 있다.

⑥ **도주 등 통보** : 소장은 미결수용자가 도주하거나 도주한 미결수용자를 체포한 경우에는 그 사실을 검사에게 통보하고, 기소된 상태인 경우에는 법원에도 지체 없이 통보하여야 한다.

⑦ **사망 등 통보** : 소장은 미결수용자가 위독하거나 사망한 경우에는 그 사실을 검사에게 통보하고, 기소된 상태인 경우에는 법원에도 지체 없이 통보하여야 한다.

⑧ **외부의사의 진찰 등** : 미결수용자가 「형사소송법」에 따라 외부의사의 진료를 받는 경우에는 교도관이 참여하고 그 경과를 수용기록부에 기록하여야 한다.

⑨ **유치장 수용기간** : 경찰관서에 설치된 유치장에는 수형자를 30일 이상 수용할 수 없다.


## ⑮ 사형확정자(형의 집행 및 수용자의 처우에 관한 법률 제10장)

### (1) 사형확정자의 수용

① 사형확정자는 독거수용한다. 다만, 자살방지, 교육·교화프로그램, 작업, 그 밖의 적절한 처우를 위하여 필요한 경우에는 법무부령으로 정하는 바에 따라 혼거수용할 수 있다.

② 사형확정자가 수용된 거실은 참관할 수 없다.

③ **접견 횟수** : 사형확정자의 접견 횟수는 매월 4회로 한다.

④ **접견의 예외** : 소장은 사형확정자의 교화나 심리적 안정을 도모하기 위하여 특히 필요하다고 인정하면 접견 시간대 외에도 접견을 하게 할 수 있고 접견시간을 연장하거나 접견 횟수를 늘릴 수 있다.

⑤ **사형확정자 수용시설의 설비 및 계호의 정도** : 사형확정자를 수용하는 시설의 설비 및 계호의 정도는 일반경비시설 또는 중(重)경비시설에 준한다.

(2) **구분수용(형의 집행 및 수용자의 처우에 관한 법률 시행규칙 제4편)**

① 사형확정자는 사형집행시설이 설치되어 있는 교정시설에 수용하되, 다음과 같이 구분하여 수용한다.

| 구분 | 내용 |
|---|---|
| 교도소 | 교도소 수용 중 사형이 확정된 사람, 교도소에서 교육·교화프로그램 또는 신청에 따른 작업을 실시할 필요가 있다고 인정되는 사람 |
| 구치소 | 구치소 수용 중 사형이 확정된 사람, 교도소에서 교육·교화프로그램 또는 신청에 따른 작업을 실시할 필요가 없다고 인정되는 사람 |

② 사형확정자의 심리적 안정 도모 또는 교정시설의 안전과 질서유지를 위하여 특히 필요하다고 인정하는 경우에는 교도소에 수용할 사형확정자를 구치소에 수용할 수 있고, 구치소에 수용할 사형확정자를 교도소에 수용할 수 있다.

③ 소장은 사형확정자의 자살·도주 등의 사고를 방지하기 위하여 필요한 경우에는 사형확정자와 미결수용자를 혼거수용할 수 있고, 사형확정자의 교육·교화프로그램, 작업 등의 적절한 처우를 위하여 필요한 경우에는 사형확정자와 수형자를 혼거수용할 수 있다.

④ 사형확정자의 번호표 및 거실표의 색상은 붉은색으로 한다.

(3) **개인상담 등(형의 집행 및 수용자의 처우에 관한 법률 시행규칙 제4편)**

① 소장은 사형확정자의 심리적 안정 및 원만한 수용생활을 위하여 교육 또는 교화프로그램을 실시하거나 신청에 따라 작업을 부과할 수 있다.

② 사형확정자에 대한 교육·교화프로그램, 작업, 그 밖의 처우에 필요한 사항은 법무부령으로 정한다.

⑤ 이송 : 소장은 사형확정자의 교육·교화프로그램, 작업 등을 위하여 필요하거나 교정시설의 안전과 질서유지를 위하여 특히 필요하다고 인정하는 경우에는 법무부장관의 승인을 받아 사형확정자를 다른 교정시설로 이송할 수 있다.

⑥ 상담 : 소장은 사형확정자의 심리적 안정 및 원만한 수용생활을 위하여 소속 교도관으로 하여금 지속적인 상담을 하게 하여야 한다.

⑦ 작업
   ㉠ 소장은 사형확정자가 작업을 신청하면 교도관회의의 심의를 거쳐 교정시설 안에서 실시하는 작업을 부과할 수 있다. 이 경우 부과하는 작업은 심리적 안정과 원만한 수용생활을 도모하는 데 적합한 것이어야 한다.
   ㉡ 소장은 작업이 부과된 사형확정자에 대하여 교도관회의의 심의를 거쳐 사형확정자의 번호표 및 거실표의 색상은 붉은색으로 하는 것을 적용하지 아니할 수 있다.
   ㉢ 소장은 작업이 부과된 사형확정자가 작업의 취소를 요청하면 사형확정자의 의사(意思)·건강, 담당교도

관의 의견 등을 고려하여 작업을 취소할 수 있다.

⑧ **교화프로그램** : 소장은 사형확정자에 대하여 심리상담, 종교상담, 심리치료 등의 교화프로그램을 실시하는 경우에는 전문가에 의하여 집중적이고 지속적으로 이루어질 수 있도록 계획을 수립·시행하여야 한다.

⑨ **전담교정시설 수용** : 사형확정자에 대한 교육·교화프로그램, 작업 등의 처우를 위하여 법무부장관이 정하는 전담교정시설에 수용할 수 있다.

⑩ **전화통화** : 소장은 사형확정자의 심리적 안정과 원만한 수용생활을 위하여 필요하다고 인정하는 경우에는 월 3회 이내의 범위에서 전화통화를 허가할 수 있다.

## (4) 사형의 집행

① 사형은 교정시설의 사형장에서 집행한다.

② 공휴일과 토요일에는 사형을 집행하지 아니한다.

③ **사형집행 후의 검시** : 소장은 사형을 집행하였을 경우에는 시신을 검사한 후 5분이 지나지 아니하면 교수형에 사용한 줄을 풀지 못한다.

# ⓰ 수용자 계호

## (1) 계호의 의의

① **고전적 의미** : 수용자에 대한 구금확보와 교정시설의 규율 유지만을 목적으로 소극적인 경계기능을 유지·확보하기 위한 권력작용만을 의미한다.

② **현대적 의미** : 교정이 범죄인의 구금만을 목적으로 하는 것이 아니라 적극적인 처우를 통한 사회복귀에 중점을 두므로 경계기능뿐만 아니라 보호작용까지 포함하는 의미로 확장되었다.

**[경계와 보호]**

| 구분 | 내용 |
|------|------|
| 경계 | 구금을 확보함에 있어서 모든 장애가 되는 인위적 또는 자연적으로 인한 것이든 불문하고 예방하고 진압하는 작용 |
| 보호 | 피구금자의 신체, 생명 및 재산을 보전하기 위하여 그에 가해지는 장해 위험으로부터 피구금자 또는 제3자를 구제하는 작용뿐만 아니라 더 나아가 정신적으로 교육, 작업감독, 직업훈련의 독려 등 수형자 개인의 발전지향적 부분까지를 포함하는 개념 |

## (2) 계호의 목적

계호는 교정의 목적을 달성하기 위하여 수용자에 대한 감독, 지도 및 경비관계 전반을 담당하는 업무로서 교정질서를 확립하는 데 그 목적이 있다고 할 수 있다.

## (3) 계호의 필요성

① 수용자의 격리구금확보

② 수용자의 신병보호

③ 도주, 자살, 화재, 폭행 등 교정사고예방

④ 외부침입에 대한 자체방호

## (4) 계호의 종류

① 대상에 의한 분류

　　㉠ 대인적 계호 : 직접적인 사람 및 신체를 구속하는 계호로 신체검사, 보안장비 및 무기사용, 송치 등의 계호를 의미한다.

　　㉡ 대물적 계호 : 수용자 및 제3자에 속하는 물건에 대한 계호로 물품의 검사, 소지품검사, 거실검사 등의 계호를 의미한다.

② 수단에 의한 분류

　　㉠ 물적 계호 : 시설, 보호장비, 보안장비 등 구금시설물을 이용한 계호를 의미한다.

　　㉡ 인적 계호 : 계호권이 있는 교도관에 의한 계호를 말하며, 거실내 계호와 거실외 계호가 있다.

③ 장소에 의한 분류

　　㉠ 호송계호 : 수용자를 교정시설 외부로 이동시키는 과정에서 행하는 계호를 의미한다.

　　㉡ 출정계호 : 사법기관에 소환당할 경우에 행하는 계호를 말한다.

④ 사태의 긴박성에 의한 분류

　　㉠ 통상계호 : 신체검사, 거실검사, 정리정돈, 감시감독 등과 같이 실력적 강제로서, 법익의 침해가 별로 없는 경우에 법률상 특별한 규정이 필요치 않은 통상적인 평상시의 계호를 말한다.

　　㉡ 비상계호 : 천재지변이나 도주, 폭동 등의 비상사태가 발생하였을 때 특별한 모든 기능을 총동원하여 사태를 수습·진압하는 계호활동을 말한다.

　　㉢ 응원 : 비상시에 소장의 지휘하에 전직원과 시설로써 계호행위를 한다. 사태가 극히 중하여 교도소 자체의 힘으로 사태수습이 곤란할 때에는 경찰서나 군의 협조를 받을 수 있다.

　　㉣ 긴급이송 : 천재지변 등 비상시에 교도소 내에서 피난의 방법이 없다고 인정되는 때에는 수용자를 다른 곳으로 이송할 수 있다.

⑤ 대상의 특별성에 따른 분류

　　㉠ 일반계호 : 통상계호가 이에 해당한다.

　　㉡ 특별계호 : 특수한 수용자(사형선고를 받은 자, 도주나 자살의 우려가 있는 자, 흉폭성의 우려가 있는 자, 정신질환자)에 대하여 특별한 계호방법을 강구함으로써 교정사고를 미연에 방지하고 구금을 확보하고자 하는 특별한 계호행위를 말한다.

> **TIP** 가석방인 상태의 사람은 보호관찰 대상이며, 계호 대상이 아니다.

## (5) 계호행위의 종류

### ① 계호행위 구분

　　㉠ 시찰 : 수용자의 동정을 파악하고 또한 교정시설의 상태 등을 조사하여 수용자의 처우개선과 수용생활의 안정을 목적으로 하는 계호행위를 말한다.

　　㉡ 정돈 : 교정시설 내의 물품이나 시설에 대한 이상유무를 확인하여 교정사고를 예방하기 위한 물품이나 시설의 정리정돈, 점검 등의 행위이다.

　　㉢ 명령 : 수용자에 대하여 직무상 권한의 범위 내에서 직무목적달성을 위하여 일정한 작위와 부작위를 강제적으로 요구하는 것을 의미한다.

　　㉣ 검사 : 계호상의 사고발생을 방지하기 위하여 인적·물적으로 나타난 보안장애상태를 사전에 조사하는 것으로 거실, 공장, 계구, 무기, 소방기구 등과 인적 사항 등에 대하여 광범위하게 실시된다.

　　㉤ 구제 : 위험이 발생하였을 때 그 위험으로부터 수용자를 보호하기 위해 사후적으로 행하는 조치이다.

　　㉥ 배제 : 위험발생의 가능성이 있는 경우에 이를 사전에 방지하기 위한 예방행위이다.

　　㉦ 강제 : 법령이나 직무에 의한 계호권자의 정당한 명령(작업명령)을 수용자가 정당한 이유없이 이행하지 않을 때 이행을 한 것과 동일한 상태를 실현하기 위하여 행하는 행위이다.

## (6) 계호권의 행사 원칙

계호권은 수용자에 대한 인권침해의 소지가 있기 때문에 적법한 절차에 따라 균형성에 맞는 한도 내에서 정당하게 이루어져야 한다.

| 구분 | 내용 |
|---|---|
| 필요성의 원칙 | 계호조치를 취함에 있어 여러 적합한 수단 중 당사자의 권리, 자유에 대한 침해가 가장 적은 수단을 선택해야 한다는 최소침해 원칙이다. |
| 상당성의 원칙 | 행정작용이 의한 법익 침해 정도가 그로 인해 달성하고자 하는 이익을 상호 비교할 때 불이익의 조치로 인한 이익이 |
| 적합성의 원칙 | 행정조치가 행정목적 달성을 위해 필요한 경우라고 해도 그 조치를 취함으로 인해 생긴 불이익이 그 조치로 인해 발생한 이익보다 큰 경우에는 그 조치를 취해서는 안 된다는 것을 말한다. |

(7) 계호권의 범위

① 제3자에 대한 계호권 행사여부 : 계호관계는 계호권자의 수용자 간에 성립되는 것이 원칙이나 특별한 경우에는 제3자에게도 성립될 수 있다.

② 타교도소 교도관의 계호권 행사여부 : 계호권은 자기가 소속한 교정시설의 피수용자에게 행사할 수 있는 것이 원칙이다. 이에 대하여 비상사태 발생시의 경우 타교도소 응원근무에 임할 때에는, 당해 교도소장의 지도·감독하에서 그 교도소 재소장에게 계호권을 행사할 수 있다.

(8) 계호권의 법률상의 효과

① 정당한 계호권 행사의 효과
    ㉠ 정당하고 적법한 계호권의 행사는 적법행위로서 위법성이 조각된다.
    ㉡ 계호권의 행사는 공무집행으로 법률상의 보호를 받는다.
    ㉢ 계호권 행사를 폭행, 협박 등으로 반항하거나 거부하였을 경우에는 행정상 징벌의 사유가 됨은 물론 지배권을 이탈하였을 때에는 도주죄가 성립된다.
    ㉣ 계호권 행사에 대하여 불복이 있을 경우 법적 절차에 의하지 아니하고는 그 효력을 다툴 수 없다.

② 위법·부당한 계호권 행사의 효과
    ㉠ 고의 또는 과실에 의한 위법·부당한 계호권행사로 인하여 수용자 또는 제3자에게 손해를 가하였을 때에는 국가가 그 손해를 배상할 책임이 있다.
    ㉡ 위법한 계호권의 행사가 고의 또는 중대한 과실에 기인한 경우에는 국가는 계호권행사자에게 행정상의 징계와 더불어 구상권을 행사할 수 있다.

③ 계호권의 행사의 책임과 의무
    ㉠ 계호권의 소홀로 수용자의 도주, 자살, 폭행 등의 교정사고가 야기되었을 경우에는 행정상의 징계책임을 지게 된다.
    ㉡ 고의 또는 중대한 과실로 인하여 교정사고가 발생한 때에는 경우에 따라서 형사상의 직무유기죄가 적용될 수 있다.

## ⑰ 안전과 질서(형의 집행 및 수용자의 처우에 관한 법률 제11장)

(1) 금지물품(형의 집행 및 수용자의 처우에 관한 법률 제92조)

① 수용자는 다음 물품을 지녀서는 아니 된다.
    ㉠ 마약·총기·도검·폭발물·흉기·독극물, 그 밖에 범죄의 도구로 이용될 우려가 있는 물품
    ㉡ 무인비행장치, 전자·통신기기, 그 밖에 도주나 다른 사람과의 연락에 이용될 우려가 있는 물품

ⓒ 주류 · 담배 · 화기 · 현금 · 수표, 그 밖에 시설의 안전 또는 질서를 해칠 우려가 있는 물품

ⓔ 음란물, 사행행위에 사용되는 물품, 그 밖에 수형자의 교화 또는 건전한 사회복귀를 해칠 우려가 있는 물품

② ①에도 불구하고 소장이 수용자의 처우를 위하여 허가하는 경우에는 ①에 ⓒ의 물품을 지닐 수 있다.

## (2) 신체검사 등(형의 집행 및 수용자의 처우에 관한 법률 제93조)

① 교도관은 시설의 안전과 질서유지를 위하여 필요하면 수용자의 신체 · 의류 · 휴대품 · 거실 및 작업장 등을 검사할 수 있다.

② 수용자의 신체를 검사하는 경우에는 불필요한 고통이나 수치심을 느끼지 아니하도록 유의하여야 하며, 특히 신체를 면밀하게 검사할 필요가 있으면 다른 수용자가 볼 수 없는 차단된 장소에서 하여야 한다.

③ 교도관은 시설의 안전과 질서유지를 위하여 필요하면 교정시설을 출입하는 수용자 외의 사람에 대하여 의류와 휴대품을 검사할 수 있다. 이 경우 출입자가 금지물품을 지니고 있으면 교정시설에 맡기도록 하여야 하며, 이에 따르지 아니하면 출입을 금지할 수 있다.

④ 여성의 신체 · 의류 및 휴대품에 대한 검사는 여성교도관이 하여야 한다.

⑤ 소장은 제1항에 따라 검사한 결과 금지물품이 발견되면 형사 법령으로 정하는 절차에 따라 처리할 물품을 제외하고는 수용자에게 알린 후 폐기한다. 다만, 폐기하는 것이 부적당한 물품은 교정시설에 보관하거나 수용자로 하여금 자신이 지정하는 사람에게 보내게 할 수 있다.

## (3) 전자장비를 이용한 계호(형의 집행 및 수용자의 처우에 관한 법률 제94조)

① 교도관은 자살 · 자해 · 도주 · 폭행 · 손괴, 그 밖에 수용자의 생명 · 신체를 해하거나 시설의 안전 또는 질서를 해하는 행위를 방지하기 위하여 필요한 범위에서 전자장비를 이용하여 수용자 또는 시설을 계호할 수 있다. 다만, 전자영상장비로 거실에 있는 수용자를 계호하는 것은 자살등의 우려가 큰 때에만 할 수 있다.

② 거실에 있는 수용자를 전자영상장비로 계호하는 경우에는 계호직원 · 계호시간 및 계호대상 등을 기록하여야 한다. 이 경우 수용자가 여성이면 여성교도관이 계호하여야 한다.

③ 계호하는 경우에는 피계호자의 인권이 침해되지 아니하도록 유의하여야 한다.

## (4) 전자장비의 종류

교도관이 수용자 또는 시설을 계호하는 경우 사용할 수 있는 전자장비는 다음과 같다.

① **영상정보처리기기** : 일정한 공간에 지속적으로 설치되어 사람 또는 사물의 영상 및 이에 따르는 음성 · 음향 등을 수신하거나 이를 유 · 무선망을 통하여 전송하는 장치

② **전자감지기** : 일정한 공간에 지속적으로 설치되어 사람 또는 사물의 움직임을 빛·온도·소리·압력 등을 이용하여 감지하고 전송하는 장치

③ **전자경보기** : 전자파를 발신하고 추적하는 원리를 이용하여 사람의 위치를 확인하거나 이동경로를 탐지하는 일련의 기계적 장치

④ **물품검색기**(고정식 물품검색기와 휴대식 금속탐지기로 구분한다)

⑤ **증거수집장비** : 디지털카메라, 녹음기, 비디오카메라, 음주측정기 등 증거수집에 필요한 장비

⑥ **그 밖에 법무부장관이 정하는 전자장비**

### (5) 보호실 수용(형의 집행 및 수용자의 처우에 관한 법률 제95조)

① 소장은 수용자가 다음의 어느 하나에 해당하면 의무관의 의견을 고려하여 보호실(자살 및 자해 방지 등의 설비를 갖춘 거실)에 수용할 수 있다.
　　㉠ 자살 또는 자해의 우려가 있는 때
　　㉡ 신체적·정신적 질병으로 인하여 특별한 보호가 필요한 때

② 수용자의 보호실 수용기간은 15일 이내로 한다. 다만, 소장은 특히 계속하여 수용할 필요가 있으면 의무관의 의견을 고려하여 1회당 7일의 범위에서 기간을 연장할 수 있다.

③ 제2항에 따라 수용자를 보호실에 수용할 수 있는 기간은 계속하여 3개월을 초과할 수 없다.

④ 소장은 수용자를 보호실에 수용하거나 수용기간을 연장하는 경우에는 그 사유를 본인에게 알려 주어야 한다.

⑤ 의무관은 보호실 수용자의 건강상태를 수시로 확인하여야 한다.

⑥ 소장은 보호실 수용사유가 소멸한 경우에는 보호실 수용을 즉시 중단하여야 한다.

### (6) 진정실 수용

① 소장은 수용자가 다음 어느 하나에 해당하는 경우로서 강제력을 행사하거나 보호장비를 사용하여도 그 목적을 달성할 수 없는 경우에만 진정실(일반 수용거실로부터 격리되어 있고 방음설비 등을 갖춘 거실을 말한다. 이하 같다)에 수용할 수 있다.
　　㉠ 교정시설의 설비 또는 기구 등을 손괴하거나 손괴하려고 하는 때
　　㉡ 교도관의 제지에도 불구하고 소란행위를 계속하여 다른 수용자의 평온한 수용생활을 방해하는 때

② 수용자의 진정실 수용기간은 24시간 이내로 한다. 다만, 소장은 특히 계속하여 수용할 필요가 있으면 의무관의 의견을 고려하여 1회당 12시간의 범위에서 기간을 연장할 수 있다.

③ 제2항에 따라 수용자를 진정실에 수용할 수 있는 기간은 계속하여 3일을 초과할 수 없다.

## (7) 보호장비의 사용

① 교도관은 수용자가 다음의 어느 하나에 해당하면 보호장비를 사용할 수 있다.

   ㉠ 이송·출정, 그 밖에 교정시설 밖의 장소로 수용자를 호송하는 때

   ㉡ 도주·자살·자해 또는 다른 사람에 대한 위해의 우려가 큰 때

   ㉢ 위력으로 교도관의 정당한 직무집행을 방해하는 때

   ㉣ 교정시설의 설비·기구 등을 손괴하거나 그 밖에 시설의 안전 또는 질서를 해칠 우려가 큰 때

② 보호장비를 사용하는 경우에는 수용자의 나이, 건강상태 및 수용생활 태도 등을 고려하여야 한다.

③ 교도관이 교정시설의 안에서 수용자에 대하여 보호장비를 사용한 경우 의무관은 그 수용자의 건강상태를 수시로 확인하여야 한다.

## (8) 보호장비의 종류 및 사용요건

① 보호장비의 종류는 다음과 같다.

   ㉠ 수갑 : 양손수갑, 일회용수갑, 한손수갑

   ㉡ 머리보호장비

   ㉢ 발목보호장비 : 양발목보호장비, 한발목보호장비

   ㉣ 보호대 : 금속보호대, 벨트보호대

   ㉤ 보호의자

   ㉥ 보호침대

   ㉦ 보호복

   ㉧ 포승 : 일반포승, 벨트형포승, 조끼형포승

② 보호장비의 종류별 사용요건은 다음과 같다.

| 구분 | 요건 |
|---|---|
| 수갑·포승 | • 이송·출정, 그 밖에 교정시설 밖의 장소로 수용자를 호송하는 때<br>• 도주·자살·자해 또는 다른 사람에 대한 위해의 우려가 큰 때<br>• 위력으로 교도관등의 정당한 직무집행을 방해하는 때<br>• 교정시설의 설비·기구 등을 손괴하거나 그 밖에 시설의 안전 또는 질서를 해칠 우려가 큰 때 |
| 머리보호장비 | 머리부분을 자해할 우려가 큰 때 |
| 발목보호장비·보호대·보호의자 | • 도주·자살·자해 또는 다른 사람에 대한 위해의 우려가 큰 때<br>• 위력으로 교도관등의 정당한 직무집행을 방해하는 때<br>• 교정시설의 설비·기구 등을 손괴하거나 그 밖에 시설의 안전 또는 질서를 해칠 우려가 큰 때 |
| 보호침대·보호복 | 자살·자해의 우려가 큰 때 |

③ **보호장비 남용 금지** : 교도관은 필요한 최소한의 범위에서 보호장비를 사용하여야 하며, 그 사유가 없어지면 사용을 지체 없이 중단하여야 한다. 보호장비는 징벌의 수단으로 사용되어서는 아니 된다.

## (9) 강제력의 행사

① 교도관은 수용자가 다음 각 호의 어느 하나에 해당하면 강제력을 행사할 수 있다.

ㄱ 도주하거나 도주하려고 하는 때

ㄴ 자살하려고 하는 때

ㄷ 자해하거나 자해하려고 하는 때

ㄹ 다른 사람에게 위해를 끼치거나 끼치려고 하는 때

ㅁ 위력으로 교도관의 정당한 직무집행을 방해하는 때

ㅂ 교정시설의 설비·기구 등을 손괴하거나 손괴하려고 하는 때

ㅅ 그 밖에 시설의 안전 또는 질서를 크게 해치는 행위를 하거나 하려고 하는 때

② 교도관은 수용자 외의 사람이 다음 각 호의 어느 하나에 해당하면 강제력을 행사할 수 있다.

ㄱ 수용자를 도주하게 하려고 하는 때

ㄴ 교도관 또는 수용자에게 위해를 끼치거나 끼치려고 하는 때

ㄷ 위력으로 교도관의 정당한 직무집행을 방해하는 때

ㄹ 교정시설의 설비·기구 등을 손괴하거나 하려고 하는 때

ㅁ 교정시설에 침입하거나 하려고 하는 때

ㅂ 교정시설의 안(교도관이 교정시설의 밖에서 수용자를 계호하고 있는 경우 그 장소를 포함한다)에서 교도관의 퇴거요구를 받고도 이에 따르지 아니하는 때

③ ① 및 ②에 따라 강제력을 행사하는 경우에는 보안장비를 사용할 수 있다.

④ 제3항에서 "보안장비"란 교도봉·가스분사기·가스총·최루탄 등 사람의 생명과 신체의 보호, 도주의 방지 및 시설의 안전과 질서유지를 위하여 교도관이 사용하는 장비와 기구를 말한다.

> **TIP** 보안장비의 종류(형의 집행 및 수용자의 처우에 관한 법률 시행규칙 제186조)
> 교도봉(접이식을 포함), 전기교도봉, 가스분사기, 가스총(고무탄 발사겸용을 포함), 최루탄(투척용, 발사용(그 발사장치를 포함)), 전자충격기, 그 밖에 법무부장관이 정하는 보안장비

⑤ 제1항 및 제2항에 따라 강제력을 행사하려면 사전에 상대방에게 이를 경고하여야 한다. 다만, 상황이 급박하여 경고할 시간적인 여유가 없는 때에는 그러하지 아니하다.

⑥ 강제력의 행사는 필요한 최소한도에 그쳐야 한다.

## (10) 무기의 사용

① 교도관은 다음 어느 하나에 해당하는 사유가 있으면 수용자에 대하여 무기를 사용할 수 있다.

ㄱ 수용자가 다른 사람에게 중대한 위해를 끼치거나 끼치려고 하여 그 사태가 위급한 때

ㄴ 수용자가 폭행 또는 협박에 사용할 위험물을 소지하여 교도관등이 버릴 것을 명령하였음에도 이에 따르지 아니하는 때

ㄷ 수용자가 폭동을 일으키거나 일으키려고 하여 신속하게 제지하지 아니하면 그 확산을 방지하기 어렵다고 인정되는 때

ⓔ 도주하는 수용자에게 교도관이 정지할 것을 명령하였음에도 계속하여 도주하는 때

ⓜ 수용자가 교도관의 무기를 탈취하거나 탈취하려고 하는 때

ⓗ 그 밖에 사람의 생명·신체 및 설비에 대한 중대하고도 뚜렷한 위험을 방지하기 위하여 무기의 사용을 피할 수 없는 때

② 교도관은 교정시설의 안(교도관이 교정시설의 밖에서 수용자를 계호하고 있는 경우 그 장소를 포함한다)에서 자기 또는 타인의 생명·신체를 보호하거나 수용자의 탈취를 저지하거나 건물 또는 그 밖의 시설과 무기에 대한 위험을 방지하기 위하여 급박하다고 인정되는 상당한 이유가 있으면 수용자 외의 사람에 대하여도 무기를 사용할 수 있다.

③ 교도관은 소장 또는 그 직무를 대행하는 사람의 명령을 받아 무기를 사용한다. 다만, 그 명령을 받을 시간적 여유가 없으면 그러하지 아니하다.

④ 제1항 및 제2항에 따라 무기를 사용하려면 공포탄을 발사하거나 그 밖에 적당한 방법으로 사전에 상대방에 대하여 이를 경고하여야 한다.

⑤ 무기의 사용은 필요한 최소한도에 그쳐야 하며, 최후의 수단이어야 한다.

> **TIP** 교도관이 사용할 수 있는 무기의 종류
> ㉠ 권총
> ㉡ 소총
> ㉢ 기관총
> ㉣ 그 밖에 법무부장관이 정하는 무기

## (11) 재난 시의 조치

① 천재지변이나 그 밖의 재해가 발생하여 시설의 안전과 질서유지를 위하여 긴급한 조치가 필요하면 소장은 수용자로 하여금 피해의 복구나 그 밖의 응급용무를 보조하게 할 수 있다.

② 소장은 교정시설의 안에서 천재지변이나 그 밖의 사변에 대한 피난의 방법이 없는 경우에는 수용자를 다른 장소로 이송할 수 있다.

③ 소장은 이송이 불가능하면 수용자를 일시 석방할 수 있다.

④ 제3항에 따라 석방된 사람은 석방 후 24시간 이내에 교정시설 또는 경찰관서에 출석하여야 한다.

⑿ 수용을 위한 체포

① 교도관은 수용자가 도주 또는 다음 어느 하나에 해당하는 행위를 한 경우에는 도주 후 또는 출석기한이 지난 후 72시간 이내에만 그를 체포할 수 있다.

　　㉠ 정당한 사유 없이 일시석방 후 24시간 이내에 교정시설 또는 경찰관서에 출석하지 아니하는 행위

　　㉡ 귀휴·외부통근, 그 밖의 사유로 소장의 허가를 받아 교도관의 계호 없이 교정시설 밖으로 나간 후에 정당한 사유 없이 기한 내에 돌아오지 아니하는 행위

② 교도관은 체포를 위하여 긴급히 필요하면 도주등을 하였다고 의심할 만한 상당한 이유가 있는 사람 또는 도주등을 한 사람의 이동경로나 소재를 안다고 인정되는 사람을 정지시켜 질문할 수 있다.

③ 교도관은 질문을 할 때에는 그 신분을 표시하는 증표를 제시하고 질문의 목적과 이유를 설명하여야 한다.

④ 교도관은 제1항에 따른 체포를 위하여 영업시간 내에 공연장·여관·음식점·역, 그 밖에 다수인이 출입하는 장소의 관리자 또는 관계인에게 그 장소의 출입이나 그 밖에 특히 필요한 사항에 관하여 협조를 요구할 수 있다.

⑤ 교도관은 필요한 장소에 출입하는 경우에는 그 신분을 표시하는 증표를 제시하여야 하며, 그 장소의 관리자 또는 관계인의 정당한 업무를 방해하여서는 아니 된다.

⒀ 마약류사범 등의 관리

① 소장은 마약류사범·조직폭력사범 등 법무부령으로 정하는 수용자에 대하여는 시설의 안전과 질서유지를 위하여 필요한 범위에서 다른 수용자와의 접촉을 차단하거나 계호를 엄중히 하는 등 법무부령으로 정하는 바에 따라 다른 수용자와 달리 관리할 수 있다.

② 소장은 관리하는 경우에도 기본적인 처우를 제한하여서는 아니 된다.


## ⑱ 엄중관리(형의 집행 및 수용자의 처우에 관한 법률 시행규칙 제2장)

(1) 통칙

① 엄중관리대상자의 구분 : 교정시설의 안전과 질서유지를 위하여 다른 수용자와의 접촉을 차단하거나 계호를 엄중히 하여야 하는 엄중관리대상자는 조직폭력수용자, 마약류수용자, 관심대상수용자로 구분한다.

② 번호표 표시 : 엄중관리대상자의 번호표 및 거실표의 색상은 다음과 같이 구분한다.

| 구분 | 내용 |
|---|---|
| 관심대상수용자 | 노란색 |
| 조직폭력수용자 | 노란색 |
| 마약류수용자 | 파란색 |

③ 상담

　　㉠ 소장은 엄중관리대상자 중 지속적인 상담이 필요하다고 인정되는 사람에 대하여는 상담책임자를 지정한다.

　　㉡ 상담책임자는 감독교도관 또는 상담 관련 전문교육을 이수한 교도관을 우선하여 지정하여야 하며, 상담 대상자는 상담책임자 1명당 10명 이내로 하여야 한다.

　　㉢ 상담책임자는 해당 엄중관리대상자에 대하여 수시로 개별상담을 함으로써 신속한 고충처리와 원만한 수용생활 지도를 위하여 노력하여야 한다.

　　㉣ 상담책임자가 상담을 하였을 때에는 그 요지와 처리결과 등을 교정정보시스템에 입력하여야 한다. 이 경우 엄중관리대상자의 처우를 위하여 필요하면 엄중관리대상자 상담결과 보고서를 작성하여 소장에게 보고하여야 한다.

④ **작업 부과** : 소장은 엄중관리대상자에게 작업을 부과할 때에는 조사나 검사 등의 결과를 고려하여야 한다.

## (2) 조직폭력수용자

① **조직폭력수용자의 지정대상**

　　㉠ 체포영장, 구속영장, 공소장 또는 재판서에 조직폭력사범으로 명시된 수용자

　　㉡ 공소장 또는 재판서에 조직폭력사범으로 명시되어 있지는 아니하나 「폭력행위 등 처벌에 관한 법률」 제4조·제5조 또는 「형법」 제114조가 적용된 수용자

　　㉢ 공범·피해자 등의 체포영장·구속영장·공소장 또는 재판서에 조직폭력사범으로 명시된 수용자

② **지정 및 해제**

　　㉠ 소장은 조직폭력수용자의 지정대상의 어느 하나에 해당하는 수용자에 대하여는 조직폭력수용자로 지정한다.

　　㉡ 소장은 조직폭력수용자로 지정된 사람에 대하여는 석방할 때까지 지정을 해제할 수 없다. 다만, 공소장 변경 또는 재판 확정에 따라 지정사유가 해소되었다고 인정되는 경우에는 교도관회의의 심의 또는 분류처우위원회의 의결을 거쳐 지정을 해제한다.

③ **수용자를 대표하는 직책 부여 금지** : 소장은 조직폭력수용자에게 거실 및 작업장 등의 봉사원, 반장, 조장, 분임장, 그 밖에 수용자를 대표하는 직책을 부여해서는 아니 된다.

④ **수형자 간 연계활동 차단을 위한 이송** : 소장은 조직폭력수형자가 작업장 등에서 다른 수형자와 음성적으로 세력을 형성하는 등 집단화할 우려가 있다고 인정하는 경우에는 법무부장관에게 해당 조직폭력수형자의 이송을 지체 없이 신청하여야 한다.

⑤ **처우상 유의사항** : 소장은 조직폭력수용자가 다른 사람과 접견할 때에는 외부 폭력조직과의 연계가능성이 높은 점 등을 고려하여 접촉차단시설이 있는 장소에서 하게 하여야 하며, 귀휴나 그 밖의 특별한 이익이 되는 처우를 결정하는 경우에는 해당 처우의 허용 요건에 관한 규정을 엄격히 적용하여야 한다.

⑥ **특이사항의 통보** : 소장은 조직폭력수용자의 편지 및 접견의 내용 중 특이사항이 있는 경우에는 검찰청, 경찰서 등 관계기관에 통보할 수 있다.

### (3) 마약류수용자

① **지정대상**
  ㉠ 체포영장 · 구속영장 · 공소장 또는 재판서에 「마약류관리에 관한 법률」, 「마약류 불법거래방지에 관한 특례법」, 그 밖에 마약류에 관한 형사 법률이 적용된 수용자
  ㉡ ㉠에 해당하는 형사 법률을 적용받아 집행유예가 선고되어 그 집행유예 기간 중에 별건으로 수용된 수용자

② **지정 및 해제**
  ㉠ 소장은 마약류수용자의 어느 하나에 해당하는 수용자에 대하여는 마약류수용자로 지정하여야 한다. 현재의 수용생활 중 집행되었거나 집행할 형이 마약류수용자에 해당하는 경우에도 또한 같다.
  ㉡ 소장은 마약류수용자로 지정된 사람에 대하여는 석방할 때까지 지정을 해제할 수 없다. 다만, 다음의 어느 하나에 해당하는 경우에는 교도관회의의 심의 또는 분류처우위원회의 의결을 거쳐 지정을 해제할 수 있다.
  • 공소장 변경 또는 재판 확정에 따라 지정사유가 해소되었다고 인정되는 경우
  • 지정 후 5년이 지난 마약류수용자로서 수용생활태도, 교정성적 등이 양호한 경우. 다만, 마약류에 관한 형사 법률 외의 법률이 같이 적용된 마약류수용자로 한정한다.

③ **마약반응검사**
  ㉠ 마약류수용자에 대하여 다량 또는 장기간 복용할 경우 환각증세를 일으킬 수 있는 의약품을 투약할 때에는 특히 유의하여야 한다.
  ㉡ 소장은 교정시설에 마약류를 반입하는 것을 방지하기 위하여 필요하면 강제에 의하지 아니하는 범위에서 수용자의 소변을 채취하여 마약반응검사를 할 수 있다.
  ㉢ 소장은 제2항의 검사 결과 양성반응이 나타난 수용자에 대하여는 관계기관에 혈청검사, 모발검사, 그 밖의 정밀검사를 의뢰하고 그 결과에 따라 적절한 조치를 하여야 한다.

④ **물품전달 제한** : 소장은 수용자 외의 사람이 마약류수용자에게 물품을 건네줄 것을 신청하는 경우에는 마약류 반입 등을 차단하기 위하여 신청을 허가하지 않는다. 다만, 다음 어느 하나에 해당하는 물품을 건네줄 것을 신청한 경우에는 예외로 할 수 있다.
  ㉠ 법무부장관이 정하는 바에 따라 교정시설 안에서 판매되는 물품
  ㉡ 그 밖에 마약류 반입을 위한 도구로 이용될 가능성이 없다고 인정되는 물품

⑤ **보관품 등 수시점검** : 담당교도관은 마약류수용자의 보관품 및 지니는 물건의 변동 상황을 수시로 점검하고, 특이사항이 있는 경우에는 감독교도관에게 보고해야 한다.

⑥ **재활교육** : 소장은 마약류수용자가 마약류 근절 의지를 갖고 이를 실천할 수 있도록 해당 교정시설의 여건에 적합한 마약류수용자 재활교육계획을 수립하여 시행하여야 한다. 소장은 마약류수용자의 마약류 근절 의지를 북돋울 수 있도록 마약 퇴치 전문강사, 성직자 등과 자매결연을 주선할 수 있다.

### (4) 관심대상수용자

① **지정대상**

　　㉠ 다른 수용자에게 상습적으로 폭력을 행사하는 수용자

　　㉡ 교도관을 폭행하거나 협박하여 징벌을 받은 전력이 있는 사람으로서 같은 종류의 징벌대상행위를 할 우려가 큰 수용자

　　㉢ 수용생활의 편의 등 자신의 요구를 관철할 목적으로 상습적으로 자해를 하거나 각종 이물질을 삼키는 수용자

　　㉣ 다른 수용자를 괴롭히거나 세력을 모으는 등 수용질서를 문란하게 하는 조직폭력수용자

　　㉤ 조직폭력수용자로서 무죄 외의 사유로 출소한 후 5년 이내에 교정시설에 다시 수용된 사람

　　㉥ 상습적으로 교정시설의 설비·기구 등을 파손하거나 소란행위를 하여 공무집행을 방해하는 수용자

　　㉦ 도주(음모, 예비 또는 미수에 그친 경우를 포함한다)한 전력이 있는 사람으로서 도주의 우려가 있는 수용자

　　㉧ 중형선고 등에 따른 심적 불안으로 수용생활에 적응하기 곤란하다고 인정되는 수용자

　　㉨ 자살을 기도한 전력이 있는 사람으로서 자살할 우려가 있는 수용자

　　㉩ 사회적 물의를 일으킨 사람으로서 죄책감 등으로 인하여 자살 등 교정사고를 일으킬 우려가 큰 수용자

　　㉫ 징벌집행이 종료된 날부터 1년 이내에 다시 징벌을 받는 등 규율 위반의 상습성이 인정되는 수용자

　　㉬ 상습적으로 법령에 위반하여 연락을 하거나 금지물품을 반입하는 등의 방법으로 부조리를 기도하는 수용자

　　㉭ 그 밖에 교정시설의 안전과 질서유지를 위하여 엄중한 관리가 필요하다고 인정되는 수용자

② **지정 및 해제**

　　㉠ 소장은 지정대상 어느 하나에 해당하는 수용자에 대하여는 분류처우위원회의 의결을 거쳐 관심대상수용자로 지정한다. 다만, 미결수용자 등 분류처우위원회의 의결 대상자가 아닌 경우에도 관심대상수용자로 지정할 필요가 있다고 인정되는 수용자에 대하여는 교도관회의의 심의를 거쳐 관심대상수용자로 지정할 수 있다.

　　㉡ 소장은 관심대상수용자의 수용생활태도 등이 양호하고 지정사유가 해소되었다고 인정하는 경우에는 ㉠의 절차에 따라 그 지정을 해제한다.

　　㉢ ㉠ 및 ㉡ 에 따라 관심대상수용자로 지정하거나 지정을 해제하는 경우에는 담당교도관 또는 감독교도관의 의견을 고려하여야 한다.

## ⑲ 규율과 상벌(형의 집행 및 수용자의 처우에 관한 법률 제12장)

### (1) 규율

① 수용자는 교정시설의 안전과 질서유지를 위하여 법무부장관이 정하는 규율을 지켜야 한다.

② 수용자는 소장이 정하는 일과시간표를 지켜야 한다.

③ 수용자는 교도관의 직무상 지시에 따라야 한다.

### (2) 포상

소장은 수용자가 다음의 어느 하나에 해당하면 법무부령으로 정하는 바에 따라 포상할 수 있다.

① 사람의 생명을 구조하거나 도주를 방지한 때

② 재난 시 조치 응급용무에 공로가 있는 때

③ 시설의 안전과 질서유지에 뚜렷한 공이 인정되는 때

④ 수용생활에 모범을 보이거나 건설적이고 창의적인 제안을 하는 등 특히 포상할 필요가 있다고 인정되는 때

### (3) 징벌

소장은 수용자가 다음의 어느 하나에 해당하는 행위를 하면 징벌위원회의 의결에 따라 징벌을 부과할 수 있다.

① 「형법」, 「폭력행위 등 처벌에 관한 법률」, 그 밖의 형사 법률에 저촉되는 행위

② 수용생활의 편의 등 자신의 요구를 관철할 목적으로 자해하는 행위

③ 정당한 사유 없이 작업·교육 등을 거부하거나 태만히 하는 행위

④ 금지물품을 반입·제작·소지·사용·수수·교환 또는 은닉하는 행위

⑤ 다른 사람을 처벌받게 하거나 교도관의 직무집행을 방해할 목적으로 거짓 사실을 신고하는 행위

⑥ 그 밖에 시설의 안전과 질서유지를 위하여 법무부령으로 정하는 규율을 위반하는 행위

### (4) 징벌의 종류

① 경고

② 50시간 이내의 근로봉사

③ 3개월 이내의 작업장려금 삭감

④ 30일 이내의 공동행사 참가 정지

⑤ 30일 이내의 신문열람 제한

⑥ 30일 이내의 텔레비전 시청 제한

⑦ 30일 이내의 자비구매물품(의사가 치료를 위하여 처방한 의약품을 제외한다) 사용 제한

⑧ 30일 이내의 작업 정지(신청에 따른 작업에 한정한다)

⑨ 30일 이내의 전화통화 제한

⑩ 30일 이내의 집필 제한

⑪ 30일 이내의 편지수수 제한

⑫ 30일 이내의 접견 제한

⑬ 30일 이내의 실외운동 정지

⑭ 30일 이내의 금치(禁置)

## (5) 징벌의 부과

① '30일 이내의 공동행사 참가 정지'부터 '30일 이내의 실외운동 정지'의 처분은 함께 부과할 수 있다.

② 수용자가 다음의 어느 하나에 해당하면 3개월 이내의 작업장려금 삭감(제108조 제2호)부터 30일 이내의 금치(제14호)까지의 규정에서 정한 징벌의 장기의 2분의 1까지 가중할 수 있다.

　㉠ 2 이상의 징벌사유가 경합하는 때

　㉡ 징벌이 집행 중에 있거나 징벌의 집행이 끝난 후 또는 집행이 면제된 후 6개월 내에 다시 징벌사유에 해당하는 행위를 한 때

③ 징벌은 동일한 행위에 관하여 거듭하여 부과할 수 없으며, 행위의 동기 및 경중, 행위 후의 정황, 그 밖의 사정을 고려하여 수용목적을 달성하는 데에 필요한 최소한도에 그쳐야 한다.

④ 징벌사유가 발생한 날부터 2년이 지나면 이를 이유로 징벌을 부과하지 못한다.

## (6) 징벌대상자의 조사

① 소장은 징벌사유에 해당하는 행위를 하였다고 의심할 만한 상당한 이유가 있는 수용자가 다음의 어느 하나에 해당하면 조사기간 중 분리하여 수용할 수 있다.

　㉠ 증거를 인멸할 우려가 있는 때

　㉡ 다른 사람에게 위해를 끼칠 우려가 있거나 다른 수용자의 위해로부터 보호할 필요가 있는 때

② 소장은 징벌대상자가 제1항 어느 하나에 해당하면 접견·편지수수·전화통화·실외운동·작업·교육훈련, 공동행사 참가, 중간처우 등 다른 사람과의 접촉이 가능한 처우의 전부 또는 일부를 제한할 수 있다.

(7) 징벌의 집행

① 징벌은 소장이 집행한다.

② 소장은 징벌집행을 위하여 필요하다고 인정하면 수용자를 분리하여 수용할 수 있다.

③ 제108조 제14호(30일 이내의 금치)의 처분을 받은 사람에게는 그 기간 중 같은 조 제4호(30일 이내의 공동
행사 참가 정지)부터 제12호(30일 이내의 접견 제한)까지의 처우제한이 함께 부과된다. 다만, 소장은 수용
자의 권리구제, 수형자의 교화 또는 건전한 사회복귀를 위하여 특히 필요하다고 인정하면 집필·편지수수
또는 접견을 허가할 수 있다.

④ 소장은 30일 이내의 금치의 처분을 받은 사람에게 다음 어느 하나에 해당하는 사유가 있어 필요하다고 인
정하는 경우에는 건강유지에 지장을 초래하지 아니하는 범위에서 실외운동을 제한할 수 있다.
  ㉠ 도주의 우려가 있는 경우
  ㉡ 자해의 우려가 있는 경우
  ㉢ 다른 사람에게 위해를 끼칠 우려가 있는 경우
  ㉣ 그 밖에 시설의 안전 또는 질서를 크게 해칠 우려가 있는 경우로서 법무부령으로 정하는 경우

⑤ 소장은 30일 이내의 실외운동 정지 징벌에 따른 실외운동 정지를 부과하는 경우 또는 실외운동을 제한하는
경우라도 수용자가 매주 1회 이상 실외운동을 할 수 있도록 하여야 한다.

⑥ 소장은 30일 이내의 실외운동 정지 또는 30일 이내의 금치의 처분을 집행하는 경우에는 의무관으로 하여금 사
전에 수용자의 건강을 확인하도록 하여야 하며, 집행 중인 경우에도 수시로 건강상태를 확인하여야 한다.

(8) 징벌집행의 정지·면제

① 소장은 질병이나 그 밖의 사유로 징벌집행이 곤란하면 그 사유가 해소될 때까지 그 집행을 일시 정지할 수
있다.

② 소장은 징벌집행 중인 사람이 뉘우치는 빛이 뚜렷한 경우에는 그 징벌을 감경하거나 남은 기간의 징벌집행
을 면제할 수 있다.

(9) 징벌집행의 유예

① 징벌위원회는 징벌을 의결하는 때에 행위의 동기 및 정황, 교정성적, 뉘우치는 정도 등 그 사정을 고려할
만한 사유가 있는 수용자에 대하여 2개월 이상 6개월 이하의 기간 내에서 징벌의 집행을 유예할 것을 의결
할 수 있다.

② 소장은 징벌집행의 유예기간 중에 있는 수용자가 다시 징벌대상행위를 하여 징벌이 결정되면 그 유예한 징
벌을 집행한다.

③ 수용자가 징벌집행을 유예받은 후 징벌을 받음이 없이 유예기간이 지나면 징벌의 집행은 종료된 것으로 본다.

⑽ 징벌부과 시 고려사항

징벌을 부과하는 경우에는 다음 사항을 고려하여야 한다.

① 징벌대상행위를 하였다고 의심할 만한 상당한 이유가 있는 수용자(징벌대상자)의 나이·성격·지능·성장환경·심리상태 및 건강

② 징벌대상행위의 동기·수단 및 결과

③ 자수 등 징벌대상행위 후의 정황

④ 교정성적 또는 그 밖의 수용생활태도

⑾ 징벌위원회

① 징벌대상자의 징벌을 결정하기 위하여 교정시설에 징벌위원회를 둔다.

② 위원회는 위원장을 포함한 5명 이상 7명 이하의 위원으로 구성하고, 위원장은 소장의 바로 다음 순위자가 되며, 위원은 소장이 소속 기관의 과장(지소의 경우에는 7급 이상의 교도관) 및 교정에 관한 학식과 경험이 풍부한 외부인사 중에서 임명 또는 위촉한다. 이 경우 외부위원은 3명 이상으로 한다.

③ 위원회는 소장의 징벌요구에 따라 개회하며, 징벌은 그 의결로써 정한다.

④ 위원이 징벌대상자의 친족이거나 그 밖에 공정한 심의·의결을 기대할 수 없는 특별한 사유가 있는 경우에는 위원회에 참석할 수 없다.

⑤ 징벌대상자는 위원에 대하여 기피신청을 할 수 있다. 이 경우 위원회의 의결로 기피 여부를 결정하여야 한다.

⑥ 위원회는 징벌대상자가 위원회에 출석하여 충분한 진술을 할 수 있는 기회를 부여하여야 하며, 징벌대상자는 서면 또는 말로써 자기에게 유리한 사실을 진술하거나 증거를 제출할 수 있다.

⑦ 위원회의 위원 중 공무원이 아닌 사람은 「형법」 제127조 및 제129조부터 제132조까지의 규정을 적용할 때에는 공무원으로 본다.

# 출제 예상 문제

## 1 다음 중 잘못된 것은?

① 19세 이상 수형자는 교도소에 수용하는 것이 원칙이다.

② 19세 미만 수형자는 소년교도소에 수용하는 것이 원칙이다.

③ 미결수용자는 교도소에 수용하는 것이 원칙이다.

④ 사형확정자는 구체적인 구분기준에 따라 교도소 또는 구치소에 수용하는 것이 원칙이다.

**TIP** 법 제11조(구분수용)
ⓐ 19세 이상 수형자 : 교도소
ⓑ 19세 미만 수형자 : 소년교도소
ⓒ 미결수용자 : 구치소
ⓓ 사형확정자 : 교도소 또는 구치소. 이 경우 구체적인 구분 기준은 법무부령으로 정한다.

## 2 다음 중 교도시설을 수시로 시찰할 수 있는 자는?

① 국회위원          ② 목회자

③ 판사          ④ 변호사

**TIP** ③ 판사와 검사는 교도소, 소년교도소, 구치소 또는 그 지소를 수시로 시찰할 수 있다(형집행법 제9조 제1항).
※ 법 제9조(교정시설의 시찰 및 참관)
① 판사와 검사는 직무상 필요하면 교정시설을 시찰할 수 있다.
② 판사와 검사 외의 사람은 교정시설을 참관하려면 학술연구 등 정당한 이유를 명시하여 교정시설의 장의 허가를 받아야 한다.

**Answer** 1.③ 2.③

**3** 수용에 관한 내용 중 잘못 언급된 것은?

① 남성과 여성은 분리하여 수용을 하여야 한다.

② 사형확정자는 독거수용이 원칙이나 자살·도주 등의 우려가 있을 때에는 사형확정자와 미결수용자를 혼거수용할 수 있다.

③ 19세 이상의 수형자와 19세 미만의 수형자를 같은 교정시설에 수용하는 경우에는 혼거수용한다.

④ 수용자의 생명 또는 신체의 보호, 정서적 안정을 위하여 필요한 때 혼거수용을 할 수 있다.

> **TIP** ③ 수형자와 미결수용자, 19세 이상의 수형자와 19세 미만의 수형자를 같은 교정시설에 수용하는 경우에는 서로 분리하여 수용한다 (형집행법 제13조)
> ① 형집행법 제13조(분리수용)
> ② 형집행법 제12조(구분수용의 예외)
> ④ 형집행법 제14조(독거수용)

**4** 사형확정자의 처우에 대한 설명으로 틀린 것은?

① 사형확정자의 번호표 및 거실표의 색상은 붉은색으로 한다.

② 형확정자는 사형집행시설이 설치되어 있는 교정시설에 수용하되, 구치소 수용 중 사형이 확정된 사람은 구치소에서 수용한다.

③ 사형확정자의 교육·교화프로그램, 작업 등을 위하여 필요하거나 교정시설의 안전과 질서유지를 위하여 특히 필요하다고 인정하는 경우에는 소장의 승인을 받아 사형확정자를 다른 교정시설로 이송할 수 있다.

④ 소장은 사형확정자가 작업을 신청하면 교도관회의의 심의를 거쳐 교정시설 안에서 실시하는 작업을 부과할 수 있다.

> **TIP** ③ 소장은 사형확정자의 교육·교화프로그램, 작업 등을 위하여 필요하거나 교정시설의 안전과 질서유지를 위하여 특히 필요하다고 인정하는 경우에는 법무부장관의 승인을 받아 사형확정자를 다른 교정시설로 이송할 수 있다(형집행법 시행규칙 제151조)
> ①② 형집행법 시행규칙 제150조(구분수용 등)
> ④ 형집행법 시행규칙 제153조(작업)

**Answer** 3.③ 4.③

**5** 신입자의 수용절차에 관한 사항으로 적절하지 못한 것은?

① 소장은 법원·검찰청·경찰관서 등으로부터 처음으로 교정시설에 수용되는 사람에 대하여는 집행지휘서, 재판서, 그 밖에 수용에 필요한 서류를 조사한 후 수용한다.

② 소장은 신입자에 대하여는 지체 없이 신체·의류 및 휴대품을 검사하고 건강진단을 하여야 한다.

③ 소장은 다른 사람의 건강에 위해를 끼칠 우려가 있는 감염병에 걸린 사람의 수용을 거절할 수 있다.

④ 소장은 신입자 또는 다른 교정시설로부터 이송되어 온 사람이 있으면 수용자가 통지를 원하지 않아도 그 사실을 수용자의 가족에게 지체 없이 알려야 한다.

> **TIP** ④ 소장은 신입자 또는 다른 교정시설로부터 이송되어 온 사람이 있으면 그 사실을 수용자의 가족(배우자, 직계 존속·비속 또는 형제자매를 말한다. 이하 같다)에게 지체 없이 알려야 한다. 다만, 수용자가 알리는 것을 원하지 아니하면 그러하지 아니하다(형집행법 제21조)
> ①② 형집행법 제16조(신입자의 수용 등)
> ③ 형집행법 제18조(수용의 거절)

**6** 신입자 수용에 관한 사항으로 틀린 것은?

① 소장은 특히 필요하다고 인정하는 경우가 아니면 남성교도관이 야간에 수용자거실에 있는 여성수용자를 시찰하게 하여서는 아니 된다.

② 혼거수용 인원은 5명 이상으로 한다.

③ 소장은 노역장 유치명령을 받은 수형자와 징역형·금고형 또는 구류형을 선고받아 형이 확정된 수형자를 혼거수용해서는 아니 된다.

④ 신입자의 건강진단은 수용된 날부터 3일 이내에 하여야 한다.

> **TIP** ② 혼기수용 인원은 3명 이상으로 한다. 다만, 요양이나 그 밖의 부득이한 사정이 있는 경우에는 예외로 한다(동법 시행령 제8조).
> ① 형집행법 시행령 제7조(여성수용자에 대한 시찰)
> ③ 형집행법 시행령 제9조(혼거수용의 제한)
> ④ 형집행법 시행령 제15조(신입자의 건강진단)

**7** 다음 ( ) 안에 들어갈 알맞은 숫자는?

---

- 소장은 신입자가 환자이거나 부득이한 사정이 있는 경우가 아니면 수용된 날부터 ( ㉠ ) 동안 신입자 거실에 수용하여야 한다.
- 소장은 수용자에 대하여 건강상의 사유로 형의 집행정지 또는 구속의 집행정지를 할 필요가 있다고 인정하는 경우에는 의무관의 진단서와 인수인에 대한 확인서류를 첨부하여 그 사실을 검사에게, 기소된 상태인 경우에는 법원에도 ( ㉡ ) 통보하여야 한다.

---

| | ㉠ | ㉡ |
|---|---|---|
| ① | 1일 | 2일 |
| ② | 1일 | 지체 없이 |
| ③ | 3일 | 지체 없이 |
| ④ | 지체없이 | 3일 |

**TIP** ㉠ 소장은 신입자가 환자이거나 부득이한 사정이 있는 경우가 아니면 수용된 날부터 3일 동안 신입자거실에 수용하여야 한다(형집행법 시행령 제18조).

㉡ 소장은 수용자에 대하여 건강상의 사유로 형의 집행정지 또는 구속의 집행정지를 할 필요가 있다고 인정하는 경우에는 의무관의 진단서와 인수인에 대한 확인서류를 첨부하여 그 사실을 검사에게, 기소된 상태인 경우에는 법원에도 지체 없이 통보하여야 한다(형집행법 시행령 제21조).

**Answer** 7.③

**8** 수용자의 이송에 대한 사항으로 잘못된 것은?

① 소장은 수용자의 수용·작업·교화·의료, 그 밖의 처우를 위하여 필요하거나 시설의 안전과 질서유지를 위하여 필요하다고 인정하면 법무부장관의 승인을 받아 수용자를 다른 교정시설로 이송할 수 있다.

② 법무부장관은 이송승인에 관한 권한을 지방교정청장에게 위임할 수 있다

③ 수용시설의 공사 등으로 수용거실이 일시적으로 부족한 때 교도관은 수용자의 이송을 승인할 수 있다.

④ 소장은 수용자를 다른 교정시설에 이송하는 경우에 의무관으로부터 수용자가 건강상 감당하기 어렵다는 보고를 받으면 이송을 중지하고 그 사실을 이송받을 소장에게 알려야 한다.

> **TIP** ③ 지방교정청장은 수용시설의 공사 등으로 수용거실이 일시적으로 부족한 때에는 수용자의 이송을 승인할 수 있다(형집행법 시행령 제22조 제1항 제1호).
>
> ※ 동법 시행령 제22조(지방교정청장의 이송승인권)
>   ① 지방교정청장은 다음 어느 하나에 해당하는 경우에는 수용자의 이송을 승인할 수 있다.
>     1. 수용시설의 공사 등으로 수용거실이 일시적으로 부족한 때
>     2. 교정시설 간 수용인원의 뚜렷한 불균형을 조정하기 위하여 특히 필요하다고 인정되는 때
>     3. 교정시설의 안전과 질서유지를 위하여 긴급하게 이송할 필요가 있다고 인정되는 때
>   ② 지방교정청장의 이송승인은 관할 내 이송으로 한정한다.

**9** 독거 수용에 대한 내용으로 적절하지 못한 것은?

① 수용자는 독거수용을 원칙으로 한다.

② 소장은 수용자의 거실을 지정하는 경우 수용자의 개인적 특성 등을 고려해야 한다.

③ 독거실 부족 등 시설여건이 충분하지 않으면 혼거수용을 한다.

④ 계호상 독거수용은 주간에는 교육·작업 등의 처우를 위하여 일과에 따른 공동생활을 하게 하고 휴업일과 야간에만 독거수용하는 것을 말한다.

> **TIP** ④ 계호상 독거수용은 사람의 생명·신체의 보호 또는 교정시설의 안전과 질서유지를 위하여 항상 독거수용하고 다른 수용자와의 접촉을 금지하는 것을 말한다(시행령 제5조제2호). 주간에는 교육·작업 등의 처우를 위하여 일과에 따른 공동생활을 하게 하고 휴업일과 야간에만 독거수용하는 것은 처우상 독거수용이다.
>
> ※ 법 제14조(독거수용)
>   수용자는 독거수용한다. 다만, 다음의 어느 하나에 해당하는 사유가 있으면 혼거수용할 수 있다.
>     1. 독거실 부족 등 시설여건이 충분하지 아니한 때
>     2. 수용자의 생명 또는 신체의 보호, 정서적 안정을 위하여 필요한 때
>     3. 수형자의 교화 또는 건전한 사회복귀를 위하여 필요한 때

**Answer** 8.③ 9.④

**10** 물품 지급에 대한 설명 중 적절하지 못한 것은?

① 수용자는 소장의 허가 없이 자신의 비용으로 음식물을 구매할 수 있다.

② 수용자 의류의 품목은 평상복·특수복·보조복·의복부속물·모자 및 신발로 한다.

③ 수용자 침구의 품목은 이불 2종(솜이불·겹이불), 매트리스 2종(일반매트리스·환자매트리스), 담요 및 베개로 구분한다.

④ 수용자에게 지급하는 음식물은 주식·부식·음료, 그 밖의 영양물로 한다.

**TIP** ① 수용자는 소장의 허가를 받아 자신의 비용으로 음식물·의류·침구, 그 밖에 수용생활에 필요한 물품을 구매할 수 있다(법 제24조 제1항).

**11** 수용자가 도주했을 경우 그 수형자를 체포하기 위한 실력행사로 잘못된 것은?

① 교도관은 수용자가 도주 시에는 도주 후 80시간 이내에만 그를 체포할 수 있다.

② 교도관은 질문을 할 때에는 그 신분을 표시하는 증표를 제시하고 질문의 목적과 이유를 설명하여야 한다.

③ 교도관은 체포를 위하여 긴급히 필요하면 도주 등을 하였다고 의심할 만한 상당한 이유가 있는 사람 또는 도주 등을 한 사람의 이동경로나 소재를 안다고 인정되는 사람을 정지시켜 질문할 수 있다.

④ 교도관은 체포를 위하여 영업시간 내에 공연장·여관·음식점·역, 그 밖에 다수인이 출입하는 장소의 관리자 또는 관계인에게 그 장소의 출입이나 그 밖에 특히 필요한 사항에 관하여 협조를 요구할 수 있다.

**TIP** ① 교도관은 수용자가 도주 또는 출석의무 위반(제133조)에 해당하는 행위를 한 경우에는 도주 후 또는 출석기한이 지난 후 72시간 이내에만 그를 체포할 수 있다(법 제103조 제1항).

　※ 법 제103조(수용을 위한 체포)

　　① 교도관은 수용자가 도주 또는 제134조(출석의무 위반 등) 각 호의 어느 하나에 해당하는 행위를 한 경우에는 도주 후 또는 출석기한이 지난 후 72시간 이내에만 그를 체포할 수 있다.

　　② 교도관은 제1항에 따른 체포를 위하여 긴급히 필요하면 도주등을 하였다고 의심할 만한 상당한 이유가 있는 사람 또는 도주등을 한 사람의 이동경로나 소재를 안다고 인정되는 사람을 정지시켜 질문할 수 있다.

　　③ 교도관은 제2항에 따라 질문을 할 때에는 그 신분을 표시하는 증표를 제시하고 질문의 목적과 이유를 설명하여야 한다.

　　④ 교도관은 제1항에 따른 체포를 위하여 영업시간 내에 공연장·여관·음식점·역, 그 밖에 다수인이 출입하는 장소의 관리자 또는 관계인에게 그 장소의 출입이나 그 밖에 특히 필요한 사항에 관하여 협조를 요구할 수 있다.

　　⑤ 교도관은 제4항에 따라 필요한 장소에 출입하는 경우에는 그 신분을 표시하는 증표를 제시하여야 하며, 그 장소의 관리자 또는 관계인의 정당한 업무를 방해하여서는 아니 된다.

**Answer** 10.① 11.①

**12** 다음 중 판례의 입장과 다른 것은?

① 수용자에 대한 분류심사는 수용자의 개별적인 요청이나 희망에 따라 행하여지는 것이 아니라 행형기관의 교정정책 또는 형사정책적 판단에 따라 이루어지는 재량적 조치이다.

② 수용자에 대한 처우등급 분류심사는 수용자의 개별적인 요청이나 희망에 따라 행하여지는 것이 아니라, 각 수용자의 개별처우에 적합하도록 행형기관의 재량적 판단에 의하여 이루어지는 것이다.

③ 수형자인 청구인에게는 교도소의 이송 신청권이 없으므로 법무부장관이 청구인의 이송 청원을 각하하였다 하여 이를 가리켜 '공권력의 행사'라 할 수 없다.

④ 중증지체장애인 수용자가 원활히 수형생활을 할 수 있는 교도소로 자신을 이송하지 않은 것은 공권력의 불행사로 보아야 한다.

> **TIP** ④ 수용자에 대한 분류심사는 수용자의 개별적인 요청이나 희망에 따라 행하여지는 것이 아니라 행형기관의 교정정책 또는 형사정책적 판단에 따라 이루어지는 재량적 조치로서, 청구인이 분류심사에서 어떠한 처우등급을 받을 것인지 여부는 안양교도소장의 재량적 판단에 달려 있고, 청구인에게 등급의 상향조정을 청구할 권리가 있는 것이 아니다. 따라서 이 사건 승급거부행위는 헌법소원의 대상이 되는 공권력의 행사 또는 불행사라고 볼 수 없다(2013헌마388).

**13** 물품 보관에 대한 설명으로 틀린 것은?

① 소장은 썩거나 없어질 우려가 있는 휴대품은 수용자로 하여금 자신이 지정하는 사람에게 보내게 하거나 그 밖에 적당한 방법으로 처분하게 할 수 있다.

② 소장은 사망자 또는 도주자가 남겨두고 간 금품이 있으면 사망자의 경우에는 그 상속인에게, 도주자의 경우에는 그 가족에게 그 내용 및 청구절차 등을 알려 주어야 한다. 다만, 썩거나 없어질 우려가 있는 것은 폐기할 수 있다.

③ 수용자는 편지·도서, 그 밖에 수용생활에 필요한 물품을 소장이 정하는 범위에서 지닐 수 있다.

④ 음식물은 보관의 대상이 되지 않는다.

> **TIP** ③ 수용자는 편지·도서, 그 밖에 수용생활에 필요한 물품을 <u>법무부장관</u>이 정하는 범위에서 지닐 수 있다(법 제26조 제1항).
> ① 형집행법 제25조(휴대금품의 보관 등) 제1항
> ② 형집행법 제28조(유류금품의 처리) 제1항
> ④ 형집행법 시행령 제44조(보관의 예외)

**Answer** 12.④ 13.③

**14** 수용자의 금품관리에 대한 사항으로 적절하지 못한 것은?

① 휴대금품이란 신입자가 교정시설에 수용될 때에 지니고 있는 현금과 휴대품을 말한다.

② 소장은 수용자의 휴대금품을 교정시설에 보관한다.

③ 소장은 수용자 외의 사람이 수용자에게 주려는 금품이 시설의 안전 또는 질서를 해칠 우려가 있는 때에는 해당 금품을 폐기해야 한다.

④ 수용자의 현금을 보관하는 경우에는 그 금액을 보관금대장에 기록하고 수용자의 물품을 보관하는 경우에는 그 품목·수량 및 규격을 보관품대장에 기록해야 한다.

> **TIP** ③ 소장은 수용자 외의 사람이 수용자에게 주려는 금품이 시설의 안전 또는 질서를 해칠 우려가 있는 때에는 해당 금품을 보낸 사람에게 되돌려 보내야 한다(형집행법 제27조(수용자에 대한 금품 전달) 제2항).

**15** 판례의 입장과 다른 것은?

① 일반적으로 어떤 행정행위가 헌법소원의 대상이 되는 권력적 사실행위에 해당하는지 여부는 당해 행정주체와 상대방과의 관계, 그 사실행위에 대한 상대방의 의사·관여정도·태도, 그 사실행위의 목적·경위, 법령에 의한 명령·강제수단의 발동 가부 등 그 행위가 행하여질 당시의 구체적인 사정을 종합적으로 고려하여 개별적으로 판단하여야 한다.

② 다수인이 구금되어 있는 수용시설에서는 필연적으로 내부의 규율과 절차가 마련될 수밖에 없다.

③ 수용자번호가 기재되지 않은 소포를 반송한 것은 헌법소원의 대상이 되는 공권력의 행사에 해당한다.

④ 우편물의 발송은 교도소장의 허가사항으로 되어 있으므로, 청구인이 신청한 우편물의 발송을 거부한 피청구인의 처분도 행정처분에 해당한다.

> **TIP** ③ 수용자번호가 기재되지 않은 소포를 반송한 것은 교도소나 구치소와 같이 다수의 수용자들이 구금되어 있는 곳에서 신속하고 정확하게 우편물을 관리하기 위한 내부적 업무처리 행위에 불과한 것으로서, 헌법소원의 대상이 되는 공권력의 행사에 해당한다고 보기 어려우므로, 이 부분에 대한 심판청구는 부적법하다 할 것이다(2008헌마617).
> ※ 공권력행사 등 위헌확인(2008헌마617) 다수인이 구금되어 있는 수용시설에서는 필연적으로 내부의 규율과 절차가 마련될 수밖에 없는 것이고, 이 사건에서 피청구인은 진정한 수신인이 누구인지를 명확히 알 수 없어 이를 확인하기 위해 소포를 반송한 것으로 볼 수 있으며, 그 후 외형상 수신인을 확인하는 데 필요한 요건이 갖춰진 소포가 배송되어 이를 청구인에게 전달하였다는 것이므로, 피청구인의 반송행위로 인하여 청구인이 우편물을 다소 늦게 수령하게 되었다 하더라도, 이는 잘못 배송되는 것으로 인한 불이익을 방지하기 위해 감수해야 할 만한 약간의 불편에 불과하고, 이로 인해 청구인에게 어떠한 기본권이나 법률상 지위를 변동시키거나 기타 불이익한 영향을 주었다고 보기도 어렵다 할 것이다. 결국 피청구인이 수용자번호가 기재되지 않은 소포를 반송한 것은 교도소나 구치소와 같이 다수의 수용자들이 구금되어 있는 곳에서 신속하고 정확하게 우편물을 관리하기 위한 내부적 업무처리 행위에 불과한 것으로서, 헌법소원의 대상이 되는 공권력의 행사에 해당한다고 보기 어려우므로, 이 부분에 대한 심판청구는 부적법하다 할 것이다.

**Answer** 14.③ 15.③

**16** 수용자에 대한 위생 및 의료에 관한 사항으로 옳은 것은?

① 소장은 수용자가 감염병에 걸렸다고 의심되는 경우에는 2주 이상 격리수용하고 그 수용자의 휴대품을 소독하여야 한다.

② 소장은 수용자가 건강유지에 필요한 운동 및 목욕을 정기적으로 할 수 있도록 하여야 한다.

③ 소장은 수용자가 부상을 당하거나 질병에 걸린 경우에는 그 수용자를 의료거실에 수용하고 다른 수용자와 일체 접촉을 막는다.

④ 소장은 작업의 특성, 계절, 그 밖의 사정을 고려하여 수용자의 목욕횟수를 정하되 부득이한 사정이 없으면 매주 3회 이상이 되도록 한다.

> **TIP** ② 형집행법 제33조(운동 및 목욕) 제1항
> ① 소장은 수용자가 감염병에 걸렸다고 의심되는 경우에는 1주 이상 격리수용하고 그 수용자의 휴대품을 소독하여야 한다(형집행법 시행령 제53조).
> ③ 소장은 수용자가 부상을 당하거나 질병에 걸린 경우에는 그 수용자를 의료거실에 수용하거나, 다른 수용자에게 그 수용자를 간병하게 할 수 있다(형집행법 시행령 제54조).
> ④ 소장은 작업의 특성, 계절, 그 밖의 사정을 고려하여 수용자의 목욕횟수를 정하되 부득이한 사정이 없으면 매주 1회 이상이 되도록 한다(형집행법 시행령 제50조).

**17** 형집행법상 수용자의 건강검진 횟수는?

① 1년에 1회 이상

② 1년에 2회 이상

③ 2년에 1회 이상

④ 2년에 2회 이상

> **TIP** ① 소장은 수용자에 대하여 1년에 1회 이상 건강검진을 하여야 한다.
> ※ 시행령 제51조(건강검진횟수)
> ① 소장은 수용자에 대하여 1년에 1회 이상 건강검진을 하여야 한다. 다만, 19세 미만의 수용자와 계호상 독거수용자에 대하여는 6개월에 1회 이상 하여야 한다.
> ② 건강검진은 「건강검진기본법」 제14조에 따라 지정된 건강검진기관에 의뢰하여 할 수 있다.

**18** 다음 중 수용자가 구할 수 있는 자비구매물품의 종류를 모두 고른 것은?

> ㉠ 음식물　　　　　　　　　㉡ 침구류
> ㉢ 의약품　　　　　　　　　㉣ 신발
> ㉤ 잡지

① ㉠, ㉢　　　　　　　　　　② ㉡, ㉢, ㉣

③ ㉠, ㉡, ㉣, ㉤　　　　　　④ ㉠, ㉡, ㉢, ㉣, ㉤

**TIP** 시행규칙 제16조(자비구매물품의 종류 등)
① 자비구매물품의 종류는 다음과 같다.
　1. 음식물
　2. 의약품 및 의료용품
　3. 의류·침구류 및 신발류
　4. 신문·잡지·도서 및 문구류
　5. 수형자 교육 등 교정교화에 필요한 물품
　6. 그 밖에 수용생활에 필요하다고 인정되는 물품
② 자비구매물품의 품목·유형 및 규격 등은 영 제31조(사회복귀에 적합하고 교정시설의 안전과 질서를 해칠 우려가 없는 것)에 어긋나지 아니하는 범위에서 소장이 정하되, 수용생활에 필요한 정도, 가격과 품질, 다른 교정시설과의 균형, 공급하기 쉬운 정도 및 수용자의 선호도 등을 고려하여야 한다.
③ 법무부장관은 자비구매물품 공급의 교정시설 간 균형 및 교정시설의 안전과 질서유지를 위하여 공급물품의 품목 및 규격 등에 대한 통일된 기준을 제시할 수 있다.


**19** 수용자가 감염병에 걸린 경우 올바른 조치가 아닌 것은?

① 소장은 전염의 우려가 있는 질병의 발생과 확산을 방지하기 위하여 필요하다고 인정하면 수용자에 대하여 예방접종·격리수용·이송, 그 밖에 필요한 조치를 하여야 한다.

② 소장은 수용자가 감염병에 걸렸다고 의심되는 경우에는 3일 이상 격리수용하고 그 수용자의 휴대품을 소독하여야 한다.

③ 소장은 수용자가 감염병에 걸린 경우에는 지체 없이 법무부장관에게 보고하고 관할 보건기관의 장에게 알려야 한다.

④ 소장은 감염병이 유행하는 경우에는 수용자가 자비로 구매하는 음식물의 공급을 중지할 수 있다.

**TIP** ② 소장은 수용자가 감염병에 걸렸다고 의심되는 경우에는 1주 이상 격리수용하고 그 수용자의 휴대품을 소독하여야 한다(시행령 제53조 제1항).


**Answer**　18.④　19.②

## 20 수용자에 대한 음식물 지급에 대한 설명 중 옳지 않은 것은?

① 수용자에게 지급하는 주식은 1명당 1일 390 그램을 기준으로 한다.

② 소장은 수용자의 기호 등을 고려하여 주식으로 빵이나 국수 등을 지급할 수 있다.

③ 소장은 작업시간을 3시간 이상 연장하는 경우에는 수용자에게 주·부식 또는 대용식 1회분을 간식으로 지급할 수 있다.

④ 소장은 수용자에 대한 원활한 급식을 위하여 해당 교정시설의 직전 분기 평균 급식 인원을 기준으로 3개월분의 주식을 항상 확보하고 있어야 한다.

**TIP** ④ 소장은 수용자에 대한 원활한 급식을 위하여 해당 교정시설의 직전 분기 평균 급식 인원을 기준으로 1개월분의 주식을 항상 확보하고 있어야 한다(시행규칙 제12조).

## 21 수용자의 치료에 관한 사항으로 옳지 않은 것은?

① 소장은 수용자가 부상을 당하거나 질병에 걸리면 적절한 치료를 받도록 하여야 한다.

②「의료법」제27조에 부상자 치료를 위해 교정시설에 근무하는 간호사는 응급을 요하는 수용자에 대한 응급처치를 할 수 없다.

③ 소장은 특히 필요하다고 인정하면 외부 의료시설에서 근무하는 의사에게 수용자를 치료하게 할 수 있다.

④ 소장은 수용자를 외부 의료시설에 입원시키는 경우 그 사실을 법무부장관에게 지체 없이 보고하여야 한다.

**TIP** ② 부상자의 치료를 위하여 교정시설에 근무하는 간호사는 야간 또는 공휴일 등에 「의료법」제27조(의료인이 아니면 누구든지 의료행위를 할 수 없다)에도 불구하고 대통령령으로 정하는 경미한 의료행위를 할 수 있다(시행령 제54조의2 제2호).
  ※ 형집행법 시행령 제54조의2(간호사의 의료행위)
    치료를 위하여 교정시설에 근무하는 간호사는 야간 또는 공휴일 등에 할 수 있는 경미한 의료행위는 다음과 같다.
    1. 외상 등 흔히 볼 수 있는 상처의 치료
    2. 응급을 요하는 수용자에 대한 응급처치
    3. 부상과 질병의 악화방지를 위한 처치
    4. 환자의 요양지도 및 관리
    5. 제1호부터 제4호까지의 의료행위에 따르는 의약품의 투여

**22** 수용자가 교정시설의 외부에 있는 사람과 접견할 수 없는 경우는?

① 수용자가 미성년자인 자녀와 접견하는 경우

② 미결수용자가 변호인이 되려는 사람과 접견하는 경우

③ 교정성적이 우수한 때

④ 수형자의 교화 또는 건전한 사회복귀를 해칠 우려가 있는 때

> **TIP** ※ 접견(형집행법 제41조)
> 수용자는 교정시설의 외부에 있는 사람과 접견할 수 있다. 다만, 다음 각 호의 어느 하나에 해당하는 사유가 있으면 그러하지 아니
> 하다.
> 1. 형사 법령에 저촉되는 행위를 할 우려가 있는 때
> 2. 「형사소송법」이나 그 밖의 법률에 따른 접견금지의 결정이 있는 때
> 3. 수형자의 교화 또는 건전한 사회복귀를 해칠 우려가 있는 때
> 4. 시설의 안전 또는 질서를 해칠 우려가 있는 때


**23** 다음 중 소장이 수형자 접견 횟수를 늘릴 수 있는 경우가 아닌 것은?

① 교정성적이 우수한 경우

② 건전한 사회복귀를 위하여 특히 필요하다고 인정되는 때

③ 20세 미만인 경우

④ 교화를 위하여 특히 필요하다고 인정되는 때

> **TIP** ③ 19세 미만인 경우 소장은 접견 횟수를 늘릴 수 있다(시행령 제59조 제2항).
> ※ 시행령 제59조(접견의 예외)
> ① 소장은 수형자의 교화 또는 건전한 사회복귀를 위하여 특히 필요하다고 인정하면 접견 시간대 외에도 접견을 하게 할 수 있
> 고 접견시간을 연장할 수 있다.
> ② 소장은 수형자의 접견 횟수는 매월 4회로 제한한다(제58조 제3항)는 규정에도 불구하고 수형자가 다음의 어느 하나에 해당하
> 면 접견 횟수를 늘릴 수 있다.
> 1. 19세 미만인 때
> 2. 교정성적이 우수한 때
> 3. 교화 또는 건전한 사회복귀를 위하여 특히 필요하다고 인정되는 때

**Answer** 22.④ 23.③

**24** 수형자의 접견 횟수는?

① 매월 1회                    ② 매월 2회

③ 매월 3회                    ④ 매월 4회

> **TIP** ④ 수형자의 접견 횟수는 매월 4회로 한다(시행령 제58조 제3항).

**25** 편지수수 횟수와 내용 확인에 관한 사항으로 잘못된 것은?

① 편지를 주고받으려는 수용자와 같은 교정시설에 수용 중인 때에는 그 내용을 검열할 수 있다.

② 수용자가 보내거나 받는 편지는 법령에 어긋나지 않으면 횟수를 제한하지 않는다.

③ 소장은 수용자에게 온 편지에 금지물품이 들어 있는지를 개봉하여 확인할 수 있다.

④ 징벌집행 중인 수용자가 다른 수용자에게 서신을 보내려는 경우에는 편지를 봉함하여 교정시설에 제출한다.

> **TIP** ④ 규율위반으로 조사 중이거나 징벌집행 중인 수용자가 다른 수용자에게 편지를 보내려는 경우에는 편지를 봉함하지 않은 상태로 제출하게 할 수 있다(형집행법 시행령 제65조 제1항 제3호).

**26** 편지를 반드시 검열해야하는 경우가 아닌 것은?

① 수형자가 다른 교정시설의 수형자와 편지를 주고받을 때

② 마약류사범·조직폭력사범 등 법무부령으로 정하는 수용자인 때

③ 편지의 상대방이 누구인지 확인할 수 없는 때

④ 범죄의 증거를 인멸할 우려가 있는 때

> **TIP** ① 형집행법 시행령 제66조(편지 내용의 검열)에 따라 편지를 주고받으려는 수용자와 같은 교정시설에 수용 중인 때 그 내용을 검열할 수 있다. 형집행법 제43조(편지수수) 제4항에 따라 특별한 사유가 없는 경우 수용자가 주고받는 편지의 내용은 검열받지 아니한다.
> ②④ 형집행법 시행령 제66조(편지 내용의 검열)
> ④ 형집행법 제43조(편지수수) 제4항

## 27 다음 중 전화통화의 허가 금지 사항에 해당되지 않는 것은?

① 범죄의 증거를 인멸할 우려가 있을 때

② 형사법령에 저촉되는 행위를 할 우려가 있을 때

③ 교정시설의 안전 또는 질서를 해칠 우려가 있을 때

④ 수신자가 수용자와의 관계 등에 대한 확인 요청에 따르지 아니하거나 거짓으로 대답할 때

**TIP** ④는 전화통화의 허가를 취소할 수 있는 사유에 해당한다(시행규칙 제27조).

※ 시행규칙 제25조 제1항(전화통화의 허가)

① 소장은 전화통화(발신하는 것만을 말한다)를 신청한 수용자에 대하여 다음의 어느 하나에 해당하는 사유가 없으면 전화통화를 허가할 수 있다.

1. 범죄의 증거를 인멸할 우려가 있을 때
2. 형사법령에 저촉되는 행위를 할 우려가 있을 때
3. 「형사소송법」에 따라 접견·편지수수 금지결정을 하였을 때
4. 교정시설의 안전 또는 질서를 해칠 우려가 있을 때
5. 수형자의 교화 또는 건전한 사회복귀를 해칠 우려가 있을 때

## 28 전화통화에 관한 설명 중 옳지 않은 것은?

① 수용자 또는 수신자가 전화통화 내용의 청취·녹음에 동의하지 아니할 때에 소장은 전화통화 허가를 취소할 수 있다.

② 전화통화 내용이 청취·녹음 또는 녹화될 때에는 외국어를 사용해서는 아니 된다.

③ 수용자의 전화통화 요금은 수신자가 부담한다.

④ 소장은 교정성적이 양호한 수형자에 대하여는 예산의 범위에서 요금을 부담할 수 있다

**TIP** ③ 수용자의 전화통화 요금은 수용자가 부담한다(형집행법 시행규칙 제29조 제1항).

② 형집행법 시행령 제70조(전화통화)

④ 형집행법 시행규칙 제29조(통화요금의 부담) 제2항

**Answer** 27.④ 28.③

**29** 다음의 설명에 맞는 교정시설의 명칭을 바르게 연결한 것은?

---

- ㉠ 도주방지를 위한 통상적인 설비의 전부 또는 일부를 갖추지 아니하고 수형자의 자율적 활동이 가능하도록 통상적인 관리·감시의 전부 또는 일부를 하지 아니하는 교정시설
- ㉡ 도주방지를 위한 통상적인 설비를 갖추고 수형자에 대하여 통상적인 관리·감시를 하는 교정시설
- ㉢ 도주방지를 위한 통상적인 설비 및 수형자에 대한 관리·감시를 일반경비시설보다 완화한 교정시설
- ㉣ 도주방지 및 수형자 상호 간의 접촉을 차단하는 설비를 강화하고 수형자에 대한 관리·감시를 엄중히 하는 교정시설

---

| | ㉠ | ㉡ | ㉢ | ㉣ |
|---|---|---|---|---|
| ① | 개방시설 | 일반경비시설 | 완화경비시설 | 중경비시설 |
| ② | 일반경비시설 | 개방시설 | 완화경비시설 | 중경비시설 |
| ③ | 개방시설 | 일반경비시설 | 중경비시설 | 완화경비시설 |
| ④ | 중경비시설 | 일반경비시설 | 완화경비시설 | 개방시설 |

**TIP** ※ 법 제57조(처우) 제2항

교정시설은 도주방지 등을 위한 수용설비 및 계호의 정도(경비등급)에 따라 다음으로 구분한다. 다만, 동일한 교정시설이라도 구획을 정하여 경비등급을 달리할 수 있다.

| 구분 | 내용 |
|---|---|
| 개방시설 | 도주방지를 위한 통상적인 설비의 전부 또는 일부를 갖추지 아니하고 수형자의 자율적 활동이 가능하도록 통상적인 관리·감시의 전부 또는 일부를 하지 아니하는 교정시설 |
| 완화경비시설 | 도주방지를 위한 통상적인 설비 및 수형자에 대한 관리·감시를 일반경비시설보다 완화한 교정시설 |
| 일반경비시설 | 도주방지를 위한 통상적인 설비를 갖추고 수형자에 대하여 통상적인 관리·감시를 하는 교정시설 |
| 중(重)경비시설 | 도주방지 및 수형자 상호 간의 접촉을 차단하는 설비를 강화하고 수형자에 대한 관리·감시를 엄중히 하는 교정시설 |

**Answer** 29.①

**30** 수형자에게 부여하는 처우등급에 대한 설명으로 틀린 것은?

① 소장은 수형자의 처우수준을 개별처우계획의 시행에 적합하게 정하거나 조정하기 위하여 교정성적에 따라 처우등급을 부여할 수 있다.

② 여성수형자, 외국인수형자, 금고형수형자는 기본수용급으로 구분한다.

③ 개방시설에 수용되어 가장 높은 수준의 처우가 필요한 수형자는 경비처우급으로 구분한다.

④ 교정성적에 따라 처우수준을 구별하는 기준은 개별처우급에 해당한다.

**TIP** ④ 개별처우급은 수형자의 개별적인 특성에 따라 중점처우의 내용을 구별하는 기준이다(시행규칙 제72조).

　① 형집행법 시행령 제84조(수형자의 처우등급 부여 등) 제2항

　② 형집행법 시행규칙 제73조(기본수용급)

　③ 형집행법 시행규칙 제74조(경비처우급) 제1항

　※ 형집행법 시행규칙 제72조(처우등급)

| 구분 | 내용 |
|---|---|
| 기본수용급 | 성별 · 국적 · 나이 · 형기 등에 따라 수용할 시설 및 구획 등을 구별하는 기준 |
| 경비처우급 | 도주 등의 위험성에 따라 수용시설과 계호의 정도를 구별하고, 범죄성향의 진전과 개선정도, 교정성적에 따라 처우수준을 구별하는 기준 |
| 개별처우급 | 수형자의 개별적인 특성에 따라 중점처우의 내용을 구별하는 기준 |

**31** 수형자를 과학적으로 분류하기 위하여 분류심사를 전담하는 교정시설을 지정 · 운영하는 자는?

① 소장

② 분류심사위원회

③ 법무부장관

④ 교정청장

**TIP** ③ 법무부장관은 수형자를 과학적으로 분류하기 위하여 분류심사를 전담하는 교정시설을 지정 · 운영할 수 있다(법 제61조). 법무부장관은 분류심사를 전담하는 교정시설을 지정 · 운영하는 경우에는 지방교정청별로 1개소 이상이 되도록 하여야 한다.

**Answer**　30.④　31.③

**32** 다음 중 분류심사에서 제외 또는 유예 대상자가 아닌 자는?

① 수용생활의 편의 등 자신의 요구를 관철할 목적으로 자해하는 행위로 조사중일 때
② 구류형이 확정된 사람
③ 금고형이 확정된 사람으로서 집행할 형기가 형집행지휘서 접수일부터 3개월 미만인 사람
④ 신체질환 또는 장애가 있는 수형자

> **TIP** ④는 분류심사의 대상이다.
> ※ 형집행법 시행규칙 제62조(분류심사 제외 및 유예)
> ① 다음 각 호의 사람에 대해서는 분류심사를 하지 아니한다.
>    1. 징역형·금고형이 확정된 사람으로서 집행할 형기가 형집행지휘서 접수일부터 3개월 미만인 사람
>    2. 구류형이 확정된 사람
> ② 소장은 수형자가 다음 각 호의 어느 하나에 해당하는 사유가 있으면 분류심사를 유예한다.
>    1. 질병 등으로 분류심사가 곤란한 때
>    2. 법 제107조 제1호부터 제5호까지의 규정에 해당하는 행위 및 이 규칙 제214조 각 호에 해당하는 행위(징벌대상행위)의 혐의가 있어 조사 중이거나 징벌집행 중인 때
>    • 「형법」, 「폭력행위 등 처벌에 관한 법률」, 그 밖의 형사 법률에 저촉되는 행위
>    • 수용생활의 편의 등 자신의 요구를 관철할 목적으로 자해하는 행위
>    • 정당한 사유 없이 작업·교육·교화프로그램 등을 거부하거나 태만히 하는 행위
>    • 제92조의 금지물품을 지니거나 반입·제작·사용·수수·교환·은닉하는 행위
>    • 다른 사람을 처벌받게 하거나 교도관의 직무집행을 방해할 목적으로 거짓 사실을 신고하는 행위
>    3. 그 밖의 사유로 분류심사가 특히 곤란하다고 인정하는 때

**33** 개별처우계획을 조정할 것인지를 결정하기 위한 분류심사 중 상벌 또는 그 밖의 사유가 발생한 경우에 하는 재심사를 뜻하는 것은?

① 정기재심사                    ② 부정기재심사
③ 단기재심사                    ④ 장기재심사

> **TIP** ② 상벌 또는 그 밖의 사유가 발생한 경우에 하는 재심사는 부정기재심사이다(시행규칙 제65조).
> ※ 시행규칙 제65조(재심사의 구분)
> 개별처우계획을 조정할 것인지를 결정하기 위한 분류심사(재심사)는 다음과 같이 구분한다.

| 구분 | 내용 |
| --- | --- |
| 정기재심사 | 일정한 형기가 도달한 때 하는 재심사 |
| 부정기재심사 | 상벌 또는 그 밖의 사유가 발생한 경우에 하는 재심사 |

**Answer** 32.④ 33.②

**34** 다음 중 정기 재심사의 시기로 적절하지 못한 것은?

① 형기의 3분의 1에 도달한 때

② 형기의 2분의 1에 도달한 때

③ 형기의 3분의 2에 도달한 때

④ 수형자를 징벌하기로 의결한 때

> **TIP** ④ 수형자를 징벌하기로 의결한 때에는 부정기재심사의 요건에 해당한다(형집행법 시행규칙 제67조).
>
> ※ 시행규칙 제66조(정기재심사)
> ① 정기재심사는 다음의 어느 하나에 해당하는 경우에 한다. 다만, 형집행지휘서가 접수된 날부터 6개월이 지나지 아니한 경우에는 그러하지 아니하다.
> 1. 형기의 3분의 1에 도달한 때
> 2. 형기의 2분의 1에 도달한 때
> 3. 형기의 3분의 2에 도달한 때
> 4. 형기의 6분의 5에 도달한 때
> ② 부정기형의 재심사 시기는 단기형을 기준으로 한다.
> ③ 무기형과 20년을 초과하는 징역형·금고형의 재심사 시기를 산정하는 경우에는 그 형기를 20년으로 본다.
> ④ 2개 이상의 징역형 또는 금고형을 집행하는 수형자의 재심사 시기를 산정하는 경우에는 그 형기를 합산한다. 다만, 합산한 형기가 20년을 초과하는 경우에는 그 형기를 20년으로 본다.

**35** 부정기재심사를 실시하는 경우에 해당되지 않는 것은?

① 분류심사에 오류가 있음이 발견된 때

② 수형자가 추가사건으로 벌금이상의 형이 확정된 때

③ 수형자가 교정사고의 예방에 뚜렷한 공로가 있는 때

④ 수형자가 「숙련기술장려법」에 따른 기사 이상의 자격을 취득한 때

> **TIP** ② 수형자가 집행유예의 실효 또는 추가사건으로 금고이상의 형이 확정된 때에 부정기재심사를 실시한다.
>
> ※ 시행규칙 제67조(부정기재심사)
> 부정기재심사는 다음의 어느 하나에 해당하는 경우에 할 수 있다.
> 1. 분류심사에 오류가 있음이 발견된 때
> 2. 수형자가 교정사고(교정시설에서 발생하는 화재, 수용자의 자살·도주·폭행·소란, 그 밖에 사람의 생명·신체를 해하거나 교정시설의 안전과 질서를 위태롭게 하는 사고)의 예방에 뚜렷한 공로가 있는 때
> 3. 수형자를 징벌하기로 의결한 때
> 4. 수형자가 집행유예의 실효 또는 추가사건(현재 수용의 근거가 된 사건 외의 형사사건)으로 금고이상의 형이 확정된 때
> 5. 수형자가 「숙련기술장려법」에 따른 전국기능경기대회 입상, 기사 이상의 자격취득, 학사 이상의 학위를 취득한 때
> 6. 그 밖에 수형자의 수용 또는 처우의 조정이 필요한 때

**Answer** 34.④ 35.②

**36** 다음 빈칸에 바르게 들어간 것은?

---

• 소득점수 산정은 수형생활 태도 ( ㉠ ) 이내. 작업 또는 교육 성적 ( ㉡ ) 이내이다.
• 경비처우급 조정을 위해 평정소득점수 기준은 상향 조정 ( ㉢ ) 이상, 하향 조정 ( ㉣ ) 이하이다.

---

| | ㉠ | ㉡ | ㉢ | ㉣ |
|---|---|---|---|---|
| ① | 3점 | 4점 | 7점 | 4점 |
| ② | 4점 | 5점 | 8점 | 4점 |
| ③ | 5점 | 4점 | 7점 | 5점 |
| ④ | 5점 | 5점 | 8점 | 5점 |

**TIP** ㉠㉡ 소득점수는 수형생활 태도 ㉠5점 이내. 작업 또는 교육 성적 ㉡5점 이내이다(형집행법 시행규칙 제77조).
㉢㉣ 경비처우급을 상향 또는 하향 조정하기 위하여 고려할 수 있는 평정소득점수의 기준은 다음 각 호와 같다. 다만, 수용 및 처우를 위하여 특히 필요한 경우 법무부장관이 달리 정할 수 있다. 상향 조정 ㉢8점 이상(제66조제1항제4호에 따른 재심사의 경우에는 7점 이상), 하향 조정 ㉣5점 이하이다(형집행법 시행규칙 제81조).

**37** 다음 ( ) 안에 들어갈 알맞은 것은?

---

소장은 수형자가 개방처우급 또는 완화경비처우급으로서 작업기술이 탁월하고 작업성적이 우수한 경우에는 수형자 자신을 위한 개인작업을 하게 할 수 있다. 이 경우 개인작업 시간은 교도작업에 지장을 주지 아니하는 범위에서 1일 ( )시간 이내로 한다.

---

① 2                          ② 3
③ 4                          ④ 5

**TIP** ① 소장은 수형자가 개방처우급 또는 완화경비처우급으로서 작업기술이 탁월하고 작업성적이 우수한 경우에는 수형자 자신을 위한 개인작업을 하게 할 수 있다. 이 경우 개인작업 시간은 교도작업에 지장을 주지 아니하는 범위에서 1일 2시간 이내로 한다(시행규칙 제95조 제1항).

**Answer** 36.④ 37.①

**38** 수용자에 대한 작업 부과에 대한 내용으로 적절하지 않은 것은?

① 수형자는 자신에게 부과된 작업과 그 밖의 노역을 수행하여야 할 의무가 있다.

② 소장은 금고형 또는 구류형의 집행 중에 있는 사람이 신청을 해도 작업을 부과할 수 없다.

③ 수형자에게 부과하는 작업은 건전한 사회복귀를 위하여 기술을 습득하고 근로의욕을 고취하는 데에 적합한 것이어야 한다.

④ 소장은 법무부장관의 승인을 받아 수형자에게 부과하는 작업의 종류를 정한다.

**TIP** ② 소장은 금고형 또는 구류형의 집행 중에 있는 사람에 대하여는 신청에 따라 작업을 부과할 수 있다(법 제67조).

**39** ( ) 안에 들어갈 알맞은 것은?

> • 소장은 수형자의 가족 또는 배우자의 직계존속이 사망하면 ( ㉠ )일간 작업을 면제한다.
> • 소장은 부모의 기일을 맞이하면 ( ㉡ )일간 해당 수형자의 작업을 면제한다.

|  | ㉠ | ㉡ |  |  | ㉠ | ㉡ |
|---|---|---|---|---|---|---|
| ① | 1 | 2 | | ② | 2 | 1 |
| ③ | 3 | 2 | | ④ | 2 | 2 |

**TIP** ② 소장은 수형자의 가족 또는 배우자의 직계존속이 사망하면 <u>2일간</u>, 부모 또는 배우자의 기일을 맞이하면 <u>1일간</u> 해당 수형자의 작업을 면제한다(형집행법 제72조).

**Answer** 38.② 39.②

**40** 외부기업체에 통근하며 작업하는 수형자의 요건에 해당되지 않는 자는?

① 19세의 수용자

② 64세 수용자

③ 중경비처우급의 수용자

④ 집행할 형기가 7년 미만이고 가석방이 제한되지 아니할 것

> **TIP** ※ 시행규칙 제120조(선정기준)
> ① 외부기업체에 통근하며 작업하는 수형자는 다음의 요건을 갖춘 수형자 중에서 선정한다.
>    1. 18세 이상 65세 미만일 것
>    2. 해당 작업 수행에 건강상 장애가 없을 것
>    3. 개방처우급·완화경비처우급에 해당할 것
>    4. 가족·친지 또는 교정위원 등과 접견·편지수수·전화통화 등으로 연락하고 있을 것
>    5. 집행할 형기가 7년 미만이고 가석방이 제한되지 아니할 것
> ② 교정시설 안에 설치된 외부기업체의 작업장에 통근하며 작업하는 수형자는 제1항 제1호부터 제4호까지의 요건(제3호의 요건의 경우에는 일반경비처우급에 해당하는 수형자도 포함)을 갖춘 수형자로서 집행할 형기가 10년 미만이거나 형기기산일부터 10년 이상이 지난 수형자 중에서 선정한다.
> ③ 소장은 작업 부과 또는 교화를 위하여 특히 필요하다고 인정하는 경우에는 제1항 및 제2항의 수형자 외의 수형자에 대하여도 외부통근자로 선정할 수 있다.

**41** 직업훈련 직종 선정 및 훈련과정별 인원, 직업훈련 대상자는 누가 정하는가?

① 법무부장관             ② 소장

③ 교정본부장          ④ 범죄예방국장

> **TIP** ② 직업훈련 직종 선정 및 훈련과정별 인원은 법무부장관의 승인을 받아 <u>소장</u>이 정한다(시행규칙 제124조).
> ※ 시행규칙 제124조(직업훈련 직종 선정 등)
> ① 직업훈련 직종 선정 및 훈련과정별 인원은 법무부장관의 승인을 받아 소장이 정한다.
> ② 직업훈련 대상자는 소속기관의 수형자 중에서 소장이 선정한다. 다만, 집체직업훈련(직업훈련 전담 교정시설이나 그 밖에 직업훈련을 실시하기에 적합한 교정시설에 수용하여 실시하는 훈련) 대상자는 집체직업훈련을 실시하는 교정시설의 관할 지방교정청장이 선정한다.

**Answer**   40.③   41.②

**42** 다음 중 미결수용자의 처우로 옳지 않은 것은?

① 미결수용자는 무죄의 추정을 받으며 그에 합당한 처우를 받는다.

② 소장은 미결수용자로서 사건에 서로 관련이 있는 사람은 분리수용하고 서로 간의 접촉을 금지하여야 한다.

③ 미결수용자의 머리카락 또는 수염은 특히 필요한 경우가 아니면 본인의 의사에 반하여 짧게 깎지 못한다.

④ 소장은 미결수용자가 징벌대상자로서 조사받고 있거나 징벌집행 중인 경우 변호인과의 접견 또는 편지수수 등의 권리행사를 제한한다.

> **TIP** ④ 소장은 미결수용자가 징벌대상자로서 조사받고 있거나 징벌집행 중인 경우에도 소송서류의 작성, 변호인과의 접견·서신수수, 그 밖의 수사 및 재판 과정에서의 권리행사를 보장하여야 한다(법 제85조).
>
> ※ 미결수용자 수용 원칙
> ① 무죄 추정 : 미결수용자는 무죄의 추정을 받으며 그에 합당한 처우를 받는다.
> ② 참관금지 : 미결수용자가 수용된 거실은 참관할 수 없다.
> ③ 분리수용 : 소장은 미결수용자로서 사건에 서로 관련이 있는 사람은 분리수용하고 서로 간의 접촉을 금지하여야 한다.
> ④ 사복착용 : 미결수용자는 수사·재판·국정감사 또는 법률로 정하는 조사에 참석할 때에는 사복을 착용할 수 있다. 다만, 소장은 도주우려가 크거나 특히 부적당한 사유가 있다고 인정하면 교정시설에서 지급하는 의류를 입게 할 수 있다.
> ⑤ 이발 : 미결수용자의 머리카락 또는 수염은 특히 필요한 경우가 아니면 본인의 의사에 반하여 짧게 깎지 못한다.
> ⑥ 조사 등에서의 특칙 : 소장은 미결수용자가 징벌대상자로서 조사받고 있거나 징벌집행 중인 경우에도 소송서류의 작성, 변호인과의 접견·서신수수, 그 밖의 수사 및 재판 과정에서의 권리행사를 보장하여야 한다.
> ⑦ 작업과 교화 : 소장은 미결수용자에 대하여는 신청에 따라 교육 또는 교화프로그램을 실시하거나 작업을 부과할 수 있다.
> ⑧ 유치장 : 경찰관서에 설치된 유치장은 교정시설의 미결수용실로 보아 이 법을 준용한다.

**43** 수용시설의 안전과 질서에 대한 계호행위 내용으로 잘못된 것은?

① 교도관은 시설의 안전과 질서유지를 위하여 필요하면 수용자의 신체·의류·휴대품·거실 및 작업장 등을 검사할 수 있다.

② 교도관은 시설의 안전과 질서유지를 위하여 필요하면 교정시설을 출입하는 수용자 외의 사람에 대하여 의류와 휴대품을 검사할 수 있다.

③ 수용자를 검사한 결과 금지물품이 발견되면 전부를 지체없이 폐기처분을 하여야 한다.

④ 여성의 신체·의류 및 휴대품에 대한 검사는 여성교도관이 하여야 한다.

> **TIP** ③ 소장은 검사한 결과 금지물품이 발견되면 형사 법령으로 정하는 절차에 따라 처리할 물품을 제외하고는 수용자에게 알린 후 폐기한다. 다만, 폐기하는 것이 부적당한 물품은 교정시설에 영치하거나 수용자로 하여금 자신이 지정하는 사람에게 보내게 할 수 있다(법 제93조 제5항).

**Answer** 42.④ 43.③

**44** 사형확정자의 처우에 대한 설명으로 틀린 것은?

① 사형확정자의 심리적 안정 도모 또는 교정시설의 안전과 질서유지를 위하여 특히 필요하다고 인정하는 경우에는 교도소에 수용할 사형확정자를 구치소에 수용할 수 있다.

② 소장은 사형확정자의 교육·교화프로그램, 작업 등을 위하여 필요하거나 교정시설의 안전과 질서유지를 위하여 특히 필요하다고 인정하는 경우에는 법무부장관의 승인을 받아 사형확정자를 다른 교정시설로 이송할 수 있다.

③ 소장은 사형확정자의 심리적 안정과 원만한 수용생활을 위하여 필요하다고 인정하는 경우에는 월 1회 이내의 범위에서 전화통화를 허가할 수 있다.

④ 사형확정자에 대한 교육·교화프로그램, 작업 등의 처우를 위하여 법무부장관이 정하는 전담교정시설에 수용할 수 있다.

> **TIP** ③ 소장은 사형확정자의 심리적 안정과 원만한 수용생활을 위하여 필요하다고 인정하는 경우에는 월 3회 이내의 범위에서 전화통화를 허가할 수 있다(시행규칙 제156조).
> ① 시행규칙 제150조(구분수용 등) 제2항
> ② 시행규칙 제154조(교화프로그램)
> ④ 시행규칙 제155조(전담교정시설 수용)

**45** 보호실 수용에 대한 설명으로 잘못된 것은?

① 수용자를 보호실에 수용할 수 있는 기간은 계속하여 1개월을 초과할 수 없다.
② 자해의 우려가 있는 때에 보호실에 수용할 수 있다.
③ 수용자의 보호실 수용기간은 15일 이내로 한다.
④ 소장은 보호실 수용사유가 소멸한 경우에는 보호실 수용을 즉시 중단하여야 한다.

> **TIP** ① 수용자를 보호실에 수용할 수 있는 기간은 계속하여 3개월을 초과할 수 없다(법 제95조 제2항).

**Answer** 44.③ 45.①

## 46 다음 중 보호장비가 아닌 것은?

① 보호침대
② 교도봉
③ 양손수갑
④ 조끼형포승

**TIP** ② 교도봉은 보안장비이다.

※ 시행규칙 제169조(보호장비의 종류)
　교도관이 사용할 수 있는 보호장비는 다음으로 구분한다.
　㉠ 수갑 : 양손수갑, 일회용수갑, 한손수갑
　㉡ 머리보호장비
　㉢ 발목보호장비 : 양발목보호장비, 한발목보호장비
　㉣ 보호대 : 금속보호대, 벨트보호대
　㉤ 보호의자
　㉥ 보호침대
　㉦ 보호복
　㉧ 포승 : 일반포승, 벨트형포승, 조끼형포승

## 47 수용자의 보호실 수용기간은?

① 10일 이내
② 15일 이내
③ 20일 이내
④ 40일 이내

**TIP** ② 수용자의 보호실 수용기간은 15일 이내로 한다. 다만, 소장은 특히 계속하여 수용할 필요가 있으면 의무관의 의견을 고려하여 연장할 수 있다(법 제95조제2항).

## 48 다음 ( ) 안에 들어갈 알맞은 숫자는?

- 수용자의 진정실 수용기간은 ( ㉠ )시간 이내로 한다. 다만, 소장은 특히 계속하여 수용할 필요가 있으면 의무관의 의견을 고려하여 1회당 ( ㉡ )시간의 범위에서 기간을 연장할 수 있다.
- 수용자를 진정실에 수용할 수 있는 기간은 계속하여 ( ㉢ )일을 초과할 수 없다.

| | ㉠ | ㉡ | ㉢ |
|---|---|---|---|
| ① | 12 | 24 | 1 |
| ② | 24 | 12 | 1 |
| ③ | 12 | 24 | 3 |
| ④ | 24 | 12 | 3 |

**TIP** ※ 법 제96조(진정실 수용)
① 소장은 수용자가 다음 각 호의 어느 하나에 해당하는 경우로서 강제력을 행사하거나 제98조의 보호장비를 사용하여도 그 목적을 달성할 수 없는 경우에만 진정실(일반 수용거실로부터 격리되어 있고 방음설비 등을 갖춘 거실을 말한다. 이하 같다)에 수용할 수 있다.
 1. 교정시설의 설비 또는 기구 등을 손괴하거나 손괴하려고 하는 때
 2. 교도관의 제지에도 불구하고 소란행위를 계속하여 다른 수용자의 평온한 수용생활을 방해하는 때
② 수용자의 진정실 수용기간은 ㉠24시간 이내로 한다. 다만, 소장은 특히 계속하여 수용할 필요가 있으면 의무관의 의견을 고려하여 1회당 ㉡12시간의 범위에서 기간을 연장할 수 있다.
③ 제2항에 따라 수용자를 진정실에 수용할 수 있는 기간은 계속하여 ㉢3일을 초과할 수 없다.

## 49 교도관이 수용자 또는 시설을 계호하는 경우 사용할 수 있는 전자장비가 아닌 것은?

① 증거수집장비                    ② 전자경보기
③ 전자충격기                      ④ 영상정보처리기기

**TIP** ③ 전자충격기는 교도관이 강제력을 행사하는 경우 사용할 수 있는 보안장비에 해당한다.
 ※ 시행규칙 제160조(전자장비의 종류)
 교도관이 수용자 또는 시설을 계호하는 경우 사용할 수 있는 전자장비는 다음과 같다.
 1. 영상정보 처리기기: 일정한 공간에 지속적으로 설치되어 사람 또는 사물의 영상 및 이에 따르는 음성·음향 등을 수신하거나 이를 유·무선망을 통하여 전송하는 장치
 2. 전자감지기: 일정한 공간에 지속적으로 설치되어 사람 또는 사물의 움직임을 빛·온도·소리·압력 등을 이용하여 감지하고 전송하는 장치
 3. 전자경보기: 전자파를 발신하고 추적하는 원리를 이용하여 사람의 위치를 확인하거나 이동경로를 탐지하는 일련의 기계적 장치
 4. 물품검색기: 고정식 물품검색기와 휴대식 금속탐지기로 구분한다.
 5. 증거수집장비: 디지털카메라, 녹음기, 비디오카메라, 음주측정기 등 증거수집에 필요한 장비
 6. 그 밖에 법무부장관이 정하는 전자장비

**50** 전자장비를 이용한 계호에 관한 설명으로 틀린 것은?

① 교도관은 시설의 안전 또는 질서를 해하는 행위를 방지하기 위하여 필요한 범위에서 전자장비를 이용하여 수용자 또는 시설을 계호할 수 있다.

② 전자영상장비로 거실에 있는 수용자를 계호하는 것은 자살 등의 우려가 큰 때에만 할 수 있다.

③ 거실에 있는 수용자를 전자영상장비로 계호하는 경우에는 계호직원·계호시간 및 계호대상 등을 기록하여야 한다. 이 경우 수용자가 여성이면 여성교도관이 계호하여야 한다.

④ 법무부장관은 전자장비의 효율적인 운용을 위하여 각종 전자장비를 통합적으로 관리할 수 있는 시스템이 설치된 중앙통제실을 설치하여 운영한다.

**TIP** ④ 소장은 전자장비의 효율적인 운용을 위하여 각종 전자장비를 통합적으로 관리할 수 있는 시스템이 설치된 중앙통제실을 설치하여 운영한다(형집행법 시행규칙 제161조).

※ 전자장비를 이용한 계호(법 제94조)

① 교도관은 자살·자해·도주·폭행·손괴, 그 밖에 수용자의 생명·신체를 해하거나 시설의 안전 또는 질서를 해하는 행위를 방지하기 위하여 필요한 범위에서 전자장비를 이용하여 수용자 또는 시설을 계호할 수 있다. 다만, 전자영상장비로 거실에 있는 수용자를 계호하는 것은 자살등의 우려가 큰 때에만 할 수 있다.

② 제1항 단서에 따라 거실에 있는 수용자를 전자영상장비로 계호하는 경우에는 계호직원·계호시간 및 계호대상 등을 기록하여야 한다. 이 경우 수용자가 여성이면 여성교도관이 계호하여야 한다.

③ 제1항 및 제2항에 따라 계호하는 경우에는 피계호자의 인권이 침해되지 아니하도록 유의하여야 한다.

④ 전자장비의 종류·설치장소·사용방법 및 녹화기록물의 관리 등에 관하여 필요한 사항은 법무부령으로 정한다.

**Answer** 50.④

**51** 교정시설의 주벽·울타리, 그 밖에 수용자의 도주 및 외부로부터의 침입을 방지하기 위하여 필요한 장소에 설치하는 것은?

① 전자감지기

② 경보검색기

③ 물품검색기

④ 전자경보기

> **TIP** ① 전자감지기는 일정한 공간에 지속적으로 설치되어 사람 또는 사물의 움직임을 빛·온도·소리·압력 등을 이용하여 감지하고 전송하는 장치로서 교정시설의 주벽·울타리, 그 밖에 수용자의 도주 및 외부로부터의 침입을 방지하기 위하여 필요한 장소에 설치한다(시행규칙 제164조).
>
> ※ 전자장비의 설치
>
> | 구분 | 내용 |
> |---|---|
> | 전자감지기 | 전자감지기는 교정시설의 주벽·울타리, 그 밖에 수용자의 도주 및 외부로부터의 침입을 방지하기 위하여 필요한 장소에 설치한다. |
> | 전자경보기 | 교도관은 외부의료시설 입원, 이송·출정, 그 밖의 사유로 교정시설 밖에서 수용자를 계호하는 경우 보호장비나 수용자의 팔목 등에 전자경보기를 부착하여 사용할 수 있다. |
> | 물품검색기 | 고정식 물품검색기는 정문, 수용동 입구, 작업장 입구, 그 밖에 수용자 또는 교정시설을 출입하는 수용자 외의 사람에 대한 신체·의류·휴대품의 검사가 필요한 장소에 설치한다. |
> | 증거수집장비 | 교도관은 수용자가 사후에 증명이 필요하다고 인정되는 행위를 하거나 사후 증명이 필요한 상태에 있는 경우 수용자에 대하여 증거수집장비를 사용할 수 있다. |

**52** 보호장비의 사용 요건이 잘못된 것은?

① 수갑은 도주·자살·자해 또는 다른 사람에 대한 위해의 우려가 큰 때 사용할 수 있다.

② 포승은 위력으로 교도관의 정당한 직무집행을 방해하는 때에 사용한다.

③ 발목보호장비는 이송·출정, 그 밖에 교정시설 밖의 장소로 수용자를 호송하는 때에 사용할 수 있다.

④ 보호침대는 자살의 우려가 큰 경우 사용을 한다.

> **TIP** ③ 발목보호장비는 도주·자살·자해 또는 다른 사람에 대한 위해의 우려가 큰 때, 위력으로 교도관등의 정당한 직무집행을 방해하는 때, 교정시설의 설비·기구 등을 손괴하거나 그 밖에 시설의 안전 또는 질서를 해칠 우려가 큰 때에 사용할 수 있다.
>
> ※ 형집행법 제98조 제2항(보호장비의 종류 및 사용요건)
>
> ② 보호장비의 종류별 사용요건은 다음과 같다.
>
>   1. 수갑·포승: 다음의 어느 하나에 해당하는 때
>
>     • 이송·출정, 그 밖에 교정시설 밖의 장소로 수용자를 호송하는 때
>
>     • 도주·자살·자해 또는 다른 사람에 대한 위해의 우려가 큰 때
>
>     • 위력으로 교도관의 정당한 직무집행을 방해하는 때
>
>     • 교정시설의 설비·기구 등을 손괴하거나 그 밖에 시설의 안전 또는 질서를 해칠 우려가 큰 때
>
>   2. 머리보호장비: 머리부분을 자해할 우려가 큰 때
>
>   3. 발목보호장비·보호대·보호의자: 다음의 어느 하나에 해당하는 때
>
>     • 도주·자살·자해 또는 다른 사람에 대한 위해의 우려가 큰 때
>
>     • 위력으로 교도관의 정당한 직무집행을 방해하는 때
>
>     • 교정시설의 설비·기구 등을 손괴하거나 그 밖에 시설의 안전 또는 질서를 해칠 우려가 큰 때
>
>   4. 보호침대·보호복: 자살·자해의 우려가 큰 때

**Answer** 51.① 52.③

**53** 다음 중 교도관이 수용자에게 강제력을 행사할 수 없는 때는?

① 도주하거나 도주하려고 하는 때

② 수용자의 평온한 수용생활을 방해하는 때

③ 다른 사람에게 위해를 끼치거나 끼치려고 하는 때

④ 위력으로 교도관의 정당한 직무집행을 방해하는 때

**TIP** ② 수용자를 도주하게 하려고 하는 때에는 교도관이 수용자 이외의 사람에게 강제력을 행사할 수 있는 경우이다.

※ 법 제100조(강제력의 행사)

① 교도관은 수용자가 다음 각 호의 어느 하나에 해당하면 강제력을 행사할 수 있다.

1. 도주하거나 도주하려고 하는 때
2. 자살하려고 하는 때
3. 자해하거나 자해하려고 하는 때
4. 다른 사람에게 위해를 끼치거나 끼치려고 하는 때
5. 위력으로 교도관의 정당한 직무집행을 방해하는 때
6. 교정시설의 설비·기구 등을 손괴하거나 손괴하려고 하는 때
7. 그 밖에 시설의 안전 또는 질서를 크게 해치는 행위를 하거나 하려고 하는 때

② 교도관은 수용자 외의 사람이 다음 각 호의 어느 하나에 해당하면 강제력을 행사할 수 있다.

1. 수용자를 도주하게 하려고 하는 때
2. 교도관 또는 수용자에게 위해를 끼치거나 끼치려고 하는 때
3. 위력으로 교도관의 정당한 직무집행을 방해하는 때
4. 교정시설의 설비·기구 등을 손괴하거나 하려고 하는 때
5. 교정시설에 침입하거나 하려고 하는 때
6. 교정시설의 안(교도관이 교정시설의 밖에서 수용자를 계호하고 있는 경우 그 장소를 포함한다)에서 교도관의 퇴거요구를 받고도 이에 따르지 아니하는 때

③ 제1항 및 제2항에 따라 강제력을 행사하는 경우에는 보안장비를 사용할 수 있다.

④ 제3항에서 "보안장비"란 교도봉·가스분사기·가스총·최루탄 등 사람의 생명과 신체의 보호, 도주의 방지 및 시설의 안전과 질서유지를 위하여 교도관이 사용하는 장비와 기구를 말한다.

⑤ 제1항 및 제2항에 따라 강제력을 행사하려면 사전에 상대방에게 이를 경고하여야 한다. 다만, 상황이 급박하여 경고할 시간적인 여유가 없는 때에는 그러하지 아니하다.

⑥ 강제력의 행사는 필요한 최소한도에 그쳐야 한다.

**Answer**  53.②

**54** 무기 사용 요건에 해당되지 않는 것은?

① 수용자가 다른 사람에게 중대한 위해를 끼치거나 끼치려고 하여 그 사태가 위급한 때

② 도주하는 수용자에게 교도관이 정지할 것을 명령하였음에도 계속하여 도주하는 때

③ 수용자가 폭동을 일으키거나 일으키려고 하여 신속하게 제지하지 아니하면 그 확산을 방지하기 어렵다고 인정되는 때

④ 금지물품을 반입·제작·소지·사용·수수·교환 또는 은닉하는 행위를 한 때

> **TIP** 법 제101조(무기의 사용)
> ① 교도관은 다음 각 호의 어느 하나에 해당하는 사유가 있으면 수용자에 대하여 무기를 사용할 수 있다.
> 　1. 수용자가 다른 사람에게 중대한 위해를 끼치거나 끼치려고 하여 그 사태가 위급한 때
> 　2. 수용자가 폭행 또는 협박에 사용할 위험물을 지니고 있어 교도관이 버릴 것을 명령하였음에도 이에 따르지 아니하는 때
> 　3. 수용자가 폭동을 일으키거나 일으키려고 하여 신속하게 제지하지 아니하면 그 확산을 방지하기 어렵다고 인정되는 때
> 　4. 도주하는 수용자에게 교도관이 정지할 것을 명령하였음에도 계속하여 도주하는 때
> 　5. 수용자가 교도관의 무기를 탈취하거나 탈취하려고 하는 때
> 　6. 그 밖에 사람의 생명·신체 및 설비에 대한 중대하고도 뚜렷한 위험을 방지하기 위하여 무기의 사용을 피할 수 없는 때
> ② 교도관은 교정시설의 안(교도관이 교정시설의 밖에서 수용자를 계호하고 있는 경우 그 장소를 포함한다)에서 자기 또는 타인의 생명·신체를 보호하거나 수용자의 탈취를 저지하거나 건물 또는 그 밖의 시설과 무기에 대한 위험을 방지하기 위하여 급박하다고 인정되는 상당한 이유가 있으면 수용자 외의 사람에 대하여도 무기를 사용할 수 있다.
> ③ 교도관은 소장 또는 그 직무를 대행하는 사람의 명령을 받아 무기를 사용한다. 다만, 그 명령을 받을 시간적 여유가 없으면 그러하지 아니하다.
> ④ 제1항 및 제2항에 따라 무기를 사용하려면 공포탄을 발사하거나 그 밖에 적당한 방법으로 사전에 상대방에 대하여 이를 경고하여야 한다.
> ⑤ 무기의 사용은 필요한 최소한도에 그쳐야 하며, 최후의 수단이어야 한다.

**55** 재난이 발생한 경우 조치에 관한 설명으로 틀린 것은?

① 천재지변이나 그 밖의 재해가 발생하여 시설의 안전과 질서유지를 위하여 긴급한 조치가 필요하면 소장은 수용자로 하여금 피해의 복구나 그 밖의 응급용무를 보조하게 할 수 있다.

② 소장은 교정시설의 안에서 천재지변이나 그 밖의 사변에 대한 피난의 방법이 없는 경우에는 수용자를 다른 장소로 이송할 수 있다.

③ 이송이 불가능하면 수용자를 일시 석방할 수 있다.

④ 재난발생으로 이송이 불가능하여 석방된 자는 석방 후 48시간 이내에 교정시설 또는 경찰관서에 출석하여야 한다.

> **TIP** ※ 법 제102조(재난 시의 조치)
> ① 천재지변이나 그 밖의 재해가 발생하여 시설의 안전과 질서유지를 위하여 긴급한 조치가 필요하면 소장은 수용자로 하여금 피해의 복구나 그 밖의 응급용무를 보조하게 할 수 있다.
> ② 소장은 교정시설의 안에서 천재지변이나 그 밖의 사변에 대한 피난의 방법이 없는 경우에는 수용자를 다른 장소로 이송할 수 있다.
> ③ 소장은 제2항에 따른 이송이 불가능하면 수용자를 일시 석방할 수 있다.
> ④ 제3항에 따라 석방된 사람은 석방 후 24시간 이내에 교정시설 또는 경찰관서에 출석하여야 한다.

**Answer**　54.④　55.④

**56** 보안장비의 종류별 사용기준으로 틀린 것은?

① 전기교도봉 – 복부부분에 사용해서는 아니 되며 타격 후 지체 없이 떼어야 함

② 가스분사기 – 1미터 이내의 거리에서는 상대방의 얼굴을 향하여 발사해서는 안됨

③ 최루탄 – 투척용 최루탄은 근거리용으로 사용하고, 발사용 최루탄은 50미터 이상의 원거리에서 사용하되, 30도 이상의 발사각을 유지하여야 함

④ 전자충격기 – 전극침 발사장치가 있는 전자충격기를 사용할 경우 전극침을 상대방의 얼굴을 향해 발사해서는 안됨

**TIP** ① 교도봉이나 전기교도봉은 얼굴이나 머리부분에 사용해서는 아니 되며, 전기교도봉은 타격 즉시 떼어야 한다.

※ 시행규칙 제188조(보안장비의 종류별 사용기준)
보안장비의 종류별 사용기준은 다음과 같다.

| 구분 | 내용 |
|---|---|
| 교도봉 · 전기교도봉 | 얼굴이나 머리부분에 사용해서는 아니 되며, 전기교도봉은 타격 즉시 떼어야 함 |
| 가스분사기 · 가스총 | 1미터 이내의 거리에서는 상대방의 얼굴을 향하여 발사해서는 안됨 |
| 최루탄 | 투척용 최루탄은 근거리용으로 사용하고, 발사용 최루탄은 50미터 이상의 원거리에서 사용하되, 30도 이상의 발사각을 유지하여야 함 |
| 전자충격기 | 전극침 발사장치가 있는 전자충격기를 사용할 경우 전극침을 상대방의 얼굴을 향해 발사해서는 안됨 |

**57** 다음 중 무기에 해당하지 않는 것은?

① 소총　　　　　　　　　② 가스총

③ 권총　　　　　　　　　④ 기관총

**TIP** ② 가스총은 보안장비에 해당한다.

※ 시행규칙 제189조(무기의 종류)
교도관이 사용할 수 있는 무기의 종류는 다음과 같다.
1. 권총
2. 소총
3. 기관총
4. 그 밖에 법무부장관이 정하는 무기

**Answer**　56.①　57.②

**58** 교도관이 수용자에 대하여 사용할 수 있는 무기의 종류별 사용요건으로 잘못된 것은?

① 권총은 수용자가 폭행 또는 협박에 사용할 위험물을 소지하여 교도관이 버릴 것을 명령하였음에도 이에 따르지 아니하는 때에 사용할 수 있다.

② 소총은 수용자가 교도관의 무기를 탈취하거나 탈취하려고 하는 때 사용한다.

③ 교도관이 총기를 사용하는 경우에는 구두경고, 공포탄 발사, 위협사격, 조준사격의 순서에 따라야 한다. 다만, 상황이 긴급하여 시간적 여유가 없을 때에는 예외로 한다.

④ 기관총은 도주하는 수용자에게 교도관이 정지할 것을 명령하였음에도 계속하여 도주하는 때에 사용한다.

> **TIP** ④ 기관총은 수용자가 폭동을 일으키거나 일으키려고 하여 신속하게 제지하지 아니하면 그 확산을 방지하기 어렵다고 인정되는 때에만 사용할 수 있다.
>
> ※ 시행규칙 제190조 제1항(무기의 종류별 사용요건)
> ① 교도관이 수용자에 대하여 사용할 수 있는 무기의 종류별 사용요건은 다음과 같다.

| 구분 | 사유 |
|---|---|
| 권총 · 소총 | • 수용자가 다른 사람에게 중대한 위해를 끼치거나 끼치려고 하여 그 사태가 위급한 때<br>• 수용자가 폭행 또는 협박에 사용할 위험물을 소지하여 교도관이 버릴 것을 명령하였음에도 이에 따르지 아니하는 때<br>• 수용자가 폭동을 일으키거나 일으키려고 하여 신속하게 제지하지 아니하면 그 확산을 방지하기 어렵다고 인정되는 때<br>• 도주하는 수용자에게 교도관이 정지할 것을 명령하였음에도 계속하여 도주하는 때<br>• 수용자가 교도관의 무기를 탈취하거나 탈취하려고 하는 때<br>• 그 밖에 사람의 생명 · 신체 및 설비에 대한 중대하고도 뚜렷한 위험을 방지하기 위하여 무기의 사용을 피할 수 없는 때 |
| 기관총 | 수용자가 폭동을 일으키거나 일으키려고 하여 신속하게 제지하지 아니하면 그 확산을 방지하기 어렵다고 인정되는 때 |

**59** 교도관에 대한 총기교육 실시권자와 그 횟수는?

① 소장, 연 1회

② 교정본부장, 분기별 1회

③ 범죄예방정책국장, 연 1회

④ 가석방심사위원회, 연 1회

> **TIP** ① 소장은 소속 교도관에 대하여 연 1회 이상 총기의 조작 · 정비 · 사용에 관한 교육을 한다.
>
> ※ 시행규칙 제193조(총기 교육 등)
> ① 소장은 소속 교도관에 대하여 연 1회 이상 총기의 조작 · 정비 · 사용에 관한 교육을 한다.
> ② 교육을 받지 아니하였거나 총기 조작이 미숙한 사람, 그 밖에 총기휴대가 부적당하다고 인정되는 사람에 대하여는 총기휴대를 금지하고 총기휴대 금지자 명부에 그 명단을 기록한 후 총기를 지급할 때마다 대조 · 확인하여야 한다.
> ③ 총기휴대 금지자에 대하여 금지사유가 소멸한 경우에는 그 사유를 제2항에 따른 총기휴대 금지자 명부에 기록하고 총기휴대금지를 해제하여야 한다.

**Answer** 58.④ 59.①

**60** 엄중관리대상자의 번호표 및 거실표의 색상을 올바르게 연결한 것은?

> ㉠ 관심대상수용자 – (   )
> ㉡ 조직폭력수용자 – (   )
> ㉢ 마약류수용자 – (   )

|   | ㉠ | ㉡ | ㉢ |
|---|---|---|---|
| ① | 노란색 | 붉은색 | 파란색 |
| ② | 노란색 | 노란색 | 파란색 |
| ③ | 파란색 | 녹색 | 파란색 |
| ④ | 파란색 | 노란색 | 붉은색 |

**TIP** 시행규칙 제195조(번호표 등 표시)
① 엄중관리대상자의 번호표 및 거실표의 색상은 다음과 같이 구분한다.

| 구분 | 색상 |
|---|---|
| 관심대상수용자 | 노란색 |
| 조직폭력수용자 | 노란색 |
| 마약류수용자 | 파란색 |

② 엄중관리대상자 구분이 중복되는 수용자의 경우 그 번호표 및 거실표의 색상은 제1항 각 호의 순서에 따른다

**61** 마약류수용자에 관한 사항으로 잘못된 것은?

① 소장은 수용자 외의 사람이 마약류수용자에게 물품을 건네줄 것을 신청하는 경우에는 마약류 반입 등을 차단하기 위하여 신청을 허가하지 않는다.

② 마약류수용자에 대하여 다량 또는 장기간 복용할 경우 환각증세를 일으킬 수 있는 의약품을 투약할 때에는 특히 유의하여야 한다.

③ 소장은 교정시설에 마약류를 반입하는 것을 방지하기 위하여 강제적으로 수용자의 소변을 채취하여 마약반응검사를 할 수 있다

④ 소장은 원칙적으로 마약류수용자로 지정된 사람에 대하여는 석방할 때까지 지정을 해제할 수 없다.

**TIP** ③ 소장은 교정시설에 마약류를 반입하는 것을 방지하기 위하여 필요하면 강제에 의하지 아니하는 범위에서 수용자의 소변을 채취하여 마약반응검사를 할 수 있다(시행규칙 제206조 제2항).
① 시행규칙 제207조(물품전달 제한)
② 시행규칙 제206조(마약반응검사)
④ 시행규칙 제205조(지정 및 해제) 제2항

**Answer** 60.② 61.③

**62** 조직폭력수용자에 대한 설명으로 틀린 것은?

① 조직폭력사범으로 명시되어 있지는 아니하나 공소장에 「폭력행위 등 처벌에 관한 법률」 제4조가 적용된 수용자는 조직폭력 수용자이다.

② 재판 확정에 따라 지정사유가 해소되어 교도관회의의 심의 또는 분류처우위원회의 의결을 거쳐도 조직폭력수용자로 지정된 사람에 대하여는 석방할 때까지 지정을 해제할 수 없다.

③ 소장은 조직폭력수용자가 다른 사람과 접견할 때에는 외부 폭력조직과의 연계가능성이 높은 점 등을 고려하여 접촉차단시설이 있는 장소에서 하게 한다.

④ 소장은 조직폭력수용자에게 거실 및 작업장 등의 봉사원, 반장, 조장, 분임장, 그 밖에 수용자를 대표하는 직책을 부여해서는 아니 된다.

> **TIP** ② 소장은 조직폭력수용자로 지정된 사람에 대하여는 석방할 때까지 지정을 해제할 수 없다. 다만, 공소장 변경 또는 재판 확정에 따라 지정사유가 해소되었다고 인정되는 경우에는 교도관회의의 심의 또는 분류처우위원회의 의결을 거쳐 지정을 해제한다(시행 규칙 제199조)
> ① 시행규칙 제198조(지정대상)
> ③ 시행규칙 제202조(처우상 유의사항)
> ④ 시행규칙 제200조(수용자를 대표하는 직책 부여 금지)
> ※ 시행규칙 제198조(지정대상)
> 　조직폭력수용자의 지정대상은 다음과 같다.
> 　1. 체포영장, 구속영장, 공소장 또는 재판서에 조직폭력사범으로 명시된 수용자
> 　2. 공소장 또는 재판서에 조직폭력사범으로 명시되어 있지는 아니하나 「폭력행위 등 처벌에 관한 법률」 제4조ㆍ제5조 또는 「형법」 제114조가 적용된 수용자
> 　3. 공범ㆍ피해자 등의 체포영장ㆍ구속영장ㆍ공소장 또는 재판서에 조직폭력사범으로 명시된 수용자

## 63 다음 중 수용자를 포상할 수 없는 경우는?

① 시설의 안전과 질서유지에 뚜렷한 공이 인정되는 때

② 사람의 생명을 구조하거나 도주를 방지한 때

③ 수용자가 대회 입상을 한 때

④ 수용생활에 모범을 보이거나 건설적이고 창의적인 제안을 하는 등 특히 포상할 필요가 있다고 인정되는 때

**TIP** ③은 해당되지 않는다.

※ 법 제106조(포상)

소장은 수용자가 다음의 어느 하나에 해당하면 법무부령으로 정하는 바에 따라 포상할 수 있다.

1. 사람의 생명을 구조하거나 도주를 방지한 때
2. 천재지변이나 재해발생 시에 따른 응급용무에 공로가 있는 때
3. 시설의 안전과 질서유지에 뚜렷한 공이 인정되는 때
4. 수용생활에 모범을 보이거나 건설적이고 창의적인 제안을 하는 등 특히 포상할 필요가 있다고 인정되는 때

## 64 다음은 징별과 형벌을 비교한 것이다. 옳지 않은 것은?

|   | 구분 | 징별 | 형벌 |
|---|------|------|------|
| ① | 대상 | 수용자 | 일반 국민 |
| ② | 시기 | 수용 시설에 있는 경우 | 범죄를 저지른 경우 |
| ③ | 처벌대상 | 내부 규율 위반 행위 | 범죄 행위 |
| ④ | 처벌근거 | 공공질서 위반 | 내부질서 위반 |

**TIP** ④ 징별은 내부질서 위반에 따른 처벌이며, 형벌은 일반 공공질서 침해에 따른 법적 책임을 묻는 것이다.

**Answer** 63.③ 64.④

**65** 다음 중 판례의 입장이 아닌 것은?

① 수용자는 교도관의 직무 또는 다른 수용자의 정상적인 일과 진행을 방해하는 행위를 해서는 안 된다.

② 교도관은 수용자의 규율위반행위를 감시·단속·적발하여 상관에게 보고하고 징벌에 회부되도록 하여야 할 일반적인 직무상 권한과 의무가 있다.

③ 수용자가 교도관의 감시·단속을 피하여 규율위반행위를 하는 것은 위계에 의한 공무집행방해죄가 성립한다.

④ 다른 수용자를 교사(敎唆)하여 징벌대상행위를 하게 한 수용자에게는 그 징벌대상행위를 한 수용자에게 부과되는 징벌과 같은 징벌을 부과한다.

> **TIP** ③ 수용자에게는 허가 없는 물품을 사용·수수하거나 허가 없이 전화 등의 방법으로 다른 사람과 연락하는 등의 규율위반행위를 하여서는 아니될 금지의무가 부과되어 있고, 교도관은 수용자의 규율위반행위를 감시·단속·적발하여 상관에게 보고하고 징벌에 회부되도록 하여야 할 일반적인 직무상 권한과 의무가 있다고 할 것이므로, 수용자가 교도관의 감시·단속을 피하여 규율위반행위를 하는 것만으로는 단순히 금지규정에 위반되는 행위를 한 것에 지나지 아니할 뿐 위계에 의한 공무집행방해죄가 성립한다고 할 수 없고, 또 수용자가 아닌 자가 교도관의 검사 또는 감시를 피하여 금지물품을 반입하거나 허가 없이 전화 등의 방법으로 다른 사람과 연락하도록 하였더라도 교도관에게 교도소 등의 출입자와 반출·입 물품을 단속·검사할 권한과 의무가 있는 이상, 수용자 아닌 자의 그러한 행위는 특별한 사정이 없는 한 위계에 의한 공무집행방해에 해당하는 것으로는 볼 수 없다 할 것이나, 구체적이고 현실적으로 감시·단속업무를 수행하는 교도관에 대하여 그가 충실히 직무를 수행한다고 하더라도 통상적인 업무처리과정하에서는 사실상 적발이 어려운 위계를 적극적으로 사용하여 그 업무집행을 하지 못하게 하였다면 이에 대하여 위계에 의한 공무집행방해죄가 성립한다고 할 것이다(2001도7045).

**Answer** 65.③

**66** 징벌에 관한 사항으로 적절하지 못한 것은?

① 징벌은 소장이 집행한다.

② 소장은 질병이나 그 밖의 사유로 징벌집행이 곤란하면 그 사유가 해소될 때까지 그 집행을 일시 정지할 수 있다.

③ 소장은 징벌집행을 위하여 필요하다고 인정하면 수용자를 분리하여 수용할 수 있다.

④ 행형법상의 징벌을 받은 자에 대한 형사처벌이 일사부재리의 원칙에 위반된다.

**TIP** ④ 피고인이 행형법에 의한 징벌을 받아 그 집행을 종료하였다고 하더라도 행형법상의 징벌은 수형자의 교도소 내의 준수사항위반에 대하여 과하는 행정상의 질서벌의 일종으로서 형법 법령에 위반한 행위에 대한 형사책임과는 그 목적, 성격을 달리하는 것이므로 징벌을 받은 뒤에 형사처벌을 한다고 하여 일사부재리의 원칙에 반하는 것은 아니다(2000도3874).

**67** 징벌의 집행절차로 적절하지 못한 것은?

① 위원회가 징벌을 의결한 경우에는 이를 소장에게 즉시 통고하여야 한다.

② 금치와 그 밖의 징벌을 집행할 경우에는 금치를 우선하여 집행한다. 다만, 작업장려금의 삭감과 경고는 금치와 동시에 집행할 수 있다.

③ 소장은 통고를 받은 경우에는 징벌을 지체 없이 집행하여야 한다.

④ 징벌 집행 중인 수용자가 다른 교정시설로 이송되거나 법원 또는 검찰청 등에 출석하는 경우에는 징벌집행이 중지된다.

**TIP** ④ 징벌 집행 중인 수용자가 다른 교정시설로 이송되거나 법원 또는 검찰청 등에 출석하는 경우에는 징벌집행이 계속되는 것으로 본다(시행령 제134조).

**Answer**  66.④  67.④

## 68 수용자가 사망한 경우 조치로 틀린 것은?

① 소장은 수용자가 사망한 경우에는 그 사실을 즉시 그 가족(가족이 없는 경우에는 다른 친족)에게 통지하여야 한다.

② 소장은 수용자의 사망 사실을 알리는 경우에는 사망 일시·장소 및 사유도 같이 알려야 한다.

③ 사망한 사실을 알게 된 날부터 60일 이내에 시신을 인수하지 아니하거나 시신을 인수할 사람이 없으면 임시로 매장하여야 한다.

④ 소장은 병원이나 그 밖의 연구기관이 학술연구상의 필요에 따라 수용자의 시신인도를 신청하면 본인의 유언 또는 상속인의 승낙이 있는 경우에 한하여 인도할 수 있다.

**TIP** ③ 사망한 사실을 알게 된 날부터 30일 이내에 시신을 인수하지 아니하거나 시신을 인수할 사람이 없으면 임시로 매장하여야 한다 (법 제128조).

※ 법 제128조(시신의 인도 등)

① 소장은 사망한 수용자의 친족 또는 특별한 연고가 있는 사람이 그 시신 또는 유골의 인도를 청구하는 경우에는 인도하여야 한다. 다만, 제3항에 따라 자연장(自然葬)을 하거나 집단으로 매장을 한 후에는 그러하지 아니하다.

② 소장은 제127조에 따라 수용자가 사망한 사실을 알게 된 사람이 다음 각 호의 어느 하나에 해당하는 기간 이내에 그 시신을 인수하지 아니하거나 시신을 인수할 사람이 없으면 임시로 매장하거나 화장(火葬) 후 봉안하여야 한다. 다만, 감염병 예방 등을 위하여 필요하면 즉시 화장하여야 하며, 그 밖에 필요한 조치를 할 수 있다.

1. 임시로 매장하려는 경우 : 사망한 사실을 알게 된 날부터 3일
2. 화장하여 봉안하려는 경우 : 사망한 사실을 알게 된 날부터 60일

③ 소장은 제2항에 따라 시신을 임시로 매장하거나 화장하여 봉안한 후 2년이 지나도록 시신의 인도를 청구하는 사람이 없을 때에는 다음 각 호의 구분에 따른 방법으로 처리할 수 있다.

1. 임시로 매장한 경우 : 화장 후 자연장을 하거나 일정한 장소에 집단으로 매장
2. 화장하여 봉안한 경우 : 자연장

④ 소장은 병원이나 그 밖의 연구기관이 학술연구상의 필요에 따라 수용자의 시신인도를 신청하면 본인의 유언 또는 상속인의 승낙이 있는 경우에 한하여 인도할 수 있다.

⑤ 소장은 수용자가 사망하면 법무부장관이 정하는 범위에서 화장·시신인도 등에 필요한 비용을 인수자에게 지급할 수 있다.

**Answer** 68.③

**69** 소장이 시신을 매장한 후 인도 청구를 하는 사람이 없으면 언제부터 화장이나 합장을 할 수 있는가?

① 1년　　　　　　　　　　　　　　② 2년

③ 3년　　　　　　　　　　　　　　④ 5년

> **TIP** ② 소장은 시신을 임시로 매장한 후 2년이 지나도 인도를 청구하는 사람이 없으면 합장하거나 화장할 수 있다(법 제128조 제3항).

**70** 정당한 사유없이 천재지변이나 그 밖의 재해가 발생으로 일시석방 후 24시간 이내에 교정시설 또는 경찰관서에 출석하지 아니하는 행위를 어긴 자에 대한 처벌은?

① 1년 이하의 징역

② 2년 이하의 징역

③ 30일 이내의 금치

④ 5년 이하의 징역

> **TIP** ※ 법 제134조(출석의무 위반 등)
> 다음 각 호의 어느 하나에 해당하는 행위를 한 수용자는 1년 이하의 징역에 처한다.
> 1. 정당한 사유 없이 제102조 제4항을 위반하여 일시석방 후 24시간 이내에 교정시설 또는 경찰관서에 출석하지 아니하는 행위
> 2. 귀휴ㆍ외부통근, 그 밖의 사유로 소장의 허가를 받아 교도관의 계호 없이 교정시설 밖으로 나간 후에 정당한 사유 없이 기한까지 돌아오지 아니하는 행위

**Answer** 69.② 70.①

# 04 사회적 처우

## ❶ 사회적 처우의 의의

### (1) 의의

시설내 처우의 엄격한 자유구속의 정도를 완화하여 일반사회와 접근시키고 수형자를 사회와 교류하게 하여 출소 후에 사회적응을 용이하게 하기 위한 처우체계를 의미한다. 사회적 처우(개방처우)는 수형자에 대한 신뢰를 근거로 하여 수형자의 자율에 따라 건전한 사회인으로 복귀시키는데 중점을 둔다.

### (2) 형사정책적 의의

① 형벌의 인도화에 공헌한다.

② 적극적인 사회적응력 향상을 통한 사회복귀를 증진시킨다.

### (3) 사회적 처우의 근거

수형자는 교화 또는 건전한 사회복귀를 위하여 교정시설 밖의 적당한 장소에서 봉사활동 · 견학, 그 밖에 사회적응에 필요한 처우를 받을 수 있다(형집행법 제57조 제1항).

## ❷ 개방처우

### (1) 의의

사회와 단절된 시설 내의 폐쇄처우에 대응하는 상대적 개념으로 전통적 폐쇄시설에서의 폐쇄적 처우의 폐해를 제거하여 그 생활조건을 일반 사회생활에 접근시킴으로써 수형자의 재사회화 내지 개선효과를 얻고자 하는 처우방법을 의미한다.

## (2) 장·단점

| 장점 | 단점 |
|---|---|
| • 사회적응력 향상<br>• 신체적·정신적 건강에 도움<br>• 교정신뢰도의 제고에 따른 갱생의욕 고취<br>• 가족·친지 등과의 유대지속<br>• 행형비용절감 | • 개방처우 운영상 시설문제<br>• 개방처우 운영상 경비문제<br>• 개방처우 운영상 적절한 프로그램과 관리요원 부족문제 |

## (3) 형태

사회적 처우의 형태는 개방시설, 귀휴제도, 외부통근제도, 교정참여제도, 사회견학, 사회봉사 및 자신이 신봉하는 종교행사 참석, 연극, 영화, 그 밖의 문화공연 관람, 주말구금제도, 가족 만남의 집 행사 등이 있다.

① 개방시설 : 개방시설은 사회적응을 위한 수용생활이 필요한 자 등을 수용하며 사회복귀를 위한 자기계발을 확대하고 사회와 유사한 수용생활 처우를 중점으로 실시하는 곳이다. 구금시설 자체의 폐쇄적인 보안기능을 개방화시키는 것으로 각국의 교정처우에 도입이 적극 요청되고 있다.

　㉠ 완전개방시설 : 도주에 대한 경비수단이 없이 수형자 자율에 맡기는 것을 말한다.

　㉡ 반개방시설 : 도주방지를 위한 수단이 어느 정도까지 완화 또는 제거된 시설을 말한다.

　㉢ 우리나라 : 1988년 천안 교도소를 개방교도소로 처음 실시하였다.

② 외부통근제 : 교정시설에 수용된 수형자 중 행형성적이 양호한 수형자를 교도관의 감시 없이 주간에는 교정시설 이외의 사업장 등에서 사회일반인과 같이 근무하게 하고, 야간에는 교정시설 내에서 생활하게 하는 제도이다.

　㉠ 유형

　• 사법형(미국) : 법원이 유죄확정자에게 형의 일종으로 선고하는 것으로서 주로 단기수형자를 대상으로 한다.

　• 행정형(유럽) : 교도소 등 행정기관에서 수형자의 사회복귀준비 차원에서 실시하는 것으로서 주로 장기수형자를 대상으로 한다.

　• 혼합형 : 형벌의 일종으로 법원에서 통근형을 선고하고 교도소가 가석방위원회 등의 허가를 얻어 외부통근 실시, 미국의 위스콘신주와 노스캐롤라이나주에서 시행

　㉡ 우리나라 : 1984년 6월 수원교도소에서 직업훈련의 일환으로 시행한 바 있고 천안과 군산 개방교도소, 청주 여자교도소 등 90년대 이후 점차 확대 실시되고 있다.

　㉢ 문제점

　• 교도소 내의 보안에 대한 비판 : 대상자 중 도주자 발생 우려

　• 시민감정의 문제 : 범죄자에 대한 시민의 보복감정 발생

　• 우리나라 적용 여부 문제 : 사회여건 등 제반준비의 미비로 여건성숙이 선결조건

③ **주말구금제도** : 주말구금제도는 형의 집행을 가정이나 직장생활에 지장이 없는 토요일과 일요일에만 실시하는 제도로 일반공휴일(국경일 등)은 제외한다.

   ㉠ 효과
- 직장과 가정생활의 원만함 도모
- 단기자유형의 폐해제거
- 경미한 범죄자에 대한 명예감정을 자각시켜 범죄적 책임을 촉구

   ㉡ 문제점
- 일반적으로 교도소에서 집행하므로 수용대상자의 생활주거지나 직장으로부터 먼 곳으로 이동해야 한다.
- 형집행의 완화경향으로 수용대상자가 형집행의 취지를 깨닫기 어렵다.
- 집행기간이 간헐적으로 되어 있어 집행절차 등이 복잡하다.

④ **외부통근제도** : 교정시설에 수용된 수형자 중 행형성적이 양호한 수형자를 교도관의 감시 없이 주간에는 교정시설 이외의 사업장 등에서 사회일반인과 같이 근무하게 하고, 야간에는 교정시설 내에서 생활하게 하는 제도를 말한다.

⑤ **귀휴제도** : 수형기간 중 일정한 조건하에 수형자로 하여금 사회로 외출케 하여 가사를 돌보게 한다든가 일정기간 사회복귀준비를 할 수 있도록 하는 제도이다.

⑥ **교정참여제도**

   ㉠ **교정자문위원회** : 교정에 관한 학식과 경험이 풍부한 외부인사들로 구성된 교정자문위원회를 통해 교정시설의 운영과 수용자 처우 등에 관한 소장의 자문을 응하기 위해 교정자문위원회를 두고 있다.

   ㉡ **교정위원** : 사회적 처우의 한 방향으로 외부민간의 인력을 교정교화활동에 참여시키는 교정위원제도가 있다. 교정위원은 수용자의 교육·교화·의료, 그 밖에 수용자의 처우를 후원하기 위하여 교정시설에 교정위원을 둘 수 있으며 교정위원은 명예직으로 하며 소장의 추천을 받아 법무부장관이 위촉하고 있다.

⑦ **외부행사 및 공연 등의 관람** : 소장은 개방처우급·완화경비처우급 수형자에 대하여 교정시설 밖에서 이루어지는 다음에 해당하는 활동을 허가할 수 있다. 다만, 처우상 특히 필요한 경우에는 일반경비처우급 수형자에게도 이를 허가할 수 있다.

   ㉠ 사회견학
   ㉡ 사회봉사
   ㉢ 자신이 신봉하는 종교행사 참석
   ㉣ 연극, 영화, 그 밖의 문화공연 관람

⑧ **가족만남의 날 행사** : 수형자 가족들이 교정시설 내 일정한 장소에서 준비해온 다과와 음식을 함께 나누면서 대화의 시간을 갖는 행사를 말한다. 가족 만남의 집은 수형자가 원만한 가족관계를 유지할 수 있도록 교종 시설에 별도로 설치한 일반주택형 건물에서 수형자와 가족들이 1박 2일간 함께 숙식하며 생활하는 건물이다.

## (4) 귀휴제도

① **정의** : 수형기간 중 일정한 조건하에 수형자로 하여금 사회로 외출케 하여 가사를 돌보게 한다든가 일정기간 사회복귀준비를 할 수 있도록 하는 제도이다.

② **귀휴**(형의 집행 및 수용자의 처우에 관한 법률 제77조)

    ㉠ 소장은 6개월 이상 형을 집행받은 수형자로서 그 형기의 3분의 1(21년 이상의 유기형 또는 무기형의 경우에는 7년)이 지나고 교정성적이 우수한 사람이 다음에 해당하면 1년 중 20일 이내의 귀휴를 허가할 수 있다.

       • 가족 또는 배우자의 직계존속이 위독한 때

       • 질병이나 사고로 외부의료시설에의 입원이 필요한 때

       • 천재지변이나 그 밖의 재해로 가족, 배우자의 직계존속 또는 수형자 본인에게 회복할 수 없는 중대한 재산상의 손해가 발생하였거나 발생할 우려가 있는 때

       • 그 밖에 교화 또는 건전한 사회복귀를 위하여 법무부령으로 정하는 사유가 있는 때

    ㉡ **특별귀휴 허가** : 소장은 다음 어느 하나에 해당하는 사유가 있는 수형자에 대하여는 5일 이내의 특별귀휴를 허가할 수 있다.

       • 가족 또는 배우자의 직계존속이 사망한 때

       • 직계비속의 혼례가 있는 때

    ㉢ 소장은 귀휴를 허가하는 경우에 법무부령으로 정하는 바에 따라 거소의 제한이나 그 밖에 필요한 조건을 붙일 수 있다.

    ㉣ 귀휴기간은 형 집행기간에 포함한다.

③ **귀휴 허가**(형의 집행 및 수용자의 처우에 관한 법률 시행규칙 제129조)

    ㉠ 소장은 귀휴를 허가하는 경우에는 귀휴심사위원회의 심사를 거쳐야 한다.

    ㉡ 소장은 개방처우급 · 완화경비처우급 수형자에게 귀휴를 허가할 수 있다. 다만, 교화 또는 사회복귀 준비 등을 위하여 특히 필요한 경우에는 일반경비처우급 수형자에게도 이를 허가할 수 있다.

    ㉢ 귀휴사유

    ㉣ 직계존속, 배우자, 배우자의 직계존속 또는 본인의 회갑일이나 고희일인 때

    ㉤ 본인 또는 형제자매의 혼례가 있는 때

    ㉥ 직계비속이 입대하거나 해외유학을 위하여 출국하게 된 때

    ㉦ 직업훈련을 위하여 필요한 때

    ㉧ 「숙련기술장려법」 제20조 제2항에 따른 국내기능경기대회의 준비 및 참가를 위하여 필요한 때

    ㉨ 출소 전 취업 또는 창업 등 사회복귀 준비를 위하여 필요한 때

    ㉩ 입학식 · 졸업식 또는 시상식에 참석하기 위하여 필요한 때

    ㉪ 출석수업을 위하여 필요한 때

    ㉫ 각종 시험에 응시하기 위하여 필요한 때

    ㉬ 그 밖에 가족과의 유대강화 또는 사회적응능력 향상을 위하여 특히 필요한 때

④ 형기기준 등
　㉠ 형기를 계산할 때 부정기형은 단기를 기준으로 하고, 2개 이상의 징역 또는 금고의 형을 선고받은 수형자의 경우에는 그 형기를 합산한다.
　㉡ "1년 중 20일 이내의 귀휴" 중 "1년"이란 매년 1월 1일부터 12월 31일까지를 말한다.

⑤ 귀휴조건 : 귀휴를 허가하는 경우 붙일 수 있는 귀휴조건은 다음과 같다.
　㉠ 귀휴지 외의 지역 여행 금지
　㉡ 유흥업소, 도박장, 성매매업소 등 건전한 풍속을 해치거나 재범 우려가 있는 장소 출입 금지
　㉢ 피해자 또는 공범·동종범죄자 등과의 접촉금지
　㉣ 귀휴지에서 매일 1회 이상 소장에게 전화보고
　㉤ 그 밖에 귀휴 중 탈선 방지 또는 귀휴 목적 달성을 위하여 필요한 사항

⑥ 귀휴의 취소(형의 집행 및 수용자의 처우에 관한 법률 제78조) : 소장은 귀휴 중인 수형자가 다음에 해당하면 그 귀휴를 취소할 수 있다.
　㉠ 귀휴의 허가사유가 존재하지 아니함이 밝혀진 때
　㉡ 거소의 제한이나 그 밖에 귀휴허가에 붙인 조건을 위반한 때

⑦ 귀휴자에 대한 조치
　㉠ 소장은 2일 이상의 귀휴를 허가한 경우에는 귀휴를 허가받은 사람의 귀휴지를 관할하는 경찰관서의 장에게 그 사실을 통보하여야 한다.
　㉡ 귀휴자는 귀휴 중 천재지변이나 그 밖의 사유로 자신의 신상에 중대한 사고가 발생한 경우에는 가까운 교정시설이나 경찰관서에 신고하여야 하고 필요한 보호를 요청할 수 있다.
　㉢ ㉡의 보호 요청을 받은 교정시설이나 경찰관서의 장은 귀휴를 허가한 소장에게 그 사실을 지체 없이 통보하고 적절한 보호조치를 하여야 한다.

⑧ 동행귀휴 등 : 소장은 수형자에게 귀휴를 허가한 경우 필요하다고 인정하면 교도관을 동행시킬 수 있으며 귀휴자의 가족 또는 보호관계에 있는 사람으로부터 보호서약서를 제출받아야 한다.

⑨ 귀휴비용 등 : 휴자의 여비와 귀휴 중 착용할 복장은 본인이 부담을 원칙으로 하며, 소장은 귀휴자가 신청할 경우 작업장려금의 전부 또는 일부를 귀휴비용으로 사용하게 할 수 있다.

⑩ 귀휴심사위원회
　㉠ 설치 : 수형자의 귀휴허가에 관한 심사를 하기 위하여 교정시설에 귀휴심사위원회를 둔다.
　㉡ 구성 : 위원회는 위원장을 포함한 6명 이상 8명 이하의 위원으로 구성한다. 위원장은 소장이 되며, 위원은 소장이 소속기관의 부소장·과장(지소의 경우에는 7급 이상의 교도관) 및 교정에 관한 학식과 경험이 풍부한 외부인사 중에서 임명 또는 위촉한다. 이 경우 외부위원은 2명 이상으로 한다.

ⓒ **회의의 개최 및 의결** : 위원회의 회의는 위원장이 수형자에게 귀휴사유가 발생하여 귀휴심사가 필요하다고 인정하는 때에 개최한다. 위원회의 회의는 재적위원 과반수의 출석으로 개의하고, 출석위원 과반수의 찬성으로 의결한다.

ⓔ **심사사항** : 귀휴심사위원회는 귀휴심사대상자에 대하여 다음의 사항을 심사하여야 한다.

| 구분 | 심사사항 |
|------|----------|
| 수용관계 | • 건강상태<br>• 징벌유무 등 수용생활 태도<br>• 작업 · 교육의 근면 · 성실 정도<br>• 작업장려금 및 보관금<br>• 사회적 처우의 시행 현황<br>• 공범 · 동종범죄자 또는 심사대상자가 속한 범죄단체 구성원과의 교류 정도 |
| 범죄관계 | • 범행 시의 나이<br>• 범죄의 성질 및 동기<br>• 공범관계<br>• 피해의 회복 여부 및 피해자의 감정<br>• 피해자에 대한 보복범죄의 가능성<br>• 범죄에 대한 사회의 감정 |
| 환경관계 | • 가족 또는 보호자<br>• 가족과의 결속 정도<br>• 보호자의 생활상태<br>• 접견 · 전화통화의 내용 및 횟수<br>• 귀휴예정지 및 교통 · 통신 관계<br>• 공범 · 동종범죄자 또는 심사대상자가 속한 범죄단체의 활동상태 및 이와 연계한 재범 가능성 |

ⓜ **심사의 특례** : 소장은 토요일, 공휴일, 그 밖에 위원회의 소집이 매우 곤란한 때에 가족 또는 배우자의 직계존속이 사망하거나 직계비속의 혼례가 있는 경우에는 귀휴심사위원회의 심사를 거치지 아니하고 귀휴를 허가할 수 있다. 다만, 이 경우 다음에 해당하는 부서의 장의 의견을 들어야 한다.

• 수용관리를 담당하고 있는 부서
• 귀휴업무를 담당하고 있는 부서

(5) 가족 만남의 날 행사

① 소장은 개방처우급·완화경비처우급 수형자에 대하여 가족 만남의 날 행사에 참여하게 하거나 가족 만남의 집을 이용하게 할 수 있다. 이 경우 접견 허용횟수에는 포함되지 아니한다.

| 구분 | 내용 |
|------|------|
| 가족 만남의 날 행사 | 수형자와 그 가족이 교정시설의 일정한 장소에서 다과와 음식을 함께 나누면서 대화의 시간을 갖는 행사 |
| 가족 만남의 집 | 수형자와 그 가족이 숙식을 함께 할 수 있도록 교정시설에 수용동과 별도로 설치된 일반주택 형태의 건축물 |

② 소장은 가족이 없는 수형자에 대하여는 결연을 맺었거나 그 밖에 가족에 준하는 사람으로 하여금 그 가족을 대신하게 할 수 있다.

③ 소장은 교화를 위하여 특히 필요한 경우에는 일반경비처우급 수형자에 대하여도 가족 만남의 날 행사 참여 또는 가족 만남의 집 이용을 허가할 수 있다.

(6) 외부통근작업(형의 집행 및 수용자의 처우에 관한 법률 시행규칙 제1절)

① **외부통근의 의의** : 행형 성적이 우수한 수형자 가운데 석방 전 구금시설 외부에 있는 곳에서 계호 없이 사회의 직장으로 통근하도록 하는 제도를 말한다.

② **외부통근 선정기준**
  ㉠ 18세 이상 65세 미만일 것
  ㉡ 해당 작업 수행에 건강상 장애가 없을 것
  ㉢ 개방처우급·완화경비처우급에 해당할 것
  ㉣ 가족·친지 또는 교정위원 등과 접견·편지수수·전화통화 등으로 연락하고 있을 것
  ㉤ 집행할 형기가 7년 미만이고 가석방이 제한되지 아니할 것

③ **선정 취소** : 소장은 외부통근자가 법령에 위반되는 행위를 하거나 법무부장관 또는 소장이 정하는 준수사항을 위반한 경우에는 외부통근자 선정을 취소할 수 있다.

④ **외부통근자 교육** : 소장은 외부통근자로 선정된 수형자에 대하여는 자치활동·행동수칙·안전수칙·작업기술 및 현장적응훈련에 대한 교육을 하여야 한다.

⑤ **외부통근자의 자치활동** : 소장은 외부통근자의 사회적응능력을 기르고 원활한 사회복귀를 촉진하기 위하여 필요하다고 인정하는 경우에는 수형자 자치에 의한 활동을 허가할 수 있다.

# 출제 예상 문제

**1** 개방처우와 거리가 먼 것은?

① 민영교도소제  ② 귀휴제도

③ 사회견학  ④ 외부통근제

> **TIP** 개방처우의 형태에는 개방시설(교도소), 외부통근제, 귀휴제, 접견, 사회견학 및 사회봉사 등이 있다.
> ① 민영교도소는 시설 내 처우이다.

**2** 개방처우의 장점이 아닌 것은?

① 신체적 · 정신적 건강에 유리하다.

② 행형의 경비를 줄여준다.

③ 국민정서에 부합된다.

④ 단기자유형의 폐해를 일부 해소할 수 있다.

> **TIP** ③ 개방처우는 수형자의 생활조건을 일반 사회생활에 접근시키므로 국민의 응보감정에 부합하지 않는다.

**3** 주말구금에 대한 다음 설명 중 옳지 않은 것은?

① 주말구금의 기원은 1943년 독일 소년법원법에서 찾을 수 있다.

② 주말구금은 장기자유형자에게 적용된다.

③ 도주우려의 단점이 있다.

④ 단기자유형의 폐해도 방지할 수 있다.

> **TIP** ② 주말구금제는 비교적 경미한 범죄를 저지른 자를 대상으로 한다.

**Answer** 1.① 2.③ 3.②

**4** 주말구금을 처음 실시한 곳은?

① 영국

② 독일

③ 미국

④ 일본

> **TIP** ② 주말구금제도란 형의 집행을 가정이나 직장생활을 하는 데 지장이 없는 토요일과 일요일인 주말에 실시하는 제도로 매 주말마다 형이 집행되는 형의 분할집행밥법을 말한다. 주말구금은 1943년 독일의 소년법원법에서 소년구금의 형태로 휴일구금을 인정한 데서 유래한다.

**5** 우리나라에서 시행하고 있지 않은 제도는?

① 주말구금제도

② 외부통근제도

③ 가족 만남의 날 제도

④ 수형자자치제도

> **TIP** ① 주말구금은 실시하고 있지 않다.
> ② 사회복귀와 기술습득을 촉진하기 위하여 외부기업 등에 통근하는 수형자를 말하며 우리나라는 행정형 외부통근제를 채택하여 1984년부터 시행하고 있다.
> ③ 소장은 개방처우급·완화경비처우급 수형자에 대하여 가족 만남의 날 행사에 참여하게 하거나 가족 만남의 집을 이용하게 할 수 있다(동법 시행규칙 제89조).
> ④ 소장은 개방처우급·완화경비처우급 수형자에게 자치생활을 허가할 수 있다(동법 시행규칙 제86조 제1항).

**6** 귀휴자에 대한 조치로 옳지 않은 것은?

① 소장은 2일 이상의 귀휴를 허가한 경우에는 귀휴를 허가받은 사람의 귀휴지를 관할하는 경찰관서의 장에게 그 사실을 통보하여야 한다.

② 귀휴자는 귀휴 중 천재지변이나 그 밖의 사유로 자신의 신상에 중대한 사고가 발생한 경우에는 가까운 교정시설이나 경찰관서에 신고하여야 하고 필요한 보호를 요청할 수 있다.

③ 보호 요청을 받은 교정시설이나 경찰관서의 장은 귀휴를 허가한 법무부장관에게 그 사실을 지체 없이 통보하고 적절한 보호조치를 하여야 한다.

④ 귀휴시 유흥업소, 도박장, 성매매업소 등 건전한 풍속을 해치거나 재범 우려가 있는 장소 출입금지 조건을 붙일 수 있다.

> **TIP** ③ 보호 요청을 받은 교정시설이나 경찰관서의 장은 귀휴를 허가한 소장에게 그 사실을 지체 없이 통보하고 적절한 보호조치를 하여야 한다(시행령 제97조(귀휴자에 대한 조치) 제3항).
> ④ 시행규칙 제140조(귀휴조건)

**Answer** 4.② 5.① 6.③

**7** 다음 중 수형자 귀휴의 허가권자는?

① 귀휴심사위원회
② 교도소장
③ 법무부장관
④ 가석방심사위원회

**TIP** ② 귀휴는 귀휴심사위원회의 심의를 거쳐 교도소장의 허가로 시행한다(시행규칙 제129조).

**8** 귀휴 허가 사유가 아닌 것은?

① 직계비속이 해외유학을 위하여 출국하게 된 때
② 금고 이상의 실형을 선고받은 때
③ 수형자 본인의 질병이나 사고로 외부의료시설에의 입원이 필요한 때
④ 천재지변으로 수형자 본인에게 회복할 수 없는 중대한 재산상의 손해가 발생할 우려가 있는 때

**TIP** ②는 해당되지 않는다.
※ 귀휴(법 제77조) … 소장은 6개월 이상 형을 집행받은 수형자로서 그 형기의 3분의 1(21년 이상의 유기형 또는 무기형의 경우에는 7년)이 지나고 교정성적이 우수한 사람이 다음 각 호의 어느 하나에 해당하면 1년 중 20일 이내의 귀휴를 허가할 수 있다.
1. 가족 또는 배우자의 직계존속이 위독한 때
2. 질병이나 사고로 외부의료시설에의 입원이 필요한 때
3. 천재지변이나 그 밖의 재해로 가족, 배우자의 직계존속 또는 수형자 본인에게 회복할 수 없는 중대한 재산상의 손해가 발생하였거나 발생할 우려가 있는 때
4. 그 밖에 교화 또는 건전한 사회복귀를 위하여 법무부령으로 정하는 사유가 있는 때
  • 직계존속, 배우자, 배우자의 직계존속 또는 본인의 회갑일이나 고희일인 때
  • 본인 또는 형제자매의 혼례가 있는 때
  • 직계비속이 입대하거나 해외유학을 위하여 출국하게 된 때
  • 직업훈련을 위하여 필요한 때
  • 「숙련기술장려법」 제20조제2항에 따른 국내기능경기대회의 준비 및 참가를 위하여 필요한 때
  • 출소 전 취업 또는 창업 등 사회복귀 준비를 위하여 필요한 때
  • 입학식·졸업식 또는 시상식에 참석하기 위하여 필요한 때
  • 출석수업을 위하여 필요한 때
  • 각종 시험에 응시하기 위하여 필요한 때
  • 그 밖에 가족과의 유대강화 또는 사회적응능력 향상을 위하여 특히 필요한 때

**Answer** 7.② 8.②

**9** 다음 중 특별귀휴에 대한 내용으로 옳은 것은?

① 배우자의 직계존속이 사망한 경우도 가능하다.

② 10일 이내이며 형집행기간에 산입한다.

③ 귀휴의 형식적 요건에 해당되어야 한다.

④ 행형성적이 우수한 수형자만 신청할 수 있다.

> **TIP** ① 가족 또는 배우자의 직계존속이 사망한 때에는 5일 이내의 특별귀휴를 허가할 수 있다.
> ② 5일 이내이다.
> ③④ 형식적 요건, 행형성적의 우수 여부는 불문한다.
> ※ 특별귀휴사유(법 제77조 제2항)
>   다음에 해당하는 사유가 있는 수형자에 대하여는 귀휴요건에도 불구하고 5일 이내의 특별귀휴를 허가할 수 있다.
>   1. 가족 또는 배우자의 직계존속이 사망한 때
>   2. 직계비속의 혼례가 있는 때

**10** 가족 만남의 날 행사에 대한 설명으로 틀린 것은?

① 소장은 개방처우급 수형자에 대하여 가족 만남의 날 행사에 참여하게 하게 할 수 있다.

② 소장은 완화경비처우급 수형자에 대하여 가족 만남의 집을 이용하게 할 수 있다.

③ 소장은 교화를 위하여 특히 필요한 경우에는 일반경비처우급 수형자에 대하여도 가족 만남의 날 행사 참여를 허가할 수 있다.

④ 가족 만남의 집을 이용하는 것은 접견 허용횟수에는 포함된다.

> **TIP** 가족 만남의 날 행사(시행규칙 제89조)
>   ① 소장은 개방처우급·완화경비처우급 수형자에 대하여 가족 만남의 날 행사에 참여하게 하거나 가족 만남의 집을 이용하게 할 수 있다. 이 경우 제87조의 접견 허용횟수에는 포함되지 아니한다.
>   ② 제1항의 경우 소장은 가족이 없는 수형자에 대하여는 결연을 맺었거나 그 밖에 가족에 준하는 사람으로 하여금 그 가족을 대신하게 할 수 있다.
>   ③ 소장은 제1항에도 불구하고 교화를 위하여 특히 필요한 경우에는 일반경비처우급 수형자에 대하여도 가족 만남의 날 행사 참여 또는 가족 만남의 집 이용을 허가할 수 있다.
>   ④ 제1항 및 제3항에서 "가족 만남의 날 행사"란 수형자와 그 가족이 교정시설의 일정한 장소에서 다과와 음식을 함께 나누면서 대화의 시간을 갖는 행사를 말하며, "가족 만남의 집"이란 수형자와 그 가족이 숙식을 함께 할 수 있도록 교정시설에 수용동과 별도로 설치된 일반주택 형태의 건축물을 말한다.

**11** 사회적 처우로 개방처우급·완화경비처우급 수형자에 대하여 교정시설 밖에서 이루어지는 활동 중 허가되지 않는 것은?

① 사회견학
② 영화 관람
③ 종교행사 참석
④ 교육수업 수강

> **TIP** 사회적 처우(시행규칙 제92조)
> ① 소장은 개방처우급·완화경비처우급 수형자에 대하여 교정시설 밖에서 이루어지는 다음 각 호에 해당하는 활동을 허가할 수 있다. 다만, 처우상 특히 필요한 경우에는 일반경비처우급 수형자에게도 이를 허가할 수 있다.
> 1. 사회견학
> 2. 사회봉사
> 3. 자신이 신봉하는 종교행사 참석
> 4. 연극, 영화, 그 밖의 문화공연 관람

**12** 외부기업체에 통근하여 작업할 수 있는 수형자 선정기준에 해당하지 않는 것은?

① 18세 이상 65세 미만일 것
② 해당 작업 수행에 건강상 장애가 없을 것
③ 완화경비처우급에 해당할 것
④ 집행할 형기가 10년 미만일 것

> **TIP** 선정기준(시행규칙 제120조) : 외부기업체에 통근하며 작업하는 수형자는 다음 각 호의 요건을 갖춘 수형자 중에서 선정한다.
> 1. 18세 이상 65세 미만일 것
> 2. 해당 작업 수행에 건강상 장애가 없을 것
> 3. 개방처우급·완화경비처우급에 해당할 것
> 4. 가족·친지 또는 법 제130조의 교정위원 등과 접견·편지수수·전화통화 등으로 연락하고 있을 것
> 5. 집행할 형기가 7년 미만이고 가석방이 제한되지 아니할 것

**Answer** 11.④ 12.④

**13** 외부통근작업에 대한 설명으로 옳은 것은?

① 소장은 작업 부과 또는 교화를 위하여 특히 필요하다고 인정되어도 선정기준에 해당하는 수형자 외의 수형자는 외부통근자로 선정할 수 없다.

② 소장은 외부통근자의 사회적응능력을 기르고 원활한 사회복귀를 촉진하기 위하여 필요하다고 인정하는 경우에는 수형자 자치에 의한 활동을 허가할 수 있다.

③ 소장이 정하는 지켜야 할 사항을 1회 위반한 경우 외부통근자 선정을 취소할 수 없다.

④ 일반경비처우급에 해당하는 수형자 중에서 선정한다.

> **TIP** ② 시행규칙 제123조
> ① 소장은 제1항 및 제2항에도 불구하고 작업 부과 또는 교화를 위하여 특히 필요하다고 인정하는 경우에는 제1항 및 제2항의 수형자 외의 수형자에 대하여도 외부통근자로 선정할 수 있다(시행규칙 제120조 제3항)
> ③ 소장은 외부통근자가 법령에 위반되는 행위를 하거나 법무부장관 또는 소장이 정하는 지켜야 할 사항을 위반한 경우에는 외부통근자 선정을 취소할 수 있다(시행규칙 제121조).
> ④ 개방처우급 · 완화경비처우급에 해당해야한다(시행규칙 제120조)

**14** 교정시설 안에 설치된 외부기업체의 작업장에 통근하며 작업하는 수형자의 선정기준은?

① 집행할 형기가 7년 미만일 것

② 가석방이 제한되지 아니할 것

③ 개방처우급 · 완화경비처우급에 해당할 것

④ 형기기산일부터 10년 이상이 지난 수형자

> **TIP** ④ 교정시설 안에 설치된 외부기업체의 작업장에 통근하며 작업하는 수형자는 제1호부터 제4호까지의 요건(제3호의 요건의 경우에는 일반경비처우급에 해당하는 수형자도 포함한다)을 갖춘 수형자로서 집행할 형기가 10년 미만이거나 형기기산일부터 10년 이상이 지난 수형자 중에서 선정한다.
> 1. 18세 이상 65세 미만일 것
> 2. 해당 작업 수행에 건강상 장애가 없을 것
> 3. 개방처우급 · 완화경비처우급에 해당할 것
> 4. 가족 · 친지 또는 법 제130조의 교정위원 등과 접견 · 편지수수 · 전화통화 등으로 연락하고 있을 것

**Answer** 13.② 14.④

**15** 다음 중 사회적 처우가 아닌 것은?

① 귀휴

② 외부통근

③ 가족 만남의 날

④ 가석방

**TIP** ④ 가석방은 사회 내 처우이다.

※ 사회적 처우와 사회 내 처우

| 구분 | 종류 |
|------|------|
| 사회적 처우 | 개방교도소, 외부통근제, 귀휴제, 가족만남의 날, 주말구금 |
| 사회 내 처우 | 중간처우의 집, 석방전 지도센터, 보호관찰, 가석방 |

# 05 사회 내 처우

## 01 지역사회교정

### ❶ 지역사회교정의 의의와 정당성

#### (1) 의의

지역사회교정(사회 내 처우)이란 지역사회와 범죄자의 상호의미 있는 유대라는 개념을 바탕으로 지역사회에서 행해지는 보호관찰 등과 같은 활동을 통해 비시설 내에서 이루어지는 교정처우를 말한다.

#### (2) 지역사회교정의 정당성

① 지역사회교정은 교도소에 비하여 훨씬 인도적이다.

② 지역사회교정은 범죄자가 지역사회에 통합되어 준법적 시민으로서 변화할 수 있게 해준다.

③ 지역사회교정은 상당수 범죄자를 교도소에 수용하지 않고도 처우할 수 있기 때문에 과밀 수용을 해소할 수 있고 그만큼 수용관리도 쉬워지며 교정경비도 절감된다.

④ 범죄 성격에 따라 개인에 필요한 적절한 처우가 제공된다.

#### (3) 지역사회교정의 형태

① **전환**(Diversion) : 범죄자를 공식적인 형사사법절차와 과정으로부터 비공식적인 절차와 과정으로 대체하는 것으로 지역사회교정은 최소한 이러한 전환을 전제로 한다. 경찰의 훈방조치나 통고처분 등이 여기에 해당한다.

② **옹호**(Advocacy) : 범죄자의 변화보다는 사회의 변화필요성을 더 강조하는 것으로 범죄자를 위해서 필요한 시설은 새로 설치하고 부족한 자원은 보충하는 것을 말한다.

③ **재통합**(Reintegration) : 범죄자와 사회의 공동변화를 추구하는 것으로 범죄자를 위하여 적절한 지역사회의 교정프로그램을 범죄자와 연결시켜 주는 것으로 중간처우소(halfway house)나 집단가정(group home)이 대표적이다.

**(4) 지역사회 교정의 장단점**

| 장점 | 단점 |
| --- | --- |
| • 구금의 범죄배양효과 내지 낙인효과의 회피 및 사회와의 단절에 따른 문제점 해소<br>• Diversion으로 활용 가능<br>• 재정 절감 | • 지역이기주의와의 갈등<br>• 어쩔 수 없이 시설내 처우에 남겨지는 자에게 더 큰 낙인을 찍는 결과 발생 |

# 02 사회 내 처우

## ❶ 사회 내 처우의 개요

**(1) 사회 내 처우의 의의**

범죄인이나 비행소년을 수용시설에서 교정하는 대신, 사회 내에서 자율적인 생활을 영위케 하면서 처우하는 것을 말하는데 범죄인의 개별처우 실현을 위한 처우방법의 하나로 이를 비시설적 처우, 보호적 처우라고도 한다.

**(2) 종류**

중간처우, 보호관찰제도, 사회봉사명령제도, 수강명령제도, 가석방제도, 갱생보호제도 등이 있다.

## ❷ 사회 내 처우의 여러 가지 제도

**(1) 중간처우**

① **의의** : 출소를 앞둔 모범수형자들이 지역사회 기업체의 생활관에 거주하고 출·퇴근하며 교도관의 감독 아래 대인관계 회복 프로그램과 멘토링 등 사회적응을 위한 교육교화 프로그램을 말한다. 시설내 처우와 사회 내 처우의 적절한 조화를 바탕으로 시설내 처우의 사회화를 구현할 수 있는 특징을 갖는다.

② 미국의 중간교도소제

　　㉠ **중간처우소**(Half House) : 구금시설과 자유시설의 중간형태로 보호관찰 대상자에게는 교도소의 역할을, 가석방 대상자에 대해서는 사회 내 처우시설의 기능을 하였다.

　　㉡ **사회 내 처우센터** : 역할은 중간처우소와 비슷하나 주로 청소년 수형자를 대상으로 하였다.

　　㉢ **엠마우스 하우스**(Emmaus House) : 주거식 소규모 처우시설이다. 범죄자 출신인 여성들을 위한 시설로 기독교 정신에 입각한 가족적 분위기 속의 처우가 특징이다.

　　㉣ **개방센터**(Option Center) : 비주거식 소극적 처우시설이다. 취업알선 위주로 운영되는 직업소개적 성격의 시설로 남녀범죄자를 대상으로 한다.

　　㉤ **사회복귀 프로젝트**(Project Rehabilitation) : 종합적 처우시설로 마약, 알코올 및 정신건강에 문제가 있는 범죄인을 위한 종합 치료서비스를 제공하는 시설이다.

## (2) 사회봉사명령제도

① **의의** : 사회봉사명령이란 유죄가 인정된 범죄자에 대하여 교도소등에 구금하는 대신 정상적인 생활을 하면서 일정시간 무보수로 사회에 유익한 근로를 하도록 명하는 제도로 사회 내 처우의 한 방법이다.

② **이념**

　　㉠ 범죄인의 처벌

　　㉡ 사회에 대한 배상

　　㉢ 범죄행위에 대한 속죄

　　㉣ 사회복귀

③ **법적 근거** : 보호관찰 등에 관한 법률, 소년법, 형법

④ **사회봉사기간** : 법원은 「형법」에 따른 사회봉사를 명할 때에는 500시간의 범위에서 그 기간을 정하여야 한다. 다만, 다른 법률에 특별한 규정이 있는 경우에는 그 법률에서 정하는 바에 따른다.

## (3) 수강명령제도

① **의의** : 비교적 비행성이 약한 범죄인에 대하여 일정기간 수강센터에 참석하여 강의·훈련 또는 상담 등을 통한 교육·교화를 위한 처분을 명하는 사회 내 처분의 한 종류이다.

② **우리나라의 수강명령제도**

　　㉠ **법적 근거** : 보호관찰 등에 관한 법률, 소년법, 형법

　　㉡ **내용** : 심성개발훈련, 인간관계 및 성교육, 약물남용폐해교육

　　㉢ **수강시간**

　　　• 소년 : 소년법상 수강명령은 100시간을 초과할 수 없으며, 보호관찰관이 그 명령을 집행할 때에는 사건 본인의 정상적인 생활을 방해하지 아니하도록 하여야 한다.

　　　• 성인 : 법원은 성인범죄자에 의하여 수강을 명할 때에는 200시간의 범위 내에서 그 기간을 정하여야 한다.

## (4) 갱생보호

① **갱생보호의 의의** : 갱생보호란 법적인 구금 상태에서 풀려나온 출소자의 건전한 사회 복귀를 위하여 사회에서 보호활동을 말한다. 출소자들은 사회적 단절로 인하여 경제적 빈궁 상태에 빠지기 쉽기 때문에 또다시 범죄로 연결될 가능성이 높다. 따라서 출소자들의 사회재적응을 도와줌으로써 범죄의 위협으로부터 사회를 보호함과 동시에 출소자도 사회적 보호의 울타리로 넣을 수 있는 활동이다.

② **갱생보호의 종류**

| 구분 | 내용 |
|---|---|
| 사후보호 | 형기가 만료된 출소자를 본의 신청이나 동의에 따라 지원을 하는 제도를 말한다. |
| 보호관찰부 가석방 | 자유형 등으로 교종시설 내부에서 교정처우를 받고 있는 자에 대하여 형기가 만료되기 전에 가석방 또는 임시퇴원 등으로 출소시켜 사회 내에서 지원을 받는 것을 말한다. |
| 보호관찰부 집행유예 | 형의 선고유예를 받은 자에 대하여 유예기간 동안 원조나 감독을 받는 제도를 말한다. |

③ **법적 근거 및 책임기관** : 보호관찰 등에 관한 법률에 의거 한국법무보호복지공단이 갱생보호의 업무를 맡고 있다.

④ **갱생보호방법** : 갱생보호는 다음의 방법으로 한다.
　　㉠ 숙식 제공
　　㉡ 주거 지원
　　㉢ 창업 지원
　　㉣ 직업훈련 및 취업 지원
　　㉤ 출소예정자 사전상담
　　㉥ 갱생보호 대상자의 가족에 대한 지원
　　㉦ 심리상담 및 심리치료
　　㉧ 사후관리
　　㉨ 그 밖에 갱생보호 대상자에 대한 자립 지원

⑤ **보조금** : 국가나 지방자치단체는 사업자와 공단에 대하여 보조할 수 있다.

 보호관찰
　　형의 집행을 유예하거나 선고를 유예하는 경우 일정 조건을 붙여 일상적인 사회생활 동안 재범을 일으키지 않도록 보호관찰관의 지도와 감독을 받는 사회 내 처우를 말한다. 보호관찰은 보통 협의의 보호관찰과 함께 수강명령 및 사회봉사명령 등을 포함한 광의의 의미로 사용된다.

## (5) 가석방

① **의의** : 재판에 의하여 선고된 자유형의 집행을 받고 있는 자가 그 행장이 양호하여 개전의 정이 현저한 경우에 아직 형기만료 전이라도 일정한 시기에 이를 임시로 석방하고, 그 후의 행상에 따라 임시석방이 취소 또는 실효되지 않는 한, 형의 집행을 종료한 것과 같은 효과를 가져오게 하는 제도이다.

② 가석방의 요건

　㉠ 형법

　　• 징역 또는 금고의 집행 중에 있는 자가 그 행상이 양호하여 개전의 정이 현저한 때에는 무기에 있어서는 20년, 유기에 있어서는 형기의 $\frac{1}{3}$ 을 경과한 후 행정처분으로 가석방을 할 수 있다.

　　• 벌금 또는 과료의 병과가 있는 때에는 그 금액을 완납하여야 가석방이 가능하다.

　㉡ 소년법 : 징역 또는 금고를 선고받은 소년에 대하여는 다음의 기간이 지나면 가석방을 허가할 수 있다.

　　• 무기형의 경우에는 5년

　　• 15년 유기형의 경우에는 3년

　　• 부정기형의 경우에는 단기의 $\frac{1}{3}$

③ 가석방의 심사위원회 : 가석방의 적격 여부를 심사하기 위하여 법무부장관 소속으로 가석방심사위원회를 둔다.

　㉠ 위원회의 구성 : 위원회는 위원장을 포함한 5명 이상 9명 이하의 위원으로 구성한다. 위원장은 법무부차관이 되고, 위원은 판사, 검사, 변호사, 법무부 소속 공무원, 교정에 관한 학식과 경험이 풍부한 사람 중에서 법무부장관이 임명 또는 위촉한다.

　㉡ 가석방의 허가 : 위원회는 가석방 적격결정을 하였으면 5일 이내에 법무부장관에게 가석방 허가를 신청하여야 한다. 법무부장관은 위원회의 가석방 허가신청이 적정하다고 인정하면 허가할 수 있다.

　㉢ 사전조사 : 소장은 수형자의 가석방 적격심사신청을 위하여 다음의 사항을 사전에 조사하여야 한다. 이 경우 특히 필요하다고 인정할 때에는 수형자, 가족, 그 밖의 사람과 면담 등을 할 수 있다.

| 구분 | 내용 | |
|---|---|---|
| 신원에 관한 사항 | • 건강상태<br>• 책임감 및 협동심<br>• 노동 능력 및 의욕<br>• 작업장려금 및 작업상태 | • 정신 및 심리 상태<br>• 경력 및 교육 정도<br>• 교정성적<br>• 그 밖의 참고사항 |
| 범죄에 관한 사항 | • 범행 시의 나이<br>• 범죄횟수<br>• 범죄 후의 정황<br>• 피해 회복 여부<br>• 그 밖의 참고사항 | • 형기<br>• 범죄의 성질 · 동기 · 수단 및 내용<br>• 공범관계<br>• 범죄에 대한 사회의 감정 |

| 보호에 관한 사항 | • 동거할 친족·보호자 및 고용할 자의 성명·직장명·나이·직업·주소·생활 정도 및 수형자와의 관계<br>• 가정환경<br>• 접견 및 편지의 수신·발신 내역<br>• 가족의 수형자에 대한 태도·감정<br>• 석방 후 돌아갈 곳<br>• 석방 후의 생활계획<br>• 그 밖의 참고사항 |
| --- | --- |

④ **가석방의 적격심사**

  ⊙ **가석방 적격심사신청**: 소장은 「형법」의 가석방 요건 기간을 경과한 수형자로서 교정성적이 우수하고 뉘우치는 빛이 뚜렷하여 재범의 위험성이 없다고 인정하는 경우에는 분류처우위원회의 의결을 거쳐 가석방 적격심사신청 대상자를 선정한다. 소장은 가석방 적격심사신청에 필요하다고 인정하면 분류처우위원회에 담당교도관을 출석하게 하여 수형자의 가석방 적격심사사항에 관한 의견을 들을 수 있다.

  ⊙ **누범자에 대한 심사**: 위원회가 동일하거나 유사한 죄로 2회 이상 징역형 또는 금고형의 집행을 받은 수형자에 대하여 적격심사할 때에는 뉘우치는 정도, 노동 능력 및 의욕, 근면성, 그 밖에 정상적인 업무에 취업할 수 있는 생활계획과 보호관계에 관하여 중점적으로 심사하여야 한다.

  ⊙ **범죄동기에 대한 심사**: 위원회가 범죄의 동기에 관하여 심사할 때에는 사회의 통념 및 공익 등에 비추어 정상을 참작할 만한 사유가 있는지를 심사하여야 한다. 범죄의 동기가 군중의 암시 또는 도발, 감독관계에 의한 위협, 그 밖에 이와 유사한 사유로 인한 것일 때에는 특히 수형자의 성격 또는 환경의 변화에 유의하고 가석방 후의 환경이 가석방처분을 받은 사람에게 미칠 영향을 심사하여야 한다.

  ⊙ **사회의 감정에 대한 심사**: 범죄의 수단이 참혹 또는 교활하거나 극심한 위해(危害)를 발생시킨 경우 또는 해당 범죄로 무기형에 처해진 경우, 그 밖에 사회적 물의를 일으킨 죄를 지은 경우에 해당하는 수형자에 대하여 적격심사할 때에는 특히 그 범죄에 대한 사회의 감정에 유의하여야 한다.

  ⊙ **재산범에 대한 심사**: 재산에 관한 죄를 지은 수형자에 대하여는 특히 그 범행으로 인하여 발생한 손해의 배상 여부 또는 손해를 경감하기 위한 노력 여부를 심사하여야 한다. 수형자 외의 사람이 피해자의 손해를 배상한 경우에는 그 배상이 수형자 본인의 희망에 따른 것인지를 심사하여야 한다.

⑤ **가석방의 취소**: 가석방의 처분을 받은 자가 감시에 관한 규칙을 위배하거나, 보호관찰의 준수사항을 위반하고 그 정도가 무거운 때에는 가석방처분을 취소할 수 있다.

#### (6) 기타 사회 내 처우

성폭력 범죄자에 대한 치료명령이나 특정 범죄자에 대한 전자감시제도 등이 있다.

## (7) 중간처벌제도

① 의의 : 구금형과 보호관찰 사이에 존재하는 일련의 처벌형태로 중간처우가 사회복귀에 더욱 중점을 두는 것
이라면, 중간처벌은 제재에 더욱 중점을 두는 것이라 할 수 있다.

② 등장배경 : 1980년 이래 과밀수용의 문제와 보호관찰 대상자들의 높은 재범률에 따라 일정범죄인에 대한 새
로운 대체처벌 방안이 강구되면서 주장되었다.

③ 중간처벌의 유형

| 구분 | 내용 |
|---|---|
| 재판단계 | 벌금형, 재판전 전환 |
| 보호관찰 관련단계 | 집중감시보호관찰, 배상제도, 사회봉사명령제도 |
| 교정관련단계 | 쇼크구금, 병영식 캠프 |

ⓐ 재판전 전환(Pretrial Diversion) : 체포·기소·판결·수용이라는 통상의 형사 사법절차 과정을 벗어나
일단 사회에 먼저 복귀시켜 사회 속에서 개선·교화시키는 것을 목적으로 하는 제반조치를 의미한다.

ⓑ 가택구금(Home Detention) : 수형자를 자택에 둔 채로 자유형의 일부 또는 전부를 집행하는 것으로, 자
유형으로서의 성격이 강하다.

ⓒ 전자감시 : 범죄자가 미리 지정된 장소에 있는지 여부를 확인하기 위하여 사용되는 새로운 원격감시시스
템이다.

ⓓ 전자감시가택구금(Electionically Monitered home Confinement) : 시설수용을 대신하여 범죄자를 자신
의 집에 구금시키고 전자장비를 이용하여 범죄자를 감시하는 일종의 중간처벌적 성격을 띠고 있다.

ⓔ 집중감시보호관찰(Intensive Probation Supervision ; IPS) : 집중적인 접촉관찰과 병행하여, 대상자의
신체에 전자추적장치를 부착하여 제한구역을 이탈하면 즉시 감응장치가 작동되도록 하는 추적관찰을 말
한다.

ⓕ 보상제도와 사회봉사 : 보상제도는 범죄자로 하여금 피해자에게 범죄로 인하여 끼친 경제적인 손실을 금
전적으로 보상하게 하거나, 지역사회에 무임금으로 봉사하게 하는 상징적인 보상을 포함하는 처벌제도
이다.

ⓖ 충격구금(Shock Incarceration) : 보호관찰에 앞서 일시적인 구금의 고통이 미래 범죄행위에 대한 억지
력을 발휘할 것이라고 가정하는 처벌형태로, 이는 장기구금에 따른 폐해와 부정적 요소를 해소하거나
줄이는 대신 구금이 가질 수 있는 긍정적 측면을 강조하기 위한 것이다.

# 출제 예상 문제

**1** **전환제도(Diversion)가 안고 있는 문제 중의 하나는?**

① 경비의 과다

② 형사사법기관의 업무량 증대

③ 형사사법의 불평등 초래

④ 낙인의 감소

> **TIP** ③ 전환은 오히려 담당자에게 광범위한 재량을 부여함으로서 형사사법의 불평등을 심화시킬 우려가 있다.
>
> ※ 전환제도의 장·단점

| 구분 | 내용 |
|------|------|
| 장점 | • 범죄문제를 처리함에 있어서 보다 경제적<br>• 범죄인이 전과자로 낙인이 찍힐 가능성이 감소<br>• 행사사법기관의 전체 업무량을 감소시키고 보다 중대한 범죄사건을 처리하는 데 시성과 인력을 집중적으로 활용할 수 있게 함<br>• 대상자에게 필요 적절한 처우를 제공함으로써 보다 인도적<br>• 사소한 범죄를 저지른 사람을 통상의 형사절차에 의해 처리되어야 할 상습범이나 중대한 범죄인으로부터 분리 |
| 단점 | • 형벌의 확실성이 범죄 감소를 가져온다고 볼 때 전환은 형벌의 고통을 감소시켜 재범률의 증가를 초래<br>• 전환의 등장으로 인하여 형사사법의 대상조차 되지 않을 문제가 전환의 대상이 된다는 점으로서 이는 사회적 통제가 오히려 강화우려(형사사법망의 확대 우려)<br>• 담당자에게 광범위한 재량을 부여함으로서 형사사법의 불평등을 심화시킬 우려<br>• 사실상 유력 추정에 근거하여 당사자를 보호관찰 상태에 둠으로써 헌법상의 자유와 권리 보장에 충실치 못함<br>• 전환의 대상자가 조건을 이행하지 못하여 사법절차가 재개될 경우 더 엄한 처벌을 받을 위험이 존대<br>• 전환 기간 중 증거의 멸실로 기소 등 사법 처리가 불가능해질 가능성 존재 |

**Answer** 1.③

**2** 지역사회교정의 형태에 해당하지 않는 것은?

① 옹호                    ② 응보
③ 전환                    ④ 재통합

**TIP** ② 지역사회의 교정은 전환, 옹호, 재통합이 있다.
※ 지역사회교정의 형태

| 구분 | 내용 |
| --- | --- |
| 전환<br>(Diversion) | 범죄자를 공식적인 형사사법절차와 과정으로부터 비공식적인 절차와 과정으로 대체하는 것으로 지역사회 교정은 이러한 전환을 전제로 한다. |
| 옹호<br>(adcocacy) | 범죄자의 변화보다는 사회의 변화 필요성을 더 강조하는 것으로 범죄자를 위해 필요한 시설은 설치하고 부족한 자원은 보충하는 것이다. |
| 재통합<br>(reintergration) | 범죄자와 사회의 공동변화를 추구하는 것으로 범죄자를 위하여 적절한 지역사회의 교정프로그램을 범죄자와 연결시켜 주는 것으로 중간처우소(halfway house)나 집단가정(group home)이 대표적이다. |

**3** 전환(Diversion)제도에 관한 설명 중 옳지 않은 것은?

① 청소년 범죄자를 주요 대상으로 하는 경우가 많다.
② 선도조건부 기소유예제도는 법원단계의 전환으로 보아야 한다.
③ 형사사법망의 확대(Net widening)가 우려된다는 문제점이 있다.
④ 전환제도의 대상은 대부분 경미범죄자나 초범자이다.

**TIP** ② 기소유예는 검사의 권한이다.
※ 전환의 유형

| 구분 | 내용 |
| --- | --- |
| 경찰단계 | 범죄자를 체포할 수 있고 훈방, 사회봉사기관에 송치 등의 조치를 통하여 비공식적으로 처리할 수 있다. |
| 검찰단계 | 범죄자를 구금한 후에 검사가 기소유예처분을 할 수 있는데, 특히 피해자가 처벌보다는 손해배상을 요구할 때 형량을 감경하는 조건으로 범죄자가 피해자에게 보상하도록 조정하는 대안적 분쟁해결의 방식이 인정되고 있다. |
| 법원단계 | 법관은 범죄자를 지역사회처우, 교육, 상담프로그램에 전환시키는 조건으로 선고유예를 결정할 수 있고 집행유예도 선고할 수 있다. |
| 교정단계 | 보호관찰, 사회봉사명령, 전자감시제도 등 |

**4** 법원에서 내리는 처분이 아닌 것은?

① 가석방                      ② 치료감호

③ 사회봉사명령             ④ 보호관찰

> **TIP** ① 가석방은 법무부장관이 가석방심사위원회의 가석방신청이 정당하다고 인정되는 때 이를 허가하는 행정처분이다.

**5** 사회봉사명령제도에 관한 설명으로 옳지 않은 것은?

① 현행 형법상 성인범죄자에게도 사회봉사를 명할 수 있다.

② 소년법상 사회봉사명령은 400시간을 초과할 수 없다.

③ 사회봉사명령은 보호관찰관이 이를 집행한다.

④ 법원은 「형법」에 따른 사회봉사를 명할 때에는 500시간의 범위에서 그 기간을 정하여야 한다.

> **TIP** ② 소년법상 사회봉사명령은 200시간을 초과할 수 없다(소년법 제33조 제4항).
> ※ 사회봉사명령제도
> ⊙ 의의 : 사회봉사명령이란 유죄가 인정된 범죄자에 대하여 교도소 등에 구금하는 대신 정상적인 생활을 하면서 일정시간 무보수로 사회에 유익한 근로를 하도록 명하는 제도로 사회 내 처우의 한 방법이다.
> ⓒ 법적 근거 : 보호관찰 등에 관한 법률, 소년법, 형법
> ⓒ 사회봉사기간 : 법원은 「형법」에 따른 사회봉사를 명할 때에는 500시간의 범위에서 그 기간을 정하여야 한다. 다만, 다른 법률에 특별한 규정이 있는 경우에는 그 법률에서 정하는 바에 따른다.

**6** 갱생보호에 대한 설명으로 옳지 않은 것은?

① 숙식 제공은 갱생보호 대상자에게 생활관 등 갱생보호시설에서 숙소 · 음식물 및 의복 등을 제공하고 정신교육을 하는 것으로 한다.

② 갱생보호를 하는 경우에는 미리 갱생보호 대상자로 하여금 자립계획을 수립하게 할 수 있다.

③ 갱생보호를 받을 사람은 교정성적이 우수한 사람에 한하여 행한다.

④ 갱생보호대상자에게는 독서 · 훈화 · 교양집회의 개최 기타의 방법으로 그 교양을 높이도록 하여야 한다.

> **TIP** ③ 갱생보호를 받을 사람이 친족 또는 연고자 등으로부터 도움을 받을 수 없거나 이들의 도움만으로는 충분하지 아니한 경우에 한하여 행한다(보호관찰 등에 관한 법률 시행령 제40조).
> ① 보호관찰 등에 관한 법률 시행령 제41조(숙식 제공) 제1항
> ② 보호관찰 등에 관한 법률 시행령 제40조(갱생보호)
> ④ 보호관찰 등에 관한 법률 시행규칙 제59조(교양 및 여가활동)

**Answer**   4.①  5.②  6.③

**7** 가석방에 관한 사항으로 틀린 것은?

① 가석방의 적격 여부를 심사하기 위하여 법무부장관 소속으로 가석방심사위원회를 둔다.

② 위원회는 위원장을 포함한 5명 이상 9명 이하의 위원으로 구성한다.

③ 위원장은 법무부차관이 되고, 위원은 판사, 검사, 변호사, 법무부 소속 공무원, 교정에 관한 학식과 경험이 풍부한 사람 중에서 법무부장관이 임명 또는 위촉한다.

④ 수용자의 석방은 지방교정청장이 행한다.

> **TIP** ④ 수용자의 석방은 사면·형기종료 또는 권한이 있는 자의 명령에 따라 소장이 한다(법 제123조).
>
> ※ 법 제120조(위원회의 구성)
> ① 위원회는 위원장을 포함한 5명 이상 9명 이하의 위원으로 구성한다.
> ② 위원장은 법무부차관이 되고, 위원은 판사, 검사, 변호사, 법무부 소속 공무원, 교정에 관한 학식과 경험이 풍부한 사람 중에서 법무부장관이 임명 또는 위촉한다.
> ③ 위원회의 심사과정 및 심사내용의 공개범위와 공개시기는 다음 각 호와 같다. 다만, 제2호 및 제3호의 내용 중 개인의 신상을 특정할 수 있는 부분은 삭제하고 공개하되, 국민의 알권리를 충족할 필요가 있는 등의 사유가 있는 경우에는 위원회가 달리 의결할 수 있다.
> 1. 위원의 명단과 경력사항은 임명 또는 위촉한 즉시
> 2. 심의서는 해당 가석방 결정 등을 한 후부터 즉시
> 3. 회의록은 해당 가석방 결정 등을 한 후 5년이 경과한 때부터

**8** 위원회가 가석방 적격결정을 한 후 언제까지 법무부장관에게 가석방 허가 신청을 하여야 하는가?

① 1일 이내
② 2일 이내
③ 3일 이내
④ 5일 이내

> **TIP** ④ 위원회는 가석방 적격결정을 하였으면 5일 이내에 법무부장관에게 가석방 허가를 신청하여야 한다(법 제122조).

**9** 다음 ( ) 안에 알맞은 숫자는?

---

• 사면, 가석방, 형의 집행면제, 감형에 따른 석방은 그 서류가 교정시설에 도달 후 ( ㉠ )시간 이내에 행하여야 한다.

• 권한이 있는 자의 명령에 따른 석방은 서류가 도달한 후 ( ㉡ )시간 이내에 행하여야 한다.

---

|  | ㉠ | ㉡ |
|---|---|---|
| ① | 12 | 5 |
| ② | 24 | 5 |
| ③ | 5 | 12 |
| ④ | 5 | 5 |

**TIP** 법 제124조(석방시기)

① 사면, 가석방, 형의 집행면제, 감형에 따른 석방은 그 서류가 교정시설에 도달한 후 ㉠12시간 이내에 하여야 한다. 다만, 그 서류에서 석방일시를 지정하고 있으면 그 일시에 한다.

② 형기종료에 따른 석방은 형기종료일에 하여야 한다.

③ 권한이 있는 사람의 명령에 따른 석방은 서류가 도달한 후 ㉡5시간 이내에 하여야 한다.

**10** 가석방에 대한 설명으로 옳지 않은 것은?

① 소장은 수형자의 가석방 적격심사신청을 위하여 신원 · 범죄 · 보호에 관한 사항을 사전에 조사해야 한다.

② 소장은 가석방이 허가되지 아니한 수형자에 대하여 그 후에 다시 가석방 적격심사신청을 할 수 없다.

③ 위원회가 동일하거나 유사한 죄로 2회 이상 징역형 또는 금고형의 집행을 받은 수형자에 대하여 적격심사할 때에는 뉘우치는 정도, 노동 능력 및 의욕, 근면성, 그 밖에 정상적인 업무에 취업할 수 있는 생활계획과 보호관계에 관하여 중점적으로 심사하여야 한다.

④ 가석방취소자 및 가석방실효자의 남은 형기 기간은 가석방을 실시한 다음 날부터 원래 형기의 종료일까지로 하고, 남은 형기 집행 기산일은 가석방의 취소 또는 실효로 인하여 교정시설에 수용된 날부터 한다.

**TIP** ② 소장은 가석방이 허가되지 아니한 수형자에 대하여 그 후에 가석방을 허가하는 것이 적당하다고 인정하는 경우에는 다시 가석방 적격심사신청을 할 수 있다(시행규칙 제251조).

① 시행규칙 제246조(사전조사)

③ 시행규칙 제252조(누범자에 대한 심사)

④ 제263조(남은 형기의 집행) 제5항

**Answer** 9.① 10.②

# 06 특수교정과 교정민영화

## 01 특별한 보호

### ❶ 여성 및 노인 수용자 처우

(1) 여성수용자

① 여성수용자의 처우
  ㉠ 소장은 여성수용자에 대하여 여성의 신체적·심리적 특성을 고려하여 처우하여야 한다.
  ㉡ 소장은 여성수용자에 대하여 건강검진을 실시하는 경우에는 나이·건강 등을 고려하여 부인과질환에 관한 검사를 포함시켜야 한다.
  ㉢ 소장은 생리 중인 여성수용자에 대하여는 위생에 필요한 물품을 지급하여야 한다.

② 여성수용자 처우 시의 유의사항
  ㉠ 소장은 여성수용자에 대하여 상담·교육·작업 등을 실시하는 때에는 여성교도관이 담당하도록 하여야 한다. 다만, 여성교도관이 부족하거나 그 밖의 부득이한 사정이 있으면 그러하지 아니하다.
  ㉡ 남성교도관이 1인의 여성수용자에 대하여 실내에서 상담등을 하려면 투명한 창문이 설치된 장소에서 다른 여성을 입회시킨 후 실시하여야 한다.

③ 임산부인 수용자의 처우
  ㉠ 소장은 수용자가 임신 중이거나 출산(유산·사산을 포함한다)한 경우에는 모성보호 및 건강유지를 위하여 정기적인 검진 등 적절한 조치를 하여야 한다.
  ㉡ 소장은 수용자가 출산하려고 하는 경우에는 외부의료시설에서 진료를 받게 하는 등 적절한 조치를 하여야 한다.

④ 유아의 양육

    ㉠ 여성수용자는 자신이 출산한 유아를 교정시설에서 양육할 것을 신청할 수 있다. 이 경우 소장은 다음의 어느 하나에 해당하는 사유가 없으면, 생후 18개월에 이르기까지 허가하여야 한다.

      • 유아가 질병 · 부상, 그 밖의 사유로 교정시설에서 생활하는 것이 특히 부적당하다고 인정되는 때

      • 수용자가 질병 · 부상, 그 밖의 사유로 유아를 양육할 능력이 없다고 인정되는 때

      • 교정시설에 감염병이 유행하거나 그 밖의 사정으로 유아양육이 특히 부적당한 때

        **TIP** 출산의 범위

        출산(유산을 포함한다)한 경우란 출산 후 60일이 지나지 아니한 경우를 말한다.

    ㉡ 유아의 인도

      • 소장은 유아의 양육을 허가하지 아니하는 경우에는 수용자의 의사를 고려하여 유아보호에 적당하다고 인정하는 법인 또는 개인에게 그 유아를 보낼 수 있다. 다만, 적당한 법인 또는 개인이 없는 경우에는 그 유아를 해당 교정시설의 소재지를 관할하는 시장 · 군수 또는 구청장에게 보내서 보호하게 하여야 한다.

⑤ **여성수용자에 대한 시찰** : 소장은 특히 필요하다고 인정하는 경우가 아니면 남성교도관이 야간에 수용자거실에 있는 여성수용자를 시찰하게 하여서는 아니 된다.

⑥ **호송 시 분리** : 수용자를 이송이나 출정(出廷), 그 밖의 사유로 호송하는 경우에는 수형자는 미결수용자와, 여성수용자는 남성수용자와, 19세 미만의 수용자는 19세 이상의 수용자와 각각 호송 차량의 좌석을 분리하는 등의 방법으로 서로 접촉하지 못하게 하여야 한다.

⑦ **여성수용자의 목욕**

    ㉠ 소장은 여성수용자의 목욕횟수를 정하는 경우에는 그 신체적 특성을 특히 고려하여야 한다.

    ㉡ 소장은 여성수용자가 목욕을 하는 경우에 계호가 필요하다고 인정하면 여성교도관이 하도록 하여야 한다.

## (2) 노인수용자

① **노인** : 노인수용자란 65세 이상인 수용자이다.

② **전담교정시설**

    ㉠ 법무부장관이 노인수형자의 처우를 전담하도록 정하는 노인수형자 전담교정시설에는 「장애인 · 노인 · 임산부 등의 편의증진보장에 관한 법률 시행령」의 교도소 · 구치소 편의시설의 종류 및 설치기준에 따른 편의시설을 갖추어야 한다.

    ㉡ 노인수형자 전담교정시설에는 별도의 공동휴게실을 마련하고 노인이 선호하는 오락용품 등을 갖춰두어야 한다.

③ 수용거실
　㉠ 노인수형자 전담교정시설이 아닌 교정시설에서는 노인수용자를 수용하기 위하여 별도의 거실을 지정하여 운용할 수 있다.
　㉡ 노인수용자의 거실은 시설부족 또는 그 밖의 부득이한 사정이 없으면 건물의 1층에 설치하고, 특히 겨울철 난방을 위하여 필요한 시설을 갖추어야 한다.

④ 주·부식 등 지급 : 소장은 노인수용자의 나이·건강상태 등을 고려하여 필요하다고 인정하면 수용자의 지급기준을 초과하여 주·부식, 의류·침구, 그 밖의 생활용품을 지급할 수 있다.

⑤ 운동·목욕
　㉠ 소장은 노인수용자의 나이·건강상태 등을 고려하여 필요하다고 인정하면 영 제49조에 따른 운동시간을 연장하거나 목욕횟수를 늘릴 수 있다.
　㉡ 소장은 노인수용자가 거동이 불편하여 혼자서 목욕하기 어려운 경우에는 교도관, 자원봉사자 또는 다른 수용자로 하여금 목욕을 보조하게 할 수 있다.

⑥ 전문의료진
　㉠ 노인수형자 전담교정시설의 장은 노인성 질환에 관한 전문적인 지식을 가진 의료진과 장비를 갖추고, 외부의료시설과 협력체계를 강화하여 노인수형자가 신속하고 적절한 치료를 받을 수 있도록 노력하여야 한다.
　㉡ 소장은 노인수용자에 대하여 6개월에 1회 이상 건강검진을 하여야 한다.

⑦ 교육·교화프로그램 및 작업
　㉠ 노인수형자 전담교정시설의 장은 노인문제에 관한 지식과 경험이 풍부한 외부전문가를 초빙하여 교육하게 하는 등 노인수형자의 교육 받을 기회를 확대하고, 노인전문오락, 그 밖에 노인의 특성에 알맞은 교화프로그램을 개발·시행하여야 한다.
　㉡ 소장은 노인수용자가 작업을 원하는 경우에는 나이·건강상태 등을 고려하여 해당 수용자가 감당할 수 있는 정도의 작업을 부과한다. 이 경우 의무관의 의견을 들어야 한다.

## ❷ 장애인 및 외국인 수용자 처우

### (1) 장애인수용자

① **장애인수용자** : 장애인수용자란 「장애인복지법 시행령」에 해당하는 사람으로서 시각·청각·언어·지체(肢體) 등의 장애로 통상적인 수용생활이 특히 곤란하다고 인정되는 수용자를 말한다.

② **전담교정시설** : 법무부장관이 장애인수형자의 처우를 전담하도록 정하는 장애인수형자 전담교정시설의 장은 장애종류별 특성에 알맞은 재활치료프로그램을 개발하여 시행하여야 한다.

③ **수용거실**
　　㉠ 장애인수형자 전담교정시설이 아닌 교정시설에서는 장애인수용자를 수용하기 위하여 별도의 거실을 지정하여 운용할 수 있다.
　　㉡ 장애인수용자의 거실은 시설부족 또는 그 밖의 부득이한 사정이 없으면 건물의 1층에 설치하고, 특히 장애인이 이용할 수 있는 변기 등의 시설을 갖추도록 하여야 한다.

④ **전문의료진** : 장애인수형자 전담교정시설의 장은 장애인의 재활에 관한 전문적인 지식을 가진 의료진과 장비를 갖추도록 노력하여야 한다.

⑤ **직업훈련** : 장애인수형자 전담교정시설의 장은 장애인수형자에 대한 직업훈련이 석방 후의 취업과 연계될 수 있도록 그 프로그램의 편성 및 운영에 특히 유의하여야 한다.

### (2) 외국인수용자

① **외국인수용자** : 대한민국의 국적을 가지지 아니한 수용자를 말한다.

② **전담교정시설** : 법무부장관이 외국인수형자의 처우를 전담하도록 정하는 시설의 장은 외국인의 특성에 알맞은 교화프로그램 등을 개발하여 시행하여야 한다.

③ **전담요원 지정**
　　㉠ 외국인수용자를 수용하는 소장은 외국어에 능통한 소속 교도관을 전담요원으로 지정하여 일상적인 개별면담, 고충해소, 통역·번역 및 외교공관 또는 영사관 등 관계기관과의 연락 등의 업무를 수행하게 하여야 한다.
　　㉡ 전담요원은 외국인 미결수용자에게 소송 진행에 필요한 법률지식을 제공하는 등의 조력을 하여야 한다.

④ **수용거실 지정**
　　㉠ 소장은 외국인수용자의 수용거실을 지정하는 경우에는 종교 또는 생활관습이 다르거나 민족감정 등으로 인하여 분쟁의 소지가 있는 외국인수용자는 거실을 분리하여 수용하여야 한다.
　　㉡ 소장은 외국인수용자에 대하여는 그 생활양식을 고려하여 필요한 수용설비를 제공하도록 노력하여야 한다.

⑤ 주·부식 지급
  ㉠ 외국인수용자에게 지급하는 음식물의 총열량은 소속 국가의 음식문화, 체격 등을 고려하여 조정할 수 있다.
  ㉡ 외국인수용자에 대하여는 쌀, 빵 또는 그 밖의 식품을 주식으로 지급하되, 소속 국가의 음식문화를 고려하여야 한다.
⑥ 위독 또는 사망 시의 조치 : 소장은 외국인수용자가 질병 등으로 위독하거나 사망한 경우에는 그의 국적이나 시민권이 속하는 나라의 외교공관 또는 영사관의 장이나 그 관원 또는 가족에게 이를 즉시 알려야 한다.

# 02 교정의 민영화

## ❶ 민영교도소

### (1) 민영교도소 출범 배경
① 과밀 수용의 인한 수용 능력 증설 필요
② 교정 경비의 과다 비용 발생
③ 정부의 민영화 추진정책
④ 양질의 교정처우 프로그램 필요성 대두

### (2) 우리나라의 민영교도소
① **소망교도소 설치** : 민영교도소 등의 설치·운영에 관한 법률에 의하여 (재)아가페가 설립하고 운영하는 민영교도소인 소망교도소가 있다. 민영교도소인 소망교도소는 자원봉사자의 폭넓은 참여와 다양한 교화프로그램 운영으로 수용자의 재범방지와 사회복귀를 돕는 역할을 한다.
② **수용요건** : 현재는 형기 7년 이하, 잔여형기 1년 이상의 2범 이하의 20세 이상 60세 미만의 수용자가 소망교도소에 수용되며, 공안·마약·조직폭력 사범은 제외된다.

## ❷ 민영교도소 등의 설치·운영에 관한 법률(약칭 : 민영교도소법)

### (1) 교정업무의 민간 위탁

① 법무부장관은 필요하다고 인정하면 이 법에서 정하는 바에 따라 교정업무를 공공단체 외의 법인·단체 또는 그 기관이나 개인에게 위탁할 수 있다. 다만, 교정업무를 포괄적으로 위탁하여 한 개 또는 여러 개의 교도소 등을 설치·운영하도록 하는 경우에는 법인에만 위탁할 수 있다.

② 법무부장관은 교정업무의 수탁자를 선정하는 경우에는 수탁자의 인력·조직·시설·재정능력·공신력 등을 종합적으로 검토한 후 적절한 자를 선정하여야 한다.

> 📢 **TIP** 교정법인
> 법무부장관으로부터 교정업무를 포괄적으로 위탁받아 교도소·소년교도소 또는 구치소 및 그 지소를 설치·운영하는 법인을 말한다.

### (2) 위탁계약의 체결

① 법무부장관은 교정업무를 위탁하려면 수탁자와 대통령령으로 정하는 방법으로 위탁계약을 체결하여야 한다.

② 법무부장관은 필요하다고 인정하면 민영교도소 등의 직원이 담당할 업무와 민영교도소 등에 파견된 소속 공무원이 담당할 업무를 구분하여 위탁계약을 체결할 수 있다.

③ 법무부장관은 위탁계약을 체결하기 전에 계약 내용을 기획재정부장관과 미리 협의하여야 한다.

④ 위탁계약의 기간은 다음과 같이 하되, 그 기간은 갱신할 수 있다.

| 구분 | 기간 |
|---|---|
| 수탁자가 교도소등의 설치비용을 부담하는 경우 | 10년 이상 20년 이하 |
| 그 밖의 경우 | 1년 이상 5년 이하 |

⑤ 위탁계약의 내용
- ㉠ 위탁업무를 수행할 때 수탁자가 제공하여야 하는 시설과 교정업무의 기준에 관한 사항
- ㉡ 수탁자에게 지급하는 위탁의 대가와 그 금액의 조정 및 지급 방법에 관한 사항
- ㉢ 계약기간에 관한 사항과 계약기간의 수정·갱신 및 계약의 해지에 관한 사항
- ㉣ 교도작업에서의 작업장려금·위로금 및 조위금 지급에 관한 사항
- ㉤ 위탁업무를 재위탁할 수 있는 범위에 관한 사항
- ㉥ 위탁수용 대상자의 범위에 관한 사항
- ㉦ 그 밖에 법무부장관이 필요하다고 인정하는 사항

### (3) 교정법인의 임원

① 임원

　　㉠ 교정법인은 이사 중에서 위탁업무를 전담하는 자를 선임하여야 한다.

　　㉡ 교정법인의 대표자 및 감사와 ㉠에 따라 위탁업무를 전담하는 이사는 법무부장관의 승인을 받아 취임한다.

　　㉢ 교정법인 이사의 과반수는 대한민국 국민이어야 하며, 이사의 5분의 1 이상은 교정업무에 종사한 경력이 5년 이상이어야 한다.

　　㉣ 다음의 어느 하나에 해당하는 자는 교정법인의 임원이 될 수 없으며, 임원이 된 후 이에 해당하게 되면 임원의 직을 상실한다.

　　　• 「국가공무원법」 제33조(결격사유)의 어느 하나에 해당하는 자

　　　• 임원취임 승인이 취소된 후 2년이 지나지 아니한 자

　　　• 해임명령으로 해임된 후 2년이 지나지 아니한 자

② 임원 등의 겸직 금지

　　㉠ 교정법인의 대표자는 그 교정법인이 운영하는 민영교도소 등의 장을 겸할 수 없다.

　　㉡ 이사는 감사나 해당 교정법인이 운영하는 민영교도소 등의 직원(민영교도소 등의 장은 제외한다)을 겸할 수 없다.

　　㉢ 감사는 교정법인의 대표자 · 이사 또는 직원(그 교정법인이 운영하는 민영교도소 등의 직원을 포함한다)을 겸할 수 없다.

### (4) 민영교도소 시설 기준

① **민영교도소 등의 시설기준** : 교정법인이 설치 · 운영하는 교도소 등은 위탁수용 대상자의 특성을 고려하여 위탁계약에서 달리 정한 경우를 제외하고는 다음의 시설을 갖추어야 한다.

　　㉠ 거실 및 수용동

　　㉡ 작업장 및 직업훈련시설

　　㉢ 접견실 및 그 부대시설

　　㉣ 교육 · 집회시설

　　㉤ 위생 · 의료시설

　　㉥ 운동장

　　㉦ 취사장 및 그 부대시설

　　㉧ 목욕탕, 이발관 등 수용자 후생복지시설

　　㉨ 그 밖에 위탁계약으로 정하는 시설

② **수용자에 대한 처우**

ㄱ 민영교도소 등의 장과 직원은 수용자에게 특정 종교의 교리·교의에 따른 교육·교화·의식과 그 밖에 행사의 참가를 강요해서는 아니 된다.

ㄴ 민영교도소 등의 장과 직원은 수용자가 특정 종교를 신봉하지 아니한다는 이유로 불리한 처우를 해서는 아니 된다.

## (5) 민영교도소 등의 직원

① **결격사유** : 다음의 어느 하나에 해당하는 자는 민영교도소 등의 직원으로 임용될 수 없으며, 임용 후 다음의 어느 하나에 해당하는 자가 되면 당연히 퇴직한다.

ㄱ 대한민국 국민이 아닌 자

ㄴ 「국가공무원법」 제33조(결격사유)의 어느 하나에 해당하는 자

ㄷ 임원취임 승인이 취소된 후 2년이 지나지 아니한 자

ㄹ 해임명령으로 해임된 후 2년이 지나지 아니한 자

② **직원의 직무** : 민영교도소 등의 직원은 대통령령으로 정하는 바에 따라 「형의 집행 및 수용자의 처우에 관한 법률」에 따른 교도관의 직무를 수행한다.

③ **제복 착용과 무기 구입**

ㄱ 민영교도소 등의 직원은 근무 중 법무부장관이 정하는 제복을 입어야 한다.

ㄴ 민영교도소 등의 운영에 필요한 무기는 해당 교정법인의 부담으로 법무부장관이 구입하여 배정한다.

④ **직원의 임용 자격** : 민영교도소 등의 직원의 임용 자격은 다음과 같다. 다만, 사무직에 종사하거나 수용자를 직접 계호하지 아니하는 사람에 대해서는 신장, 체중, 시력의 규정을 적용하지 않는다.

ㄱ 18세 이상인 사람

ㄴ 신장 : 남자 165센티미터 이상, 여자 154센티미터 이상

ㄷ 체중 : 남자 55킬로그램 이상, 여자 48킬로그램 이상

ㄹ 시력 : 두 눈의 교정시력이 각각 0.8 이상(색맹이 아니어야 한다)

④ **직원의 직무** : 민영교도소 등의 직원은 「형의 집행 및 수용자의 처우에 관한 법률」에 따른 교도관의 직무 중 위탁계약에서 정하는 범위에서 그 직무를 수행한다.

⑤ **징계처분** : 교정법인은 민영교도소 등의 직원이 다음의 어느 하나에 해당하는 경우에는 그에 대하여 징계처분을 하여야 한다.

ㄱ 민영교도소법 제36조 제1항에 따라 징계처분의 명을 받은 경우

ㄴ 법 및 이 영의 규정 또는 이에 따른 명령을 위반한 경우

ㄷ 직무상의 의무를 위반하거나 직무를 태만히 한 경우

ㄹ 품위를 손상하는 행위를 한 경우

⑹ 지원 · 감독

① **지원** : 법무부장관은 필요하다고 인정하면 직권으로 또는 해당 교정법인이나 민영교도소 등의 장의 신청을 받아 민영교도소 등에 소속 공무원을 파견하여 업무를 지원하게 할 수 있다.

② **감독 등**

　㉠ 법무부장관은 민영교도소 등의 업무 및 그와 관련된 교정법인의 업무를 지도 · 감독하며, 필요한 경우 지시나 명령을 할 수 있다. 다만, 수용자에 대한 교육과 교화프로그램에 관하여는 그 교정법인의 의견을 최대한 존중하여야 한다.

　㉡ 법무부장관은 지도 · 감독상 필요하다고 인정하면 민영교도소 등에 소속 공무원을 파견하여 그 민영교도소 등의 업무를 지도 · 감독하게 하여야 한다.

③ 교정법인 및 민영교도소 등의 장은 항상 소속 직원의 근무 상황을 감독하고 필요한 교육을 하여야 한다.

④ **위탁업무의 감사** : 법무부장관은 위탁업무의 처리 결과에 대하여 매년 1회 이상 감사를 하여야 한다. 법무부장관은 감사 결과 위탁업무의 처리가 위법 또는 부당하다고 인정되면 해당 교정법인이나 민영교도소 등에 대하여 적절한 시정조치를 명할 수 있으며, 관계 임직원에 대한 인사 조치를 요구할 수 있다.

⑤ **징계처분명령 등** : 법무부장관은 민영교도소 등의 직원이 위탁업무에 관하여 이 법 또는 이 법에 따른 명령이나 처분을 위반하면 그 직원의 임면권자에게 해임이나 정직 · 감봉 등 징계처분을 하도록 명할 수 있다. 교정법인 또는 민영교도소 등의 장은 징계처분명령을 받으면 즉시 징계처분을 하고 법무부장관에게 보고하여야 한다.

⑥ **공무원 의제 등**

　㉠ 민영교도소 등의 직원은 법령에 따라 공무에 종사하는 것으로 본다.

　㉡ 교정법인의 임직원 중 교정업무를 수행하는 자와 민영교도소 등의 직원은 「형법」이나 그 밖의 법률에 따른 벌칙을 적용할 때에는 공무원으로 본다.

　㉢ 민영교도소 등의 장 및 직원은 「형사소송법」이나 「사법경찰관리의 직무를 수행할 자와 그 직무범위에 관한 법률」을 적용할 때에는 교도소장 · 구치소장 또는 교도관리로 본다.

# 출제 예상 문제

## 1 여성수용자의 처우로 옳지 않은 것은?

① 소장은 여성수용자에 대하여 여성의 범죄 특성을 고려하여 처우하여야 한다.

② 소장은 여성수용자에 대하여 건강검진을 실시하는 경우에는 나이·건강 등을 고려하여 부인과질환에 관한 검사를 포함시켜야 한다.

③ 소장은 생리 중인 여성수용자에 대하여는 위생에 필요한 물품을 지급하여야 한다.

④ 소장은 여성수용자에 대하여 상담·교육·작업 등을 실시하는 때에는 여성교도관이 담당하도록 하여야 한다.

> **TIP** ① 소장은 여성수용자에 대하여 여성의 신체적·심리적 특성을 고려하여 처우하여야 한다(형집행법 제50조 제1항).
> ②③ 형집행법 제50조
> ④ 형집행법 제51조 제1항

## 2 여성수용자가 자신이 출산한 유아를 18개월에 이르기까지 교정시설에서 양육이 허가되는 경우는?

① 교정시설에 감염병이 유행하여 유아양육이 특히 부적당한 때

② 수용자가 질병·부상으로 유아를 양육할 능력이 없다고 인정되는 때

③ 유아가 질병·부상으로 교정시설에서 생활하는 것이 특히 부적당하다고 인정되는 때

④ 수용자가 교화 또는 건전한 사회복귀를 해칠 우려가 있는 행위를 하거나 하려고 하는 때

> **TIP** 유아의 양육(형집행법 제53조)
> ① 여성수용자는 자신이 출산한 유아를 교정시설에서 양육할 것을 신청할 수 있다. 이 경우 소장은 다음 각 호의 어느 하나에 해당하는 사유가 없으면, 생후 18개월에 이르기까지 허가하여야 한다.
> 　1. 유아가 질병·부상, 그 밖의 사유로 교정시설에서 생활하는 것이 특히 부적당하다고 인정되는 때
> 　2. 수용자가 질병·부상, 그 밖의 사유로 유아를 양육할 능력이 없다고 인정되는 때
> 　3. 교정시설에 감염병이 유행하거나 그 밖의 사정으로 유아양육이 특히 부적당한 때
> ② 소장은 제1항에 따라 유아의 양육을 허가한 경우에는 필요한 설비와 물품의 제공, 그 밖에 양육을 위하여 필요한 조치를 하여야 한다.

**Answer** 1.① 2.④

**3** 노인수용자에 대한 설명으로 옳지 않은 것은?

① 노인수형자 전담교정시설이 아닌 교정시설에서는 노인수용자를 수용하기 위하여 별도의 거실을 지정하여 운용할 수 있다.

② 68세 이상인 수용자를 말한다.

③ 소장은 노인수용자의 나이·건강상태 등을 고려하여 필요하다고 인정하면 운동시간을 연장하거나 영 제50조에 따른 목욕횟수를 늘릴 수 있다.

④ 소장은 노인수용자에 대하여 6개월에 1회 이상 건강검진을 하여야 한다.

> **TIP** ② 65세 이상인 수용자를 말한다(형집행법 시행령 제81조 제1항).
> ① 형집행법 시행규칙 제44조(수용거실) 제1항
> ③ 형집행법 시행규칙 제46조(운동·목욕) 제1항
> ④ 형집행법 시행규칙 제47조(전문의료진 등) 제2항


**4** 장애인수용자에 대한 설명으로 옳지 않은 것은?

① 시각·청각·언어·지체(肢體) 등의 장애로 통상적인 수용생활이 특히 곤란하다고 인정되는 수용자를 말한다.

② 장애인수형자 전담교정시설이 아닌 교정시설에서는 장애인수용자를 수용하기 위하여 별도의 거실을 지정하여 운용할 수 있다.

③ 교도소장이 장애인수형자의 처우를 전담하도록 정하는 장애인수형자 전담교정시설의 장은 장애종류별 특성에 알맞은 재활치료프로그램을 개발하여 시행하여야 한다.

④ 장애인수형자 전담교정시설의 장은 장애인의 재활에 관한 전문적인 지식을 가진 의료진과 장비를 갖추도록 노력하여야 한다.

> **TIP** ③ 법무부장관이 장애인수형자의 처우를 전담하도록 정하는 장애인수형자 전담교정시설의 장은 장애종류별 특성에 알맞은 재활치료프로그램을 개발하여 시행하여야 한다(형집행법 시행규칙 제50조).
> ① 형집행법 시행규칙 제49조(정의)
> ② 형집행법 시행규칙 제51조(수용거실) 제1항
> ④ 형집행법 시행규칙 제52조(전문의료진 등)

**5** 외국인수용자에 대한 설명으로 옳지 않은 것은?

① 대한민국의 국적을 가지지 아니한 수용자를 말한다.

② 외국인수용자를 수용하는 소장은 외국어에 능통한 소속 교도관을 전담요원으로 지정하여 일상적인 개별면담, 고충해소, 통역·번역 및 외교공관 또는 영사관 등 관계기관과의 연락 등의 업무를 수행하게 하여야 한다.

③ 소장은 외국인수용자의 수용거실을 지정하는 경우에는 종교 또는 생활관습이 다르거나 민족감정 등으로 인하여 분쟁의 소지가 있는 외국인수용자는 거실을 분리하여 수용하여야 한다.

④ 주·부식의 지급횟수는 1일 3회로 1명당 1일 2천500킬로 칼로리로 밥과 국을 제공하는 것을 원칙으로 한다.

> **TIP** ④ 외국인수용자에게 지급하는 음식물의 총열량은 제14조 제2항에도 불구하고 소속 국가의 음식문화, 체격 등을 고려하여 조정할 수 있다(형집행법 시행규칙 제58조 제1항).
> ① 형집행법 시행령 제81조(노인수용자 등의 정의) 제3항
> ② 형집행법 시행규칙 제56조(전담요원 지정) 제1항
> ③ 형집행법 시행규칙 제57조(수용거실 지정) 제1항

**6** 교정업무를 포괄적으로 위탁하여 여러 개의 교도소를 설치·운영하는 경우 위탁할 수 있는 곳은?

① 법률구조공단

② 법인

③ 개인

④ 공공단체 외의 법인 및 단체

> **TIP** ② 법무부장관은 필요하다고 인정하면 이 법에서 정하는 바에 따라 교정업무를 공공단체 외의 법인·단체 또는 그 기관이나 개인에게 위탁할 수 있다. 다만, 교정업무를 포괄적으로 위탁하여 한 개 또는 여러 개의 교도소등을 설치·운영하도록 하는 경우에는 법인에만 위탁할 수 있다(민영교도소법 제3조 제1항).
> ※ 민영교도법 제3조(교정업무의 민간 위탁)
>   ① 법무부장관은 필요하다고 인정하면 이 법에서 정하는 바에 따라 교정업무를 공공단체 외의 법인·단체 또는 그 기관이나 개인에게 위탁할 수 있다. 다만, 교정업무를 포괄적으로 위탁하여 한 개 또는 여러 개의 교도소등을 설치·운영하도록 하는 경우에는 법인에만 위탁할 수 있다.
>   ② 법무부장관은 교정업무의 수탁자를 선정하는 경우에는 수탁자의 인력·조직·시설·재정능력·공신력 등을 종합적으로 검토한 후 적절한 자를 선정하여야 한다.

**Answer** 5.④ 6.②

**7** 다음 빈칸에 들어가는 것으로 적절한 것은?

> 이 법은 「형의 집행 및 수용자의 처우에 관한 법률」 제7조에 따라 교도소 등의 설치·운영에 관한 업무의 일부를 민간에 위탁하는 데에 필요한 사항을 정함으로써 교도소 등의 운영의 효율성을 높이고 (        )을 목적으로 한다.

① 중범죄자의 수용
② 교도소 등의 운영의 효율성 향상
③ 수용자(收容者)의 처우 향상과 사회 복귀를 촉진함
④ 교도소 등의 설치·운영에 관한 업무를 위탁하는 데 필요한 사항을 정하는 것

**TIP** 이 법은 「형의 집행 및 수용자의 처우에 관한 법률」 제7조에 따라 교도소 등의 설치·운영에 관한 업무의 일부를 민간에 위탁하는 데에 필요한 사항을 정함으로써 교도소 등의 운영의 효율성을 높이고 <u>수용자(收容者)의 처우 향상과 사회 복귀를 촉진함</u>을 목적으로 한다.

**8** 법무부장관은 위탁계약을 체결하기 전에 계약내용에 관하여 사전에 누구와 협의해야 하는가?

① 국무총리                    ② 경제부총리
③ 기획재정부장관              ④ 국민안전처장

**TIP** ③ 법무부장관은 위탁계약을 체결하기 전에 계약 내용을 <u>기획재정부장관</u>과 미리 협의하여야 한다(법 제4조 제3항).

**9** 수탁자가 교도소 등의 설치비용을 부담하는 경우 위탁계약의 기간은?

① 1년 이상 5년 미만            ② 5년 이상 10년 이상
③ 10년 이상 20년 미만          ④ 10년 이상 20년 이하

**TIP** ④ 수탁자가 교도소등의 설치비용을 부담하는 경우 위탁계약 기간은 <u>10년 이상 20년 이하로</u> 한다(법 제4조 제4항).

**Answer**   7.③  8.③  9.④

**10** 위탁업무의 정지에 관한 다음 설명 중 잘못된 것은?

① 법무부장관은 수탁자가 이 법 또는 이 법에 의한 명령이나 처분에 위반한 때에는 3개월 이내의 기간을 정하여 위탁업무의 전부 또는 일부의 정지를 명할 수 있다.

② 법무부장관은 정지명령을 한 때에는 소속공무원으로 하여금 그 정지된 위탁업무를 처리하게 하여야 한다.

③ 법무부장관은 정지명령을 함에 있어서 일정한 사정이 있는 경우에는 그 사정이 해소될 때까지 그 정지명령의 집행을 유예할 수 있다.

④ 위탁계약을 해지하고자 하는 때에는 청문을 실시할 필요가 있다.

> **TIP** ① 법무부장관은 수탁자가 이 법에 따른 명령이나 처분을 위반하면 6개월 이내의 기간을 정하여 위탁업무의 전부 또는 일부의 정지를 명할 수 있다(법 제6조 제1항).
> ④ 법무부장관이 위탁계약을 해지하려면 청문을 하여야 한다(법 제9조).
> ※ 법 제6조 (위탁업무의 정지)
> ① 법무부장관은 수탁자가 이 법 또는 이 법에 따른 명령이나 처분을 위반하면 <u>6개월</u> 이내의 기간을 정하여 위탁업무의 전부 또는 일부의 정지를 명할 수 있다.
> ② 법무부장관은 제1항에 따른 정지명령을 한 경우에는 소속 공무원에게 정지된 위탁업무를 처리하도록 하여야 한다.
> ③ 법무부장관은 제1항에 따른 정지명령을 할 때 제2항을 적용하기 어려운 사정이 있으면 그 사정이 해결되어 없어질 때까지 정지명령의 집행을 유예할 수 있다.

**11** 다음은 위탁계약의 해지사유를 나열한 것이다. 이 중 청문을 실시할 필요가 없는 경우는?

① 보정명령을 받고 상당한 기간이 지난 후에도 이를 이행하지 아니한 경우

② 이 법에 따른 명령이나 처분을 크게 위반한 경우로서 위탁업무의 정지명령으로는 감독의 목적을 달성할 수 없는 경우

③ 현저한 사업경영의 부실 또는 재무구조의 악화 기타의 사유로 인하여 위탁업무를 계속함이 적합하지 아니하다고 인정되는 경우

④ 수탁자가 정관을 수정하려는 경우

> **TIP** ①②③의 경우에는 청문을 실시하여야 한다.
> ※ 법 제7조(위탁계약의 해지)
> ① 법무부장관은 수탁자가 다음의 어느 하나에 해당하면 위탁계약을 해지할 수 있으며, 해지하려면 청문을 하여야 한다.
> 　1. 보정명령을 받고 상당한 기간이 지난 후에도 이행하지 아니한 경우
> 　2. 이 법 또는 이 법에 따른 명령이나 처분을 크게 위반한 경우로서 위탁업무의 정지명령으로는 감독의 목적을 달성할 수 없는 경우
> 　3. 사업 경영의 현저한 부실 또는 재무구조의 악화, 그 밖의 사유로 이 법에 따른 위탁업무를 계속하는 것이 적합하지 아니하다고 인정되는 경우
> ② 법무부장관과 수탁자는 위탁계약으로 정하는 바에 따라 계약을 해지할 수 있다.

**Answer**　10.①　11.④

## 12 교정법인에 대한 다음 설명 중 옳은 것은?

① 교정법인이 정관을 변경한 경우에는 법무부장관에게 신고하여야 한다.

② 교정법인의 감사는 법무부장관의 승인을 얻어 취임한다.

③ 교정법인 이사는 대한민국 국민이어야 한다.

④ 임원 등의 겸직 금지를 위반하여 겸직하는 경우 임원취임 승인이 취소된 후 3년을 경과하지 아니하면 교정법인의 임원이 될 수 없다.

> **TIP** ② 교정법인의 대표자 및 감사와 위탁업무를 전담하는 이사는 법무부장관의 승인을 받아 취임한다(법 제11조 제2항).
> ① 교정법인의 정관 변경은 법무부장관의 인가를 받아야 한다. 다만, 대통령령으로 정하는 경미한 사항의 변경은 법무부장관에게 신고하여야 한다(법 제10조 제2항).
> ③ 교정법인 이사의 과반수는 대한민국 국민이어야 하며, 이사의 5분의 1 이상은 교정업무에 종사한 경력이 5년 이상이어야 한다(법 제11조 제3항).
> ④ 임원취임 승인이 취소된 후 2년이 지나지 아니한 자는 교정법인의 임원이 될 수 없으며, 임원이 된 후 이에 해당하게 되면 임원의 직을 상실한다(법 제11조 제4항).

## 13 교정법인의 임원에 관한 다음 설명 중 옳은 것은?

① 교정법인 이사의 3분의 1 이상은 교정업무에 종사한 경력이 5년 이상이어야 한다.

② 교정법인의 대표자는 그 교정법인이 운영하는 민영교도소의 장을 겸할 수 없다.

③ 이사는 감사 또는 당해 교정법인이 운영하는 민영교도소의 장을 겸할 수 있다.

④ 교정법인의 임원의 임기는 해당 법인의 정관에서 특별히 정하지 않은 경우에는 2년으로 한다.

> **TIP** ② 교정법인의 대표자는 그 교정법인이 운영하는 민영교도소의 장을 겸할 수 없다(법 제13조 제1항).
> ① 교정법인 이사의 5분의 1 이상은 교정업무에 종사한 경력이 5년 이상이어야 한다(법 제11조 제3항).
> ③ 이사는 감사나 해당 교정법인이 운영하는 민영교도소 등의 직원(민영교도소 등의 장은 제외한다)을 겸할 수 없다(법 제13조 제2항).
> ④ 교정법인의 임원의 임기는 해당 법인의 정관에서 정하는 바에 따르고, 정관에서 특별히 정하지 않은 경우에는 3년으로 하며, 연임할 수 있다(시행령 제6조 제1항)

**Answer** 12.② 13.②

**14** 교정법인이 설치 · 운영하는 교도소 등은 위탁수용 대상자의 특성을 고려하여 위탁계약에서 달리 정한 경우를 제외하고 갖추어야 할 시설이 아닌 것은?

① 후생복지시설

② 직업훈련시설

③ 문화시설

④ 의료시설

> **TIP** 민영교도소 등의 시설기준(시행령 제14조) : 교정법인이 설치 · 운영하는 교도소등은 위탁수용 대상자의 특성을 고려하여 위탁계약에서 달리 정한 경우를 제외하고는 다음 각 호의 시설을 갖추어야 한다.
> 1. 거실 및 수용동
> 2. 작업장 및 직업훈련시설
> 3. 접견실 및 그 부대시설
> 4. 교육 · 집회시설
> 5. 위생 · 의료시설
> 6. 운동장
> 7. 취사장 및 그 부대시설
> 8. 목욕탕, 이발관 등 수용자 후생복지시설
> 9. 그 밖에 위탁계약으로 정하는 시설

**15** 민영교도소의 수용처우에 관한 다음 설명 중 잘못된 것은?

① 수용 · 작업 · 교화, 그 밖의 처우를 위하여 특별히 필요하다고 인정되는 경우에는 법무부장관에게 수용자의 이송을 신청할 수 있다.

② 교정법인은 위탁업무를 수행할 때 같은 유형의 수용자를 수용 · 관리하는 국가운영의 교도소와 동등한 수준 이상의 교정서비스를 제공하여야 한다.

③ 교정법인은 민영교도소의 장 및 직원은 수용자의 특별한 사유가 있다는 이유로 수용을 거절할 수 있다.

④ 교정법인의 임직원과 민영교도소의 장 및 직원은 수용자에게 특정 종교나 사상을 강요하여서는 아니 된다.

> **TIP** 수용자의 처우(법 제25조)
> ① 교정법인은 위탁업무를 수행할 때 같은 유형의 수용자를 수용 · 관리하는 국가운영의 교도소등과 동등한 수준 이상의 교정서비스를 제공하여야 한다.
> ② 교정법인은 민영교도소 등에 수용되는 자에게 특별한 사유가 있다는 이유로 수용을 거절할 수 없다. 다만, 수용 · 작업 · 교화, 그 밖의 처우를 위하여 특별히 필요하다고 인정되는 경우에는 법무부장관에게 수용자의 이송(移送)을 신청할 수 있다.
> ③ 교정법인의 임직원과 민영교도소 등의 장 및 직원은 수용자에게 특정 종교나 사상을 강요하여서는 아니 된다.

**Answer** 14.③ 15.③

**16** 민영교도소의 직원에 대한 설명으로 옳지 않은 것은?

① 임원취임 승인이 취소된 후 2년이 지나지 아니한 자는 민영교도소의 직원으로 임용될 수 없다.

② 해임명령으로 해임된 후 2년이 지나지 아니한 자는 직원으로 임용될 수 없다.

③ 민영교도소의 직원은 근무 중 법무부장관이 정하는 제복을 입어야 한다.

④ 민영교도소의 운영에 필요한 무기는 해당 교정법인의 부담으로 민영교도소 장이 구입하여 배정한다.

**TIP** ④ 민영교도소 등의 운영에 필요한 무기는 해당 교정법인의 부담으로 법무부장관이 구입하여 배정한다(법 제31조 제2항).
①② 법 제28조
③ 법 제31조

**17** 민영교도소 등의 직원의 임면권자는?

① 법무부장관                    ② 교정법인의 이사
③ 교정법인의 대표자              ④ 민영교도소의 이사

**TIP** ③ 교정법인의 대표자는 민영교도소 등의 직원을 임면한다. 다만, 민영교도소 등의 장 및 대통령령이 정하는 직원의 임면에 있어서는 미리 법무부장관의 승인을 얻어야 한다(법 제29조 제1항).
※ 법 제29조(임면 등)
① 교정법인의 대표자는 민영교도소 등의 직원을 임면한다. 다만, 민영교도소 등의 장 및 대통령령으로 정하는 직원을 임면할 때에는 미리 법무부장관의 승인을 받아야 한다.
② 교정법인의 대표자는 민영교도소 등의 장 외의 직원을 임면할 권한을 민영교도소 등의 장에게 위임할 수 있다.

**18** 위탁업무의 처리결과에 대한 법무부장관의 감사횟수는?

① 매년 1회 이상

② 매년 2회 이상

③ 매년 3회 이상

④ 매년 4회 이상

**TIP** ① 법무부장관은 위탁업무의 처리결과에 대하여 <u>매년 1회 이상</u> 감사를 하여야 한다(법 제35조 제1항).
※법 제35조(위탁업무의 감사)
① 법무부장관은 위탁업무의 처리 결과에 대하여 매년 1회 이상 감사를 하여야 한다.
② 법무부장관은 제1항에 따른 감사 결과 위탁업무의 처리가 위법 또는 부당하다고 인정되면 해당 교정법인이나 민영교도소 등에 대하여 적절한 시정조치를 명할 수 있으며, 관계 임직원에 대한 인사 조치를 요구할 수 있다.

**Answer** 16.④ 17.③ 18.①

**19** 민영교도소의 직원의 직무에 관한 다음 설명 중 잘못된 것은?

① 민영교도소 등의 직원은 「형의 집행 및 수용자의 처우에 관한 법률」에 따른 교도관의 직무를 수행한다.

② 교정법인의 대표자는 민영교도소 등의 장 외의 직원을 임면할 권한을 민영교도소 등의 장에게 위임할 수 있다.

③ 민영교도소의 직원은 정치운동을 할 수 없다.

④ 민영교도소의 직원이 외국 정부로부터 영예 등을 받을 경우에는 대통령의 허가를 받아야 한다.

> **TIP** ④ 국가공무원법 제56조(성실의무)부터 제57조(복종의무), 제58조(직장 이탈금지), 제59조(친절·공정의 의무), 제60조(비밀엄수의 의무), 제61조(청렴의 의무), 제63조(품위 유지 의무), 제64조 제1항(영리업무 및 겸직 금지), 제65조 제1항(정치운동 금지) 내지 제3항, 제66조 제1항(집단행위 금지) 본문의 규정은 민영교도소 등의 직원의 복무에 관하여 이를 준용한다. 따라서 국가공무원법 제62조(외국 정부의 영예 등을 받을 경우)는 적용되지 않으므로 따로 대통령의 허가 없이 외국 정부로부터 영예 등을 받을 수 있다.

**20** 민영교도소의 지원·감독에 관한 다음 설명 중 잘못된 것은?

① 법무부장관은 필요하다고 인정하면 직권으로 또는 해당 교정법인이나 민영교도소 등의 장의 신청을 받아 민영교도소 등에 소속 공무원을 파견하여 업무를 지원하게 할 수 있다.

② 법무부장관은 민영교도소 등의 업무 및 그와 관련된 교정법인의 업무를 지도·감독하며, 필요한 경우 지시나 명령을 할 수 있다.

③ 법무부장관은 지도·감독상 필요하다고 인정하면 민영교도소 등에 소속 공무원을 파견하여 그 민영교도소 등의 업무를 지도·감독하게 하여야 한다.

④ 파견된 소속공무원은 민영교도소의 소속직원의 근무수행상황을 감독하고 필요한 교육을 실시하여야 한다.

> **TIP** ④ 교정법인 및 민영교도소 등의 장은 항상 소속 직원의 근무 상황을 감독하고 필요한 교육을 하여야 한다(법 제33조 제3항).

**Answer** 19.④ 20.④

# 02
P A R T

# 기본간호학

# 01 간호과정 및 기록

## ① 간호과정

### (1) 간호과정의 역사

① 1955년에 홀(Hall)이 간호과정을 처음 정의하였다.

② 1960년에 이르러 간호이론가들의 노력으로 독립된 의료분야로서 간호를 분류하고 간호 실무 과정에 대한 단계를 제시하였다.

③ 1967년에 이르러 유라(Yura)와 위시(Walsh)에 의해 간호과정의 사정 · 계획 · 중재 · 평가가 설명되었다. 개비(Gebbie)와 라빈(Lavin)은 간호진단을 독립된 단계로 구분하였다.

④ 현재는 간호과정은 사정, 진단, 목표와 계획, 수행, 평가의 5단계로 구성된다.

### (2) 간호과정의 정의 및 의의

① 간호과정
- ㉠ 정의 : 간호사의 독단적인 결정이 아닌 간호사와 환자가 함께 목표설정과 달성을 이루는 체계적인 방법이다.
- ㉡ 사정 : 환자의 현 상태와 어떤 간호가 필요한지 파악한다.
- ㉢ 간호진단 : 실제 건강문제와 나아가 잠재적 건강문제를 파악한다.
- ㉣ 계획 : 기대되는 결과를 설정한다.
- ㉤ 수행 : 계획에 따라 간호를 수행한다.
- ㉥ 평가 : 간호수행의 결과에 대한 평가를 진행한다.

② 간호과정의 의의
- ㉠ 인간중심적이며 결과 지향적이다.
- ㉡ 각 단계는 서로 상호작용하며 연관되어 있다. 간호과정은 비판적인 사고를 기반으로 이루어져야 한다.
- ㉢ 상호작용의 영향으로 전 단계의 영향을 받으므로 이전 단계의 정확한 진행이 필요하다.
- ㉣ 각 단계는 체계적 수집을 통한 사정, 환자의 역량, 실제 문제, 잠재문제를 파악한다.
- ㉤ 명확한 판단을 통한 진단과 개인에게 맞춘 간호를 총체적으로 계획한다.

ⓗ 우선순위가 높은 순서대로 계획을 진행한다. 계획에 따른 행동을 수행하고 목표달성을 위한 평가를 한다.

ⓢ 간호계획을 설정함에 있어서 특정 질병, 시술, 결과에 대하여 표준진료지침(Critical pathway)를 바탕으로 표준화된 간호언어로 작성한다.

③ 표준언어 개발 단체

　ⓐ 북미간호진단협회(NANDA) : 진단에 초점을 두며 중요현상을 계속 개발·개선·분류한다.

　ⓑ 간호중재분류(NIC) : 중재에 초점을 두고 직·간접적 돌봄 중재를 포함한 간호 행동을 판별이 목적이다.

　ⓒ 간호결과분류(NOC) : 결과에 중점을 두며 간호의 영향이 큰 환자의 결과·지표를 찾아 입증하고 분류한다.

　ⓓ 가정의료분류(HHCC) : 진단·중재·결과 중심이다. 외래·가정의료의 기록 분류 구조를 제시한다.

## (3) 간호과정의 특징

### ① 체계성

　ⓐ 간호활동에는 순서가 존재한다. 각 단계의 정확한 활동은 다음단계에 영향을 미친다.

　ⓑ 완전하고 정확한 자료로 환자의 문제·역량을 파악한다. 파악되지 않는다면 정확한 간호진단·수행·계획을 수립할 수 없고, 완전한 간호결과를 도출하는 것이 어렵다.

　ⓒ 목표나 결과를 글로 남기지 않으면 활동에 대한 평가의 중점이 흐트러진다.

　ⓓ 간호과정은 일정한 순서에 의해 정확한 정보를 토대로 다음 단계로 이끈다.

### ② 역동성

　ⓐ 간호과정에는 순서가 존재하나, 현실 간호를 진행할 때 다섯 단계는 서로 상호작용을 하고 겹치는 경우가 있다.

　ⓑ 독립된 현상은 없으며 각 단계는 다음 단계로 연결된다.

　ⓒ 응급 간호상황의 경우 다섯 단계가 동시에 발생한다.

### ③ 대인관계 관련

　ⓐ 간호의 중심은 인간이며 간호과정에서도 과업보단 인간이 중심이 되어야 한다.

　ⓑ 간호과정은 환자와 협력하여 건강 요구가 충족되도록 장려한다.

　ⓒ 기계적인 환자 대면은 지양하고 친밀하게 협력한다.

　ⓓ 간호사 자신의 역량·한계를 발견하고 개인적·직업적 발전으로 이어져야 한다.

### ④ 결과지향

　ⓐ 간호과정은 건강증진, 건강회복, 질병예방, 기능변화 적응 등의 구체적인 결과 설정의 수단이다.

　ⓑ 환자에게 중요한 결과를 파악하고 우선순위에 따른 적절한 간호수행과 연결할 수단이 된다.

　ⓒ 결과들은 환자 우선순위 파악과 진행방향은 간호진행에 영향을 준다.

　ⓓ 간호수행으로 환자는 이익을 얻게 되므로 환자 목표달성을 앞당긴다.

⑤ 다양한 간호 상황에 대한 보편성

    ㉠ 의료상황은 끊임없이 변화하므로 간호사는 간호과정에 대하여 실용적 지식과 어떤 환경이든 대처할 수 있는 간호 능력이 필요하다.

    ㉡ 간호과정은 간호활동 대처에 있어서 쉽게 활용할 수 있는 도구이고 길잡이다.

    ㉢ 간호사와 환자간의 상호작용은 환자사정, 건강상태의 변화 발견, 간호행동의 목표달성 여부, 간호계획의 수정이 중요하다.

    ㉣ 사정 결과에 따른 새로운 간호진단이 필요할 수도 있다.

    ㉤ 계획에 새로운 내용 추가하는 간호과정은 간호활동의 방향을 제시한다.

# ❷ 사정(Assessing)

## (1) 정의

① 환자의 자료, 정보를 체계적이며 지속적으로 수집 · 분석 · 확인 · 소통하는 것이다.

② 자료는 간호사와 의료인들이 수집한 현재 상황과 관련된 환자의 모든 정보이다.

③ 사정을 통해 간호사는 종합적이며 효과적인 간호계획을 세울 수 있으므로 간호과정에서 매우 중요한 단계이다.

④ 사정에서는 안전성 · 효율성 · 정확성이 매우 중요하다.

⑤ 간호력 : 사정단계에서 간호사는 환자와의 면담을 통해 데이터베이스를 구축하는 것이다. 환자의 건강상태, 건강문제, 역량, 간호요구, 건강위험 등을 나타낸다.

⑥ 간호사는 신체사정을 통해 자료를 수집할 수 있다.

⑦ 환자의 가족, 지인, 환자기록, 다른 의료인, 간호문헌 등을 통한 자료수집도 실시한다.

⑧ 데이터베이스 구축 후에도 자료수집은 계속하는 이유는 환자의 건강상태는 정체되어 있는 경우보다 빠르게 변화하는 경우가 많기 때문이다.

## (2) 간호사정의 특징

① 사정에서는 자료 수집, 분석, 확인, 소통할 때 비판적 사고와 임상추론의 기술을 매우 중요하다.

② 사정과 관련된 비판적 사고활동 : 편견을 찾아내고 정보출처의 신뢰성 판단, 정상결과와 비정상 결과 구분능력과 비정상결과의 위험 파악, 자료의 중요성 판단, 무관한 자료의 구분, 비일관성 발견과 정확성, 신뢰성의 확인과 누락정보 파악, 간호 틀을 사용한 간호문제 발견, 의학적 문제 발견을 위한 체계적이고 종합적 사정하기 등이 있다.

③ 사정과 관련된 임상추론
  ㉠ 자료수집을 준비할 때 사정의 목적(긴급성, 집중적, 간헐적, 종합적)을 알고 적절한 자료를 수집한다.
  ㉡ 환자의 상황에 따른 자료 성격과 양이 결정된다.
  ㉢ 중요도에 따른 정보 수집 순서가 다르고 가능한 모든 정보를 판별한다.
  ㉣ 환자의 건강·안녕을 최대화하는 간호계획을 수립을 위해 완전성을 기한다.
  ㉤ 체계적인 방법을 통한 자료수집은 놓친 자료를 찾게 한다.
  ㉥ 사실과 정확성을 바탕으로 의문이 있는 자료를 검토한다.
  ㉦ 수집한 자료에서 신뢰성을 판단하는 것은 매우 중요하다.
  ㉧ 간호사 본인의 편견·고정관념을 주의하고, 행동의 해석보단 있는 그대로의 기술에 중점을 둔다.
  ㉨ 자료 수집 범위에 있어서는 관련성을 파악하여 설정한다.
  ㉩ 기록은 표준화된 방법을 바탕으로 기술한다.
  ㉪ 사정은 목적과 우선순위를 바탕으로 완전성·체계성·정확성을 바탕으로 한다.
  ㉫ 관련 있는 환자의 자료를 수집·확인·소통하게 되는 과정으로 숙련된 임상추론과 숙달된 간호경험을 통하여 사정활동을 발전시킨다.

## (3) 간호사정의 유형

① 일차사정
  ㉠ 환자가 병원에 입원하거나 의료서비스를 받기 시작한 직후부터 실시한다.
  ㉡ 의료기관마다 일차사정의 완료 시일을 정책적으로 명시하고 있다.
  ㉢ 목적은 문제발견, 간호계획을 위한 완전한 데이터베이스 구축이다.
  ㉣ 환자 건강과 관련된 모든 측면의 자료수집, 우선순위 설정, 향후 비교를 위한 기준참고자료를 만든다.

② 초점사정
  ㉠ 질문사항 : 이미 발견한 구체적 문제에 대한 사정으로 언제 시작되었는지, 어떤 징후와 증상이 있었는지, 증상 시작될 당시의 다른 행동 여부, 어떠한 때의 증상의 악화나 약화, 증상으로 인한 사용 약물, 요법의 여부 등을 질문한다.
  ㉡ 일차사정 시에 건강문제가 표출된다면 초점사정을 시행할 수 있다.
  ㉢ 초점사정의 다른 목적으로는 새로운 문제를 발견하는 것이다.
  ㉣ 빠른 우선순위 사정 : 우선순위가 높은 정보를 위한 짧고 집중적 사정을 말한다. 신속 우선순위 중심의 사정은 기존 문제와 위험을 강조하므로 중요성이 높다.

③ 응급사정
  ㉠ 생리적·정신적 위기 상황에 대한 환자의 생명 위협 문제를 찾기 위한 사정이다.
  ㉡ 예로는 심정지 대상자의 기도나 호흡 또는 순환상태에 대한 빠른 사정이 진행된다.

④ 간헐적사정

　　㉠ 예전 수집한 기준자료와 비교를 위해 환자의 현재 상태의 자료를 수집한다.

　　㉡ 입원환자나 오랜 시간 간호를 받는 환자들을 대상으로 주기적·간헐적 사정을 하면 계획이 수정된다.

　　㉢ 간헐적 사정은 종합적이거나 특정요소에 집중할 수도 있다.

### (4) 자료수집

① **주관적 자료**(Subjective Data)

　　㉠ 환자 본인만이 아는 정보로 다른 사람은 지각하거나 확인 할 수 없다.

　　㉡ 예로는 통증·오한·구역·긴장감 등의 증상이 은밀한 자료이다.

② **객관적 자료**(Objective Data)

　　㉠ 환자 본인을 제외한 타인이 측정하고 보고 듣고 느낄 수 있는 관찰할 수 있는 것이다.

　　㉡ 한 사람이 관찰한 자료를 다른 사람도 발견할 수 있다.

③ 자료의 첫 번째 원천이자 최고의 원천은 환자이다.

④ 간호력의 기록 자료는 환자로부터 나온다. 주관적 자료는 대체로 정확하지만 환자가 정보를 왜곡할 수 있으므로 간호사는 주의하여 원인을 찾아야한다.

### (5) 자료수집 방법

① **관찰**

　　㉠ 간호력 수집과 신체검진에 이용되는 간호기술이다.

　　㉡ 오감을 의식적으로 활용하여 자료를 수집하는 방법이다.

　　㉢ 환자와의 상호작용에서 유의미한 자료를 관찰하고 해석한다.

　　㉣ 환자 본인 상태에 대한 반응양상, 비정상적인 징후, 자가 간호능력 정도, 주변 환경 관련 요인 등에 대한 관찰이 있다.

② **간호력**

　　㉠ 환자의 특성을 관찰하고 기록하여 개인의 건강요구에 맞는 간호계획을 수립하는 간호력이 가장 이상적이다.

　　㉡ 치료를 받기위한 환자가 등장할 때부터 간호력 수집을 시작한다.

　　㉢ 간호력 수집 후 신체사정을 실시할 때 간호력에는 환자의 강점·약점, 유전·환경적 요인에 관련 건강위험, 잠재적·기존의 건강문제가 뚜렷하게 나타나야 한다.

　　㉣ 면담(Interview)을 통한 간호력을 수집한다.

③ 신체사정

　㉠ 객관적 자료 수집을 위해 실시한다. 환자의 상태를 정의하고 간호계획 수립이 정확해진다.

　㉡ 신체사정의 경우 간호력 수집과 면담 후에 실시한다. 수집된 간호력 자료를 확인하고 난 이후에 자료 추가가 가능하다.

　㉢ 신체사정의 목적은 건강문제 발견, 간호중재를 위한 데이터베이스 작성, 건강상태의 평가가 있다.

　㉣ 시진, 촉진, 타진, 청진이 있고, 필요시 특정 신체계통에 관하여 사정할 수 있다.


### ❸ 간호진단

**(1) 의의**

① 건강문제는 질병의 예방, 회복, 대처, 안녕 촉진에 중재가 필요한 상태이다.

② 진단단계에서 간호사는 간호사정에서 수집된 자료를 해석하고 분석한다.

③ 자료는 간호사가 환자의 건강문제와 역량을 발견하는데 도움을 준다.

④ 간호진단은 건강 문제 발견으로 간호사는 독립된 간호중재를 통해서 예방·해결할 수 있는 실제적·잠재적 건강문제이다.

⑤ 간호진단은 환자 결과를 성취할 간호중재 선택의 바탕이 된다.

**(2) 목적**

① 건강문제에 기여하거나 건강문제의 유발요인을 발견하는 것이다.

② 사람·집단·지역사회가 실제적·잠재적 건강과정과 생애 과정에 어떻게 반응하는지 알기 위한 것이다.

③ 사람·집단·지역사회가 문제 예방이나 해결을 위해 동원할 수 있는 자원이나 역량 발견하는 것이다.

**(3) 의학진단과 간호진단 차이**

① **의학진단** : 의사가 치료 지시가 가능한 질병에 대한 문제에 대해 기술하는 것이다.

② **간호진단** : 건강과 질병에 대한 불건강에 대해 집중하고, 독립적 간호실무 범위 내에 간호사의 치료를 바탕으로 문제를 기술한다.

③ **의학진단과 간호진단의 차이** : 의학진단은 질병유무가 변화하지 않는 한 변하지 않지만, 간호진단의 경우 환자의 반응에 대해 중간에 변할 수 있다.

(4) 자료해석과 분석

① 유의미한 자료

　㉠ 자료 해석과 분석에는 비교 표준을 이용하여 분류한다.

　㉡ **표준(Standard)** : 분류나 범주 내의 자료 비교를 위해 일반적 수용되는 규칙·척도·모형·양상을 말한다.

② 양상 또는 자료군

　㉠ 자료군은 건강문제 존재를 나타내는 환자의 단서나 자료를 묶은 것이다.

　㉡ 간호진단은 하나의 단서에 기인하는 것보다는 유의미한 자료의 군집에서 도출되게 된다.

③ 역량·문제의 발견

　㉠ 환자와 가족의 역량을 파악하여 환자 기준에 충족한다면, 역량이 환자의 안녕수준에 기여한다고 결론을 내린다.

　㉡ 환자의 문제영역 판단으로 어떤 사람의 특정 기준에 충족되지 못하면 한계를 말하게 되므로 전문가의 도움이 필요할 수 있다.

　㉢ 간호사는 잠재적인 건강문제도 도출할 수 있다.

　㉣ 환자가 겪을 가능성이 높은 문제를 예측하면서 잠재적 간호진단을 통해 겪고 있을 수 있는 문제를 다른 의료인에게 알릴 수 있다.

④ **결론 도달** : 환자의 자료를 해석·분석한 결론에 따라서 간호대응도 달라진다.

　㉠ **문제없음** : 간호대응이 필요 없는 상태이다. 질병예방이나 안녕증진을 위한 건강증진활동을 권장한다. 건강습관 양상을 강화와 안녕 진단을 실시한다.

　㉡ **문제의 가능성 있음** : 의심 문제를 확인·배제를 위한 자료수집을 진행한다.

　㉢ **심제 또는 잠재적 간호진단** : 문제 예방·완화·해결을 위한 간호계획·실행·평가를 한다. 환자의 거부로 문제 치료가 어려운 경우는 환자의 결과에 대한 이해도를 확인한다.

　㉣ **간호진단이 아닌 임상문제** : 해당 의료인을 찾아 상의·협력을 요구한다. 필요에 따라 다른 의료인에게 의뢰하게 된다.

(5) 간호진단의 유형

① 정의

　㉠ NANDA – Ⅰ의 간호진단을 바탕으로 한다.

　㉡ 개인 간호사의 임의 진단이 아닌 표준화된 단체를 통한 진단 유형을 말한다.

② 실제 간호진단

　㉠ 간호사정을 하는 동안에 존재하는 대상자의 문제나 관련된 징후·증상의 존재를 기반으로 한다.

　㉡ 큰 특징들을 통해 확인된 문제를 말한다.

　㉢ 구성요소는 진단명, 정의, 특징, 관련요인이 있다.

③ 위험간호진단

    ㉠ 존재하지 않는 문제의 임상적 판단이다.

    ㉡ 실제문제가 발생하지는 않았으나 중재하지 않는다면 문제 발생 가능성이 높다.

④ 잠재적 간호진단

    ㉠ 건강문제에 대한 증거가 불충분 · 불완전 · 부정확하면 가능한 진단을 추가 자료가 필요하다.

    ㉡ 지지하거나 논박할 자료가 더 필요하다.

    ㉢ 추가자료는 의심문제를 확인하거나 배제할 때 사용한다.

⑤ 안녕진단

    ㉠ 안녕 의지가 있는 개인 · 가족 · 지역사회의 건강수준에 대한 인간의 반응을 나타내는 임상 판단이다.

    ㉡ 건강한 환자를 간호하는 환경에 적용된다.

    ㉢ 필요한 단서로는 더 높은 수준의 안녕에 대한 욕구, 효과적 현재상태, 기능이 존재하여야 한다.

⑥ 증후군 간호진단 : 특정 사건 · 상황에서 존재가 예상되는 실제 · 위험 간호진단의 집합을 말한다.

## (6) 간호진단 구성요소

① 문제

    ㉠ 문제 진술은 환자의 건강상태나 건강문제에 대해 가능한 명확하고 간결하게 기술하는 것이 목적이다.

    ㉡ 간호진단으로 환자에게 기대하는 결과를 암시한다.

② 병인

    ㉠ 문제의 원인과 기여요인으로 문제와 관련된 사회적 · 생리적 · 영적 · 정신적 · 환경적 요인을 말한다.

    ㉡ 병인은 건강상태를 방해하고 바람직한 변화를 막으므로 병인에 따라 간호중재가 변한다.

    ㉢ 병인을 제대로 밝히지 못한다면 간호활동은 비효율적이고 효과를 보지 못한다.

③ 특징

    ㉠ 실제적 · 잠재적 건강문제 존재를 의미한다.

    ㉡ 주관적 · 객관적 자료도 간호진단의 구성요소가 된다.

## (7) 간호진단의 기록

① 환자기록에서 간호진단을 확인한다.

② 사용하는 기록체계에 따라 간호진단은 계획과 다분야 문제 목록에 기록할 수 있다.

③ 가장 일반적 사용되는 용어로는 표준계획과 컴퓨터 시스템 용어이다.

## ❹ 간호목표 설정과 간호계획

### (1) 의의

① 환자의 자료수집, 자료해석, 역량파악, 문제 발견이 끝난 후 진행되는 간호활동 계획이다.

② 간호사는 목표설정, 계획 단계에서 협력자가 되어 우선순위를 설정, 기대하는 간호목표 설정하고 기술, 근거기반 간호중재 선정, 간호계획의 소통 등을 행한다.

③ 목적은 성취할 목표나 결과이다. 목표는 기대되는 결과를 총칭한다.

④ 간호목표는 환자의 건강문제에 대한 기대 결과, 안녕진단에 대한 건강 예상에서 기대하는 결과이다. 기대되는 결과는 목표 성취 정도에 따라 평가되는 구체적이고 측정이 가능한 기준이다.

⑤ 형식화된 간호계획으로써 간호사는 우선순위 설정, 환자 개개인에게 맞춘 간호로 최대한의 목표 성취, 효율적인 질적 의료 제공, 의료 조정, 간호에 대한 환자 반응 평가, 평가, 연구, 보험급여, 법적 상황을 위한 기록 남기기, 직업적 발전 도모 등을 행할 수 있다.

⑥ 간호사는 비공식적 실무 계획도 수립한다. 환자의 역량과 문제발견과 적절한 간호중재를 연결한다.

### (2) 목표 설정 · 계획과 임상추론

① 간호제공의 적절한 계획을 위하여 임상추론 능력이 필요하다.

② 우선순위의 설정, 기대 간호목표 설정과 기술, 근거기반 간호중재 선정, 간호계획기록에 대한 표준과 소속 기관정책에 적응하는 것이 필요하다.

③ 인간중심 의료의 목표는 계획과 목표설정을 할 때 모든 측면의 환자, 환자이익, 환자 선호를 중심으로 한다.

④ 임상 경험과 판단력을 바탕으로 진행되며 자신의 한계를 넘는 범위는 협력을 요청하고 자신의 임상직관을 존중한다.

⑤ 우선순위 설정 전에는 결과를 설정하고 간호중재를 선정하고 계획을 뒷받침하는 연구를 확인한다.

⑥ 자신의 편견을 배제한 열린 마음을 함양한다.

### (3) 우선순위 설정

① 우선순위 목록 작성을 위해서는 판단지침이 필요하다.

② 우선순위가 높은 진단은 환자의 건강과 안녕을 위협한다.

③ 생명 위협도가 낮은 진단은 우선순위에서 중간을 차지한다. 현재 건강안녕 수준과 구체적 관련도가 낮은 진단의 경우는 우선순위가 낮아진다.

④ 의학적 문제를 먼저 다루는 것이 적합하다. 의학적 문제의 해결은 인간의 반응 관련 문제들의 해결을 이끌어 낼 수 있다.

⑤ 임삼추론을 돕는 지침
  ㉠ 매슬로우의 인간 욕구 단계 : 기본 욕구를 해결해야 다음 단계의 욕구 충족으로 갈 수 있다. 우선순위를 설정할 때는 생리적 욕구, 안전과 안정의 욕구, 사랑과 소속의 욕구, 자기존중의 욕구, 자아실현의 욕구 순으로 선정한다.
  ㉡ 환자의 선호 : 인간중심 간호를 할 때 환자욕구는 생명과 관련된 치료를 방해하지 않는 선에서 환자의 요구를 반영한 우선충족을 목표로 한다.
  ㉢ 미래문제의 예상 : 자신의 지식 활용으로 다양한 간호행위의 잠재적인 영향을 예상한다. 환자의 요구나 선호도가 낮은 경우에도 예후가 좋지 않다면 우선순위가 높아질 수 있다.

## (4) 목표설정과 기술

① 간호진단에서의 목표 도출 : 목표란 간호진단의 문제에서 도출된다. 간호계획의 모든 간호진단에서 최소 각 하나씩의 결과 도출한다. 결과 성취는 문제 진술의 해결을 가져온다.

② 장기·단기목표의 설정 : 장기목표의 경우 단기 목표보다 성취 시간이 오래 걸리고 결과는 퇴원목표가 될 수 있다.

## (5) 간호중재 선정

① 간호중재 분류(NIC) 프로젝트는 간호중재를 간호사가 환자와 대상자 결과를 향상시키기 위해 수행하게 되는 임상판단 및 지식에 기반을 둔 모든 치료이다.

② 계획단계에서 달성 가능성이 높은 간호중재를 찾는 것은 어려워서 간호사 주도중재, 의사주도 중재, 협력 중재가 존재한다.

③ 간호사 주도중재(Nurse Initiated Intervention)
  ㉠ 과학적 근거를 바탕으로 실시하는 자율적인 행위로서 환자의 이익을 위해 간호사가 실시한다.
  ㉡ 중재는 간호진단, 기대되는 결과와 관련하여 예상할 수 있는 방법으로 환자에게 이익이 되어야 한다.
  ㉢ 간호사의 주도 중재에서는 의사나 다른 의료진의 지시가 필요하지 않고 간호중재에서 도출된다.
  ㉣ 적절한 간호사 주도 중재를 위해 간호목표 설정 후 최초의 통합적이고 검증된 다양한 분야의 간호사들이 모든 환경에 적용할 수 있도록 고안된 간호중재의 목록 '간호중재분류'를 이용한다.

④ 의사 주도중재
  ㉠ 의사들은 의학진단에 따라 중재를 실시하는데 실제 중재를 실시하는 사람은 의사의 지시에 따른 간호사들이다.
  ㉡ 의사 주도중재에서의 중재에 대한 책임은 의사와 간호사 모두에게 있다.

    © 간호사들은 안전하고 효과적 중재들을 실시하는 방법을 알아야 한다.

    @ 중재의 적절성에 의문이 생긴다면 다른 사람에게 확인해야 하는 책임을 갖는다.

⑤ **협력적 중재** : 간호사는 보조의사, 호흡치료사, 약사 등 다른 의료인이 실시하는 치료를 실시한다.

## (6) 간호계획의 전달과 기록

① 간호계획은 간호진단, 결과, 간호중재를 명시한다.

② 잘 작성된 간호계획은 개인의 특징과 요구를 고려한다.

③ 간호 철학과 간호의 건강증진, 질병예방, 회복촉진, 기능변화에 대한 대처 증진의 발전을 대변한다.

④ 간호사의 사정 우선순위, 간호행위, 교육, 상담, 이익대변 행동을 제시한다.

⑤ 과학원칙에 기반을 두며 간호연구의 발견을 고려한다.

⑥ 환자의 발달요구, 정신적 · 사회적 · 영적 · 생리적 요구를 반영한다.

⑦ 환자의 상태변화에 따른 수정이 고려되고 가족의 참여와 퇴원요구를 다룬다.

# ❺ 간호 수행

## (1) 의의

① 중재에 대한 간호행위의 수행이다.

② 환자의 건강증진, 질병예방, 기능변화의 대처, 건강회복 등의 결과를 성취하도록 돕는 것이 목적이다.

## (2) 간호중재분류(NIC)에서의 중재 유형

① **직접 간호중재**

    ㉠ 환자와 상호작용을 통해 실시하는 치료이다.

    ㉡ 생리적 간호활동, 정신사회 간호활동이 포함된다.

    ㉢ 몸을 움직이는 간호 · 지지 · 상담 성격의 간호도 모두 포함한다.

② **간접 간호중재**

    ㉠ 환자와의 거리가 있는 곳에서 실시하는 간호로 환자 개인이나 집단을 위해 실시한다.

    ㉡ 환자 돌봄 환경 관리를 위한 간호활동, 분야 간 협력이 모두 포함되어서 직접간호중재의 효과를 높인다.

③ **지역사회 중재**

    ㉠ 대중의 건강증진 · 관리 · 질병예방에 중점을 둔다.

    ㉡ 사람들이 살아가는 사회적 · 정치적 환경을 다루는 전략도 포함한다.

④ 협력문제 유형에 따른 중재 초점
  ㉠ 실제 간호진단의 중재 목적 : 상태를 관찰 · 평가 · 진단 기여한 요인을 줄이거나 제거하고, 더 높은 수준의 안녕 증진이 목적이다.
  ㉡ 위험 간호진단의 중재 목적 : 문제 예방과 상태의 관찰 · 평가, 위험요인 제거 · 감소가 있다.
  ㉢ 잠재적 간호진단의 중재 목적 : 진단 배제 · 확인을 위한 추가자료 수집이다.
  ㉣ 협력문제의 중재 목적 : 상태 변화를 감시하고 반응을 평가한다. 간호사의 처방중재와 의사 처방중재에 따라 나타나는 상태변화를 관리하는 것이다.

## 6 간호평가(Evaluating)

### (1) 의의
① 간호계획에 명시된 목표의 달성 정도를 측정한다.
② 간호 목표 달성을 평가할 때는 기대되는 결과 달성에 사용된 환자의 능력을 찾는다.
③ 필요한 경우에는 간호계획의 수정이 이루어진다.

### (2) 목적
① 환자의 기대되는 결과를 달성 정도로 간호사와 환자간의 상호작용을 결정한다.
② 간호계획에 대한 환자 반응에 따라 간호사는 모든 기대되는 결과 달성 시 간호계획의 종료한다.
③ 결과 달성의 어려움 발생하면 간호계획 수정한다.
④ 결과 달성에 시간이 필요한 경우 간호계획 지속 등의 행위를 취하게 된다.
⑤ 평가결과에서 간호계획 수정이 요구되는 경우 간호사는 모든 전 단계인 사정 · 진단 · 계획 · 실행을 검토한다.
⑥ 성공적인 평가를 통해 가치 있는 환자의 결과 달성에 도움이 되게 된다.

### (3) 임상추론과 평가
① 평가의 고전 요소는 평가기준 및 표준의 설정, 기준과 표준의 충족 여부를 판단하기 위한 자료수집, 발견의 해석과 요약, 판단의 기록, 계획의 종료나 지속, 수정이 있다.
② 모든 요소와 관련하여 간호사는 환자가 얼마나 달성하고 있는지를 평가할 방법을 임상추론을 한다.
③ 평가기준은 계획단계에서 설정한 환자의 결과이다. 환자결과는 환자상태의 필요 변화를 나타내고 간호활동은 환자결과에 맞춰 설정되게 된다.
④ 간호목표의 달성여부와 적절한 간호대응을 발견하는 것은 평가의 기능이 된다.

### (4) 평가 기준 및 표준의 설정

① 기준은 측정가능한 질, 속성, 특성을 의미한다. 기술, 지식, 건강상태를 알려준다.

② 간호에서 기준은 간호사나 환자에게 무엇이 기대되는지 진술하며 인정할 수 있는 수준의 성과이다.

③ 표준의 경우 의료진 구성원, 간호사가 인정하고 기대하는 수준의 성과로 권위, 관습, 동의에 따라 설정된다.

④ 근거기반의 실무로서 근거 있는 간호를 설계하고 실시하여 환자의 결과를 달성 할 수 있다.

### (5) 판단 기록하기

① 평가진술은 자료 수집, 해석하여 환자 목표 달성 정도를 파악하고 간호사가 판단을 내려 기록하는 것이다.

② 평가 진술은 두 가지 부분에서 이루어진다. 목표가 얼마나 달성되었는지에 대한 판단과 판단을 뒷받침하는 환자자료와 행동이다.

③ 목표는 달성, 부분달성, 미달성으로 기록하게 된다.

### (6) 간호계획의 수정

① 평가 결과에 따른 환자 목표가 달성하지 못했다면 간호과정 전 단계를 다시 평가하여 간호계획의 문제부분을 찾고 수정한다.

② 사정자료를 다시 수집하거나, 진단을 추가하거나 바꿀 수도 있고, 목표 수정이나 재설정도 포함된다.

③ 간호지시도 수정될 수 있으며 평가를 더 자주 실시 할 수도 있다.

## ❼ 간호 기록

### (1) 간호기록의 정의

① 간호사의 직업적 역할에서의 의사소통 방법을 의미한다.

② 기록, 보고, 상의로 구분된다.

### (2) 치료의 기록

① 기록
  ㉠ 간호과정의 사정·진단·계획·수행·평가에서 모든 환자와의 상호작용을 글이나 컴퓨터에 법적으로 남기는 것이다.
  ㉡ 기록에 포함된 자료는 근거기반간호를 증진시키며 재정·법적기록으로 작용하며, 의사결정 분석에 촉진한다.

② 환자기록

    ㉠ 환자의 건강정보를 기록한 것으로 모든 의료기관에 간호사의 기록책임을 정의하고 있다.

    ㉡ 모든 간호사는 자신이 속한 지역의 정책과 간호표준에 따라 기록한다.

    ㉢ 미국의료기관 평가위원회의 경우 환자사정, 간호진단, 간호중재, 환자결과 등의 간호자료가 환자 기록에 포함되도록 지시하고 있다.

## (3) 기록지침

### ① 특징

    ㉠ 환자기록은 간호사와 환자의 상호작용을 자세하게 보여주는 영구적 법적기록이다. 간호사에게는 의료과실에 대한 최선의 방어 수단으로 작용한다.

    ㉡ 간호기록에는 중대한 누락, 부정확한 내용, 무의미한 반복 등의 오류가 발생할 수 있다.

    ㉢ 오류는 문제가 발생하지 않을 수 있으나 심각한 악영향을 초래할 수 있다.

    ㉣ 간호의 신뢰성과 책임 문제로 법적 문제로 작용할 수도 있다. 효과적인 기록을 위해 오류를 예방하며 정확한 기록을 행한다.

### ② 내용

    ㉠ 일반화를 피하고 최신 자료에 객관적 사실에 입각한 정보를 완전·정확·간결하게 기록한다.

    ㉡ 기록은 간호과정과 직업적 책임을 반영한다.

    ㉢ 환자결과를 기록하지만 해석은 기록하지 않는다.

    ㉣ 문제는 시간의 순서대로 기록하고 간호중재에 대한 환자 반응도 기록한다.

    ㉤ 주의나 예방에 대한 내용도 기록하며 법적으로 신중하게 기록한다.

    ㉥ 의문이 생기는 의료적 지시와 치료에 대해서 간호사의 대응도 기록한다.

    ㉦ 의사에게 문제를 알린 날짜·시간과 의사의 반응도 기록에 남긴다.

    ㉧ 기록에 고정관념이나 경멸적인 말을 작성하는 것을 피한다.

### ③ 시기

    ㉠ 시간에 맞게 기록하며 환자의 상태에 따라 자주 기록이 필요한 경우 맞춰서 기록한다.

    ㉡ 모든 기록내용은 날짜를 기입하며 중재와 관찰이 일어난 시기도 기록한다.

    ㉢ 간호중재는 즉시 기록하고 상태의 경중에 따라 자세히 기록한다.

    ㉣ 실시하지 않은 중재를 미리 기록하지 않는다.

### ④ 형식

    ㉠ 기록 전에 기록내용의 정확도를 확인하며 의료기관의 양식에 따라 기록한다.

    ㉡ 종이 차트에는 일반적으로 인정되는 용어·약어·기호만 사용하며 작성한다.

    ㉢ 모든 기록에는 날짜·시간이 같이 기록한다. 간호중재는 시간 순서대로 연속된 줄에 기록한다.

    ㉣ 같은 시간대에 일어난 기록은 줄을 띄거나 바꾸지 않는다.

    ㉤ 공백이 생기면 줄 하나에 채워서 기록하도록 한다.

⑤ 책임

　　　⊙ 모든 기록에 자신의 성 · 이름 · 직함을 기록한다.

　　　ⓛ 자신이 수행하지 않은 간호행위는 작성하지 않는다.

　　　ⓒ 지우개나 수정테이프를 사용하지 않는다.

　　　ⓔ 잘못 작성한 경우 줄 하나를 긋고 'error', '기록오류' 등을 표시하고 빈칸에 다시 기록을 실시한다.

　　　ⓜ 환자 기록은 영구히 남는 것을 인지하고 소속 기관 지침에 따른 색깔의 펜을 사용한다.

　　　ⓗ 의무기록 완료 전에 환자기록이 완전한지 확인한다.

⑥ 비밀유지

　　　⊙ 환자는 자신의 건강기록에 대한 보호받을 도덕적 권리, 법적권리를 소유하고 있음을 기억한다.

　　　ⓛ 간호사는 환자기록의 모든 정보를 엄격하게 비밀로 유지할 직업적 · 윤리적 의무를 갖는다.

## (4) 기록의 종류별 작성지침

① 간호정보조사 기록

　　　⊙ **일반정보** : 정보제공자는 환자나 가족으로 가족의 경우 환자와의 구체적인 관계를 명시한다. 작성자는 내용을 작성하게 되는 간호사의 이름을 적고 연락처를 남겨 응급상황에도 연락이 가능하도록 한다.

　　　ⓛ **입원상태** : 입원의 경로나 활력징후를 기록하게 된다.

　　　ⓒ **주증상** : 현재 병력을 의미하며 현재 입원하게 된 주증상을 말한다.

　　　ⓔ **과거병력** : 과거의 질환 유무와 이와 관련된 수술력이나 입원력 등을 기록한다.

　　　ⓜ **가족력** : 암, 당뇨, 고혈압 등 유전과 관계되는 질병에 대해 기록한다.

　　　ⓗ **투약** : 현재나 최근에 복용한 약의 종류나 약명 등을 기록한다.

　　　ⓢ **신체적 상태** : 환자가 해당하는 항목에 표시하고 필요시 해당 칸에 구체적인 증상 및 상태를 진술한다.

　　　ⓞ **일상생활 습관** : 음주, 흡연, 운동, 수면, 대소변 등의 생활 관련 습관을 기록한다.

② **임상관찰기록** : 입원일수, 수술일수, 맥박, 체온, 호흡, 혈압, 식이, 섭취량 및 배설량, 배액량을 기록한다.

③ **간호진단 및 계획기록** : 문제발생 순서에 따른 진단번호, 간호문제 중요도에 따른 우선순위, 문제 발생일, 주관적 · 객관적 자료에 근거한 간호진단, 계획 · 중재에 따른 환자의 상태변화를 평가한 간호계획 · 중재 · 평가로 기록된다.

④ **간호수행기록** : 간호일지이다. 각 근무조마다 적어도 1회 이상 기록한다. 환자의 행동 · 상태변화, 증상 · 징후, 처치 · 검사 · 간호 · 회진 등의 의료행위를 기록한다. 제공된 처치나 간호수행은 직후에 바로 기록하고 과거와 현재시제만 사용한다.

⑤ **투약기록** : 약 종류, 용량 · 용법을 기록한다. 약 종류는 기관에 따라 약 코드로 기록한다. 피부반응 검사가 시행되는 경우 피부반응 결과도 기록한다. 투약 후 투여시간을 기록 후에 서명한다. 투여를 못한 경우는 이유를 기록한다. 처방이 중단된 경우 D/C로 표기한다.

## (5) 환자 기록전달의 목적

① **의사소통** : 서로 다른 분야의 의료인들끼리의 의사소통을 증진하는 기능을 하며 의료의 연속성을 높이게 된다.

② **진단지시와 치료지시**

   ㉠ 환자기록에는 진단 · 치료 지시도 포함되어 환자의 진단검사 종류 · 결과, 관련된 치료지시 등을 확인 할 수 있다.

   ㉡ 내용은 알아볼 수 있게 기록하고, 내용의 추측은 이뤄지면 안 되고, 지시에는 재확인이 필요하다.

   ㉢ 응급상황에서 발생하는 구두지시는 지시를 받은 내용을 다시 읽고나서 기록 · 수행한다.

   ㉣ 재검토를 통한 내용을 다시 확인한다. 응급상황 종료 시 구두지시를 내린 의사나 간호사는 지시 검토와 기록을 확인한다.

③ **간호계획** : 환자의 치료계획에 대한 반응이 기록되며 간호계획은 자료를 근거로 수정한다.

④ **법적문서**

   ㉠ 환자기록은 의료 분쟁 발생 시 법적 증거로 사용되는 문서이다.

   ㉡ 과실 혐의에 대한 의료인의 유 · 무죄를 입증하는 자료이다.

   ㉢ 환자의 사고 · 부상 주장에 대한 환자기록을 이용할 수 있다.

   ㉣ 간호사는 간호기록에 대해 의료기관의 정책과 표준을 알고 따른다.

⑤ **보험급여** : 환자기록은 보험급여 대상이 보험적용 여부를 판단하는 근거이다.

# 출제 예상 문제

**1** 간호과정에 대한 설명으로 옳은 것은?

① 간호과정은 독립적으로 진행한다.

② 진단명이 같은 환자들은 일괄적으로 적용이 가능하다.

③ 우선순위 없이 가장 시급한 문제 중심으로 해결한다.

④ 환자의 실제적 · 잠재적 문제 반응에 대한 임상적 판단이다.

> **TIP** ① 간호과정의 각 단계는 순환과정으로 연속적이고 상호연관적이다.
> ② 진단명이 같은 환자라도 환자 개별적 간호가 이루어진다.
> ③ 우선순위를 중심으로 문제를 해결한다.

**2** 간호사와 대상자 면담 시 효과적 의사소통 방법으로 옳은 것은?

① 개방형 질문을 사용한다.

② 면담시간은 길수록 좋다.

③ 간호사의 의견을 제공하며 안심시킨다.

④ 침묵과 신체적 접촉 사용을 하지 않는다.

> **TIP** ① 개방형 질문을 통해 환자가 감정표현을 할 수 있도록 한다.
> ② 대상자의 상태를 고려하여 면담시간을 설정한다.
> ③ 간호사의 의견 제공, 환자를 무조건 안심시키는 방법은 비효과적이다.
> ④ 침묵과 신체적 접촉을 적절하게 사용한다.

**Answer** 1.④ 2.①

**3** 간호사가 환자사정을 위해 시행하는 면담의 목적으로 옳지 않은 것은?

① 대상자에 대한 자료를 수집하기 위해서

② 대상자와 폐쇄적인 관계를 확립하기 위해서

③ 대상자의 진단에 대한 목표를 위해서

④ 대상자의 목표에 맞는 간호계획을 세우기 위해서

**TIP** ② 면담을 통해 대상자와의 긍정적이고 개방적인 관계를 확립한다.
　　　 ① 대상자의 객관적 자료와 주관적 자료 등의 자료 수집을 할 수 있다.
　　　 ③ 대상자의 진단에 따른 적절한 목표를 세울 수 있다.
　　　 ④ 대상자의 진단에 맞게 목표를 정한 후에 간호계획을 세울 수 있다.


**4** 환자 자료 중 주관적 자료에 해당하는 것은?

① 체중　　　　　　　　　　　　② 오심

③ 활력징후　　　　　　　　　　④ 수치

**TIP** ② 주관적 자료
　　　 ①③④ 객관적 자료
　　　 ※ 자료의 유형
　　　　 ㉠ 주관적 자료
　　　　　 • 대상자에 의해서만 지각되는 정보
　　　　　 • 대상자의 증상(Symptom)
　　　　　 • 불안, 오심, 통증 등
　　　　 ㉡ 객관적 자료
　　　　　 • 관찰 가능하고 측정 가능한 자료
　　　　　 • 대상자의 징후(Sign)
　　　　　 • 신체검진 자료, 부종이나 통증 척도 사정 등

**5** 입원환자의 정보를 조사할 때 환자의 가족력을 조사하는 이유는?

① 가족구성원 파악

② 필요한 간호처치 확인

③ 완성도 높은 간호수행

④ 유전질환에 대한 정보습득

**TIP** 입원환자의 정보를 조사할 때 가족력을 확인하는 것은 유전자 공유, 환경, 생활습관 요인에 의한 가족력 질환이 있는지 확인하기 위해서이다.


**6** 간호진단의 특성으로 옳은 것은?

① 환자의 질병상태를 파악한다.

② 질병치료 및 완치에 초점을 둔다.

③ 한 명의 환자에게 한 개의 진단을 내릴 수 있다.

④ 환자의 잠재적인 건강문제를 확인한다.

**TIP** ④ 간호진단을 통해 환자 사정 시 수집된 자료를 분석, 정리하여 환자의 실제적·잠재적 건강문제를 확인한다.
①② 간호진단은 간호중재를 통해서 임상적인 판단을 하는 과정으로 질병 상태를 파악하거나 질병 치료 및 완치를 위한 것이 아니다.
③ 간호진단을 통해 한 명의 환자에게 여러 개의 진단을 내릴 수 있다.


**7** 환자의 간호진단 중 잠재적 진단으로 옳은 것은?

① 고열로 인한 체액부족

② 부동과 관련된 피부통합성 장애

③ 침습적 시술로 인한 감염위험성

④ 질병 부위 통증으로 인한 수면장애

**TIP** ③ 발생 위험성이 있는 문제에 대한 잠재적 간호진단이다.
①②④ 확증된 문제에 대한 실제적 간호진단이다. 잠재적 진단은 환자에게 충분히 발생 가능한 위험성이 있는 문제에 대한 진단이다.


**Answer** 5.④ 6.④ 7.③

**8** 환자 간호과정 시 간호사는 "대상자는 1개월 안에 정상 혈액 범위를 유지할 것이다"라고 하였다. 간호과정 중 속하는 단계는?

① 사정

② 진단

③ 계획

④ 수행

**TIP** ③ 대상자 간호사정 내용을 바탕으로 간호 우선순위를 정하고 그에 맞는 간호목표를 설정하였다.
 ※ 간호과정 단계
  ㉠ 사정 : 대상자의 건상상태 파악과 평가를 위한 체계적이고 지속적인 자료를 수집하고 의사소통하는 과정이다.
  ㉡ 진단 : 독자적인 간호중재로 예방 또는 해결될 수 있는 실제적 · 잠재적 건강문제이다.
  ㉢ 계획 : 대상자 사정을 통해 간호 우선순위를 설정한 후에 목표와 기대되는 결과를 설정한다.
  ㉣ 수행 : 간호계획을 실제로 수행하는 단계이다.
  ㉤ 평가 : 간호계획에서 설정한 목표달성을 측정한다.

**9** 환자를 위한 간호중재 중 독자적 간호중재는?

① 수혈

② 체위 변경

③ 억제대 사용

④ 유치도뇨관 삽입

**TIP** ② 독자적 간호중재는 간호사의 지식과 기술에 근거한 간호활동으로 의사의 지시에 따르는 의존적 간호중재와 달리 독자적으로 수행할 수 있는 간호활동이다.
 ①③④ 수혈, 투약, 억제대 사용, 유치도뇨관 삽입 등은 의존적 간호중재이다.

**Answer** 8.③ 9.②

**10** 간호목표 설정 시 간호사가 고려해야 할 사항은?

① 간호목표는 간략히 서술한다.

② 간호사가 수행할 행동을 용어로 서술한다.

③ 관찰 및 측정에 가능한 동사를 사용한다.

④ 목표 달성을 위한 최종기일을 정하여 명시하지 않는다.

> **TIP** ① 간호목표 결과의 기술은 정확성이 중요하다.
> ② 대상자가 직접 수행할 행동을 서술한다.
> ④ 달성되어야 하는 목표의 최종기일을 명시한다.

**11** 간호계획 시 간호사가 가장 우선적으로 고려해야 할 것은?

① 피부손상 위험성

② 만성질환 가능성

③ 즉각적인 처치를 받는 문제

④ 미래의 안녕에 미치는 영향

> **TIP** ③ 간호계획 시 가장 먼저 수립하여야 할 문제는 대상자의 생명을 위협하거나 즉각적인 처치가 필요하고 전문적인 주의를 요하는
> 문제이다.

**12** 교통사고로 응급실로 이송된 환자는 얼굴이 상기된 채 땀을 흘리고 대퇴부위 통증을 호소하며 V/S 체크 시 혈압 150/90mmHg, 맥박 100회/분, 호흡 32회/분, 체온 37.2℃로 측정되었다. 환자의 주관적 증상으로 옳은 것은?

① 땀 흘림                     ② 상기된 얼굴

③ 호흡 32회/분               ④ 대퇴부위 통증 호소

> **TIP** ④ 통증은 주관적인 것으로 환자만 느낄 수 있는 것이기 때문에 주관적 자료이다.
> ①②③ 간호사가 직접 관찰할 수 있는 것으로 객관적 자료이다.

**Answer** 10.③ 11.③ 12.④

**13** 간호기록의 목적으로 옳은 것은?

> ⊙ 의료진들 간 의사소통 수단
> ⓛ 목표와 기대되는 결과 확인
> ⓒ 간호의 연속성 제공
> ⓔ 개별화된 간호 제공

① ⊙ⓔ          ② ⓛⓒ

③ ⊙ⓛⓒ       ④ ⊙ⓛⓒⓔ

**TIP** 간호기록 목적
  ⊙ 의료진들의 의사소통 수단으로 사용한다.
  ⓛ 간호계획에서 대상자 자료를 얻을 수 있다.
  ⓒ 간호의 질 평가를 위한 자료로 사용한다.
  ⓔ 연구나 통계 자료로 활용된다.
  ⓜ 간호에 대한 정보를 제공한다.
  ⓗ 법적 문서이다.

**14** 간호과정의 평가단계에서 이루어지는 간호활동으로 옳지 않은 것은?

① 재사정과 재계획 수립
② 간호의 질과 수준 확인
③ 목표달성에 미친 영향요인 확인
④ 간호목표 수립과 평가전략 개발

**TIP** ④ 간호목표 수립과 평가전략 개발은 간호계획 단계 활동이다.

**Answer** 13.④ 14.④

**15** 환자 의무기록 작성 목적이 아닌 것은?

① 임상연구자료

② 가족력 확인

③ 법적자료

④ 보험청구

**TIP** 환자의 의무기록에는 투약, 처치, 검사결과, 수술, 경과, 식이, 간호기록 등 모든 의료정보를 포함한다. 환자가 사전에 동의를 한다면 임상연구자료나 교육자료로 활용이 가능하다. 또한 환자의 법적자료와 보험청구를 위한 자료로 활용될 수 있다.


**16** 간호사의 업무 중 간호수행으로 옳지 않은 것은?

① 간호지시 작성          ② 대인관계 기술

③ 환자 반응 확인          ④ 숙련된 간호기술

**TIP** ① 간호수행은 간호지시나 의학적 지시를 수행하는 것으로 간호지시 작성은 간호계획 과정에 포함된다.


**17** 환자에 대해 다른 건강관리전문가들에게 보고할 때 비언어적 메시지가 쉽게 전달하는 방법으로 옳은 것은?

① 전화          ② 서면보고

③ 컴퓨터기록          ④ 면담식 회의

**TIP** ④ 비언어적 전달
  ①②③ 언어적 전달
  ※ 의사소통 유형
    ㉠ 언어적 의사소통 : 말하기와 쓰기를 포함한 단어들을 사용하는 정보의 교환이다.
    ㉡ 비언어적 이사소통 : 언어를 사용하지 않고 표정이나 자세, 제스쳐 등으로 정보를 교환한다.

**Answer**　15.②　16.①　17.④

**18** 간호사는 환자에게 배뇨장애라는 간호진단을 내렸다. 간호사가 내린 진단은 환자의 어떤 사정자료를 토대로 한 것인가?

| | |
|---|---|
| ㉠ 무력감 | ㉡ 단백뇨 |
| ㉢ 호흡곤란 | ㉣ 안면부종 |

① ㉠㉣

② ㉠㉢

③ ㉡㉣

④ ㉠㉡㉢

**TIP** ③ 수집된 자료에 근거한 건강문제를 판단한다. 실제적 간호진단은 대상자가 경험하는 문제로 대상자로부터 수집된 자료는 관련 증상과 발현에 기초를 둔 현재 문제이다.

**19** 간호사의 SOAP 기록 중 A에 해당하는 것은?

① 기관흡인

② 호흡수 16

③ 가쁜 호흡 호소

④ 비효율적 호흡양상

**TIP** ④ A. 자료에서 도출된 사정
① P. 대상자문제와 관련된 간호계획
② O. 간호사가 관찰한 내용
③ S. 대상자의 말이나 표현에 의한 자료
※ SOAP형식 기록
 ㉠ S : Subjective Data, 주관적 자료
 ㉡ O : Objective Data, 객관적 자료
 ㉢ A : Assessment, 사정
 ㉣ P : Plan, 계획

**20** 병원에서 사용하는 약어에서 '취침시간'을 의미하는 것은?

① OS

② hs

③ AU

④ QD

**TIP** ① OS : 좌측 눈
③ AU : 양쪽 귀
④ QD : 하루 한 번

**Answer** 18.③ 19.④ 20.②

# 02 건강사정

## ❶ 건강사정

### (1) 정의

① 주관적 · 객관적 자료를 수집 후에 확인 · 분석한다.

② 환자의 신체적 · 발달적 · 사회문화적 · 영적 등의 전반적 건강수준 파악을 말한다.

③ 건강사정은 문진과 신체사정을 포함한다.
　　㉠ 문진 : 환자의 건강상태에 대한 주관적 자료이다.
　　㉡ 신체사정 : 환자의 신체계통의 변화에 대한 객관적 자료를 수집하는 방법이다.

### (2) 건강사정의 종류

① 종합사정
　　㉠ 환자가 처음 의료기관의 입원에 후속사정결과와 비교한다.
　　㉡ 기준이 되는 정보를 수집하는 일과 함께 문진을 포함하며 일반적으로 완전한 신체사정을 실시한다.

② 지속적 부분사정
　　㉠ 후속사정을 말하며 환자가 치료받는 동안 정기적 간격으로 시행되는 사정이다.
　　㉡ 건강문제에 집중하여 긍정적 · 부정적 변화를 관찰하여 중재 효과를 평가하는데 이용한다.

③ 집중사정 : 특정 문제를 사정할 때 이용한다.

④ 응급사정 : 생명을 위협하는 사정이나 불안정한 사정에 실시되는 신속하고 집중된 사정으로 긴급하게 실시된다.

## (3) 문진(History Taking)

① 환자의 건강상태에 대한 자세한 특성을 알려주는 자료 수집이다.

② 문진 동안 치료적 의사소통 · 면담의 기술이 사용된다.

③ 건강증진 활동, 힘의 원천, 실제적 · 잠재적인 건강문제 도출을 위한 자료를 찾는다.

④ 정보는 1차 제공자인 환자와 면담을 통해 수집하고 환자 주변의 가족이나 간병인도 해당된다.

⑤ 문진의 구성요소로 인구 사회적 특성, 환자가 의료서비스를 찾은 이유, 현재의 건강이나 병력, 심리사회적 요인, 생활습관 요인, 체계적 문진 등이 있다.

⑥ 건강사정 시행 시 지속적 정보에 근거하여 해당치 않는 질문은 제외하고 적절한 것을 추가하며 질문을 채택한다.

## (4) 문진기록의 특징

① 인구 사회적 특성
　　㉠ 간호사가 아닌 사람들이 일부 인구 사회적 자료를 수집할 수 있다.
　　㉡ 언어와 문화의 차이가 의료의 질과 안전에 영향을 줄 수 있다.

② 의료서비스를 원하는 이유
　　㉠ 의료서비스를 찾는 이유를 직접 설명하는 과정에서 치료를 요구하는 이유를 찾을 수 있다.
　　㉡ 나머지 사정의 초점에서 중점을 찾을 수 있다.
　　㉢ 개방형으로 질문하며 대상자의 모든 대답을 무엇이더라도 기록하며 의역과 해석은 배제한다.

③ 현재 병력
　　㉠ 환자의 현 병력과 관련된 증상을 철저하게 분석한다.
　　㉡ 환자에게 증상을 설명하도록 격려한다.
　　㉢ 설명에 문제 발생, 부위, 기간, 특성, 완화요인, 악화요인, 관련요인 등의 정보를 포함한다.

④ 과거 병력
　　㉠ 과거의 병력에서 현 증상의 원인을 찾을 수 있다.
　　㉡ 과거와 관련하여 특정 위험인자에 대한 파악도 가능하다.
　　㉢ 건강검진과 관련한 날짜 · 결과, 투약된 약물에 대해서 환자에게 질문한다.

⑤ 가족력
　　㉠ 환자 가족에 대한 정보는 환자의 위험증가 요인이 될 수 있는 관련된 질병 · 증상에 대해서도 알려줄 수 있다.
　　㉡ 특정질환은 유전병과 관련해서 현재의 건강문제와 위험요인을 알 수 있는 단서로 작용할 수 있다.

⑥ 기능적 건강사정

   ㉠ 환자의 능력과 개선해야 할 부분을 포함한다.

   ㉡ 건강과 질병이 환자의 삶의 질에 주는 영향에 초점을 맞추게 된다.

   ㉢ 일상생활과 자기 돌봄 활동을 행할 수 있는 환자의 능력, 도구적 일상생활 활동을 수행할 수 있는 환자 능력에 대한 사정이 이루어진다.

⑦ 심리사회적 · 생활습관 요인

   ㉠ 생활습관은 전반적 환자의 삶의 질과 안녕에 영향을 준다.

   ㉡ 사정하는 동안에는 개인적인 판단 없이 특정 정보 수집의 이유를 설명하고 면담 후에 체계적인 사정을 한다.

⑧ 체계적 문진(Review Of Systems)

   ㉠ 문진 일부분으로 문제를 드러내는 데 도움이 되는 신체계통과 관련된 질문이다.

   ㉡ 많은 질문은 하나 이상의 신체계통과 관련되고, 수집한 정보는 한 부위 이상과 관련된 정보이다.

## ❷ 신체사정

### (1) 정의

① 신체 전반의 객관적 정보 수집이다.

② 일반적 순서는 머리에서 발 끝 순서로 진행되지만, 계통적인 순서로 진행하고 환자의 욕구에 따라 변형되기도 한다.

③ 변경되는 상황에서도 체계적이며 빈틈없는 방식으로 시행되는 것이 중요하다.

### (2) 신체사정 방법

① 시진

   ㉠ 체계적인 방식으로 목적과 의도적인 관찰을 시행하는 것이다.

   ㉡ 시각적인 관찰이 주를 이루며 자료 수집을 위한 청각과 후각도 사용된다.

   ㉢ 처음 환자 접촉 시부터 지속적으로 전체 사정을 하고 신체의 질감 · 색 · 수분 등을 구별하기 위해 채광이 필요하다.

   ㉣ 신체 각 부위의 정상 소견과 대비되는 비정상 소견에 중점적인 관심을 둔다.

② 촉진

   ㉠ 촉감의 사용으로 신체내부 진동, 신체내부 모양 · 구조, 피부온도, 긴장도, 질감, 수분 등을 사정하고 체온측정에도 이용될 수 있다.

ⓒ 촉진하기 전 환자에게 촉진에 대한 동의가 있어야 하며 압통부위를 마지막에 진행한다.

③ 타진

　ⓐ 소리를 내기 위한 한쪽 대상을 다른 쪽 대상에 부딪치는 행동이다. 진동, 음파 생성을 위해 신체 조직 위를 두드리며 행한다. 생성된 음에 따라 조직의 위치·크기·밀도·모양을 사정한다.

　ⓑ **편평음** : 단단하고 치밀한 조직의 평탄한 소리로 공기량이 가장 적음을 나타낸다.

　ⓒ **탁음** : 단단한 기관에서 나는 턱턱한 소리이다.

　ⓓ **공명음** : 공기가 차있는 기관에서 나는 속이 빈 소리이다.

　ⓔ **과공명음** : 폐기종 대상자에게 발생하는 소리로 북이 울리는 소리가 난다.

　ⓕ **고음** : 공기가 차서 기관에서 들리는 북소리와 유사하며 공기량이 최대로 많음을 나타낸다.

④ 청진

　ⓐ **직접 청진법** : 신체 내에 발생하는 소리를 직접 듣는다.

　ⓑ **간접 청진법** : 청진기로 듣는 행위로 청진기의 판막형이나 종형을 사정부위에 갖다대어 행한다.

　ⓒ 조용한 환경에서 신체부위를 노출시켜 특정한 소리에 맞는 적합한 청진기 부위에 대어 시행한다.

　ⓓ 4가지의 소리 특징(강조, 음조, 질, 지속시간)에 따라 기록된다.

(3) 신체사정 일반적 조사

① **문진** : 질문을 통한 건강변화 요인을 발견하기 위함이다. 통증, 불편감, 체중변화, 수면장애 등에 대한 질문이 제시된다.

② **외모·행동** : 환자의 모습·행동을 통한 관찰이다. 문진을 통한 정보 수집하는 동안 행한다. 체격·자세·걸음걸이 등을 시진하고 영양상태를 파악한다. 비협응·자발적 운동은 신경문제를 의미하고, 통증에 대한 비언어적 전달, 질병 징후, 고통 양상, 호흡변화 등을 관찰한다.

③ **신장과 체중** : 신장과 체중의 비율은 영양상태와 전반적 건강상태를 보여주는 결과이다. 정확한 측정기와 체중계로 측정한다.

④ **신체비만지수와 허리둘레** : 영양상태의 초기사정에 이용된다. 비만과 영양부족을 알려주는 지표이다. 관련된 질병에 대한 위험도를 평가할 수 있고, 배에 있는 지방을 알려주는 지표이다.

⑤ **활력징후** : 기초자료를 확인할 수 있으며 잠재적·실제적 건강문제를 탐지하는 자료로 사용된다.

⑥ **통증** : 환자 초기사정의 일부이다. 간호사 – 환자 사이에서 관계를 유지하는 동안 계속 사정을 한다.

(4) 외피사정

① 정의

    ㉠ **외피 구조 사정** : 국소적 · 전신적 건강문제의 실마리를 제공하고 환자의 전반적 건강상태에 대한 정보도 알 수 있다.

    ㉡ 자기 돌봄에 대한 자료를 제공하여 교육할 수 있는 근거가 된다.

    ㉢ 신체사정에서는 피부, 털, 손 · 발톱은 시진과 촉진이 이용된다.

② 피부

    ㉠ 신체사정 동안에 지속적으로 사정되고 건강상태의 일반적 지표가 된다.

    ㉡ 청색증, 황달, 창백, 홍반 등으로 피부색 변화가 나타난다.

    ㉢ 피부의 혈관 분포, 출혈, 멍을 시진하여 심혈관장애, 혈액장애, 간 장애와 관련 위험도를 측정한다.

    ㉣ 정상 피부는 따뜻하고 건조하므로 온도 · 수분이 증가하는 것은 체온상승을 의미한다.

    ㉤ 피부긴장도는 피부 탄력을 의미하는 노인의 경우는 정상소견이나 잡히지 않는 경우 부종을 의미한다. 과다 수분공급, 심장기능 상실, 콩팥기능 상실, 외상, 말초혈관 질환 등을 짐작케 한다.

③ **손 · 발톱** : 시진으로는 모양, 각도, 질감, 색깔 등을 시진한다.

④ **털** : 색과 질감 분포를 사정하며 머리덮개(두피)는 색, 건조함, 각질, 덩어리, 병변 등을 시진한다.

⑤ **머리와 얼굴**

    ㉠ 시진과 촉진으로 진행되며 얼굴의 크기 모양을 시진과 촉진한다.

    ㉡ 머리와 얼굴은 서로 비율이 맞고 대칭적이어야 한다. 얼굴의 색과 대칭, 얼굴 털의 분포를 시진한다.

⑥ **눈**

    ㉠ 펜 라이트, 시력표를 사용하여 눈의 구조와 기능에 대한 사정이 이루어진다.

    ㉡ 시진은 일차 사정기술로 사정은 외부 눈 구조, 시력, 바깥눈근육 운동, 시야 등을 포함한다.

    ㉢ 외부 눈 구조 시진으로는 눈꺼풀, 눈, 속눈썹, 눈물샘, 눈썹, 동공, 홍채의 위치, 배열 등을 시진한다.

    ㉣ 바깥눈근육 운동에 대한 검사는 협응과 정렬이 되고 있는지 기본적인 시야를 사정한다.

    ㉤ 내부 눈 구조 시진으로는 검안경 검사로 망막과 시각신경원반, 황반, 황반중심오목, 망막혈관 등의 바닥 사정을 진행한다.

⑦ **귀**

    ㉠ 귀 시진과 촉진에는 바깥귀는 시진과 촉진을 사용한다.

    ㉡ 귀관, 고막은 이경을 사용하고 일반적으로 전문 사정기술을 가진 의료인이 진행하게 된다.

⑧ 코
    ㉠ 시진에는 바깥 코, 콧구멍, 코 선반을 검사한다.
    ㉡ 가능하면 환자가 머리를 뒤로 젖히며 코를 시진한다.

⑨ 입·인두
    ㉠ 검사에는 펜 라이트, 설압자, 거즈, 장갑 등이 사용한다.
    ㉡ 입술, 잇몸, 이, 혀, 단단입천장, 물렁입천장에는 시진으로 사정한다.

⑩ 목
    ㉠ 목 시진에 있어서는 갑상샘, 기관, 림프절을 포함된다. 환자를 앉히고 머리를 뒤로 젖힌 상태에서 진행한다.
    ㉡ 목의 관절 가동범위를 사정하며 움직임이 대칭인지 확인한다.

⑪ **갑상샘** : 시진에 있어서는 크기, 모양, 압통, 결절, 덩어리나 대칭여부를 확인한다.

### (5) 가슴과 폐 사정

① 줄자와 청진기를 사용하고 '시진→촉진→타진→청진'의 순서로 진행된다.

② 사정하는 동안 환자는 앉아있고 임상전문가가 진행한다.

③ 가슴을 시진할 때에는 가슴의 모양·윤곽, 호흡양상, 색, 근육발달의 시진을 한다.

④ 촉진은 호흡 동안의 가슴확장, 민감한 부위, 진동을 사정할 때 이용한다.

⑤ 호흡음 청진에는 기도안의 기류 탐지에 이용하는데, 소리의 음조, 강도, 지속시간을 세심하게 청진한다.

### (6) 심장혈관·말초혈관 계통 사정

① 심장과 팔다리의 사정으로 시진·촉진·청진이 이용된다.

② 사용되는 도구는 청진기, 혈압계가 있다.

③ 바로 누운 자세, 앉은 자세 등이 사용된다.

④ 목과 명치부위의 경우 박동상태를 확인하기 위하여 관찰된다.

⑤ 박동은 보통 왼쪽 빗장중간선의 4번이나 5번 갈비사이 공간에 위치한 심첨박동을 제외하면 없는 것이 일반적이다.

⑥ 배대동맥의 박동 확인을 위해 복장뼈 끝의 명치부위를 시진한다.

⑦ 목과 명치부위 촉진으로 손을 따듯하고 목 동맥 안쪽으로 턱과 빗장뼈 사이의 목 복장 꼭지근까지 촉진한다.

⑧ 심장음의 경우 심장판막이 닫히면서 생기는 심장음을 청진한다.

⑨ 대동맥 영역을 시작으로 허파동맥 영역, 에브르점, 삼천판막영역, 승모판막영역으로 대칭적 청진을 진행한다.

⑩ 팔다리 시진의 경우 피부의 체온, 색, 연속성, 병변, 부종, 정맥양상 등을 시진한다. 다리는 정맥류, 궤양, 부종, 발진이 없는 것이 정상이다.

⑪ 말초맥박과 모세혈관의 촉진으로 손가락을 사용하여 말초맥박의 진폭과 양쪽의 대칭을 촉진한다.

### (7) 유방과 겨드랑이 사정

① 시진과 촉진으로 진행되며 환자는 앉거나 앙와위 누운 자세로 실시한다.

② 유방은 모양, 대칭, 색, 감촉, 크기, 피부병변을 시진한다.

③ 비정상적 덩어리의 유무를 판단하기 위해 사분역에서 각각 촉진한다.

④ 림프절 촉진을 위해 겨드랑이 부위에도 시행한다. 정상적인 림프절은 촉진되지 않고 압통도 없어야 한다.

### (8) 여성 · 남성 생식기 사정

① 시진과 촉진이 이용된다.

② 여성의 경우 바깥 생식기관의 시진 촉진으로 방광을 비우고 바로 누운 자세나 옆으로 누운 자세로 실시한다.

③ 여성의 내생식기관은 임상전문가가 쇄석위 자세로 진행하고 질경을 사용한다.

④ 남성생식기관의 경우 서있거나 바로 누운 자세하고 바깥생식기관의 위치 · 크기 · 윤곽 · 피부모양 · 발적, 부종 · 분비물 등을 확인한다.

⑤ 샅굴부위 사정은 소변을 참고 시행되며 팽창이 없어야 정상이다.

### (9) 배 사정

① 배 안의 큰창자, 작은창자, 간, 쓸개, 이자, 지라, 콩팥, 방광 등을 사정한다.

② 신체사정으로 따듯한 청진기를 사용하며 손을 따듯하게 하고 배뇨 후에 진행하도록 한다.

③ 바로 누운 자세로 실시하며 사분역으로 나누어 사정 · 기록을 진행한다.

④ '시진→청진→타진→촉진' 순으로 진행된다.

⑤ 타진 촉진은 장음 자극이 일어나므로 청진 후에 시행된다.

⑥ 배 시진에는 환자 옆에 앉아 배를 좌우로 보는데 등고선, 대칭, 배꼽, 연동운동, 박동, 피부색, 표면의 특징 등을 시진한다.

⑦ 장음 혈관음의 청진으로 오른 아래 사분역에서 시작하여 오른위사분역, 왼위사분역, 왼아래사분역으로 이동하여 청진한다.

⑧ 창음에 관하여 주의 깊게 듣고 소리의 빈도, 특징에 주의를 기울기에 된다.

⑨ 배 촉진은 손가락 바닥을 이용해 가볍게 1 ∼ 2cm 담그는 동작으로 통증여부를 확인한다.

### ⑽ 근육 뼈대계통 사정하기

① 선 자세, 앉은 자세, 바로 누운 자세 등 다양하게 이용한다.

② 근육을 시진과 촉진 시 근육 긴장도 · 근력과 압통 여부를 확인한다.

③ 뼈를 촉진 시에는 정상적 윤곽과 융기를 확인하고 대칭적 구조를 확인한다.

④ 관절 시진과 촉진 시에는 움직이는 정도를 사정하여 완전한 관절 가동범위를 확인한다.

## ❸ 활력징후(Vital Signs)

### (1) 정의

① 사람의 체온, 맥박, 호흡, 혈압을 의미하고 통증을 5번째 활력징후라고도 한다.

② 사람의 건강상태를 나타내는 기초자료이다.

③ 활력징후는 항상성 기전에 의해 조절되고 특정한 정상범위가 존재한다.

④ 활력징후 사정은 간호사정의 일부로 모든 의료기관에서 실시하는 치료요소이다.

### (2) 활력징후 측정을 해야 할 때

① 환자의 상태가 변화하거나 의료기관에 입원할 때

② 기관의 정책과 방침에 따라 의식이 없거나 침습적 · 외과적 검사 시행 전 · 후

③ 위험성이 동반되는 중재 전 · 후

④ 심혈관과 호흡 기능에 영향을 주는 약물을 투약한 전 · 후

⑤ 대상자의 주관적 호소

⑥ 수혈 전 · 중 · 후

### ❹ 체온(Body Temperature)

**(1) 정의**

① 신체에서 생산되는 열의 양과 주변 환경으로 소실되는 열의 양과의 차이를 나타낸 도 단위의 측정값이다.

② 중심체온은 표면 체온보다 높다.

③ **정상 체온범위** : 35.9℃ ~ 38℃로 측정부위에 따라 미약한 차이가 있다.

④ **심부체온** : 복강, 골반강 등의 심부조직 온도이다.

⑤ **표면체온** : 피부, 피하조직 등의 온도를 말한다.

⑥ 체온은 연령, 성별, 신체활동, 건강상태, 주변 환경 온도에 영향을 받고 개인별로 다르게 나타난다.

**(2) 체온의 생리**

① 시상하부 온도 조절 중추에 따라 체온조절은 설정치 범위 안에서 유지한다.

② 냉각 및 온각 온도 감각 수용체에서 오는 정보를 받고 체온 설정치와 비교하며 신체의 열을 생산, 보존, 손실 증가 등의 반응을 일으키게 된다.

③ **열생산** : 열의 주요 공급원인 대사는 에너지 생산의 부산물로 열을 발생시키며 다양한 기전들이 호르몬, 운동을 포함하여 신체대사를 증진시킨다.

④ **열손실**
　　㉠ 피부는 열손실이 일어나는 부위이며 순환하는 혈액은 열을 피부표면으로 이동시키는 역할을 한다.
　　㉡ 동정맥 단락은 열을 신체 배출시키거나 열이 나가지 못하도록 신체에 보유할 수도 있다.
　　㉢ 교감신경계는 동정맥 단락을 열고 닫는 데 관여한다.
　　㉣ 열은 신체의 복사, 대류, 증발, 전도과정으로 외부환경으로 전달하게 된다.

**(3) 체온에 영향을 미치는 요인**

① **24시간 주기 리듬**
　　㉠ 시간의 흐름에 따라 환경적 · 생리적 과정은 반복된다. 사람 안의 현상은 24시간 주기 리듬의 영향을 받는다.
　　㉡ 체온은 보통 이른 아침이 늦은 저녁보다 약 0.6℃ 정도 낮다. 사람의 체온이 가장 높을 때는 오후 4시에서 8시 사이로 나타난다.

② **연령과 성별**
　　㉠ 나이가 들면 체온조절 능력이 감소하게 된다. 따라서 노인의 체온의 경우 성인 평균 체온보다 낮게 나타난다.

ⓛ 노인과 어린이는 외부온도 변화에 민감하게 반응하며 영아와 유아는 덥거나 추운 온도에 더 빠르게 반
   응한다.

ⓒ 여성은 남성보다 온도 변동이 더 크게 나타난다.

③ **신체활동** : 격렬한 활동은 체온을 증가시키는 원인이다.

④ **건강상태** : 특정 질병의 증상이 발현할 때는 온도 변화가 나타날 수 있다.

⑤ **외부온도**

ⓖ 더울 때 열 손실 증가, 추울 때 열 보호를 위한 옷을 입는 행위로 외부온도 변화에 대응한다.

ⓛ 추울 때 옷을 입지 못한다면 체온저하가 발생할 수 있고 더울 때 열손실이 충분하지 못하다면 고열이
   일어날 수 있다.

## (4) 체온의 증가

① **정의**

ⓖ 체온이 정상보다 더 높게 증가한 것이다.

ⓛ 열이 있는 사람은 열성이라 한다.

ⓒ 열은 발열원에 의해 시상하부 체온조절 중추의 설정치가 상승함에 따른 반응이다.

② **열의 종류**

ⓖ **간헐열** : 체온이 24시간마다 최소한 한 번 정상으로 돌아가는 것이다.

ⓛ **이장열** : 체온은 정상으로 돌아가지 않으나 몇 도 위아래로 체온 상승과 하강이 반복되는 것이다.

ⓒ **지속열** : 체온은 최소한만 변하고 정상보다 높게 올라와 있으며 계류열이라고도 명한다.

ⓔ **재발열** : 발열 증상이 나타나고 난 이후에 며칠 동안 정상으로 돌아갔다가 다시 며칠 동안 한번 이상의
   열이 나는 것이다. 재귀열이라고도 명한다.

③ **열의 신체적 증상** : 두통, 열, 건조한 피부, 피로, 근육통, 갈증, 붉어진 얼굴, 식욕상실, 호흡과 맥박수 증
   가 등이 나타난다.

④ **연령별 특징**

ⓖ 영유아는 발작이 나타난다.

ⓛ 노인은 혼동, 섬망 등이 나타난다.

⑤ **열의 합병증** : 전해질 불균형, 수분 불균형, 산 – 염기 불균형이 초래된다.

⑥ **열 치료**

ⓖ 원인을 확인하여 근본적 치료를 우선으로 한다.

ⓛ 항생제나 항감염제가 처방될 수 있다.

ⓒ **대표약물** : 아스피린, 이부프로펜, 아세트아미노펜과 같은 해열제를 적용한다.

(5) 체온의 감소

① 정의

ㄱ 정상 체온의 하한선으로 저하되는 것이다.

ㄴ 추운 환경에 열 생산과 보유하는 보상적 생리반응이 감당하지 못하면 발생한다.

ㄷ 노인, 장애인, 수술 전·후 환자에게 위험도가 높다. 35℃ 이하로 떨어질 경우 사망에 이를 수도 있다.

② 신체적 작용 : 환각, 혼미, 기억상실, 판단력 저하, 어눌한 말, 협응력 부족, 소변량 감소, 호흡 증가, 맥박 약화, 맥박 불규칙, 혈압 저하 등이 나타난다.

③ 치료 : 체온을 올리기 위해 보온을 실시하는 것이 제일 좋다. 옷, 온열담요, 복사 온열기, 담요, 따뜻한 수분의 투여 등을 시행한다.

(6) 체온사정

① 구강 체온사정 : 입안의 체온사정으로 전자체온계를 사용하며 탐침 주위로 입을 다물 수 있게 한다. 탐침은 측정시간 동안 혀 밑에 존재하여야 하며 구강에 질환을 가진 환자들은 금하도록 한다.

② 고막 체온사정 : 체온계의 적외선 센서로 고막 발산 열을 측정하는 데 쉽고 안전한 체온 측정 부위이나 귀 통증, 귀 감염, 고막흉터가 있는 경우는 금한다.

③ 관자동맥 체온사정 : 이마 오른쪽, 왼쪽을 측정하는 방법으로 그 부위를 덮은 것들을 치우고 측정을 진행하며 흉터가 있는 곳에서는 측정을 금한다.

④ 액와 체온사정 : 가장 안전한 체온사정 부위로 구강 체온보다는 1℃ 낮게 나타난다.

⑤ 직장 체온사정 : 가장 정확한 체온측정 방법이지만 신생아, 설사 아동, 곧창자 질환이나 수술 환자는 금한다. 구강체온에 비해 1℃ 높게 나타난다.

## ❺ 맥박(Pulse)

(1) 정의

① 정상 맥박수는 성인 기준 60 ~ 100회/분이며 노동맥과 목동맥과 같은 말초동맥에서 촉진될 수 있는 박동을 말한다.

② 좌심실이 수축해서 혈액을 혈관계통으로 내뿜을 때 혈액이 분출될 때 말초동맥에서 촉진될 수 있다.

③ 심첨맥박은 심장 꼭대기에서 청진된다. 승모판막과 삼천판막, 대동맥판막과 폐동맥 판막이 닫힐 때 측정되며 두음을 혼합하여 박동 하나로 계산한다.

## (2) 맥박의 생리

① 심장의 굴심방결절, 박동조율기를 통해 자율신경계통이 조절한다.

② 맥박 수는 말초동맥에서 만져지거나 심첨위에서 1분 동안 들리는 박동의 수를 말한다.

## (3) 맥박에 영향을 미치는 요인

① **연령과 성별**
  ㉠ 성별에 따라 여성이 남성보다 맥박수가 더 많다.
  ㉡ 연령의 증가에 따라 맥박 수는 감소한다.

② **신체활동**
  ㉠ 운동할 경우 맥박 수는 증가한다.
  ㉡ 건강상태가 좋은 사람의 경우 맥박 수는 크게 증가하지 않기도 한다.

③ **열과 스트레스**
  ㉠ 체온 상승으로 인해 보상기전으로 맥박수도 증가한다.
  ㉡ 스트레스 수준의 증가도 맥박수의 증가를 가져온다.

④ **약물** : 특정 약물은 맥박수의 증가를 가져오지만 다른 약물은 맥박수의 감소를 가져온다.

⑤ **질병** : 만성폐쇄성폐질환, 폐렴과 같은 일부 질병은 산소공급을 감소시켜 맥박수의 변화를 초래한다.

## (4) 맥박수 증가

① 빠른맥이라고 한다.

② 빠른 심박동수는 심장 충만시간을 낮춰 일회박출량, 심장박출량을 감소시킨다.

③ 성인기준 100 ~ 180회/분이다.

④ **요인**
  ㉠ 체온이 정상보다 0.6℃ 올라갈 때
  ㉡ 혈액손실로 혈압감소 시
  ㉢ 운동
  ㉣ 온요법 시간 연장
  ㉤ 통증
  ㉥ 두려움, 분노, 불안, 놀람
  ㉦ 에피네프린과 같은 약물 사용

## (5) 맥박수 감소

① 느린맥이라고 한다.

② 성인 기준 60회/분 미만을 말한다.

③ 일반적으로 남자, 마른 사람, 잠자는 동안에 느리게 나타난다.

④ 체온이 저하되거나, 대사과정이 감소한다.

⑤ 노인은 느리게 측정된다.

## (6) 맥박 사정부위와 방법

① 말초동맥 맥박 사정
   - ㉠ **노동맥** : 아동, 성인 사정에 이용된다.
   - ㉡ **넙다리동맥(대퇴동맥) · 오금동맥(슬와동맥) · 뒤정강동맥(후경골동맥) · 발등동맥(족배동맥)** : 다리와 발 순환을 확인 할 때 사정된다.
   - ㉢ **목동맥** : 응급사정 시 이용되며 위팔동맥은 영아에게 가장 많이 사정되는 부위이다.

② 심첨맥박 사정
   - ㉠ 말초맥박이 약하거나 불규칙할 경우 청진기를 통한 사정을 한다.
   - ㉡ 2세 미만 영유아의 맥박을 사정할 때 주로 이용된다.
   - ㉢ 심장수축은 5번과 6번 갈비뼈 사이의 공간과 왼쪽 빗장 중앙선에서 측정된다.

③ 심첨 – 요골 맥박 사정
   - ㉠ 심첨부와 노동맥에서 동시 측정된다.
   - ㉡ 맥박수 차이를 맥박결손이라 한다.
   - ㉢ 심장 박동수가 말초동맥에 충분히 도달하지 않거나 약한 것을 의미한다.

# ❻ 호흡

## (1) 정의

① 정상 호흡수는 성인기준 1분에 12 ~ 20회이며 영유아는 좀 더 빠르다.

② 노력 없이 되는 호흡은 정상호흡이다. 환기, 확산, 관류로 이루어진다.

③ 환기는 공기가 폐 안팎으로 이동하는 것으로 자동적 · 수의적 조절을 전부 받는다.

④ 확산은 폐의 폐포와 순환하는 혈액과의 산소와 이산화탄소의 교환을 의미한다.

⑤ 들숨은 숨을 들이쉬는 행위, 날숨은 숨을 뱉는 행위를 말한다.

## (2) 호흡생리

① 호흡수와 깊이는 조직 요구량에 반응하면서 뇌의 호흡중추가 호흡근을 억제 및 자극하면서 발생한다.

② 호흡중추는 대동맥활과 목동맥의 화학수용체에 오는 자극이다. 폐에 있는 뻗침수용체와 자극수용체를 거쳐 근육과 관절의 수용체를 자극하여 발생한다.

③ 호흡 수, 깊이를 증가 시키는 가장 강력한 호흡 자극원은 이산화탄소이다.

④ 들숨과 날숨의 속도와 깊이는 의식적인 노력 없이 되는 것이 정상이다.

⑤ **호흡에 영향을 미치는 요인** : 연령, 고도의 증가, 빈혈, 운동, 약물, 호흡기계 질환, 심혈관 질환, 산 – 염기 변화, 수분전해질 변화, 감염, 통증, 정서적 상태, 외상 등이 있다.

## (3) 호흡수의 증가

① **빠른호흡**이라고 한다.

② 대사율이 높아졌을 때 나타난다.

③ 세포는 많은 산소를 요구하고 이산화탄소를 많이 생산한다.

④ 혈중 이산화탄소 증가와 혈중 산소 감소 증상은 호흡수와 깊이를 증가시켜 과다호흡을 일으킨다.

⑤ 호흡기 질환은 **빠른호흡**, 과다호흡의 발생 위험을 높인다.

## (4) 호흡수의 감소

① **느린호흡**이라고 한다.

② 두개내압 증가나 아편유사제와 같은 특정 약물로 인해 발생한다.

## (5) 그 외의 호흡 양상

① **호흡저하** : 호흡수와 깊이가 감소한 호흡으로 불규칙적이다. 보통 마약, 마취제 과다복용에 나타난다.

② **체인 – 스톡 호흡** : 깊고 빠른 호흡으로 바뀌는 주기에 무호흡의 주기가 불규칙적으로 나타난다. 약물과다 복용, 두개내압 증가, 콩팥기능 상실, 심장기능 상실에서 나타난다.

③ **비오호흡** : 호흡 깊이와 호흡수가 다양하며 무호흡의 주기가 불규칙적으로 나타난다. 심한 뇌손상이나 수막염에서 보인다.

## ❼ 혈압(Blood Pressure)

### (1) 정의

① 정상 혈압은 수축기 120mmHg 이하, 80mmHg 이상이다.

② 순환하는 혈액이 동맥벽에 부딪히는 힘을 의미한다.

③ 좌심실 수축 시작 때 혈액을 대동맥 판막에서 대동맥으로 밀어내며 최대 혈압이 동맥벽에 가해진다.

④ 압력은 심실 수축 때 수축기로 혈압이 상승하고, 심장 확장 때 확장기로 내려간다.

⑤ 수축기 혈압 : 심실 수축기의 가장 높은 압력이다.

⑥ 확장기 혈압 : 심장 박동 후 휴식기에 심실 확장기에 떨어지는 가장 낮은 압력이다.

⑦ 맥압 : 수축기와 확장기의 혈압 차이를 의미한다.

### (2) 혈압의 생리

① 심실 수축으로 혈액이 동맥으로 진입하면 팽창이 가능한 동맥벽은 탄력조직으로 구성된다.

② 심장 박동 후 휴식기에 동맥벽은 제자리에 돌아간다. 가해지는 압력은 0이 아니고 모세혈관 내로 혈액은 지속적으로 흘러간다.

③ 동맥벽 저항 외에 동맥벽 탄력이 정상적 혈압 유지에 도움을 준다.

### (3) 혈압조절

① 단기간의 혈압조절
　　㉠ 혈압 조절 신경중추는 뇌의 심혈관 중추에서 이루어진다.
　　㉡ 부교감신경의 자극을 심장으로, 교감신경자극을 심장과 혈관으로 전달한다.
　　㉢ 미주신경 자극은 심박이 느려지고 교감신경 자극은 심박이 증가한다.
　　㉣ 단기간 혈압조절 기전은 체액성 · 신경성 기전으로 일시적인 압력변화를 바로 잡는다.
　　㉤ 생명 위협의 상황에서 작용하여 혈압유지를 돕는다.
　　㉥ 심장박출량이 증가할 때 혈압이 증가되고 심장 수축력이 약해진다.
　　㉦ 심장박출량이 감소할 때 혈압도 감소로 이어진다.

② 장기간의 혈압조절
　　㉠ 장기간의 혈압조절은 지속적인 혈압조절에 관여한다.
　　㉡ 콩팥을 통한 세포 바깥액량의 조절로 이루어진다.
　　㉢ 개인의 평형점에 맞게 혈압을 조절한다.
　　㉣ 많은 세포바깥액은 동맥압을 증가시키고 콩팥에서 나트륨과 수분 배설이 늘어난다.

## (4) 혈압에 영향을 미치는 요인

① **체중** : 마른 사람에 비해서 비만인 사람이 더 높다.

② **정서적 상태** : 흥분, 분노, 통증, 두려움의 정서일 때 혈압이 상승한다.

③ **체위** : 앉거나 선 자세보다 엎드리거나 바르게 누운 자세가 더 낮다.

④ **인종** : 아프리카계 미국인과 여성이 고혈압 발생위험률이 높다.

⑤ **약물** : 경구피임약은 혈압이 증가한다.

⑥ **연령** : 노인의 경우 동맥 탄력의 감소로 말초저항 증가하고 혈압이 증가한다.

⑦ **24시간 주기 리듬**

  ㉠ 정상적 변동은 낮에 일어난다.
  ㉡ 아침에 가장 낮고 오후 늦게는 상승한다.
  ㉢ 잠자는 동안 서서히 감소한다.

⑧ **성별** : 완경기 전에 여성이 남성보다 더 낮다.

⑨ **음식 섭취** : 음식 먹은 후 혈압이 증가한다.

⑩ **운동** : 수축기 혈압은 운동으로 인해 상승할 수 있다.

## (5) 혈압의 증가

① 고혈압은 혈압이 지속적인 기간 동안 정상 이상의 혈압을 유지한다.

② 고혈압의 기준으로는 수축기 혈압 140mmHg 이상, 확장기 90mmHg 이상이다.

③ 과체중, 비만, 연령에 영향이 있다. 심장질환의 주요 위험인자로 뇌졸중과 관련 있다.

④ 고혈압은 일차성(원발성)과 이차성(속발성)으로 나뉜다.

⑤ 일차성의 원인은 밝혀지지 않았고, 이차성은 콩팥질환 · 부신겉질부전증 · 대동맥 질환이 원인이다.

## (6) 혈압의 감소

① 저혈압의 경우 혈압이 정상범위보다 낮은 것이다.

② 저혈압의 기준은 수축기의 115mmHg 이하, 확장기의 90mmHg 이하이다.

③ 지속적 저혈압은 성인이나 운동선수의 경우는 예외이다.

④ 병리적 저혈압은 심장의 펌프 기능 상실, 혈액량 소실 등으로 발생한다.

⑤ 대표적인 예로는 기립성저혈압이 있다.

(7) 혈압사정부위

① 위팔동맥에서 혈압 사정

　　㉠ 처음 검사 시에는 양팔을 다 측정하고 양팔의 혈압이 다를 수 있다.

　　㉡ 압력이 더 높은 팔을 중점으로 측정한다.

　　㉢ 유방절제술, 겨드랑이 림프절제술, 정맥관, 동정맥샛길, 동정맥션트가 존재하는 팔에서는 측정하지 않는다.

② 요골동맥에서 혈압 사정

　　㉠ 아래팔의 혈압 사정 시에는 코로트코프음을 청진할 때 요골동맥을 사용한다.

　　㉡ 아래팔은 위팔 측정치보다 높게 나타나므로 손목이 심장 높이에 있다면 정확성이 올라간다.

　　㉢ 손목위치의 영향을 받는다.

③ 오금동맥에서 혈압 사정

　　㉠ 위팔동맥의 접근이 금지된 경우 오금동맥을 이용한다.

　　㉡ 수축기 혈압이 더 높지만 확장기 혈압은 일치한다.

　　㉢ 가능하면 복위로 진행되며 불가능한 경우는 앙와위로 무릎을 약간 구부린 채로 진행한다.

# 출제 예상 문제

**1** 2세 아동의 귀 검사를 위해 이경을 삽입하고자 할 때 귀를 잡는 방향은?

① Posterior — Inferior

② Posterior — Superior

③ Superior — Inferior

④ Superior — Anterior

**TIP** ① 외이도를 곧게 펴기 위해 3세 미만 아동은 후하방, 3세 이상은 후상방으로 귀를 잡아당긴다.

**2** 환자의 폐 타진 시 가장 넓은 부위에서 들을 수 있는 소리는?

① 탁음

② 공명음

③ 평탄음

④ 고장음

**TIP** ② 공명음 : 중정도의 낮은 소리로 울리는 듯한 몸이 폐 조직을 타진할 때 들린다.
① 탁음 : 중정도의 부드러운 소리로 간, 심장을 타진할 때 들린다.
③ 평탄음 : 부드럽고 평탄한 높은 소리로 근육은 타진할 때 들린다.
④ 고장음 : 공기로 채워진 조직의 큰 소리로 위를 타진할 때 들린다.

**Answer** 1.① 2.②

**3** 환자의 호흡 사정 시 정상으로 들을 수 있는 호흡음은?

① 나음                  ② 수포음

③ 천명음             ④ 세기관지 폐포음

> **TIP** ④ 세기관지 폐포음: 기도를 통해 움직이는 공기로 형성되어 들리는 정상호흡음이다.
> ① 나음: 점액이 있는 기도로 공기가 통과할 때 들리는 비정상호흡음이다.
> ② 수포음: 분비물이 있을 때 들리는 비정상호흡음이다.
> ③ 천명음: 기관지벽이 좁아져 진동에 의해 생긴 고음의 연속적인 휘파람소리로 비정상호흡음이다.

**4** 정상 호흡음으로 옳은 것은?

① 폐포음               ② 천명음

③ 수포음              ④ 늑막마찰음

> **TIP** ① 정상호흡음은 폐포음, 기관지음, 기관지 폐포음이 있다.
> ② 천명음: 좁아진 기관지를 통한 공기 통과할 때 발생한다.
> ③ 수포음: 분비물이 있을 때 발생한다.
> ④ 늑막마찰음: 장측 늑막과 벽측 늑막에 염증이 생기면 발생한다.

**5** 호흡기 질환으로 병원에 내원한 환자의 흉부타진을 하고자 할 때 사용하는 방법은?

① 흉통을 호소하면 약하게 타진한다.

② 위에서 아래로 내려가며 타진한다.

③ 뼈 돌출 부위를 부드럽게 타진한다.

④ 흉골 상부에서 늑골 순으로 타진한다.

> **TIP** ① 흉통 호소 시 타진하지 않는다.
> ③ 뼈 돌출 부위는 타진하지 않는다.
> ④ 흉곽 뒤쪽 폐 첨부에서 시작하여 아래로 내려가며 대칭적으로 타진한다.

**Answer**   3.④   4.①   5.②

**6** 환자 신체 사정 중 눈의 사시를 확인할 수 있는 검사방법은?

① 차폐검사

② 시야검사

③ 시력검사

④ 눈 외부 시진

> **TIP** ① 차폐검사: 대상자의 한쪽 눈을 검사지로 가리고 가리지 않은 쪽 눈은 검사자의 손의 움직임을 따라 가도록 한 후 가린 눈의 검사 지를 떼고 가리지 않은 눈과 함께 움직이는지 확인하는 검사이다.

**7** 깊은 호흡과 무호흡을 번갈아가며 호흡하는 심부전 환자의 호흡양상은?

① 서호흡

② 빈호흡

③ 체인 스톡스 호흡

④ 운동 실조성 호흡

> **TIP** ③ 심부전이나 호흡중추 손상으로 인해 일어나는 양상으로 규칙적 주기로 호흡수와 깊이가 증가하다 무호흡이 나타날 때까지 감소 한다. 무호흡 기간은 다양하고 점차 길어진다.

**8** 복부 검진을 시행하려고 할 때 신체검진 순서로 옳은 것은?

① 시진 → 촉진 → 타진 → 청진

② 시진 → 청진 → 촉진 → 타진

③ 시진 → 타진 → 촉진 → 청진

④ 시진 → 청진 → 타진 → 촉진

> **TIP** 신체검진
> ㉠ 복부검진은 '시진 → 청진 → 타진 → 촉진' 순으로 한다.
> ㉡ 장음 자극 발생으로 인해 청진에 방해가 되는 것을 방지하기 위해 타진과 촉진은 청진 후 시행한다.
> ㉢ 일반 신체검진은 '시진 → 촉진 → 타진 → 청진' 순으로 한다.

**Answer** 6.① 7.③ 8.④

**9** 성인 신체검사 기록 중 정상반응으로 옳은 것은?

① 동공반사 없음

② 구토반사 있음

③ 각막반사 없음

④ 바빈스키반사 있음

> **TIP** ② 구토반사 : (+) 설압자로 혀를 누른 상태로 혀 뒤쪽을 자극 시 토하려는 반응을 보인다.
> ① 동공반사 : (+) 동공에 빛을 비추면 동공이 수축한다.
> ③ 각막반사 : (+) 결막낭 외측에 면봉을 대면 눈을 감는다.
> ④ 바빈스키반사 : (−) 손가락으로 발바닥을 자극 시 발가락이 펴지는 증상으로 생후 1년 이내에 소실한다.

**10** 기억력 상실을 호소하며 내원한 환자의 기억력 기능을 사정하기 위한 방법으로 옳은 것은?

① 제시한 단어의 의미를 설명하게 한다.

② 대상자가 내원한 이유를 설명하게 한다.

③ 구체적 상황을 제시하고 대처방안을 설명하게 한다.

④ 간호사가 말한 숫자를 대상자가 따라서 말하게 한다.

> **TIP** ④ 최근 기억의 사정으로 간호사는 숫자를 연속적으로 말하고 대상자가 따라서 말하게 한다.
> ※ 기억 사정방법
> ㉠ 최근 기억 : 대상자에게 일련의 숫자를 알려주고 말하게 하거나 24시간 이내의 일을 물어본다.
> ㉡ 과거 기억 : 대상자에게 생일이나 기념일 등을 물어본다.

**Answer** 9.② 10.④

**11** 삼차신경의 사정방법으로 옳은 것은?

① 빛을 동공에 비춰 본다.

② 어금니 양쪽을 꽉 물게 한다.

③ 혀를 길게 내밀어 보게 한다.

④ 눈썹을 올리고 미소를 짓게 한다.

> **TIP** ② 삼차신경은 5번 뇌신경이다. 저작 운동 지배, 얼굴, 목 감각을 담당하는 기능을 하므로 대상자에게 턱의 근육을 촉진하는 검사를
> 시행한다.
> ① 3번 뇌신경
> ③ 12번 뇌신경
> ④ 7번 뇌신경
> ※ 뇌신경
> ㉠ 제1뇌신경 : 후신경
> ㉡ 제2뇌신경 : 시신경
> ㉢ 제3뇌신경 : 눈돌림신경
> ㉣ 제4뇌신경 : 도르래신경
> ㉤ 제5뇌신경 : 삼차신경
> ㉥ 제6뇌신경 : 갓돌림신경
> ㉦ 제7뇌신경 : 얼굴신경
> ㉧ 제8뇌신경 : 청신경
> ㉨ 제9뇌신경 : 혀인두신경
> ㉩ 제10뇌신경 : 미주신경
> ㉪ 제11뇌신경 : 더부신경
> ㉫ 제12뇌신경 : 혀밑신경

**12** 혈압측정에 관한 설명으로 옳은 것은?

① 커프의 폭이 넓으면 혈압이 높게 측정된다.

② 커프를 느슨히 감으면 혈압이 낮게 측정된다.

③ 커프의 폭은 상박 크기와 비슷한 것을 사용한다.

④ 커프의 압력을 빨리 빼면 혈압이 낮게 측정된다.

> **TIP** ④ 커프의 공기압력을 정상속도보다 빨리 빼면 혈압이 낮게 측정된다.
> ① 커프의 폭이 넓으면 혈압이 낮게 측정된다.
> ② 커프를 느슨히 감으면 혈압이 높게 측정된다.
> ③ 커프의 폭은 측정하고자 하는 상박이나 대퇴의 2/3 정도 덮는 폭의 크기를 사용한다.

**Answer** 11.② 12.④

**13** 혈압 저하 요인으로 옳은 것은?

① 골격근 수축

② 혈액점도 증가

③ 정맥환류량 증가

④ 정맥벽 평활근 이완

**TIP** ①②③ 혈압 상승 요인이다.

※ 혈압저하 기전

정맥벽 평활근의 이완 → 정맥 확장 → 혈액량 증가 → 심장혈액 귀환량 감소 → 심장 수축 시 혈액 박출량 감소 → 혈압 저하

**14** 혈액 내 산소가 부족할 때 나타나는 맥박수의 변화는?

① 변화없다.

② 맥압이 약해진다.

③ 빈맥이 나타난다.

④ 불규칙맥이 생긴다.

**TIP** ③ 혈액 내 산소가 충분하지 않을 경우 산소 보충을 위한 심혈관계 보상기전으로 빠른맥이 나타나게 된다.

**15** 병원에 내원한 환자가 치료에 대한 불안으로 인해 심한 긴장감을 호소하는 환자에게 나타나는 증상으로 옳지 않은 것은?

① 근육수축

② 동공확대

③ 위장작용 촉진

④ 심근의 과다수축

**TIP** ③ 위장작용 억제가 나타난다.

※ 불안으로 나타나는 증상

㉠ 내장, 혈관, 분비샘에 뻗어있는 자율신경인 교감신경을 자극한다.

㉡ 아드레날린을 분비하여 심장운동을 촉진하고, 위장작용은 억제하며 발한 작용 촉진과 동공확대 등의 증상이 나타난다.

**16** 환자의 요골맥박이 90회/분으로 불규칙하게 측정될 때 간호수행은?

① 심첨맥박을 측정한다.

② 대퇴맥박을 측정한다.

③ 요골맥박을 재측정한다.

④ 요골맥박과 심첨백박을 측정한 후 비교한다.

**TIP** ④ 요골맥이 불규칙한 경우 2명의 간호사가 심첨맥과 요골맥의 박동수를 동시에 측정한 후 차이를 비교한다.

※ 맥박 결손

㉠ 심첨맥박과 요골맥박의 차이이다.

㉡ 2명의 간호사가 심첨맥박과 요골맥박의 박동수를 동시에 측정한 후 비교한다.

㉢ 심박동이 말초동맥에 미치지 못한 경우 또는 너무 약한 경우 나타난다.

**Answer** 13.④ 14.③ 15.③ 16.④

**17** 환자의 혈압을 재측정하는 경우 3 ~ 5분 뒤에 시행하는 이유는?

① 맥압감소를 위해서　　　　　　　② 혈액점도 증가 때문에

③ 정맥환류량 증가를 위해서　　　　④ 정맥울혈을 완화하기 위해서

> **TIP** ④ 동맥에 직접적으로 압력을 가하여 혈압을 측정하기 때문에 혈압 측정 시 공기압력으로 순간적 혈류를 막게 된다. 따라서 혈압 재측정 시 간격을 두지 않고 곧바로 시행하면 혈류공급이 원활하지 않아서 동맥은 허혈상태가 되고 울혈이 발생하게 된다.


**18** 서맥이 나타나는 원인은?

① 출혈　　　　　　　　　　　　　② 통증

③ 저체온　　　　　　　　　　　　④ 스트레스

> **TIP** ①②④ 빈맥을 유발한다.


**19** 호흡에 대한 설명으로 옳지 않은 것은?

① 만성흡연자는 호흡수가 많다.　　　② 열 발생 시 호흡수가 감소한다.

③ 성인이 되면 호흡수가 감소한다.　　④ 고산지역으로 오를수록 호흡수는 많아진다.

> **TIP** ② 열이 발생하면 호흡수는 증가한다.
> ※ 호흡에 영향을 미치는 요인
> 　　㉠ 연령이 낮을수록 빠르게 호흡한다.
> 　　㉡ 체온 상승 시 호흡률은 증가한다.
> 　　㉢ 환기량이 부족할수록 호흡수는 작아진다.


**20** 간호사가 환자의 심첨맥박을 측정하고자 한다. 청진기의 위치로 옳은 것은?

① 왼쪽 유두 위

② 왼쪽 유두 아래

③ 왼쪽 4번째 늑골간과 흉골중앙선이 만나는 곳

④ 왼쪽 5번째 늑골간과 쇄골중앙선이 만나는 곳

> **TIP** 심첨맥박은 5 ~ 6번째 늑골, 즉 5늑간 부위(좌측 쇄골 중앙에서 유두 약간 아래 지점이 만나는 부위)에서 측정한다.


**Answer**　17.④　18.③　19.②　20.④

# ❍3 감염관리

## ❶ 감염(Infection)

### (1) 정의
① 신체 내 또는 표면에 병원체가 존재하여 발생하는 질병상태이다.

② 6가지 요소의 감염회로 주기과정으로 발생하게 된다.

### (2) 감염원(Infectious Agent)
① 감염을 일으키는 매개체 중 많이 확산되는 것은 세균, 곰팡이균, 바이러스 균이다.

② 사람은 모든 균에 노출되어도 바로 질병으로 이어지지는 않는다.

③ 질병 유발의 잠재력은 병원체의 수, 병원체의 독력, 질병을 일으키는 능력, 사람 면역체계 능력, 사람과 미생물 접촉 기간, 친밀도에 영향을 받아 발생한다. 일부 미생물의 경우 질병을 유발하지 않는다.

④ **정상균 무리** : 신체 다양한 부위에서 서식하며 자연적인 방어체계의 일부분을 구성하는 미생물이다. 다른 요소 개입으로 해롭지 않은 병원체가 감염을 발생시킨다.

⑤ **기회감염균** : 정상적으로 문제를 발생하지 않지만 감수성이 존재하는 세균이다.

⑥ **집락형성** : 체내에 머물며 임상적 감염징후가 없는 것이다.

### (3) 감염원의 종류
① 세균(Bacteria)

    ㉠ 의료시설의 가장 심각하고 흔하게 발생하는 감염유발 매개체이다. 구형, 막대형, 나선형 등으로 분류한다.

    ㉡ 그람 염색에 대한 반응으로 그람양성, 음성으로 나타나는데 이를 통해 항생제를 처방한다.

    ㉢ 산소요구도에 따른 유산소성, 무산소성으로도 구분한다.

② 바이러스 : 모든 미생물 중 크기가 가장 작으며 전자현미경으로 측정되고 B형·C형간염, 감기, 후천면역결핍증후군(AIDS) 등의 많은 감염을 발생시키고 항생제는 거의 효과가 없다.

③ **곰팡이류** : 감염을 일으키는 식물같은 균이다. 공기, 토양, 물에 서식한다. 발생 감염 예로는 백선증, 효모 감염, 무좀 등이 있으며 항진균제로 치료하며 치료에 저항성을 가지고 있다.

④ **기생충** : 숙주의 표면 안에서 사는 병원체이다. 숙주로부터 영양분을 공급받는다. 대표적인 예로는 말라리아로 기생충이 모기를 감염시키고 모기가 인간의 혈액을 흡인할 때 발생하는 질병이다.

### (4) 병원소(Reservoir)

① **기능** : 미생물의 성장 증식을 위한 병원소는 병원체의 집이며 자연적인 서식처이고 저장소의 기능을 한다.

② **보균자** : 사람이 감염원의 저장소 역할을 수행하며 징후·증상을 발현하지 않는 경우이다. 무증상자이지만 전파력은 가지고 있을 수 있다.

### (5) 감염회로

① **출구**
　㉠ 병원소로부터 미생물이 나가는 탈출구 역할을 한다. 마스크 착용은 탈출을 관리하는 관리법이다.
　㉡ 병원소로 이동이 되지 않는다면 미생물은 세력을 확장할 수 없다.
　㉢ 미생물마다 각각의 주요 출구경로가 존재한다.

② **전파경로**
　㉠ 전파방법에 해당하며 다양한 수단·경로를 통해 병원체는 병원소를 전파한다.
　㉡ 직·간접적 접촉경로를 경유해 신체로 들어갈 수 있다.
　㉢ 직접접촉은 키스, 성교, 피부접촉 등이 해당된다.
　㉣ 간접접촉은 오염된 도구를 만지는 등의 행위가 속한다.

③ **입구**
　㉠ 미생물이 새로운 숙주로 들어가는 경로이다.
　㉡ 새로운 숙주의 입구는 이전 병원소에서 나가는 출구와 경로가 같은 경우가 많다.
　㉢ 주요 입구는 기도, 요로, 피부, 위창자길 등이 있다.

④ 감수성이 있는 숙주

　　㉠ 수용 가능한 숙주와 숙주의 방어를 극복하면 계속적인 존재가 가능하다.

　　㉡ 감수성은 잠재적 숙주가 병원체에 저항하는 정도이다.

## (6) 감염단계

① 잠복기

　　㉠ 신체 침입한 시간과 감염증상이 나타나는 시간 사이의 간격이다.

　　㉡ 병원체는 이 기간에 성장과 증식이 일어난다.

　　㉢ 기간의 정도는 다양하게 나타나는 것이 특징이다.

② 전구기

　　㉠ 질병 초기 징후로 미열, 피로, 권태감 등의 비특이적 반응이 나타난다.

　　㉡ 사람의 경우 이 시기에 가장 많은 감염이 일어나고 감염의 전파를 인식하지 못한다.

　　㉢ 결과적으로 감염의 확산이 일어나게 된다.

③ 질병기

　　㉠ 특이적인 징후·증상이 발현하는 시기이다.

　　㉡ 감염의 종류에 따른 질병기간, 증상, 중증도 등이 다양하게 나타난다.

　　㉢ 한 부위에 발현하는 국소적 증상부터 전신증상까지 나타난다.

④ 회복기

　　㉠ 감염에서 정상 상태로의 회복하게 되는 기간이다.

　　㉡ 중증도나 환자의 일반적 상태에 따라 다르다.

　　㉢ 감염의 종류에 따라 회복기를 거치고 예전 상태로 돌아오거나 변화할 수 있다.

## (7) 감염의 신체방어

① 감염의 1차 방어선인 정상균 무리는 해로운 세균의 신체 침입을 막는다.

② 방어체계가 사람을 도와 감염에 저항하는데 염증과 면역반응으로 나타난다.

③ 염증반응

　　㉠ 병원체의 침입을 제거하거나 조직복구에 작용하는 보호기전이다.

　　㉡ 신체 공격 매개체를 중화·조절·제거하며 감염부위의 복구를 준비한다.

　　㉢ 급성 감염은 손상과 염증부위의 열, 통증, 기능상실, 발적, 부기 등을 동반한다.

　　㉢ 혈관과 세포는 구성요소이며 염증과정은 기본증상이 발현되는 원인이 된다.

　　㉢ 세포단계에서는 백혈구가 감염부위로 이동한다.

　　㉢ 1차 포식세포인 중성구는 외부물질과 세포파편을 막을 때 삼출물이 상처에서 분비한다.

④ **면역반응**

　㉠ 방어체계 중 하나로 세균과 함께 침입하는 외부 단백질, 자신의 단백질에 신체가 특이적으로 반응하는 형상이다.

　㉡ 외부물질은 항원이고 신체는 항체를 생산하여 대응한다.

　㉢ 항원-항체 반응은 체액면역이며 전반적 면역반응의 구성요소이다.

## (8) 감염의 위험을 높이는 요인

① 스트레스 수준 증가는 정상적 방어기전의 약화를 가져올 수 있다.

② 질병을 일으키는 병원체에 노출하는 것이다.

③ 인체에 보유되는 침습적인 의료기구에 침입 가능성이 크고 방어능력이 약화된 환자에게 치명적이다.

④ 피로수준, 영양상태, 건강상태, 질병유무, 특정 치료, 특정 약물 등은 숙주의 감수성에 역할을 한다.

⑤ 연령, 성별, 종족, 유전 등은 감수성에 영향을 준다.

⑥ 피부와 점막의 통합성은 미생물 침입을 방지한다.

⑦ 위창자길, 비뇨생식관의 pH농도는 침입을 방지하는 기능을 한다.

⑧ 적절한 건강습관, 영양섭취, 휴식, 운동, 좋은 위생습관 등은 면역반응의 유지에 도움을 준다.

## (9) 감염 임상지표

① **백혈구 수치 상승** : 정상수치는 5,000 ~ 10,000/㎣이며, 이 이상의 수치를 나타낸다.

② **특정 종류의 백혈구 증가**

　㉠ 중성구는 60 ~ 70%가 정상 수치이며 급성감염일 때 증가한다.

　㉡ 수가 감소하면 급성 세균감염 위험이 증가하고 스트레스 반응에도 증가한다.

　㉢ 림프구의 정상수치는 20 ~ 40% 이고, 만성 세균감염, 바이러스 감염에 증가한다.

　㉣ 단핵구의 정상수치는 2 ~ 8%이다. 심각한 감염에 수치가 증가하고 청소세포, 포식세포의 기능을 한다.

　㉤ 호산구의 정상수치는 1 ~ 4%이다. 알레르기와 기생충 감염에 증가한다.

　㉥ 호염기구의 정상수치는 0.5 ~ 1%이다. 보통 감염의 영향을 받지 않는다.

　㉦ 적혈구 침강속도 상승, 소변과 혈액, 가래, 체액으로 배양조직에서 병원체의 발견 등이 감염의 임상지표로 나타난다.

## ❷ 감염예방과 감염관리

(1) 무균법(Asepsis)

① 정의 : 감염 예방과 감염사슬 끊기에 해당하는 모든 활동을 말한다.

② 내과적 무균법 정의

    ㉠ 청결법으로 병원체의 수와 이동을 감소시키며 손위생과 장갑 착용이 대표적인 예이다.

    ㉡ 병원체가 생길 가능성의 전제하에 의료기관에서 지속적인 이용이 진행되는데 모든 간호활동에는 내과적 무균법이 포함된다.

    ㉢ 병원체 전파의 제한은 사람에게서 사람으로 전파 위험을 감소시킬 수 있다.

    ㉣ 전파 제한을 위해 방어벽을 이용한다. 방어벽은 개인보호구, 손 위생, 기타 차단법 등이 해당한다.

③ 내과적 무균법 기본원칙

    ㉠ 더러운 물건은 기구나 옷에 닿지 않도록 하고 좋은 손 위생 습관을 함양한다.

    ㉡ 다른 사람에게 직접 기침, 재채기를 방지하기 위한 환자교육을 행하고 먼지가 날리지 않도록 방지한다.

    ㉢ 덜 더러운 영역에서 시작하여 더러운 영역을 마지막에 닦으므로 깨끗한 영역의 오염 방지를 행한다. 병원체가 의심되는 물품은 멸균을 행하고 미생물 확산을 방지하기 위한 개인위생을 철저히 한다.

    ㉣ 의료기관의 규정 표준주의와 전파경로별 주의를 숙지하고 사용한다. 더러운 물건은 적절한 용기에 처리하며 심한 오염 바닥에 물품을 두지 않도록 한다.

④ 외과적 무균법 정의

    ㉠ 멸균법으로 미생물이 없는 물건과 영역을 제공·보존에 이용하는 방법이다.

    ㉡ 정맥주사관 삽입, 유치도뇨관, 멸균 드레싱 교체, 주사 약물 준비 등이 있다.

    ㉢ 수술실, 분만실, 특정 지역에서 더 자주 이용된다.

    ㉣ 병원균과 아포 포함 미생물 사멸이 필요한 물품은 멸균이 필요하다.

⑤ 외과적 무균법 기본원칙

    ㉠ 멸균물품은 다른 멸균 물품끼리만 닿을 수 있고 포장지 처음 가장자리를 벗길 때는 사용자와 반대방향으로 열며 멸균 표면이 옷에 닿는 오염을 방지한다.

    ㉡ 멸균 포장지 바깥은 오염된 것으로 간주하며 멸균 영역 준비에 사용되는 포와 종이 위에 용액을 쏟지 않도록 주의한다.

    ㉢ 허리 높이 이상으로 멸균물품을 들고 있어야 하며 멸균영역이나 물품에 대고 말을 하거나 침이 튀지 않도록 주의한다.

    ㉣ 멸균 영역에서 멀리 떨어지거나 등을 보이지 않고 필요하다면 건조 멸균 겸자를 사용할 수 있다.

    ㉤ 멸균영역의 바깥부분 1인치는 오염영역으로 간주하고 오염 의심 물품은 오염 물건으로 간주한다.

    ㉥ 갈라진 피부 접촉, 피부 관통, 체내 물질 주입 등 무균적 체강안의 침투 위험이 있는 물품은 모두 멸균 처리한다.

⑥ 소독 : 아포를 제외한 모든 병원균을 사멸하는 것이다.

⑦ 소독제의 종류

　㉠ 알콜 : 단백질 변성으로 살균작용을 하며 사용농도는 60 ~ 90%정도이다. 세균 · 결핵균 · 곰팡이 · 바이러스에 작용하며 아포와 외피 비보유 바이러스에는 효과가 낮다. 신속 살균효과가 장점이나 잔류효과는 없다.

　㉡ 요오드 · 아이오도퍼 : 미생물 세포벽의 투과로 단백질 합성저해와 세포막 변성을 일으키는 살균작용을 한다. 그람 양성균 · 그람 음성균 · 아포 · 바이러스 · 진균까지 살균 범위가 넓다. 10%의 용액은 침습적 시술과 창상치료에 이용되며 7.5%는 계면활성제와 수술 전 손 위생에 사용한다.

　㉢ 클로르헥시딘글루코네이트 : 결핵균에 최소 효과가 있지만 아포에는 없다. 그람 양성균에도 좋은 효과를 나타낸다. 잔류효과가 높으며 피부소독제로 이용된다.

　㉣ 글루탈알데히드 : DNA와 RNA의 단백질 합성을 변형하여 작용한다. 결핵균 · 그람 양성균 · 그람 음성균 · 진균 · 바이러스의 사멸에 관여한다. 보통 기계에 사용되는데 폐 기능 측정기구, 내시경류, 투석기 등의 소독에 사용된다.

　㉤ 과산화수소 : 세균 · 진균 · 바이러스 · 아포 · 결핵균에 모두 작용하며 3 ~ 6%의 농도는 콘택트렌즈, 인공호흡기, 린넨 등의 소독에 이용된다.

⑧ 멸균 : 아포를 포함한 모든 미생물을 사멸하는 것이다.

⑨ 물리적 멸균법

　㉠ 증기 : 포화증기를 이용하여 멸균하며 열 · 증기 · 압력 · 습기에 손상 받지 않는 의료기구에 적용한다.

　㉡ 건열 : 뜨거운 공기를 이용하여 멸균할 때 160℃에 1시간 정도를 적용한다. 열에 녹지 않고 물기가 닿으면 용해되는 물품에 적용한다. 직물이나 고무는 적합하지 않다.

⑩ 화학적 멸균법

　㉠ 에틸렌옥사이드 가스 : 저온멸균(50 ~ 60℃)이 실시되며 열 · 습기에 민감한 물품에 적용하게 된다. E.O. 가스는 독성이 존재하여 정화장치가 필요하다.

　㉡ 화학 멸균제 : 소독제에 3 ~ 12시간 노출한다. 2% 이상의 글루탈알데하이드 10시간, 7.5% 과산화수소수 6시간, 0.2% 이상 과초산 50분 이상 등이다.

　㉢ 과산화수소 플라즈마 가스멸균 : 멸균원은 58% 과산화수소를 적용한 것이다.

⑪ 증기멸균

　㉠ 사람과 환경에 독성이 없다. 멸균적용 대상이 광범위하다.

　㉡ 짧은 시간 안에 적용이 가능하고 경제적이다.

　㉢ 열에 민감한 기구에는 적용이 힘들고 습기로 인한 부식이 발생하는 물품에는 부적합하고 화상의 위험이 존재한다.

⑫ E.O.가스멸균

　㉠ 포장재질과 기구의 관속 등에 적용 할 수 있고 조작과 감시가 쉽다.

ⓛ 잔재하는 E.O. 가스 제거를 위한 정화가 필요하다.

ⓒ 발암성 · 가연성 · 독성의 위험이 존재한다.

⑬ 과산화수소 플라즈마 가스멸균

　ⓐ 환경과 의료인에게 안정적이고 잔류독성이 없다. 정화시간이 필요치 않다.

　ⓛ 대부분의 의료기구에 적용 가능하고 조작 · 설비 · 감시가 쉽다.

　ⓒ 종이 · 린넨 · 액체에는 사용할 수 없다.

　ⓔ 관이 길거나 좁을 경우 적합하지 않다.

　ⓜ 노출 기간 중 pH농도가 1ppm 이상이면 독성 변환 가능성이 존재한다.

## (2) 격리(Isolation)

① 정의 : 입원한 환자, 병원 직원, 방문자 사이의 감염병 확산을 방지하기 위해 제한하는 보호 방책을 말한다.

② 표준주의(1단계)

　ⓐ 모든 입원환자의 치료에 적용한다. 혈액 · 체액 · 분비물 · 땀을 제외한 배설물, 온전하지 않은 피부, 점막 등에 적용한다.

　ⓛ 요추천자, 호흡기 위생, 안전주사 실무 등의 위험성이 높은 장시간 시술을 할 때 마스크를 사용하는 방법이 추가된다.

　ⓒ 호흡기 위생 · 기침예절을 준수한다. 기침하는 환자에게 의료시설이나 사무실에서 사람들로부터 약 1m 이상 떨어져 있도록 한다.

　ⓔ 손 위생 방법을 준수한다.

　ⓜ 혈액 · 체액 · 배설물 · 분비물 · 오염물품 · 점막 등에 접촉할 때는 청결장갑을 착용한다. 같은 환자라도 필요시 장갑을 교체하며 사용 직후 장갑을 적절한 용기에 버린다.

　ⓗ 사용한 바늘에는 다시 뚜껑을 씌우지 않으며 불가피하게 뚜껑을 씌우는 경우에는 한손으로 행위를 진행한다.

　ⓢ 척추, 경막하 공간에 주사물질, 카테터 삽입 시 수술용 마스크를 착용한다.

　ⓞ 정기적 관리, 청소, 소독 절차 준수를 위한 적절한 환경관리를 시행한다.

　ⓩ 일회용량 바이알 사용 등의 안전한 주사법을 준수하고 주사 시 일회용 바늘과 주사기를 사용한다.

③ 공기주의

　ⓐ 결핵, 홍역, 수두, SARS와 같은 공기매개 감염을 막기 위한 환자 격리 방법이다.

　ⓛ 1인용 음압병실에 환자를 입원시킨다.

　ⓒ 시간당 6 ～ 12회 환기를 적용하고 문을 닫고 환자를 병실 안에 있게 한다.

　ⓔ 결핵 의심이나 보유 환자를 대면할 경우, 홍역 · 수두 환자를 대면할 경우에는 N95를 착용한다. 환자는 필요시에만 병실 밖 이동을 하며 이동할 때에는 환자에게 수술용 마스크 착용을 해야 한다.

④ 비말주의

　　㉠ 영유아의 홍역, 볼거리, 디프테리아, 아데노바이러스 감염과 같은 큰 입자 비말이 전파되는 감염에 걸린 환자에게 적용되는 격리주의이다.

　　㉡ 가능한 1인용 병실에 입원시키고 문은 열어둔 채로 지낼 수 있다.

　　㉢ 환자와 접촉할 수 있는 모든 상호작용을 위하거나 환자 환경의 오염된 구역 발생 시 PPE를 착용하도록 한다.

　　㉣ 필요할 때에만 환자의 병실 밖 이동을 허하고 수술용 마스크를 환자에게 착용시킨다.

　　㉤ 방문자는 감염된 사람으로부터 1m 정도 떨어지게 한다.

⑤ 접촉주의

　　㉠ 다제내성균 감염되거나 집락한 환자에게 적용되는 격리주의이다.

　　㉡ 가능하면 환자를 1인용 병실에 입원시키고 환자와 접촉 가능한 상호작용이나 오염된 구역이 발생하면 PPE(Personal Protective Equipment)를 착용한다.

　　㉢ 병실 밖 환자의 이동을 제한하며 환자 치료에 쓰이는 기구를 공동으로 사용하지 않는다.

⑥ 의료관련 감염 : 치료 과정 중에 발생하는 입원 당시에 없었던 감염이다.

　　㉠ 외인성 : 감염 원인인 원인균을 다른 사람으로부터 받아서 발생한 감염을 말한다.

　　㉡ 내인성 : 감염의 원인인 원인균이 그 사람의 신체에 서식하는 미생물인 경우를 말한다.

　　㉢ 의인성 : 감염이 치료와 진단적 시술 때문에 발생하였을 때를 말한다.

⑦ 침습적 의료기구 원인

　　㉠ 대장균, 황색포도알균, 스트렙토코커스 패칼리스, 녹농균, 클렙시엘라 등으로 일어난다.

　　㉡ 유치도뇨관, 정맥관 삽입, 기관절개관 등의 침습장치가 원인이 될 수 있다.

　　㉢ 중심정맥관 삽입으로 인한 혈류감염은 사망률이 높고 많은 비용이 소요된다.

　　㉣ 예방 지침으로 적절한 손 위생, 멸균가운 착용, 환자 피부의 소독, 중심정맥관의 소독과 건조 등이 제시되고 있다.

## (3) 다재내성균의 종류

① 다재내성균

　　㉠ 하나 또는 그 이상의 항생제 내성을 보이는 미생물이다.

　　㉡ 광범위한 항생제의 무분별한 사용은 감수성을 가진 세균이 항생제에 방어력이 생긴다.

② MRSA

　　㉠ 황색포도알균은 코 점막, 피부표면, 기도, 위창자 길에서 발견된다.

　　㉡ 광범위 항생제인 메티실린에 내성이 있다.

　　㉢ 치료하기 위해 강력한 항생제인 반코마이신이 사용된다.

　　㉣ 혈류감염, 상처감염, 인공호흡기 관련 폐렴, 다제내성의 원인일 수 있다.

ⓜ 세균이 반코마이신에도 내성을 보이면 linezolid(Zyvox)와 같은 합성 항생제 치료를 시행하게 된다.

ⓗ 주요 전파방식은 의료인의 오염된 손의 접촉, 오염된 의료기기의 접촉으로 발생한다.

③ VISA, VRSA, VRE

　ⓐ VISA 발생 이후에 VRSA가 발생한다.

　ⓒ 약물내성을 보이던 중간 내성 항생제에 민감해지면 이후 항생제의 완전한 내성이 발현된다.

　ⓒ 발생 위험 환자로는 콩팥 질환, 당뇨병, 이전 MRSA 환자 침습적 카테터, 최근 반코마이신 병력 노출
　　환자이다.

　ⓔ VRE도 병원체로 사슬알균 종인 장알균은 여성생식관, 창자길에서 발견된다.

　ⓜ 치료는 페니실린, 암피실린, 젠타마이신으로 치료한다.

　ⓗ 치료하다가 내성이 발생하면 반코마이신을 처방받고 VRE가 약제 내성이 발생되면 다른 항생제로 치료
　　한다.

　ⓢ 발생 위험 요인으로는 최근 배·가슴수술, 면역체계 저하, 중심정맥관, 장기간 항생제 사용, 장기간 입
　　원 등이 있다.

　ⓞ VRE의 전파는 감염되거나 집락 환자의 대변·소변에 접촉하며 퍼지게 되고 의료인의 손에 묻어 옮겨질
　　수도 있다.

④ CRE

　ⓐ 공중보건에 위협적이고 치료가 어려운 균이며 40 ~ 50%의 높은 사망률을 보인다.

　ⓒ 카바페넴의 내성은 다른 치료 선택이 거의 없다.

　ⓔ 사람에게서 사람으로 전파되는데, 위험 요인으로는 도뇨관, 정맥관, 인공호흡기 호흡, 장기간 항생제 복
　　용, 장기요양시설 등이 있다.

# 출제 예상 문제

**1** **멸균세트에 식염수를 따를 때 해야 하는 간호행위로 옳은 것은?**

① 뚜껑을 따고나서 소량을 버린 후 사용한다.

② 식염수 라벨의 방향은 신경 쓰지 않고 따른다.

③ 식염수 뚜껑을 들 때에는 안쪽이 위로 향하게 한다.

④ 7일 이내로 개봉 된 멸균식염수를 사용한다.

> **TIP** ② 라벨이 위로 향하도록 들고 따른다.
> ③ 식염수 뚜껑은 안쪽을 아래로 향해 든다. 멸균포나 세트의 멸균영역에 식염수 입구가 닿지 않도록 적절한 높이에서 따른다.
> ④ 개봉 된 멸균식염수는 24시간까지만 멸균된 것으로 간주한다.

**2** **간호수행 중 무균술의 종류가 다른 것은?**

① 관장

② 도뇨관 삽입

③ 욕창 드레싱

④ 정맥내 카테터 주입

> **TIP** ① 내과적 무균술
> ②③④ 외과적 무균술
> ※ 무균법 종류
> ㉠ 내과적 무균법 : 병원성 미생물이 없는 깨끗한 상태로 유지하는 방법이다.
> ㉡ 외과적 무균법 : 아포를 포함한 모든 미생물을 없는 멸균상태를 유지하는 방법이다.

**Answer** 1.① 2.①

**3** 역격리 환자의 간호중재 사항으로 옳은 것은?

① 호흡기나 장에 질환이 있다면 격리한다.

② 환자 간호 시 외과적 무균법을 시행한다.

③ 전염력이 강한 질병의 환자에게 적용한다.

④ 감염에 민감한 저항력이 낮은 환자를 보호한다.

> **TIP** ① 호흡기나 상처, 장 격리는 부분적 격리에 해당한다.
> ② 내과적 무균법을 시행한다.
> ③ 면역에 취약하거나 감염에 대한 방어력이 감소된 환자에게 적용한다.
> ※ 역격리
>    외부 감염으로부터 감염 감수성이 높은 환자를 보호하는 것이다. 면역억제제를 사용하거나 질병으로 인해 신체 방어력이 감소된
>    환자가 대상이다.

**4** 감염단계에 대한 설명으로 옳은 것은?

① 잠복기 : 강한 전염력으로 감염 증상이 나타난다.

② 전구기 : 질병의 징후와 증상이 비특이적으로 몇 시간에서 며칠까지 지속된다.

③ 발병기 : 감염 증상이 점차 완화되면서 회복이 시작된다.

④ 회복기 : 특이 증상이 발생하다가 점차 회복된다.

> **TIP** ② 전염력이 강하고 질병 징후와 증상이 비특이적이다. 기간은 최소 몇 시간에서 며칠까지 지속된다.
> ① 신체에 병원체가 침범되고 감염증상이 나타나기까지의 기간이다. 잠복기간은 다양하다.
> ③ 특이 징후가 나타나는 시기로 감염유형은 질병의 기간과 증상의 심각성에 의해 결정된다.
> ④ 징후와 증상이 사라지고 감염에서 회복되는 시기이다. 기간은 감염기간과 전반적 상태에 따라 다르다.

**Answer** 3.④ 4.②

**5** 간호수행 시 고무 카테터나 플라스틱류의 기구를 멸균하는 적합한 방법은?

① 여과

② EO gas

③ 열소독

④ 자외선소독

> **TIP** ② EO gas 멸균법 : 세균이나 미생물, 아포까지 없애는 멸균법으로 열이나 습기에 약하여 고압증기멸균법을 적용할 수 없는 내시경 기구, 플라스틱, 고무, 종이 등에 적용할 수 있다.
> ① 여과 : 공기나 수중기 중에 있는 미생물을 제거하는 방법이다.
> ③ 건열소독 : 160 ~ 170℃의 열에서 멸균하는 방법으로 습기가 있으면 안되는 파우더 등의 물품 소독에 이용한다.
> ④ 자외선소독 : 소독용 자외선을 이용하여 실내공기 중의 미생물을 파괴시키는 것이다.

**6** 병원에서 발생하는 교차감염에 대한 설명으로 옳은 것은?

① 상처 재감염

② 피부 농포 형성

③ 다른 환자에게 옮겨진 병원균

④ 미생물 감염을 인한 치료 지연

> **TIP** 교차감염 … 환자의 병원균이 다른 환자에게 옮겨지는 것으로 감염 증상도 없고 잠복상태도 아니었던 감염증이 입원이나 퇴원 후에 발생한다.

**7** 감염환자 간호 시 감염병실과 물건의 관리방법으로 옳은 것은?

① 병실은 양압으로 유지하여 외부 공기순환이 없도록 한다.

② 접촉물건은 일차 소독액에 담근 후 멸균 소독하여 사용한다.

③ 물건이나 환자와 접촉 후 일반비누를 꼭 사용하여 손세척한다.

④ 감염환자에게 사용한 장갑은 같은 감염환자에게 재사용이 가능하다.

> **TIP** ① 감염병실은 음압을 유지하여 공기전파되지 않게 한다.
> ③ 감염환자 접촉이나 침습적 간호 수행 시는 소독 비누를 사용하여 손세척한다.
> ④ 감염환자에게 사용한 장갑은 즉시 벗고 손을 씻는다.

**Answer** 5.② 6.③ 7.②

**8** 병원 감염 중에서 감염이 가장 잘 일어나는 부위는?

① 신경계                ② 호흡기계

③ 소화기계            ④ 비뇨기계

**TIP** ④ 가장 흔한 병원 감염인 요로감염은 전체 병원 감염의 30% 이상을 차지한다.

**9** 마트에서 감염차단을 위해 카트 손잡이에 뿌리는 소독액으로 차단되는 감염회로는?

① 탈출구, 침입구

② 저장소, 탈출구

③ 전파방법, 탈출구

④ 침입구, 개체 감수성

**TIP** ③ 손잡이를 통한 간접 첩촉으로 균이 전파되는 전파방법과 유기체가 저장소에서 떨어져 나오는 탈출구를 차단하고자 한다.
※ 감염회로
　㉠ 감염회로 중에서 하나라도 차단되면 감염이 일어나는 것을 예방할 수 있다.
　㉡ 감염성인자 : 바이러스, 박테리아, 곰팡이, 유기체로 인한 질병 유발 요인이다.
　㉢ 저장소 : 미생물 성장과 증식이 일어나는 서식지이다.
　㉣ 탈출구 : 저장소의 탈출구를 통해 외부에 전파된다.
　㉤ 전파방법 : 접촉, 공기, 매개체, 중개물을 통해 전파된다.
　㉥ 침입구 : 새로운 숙주 내로 들어가는 통로이다.
　㉦ 개체의 감수성 : 병원체 대항 능력이 감소된 숙주에게 미생물 침입이 쉽다.

**10** 병원에 입원한 수두 환아에게 적용할 감염 예방 격리지침은?

① 역격리               ② 비말감염

③ 공기감염            ④ 접촉감염

**TIP** ③ 결핵, 수두, 홍역 등은 공기전파로 감염된다.

**Answer** 8.④ 9.③ 10.③

**11** 간호사는 환자에게 입과 코를 막으며 기침하는 방법으로 차단되는 감염경로는?

① 입구

② 출구

③ 숙주

④ 매개체

> **TIP** ② 출구 : 감염성인자가 떨어져 나오는 경로이다.
> ① 입구 : 새로운 숙주로 들어가는 통로이다.
> ③ 숙주 : 미생물이 침입하여 생존하는 곳으로 저항력이 낮을수록 침입하여 생존하기 쉽다.
> ④ 매개체 : 감염을 일으킬 수 있는 오염된 물품이나 물, 음식 등을 말한다.

**12** 고압증기멸균법으로 멸균한 물품의 유효기간은?

① 3 ~ 5일

② 1 ~ 2주

③ 3 ~ 4주

④ 7 ~ 8주

⑤ 10 ~ 12주

> **TIP** ② 고압증기멸균법의 유효기간은 1 ~ 2주이다.
> ※ 고압증기멸균법
> ㉠ 고압증기는 아포를 포함한 모든 미생물을 사멸시켜 완전 멸균이 가능하다.
> ㉡ 높은 습열에 손상되지 않는 거즈, 린넨, 수술도구 등을 멸균한다.
> ㉢ 고압증기멸균법으로 멸균한 물품의 유효기간은 1 ~ 2주이다.

**13** 병원 모든 환자들에게 기본적으로 적용하는 격리지침은?

① 역격리

② 비말주의

③ 접촉주의

④ 표준주의

> **TIP** ④ 병원 내 표준 격리지침으로 모든 환자들에게 적용한다.
> ① 감염으로부터 면역력이 약화된 환자를 보호한다.
> ②③ 감염병 환자의 감염경로에 따라 격리를 수행한다.

**Answer** 11.② 12.② 13.④

**14** 디프테리아의 전파경로로 옳은 것은?

① 공기　　　　　　　　　　　　　　② 비말

③ 접촉　　　　　　　　　　　　　　④ 혈액

　　**TIP**　② 비말전파 : 디프테리아, 풍진, 아데노바이러스 등
　　　　　① 공기전파 : 결핵, 수두, 홍역 등
　　　　　③ 접촉전파 : MRSA, VRE 등
　　　　　④ 혈액매개전파 : AIDS 등

**15** 소독효과가 좋고 휘발성이 있어 피부소독에 주로 사용하지만, 소양증이 나타날 수 있는 소독제는?

① 포르말린　　　　　　　　　　　② 과산화수소

③ 젠티안 바이올렛　　　　　　　　④ 이소프로필 알코올

　　**TIP**　④ 이소프로필 알코올 : 세균막 지질복합체를 파괴하고 단백질 변성과 응고 작용으로 인해 살균효과가 나타난다.
　　　　　① 포르말린 : 방부용, 소독살균용으로 사용된다. 극약으로 지정되어 식품에는 사용하지 않는다.
　　　　　② 과산화수소 : 작용이 짧고 미약하여 살균효과가 떨어진다.
　　　　　③ 젠티안 바이올렛 : 염색약으로 세균 염색표본 검사에 사용된다.

**16** 병원감염예방을 위한 손 씻기 지침으로 옳은 것은?

① 로션은 손을 씻은 후 바른다.

② 손 씻기의 가장 중요한 것은 기계적 마찰이다.

③ 혈액이나 타액 등으로 인한 더러움은 알코올 제제로 소독한다.

④ 오염부위에서 깨끗한 부위로 손을 옮길 시 손 씻기는 필요 없다.

　　**TIP**　① 로션으로 인해 균이 다시 옮겨올 수 있고 습한 배지 형성으로 균 증식을 촉진시킬 수 있다.
　　　　　③ 알코올 제제는 눈에 띄지 않는 오염일 때 사용하고, 눈에 보이는 더러움은 향균성 세제와 물을 이용하여 씻는다.
　　　　　④ 모든 처치 전후와 장갑 착용 전후에 손 씻기를 시행한다.
　　　　　※ 손 씻기
　　　　　　　㉠ 병원감염을 가장 효과적으로 예방하는 무균술의 가장 기본적인 방법이다.
　　　　　　　㉡ 손 씻기의 가장 중요한 방법은 마찰이다.
　　　　　　　㉢ 모든 처치나 장갑 착용 전후에 손 씻기를 시행한다.

**17** 비특이적 면역으로 옳은 것은?

① 세포독성 반응

② 항체매개성 반응

③ 해부생리적 반응

④ 세포매개성 반응

**TIP** ①②④ 특이적 면역에 해당한다.

※ 신체 방어기전

ⓐ 비특이적 면역 : 이물질에 대한 노출 없이 피부나 점막에서 생리적 면역반응이 일어난다.

ⓑ 특이적 면역 : 특정 이물질에 대한 노출 후 기억세포 존재로 림프구에 의해 면역반응이 일어난다.

**18** 항암요법을 받는 조혈모세포 이식환자에게 적용해야 하는 격리방법은?

① 역격리

② 공기주의

③ 접촉주의

④ 비말주의

**TIP** ②③④ 감염경로에 따른 격리 수행 시 적용한다.

※ 역격리

ⓐ 면역력이 낮은 감염 위험성이 높은 환자에게 적용한다.

ⓑ 환자를 감염성 유기체로부터 보호한다.

ⓒ 면역력과 저항력이 낮은 장기이식이나 백혈병 등의 환자에게 적용할 수 있다.

**19** 병원에 입원 중인 장티푸스 환자의 간호 수행으로 옳은 것은?

① 환자 가족 병문안만 허용한다.

② 환자가 사용한 환의를 소각한다.

③ 입원기간 동안 격리하지 않아도 된다.

④ 고압증기를 이용한 멸균을 시행한다.

**TIP** ①③ 장티푸스는 2급 법정 감염병으로 환자의 대소변 배양검사 실시 후 연속 3회 음성이 확인될 때까지 환자를 격리해야 한다.

④ 아포 멸균을 위해 고압증기를 이용하는 것이 맞지만 법정감염병 환자의 물건은 임의 처분하지 않고 소각하거나 관련 법령을 따르도록 한다.

**20** 감염 위험을 높이는 요인에 해당하는 것은?

① 스트레스 수준 증가

② 음식 섭취

③ 운동

④ 마스크 착용

**TIP** ① 스트레스 수준이 증가하면 방어기전이 약화되어 감염위험이 증가할 수 있다.

**Answer** 17.③ 18.① 19.② 20.①

# 04 상처감염

## ❶ 피부

### (1) 피부의 구조

① 피부는 병원체의 침입으로부터 피부밑의 조직을 보호 기능을 하는 1차 방어선이다.

② 피부통합선이 파괴되면 잠재적 위험과 생명 위협의 가능성이 있기 때문에 피부의 통합성 유지는 중요하다.

③ 외피 : 신체에서 가장 큰 기관으로 다양한 기능을 한다. 신체를 덮고 있고 생명유지에 필수적인 요소이다. 피부는 두 개의 표피와 진피로 구성된다.

④ 표피 : 맨 위에 있는 바깥층으로 중층상피세포층으로 구성된다.

⑤ 진피 : 탄력결합 조직의 틀로 구성된다. 털집, 땀, 신경, 혈관이 구성되어 있다. 진피는 피부 층을 신체조직에 고정하는 피부밑 조직을 덮고 있다.

⑥ 피부밑층 : 지방세포 소엽으로 구성된 지방조직과 결합조직으로 구성된다. 지방 저장, 열 절연체 역할, 완충효과를 나타낸다.

### (2) 피부와 점막 기능

① 물과 미생물, 자외선 손상, 감염, 수분 손실 방지 등의 방어 장벽과 보호기능을 한다.

② 땀의 증발, 혈관 확장으로 열을 배출시키고, 혈관 수축으로 열 손실을 방지한다.

③ 털세움근의 수축으로 체온손실 방지하여 체온조절 기능을 한다.

④ 물, 질소 노폐물, 전해질 등을 땀으로 배출하는 기능을 한다.

⑤ 수백만 신경종말으로 촉감, 압력, 통증, 온도의 감각을 느낀다.

⑥ 감각자극을 뇌와 척수와 함께 적응시키는 감각의 기능을 한다.

⑦ 비타민 D의 전구물질이 자외선과 함께 비타민 D를 생산하는 기능을 한다.

⑧ 피부손상에 대한 면역반응을 일으키는 기능을 한다.

⑨ 약물을 국소·전신에 흡수를 일으키는 기능을 한다.

### (3) 피부 통합성에 영향을 미치는 요인

① **생활습관의 변화**
  ㉠ 태양 노출이 긴 직업이나 활동의 경우 피부암의 위험이 높다.
  ㉡ 신체 피어싱은 기도관리, 세균바이러스 감염, 피어싱 부위의 염증 발생 위험 등이 있다.
  ㉢ 동성애나 다양한 성교 파트너 이력, 양성애 남성, 혈우병, 정맥 내 주사약물 사용자 등은 카포시육종, AIDS 발생위험이 존재한다.

② **건강상태의 변화**
  ㉠ 감각저하는 위험요인에 대한 인지부족으로 피부손상 위험이 있다.
  ㉡ 탈수나 영양실조는 탄력을 잃고 손상이 쉽게 일어난다.

③ **진단검사** : 위장관 조영술은 위장 세척제로 인해 항문주위가 민감해지는 위험이 있으며 발적, 염증을 확인해야 한다.

④ **치료과정** : 장시간의 침상휴식, 석고붕대, 습열에 따른 물 온도 조절장치, 투약, 방사선 치료 등이 존재한다.

⑤ **연령** : 발달문제로 인하여 신생아와 노인의 경우 위험도가 높다.

⑥ **질병** : 당뇨병의 경우 복합적 피부문제 발생 위험도가 높다.

## ❷ 상처

### (1) 정의

① 상처는 정상적 조직과 피부의 통합성에서 손상이 발생하였을 경우를 말하며 파열된 경우도 포함된다.

② 상처는 신체 상해나 기계적인 힘에 의해 발생할 수 있으며 파열의 범위는 작은 손가락 베임상처부터 신체 대부분의 3도 화상 등 다양하다.

### (2) 상처의 분류

① **고의적 상처(Intentional Wound)**
  ㉠ **정의** : 계획된 치료법이나 침습적 요법으로 치료를 목적으로 한 고의적인 행위로 발생하는 상처를 말한다.
  ㉡ **특징** : 상처의 가장자리가 깨끗하며 출혈은 바로 억제된다. 상처 발생 시 보통 멸균 영역에서 진행되어 감염위험이 적으며 곧 치유가 촉진된다.

② 비고의적 상처(Unintentional Wound)
  ㉠ 정의 : 고의가 아닌 우발적 사고에 의해 발생한다. 물리력, 예상치 못한 외상, 화상으로 발생한다.
  ㉡ 특징 : 멸균된 영역 안에서 생긴 상처가 아니기 때문에 감염 위험성이 높고 상처가장자리가 불규칙하고 치유시간이 길어진다.

③ 개방창(Open Wound)
  ㉠ 정의 : 고의적 · 비고의적 외상으로 발생하는 상처이다. 찰과상과 절개 등이 있다.
  ㉡ 특징 : 파열된 피부로 인해 미생물 유입이 발생할 수 있다. 출현, 감염위험 증가, 조직 손상, 치유지연이 발생 할 위험이 높다.

④ 폐쇄창(Closed Wound)
  ㉠ 원인 : 자동차 사고, 폭행, 낙상 등의 외상의 강압, 긴장, 타격으로 발생한다. 반상출혈과 혈종 등이 있다.
  ㉡ 특징 : 피부표면은 파열되지 않고 연조직, 내부 손상이 발생하고 출혈이 일어날 수 있다.

⑤ 급성 상처
  ㉠ 정의 : 외과적 절개 같은 경우를 의미한다.
  ㉡ 특징 : 며칠 내, 몇 주 내 치유가 이루어진다. 상처 가장자리는 접합으로 감염위험이 줄어들게 되고 어려움 없이 치유과정에 들어간다.

⑥ 만성상처
  ㉠ 정의 : 상처치유의 단계 중 염증기에 머문다. 욕창, 정맥 기능부전, 동맥 기능부전과 같은 연속 과정대로 치유되지 않는 상처를 말한다.
  ㉡ 특징 : 정상적 복구진행이 어려우며 치유과정이 지연되고 가장자리는 잘 봉합되지 못하여 감염위험도가 증가한다.

(3) 상처의 유형과 원인
① 화학손상 : 알코올, 금속, 약품, 산과 같은 독성물질, 세포괴사로 방출된 물질이 입히는 손상을 말한다.
② 박리 : 찢겨진 것을 의미한다. 정상적 해부위치 구조에 발생하게 된 것, 혈관과 신경, 다른 조직에 손상을 입힐 가능성이 있는 것을 말한다.
③ 관통상 : 점막이나 피부에 이물질이 침투하여 피하조직에 머무는 경우 파편이 조직 전체로 흩어질 위험성이 있다.
④ 뚫기 : 예리하거나 뭉툭한 도구로 인한 피부, 조직이 구멍이난 상태를 말하며 고의적, 우발적으로 나뉜다.
⑤ 찢김 : 불규칙한 형태이다. 뭉툭한 도구로 조직이나 피부가 찢겨져 정렬되지 않고 늘어져 있는 상태를 말한다.
⑥ 찰과상 : 마찰로 인한 피부 표피층 손상으로 긁히거나 쓸려져서 피부 맨 위쪽 층이 벗겨지는 경우를 말한다.

⑦ **타박상** : 뭉툭한 도구에 맞거나 어딘가에 부딪힌 경우 덮여진 피부는 온전하지만 밑의 물렁조직의 손상으로 혈종이나 멍이 발현하는 경우를 말한다.

⑧ **절개** : 예리한 도구로 인한 손상으로 상처가장자리가 밀접하고 정렬되어 있다.

⑨ **당뇨병 궤양** : 당뇨신경병증 손상, 기저질환, 말초동맥질환, 당뇨병성 발 등을 의미한다.

⑩ **동맥궤양** : 혈전증, 죽상경화증 같은 기저질환으로 인한 동맥손상, 기저동맥허혈을 말한다.

⑪ **정맥궤양** : 판막의 폐쇄, 기능 부전같은 기저질환으로 인한 복귀정맥혈의 부족과 손상을 말한다.

⑫ **욕창** : 압막, 마찰 등에 의한 순환저하를 말한다.

⑬ **방사선 손상** : 방사선이나 자외선에 노출되어 생긴 상처를 말한다.

⑭ **열 손상** : 높거나 낮은 온도로 인한 세포괴사가 발생한 경우이다.

### (4) 상처치유

① **정의** : 손상이 발생하였을 때 조직이 반응하는 과정이다. 손상세포는 결합조직세포를 흉터조직으로 대치하고 세포를 재생시키는 생리기전에 의한 복구과정이 있다.

② **상처치유 원리**
　㉠ 신체 부위 중 어느 곳에 발생한 외상은 전신으로 반응이 일어난다.
　㉡ 완전한 피부는 미생물 저항의 1차 방어선이다. 피부의 통합성이 깨지면 감염 위험성이 증가한다.
　㉢ 어떤 손상에 신체가 정상적인 반응을 이루기 위해서 충분한 혈액공급이 바탕이 되어야 한다.
　㉣ 상처 과잉의 삼출물, 손상되고 죽은 세포, 병원균, 뼛조각 파편, 금속, 유리 등의 기타물질과 같은 이물질이 없는 경우 정상 치유가 촉진된다.
　㉤ 효과적 상처치유는 다양한 무기질, 비타민, 미량의 영양소를 필요로 한다.
　㉥ 영양실조는 T림프구 활동 관련하여 세포매개방어체계를 작동을 어렵게 한다.
　㉦ 단백질의 결핍으로 백혈구 기능 하락으로 상처감염 위험성이 증가한다. 적절한 영양이 유지되어야 상처를 충분히 다룰 수 있다.
　㉧ 완전한 피부가 되기 위해서 손상 정도와 환자의 전반적 건강이 영향을 받는다.

### (5) 상처치유 단계

① **지혈기**
　㉠ 손상이 발생하면 즉각적으로 발생하는 단계이다.
　㉡ 혈관 수축, 혈소판 활성, 균주무리 생성 등의 작용으로 혈액응고가 시작된다.
　㉢ 짧은 시간에 혈관이 수축된 이후의 확장되어 모세혈관 투과성이 증가한다.
　㉣ 혈장·혈액 성분이 손상된 부위로 새어나가며 삼출물을 형성한다.

⑪ 삼출물로 인해서 부종과 통증이 발생하고 열과 발적이 생긴다.

② 염증기

㉠ 백혈구, 큰 포식세포가 상처부위로 이동하며 지혈 후 4 ~ 6일 동안 지속된다.

㉡ 백혈구는 세균, 세포파편을 섭취하기 위해 도착한다.

㉢ 손상을 입고 약 24시간 후에는 큰 포식세포가 상처부위에 들어간다.

㉣ 큰 포식세포가 장시간 머물면서 파편 섭취, 상피세포 성장, 새로운 혈관생성 성장인자를 방출한다.

③ 증식기

㉠ 재생, 섬유모세포, 결합조직 단계이고 몇 주 동안 지속된다.

㉡ 섬유모세포의 활동으로 새로운 조직형성이 이뤄지면서 상처 공간을 메운다.

㉢ 육아조직은 새로운 조직으로 흉터조직을 형성한다. 혈관이 많고 붉은색이며 쉽게 출혈하는 것이 특징이다.

㉣ 1차 목적에 의한 치유 상처부위는 표피세포의 24 ~ 48시간 내 상처봉합으로 육아조직이 보이지 않는다.

㉤ 2차 목적 치유 상처로 같은 과정을 따라가지만 치유 시간이 오래 걸리며 많은 흉터조직이 발생한다.

④ 성숙기

㉠ 마지막 단계이다. 재형성, 성숙이라 말한다.

㉡ 손상을 입고 약 3주 후 ~ 몇 개월 또는 몇 년 지속될 가능성이 있다.

㉢ 상처부위의 불규칙하게 침착된 아교질이 재형성되고 상처를 더 튼튼하게 하며 인접한 조직과 유사하다.

㉣ 새로 생성된 아교질의 경우 계속된 침착으로 치유되고 있는 상처부위의 혈관을 압박한다.

㉤ 땀과 털이 발생하지 않고 햇볕에 타지 않는 무혈관 아교조직 흉터가 된다.

(6) 상처치유의 국소적 요인

① 압박 : 상처부위로 지속적이고 과다한 압박으로 혈액 공급을 방해받을 경우 치유 지연을 유발할 수 있다.

② 건조

㉠ 말라붙는 과정이다.

㉡ 세포사멸 : 건조된 환경은 세포의 탈수와 죽음을 유발한다. 상처부위의 세포사멸은 딱지 발생과 치유 지연을 유발한다.

㉢ 젖지 않을 정도의 습기와 수분공급이 가능한 상처는 표피세포의 이동을 촉진, 상피세포가 상처부위로 이동하는 상피화를 진행한다.

③ 짓무름

㉠ 피부의 연화·손상을 의미하고 수분의 오랜 노출로 발생한다.

㉡ 피부 pH변화, 세균 증식, 피부의 감염, 축축한 피부의 마찰로 인한 피부미란 등에 의해서 발생한다.

④ 외상 : 상처 부위 반복적 외상으로 치유 지연과 치유가 불가한 상태를 발생시킬 수 있다.

⑤ 부종 : 혈액 공급의 방해로 산소·영양이 충분한 공급을 이룰 수 없다는 상태이다.

⑥ 감염

 ㉠ 면역체계가 미생물과 싸우는데 에너지를 소비하여 회복·치유에 할당되는 에너지양이 감소하여 상처 치유가 지연된다.

 ㉡ 세균이 죽거나 생산되는 과정에서 방출되는 독소는 상처치유의 지연을 가져온다.

⑦ 괴사

 ㉠ 상처부위 죽은 조직은 치유를 지연한다.

 ㉡ 축축한 황색의 섬유질이 많은 조직으로 딱지로 나타난다.

 ㉢ 괴사딱지 : 질기고 가죽같이 검은 조직으로 나타난다.

 ㉣ 괴사조직 : 상처치유가 발생하지 않고 죽은 조직 제거로 상처가 치유된다.

⑧ 균막

 ㉠ 상처부위에 증식하는 세균은 당과 단백질로 구성된 두꺼운 보호장벽 균막을 형성한다.

 ㉡ 세균의 항생제 효과를 저하하고 환자 정상 면역반응 효과를 낮춘다.

 ㉢ 상처치유를 저해하며 만성적 상처염증을 일으키게 된다.

## (7) 상처치유의 전신적 요인

① 연령

 ㉠ 피부층이 표피와 진피 사이에 약하게 부착되어서 염증과정동안 쉽게 분리된다.

 ㉡ 영아·소아는 피부통합성 손상 위험이 높다.

 ㉢ 반창고를 떼어낼 때 표피가 벗겨지는 상처는 아동과 건강한 성인의 경우는 쉽게 회복한다. 노인의 경우는 노화로 섬유모세포의 순환·활동이 감소하여 치유과정이 지연되면서 만성질환으로 발생 가능성이 높다.

② 순환과 산소공급

 ㉠ 상처 치유는 충분한 혈액의 순환으로 영양분, 산소 전달과 세균, 독소, 조직파편 등을 제거하여야 한다.

 ㉡ 순환이나 산소공급에 영향을 주는 요인은 상처치유에도 영향을 줄 수 있다.

 ㉢ 당뇨병, 고혈압, 심혈관 질환, 노인, 말초혈관 질환 등은 순환이 저하되는 위험성이 높다.

 ㉣ 빈혈, 만성호흡장애, 흡연자의 경우 조직의 산소공급이 감소한다.

③ 영양상태

 ㉠ 상처치유는 충분한 탄수화물, 지방, 단백질, 비타민 무기질 등의 다양한 영양분이 필요하다.

 ㉡ 세포와 조직 재생에 칼로리와 단백질이 쓰인다.

 ㉢ 상피화와 아교질 합성은 비타민 A, C가 필요하다.

 ㉣ 아연은 세포증식을 하며 수분은 세포기능의 기본요소이다.

 ㉤ 영양과 수분이 부족한 환자의 경우 상처치유가 느리게 나타나고 부족하다.

④ 약물과 건강상태

    ㉠ 코르티코스테로이드 약물 섭취, 수술 후 방사선 치료가 필요한 환자의 경우 상처치유가 늦어지고 합병증 발병 위험도 높다.

    ㉡ 코르티코스테로이드는 염증과정을 감소시켜 치유를 지연시킨다.

    ㉢ 방사선은 골수의 기능을 저하시켜 백혈구 감소로 감염위험이 높아진다.

    ㉣ 장기간 항생제 투여는 이차감염과 중복감염의 위험이 높다.

    ㉤ 화학요법제는 상처치유 관여 세포의 증식을 감소 및 방해하면서, 만성질환자와 면역기능 저하자의 치유 능력을 감소시킨다.

⑤ 면역억제 : AIDS, 루푸스 같은 질병이나 화학요법, 연령으로 인한 면역체계의 억제는 상처치유 지연을 가져온다.

## (8) 상처 합병증

① 감염

    ㉠ 환자 면역체계가 미생물 성장을 막지 못할 경우 발생한다.

    ㉡ 수술동안, 초기 상처, 외상 등으로 미생물은 언제든 상처로 침입 가능하다.

    ㉢ 상처감염의 증상은 손상, 수술 후 2 ~ 7일 안에 발생한다.

    ㉣ 통증, 발적, 배농증가, 화농성배액, 부기, 체온증가, 백혈구 수 증가 등으로 나타나다.

② 출혈

    ㉠ 봉합이 풀리거나 상처부위 딱지의 탈락, 감염, 배액관 같은 물체로 혈관이 짓무를 때 발생한다.

    ㉡ 손상 후 48시간 동안 8시간마다 드레싱하고 드레싱 아래에 상처를 확인한다.

    ㉢ 과다출혈은 추가의 압박드레싱, 압박패킹, 수분보충, 외과적 중재가 필요하며, 내부출혈은 혈종을 형성한다.

③ 벌어짐

    ㉠ 수술 후 가장 심각한 상처 합병증이다.

    ㉡ 치유되지 않은 상처의 과도한 압박으로 상처조직층의 전체 또는 부분이 분리되는 것이다.

④ 내장적출

    ㉠ 벌어짐이 심화되어 나타나는 합병증이다. 내장이 절개 부위 밖으로 튀어나와 상처가 벌어지는 것을 말한다.

    ㉡ 합병증 위험도가 높은 환자는 흡연, 항응고제, 상처 감염, 비만, 영양실조, 상처감염, 구토, 과도한 기침 등을 가지고 있는 경우이다.

⑤ 샛길형성

    ㉠ 신체 밖이나 다른 곳으로 내부 장기나 혈관의 비정상적 경로이다. 의도적인 경우와 비의도적 경우가 있다.

    ㉡ 의도적 경우 : 동정맥샛길과 같이 신장투석용을 위한 수술에 의해 만들어진다.

    ㉢ 비의도적 경우 : 축적된 체액이 주위 조직의 압박으로 비정상적 경로가 생기는 경우로 장질샛길이 있다.

## ❸ 욕창(Pressure Ulcer)

### (1) 정의

① 피부와 피하조직의 국소적 손상부위에 생긴 상처로 근본적 원인은 압박이다.

② 대부분 물렁조직이 장시간 뼈융기, 외부표면의 압박, 물렁조직의 엇갈림, 마찰 등으로 압박을 받을 때 발생한다.

③ 욕창궤양, 압박궤양, 욕창으로 사용된다.

④ 욕창이 발생되면 환자는 삶의 질 저하, 의료비 지출 증가, 변형, 불편감 등을 겪는다.

⑤ 노인 환자의 경우 대 · 소변실금, 영양실조, 부동상태, 만성질환, 피부노화 등의 요인들이 동시에 생긴다.

### (2) 욕창 발생요인

① 외부압력

　ㄱ 원인 : 욕창 완충 역할을 하는 피하조직이 적은 뼈 융기에서 일어난다.

　ㄴ 발생부위 : 넓적다리의 큰돌기, 발꿈치뼈, 꼬리뼈, 엉치뼈 등이 있다.

　ㄷ 주요 발생원인 : 외부압박은 모세혈관 차단, 조직순환 부족을 야기한다. 특정부위에 허혈이 발생하고 부종, 염증, 저산소증에서 나아가 괴사에서 궤양을 형성한다. 움직이지 못하는 환자의 경우 최소 1 ~ 2시간 이내 발생할 수 있다.

② 마찰

　ㄱ 두 표면이 맞닿아서 문질러질 때 발생한다.

　ㄴ 찰과상과 비슷한 양상으로 피부 바로 밑 혈관의 손상도 일으킬 수 있다.

　ㄷ 주름이 있는 침상에서 마찰로 조직 손상을 입을 수 있다.

　ㄹ 환자가 스스로 체위를 변경하거나 들것에 옮겨질 때도 발생 할 수 있다.

③ 엇갈림

　ㄱ 한 조직층이 다른 층위로 밀려날 때 일어나는데 피부와 그 밑의 조직이 분리되는 것을 말한다.

　ㄴ 발생되는 상황으로는 침대에서 자세 변경, 들 것이나 의자로 환자를 옮길 때 잡아당기는 경우, 불완전하게 앉은 환자 등 엇밀림으로 인한 손상을 받아서 생긴다.

### (3) 욕창 발생 위험

① 부동

  ㉠ 장시간 침대에 머무는 환자나 자세가 적절하지 않으면 욕창의 위험이 존재한다.

  ㉡ 무의식, 마비, 인지장애, 골절 같은 신체 제한의 환자는 오랫동안 한 자세로 부동하기 때문에 발생위험이 높다.

② 영양상태

  ㉠ 영양공급은 세포손상을 방지하는데, 특히 단백질 – 칼로리 영양실조는 욕창형성을 촉진한다.

  ㉡ 단백질 결핍 : 음성 질소평형, 부족한 칼로리 섭취, 전해질 불균형 등으로 이어져 피부를 손상시킨다.

  ㉢ 비타민 C의 결핍 : 손상부위 순환을 방해한다. 부족한 시기에는 치아상태로 인해 악화되기도 한다.

  ㉣ 부적절한 수분 : 부종과 탈수가 발생하여 순환이 원활하지 않고 세포 영양공급이 방해될 수 있다.

③ 습기

  ㉠ 피부수분은 주로 대·소변, 땀, 상처에서 나오는 분비물이다.

  ㉡ 피부가 축축할 경우 외상에 대한 피부 저항성이 감소하고 마찰과 엇밀림의 위험성이 증가한다.

  ㉢ 젖은 피부는 작은 마찰에도 물집이 발생하고 손상을 입을 가능성이 높다. 대·소변은 암모니아 성분으로 화학적 자극에 의해 피부손상을 높인다.

④ 정신상태

  ㉠ 정신이 명료한 환자는 스스로 주기적 압박을 완화하고 피부위생을 실시한다.

  ㉡ 혼동, 혼수, 무감동한 환자의 경우 자기돌봄 능력이 감소하여 피부손상 가능성이 존재한다.

⑤ 연령

  ㉠ 노화로 인해 피부는 점점 취약해지며 따라서 노인의 경우 욕창 위험이 높다.

  ㉡ 노인의 영양실조, 면역력 저하도 원인이다.

⑥ 심부조직 손상의심

  ㉠ 압박, 엇밀림으로 물렁조직이 손상되면 국소적으로 자주색·적갈색으로 변색되고 혈액으로 찬 물집이 보인다.

  ㉡ 피부색에 따라 조금의 차이는 있지만 처음에는 정상 조직과 비교하였을 때 통증, 단단함, 부드러운 덩어리 잡힘, 수분이 많고, 더 따뜻하거나 차갑다.

  ㉢ 상처 위에는 물집이 잡힐 수 있고 얇은 괴사딱지가 생길 수도 있다.

  ㉣ 궤양 치료 중 조직층이 노출되면 상태의 악화가 빠르다.

## (4) 욕창의 단계

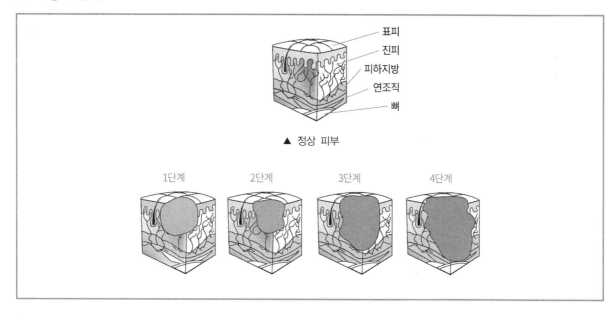

표피
진피
피하지방
연조직
뼈

▲ 정상 피부

1단계　　2단계　　3단계　　4단계

① **1단계**
　㉠ 뼈융기 위의 붉은색을 띄는 완전한 피부 상태이다.
　㉡ 주변과 다른 피부색이 나타나고 인접 부위와 비교하면 통증, 단단함, 부드러운 덩어리 잡힘, 수분이 많
　　 거나 더 따듯하거나 차갑다.
　㉢ 1단계는 위험군에 있는 사람을 의미한다.

② **2단계**
　㉠ 진피 부분층의 손실과 얕게 열린 궤양이 있다.
　㉡ 허물이 벗겨지고 타박상 없는 윤이 나는 건조한 얕은 궤양이 보인다.
　㉢ 물집이 그대로 있거나 혈청이 찬 물집이 터지거나 벌어지는 경우도 있다.
　㉣ 1 ~ 2주 이내에 발생한다. 연고, 개방감, 소독 등으로 치유가 가능하다.

③ **3단계**
　㉠ 전층의 조직 손실과 피부밑 지방이 보일수도 있으나 뼈·힘줄·근육은 보이지 않는다.
　㉡ 허물의 벗겨짐도 보일 수 있지만, 조직 손실 깊이는 분명히 보이지 않는다.
　㉢ 궤양이 침식, 터널구멍을 보이기도 한다.
　㉣ 욕창의 깊이가 해부학적 위치마다 다르다. 피부, 피하지방이 괴사나 손상이 된 상태이다.
　㉤ 복사뼈·뒤통수·코·귀는 피부밑 조직이 없기 때문에 욕창의 깊이가 얕게 나타난다.
　㉥ 지방이 많은 부위는 심각한 진행단계를 보인다.
　㉦ 조직을 제거하는 시술이 필요하다.

④ 4단계
  ㉠ 조직 전층 손실되며 뼈 · 힘줄 · 근육이 보인다.
  ㉡ 노출된 뼈와 힘줄은 직접 만져지며, 상처바닥 일부분이 허물이 벗겨지거나 괴사 딱지가 발생할 수 있고, 침식과 터널구멍이 나타난다.
  ㉢ 욕창의 깊이는 해부학적 위치마다 다르다. 근육과 지지구조로 확장되어 골수염 발생 위험성이 있다.
  ㉣ 수술적 치료가 반드시 필요하다.
⑤ 비범주 · 비분류 : 전층 조직이 손실되어 궤양바닥이 벗겨진 허물과 괴사딱지가 나타난다. 단계를 정확히 확인할 수 없으며 허물과 딱지가 충분히 제거되어야 단계를 확인 할 수 있는 것을 말한다.

## ❹ 상처와 욕창 사정

### (1) 상처와 욕창의 심리적 영향
① 피부는 자아상, 감각, 의사소통의 역할을 하고 있기 때문에 상처와 욕창은 신체뿐만 아니라 정서적 접근이 필요하다.
② 스트레스와 적응은 상처가 있는 경우 실제적 · 잠재적인 요소로 정서에 자극해서 스트레스가 된다. 스트레스 인자는 통증, 일상생활 변동, 불안과 두려움, 신체상의 변화로 나타난다.
③ 통증의 경우 모든 경중의 외상에 동반되어 나타난다. 합병증으로 생각되지만 심리적 요인으로도 작용한다.
④ 통증 감소를 위한 간호중재는 정서적 스트레스를 감소시킬 수 있다.
⑤ 급성 · 만성적 상처, 욕창 등은 환자의 일상생활에 관여한다.
⑥ 정상적 일상생활 중 신체적 · 경제적 · 의료적 제약이 발생하여 자기돌봄과 업무 · 여가 등의 활동을 하지 못할 경우 스트레스 요인으로 발생 할 수 있다.

### (2) 피부통합성 사정
① 환자의 외피상태 사정과 피부문제의 위험요인 확인 등에 관련하여 환자 병력이 필요하면, 환자 · 가족 · 지인으로부터 수집한다.
② 간호력에는 피부 모양과 욕창 관련한 환자 활동에 대한 질문이 포함된다. 여러 요인들이 혼합하여 욕창위험이 높은 환자를 구분한다.
③ 중점적으로 사정하는 피부통합성 사정요인은 피부의 상태, 활동 · 움직임, 최근의 피부변화, 통증, 영양, 배설 관련 질문들이 있으며 전반적 상태, 진단검사 결과를 평가하게 된다.

(3) 피부사정

① 피부사정은 모든 환자 치료에 필수적인 부분으로 피부 신체사정은 초기 자료수집의 일부분으로 포함된다.

② 입원 당시에 정기적 사정이 필요하며 재사정은 급성 치료환경, 장기요양 환경, 가정간호 환경 시에 시행된다.

(4) 상처사정

① 통증, 배액물, 모양, 냄새 등을 확인하기 위한 시진과 촉진이 행해지며 상처의 상태를 파악한다.

② 치유과정의 장애물을 확인하고 합병증 징후를 알아본다.

③ 정확한 사정으로 자료와 정보 수집하면 치료 · 치유과정의 효과를 올릴 수 있다.

④ 상처의 모양
   ㉠ 상처가 생긴 부위를 확인해야 하며 크기를 기록하고 길이 · 너비 · 깊이 등을 기록한다.
   ㉡ 측정단위는 ㎜, cm를 사용한다.
   ㉢ 상처 가장자리 접합부분, 벌어짐, 내장적출 등의 여부도 확인한다.
   ㉣ 배액관, 봉합선, 봉합핀, 관 등을 확인한다.
   ㉤ 감염 발생 여부 증상인 부어오름, 짙은 붉은색, 뜨거움, 배액물 증가, 고름, 냄새 등을 사정한다.

⑤ 배액 : 염증반응에 의한 삼출물이다. 혈관에서 나오는 체액과 세포로 구성되고 조직과 조직표면 위에 침착된다.
   ㉠ **장액성 배액물** : 혈액의 밝은 혈청부분이며 장막에서 나온다. 맑고 물 같은 특징이 있다.
   ㉡ **혈액성 배액물** : 혈액처럼 보이며 많은 수의 적혈구가 포함된다. 밝은 붉은색은 막 일어난 출혈이고, 어두운 붉은색은 오래된 출혈을 나타낸다.
   ㉢ **장액혈액성 배액물** : 혈청과 적혈구로 구성된다. 옅은 분홍색, 엷은 색조를 띤다.
   ㉣ **고름 배액물** : 백혈구, 용해된 조직파편, 죽은 세균, 살아있는 세균 등이 혼합되어 있다. 원인균에 따라 다양한 색과 짙고 퀴퀴하거나 불쾌한 냄새를 동반한다.

(5) RYB 상처분류

① **정의** : 상처사정에 이용되는 색 분류 체계이다. Red, Yellow, Black으로 상처를 설명하고 직접 치료와 이차 감염의 치유의 지표가 되어준다.

② R
   ㉠ Red로 보호를 의미하고 붉은 상처는 치유가 확산되는 단계로 정상적 육아조직의 색이다.
   ㉡ 가벼운 세척, 습윤 드레싱 등을 사용하는 간호중재와 상처보호를 한다.

③ Y
   ㉠ Yellow로 세척을 의미한다. 노란색 삼출물이나 허물의 벗겨지는 단계로 이때의 상처는 세척이 필요하다.

ⓛ 고름 배액물을 동반한다. 배액물은 흰빛의 노란색, 크림 같은 노란색, 노란빛이 나는 녹색, 베이지색 등
　　　으로 다양하다.

　　ⓒ 상처세정제와 상처세척으로 중재한다.

④ B

　　⊙ Black으로 상처의 죽은 조직이나 이물질을 제거하는 것을 의미한다. 괴사조직이 존재할 수 있는 가능성
　　　이 있다.

　　ⓛ 갈색, 회색, 황갈색, 검은색 등으로 나타난다.

　　ⓒ 죽은 조직제거술이 필요하고 복합 상처관리가 필요하다.

　　ⓔ 죽은 조직제거술 후에는 노란색 상처로 치료되다가 붉은 상처가 된다.

## (6) 욕창사정

① 대부분의 욕창은 예방이 가능하다. 환경 사정으로 욕창의 위험성, 선행요인, 실제 욕창증거 등을 확인하는
　 것이 중요하다. 욕창 위험을 사정하는 것으로 시작한다.

② 브레이든(Braden)척도

　　⊙ 정의 : 욕창의 위험을 사정하는 척도로 이용된다.

　　ⓛ 신체의 자세를 바꾸거나 조절하는 능력으로 운동성과 신체활동의 정도로 활동 등이 있다.

　　ⓒ 피부가 수분에 노출되는 정도(습기 포함)를 파악한다.

　　ⓔ 압박과 관련된 불편감에 효과적으로 반응할 수 있는 능력으로 감각인지가 있다.

　　ⓜ 평상시의 식이섭취 양상을 파악하기 위한 것으로 영양, 마찰, 엇갈림 등이 있다.

　　ⓗ 23점까지의 점수를 부여하여 9점 이하는 최고 위험으로 측정한다.

③ 욕창의 모양 : 욕창의 피부사정으로 시진이 포함된다. 냄새, 육아조직, 상피화의 증거, 상처주위의 피부상
　 태, 병변이나 궤양부위, 단계 확인, 궤양크기, 상처조직과 색, 종류, 샛길, 눈에 보이는 괴사조직, 삼출물이
　 나 배액물의 유무와 종류 등에 대하여 시행한다.

## ❺ 욕창 간호중재

### (1) 욕창 예방하기

① 매일 위험성 있는 환자의 피부를 관리하며 사정하고 뼈융기 부분을 주의하여 관찰하며 마사지를 하지 않는다.

② 일상적으로 오염이 일어난 피부는 깨끗이 씻고, 순한 세척제를 사용하여 마찰을 최소화하고 따뜻한 물은
　 피한다.

③ 환경을 건조하게 유지하되 건조한 피부는 보습제를 바른다.

④ 실금 증상과 관련하여 수분에서 피부를 보호하고 상처 배액물에 노출되지 않게 한다.

⑤ 적절한 자세변경, 이동방법을 준수하며 마찰과 엇밀림을 주의한다.

⑥ 이동성과 활동성 향상에 노력하며 단백질과 칼로리 섭취에 대해 사정하며 적절한 지지면을 사용한다.

## (2) 상처간호 · 상처관리

① 상처간호, 상처관리는 피부통합성의 회복을 위해 조직의 회복 및 재생을 촉진시키는 것이다.

② 상처는 공기 중에 노출되도록 유지하며 드레싱 없이 치료할 수 있다.

③ 공기 중 노출 상처는 서서히 치유되어 환경요인과 잠재적인 손상에 노출된다.

④ 폐쇄형 상처관리는 치유촉진과 촉촉한 상처유지를 위해 드레싱을 사용한다.

⑤ 드레싱의 액체는 상처표면을 촉촉하게 하며 표피세포의 빠른 이동으로 치유를 촉진시킨다.

## (3) 드레싱

① **목적**
- ㉠ 신체적 · 심리적 · 심미적 안위제공과 감염예방 · 제거 · 관리이다.
- ㉡ 배액물의 흡수 및 촉촉한 상처환경을 유지한다.
- ㉢ 상처에 추가손상 방지하고 상처주위의 피부부호를 한다.
- ㉣ 괴사조직을 제거한다.

② **종류**
- ㉠ 사용되는 드레싱의 종류는 상처부위 크기나 종류, 깊이, 감염유무, 배액물 양과 형태 등 목적에 따라 다양하다.
- ㉡ 건조한 거즈드레싱은 상처나 봉합된 수술상처를 덮는 데 주로 사용된다. 다양한 크기가 존재하며 3개의 층으로 이루어져있다.
- ㉢ 배액상처에 직접 닿는 첫 번째 층은 비흡수성이며 친수성이다. 상처 배액물을 흡수층으로 보내 짓물리거나 재감염을 방지한다.
- ㉣ 두 번째 층은 배액물 흡수층으로 배액물을 빼내는 심지역할을 한다.
- ㉤ 비흡수성 거즈는 멸균 바세린 거즈, 텔파 거즈가 있다.
- ㉥ 텔파거즈의 경우 윤이 나는 바깥 면으로 상처를 덮는다.
- ㉦ 투명필름의 경우 흡착과 방수가 가능한 반투과성 막이다. 오염가능성을 감소시키고 상처를 한눈에 확인할 수 있다. 주로 말초정맥부위, 중심정맥장치 삽입 부위 등에 이용된다.

## (4) 상처 소독 및 세정하기

### ① 가장자리 접합 상처

- ㉠ 표준예방지침을 바탕으로 적절한 전파예방지침도 사용한다.
- ㉡ 처방된 세척제로 멸균거즈패드나 솜뭉치를 적시고 아래 방향으로 쓸어갈 때마다 새로운 솜뭉치나 거즈로 처치를 진행한다.
- ㉢ 진행방향은 위에서 아래로 닦아내고 평형하게 여러 줄을 그려가며 이동한다.
- ㉣ 깨끗한 부위에서 덜 깨끗한 부위로 진행한다.

### ② 가장자리 비접합 상처

- ㉠ 표준예방지침과 적절한 전파예방지침을 이용한다.
- ㉡ 처방된 세척제로 멸균거즈패드, 솜뭉치를 적시고 원을 그리며 닦는다.
- ㉢ 한 번에 각각 하나의 솜뭉치를 사용한다.
- ㉣ 중심에서 바깥으로 닦는 방향을 진행하며 새로운 드레싱 끝에서 최소 1인치 간격으로 닦도록 한다.
- ㉤ 드레싱을 대지 않는다면 상처 가장자리에서 최소 2인치 떨어진 위치까지 닦아낸다.

## (5) 온요법

### ① 효과

- ㉠ 국소적인 열은 말초혈관이 확장되어 조직의 대사가 증가한다.
- ㉡ 혈액 점성의 감소, 모세혈관 투과성 증가, 근육긴장과 통증 완화를 가져온다.
- ㉢ 혈류 증가와 혈액점성과 모세혈관 투과성이 감소하면 백혈구와 영양분 전달이 증가된다.
- ㉣ 노폐물 제거 촉진, 길어진 응고시간 등의 효과가 있고 조직대사가 증가하여 치유를 촉진한다.
- ㉤ 열은 통증을 완화와 근육 이완을 돕고 전신효과로 심박출량·땀·맥박수의 증가와 혈압 감소로 나타난다.

### ② 건열요법

- ㉠ 뜨거운 물주머니 : 쉽고 적은 비용으로 이용이 가능하지만 물이 샐 위험이 있다. 무게가 가해져 불편함이 발생할 수 있고 화상의 위험이 있다.
- ㉡ 전기 열패드 : 국소적으로 열을 가할 때 이용된다. 쉽고 안전하며 지속적으로 열을 발생시킨다. 그러나 전기쇼크 위험, 화상, 화재위험 등이 발생할 수 있다.
- ㉢ 수분 열패드 : 전기 열패드보다 안전하지만 주의가 필요하다.
- ㉣ 핫팩 : 특정 시간 동안 특정한 양의 열을 발산한다. 다른 건조 열 요법과 같은 위험성이 존재한다.

③ 습열요법

ㄱ 습한 온찜질 : 순환과 치유를 촉진하며 부종 감소에 효과적이다. 열을 발산하고 나면 금방 차가워지므로 관리가 필요하다.

ㄴ 좌욕 : 경제적이며 특수 대야가 사용될 수 있다.

ㄷ 따뜻한 물에 담그기 : 화상과 같은 허물이 벗겨진 큰 상처의 위생과 순환 촉진, 국소 감염부위의 약물 투여 등의 이유에서 시행한다. 신체부위를 옮길 때 물에 의해 부유되기 때문에 통증이 덜하다.

## (6) 냉요법

① 효과

ㄱ 국소적으로 냉요법은 말초혈관 수축, 근육연축 감소, 안위 증진의 효과가 있다.

ㄴ 혈류감소는 통증유발 물질의 국소적 분비를 감소시킨다. 부종과 염증의 형성이 줄어 혈액응고를 촉진하여 출혈이 억제된다.

ㄷ 오랜 시간 추위에 노출되면 혈압, 떨림, 오한의 증가로 조직손상이 일어날 수 있으니 유의한다.

② 건냉요법

ㄱ 얼음주머니 : 뜨거운 물주머니처럼 냉요법에 적용되는 쉽고 저렴한 방법이다.

ㄴ 냉팩 : 화학물질, 비독성 물질로 채워진 밀봉용기로 냉동용액이 유연하게 신체 부위에 맞도록 형태 변형이 되며 간단하게 사용이 가능하다는 장점이 있다. 사용 시 무감각, 통증의 여부를 사정하며 관찰한다.

③ 습냉요법 : 냉찜질로 국소적으로 사용한다. 손상된 눈, 발치, 두통, 출혈 등에 주로 이용한다. 신체 적용 전에 물을 꼭 짜서 옷이 젖지 않도록 한다. 찜질 소재는 자주 교체하고 20분 정도 사용한다. 지시에 따라 2 ~ 3시간 마다 적용한다.

# 출제 예상 문제

**1** 욕창 발생 위험성이 가장 높은 사람은?

① 요실금이 있는 무의식 환자

② 거동 시 도움이 필요한 치매환자

③ 심근경색으로 운동이 불편한 환자

④ 2일 전 견인 창치를 장착한 골절 환자

**TIP** 욕창 위험요인

　ⓐ 압력, 마찰력, 응전력, 감각 · 지각장애, 기동력 장애, 영양불균형, 요실금, 변실금, 의식수준 저하 등이 욕창에 영향을 미친다.

　ⓑ 욕창을 일으키는 위험요소가 두 개 이상 동시에 있을 때 욕창 발생 위험이 더 높다.

**2** 상처치유의 단계로 옳은 것은?

① 염증반응→ 혈소판 응집→섬유소 응고 형성→상피재생→조직성숙

② 염증반응→상피재생→섬유소 응고 형성→혈소판 응집→조직성숙

③ 혈소판 응집→섬유소 응고 형성→염증반응→상피재생→조직성숙

④ 혈소판 응집→섬유소 응고 형성→염증반응→조직성숙 →상피재생

**TIP** ③ 혈소판 응집→섬유소 응고 형성→염증반응→상피재생→조직성숙 순서로 상처치유가 일어난다.

　※ 상처치유단계

　　ⓐ 염증기: 손상 즉시에서 3 ~ 4일 동안 지속된다.

　　ⓑ 조직 형성기: 2 ~ 3주간 지속된다.

　　ⓒ 조직 성숙기: 치유의 마지막 단계이다.

**Answer** 1.① 2.③

**3** 침상을 상승시켜 홑이불에 고정된 상태로 환자의 자세를 유지할 때 천골이 미끄러지면서 발생하는 욕창의 원인은?

① 구심력　　　　　　　　　　　　② 압력

③ 마찰력　　　　　　　　　　　　④ 응전력

> **TIP** ④ 환자가 앉아 있는 경우 표피 이내 조직끼리 받는 중력의 힘과 방향이 다르다. 이 때 서로 압력을 주게 되어 조직이 손상
> ※ 응전력(전단력)
> ㉠ 어떤 면에서 평행으로 주어지는 기계적 힘을 말한다.
> ㉡ 침상면에 환자 표피가 고정된 채로 발생한다.
> ㉢ 침상머리를 높게 하였을 때 가피에 받는 압력은 바로 누웠을 때보다 훨씬 높다.

**4** 입원환자의 욕창 발생의 가장 직접적인 원인은?

① 비만　　　　　　　　　　　　　② 마비

③ 근육 긴장도 감소　　　　　　　　④ 혈관압박에 의한 혈액순환 장애

> **TIP** ④ 허혈로 인한 혈액순환장애로 조직 내 산호 공급이 차단된다.
> ※ 욕창피부 단계별 침범 범위
> ㉠ 0단계 : 일시적 허혈
> ㉡ 1단계 : 압력 제거 시 사라지지 않는 발적, 작열감
> ㉢ 2단계 : 부분적 피부상실, 표재성 괴양
> ㉣ 3단계 : 조직 괴사
> ㉤ 4단계 : 궤양, 감염 발생

**5** 부동환자에게 천골부위 발적과 표피, 진피까지 침범하는 욕창이 발생하였을 때 욕창의 단계는?

① 1단계　　　　　　　　　　　　② 2단계

③ 3단계　　　　　　　　　　　　④ 4단계

> **TIP** ② 표피에서 진피까지의 침범이 나타나는 것은 욕창 2단계이다.
> ※ 욕창 피부 침범 범위
> ㉠ 1단계 : 표피까지 침범된 상태이다.
> ㉡ 2단계 : 표피와 진피까지 침범된 상태이다.
> ㉢ 3단계 : 피하지방까지 침범된 상태이다.
> ㉣ 4단계 : 근막이상까지 침범된다.

**Answer**　3.④　4.④　5.②

**6** 병원에 입원한 무의식 환자의 꼬리뼈 부위에 많은 삼출물이 나오는 욕창이 발생하였다. 환자 욕창 관리를 위해 간호사가 적용해야 할 드레싱은?

① 투명 드레싱
② 거즈 드레싱
③ Calcium Alginate 드레싱
④ Hydrocolloid 드레싱

**TIP** ① 투명 드레싱 : 얇고 투명한 필름접착제를 사용하여 상처부위 관찰이 가능하다.
② 거즈 드레싱 : 거즈를 이용하여 배액을 흡수하고 상처부위 오염을 방지한다.
④ Hydrocolloid 드레싱 : 지혈 성분이 함유되어 있고 삼출물이 적은 상처에 사용한다.
※ Calcium alginate 드레싱
  ㉠ 흡수력이 뛰어나 분비물이 많은 상처에도 적합하다.
  ㉡ 젤 형성으로 상처를 촉촉하게 유지하고 사강을 채우는 패킹용으로도 사용 가능하다.
  ㉢ 지혈 성분이 함유되어 있고 신경말단을 보호하여 통증이 경감된다.

**7** 모양에 따른 상처 분류에 대한 설명으로 옳지 않은 것은?

① 타박상은 물체에 부딪힐 때 가해지는 압력으로 조직내 출혈이 발생하는 상처이다.
② 절개상은 수술과 같이 의도적인 원인으로 생긴 개방상처이다.
③ 관총상은 피부와 기저조직이 융합되면서 생긴 상처이다.
④ 자상은 못같이 예리한 물체에 피부나 피하조직이 찔린 상처로 감염률이 매우 높다.

**TIP** ③ 관총상은 금속핀이나 총에 의한 비의도덕적 상처로, 피부와 기저조직이 관통된 상처이다.

**8** 상처치유의 영향요인에 대한 설명으로 옳은 것은?

① 카테콜라민은 상처의 혈류순환 증진시켜 상처치유를 지연한다.

② 만성 흡연자는 혈소판 증가로 인해 상처유착이 발생한다.

③ 항생제 장기 사용은 상재균에 의한 감염 가능성을 낮춘다.

④ 방사선요법 적용 시 조직손상이나 골수기능 감소로 백혈구가 증가한다.

**TIP** ① 스트레스로 분비되는 카테콜라민은 상처의 혈류순환을 감소시켜 상처 치유를 지연한다.
③ 항생제 장기 사용은 상재균에 의한 감염 가능성을 높인다.
④ 방사선요법 적용 시 조직손상이나 골수기능 감소로 백혈구가 감소하고 상처 치유를 지연한다.

**9** 2차 유합에 의해 치유되는 화상이나 정맥류 궤양, 욕창 등과 같은 상처에 적합한 드레싱은?

① Wet To Dry　　　　　　　　② Wet To Wet

③ Dry To Dry　　　　　　　　④ Dry To Wet

**TIP** ① Wet To Dry : 상처 위 적신거즈를 덮고 그 위에 마른 거즈를 덮는 방법이다. 용액으로 괴사조직을 부드럽게 하고 거즈가 마르면서 괴사조직이 흡착되어 드레싱 제거 시 상처의 괴사조직이 제거된다.
② Wet To Wet : 상처 위 적신거즈를 덮고 그 위에 같은 용액으로 적신 흡수성 드레싱을 덮는다.
③ Dry To Dry : 배액이 거의 없고 조직 상실이 없는 상처 위 면거즈를 덮고 그 위에 흡수성 면거즈를 덮는 방법으로 1차 유합 상처를 덮는데 사용한다.

**10** 공사장에서 일하던 남성의 발에 못이 깊게 찔리는 사고로 생긴 상처의 유형은?

① 찰과상　　　　　　　　　　② 열상

③ 자상　　　　　　　　　　　④ 절개상

**TIP** ③ 자상 : 날카로운 것에 찔려 생긴 상처이다.
① 찰과상 : 무언가에 의해 스치거나 문질러져 피부표면이 벗겨진 상처이다.
② 열상 : 피부가 찢어져 생긴 상처이다.
④ 절개상 : 째거나 갈라진 개방상처이다.

**Answer** 8.② 9.① 10.③

**11** 상처 치유 단계 중 증식기 때의 간호중재로 사항으로 옳은 것은?

① 수분 제한

② 냉습포 적용

③ 물리적 제거

④ 비타민 A와 C 공급

TIP ④ 상처치유 시 탄수화물, 단백질, 비타민 A와 C, 무기질 등의 충분한 영양이 필요하다.
　※ 상처 치유의 증식기
　　㉠ 상처 2 ~ 3일 후 증식기가 시작하여 2 ~ 3주 동안 지속된다.
　　㉡ 섬유아세포가 상처에 유인되어 결합조직을 생산한다.
　　㉢ 혈관의 가장자리에서 내피세포가 생겨나 혈관이 재형성된다.
　　㉣ 상처의 가장자리에서 상피세포가 재생되어 손상부분을 덮는다.

**12** 욕창 예방을 위한 간호중재로 옳은 것은?

① 침상은 30℃ 이상 높여 유지한다.

② 드레싱을 교환할 때마다 욕창부위를 세척한다.

③ 알칼리성 비누를 사용한다.

④ 욕창부위 직접 압박하여 피부손상을 예방한다.

TIP ① 침상은 30℃ 이상 높이지 않도록 하여 압박을 경감한다.
　　③ 알칼리성 비누 사용은 금한다.
　　④ 욕창부위의 직접 압박은 피하도록 한다.

**13** 상처 형태에 따른 드레싱 적용에 대한 설명으로 옳지 않은 것은?

① 깊게 패인 상처는 1차적 드레싱으로 상처를 덮는다.

② 삼출물이 거의 없는 경우 투명필름 드레싱을 적용한다.

③ 보통의 삼출물에는 하이드로 콜로이드 드레싱을 적용한다.

④ 다량의 삼출물이 있다면 잦은 드레싱 교환을 피한다.

TIP ④ 다량의 삼출물로 드레싱은 자주 하며 감염 치유 시까지 주의 깊게 사용한다.

**Answer** 11.④ 12.② 13.④

**14** 붕대법 적용 시 일반적 원칙에 대한 설명으로 옳은 것은?

① 상처부위에 마찰 감소를 위해 거즈를 사용하지 않는다.

② 정맥귀환 촉진을 위해 균등한 압력으로 붕대를 감는다.

③ 해부학적 체위를 고려하여 관절을 신전하여 적용한다.

④ 중앙에서부터 감아 내리며 균등한 압력을 적용한다.

⑤ 외부자극으로부터 감염방지를 위해 상처부위는 단단하게 감는다.

**TIP** ① 상처부위에는 거즈를 적용하여 마찰을 피한다.
③ 해부학적 체위를 고려하여 관절의 굽힌 상태에서 적용한다. 붕대를 적용할 때에는 뼈 돌출부위, 상처부위 등의 압박부위나 감염된 부위를 피해 고정한다.
④ 말단에서 중앙으로 감아올리며 압력을 균등하게 적용할 수 있도록 한다.


**15** 하이콜로이드 드레싱에 대한 설명으로 옳은 것은?

① 투명막으로 공기를 통과시킨다.

② 방수기능은 없어 목욕이 불가능하다.

③ 감염상처나 삼출물이 많은 상처에는 사용할 수 없다.

④ 괴사조직을 분해하여 육아와 상피화가 번갈아 발생한다.

**TIP** ① 폐쇄성 불투명막으로 공기와 물이 통과되지 않고 젤이 상처 표면을 촉촉하게 유지한다.
② 방수기능이 있어 목욕이 가능하다.
④ 괴사조직을 분해하여 육아와 상피화 동시에 발생한다.

**16** 상처로 인해 생길 수 있는 합병증에 대한 설명으로 옳은 것은?

① 기침, 재채기 등으로 장기가 적출된다.

② 열개는 수술 후 교원질 형성 전에 많이 일어난다.

③ 상처부위에서 감염되면 배액이 감소한다.

④ 출혈의 조기증상으로 호흡이 저하된다.

**TIP** ① 기침, 재채기, 비만 등으로 열개가 유발된다.
③ 감염 시 상처 주위 발적, 체온 상승, 배액 증가가 나타난다.
④ 출혈의 조기증상으로 심한 갈증과 호흡 상승, 전신쇠약이 나타난다.
※ 상처의 합병증
　㉠ 감염
　　• 상처, 수술 후 일주일 이내 감염증상이 나타난다.
　　• 배액 증가, 통증, 발적, 부종, 백혈구 수 증가, 체온 상승 등의 증상이 나타난다.
　㉡ 출혈
　　• 맥박과 호흡상승, 심한 갈증, 전신쇠약이 나타난다.
　　• 과도한 출혈 시 무균적 압박드레싱을 적용하며 냉요법과 수액보충이 필요하다.
　㉢ 열개
　　• 봉합된 상처부위가 부분적이나 전체적으로 벌어진다.
　　• 수술 후 4～5일 사이 교원질 형성 전에 많이 일어난다.
　　• 기침, 재채기, 구토 등 압력 상승으로 유발된다.
　㉣ 적출
　　• 수술부위로 내장이 돌출되어 나온다.
　　• 생리식염수로 적신 거즈로 상처부위를 덮고 응급처치를 한다.
　㉤ 누공: 기관과 기관 사이에 비정상적인 통로가 생긴 것이다.

**17** 간호사가 환자의 천골부위에 발적이 생긴 것을 발견하였을 때 해야 하는 간호중재는?

① 쿠션을 적용한다.

② 발적부위를 마사지한다.

③ Dry To Dry을 적용한다.

④ 2시간 간격 체위변경을 한다.

**TIP** ④ 욕창 1단계 발적 단계로 지속적 압력을 완화하기 위해서 체위변경을 자주 시행한다.

**Answer** 16.② 17.④

**18** 측위로 누워있는 편마비 환자에게 욕창 발생 위험이 높은 것은?

① 귀, 팔꿈치

② 견갑골, 척추, 천골

③ 후두부, 팔꿈치, 발꿈피

④ 어깨전상골극, 무릎측면

> **TIP** 욕창은 신체 특정 부위에 지속적인 압박으로 생기는 혈액순환장애로, 측위에서 압박을 가장 많이 받는 돌출부위는 어깨 전상장골극, 무릎측면 부위에 해당한다.

**19** 상처에 자극이 적고 생리식염수나 용액 등에 적셔 사용해도 안전하게 보존할 수 있는 드레싱은?

① 거즈드레싱

② 알지네이트

③ Telfa 드레싱

④ 폴리우레탄 폼

> **TIP** ① 거즈드레싱: 헝겊 섬유로 짜진 것으로 배액을 흡수하고 상처오염을 방지한다.
> ② 알지네이트: 흡수력이 좋고 상처 사강을 채우는 패킹용으로 사용할 수 있다.
> ③ Telfa 드레싱: 비접착 드레싱으로 지혈 시는 사용하지 않는다.
> ④ 폴리우레탄 폼: 건조한 상처에 권장되지 않고 중정도 삼출물이 있는 욕창에 사용한다.

**20** 붕대를 감을 때 2/3씩 겹치도록 하며 관절을 기준으로 위아래 번갈아 가면 감는 붕대법은?

① 회귀법　　　　　　　　　② 나선법

③ 나선절전법　　　　　　　④ 8자 붕대법

> **TIP** ④ 8자 붕대법: 비스듬하게 겹치며 상행과 하행 방식으로 하는 붕대법으로 슬관절이나 주관절 또는 발목에 적용한다.
> ① 회귀법: 절단된 신체 말단 부위와 머리에 적용한다.
> ② 나선법: 붕대를 나사모양으로 감아 올라가며 팔목이나 몸통과 같이 원통형 신체 부위에 적용한다.
> ③ 나선절전법: 매 돌림 시 절반정도를 반대로 해서 나선대로 감는 붕대법으로 허벅지나 다리, 팔뚝과 같은 원추 형태의 신체부위에 적용한다.

**Answer** 18.④ 19.① 20.④

# 05 투약

## ❶ 약리학(Pharmacology)

### (1) 약리학의 정의

① 약·약물은 신체에 작용하여 신체기능을 변화시키는 물질이다.

② 약이 신체기능에 변화를 일으키는 효과를 다루는 학문을 약리학이라 한다.

### (2) 약리학의 원리

① 혈중약물농도 감시, 의약품 명명법, 약물의 종류, 의약품 분류, 약물적응증, 약물의 작용기전, 약물유해반응, 약물작용에 영향을 미치는 요소가 포함된다.

② 약물투여는 숙련된 기술과 환자의 발달단계, 건강상태, 안전에 대한 고려를 포함하는 기본적인 간호에 해당한다.

③ 약을 투여하는 간호사는 약명, 약제, 분류, 유해반응, 약물작용에 영향을 미치는 생리적 요소 등 약에 대해 지식을 함양하고 있어야 한다.

### (3) 의약품 명명법

① 한 가지 약물에는 다양한 이름이 존재하는데 분류로는 화학명, 일반명(속명), 약전명, 상표명(상품명)으로 나뉜다.

② 화학명 : 약의 화학적 구성을 간단하게 표현한 것이다. 약제의 화학성분을 서술한 이름이다.

③ 일반명 : 처음에 약을 개발한 제조사가 지정한 이름이다. 약제가 공식화되기 전 첫 개발자에 의해 붙여지거나 제조회사에 의해 정해지기도 한다. 화학명에서 기인하여 사용된다.

④ 약전명 : 각 나라의 약전에 수록된 공식적인 이름으로 보통 일반명으로 쓰인다.

⑤ 상표명 : 상품명 또는 특허등록명이다. 약을 판매하는 제약회사가 선택하고 등록하여 상품으로서 보호를 받는다.

## (4) 의약품 분류

### ① 효과 · 증상에 따른 분류
- ㉠ 약물이 신체에 미치는 효과, 완화증상, 기대효과 등에 따라 분류하는 것이다.
- ㉡ 혈압조절효과에 따라 항고혈압제, 혈당을 낮추는 효과에 따른 혈당강하제, 진통효과에 따른 진통제, 염증 완화 효과에 따른 소염제 등이 있다.

### ② 전문의약품 · 일반의약품 · 규제약물로 분류
- ㉠ 전문의약품 : 처방약으로 의사나 치과의사의 처방에 의해서만 투약 될 수 있는 약을 말한다.
- ㉡ 일반의약품 : 비처방약이며, 안정성이 인증된 약물로 처방전 없이 구입할 수 있는 약을 말한다.
- ㉢ 규제약물 : 마약습관성 의약품 등을 말하며 남용성의 위험이 있고 육체적 정신적 의존성을 일으킬 수 있는 약물을 말한다.

### ③ 한 가지 약물의 여러 분류
- ㉠ 한 가지 약물이 여러 가지 분류에 동시에 포함된다.
- ㉡ 아스피린의 경우 진통제, 해열제, 항염증제, 항혈전제 등에 포함된다.

## ❷ 약물의 작용

### (1) 약물의 종류
① 약이 조제되는 형태가 투약 경로를 결정할 수도 있다.

② 투약 경로는 경구, 국소, 비경구 투여로 나뉜다.

③ 가루 또는 젤 형태의 약을 젤라틴 용기에 넣은 캡슐이 있다.

④ 물과 알코올, 감미료, 향미료를 함유한 액상의 엘릭시르가 있다.

⑤ 위 자극을 막는 피막으로 덮어진 알약이나 환으로 장용제피약(장용정)이 있다.

⑥ 미리 정해진 시간 동안 느리게 퍼지게 되는 약으로 서방제(XL)가 있다.

⑦ 국소적 사용의 약물입자로 로션이 있다.

⑧ 외부 도포로 이용되는 약을 함유한 반고체 약물로 연고가 있다.

⑨ 신체(질, 곧창자, 요도)에 삽입되는 약으로 좌약이 있다.

⑩ 물과 설탕용액에 섞인 약으로 시럽이 있다.

⑪ 피부에 부착하여 피부를 통한 흡수가 일어나는 경피패치가 있다.

(2) 약물적응증

① 약물치료학은 약물요법으로 원하는 치료 목적을 달성하는 것이다.

② 약물투여의 바람직한 결과를 아는 것은 간호사의 중요한 책임 중 하나이다.

③ 간호사는 법적책임으로 약물의 효과, 투약경로, 투약방법, 대상자 반응 관찰, 투약 관련 지식, 안전도와 정확성을 확인해야 하는 의무가 있다. 의사의 처방을 이해할 수 없거나 의심스러울 시 정확히 확인할 때까지 투약 보류를 하여야 하며 대상자의 투약과 관련된 과거력, 알레르기 반응 등을 사정하고 투여 전 사전 과민반응 검사를 시행해야 한다.

(3) 약물동력학(Pharmacokinetics)

① 약물이 신체에 들어갈 때 신체가 약에 미치는 작용이다.

② 약물 입자가 신체에 이동하는 것으로 흡수·분포·대사·배설 과정을 통한다.

(4) 약물의 작용기전

① 흡수 : 약물이 투여부위에서 혈류로 이동하는 과정을 말한다.
  ㉠ 투여경로 : 경로에 따라 약물 흡수율은 다르다. 혈관 분포가 많은 곳은 흡수율도 증가한다. 피부보다는 점막, 피하주사보다는 근육주사, 경구보다는 정맥주사가 흡수율이 더 크다.
  ㉡ 지질용해도(약물의 용해도) : 약물이 흡수되기 위해서는 먼저 용해되어야 한다. 수용액과 현탁액은 정제, 캡슐보다 빠른 흡수가 된다. 지용성 약물은 지질층으로 이루어진 세포막에서 더 쉽게 흡수된다.
  ㉢ pH : 산성약물은 위에서 흡수율이 높다. 염기성 약물은 소장에 도달하기 전에 흡수되지 않는다.
  ㉣ 혈류 : 투여부위로 공급되는 혈류량은 약물의 흡수속도를 결정한다. 혈액 공급이 풍부하면 더욱 빠른 흡수가 일어난다. 피하조직보다는 근육, 순환기능이 저하된 환자보다는 정상인 환자가 흡수율이 빠르다.
  ㉤ 투여부위의 상황 : 체표면적은 흡수 표면이 넓을수록 약이 더 많은 흡수와 효과가 나타난다. 신체에 넓게 접촉할수록 흡수율도 증가한다. 특정 시간 동안 흡수부위와 접촉하지 않으면 약은 완전히 흡수가 불가하다.
  ㉥ 약물용량 : 부하용량 또는 정상보다 더 많은 용량은 급성기의 환자에게 최대 치료 효과를 가능한 빠르게 얻고자 할 때 투여한다. 유지용량은 평상시 또는 매일의 용량보다 더 적은 용량을 말한다.
  ㉦ 위내 내용물 유무와 음식 상호작용 : 어떤 약물은 식간에 투여 시 흡수율이 높아진다.

② 분포
  ㉠ 약이 혈류로 흡수된 후 일어나는 과정이다.
  ㉡ 혈액 속으로 흡수된 장소에서 특정 조직세포(작용부위)까지의 이동과정으로 혈액을 통한 인체의 조직과 기관으로의 운반을 말한다.

## (5) 약물 분포의 영향을 주는 요인

① 순환

- ㉠ 혈류의 제한상태, 작용부위에 관류부족(순환장애)의 경우 약물의 이동이 억제된다.
- ㉡ 울혈성 심부전 환자는 순환장애로 인해 약물 효과가 지연되거나 변화가 가능하다.
- ㉢ 근육주사 부위에 온습포 적용 시 혈관 확장으로 인해 약물의 분포가 빨라지는 효과가 있다.

② 막투과성

- ㉠ 장기에 분산되기 위해 장기조직과 생물학적 막을 통과해야한다.
- ㉡ 혈액 – 뇌 장벽의 경우 순환혈액 내 화학물질이 뇌와 뇌척수액으로 들어가지 못하게 막는다.
- ㉢ 지방용해 약물만 통과한다. 독성물질의 뇌 침투를 방지하여 중추신경계가 감염되면 척수강 내로 항생제를 직접 투입하여야 한다.
- ㉣ 노인의 경우 BBB투과성 변화로 지용성약물 투과율이 증가하여 부작용(혼돈)을 겪기도 한다.
- ㉤ 태반막의 경우 비효과적인 장벽으로 일부 약물이 쉽게 태반막을 통과하여 태아에게 영향을 준다.

③ 단백질 결합 : 알부민(혈장단백질)과 결합하는 정도가 약물 분포에 영향을 준다.

- ㉠ 알부민과 결합한 약물은 약물 분포에 제한이 되어 약리적 효과를 방해한다.
- ㉡ 알부민과 비결합하면 활성화로 오히려 독작용의 위험성이 존재한다.
- ㉢ 노인·간질환·영양불량 환자는 혈장 단백 수치가 낮고 동일 용량 약물에 과다복용 한 것 같은 위험성이 나타날 수 있다.

④ 대사

- ㉠ 분포로 작용부위에 도달 후 약물이 쉽게 배설되기 위한 비활성 형태로 전환되는 생체 내 전환, 생물학적인 활성화학물질 해독과정을 말한다.
- ㉡ 폐, 신장, 혈액, 장에서도 일어나지만 대부분 간에서 이루어진다.
- ㉢ 약물 대사기관의 문제는 약물 독성의 위험 증가한다.
- ㉣ 간질환 대상자는 적은 양의 진정제도 간성혼수의 위험성이 증가한다.

⑤ 배설

- ㉠ 대사가 이루어진 약물은 신장·간·폐·외분비선을 통해 체외로 배설되고 주로 신장과 폐에서 이루어진다.
- ㉡ 전신마취제 같은 가스 형태의 약물은 폐를 통해 배설되므로 수술환자는 심호흡을 격려한다.
- ㉢ 유선을 통해서도 약물이 배설되므로 모유 수유 시 주의한다.

⑥ **약물역학** : 약이 세포의 생리를 변화시키고 신체에 영향을 미치는 과정을 말한다.

(6) 약물유해반응(Adverse Drug Effect)

① 약물의 작용방식과 유형은 매우 다양하다. 한 환자에게 같은 용량·약물을 투여해도 똑같은 반응이 일어나지 않고 환자에 따라 반응이 다르다.

② 알레르기 반응

　㉠ 정의 : 신체가 투여된 약을 외부 물질로 해석할 때 일어나는 면역체계 반응이다.

　㉡ 원인 : 면역학적으로 첫 번째 투여한 약물에 대해 민감해진 상태로 약물의 반복 투여가 일어났을 때 해당 약물에 대해 항원 인식 후 항체면역반응 유발된다.

　㉢ 시기 : 투약 후 수분에서 2주까지 어느 시점에나 발생가능하며 항생제 투여 시 유발 가능성 높다.

　㉣ 징후·증상 : 발진, 두드러기, 열, 설사, 오심, 구토 등이 있다.

③ 아나필락시스 반응·아나필락시스

　㉠ 가장 심각한 알레르기 반응이다. 응급처치가 필요한 위급상황이 발생 할 수 있다.

　㉡ 호흡곤란, 갑작스런 기관지근육의 수축, 심한 천식음, 인후두의 부종, 호흡곤란, 모세혈관의 확대로 저혈압과 빈맥 등을 동반한다.

　㉢ 치료약물로 혈압상승제, 기관지확장제, 코르티코스테로이드제, 산소요법, 정맥주사액, 항히스타민제를 투여한다.

　㉣ 알레르기 경력이 있는 대상자는 차트, 팔찌, 목걸이 등에 표시를 하여 관리한다.

④ 약물내성

　㉠ 신체가 어떤 기간 동안 특별한 약물의 효과에 익숙해질 때 발생하게 되는 현상이다.

　㉡ 특정 약물의 장기복용으로 약물에 대한 대사작용이 저하되어 용량을 증가 없이 치료적 효과를 나타내지 않는 것을 말한다. 효과를 내기 위해 더 많은 용량의 약물이 투여되어야 한다.

　㉢ 마약성 진통제, 수면제, 항생제 등이 약물내성이 있는 약물에 해당된다.

⑤ 독성효과·독성

　㉠ 많은 양의 약물 투여 후에 발생 가능성이 높다. 오용 또는 대사나 배설기능 저하로 인해 혈액 안에 약물이 축적되며 유발된다.

　㉡ 영구적인 손상 또는 사망의 위험을 수반하는 약물요법과 관련된 특정한 증상군에 해당한다.

　㉢ 모르핀의 경우 중추신경계의 억제로 통증감소를 유도하지만 위험성이 존재한다. 과량 투여나 독작용 시 호흡억제로 인한 사망 위험성이 존재한다.

⑥ 특이효과

　㉠ 과잉반응, 과소반응 또는 기대와 반대로 반응이 나타날 수 있다. 흔치않거나 특이적인 반응으로 약에 대한 환자 특유의 반응과 연관이 있다.

　㉡ 항히스타민제 복용 시 졸음 증상 대신 반대로 흥분 증상이 나타난다. 또는 포크랄 시럽 복용 시 진정효과 대신 흥분효과가 나타나기도 한다.

⑦ **약물상호작용**

   ⊙ 약물을 한 가지만 투여했을 때보다 두 종류 또는 그 이상 동시 투여했을 때의 효과가 나타나는 경우이다.

   ⓒ 여러 개의 약물을 동시에 복용하거나, 섭취한 약이 음식이나 물질에 영향을 받으면 발생한다.

   ⓒ **상승효과** : 약물 각각의 효과보다 그 이상이 발현되는 경우를 말한다. 예로는 고혈압 환자에게 이뇨제와 혈관이완제의 동시 투여로 혈압조절상승 효과를 볼 수 있다.

   ⓔ **길항효과** : 약물 각각의 효과보다 합해진 효과가 덜하게 나타나는 경우이다. 예로는 포도당과 인슐린을 투여하면 혈당조절의 길항작용이 발생하게 된다.

⑧ **의원성(의인성) 질환** : 치료 중에 약물치료로 발생하는 예상치 못한 질환을 말한다.

⑨ **부작용**

   ⊙ 약물 투여 시 예측하지 않았던 다른 이차적인 효과가 발생하는 것으로 해로울 수도 있으나 아닌 경우도 있다.

   ⓒ 부작용이 약물의 치료적 작용을 방해해서 효과가 나타나지 않으면 의사는 약물투여를 중단한다.

   ⓒ 흔한 부작용 증상은 식욕부진, 오심, 구토, 변비, 설사 등이 있다.

   ⓔ 심각한 부작용은 신장손상, 골수억제, 간 손상 등이 있다.

   ⓜ 간호사는 투약의 부작용을 숙지하고 부작용 조기발견, 간호중재 계획을 함양한다.

⑩ **유해작용**

   ⊙ 원치 않고 의도하지 않았던 예측할 수 없었던 심각한 약물반응이며 역작용이다. 지나친 치료효과의 결과로 발생하는 경우가 있다.

   ⓒ 항고혈압제 투약 후 심각한 저혈압 증상이 발현한다. 약물투여 후 역작용으로 혼수상태나 호흡억제 등 생명에 심각한 경우도 있다.

   ⓒ 약물에 대한 역작용이 생기면, 약물을 처방한 의사는 즉시 그 약물투여를 중단한다.

⑪ **약물의 오남용**

   ⊙ **약물오용** : 필요한 양보다 과량 또는 과소 사용하거나 약물을 잘못 사용하는 경우를 말한다. 특히 하제, 제산제, 비타민제, 진통제, 감기약 등은 스스로 약물을 투여 · 처방하거나 과용함으로써 급 · 만성 문제가 발생하기도 한다.

   ⓒ **약물남용** : 약물을 계속 사용하거나 주기적으로 부적절하게 사용하는 것을 말한다.

   ⓒ **약물의존성** : 약물을 중지하면 신체적 · 정신적으로 그 약물을 갈구하고 탐닉하는 상태이다.

   ⓔ **투약불이행** : 처방한 대로 투약을 행하지 않는 것으로 대상자 건강과 안전에 영향을 준다. 우울, 부작용, 약 복용의 어려움 등이 원인이다.

### (7) 약물 작용에 영향을 미치는 요인

① **발달적 고려사항**

　ⓐ **임산부** : 약물복용에 주의가 필요하다. 특히 임신 초 3개월이 가장 위험한 시기이다. 기형발생 유발위험
이 있는 특정 약물은 배아 또는 태아의 발달적 결함을 일으킬 가능성이 있다.

　ⓑ **영아** : 체격이 작고 간과 신장기능의 미숙으로 성인에 비해 적은 양의 약물투여를 한다. 특정 약물의 대
사에 필요한 효소가 분비되지 않아 투여할 수 없는 경우도 있으므로 주의한다.

　ⓒ **아동** : 약물에 대한 특이체질 반응이 더 잘 나타나게 된다.

　ⓓ **노인** : 노화에 따른 생리적 변화로 약물반응이 다르다. 생리적 변화로 위장관의 기능이 감소하며 산도가
저하된다. 혈액순환과 간 기능은 감소함에 따라 약물 반응의 민감도가 증가한다.

　ⓔ **수유부** : 모유를 통한 약물배출이 일어날 위험이 높다.

② **체중** : 투여 전에 약물의 일반적인 투여량의 숙지가 중요하다.

③ **성별** : 남성과 여성의 체지방과 체액의 분포, 호르몬의 차이로 일부 약물의 작용에 차이가 있을 수 있다.

④ **문화 및 유전적 요인**

　ⓐ 종교적 제한이나 믿음 또는 문화적 관습은 약물요법에 영향을 줄 수 있다.

　ⓑ 인종별 약물 반응에 차이가 있다. 아시아인의 경우 약물 대사가 느리게 진행되어 더 적은 용량의 약이
요구된다.

　ⓒ 백인 정상 약물 용량을 아시아인에게 투여 시 몸무게 차이로 인하여 부작용 발생 가능성이 있다.

⑤ **심리적 요인** : 환자의 심리적 기대가 약물의 반응에 영향을 줄 수 있는데 위약이 이에 해당된다.

⑥ **질병**

　ⓐ 질병의 유무는 약물 작용에 영향을 줄 수 있다.

　ⓑ 열이 있는 경우 아스피린을 복용하면 열이 감소하지만, 평상시 복용하면 체온변화는 나타나지 않는다.
간·신장 질환은 약물 대사에 지연을 가져온다.

⑦ **환경**

　ⓐ 환자가 약물에 대응하는 것에 영향을 미칠 수 있는 요인이다.

　ⓑ 고온의 경우 말초혈관 확장으로 혈관확장제의 작용이 증대된다.

　ⓒ 저온은 혈관확장제의 작용이 억제되어 혈관수축제의 작용이 증가한다.

　ⓓ 진통제와 진정제의 경우 조용한 환경에서 효과가 좋다

⑧ **투여시간**

　ⓐ 경구투여 약물은 공복 시에 더 빨리 흡수된다. 위에 음식이 있는 경우에는 경구 투여 약물의 흡수가 지
연될 수 있다.

　ⓑ 위장관을 자극하는 약물(철분제제)은 식후복용이 자극을 줄일 수 있다.

　ⓒ 비스테로이드성 소염진통제의 경우 위 자극 예방을 위해 음식과 함께 투여한다.

⑨ 식이

    ㉠ 녹색 채소에 들어있는 비타민 K는 와파린과 같은 항응고제의 효과를 방해할 수 있다.

    ㉡ 진균치료제는 술과 함께 마시면 오심, 구토, 간장 장애 등의 위험이 있다.

⑻ 약물 용량과 혈중 약물 농도

① 혈중농도는 약의 용량이 정상적 효과 유발 농도인지, 유해반응이 일어나는 농도 미만인지 평가하기 위해 측정되는 것이다.

② 치료범위 : 독성을 일으키지 않고 바람직한 효과를 내는 혈중 약물 농도이다. 아미노클리코시드 항생제, 디곡신, 와파린 치료범위 확인을 위해 혈중 농도를 측정한다.

③ 최고치 : 가장 높은 혈장농도의 흡수가 완료될 때 측정한다. 투여경로와 흡수에 영향을 받는다.

④ 최저치 : 최저 농도로 배설율을 의미하며 다음 투약 30분 전에 측정한다.

⑤ 반감기

    ㉠ 약물의 혈중 농도 중 50%가 신체에서 배출되는 데 걸리는 시간을 말한다.

    ㉡ 반감기를 이용하여 체내 일정 수준의 농도를 유지하기 위해서 약물의 반복적 투여가 필요하다.

# ❸ 투약의 원칙

(1) 투약의 기본원칙

① 안전한 투약을 위해 시행된다.

② 투약과오는 언제나 투약의 기본원칙(6Rights)을 따르지 않기 때문에 발생한다.

③ 정확한 이유(Right Reason), 대상자교육(Right Education) 거부할 권리(Right Refuse), 사정(Right Assessment) 등이 최근에 추가되고 있다.

④ 정확한 약(Right Drug)

    ㉠ 투약 시 간호사는 3번 확인절차를 거친다.

    ㉡ 약장(약칸)에서 대상자 약물을 꺼내기 전, 처방된 약을 개별용기나 포장지에서 꺼낼 때, 약물을 다시 대상자 약장(약칸)에 넣을 때(1회 용량 약물 시 개봉 전 대상자 침상 앞에서 확인)이다.

    ㉢ 대상자가 이전 먹던 약과 다르다고 말하면 의사 처방 확인 할 때 까지 투약을 보류한다.

    ㉣ 투약과오의 책임은 투약한 간호사에게 있으므로 준비한 약물만 투약한다.

⑤ **정확한 용량**(Right Dose)

ㄱ 용량 계산 시 다른 동료 간호사에게 계산된 용량이 맞는지 다시 확인한다.

ㄴ 알약을 자르는 것은 제조회사에서 명시한 경우에만 가능하다.

ㄷ 알약 분쇄가 필요할 경우 분쇄 기구에 이전에 남아있던 약물이 없도록 깨끗하게 정리하고 분쇄한다.

ㄹ 분쇄한 약물은 선호하는 음식이나 음료수에 혼합하지 않는다. 특히 아동의 경우 유의한다.

⑥ **정확한 대상자**(Right Client)

ㄱ 대상자를 정확하게 확인하기 위해 개방형으로 이름을 질문하고 생년월일, 주민등록번호 등을 말하게 한다.

ㄴ 인적사항 확인 후에 투약기록지의 확인사항을 대상자의 확인용 팔찌와 함께 비교한다.

⑦ **정확한 경로**(Right Route)

ㄱ 투약처방에 경로 미표시는 의사에게 확인 절차를 거친다.

ㄴ 비경구용 약물인지 경구용 약물인지 정확히 확인하도록 한다.

⑧ **정확한 시간**(Right Time)

ㄱ 정해진 시간에 약이 처방되는 이유와 투약 시간을 변경할 수 있는지 알아야 한다.

ㄴ 수술 전 투약의 경우 수술실 보내기 전 투여하며 일정한 간격으로 작용하는 약물을 우선적으로 투여한다.

ㄷ 정규 투약의 경우 처방된 시간 전후 30분 내에 투여한다.

⑨ **정확한 기록**(Right Documentation)

ㄱ 다른 건강요원과의 의사소통을 위해 필요한 과정으로 부정확한 기록은 투약과오의 원인이다.

ㄴ 투약 후 즉시 기록하며 투약 전 미리 기록하는 것은 금지이다.

ㄷ 대상자 반응도 함께 기록하되 부정적 반응이 나타난 것은 주치의에게 보고 후 기록하도록 한다.

## (2) 투약처방

① 의의

ㄱ 어떤 약도 면허 소지 임상전문가의 투약처방 없이 환자에게 투여할 수 없다.

ㄴ 의료기관이 제시하는 방침에는 임상전문가가 투약처방을 작성하는 방법이 기재된다.

② 지속적 처방 또는 정규처방

ㄱ 다른 처방이 내려져서 중지될 때까지, 처방된 날짜가 만료될 때까지 지속하게 되는 처방을 말한다.

ㄴ 'Tetracycline 400mg PO q6h for 8days' 등으로 표기한다.

③ PRN처방(필요시처방)

ㄱ 약물투여가 필요하다 판단되는 시점에 간호사가 투약하는 처방을 말한다.

ㄴ 객관적·주관적 사정을 통한 약물필요도를 신중하게 사정한 다음 투약한다.

ㄷ 주로 통증완화, 오심완화, 수면보조용 등이 사용된다.

ㄹ 'Amphogel 35mL po prn for heartburn' 등으로 표기한다.

④ 일회용 처방
　㉠ 수술 전이나, 진단검사 전 등 특별한 경우 한번만 투약하도록 작성하는 것이다.
　㉡ 'Ativan 1mg IV at 8PM' 등으로 표기한다.

⑤ 즉시처방
　㉠ 처방 즉시 1회에 한해 투여되는 처방이다.
　㉡ 주로 대상자의 상태의 갑작스런 악화 등으로 인해 응급처방으로 내려지는 경우가 많다.
　㉢ 예로 기관지 확장제 또는 항히스타민제 등이 있다.
　㉣ 'Demerol 40mg IM stat' 등으로 표기한다.

⑥ 투약약어

| 약어 | 뜻 | 약어 | 뜻 |
|---|---|---|---|
| po | 경구로 | AC, ac | 식사 전 |
| pm | 필요시마다 | ad | 원하는 대로 |
| qs | 충분한 양 | am | 오전 |
| rept | 반복해도 됨 | BD, bid | 하루 두번 |
| Rx | 처방 | daily | 매일 |
| SC | 피하 | H, h, hr | 시간 |
| SOS | 위급 시 | PC, pc | 취침 시 |
| sup | 현탁액 | Qam, qAm | 아침마다 |
| susp | 좌약 | Qh, qh | 매시간 |
| aq | 물 | q2h | 2시간마다 |
| AST | 피부반응 | q4h | 4시간마다 |
| cap | 교감 | QID, qid | 하루 네번 |
| DC | 중단 | stat | 즉시 |
| IM | 근육 내 | TID, tid | 하루 세번 |
| IV | 정맥 내 | qn | 매일 밤마다 |
| NPO | 금식 | qh | 매 1시간마다 |

⑦ 투약처방의 구성
　㉠ 환자의 이름 : 다른 환자와의 혼돈 방지를 위해 환자의 이름, 병원 등록번호를 함께 기록한다.
　㉡ 처방 작성된 날짜·시간 : 정확한 날짜와 처방시간을 기록한다. 날짜는 연·월·일을 적는다. 시간 표기 시 오전과 오후 시간의 혼동을 없애기 위해 자정은 0시, 정오는 12시, 오후 3시는 15시 등 24시간 시간 제로 기록한다. 오전은 AM 오후는 PM으로 표시하여 사용한다.
　㉢ 투여 약물명 : 일반명(속명)이나 상표명으로 기록하며 최근에는 거의 모든 의료기관에서 약명과 함께 기관고유의 코드를 표시한다. 수기 처방인 경우 철차 확인이 필요하다.

ⓔ 약물 용량 : 미터법을 주로 사용한다. 국제적으로 보편화되어 사용되고 가장 안전한 측정법 중 하나이다. 자가 투여 약물은 환자가 쉽게 투여할 수 있도록 가정식 측정법으로 안내된다. 특정한 표준약어가 약물량을 표시하는 데 이용한다.

ⓜ 약물 투여경로 : 투여경로는 투약약어로 기술된다. 한 가지 약물은 다양한 경로 투여가 가능하므로 처방에는 투여경로가 명확히 하여 혼동을 줄인다.

ⓑ 약의 투여빈도 : 약물의 투여시간과 횟수는 표준 약어를 사용하여 표기한다. 통상적인(Routine) 약물의 투여시간은 병원의 규정에 따른다. 처방대로 시간을 엄수해서 약물을 투여하며 일반적으로 약물은 처방된 시간 전후 30분 내에 투여하도록 한다.

ⓢ 처방을 작성한 사람 서명 : 컴퓨터 처방 전달시스템을 사용하는 처방자는 고유의 사용자 이름과 비밀번호를 사용해서 시스템에 접속한다. 수기 처방의 경우 반드시 처방 내용 다음에 서명을 기록한다. 간호사는 의사의 처방을 확인해야 하는 의무가 있다.

⑧ 투약처방 확인하기

ㄱ 투약처방은 의사가 서면이나 컴퓨터에 기록한다.

ㄴ 응급상황인 경우 의사가 내린 구두, 전화처방 시 반드시 처방내용을 받아 적어 그 내용을 되묻는 과정(Read Back)을 거친다.

ㄷ 응급상황이 종료되면 의사는 24시간 이내에 구두, 전화처방 내용을 입력해야 하며 간호사는 이를 확인하는 과정을 거쳐야 한다.

⑨ 투약처방 이의 제기

ㄱ 간호사의 법적 책임 중 투여하는 약에 대한 것이 있으며 의사에게 처방이 치료계획과 어떻게 관련되는지 질문할 수 있다.

ㄴ 소수점의 배치가 혼동되는 오류 위험이 있으므로 소수점 앞에 항상 '0'이 있어야 한다.

ㄷ 약물 알레르기 여부는 차트에 분명하게 명시하며 알레르기 반응은 환자의 생명을 위협할 수 있음을 인지한다.

ㄹ 처방된 약은 잠재적으로 환자가 복용하고 있는 또 다른 약과 상호작용할 가능함으로 확인 과정이 필요하다.

ㅁ 간호사는 자신의 지식과 경험을 토대로 환자에게 해를 입힐 수도 있는 어떤 약물을 투여하는 것을 거부할 권리가 있다.

ㅂ 투약처방에 대한 어떤 문제라도 기록하고 의료인에게 연락이 닿았는지 여부, 의료인의 답변, 관련된 모든 중재를 기록한다.

ㅅ 의사의 투약처방 내용이 적절하지 않거나 약물의 용량이 통상 사용범위를 벗어나는 등 의문이 생기면 투약하기 전에 확인하는 절차를 가진다.

ㅇ 적절하지 않은 처방을 의사가 계속 강요하는 경우는 의사에게 확인한 시간과 의사의 주장과 대상자의 반응을 함께 기록한다.

ㅈ 의사 확인을 위한 연락을 여러 번 시도했으나 실패한 경우에는 투약을 보류하고 그 내용을 기록한다.

## (3) 용량 측정방법

① **미터법** : 가장 널리 수용되는 측정법이며 십진법을 기본으로 한다.
   ㉠ 기본적인 측정단위로는 meter(길이), Liter(부피), gram(무게)를 이용한다.
   ㉡ 무게 1kg=1,000g/ 1g=1,000mg/ 1mg=1,000mcg로 환산한다.
   ㉢ 부피는 1L=1,000mL로 나타낸다.

② **약국 액량법** : 미국, 영국, 캐나다에서 사용하는 방법이다.
   ㉠ 기본단위는 무게 gr(grain), 부피 minim을 사용한다. 그 밖의 무게는 grain(gr), dram, ounce(oz), pound(lb) 등이 있다.
   ㉡ 부피는 minim, fluid dram, fluid ounce(fl'oz), pint(pt), quart(qt), gallon(gal) 등을 사용한다.
   ㉢ 혼동을 피하고 투약과오를 줄이기 위해 미터법 사용이 권장되고 있다.

③ **가정용 액량법** : 가정용 액량법 단위는 편리하고 친숙한데 정확하지는 않다.
   ㉠ 일반적으로 티스푼이나 컵을 이용하여 측정되며 단위는 방울(Drop), 찻숟가락(Tea Spoons), 큰 숟가락(Table Spoons), 컵(Cup) 등이 있다.
   ㉡ 무게는 pints, quart로 측정하며 십진법 단위로 환산 필요하게 된다.
   ㉢ 티스분은 5mL로 간주하며 티스푼 × 3은 테이블 스푼 1개로 1온스(oz)는 30mL로 간주한다.

## (4) 약물용량 계산법

① 약 용량은 제약회사에서 공급될 때 제시되는 단위로 약물의 무게나 부피이며 이를 처방된 약물의 양으로 바꾼다.

② **공식대입법 방법1** : 일반적으로 원하는 용량(처방된 용량)과 일치하는 약물 보유량을 찾는 방법이다.

$$\frac{보유용량(약물의\ 용량)}{보유량(용액의\ 용량)} = \frac{원하는\ 용량(처방된\ 약\ 용량)}{x(원하는\ 양)}$$

③ **공식대입법 방법2** : $\dfrac{원하는\ 투여량}{보유\ 투여향(약물의\ 용량)} \times 보유량(용액의\ 양) = 원하는\ 양$

④ **차원분석** : 약물용량 계산에 계수치환법(Factor – Labeled Method)을 이용하여 변환 문제를 만들어 푸는 체계적이고 간단한 접근법이다.

⑤ **아동과 약물계산**
   ㉠ 성인에 비해 약물 대사능력이 떨어지므로 약 용량 계산할 때 주의한다.
   ㉡ 나이, 체중, 신체의 성숙 정도 등이 약물의 대사와 배설능력에 영향을 준다.
   ㉢ 미숙아와 신생아는 간과 신장이 미숙하여 약물의 해로운 작용에 취약하다.

⑥ 체표면적 이용

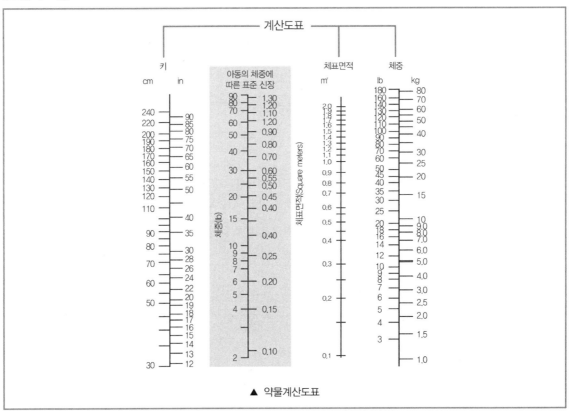

▲ 약물계산도표

㉠ 가장 정확한 방법으로 체표면적(BSA, Body Surface Area)을 이용한다.

㉡ 체표면적은 키와 체중을 기초로 측정하게 된다.

㉢ 체표면적 추정을 위한 표준계산 도표는 아래와 같다.

$$\frac{아동의\ 체표면적}{성인의\ 표준\ 체표면적(1.7m^2)} \times 통상\ 성인\ 용량$$

⑦ 체중이용

㉠ 체중을 이용하여 아동의 약 용량을 계산하는 방법인 Clark's Rule을 이용한다.

㉡ 아동의 체중을 성인의 평균 체중인 68kg(150lb)와 비교해서 계산 할 수 있어 모든 연령의 아동에게 적용이 가능하다.

$$\frac{아동의\ 체중}{성인의\ 평균체중(68kg\ 또는\ 150lb)} \times 성인\ 용량$$

## (5) 투약 주의사항

① 안전한 환경 유지하기
- ㉠ 비교적 조용한 장소에서 약을 준비하는 것이 중요하다.
- ㉡ 투여할 약을 준비한 후에 부주의하게 두지 않는다.
- ㉢ 약을 준비한 간호사가 약을 투여하고 약물 투여 사실을 기록한다.

② 마약류 완전하게 다루기
- ㉠ 약물공급장치에 보관하는데 평소엔 잠가두며 이중으로 잠금장치가 된 용기에 보관한다.
- ㉡ 마약은 의사만 처방가능하고 투여 관련된 행위는 모두 기록한다.
- ㉢ 기록에는 투여환자 이름, 사용한 마약의 양, 마약투여 시간, 마약을 처방한 의사, 마약을 투여한 간호사가 필수로 기록된다.
- ㉣ 일정 간격으로 마약에 대한 확인을 한다.
- ㉤ 2명의 간호사가 투여 준비를 확인하고 이 내용은 기록한다.
- ㉥ 폐기 때에도 두 명이 지켜봐야하며 이 내용은 기록되어야 한다.

③ 환자 확인하기
- ㉠ 안전한 약물 투여를 위해서는 환자에 대한 적극적인 확인이 기본이다.
- ㉡ 투여 전에 정확한 약이 정확한 환자에게 투여되는지 주의깊게 재확인하는 절차가 요구된다.
- ㉢ 의료기관에 입원한 환자는 일반적으로 신분확인 팔찌를 착용한다.
- ㉣ 바코드 장치로 팔찌 스캔을 이용하여 신분을 증명한다.
- ㉤ 환자는 이름을 말하도록 개방형으로 질문을 던진다.

## ❹ 간호과정

### (1) 사정

① 간호력으로 투약 전에 문진을 통해 과거 약물치료에 관한 금기증에 관한 정보를 획득한다. 질병에 따른 약물 치료와 약의 부작용 발생의 위험 방지가 가능하다.

② 외과수술의 종류에 따라 투약이 필요한 상태인지 등 여부를 확인해야 한다.

③ 대상자에게 알레르기의 기왕력이 있다면 간호사는 다른 의료원에게도 알린다.

④ 알레르기의 유형과 반응 등 모든 정보는 입원기록지, 투약기록지, 간호력 신체검진기록지에 기록한다.

⑤ 복용하는 처방약, 비처방약, 한약재를 포함한 모든 약물의 정보를 사정한다.

⑥ 노인이나 아동의 경우 안전한 용량이 처방되었는지 확인하고, 간호중재가 필요한지를 확인한다.

⑦ 정상적인 섭취의 유형과 음식에 대한 선호도에 따라 약 용량을 효율적으로 정할 수 있다.

⑧ 지각이나 조정능력 문제가 있는 대상자는 자가 투약이 힘들므로 대상자가 약물을 준비하고 정확하게 투약할 수 있는 능력 여부를 사정한다.

⑨ 현재상태에 대한 사정으로 신체적·정신적 상태는 투약에 영향을 미친다. 어떤 약물이든 투약을 하기 전에는 항상 대상자를 주의 깊게 사정한다.

### (2) 수행

① 환자가 약물을 복용하고 있는지 확인하며 환자가 약물을 복용한 후에는 즉시 기록한다.

② 건장증진 간호활동으로 대상자의 투약이행에 영향을 미칠 수 있는 건강신념, 사회경제적 요인 등과 같은 습관을 확인한다.

③ 투약의 이점·이유를 대상자 및 가족에게 교육한다. 대상자의 건강신념, 문화적 실천을 치료계획안에 통합한다.

④ 입원 대상자 간호로는 투약 처방 확인, 투약카드 및 투약 기록지를 작성한다.

⑤ 정확한 투약을 위해 개방형으로 투약 전 정확하게 대상자를 확인하고, 비경구약물 투여 시 무균법을 적용한다.

⑥ 특정 약물의 경우 투여 전에 대상자의 상태를 반드시 사정한다.

⑦ 회복기의 가정에서 지내는 대상자는 보통 스스로 투약을 실천하지만, 간호사는 대상자와 가족에게 약물작용·부작용에 대해 교육할 책임이 있기에 투약 수행여부, 약물효과를 확인해야 한다.

### (3) 평가

① 약물의 치료적 작용·부작용, 각 약물의 주의사항에 대해 숙지한다.

② 약물에 대한 대상자의 반응에 대해서 반응관찰, 통증 척도나 체크리스트의 사용, 질문 등을 통해 지속적으로 평가한다.

## ❺ 간호수행 약물투여

### (1) 연령에 따른 고려사항

① 영아 · 아동

    ㉠ 연령, 체중, 체표면적에 따라 약물 흡수, 대사, 배설능력이 다르므로 투약 준비 시 특별한 주의 필요하다.

    ㉡ 투약 시 어떤 방법을 수행할지 결정하는 데 있어 가장 도움이 되는 자원은 아동의 부모이다.

    ㉢ 간호사의 감독하에 부모가 아동에게 약을 투여하면 아동이 받아들이는 것이 더 수월하다.

② 노인

    ㉠ 노화로 인한 간 · 신장의 기능감퇴, 지방비율의 증가가 두드러지므로 약물의 축적효과와 독성의 가능성이 증가한다.

    ㉡ 기억력 · 시력의 감퇴는 약물오용 가능성을 높이므로 가족에게 투여 교육과 투약시간표를 작성할 필요가 있다.

    ㉢ 경구약물 투여 시 흡인 가능성을 예방하기 위해 대상자를 똑바로 앉힌다.

    ㉣ 연하곤란을 호소하는 대상자에게 알약보다는 액체로 된 약물을 제공한다.

### (2) 경구약(Oral Medication) 투여

① 특징

    ㉠ 구강으로 투여해서 위와 작은창자에서 흡수된다.

    ㉡ 안전성과 경제성이 있고 가장 편리하고 흔히 사용되는 투약방법이다.

    ㉢ 경구 투약이 금기되거나 구강으로 약물을 투여받기 곤란한 경우가 있다.

② 장점

    ㉠ 가장 편리하며 경제적이고 피부를 손상하지 않는다.

    ㉡ 환자에게 스트레스를 유발하지 않는다.

③ 단점

    ㉠ 오심이나 구토 증상의 환자의 경우 적용하기 힘들다.

    ㉡ 의도적 · 비의도적으로 약을 입안에 숨길 수 있다.

    ㉢ 흡인 가능성과 치아변색, 치아의 법랑질 손상, 위점막 자극, 불쾌한 맛이나 냄새, 위장관 운동성 감소나 연하곤란, 무의식 환자에게 부적합하다.

### (3) 경구약의 형태

① 고형제제

    ㉠ 알약, 캡슐, 환 등의 종류이다. 일부 알약은 부분적으로 쉽게 나눌 수 있도록 금이 그어져 있어 분리가 가능하다. 그어져 있지 않은 경우 부정확한 용량이 될 수 있으므로 알약을 나누지 않는다.

ⓛ 장용제피약(장용제) : 위의 흡수 방지를 위해 단단한 표면으로 덮여있어 장에서 용해된다. 씹거나 부수는 등 형태 변형은 금지된다.

ⓒ 방출 연장 형태의 약 : 지효성 약, 방출조절제, 지속성 약, 서방제 등이 해당된다. 씹거나 부수면 안 된다.

② 액상제제

㉠ 엘릭시르, 증류액, 현탁액, 시럽 등이다. 컵 사용이 어려울 경우 경구용 주사기 사용한다.

ⓛ 이전에 이력에 약물ㆍ알코올 중독자였을 경우 알코올 함유 약물 제한한다.

ⓒ 유화액ㆍ현탁액의 복용 시 : 잘 흔들어서 투여 하며 불필요한 약물 손실을 방지하기 위해 약을 따를 때 정확한 용량을 측정한다. 라벨이 불명확 할 경우 약물 제공을 금기하며 사용하지 않은 약은 다시 병에 재투입하는 것을 금한다.

(4) 경구약물 투여

① 설하 약물 투여

㉠ 혀 밑에서 용해되어 혀 밑 혈관으로 흡수되어 속도가 빠르고 물과 함께 삼키면 효과가 없다.

ⓛ 음료ㆍ음식물의 경우 혀 밑 약물이 완전히 용해된 후 섭취한다.

ⓒ 니트로글리세린 등이 있다.

② 볼점막 약물 투여

㉠ 볼 안쪽 점막에 약물이 닿도록 하여 녹을 때까지 입속에 물도록 교육한다.

ⓛ 점막 자극을 피하기 위해 양쪽 볼을 번갈아가며 투여한다.

ⓒ 약물을 씹거나 삼키지 않도록 교육한다.

③ 장관 영양으로 약물 투여

㉠ 가능하면 액상 약물을 사용하고 특정한 고형 형태의 약은 부수어서 음료와 혼합이 가능하다.

ⓛ 특정한 캡슐은 열어서 음료에 섞어 관 속에 투여될 수도 있으며 투여 시 침대 머리를 올려서 역류를 방지한다.

ⓒ 액상 형태의 약은 상온으로 준비하며 관의 잠금장치를 풀고, 관이 위나 창자에 연결되어 있는지 확인하고 투여를 진행한다.

ⓔ 투여 직전과 직후에 15 ~ 30mL의 물로 관의 내부를 세척해야 하며 약은 각각 투여하며 약을 투여 때마다 물로 씻어낸다.

ⓜ 환자가 관 영양 중이라면 투여될 약에 대한 정보를 검토한다.

ⓗ 지속적 관 영양 환자는 투여 직전과 직후에 영양관을 잠금상태로 유지한다.

④ 흡인예방을 위한 간호중재

    ㉠ 투약 시 흡인 방지가 중요한데 의식수준, 연하곤란 등은 경구투여의 흡인위험성이 높다.

    ㉡ 경구 복용의 경우 가능하면 스스로 수행하도록 하고, 똑바로 앉거나 상부를 높인 체위에서 시행한다.

    ㉢ 편마비 환자의 경우 건측의 입속으로 약을 넣고 위축온 쪽으로 머리를 돌려 건축식도로 내려가기 쉽도록 한다.

    ㉣ 농도 진한 음료와 함께 섭취하며 한 번에 한 알씩 복용한다.

    ㉤ 빨대는 흡인의 위험으로 권장되지 않으며 가능한 식사시간에 맞춰 진행된다.

## (5) 비경구약(Parenteral Medication) 투약하기

① **정의** : 소화관 이외의 경로인 소화관 밖의 신체 조직이나 순환계통에 약물을 주입하는 것이다. 대부분 주사로 약물 투여를 말한다.

② **종류** : 피내 · 피하 · 근육 · 정맥주사로 구분된다.

③ **특징**

    ㉠ 주사는 침습적 시술로 무균술이 적용한다.

    ㉡ 시행 시 멸균된 기구와 멸균된 약물 준비가 필수요소이다.

    ㉢ 경구투약에 비해 효과가 빠르고 약물 흡수율이 높아서 투여하면 돌이키기 어렵다.

④ **바늘** : 바늘 찔림 사고는 뚜껑을 다시 덮는 동안 발생한다. 사용 후 되씌우지 않도록 하고 불가피한 경우는 한 손만 이용하여 행한다.

⑤ **주사기**

    ㉠ 멸균된 개별 포장이나 1회용을 이용한다. 손으로 만질 수 있는 부위는 주사기바깥쪽(외관), 밀대손잡이로 한정된다.

    ㉡ **멸균상태 유지 부위** : 주사기 연결부위, 외관 안쪽으로 들어가는 밀대, 외관 안쪽 부분이 있다.

    ㉢ **크기** : 0.5mL ~ 60mL이다. 근육주사나 피하주사 시 1 ~ 3mL로 사용된다. 10mL, 20mL, 50mL등의 큰 주사기는 수액 약물을 첨가할 때나 상처 세척 등에 사용한다.

    ㉣ **인슐린 주사기** : 1mL의 크기로 100unit 눈금이 표시한다. 30 ~ 31G바늘이 주사기에 고정한다.

    ㉤ 약물이 들어간 주사기는 보통 1회용 주입 약물이 들어있다.

⑥ **기기 선택기준** : 투여경로, 투여량, 신체크기, 약의 종류, 용액의 점성도 등이 고려된다.

⑦ **앰플 사용** : 약물의 1회 용량을 담고 있는 유리병이다.

    ㉠ 부러뜨리는 과정에서 유리조각으로 인한 상해 위험성이 있으며 미세 유리분말의 유입 가능성으로 필터(여과)바늘을 사용한다.

    ㉡ 앰플이 열린 이후는 오염된 것으로 간주하여 사용여부를 떠나 폐기한다.

    ㉢ 앰플에 베인 경우도 앰플과 약 모두를 폐기하도록 한다.

    ㉣ 앰플 사용 시 앰플 가장자리에 바늘이 닿지 않도록 주의한다.

⑧ 바이알에서 약물 뽑아내기

  ㉠ 일회 용량 또는 다회 용량의 약물이 들어있다.

  ㉡ 자동으로 밀폐되는 고무마개가 있는 플라스틱 또는 유리병이다.

  ㉢ 다회 용량의 바이알은 보통 24시간 동안만 사용 가능하다.

  ㉣ 24시간 측정을 위해 처음 개봉 시 날짜와 시간을 표기한다.

  ㉤ 다회 용량과 상관없이 한 바이알 당 한명의 환자에게만 적용한다.

  ㉥ 바이알에서 약물을 뽑아내기 전 알코올 솜으로 닦아 내며 고무가루 등 미립자를 걸러 내기 위해 필터
    (여과)바늘 사용한다.

  ㉦ 내부는 진공상태이므로 필요한 약물만큼 공기를 주입하여 뽑아내도록 한다.

  ㉧ 바이알 내 약물은 액체 또는 분말형태이다. 분말의 경우 멸균증류수, 생리식염수 등 용매제로 희석 후
    사용해야 한다.

⑨ 주사기 하나의 인슐린 혼합

  ㉠ 인슐린은 각각의 작용 시작시간과 지속시간 다양하다. 분류로는 초속효성, 속효성, 중간형, 지속형 제제
    로 나뉜다.

  ㉡ 환자에 따라 1종류 이상의 인슐린을 투여하는 경우가 생기는데 대표적으로 RI 인슐린과 NPH 인슐린 혼
    합 투여가 이루어진다.

(6) 피내주사 약물 투여

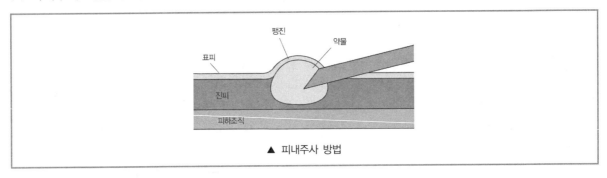

▲ 피내주사 방법

① 특징 : 표피 바로 밑에 있는 진피층에 약물을 투여하는 것으로 비경구 경로 중 가장 흡수시간이 길다.

② 투여량 : 0.1mL 미만의 매우 적은 양이 적용된다.

③ 사용 : 투베르쿨린 반응, 알레르기나 약물에 대한 과민반응을 위한 피부반응검사, 국소마취 시 사용된다.

④ 피부반응검사 약물 : 페니실린계, 세팔로스포린계 항생제 등이 적용된다.

⑤ 주사부위 : 병변이 없고 착색과 털이 없는 분위를 선호한다. 대표적으로 전완의 내측면(아래팔 안쪽), 상완
  의 후측면(위팔 앞 옆쪽), 상흉부(윗가슴), 견갑골(어깨뼈)이다.

(7) 피부반응검사(Ast, After Skin Test)

① 피내검사, 피내단자검사가 있다.

② 반응검사 시행 전에 약물 알레르기 과거력과 심각성 등에 대해 먼저 사정하고 비자극성 농도로 희석하여 수행한다.

③ 피내검사

　㉠ 증류수나 생리식염수를 이용하여 비자극성 농도로 희석(1/100 ~ 1/1,000배)하거나 표준농도의 시약(300 $\mu$g/mL)을 사용하는 방법이다.

　㉡ 5 ~ 6mm 팽진이 형성되도록 약물을 주사하며 주입량은 0.02 ~ 0.05mL정도이다.

　㉢ 1mL, $\frac{1}{4}$inch(0.6cm) ~ $\frac{1}{2}$inch(1.25cm) 주사기를 사용하고 굵기는 25G ~ 27G이다.

　㉣ 투여각도 : 5 ~ 15°로 적용된다.

　㉤ 주의점 : 약물 주입 직후 주사부위를 문지르거나 마사지하지 않고 검사 15 ~ 30분 후 결과를 분석한다.

　㉥ 판정기준 : 10mm 이상은 양성이고 5 ~ 9mm은 위양성이다. 양성일 경우는 재검사나 반대쪽에 생리식염수 투입 후 결과를 분석한다. 5mm 미만은 음성으로 본다.

④ 피내 단자검사(SPT)

　㉠ 항원용액, 양성대조액(히스타민), 음성대조액(생리식염수)을 전완 내측에 떨어뜨린다.

　㉡ 란셋이나 바늘로 피부를 살짝 들어 시행한다. 표피로 검사시약이 스며들게 한 후 반응을 분석한다.

　㉢ 15 ~ 20분 후 결과를 해석한다.

　㉣ 결과로 3×3mm 이상의 팽진이나 양성대조액(히스타민)보다 큰 발진과 팽진 시 양성판정을 내린다.

⑤ 투베르쿨린 피부검사(TST)

　㉠ 잠복 결핵 감염 진단을 위해 이용된다. 대상자는 전염성 결핵 환자와 접촉자와 결핵 발병 위험이 높을 때 시행한다.

　㉡ 투베르쿨린 시약(PPD RT23)을 사용하며 기기는 투베르쿨린 주사기나 1mL 주사기를 사용한다.

　㉢ 전박 내측에 0.1mL의 시약을 6 ~ 10mm의 주사하여 팽진을 형성한다.

　㉣ 약물 주입 직후 주사부위를 문지르거나 마사지하지 않으며 48 ~ 72시간 후에 결과판독을 시행한다.

　㉤ 결과해석은 경결 크기를 기준으로 판정한다.

　㉥ 발적은 판독 기준 아니며 양성 시 잠복 결핵 의미하지만 확진검사에 해당하지는 않는다.

　㉦ 양성의 경우 10mm 이상이고 위양성, 양전, 위음성의 경우를 주의한다.

(8) 피하주사 약물 투여

① 피하주사 : 진피와 근육 사이에 있는 지방조직증(피하조직)에 약물을 투여하는 주사법이다.

② 특징 : 혈관이 거의 없어 모세혈관으로 흡수 속도가 느리고 지속적으로 일어난다.

③ 약물

　㉠ 예방백신, 수술 전 처치약물, 인슐린 헤파린 등이 있다.

　㉡ 보통 1mL 이하 소량의 수용성 약물이 투여한다.

　㉢ 자극적이거나 용량이 많은 약물의 경우 조직에 약물결절(Hardness)과 통증성 몽우리를 동반한 무균성 농양의 위험성이 있다.

④ 주사부위

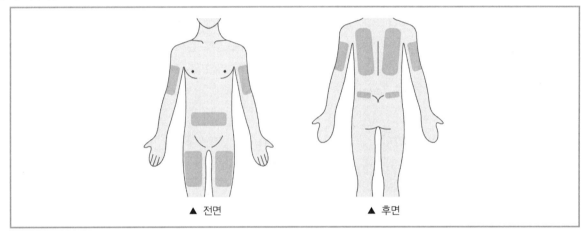

▲ 전면　　　　　　　　　▲ 후면

　㉠ 흡수를 방해하거나 손상, 불편감을 초래 할 수 있는 뼈 돌출부위, 멍, 압통, 단단하거나 부은 곳, 염증, 흉터가 있는 부위는 피한다.

　㉡ 흡수율은 복부, 팔, 대퇴, 볼기 순으로 투여하는 부위마다 다르게 나타난다.

　㉢ 주로 사용되는 부위로는 복부에서 배꼽에서 좌우로 5cm(2Inch) 정도 떨어진 부위가 사용된다.

　㉣ 아주 마른 체형이거나 근육이 많은 경우에는 피하조직이 적은 팔이나 다리는 주사를 피하도록 한다.

⑤ 기구 사용방법

　㉠ 피하조직에 의해 결정된다. 체중을 기준으로 주사침 길이와 삽입 각도는 체중·체구에 따라 결정한다.

　㉡ 정상 성인 기준으로 25G, 2cm(5/8inch) 주사바늘로 45˚나 1cm(3/8inch) 주사바늘은 90˚로 투여한다.

　㉢ 아동은 1.2cm(1/2inch) 주사바늘로 45˚로 투여한다.

　㉣ 마른 대상자의 주사 부위는 복부 부위가 적절하고, 비만인 경우 지방조직을 통과 충분한 길이의 바늘을 선택한다.

⑥ 주사바늘 삽입 각도

　　㉠ 주사부위 피부조직이 5cm 정도 집었을 때 올라오면 90˚로 삽입한다.

　　㉡ 주사부위 피부조직이 2.5cm 정도 집었을 때 올라오면 45˚ 삽입하도록 한다.

⑼ 헤파린주사

① **특징** : 심부정맥혈전증(DVT, Deep Vein Thrombosis) 예방에 자주 사용되는 약물이다.

② **역할** : 항응고제로 혈전을 형성한다. 투여 후 출혈징후(타박상, 잇몸 출혈 등)를 지속적인 사정이 필요하다.

③ **주의점** : 혈종 형성에 주의한다. 약물 준비 후 새 주사바늘로 교체하고 90˚ 각도로 30초 이상 천천히 주입한다. 주사 후 마사지를 금지한다.

④ **주사부위** : 배꼽에서 5cm(2인치) 떨어진 부위의 복부가 권장된다.

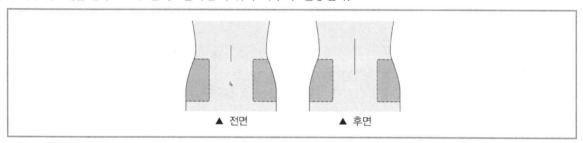

▲ 전면　　　　▲ 후면

⑽ 인슐린 주사

① **역할** : 췌장 $\beta$세포에서 합성·분비되는 호르몬으로 혈액 속의 포도당의 양을 일정하게 유지시키고 혈당조절을 하는 역할을 한다.

② **주사부위** : 복부가 가장 선호된다.

③ **주의사항**

　　㉠ 조직 손상을 최소화하고 흡수 촉진을 위해서 이전 주사부위로부터 2~3cm정도 떨어진 위치로 점진적으로 바꾸면서 주사한다.

　　㉡ 한 부위 반복 투여를 시행하면 주사 부위에 통증, 딱딱해짐, 지방 비후, 위축 등 현상이 발생할 위험이 있다.

　　㉢ 한 부위를 1~2주 정도 이용하게 되며 동일 부위는 1개월 이내에는 주사하지 않도록 한다.

④ 인슐린 주사부위

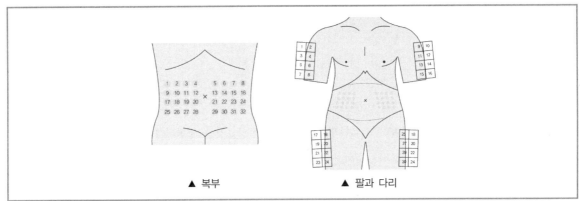

▲ 복부　　　　　　　　▲ 팔과 다리

⑤ 인슐린 보관 시 주의사항

　　㉠ 개봉 전 인슐린은 냉장고(2 ~ 8℃)에 보관한다.

　　㉡ 개봉 후 인슐린은 종류에 따라 실온(15 ~ 20℃) 및 냉장보관(2 ~ 8℃)으로 나뉜다.

　　㉢ 여행 중에는 너무 덥거나(30℃ 이상) 추운 곳(2℃ 이하) 및 직사광선이 비치는 곳을 피하여 보관한다.

　　㉣ 비행기에서는 인슐린을 기내에서 소지하며 화물로 부치지 않는다.

　　㉤ 장기 여행 시에는 종이 티슈로 감아 보온병에 보관할 것 등 보호방법을 취한다.

⑥ 인슐린 주사 시의 주의사항

　　㉠ 주사기 안의 공기방울 제거 후 주사한다.

　　㉡ 냉장고에서 방금 꺼낸 인슐린의 경우 실온에서 15분 정도 후 주사를 실시한다.

　　㉢ 주사부위는 소독 후 충분히 알코올 건조 후 실시한다.

　　㉣ 주사 시 삽입 각도와 빼는 각도는 일정하게 한다.

⑾ 근육주사(IM, Intramuscular Injection) 약물 투여

① 약물이 근육조직으로 투여되며 자극을 주는 약물을 안전하게 투여할 때 이용된다.

② 특징 : 많은 혈관 분포로 흡수·작용이 빠르게 나타난다. 피하주사보다 많은 양의 약물 주입이 가능하다. 일부 약물은 효과가 긴 시간 지속되지만 신경과 혈관 손상의 위험성이 높다.

③ 주의사항

　　㉠ 안전한 부위로 굵은 신경·혈관, 뼈를 피해서 근육이 잘 발달한 곳을 선택한다.

　　㉡ 감염, 괴사, 타박상, 찰과상이 없어야 한다.

　　㉢ 같은 부위 반복 투여 시 주사할 근육이 경직 정도를 사정하여 투여한다.

⑫ 선정부위

① 둔부의 복면(Ventrogluteal Site)

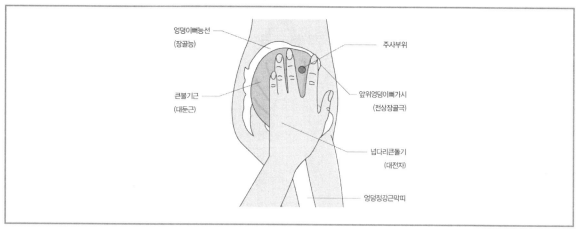

ㄱ 근육주사 부위로 많이 사용되는 부위이다.

ㄴ 중둔근(중간볼기근)과 소둔근(작은볼기근)가 포함된다.

ㄷ 혈관, 신경, 피하지방조직이 적고, 자세로는 앙와위, 복위, 측위가 가능하다.

ㄹ 뼈 돌출부위로 위치확인이 가능하다.

ㅁ 부위선정을 위해 활용되는 부위로는 큰돌기(대전자), 앞위엉덩뼈가시(전상장골극 ), 엉덩뼈능선(장골능)이 있다.

ㅂ 근육주사 부작용이 적은 부위로 성인과 7개월 이상 아동에게 가장 안전하다.

ㅅ 근육 위축이나 움직이지 못하는 대상자, 실금 있는 노인, 걸을 수 없는 대상자에게 약물 주입 시, Z - Track 주사부위로도 적절하게 이용이 가능하다.

② 둔부의 배면(Dorsogluteal Site)

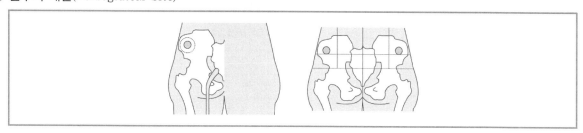

ㄱ 중둔근과 일부 대둔근에 주사하는 방법으로 과거에 주로 사용되던 부위이다.

ㄴ 좌골신경, 큰 혈관, 뼈가 인접해 있어 잘 사용하지 않으며 피하조직으로 유입 위험도 있다.

ㄷ 성인, 둔근이 발달된 아동의 근육주사 시 주로 이용된다.

ㄹ **부위선정 방법** : 뒤위엉덩뼈가시(후상장골극)을 촉지 한 다음 대전자까지 가상의 선을 그린 후 상외측 부위를 주사부위로 정하는 방법, 한쪽 둔부(엉덩이) 전체를 원으로 가정하고 사분원으로 분할한 다음 상외측 부위를 주사부위로 정하는 방법이 있다.

③ 외측광근(Vastus Lateralis Muscle)

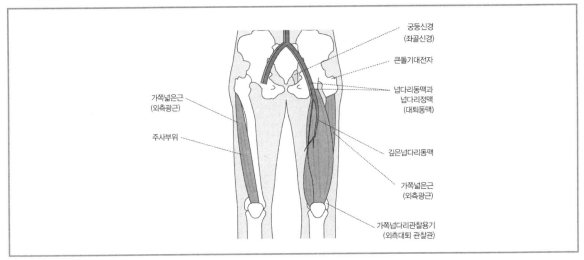

㉠ 둔부의 복면을 쓸 수 없거나 둔근이 잘 발달되지 않은 7개월 미만 영아에게 사용된다.

㉡ 큰 신경과 혈관이 없고 영아·유아·아동의 예방접종, 면역글로블린 주사할 때 선호된다.

㉢ 넙다리네갈래근(대퇴사두근) 중 넙다리의 앞 바깥쪽에 위치한다.

④ 대퇴직근(Rectus Femoris Muscle)

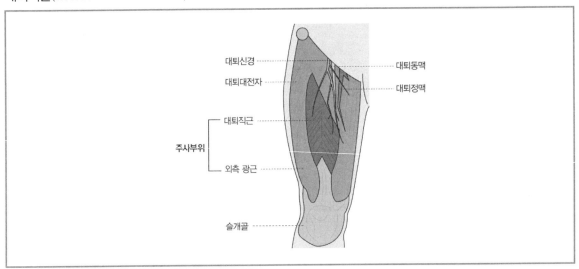

㉠ 사두근으로 보행 시 가장 많이 사용되는 근육이다.

㉡ 대퇴 전면부에 위치하고 자가 주사할 때 주로 이용된다.

㉢ 다른 근육주사 부위가 불가능할 때도 이용된다.

㉣ 좌위나 앙와위 자세에서 실시한다.

⑤ 어깨세모근(삼각근, Deltoid Muscle)

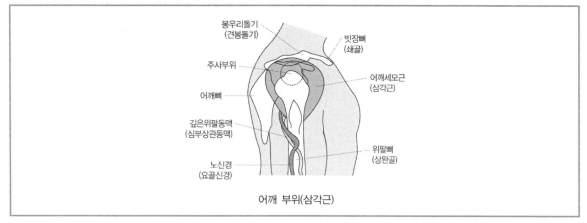

어깨 부위(삼각근)

ⓐ 예방주사 시 가장 많이 사용되는 부위로 1mL 정도의 소량의 약물 주입 시에만 이용한다.

ⓑ 상완동맥과 요골신경이 인접해서 근육주사 부위 중에서 약물 흡수 속도가 가장 빠르다.

ⓒ 견봉돌기의 약 5cm 아래 지점이며 액와와 상박의 정중선이 만나는 점을 삼각형의 꼭짓점으로 하여 그려진 삼각형이 주사부위로 선정된다.

⑥ 기구

ⓐ 바늘 길이는 주사부위, 연령에 따라 선택되고, 바늘 굵기(G)의 경우 투여 약물에 따라 결정된다.

ⓑ 어깨세모근의 경우 1.5 ~ 3cm, 가쪽넓은근의 경우 1.5 ~ 2.5cm, 둔부 볼기의 배쪽은 3.8cm이 사용된다.

ⓒ 생물 제제와 수용액의 경우 20 ~ 25G, 유성 용액 약물의 경우 18 ~ 25G를 이용한다.

⑦ 투여방법

ⓐ 투여량은 성인의 경우 1회 3mL 투약이 가능하고 아동, 마른 성인, 노인 둔부의 경우 1 ~ 2mL까지 가능하다.

ⓑ 2세 미만의 영아는 1회 0.5 ~ 1mL가 권장되며 삼각근 부위는 1mL 미만까지 허용된다.

ⓒ 삽입각도는 바늘이 신체에 수직(90°)이 되도록 시행한다.

⑧ Z - Track 기법

ⓐ 정의 : 피하조직에 심한 손상을 주는 약물을 근육 깊이 주사하기 위한 근육주사 방법이다.

ⓑ 특징

• 약물이 피하조직으로 누출되어 통증을 유발을 막아 자극, 통증, 불편감을 최소화하기 위한 것이다.

• 철 덱스트란, 페니실린 등이 주로 사용된다.

ⓒ 주의사항 : 주사침의 길이는 최소 1.5인치(3.8cm) 이상을 이용한다. 약물 준비 후 주사침을 새 것으로 교환하고 피하조직과 피부를 한쪽으로 2.5cm 정도 당겨서 투여한다. 주입 후 10초간 주사기 그대로 삽입 유지하며 주사침을 뽑은 후 당겼던 피부를 놓는다. 주사부위는 가볍게 누르고 마사지를 금한다.

⑨ 근육주사 통증 경감 방법

    ㉠ 주사부위와 투여약물의 특성에 적절한 바늘의 굵기와 길이를 사용하여 주사한다.

    ㉡ 주사기에 약물 투입 후 새 바늘로 교환하고 주사바늘에 묻어 있는 약물이 피하조직에 자극주지 않도록 주사한다.

    ㉢ 주사 시 근육이완을 실시하고 빠르게 찌르고 같은 각도로 빠르게 뽑는다.

    ㉣ 약물 자체는 서서히 주입하며 통증이 심한 약물일 경우 주사 전 얼음적용을 통증을 감소시킨다.

    ㉤ 반복적 주사투여는 부위를 바꿔주며 Z – track기법을 활용한다.

⒀ 정맥주사(IV, Intravenous Injection)

① 정맥 혈관에 주사침을 천자하여 혈액 내로 직접 약물을 투여하는 방법이다.

② 투여 목적은 신체의 영양공급, 수분과 전해질 및 산·염기의 균형 등을 위해 실시한다.

③ 많은 용량의 약물주입을 위한 희석으로 사용한다.

④ 빠른 효과를 위해서 사용하고 완전한 약물 흡수를 위해서도 적용된다.

⑤ 장점 : 응급약물 투여로 약효가 빠르게 작용된다. 혈중 약물 농도를 일정하게 유지와 완전한 흡수가 가능하다. 한 번의 천자로 주입로가 유지되면서 장기간 약물치료가 가능하다.

⑥ 단점 : 국소적·전신적 감염 발생 위험과 빠른 부작용 반응, 수액 과잉, 전해질 불균형, 혈관 신경 손상, 정맥천자부위 출혈, 발적, 비경제적이다. 또한 병원 내에서의 투여만 가능한 점 등이 있다.

⑦ 결정질 용액

    ㉠ 정의 : 세포막 투과성에 의해 확산 될 수 있는 작은 분자들도 이루어진 전해질 용액이다. 농도에 따른 구분으로 등장액, 저장액, 고장액으로 구분한다.

    ㉡ 등장액 : 리터당 250 ~ 375mOsm 의 삼투압을 가지고 있으며 세포 내에서 발견되는 삼투압과 동일한 수준을 이룬다. 등장액은 혈관을 확장하여 순환 혈량을 증가시키는 데 사용한다. 수분 부족, 저혈량성 저혈압에 도움을 준다. 등장성 용액으로는 생리식염수(0.9% NaCl), 링거젖산용액, 5% 포도당액(5DW)이 있다.

    ㉢ 저장액 : 리터당 250mOsm 이하 또는 세포보다 낮은 삼투압을 가지고 있다. 주입되면 혈청 삼투압을 낮춰 체액이 혈관 밖으로 나와 세포와 체내 공간으로 이동한다. 따라서 저장액은 환자의 세포에 수분이 필요 할 때 투여한다. 저장성 용액으로는 0.33% NaCl(1/3 농도 생리식염수, 0.45% NaCl(1/2 농도의 생리식염수, Halfsaline)이 있다.

    ㉣ 고장액 : 리터당 375 mOsm 이상의 삼투압을 가지고 있으며 세포보다 삼투압이 더 크다. 주입하면 혈청 삼투압이 증가하여 세포와 체내 조직으로부터 수분을 혈관 내로 가져온다. 두개내압 상승과 쇼크의 치료를 위해 사용하며 순환기 과부하를 방지하기 위해 속도를 천천히 주입하도록 한다. 고장성 용액의 예로는 10% 포도당액(10DW), 5% dextrose in 0.9% NaCl(5DS), 3% NaCl가 있다.

⑧ 콜로이드용액

    ㉠ 정의 : 콜로이드 용액을 주입 시 혈관 내 삼투압이 증가하여 수분을 혈관 공간으로 끌어당긴다. 많은 양의 실혈이 있거나, 패혈증과 같이 모세혈관 투과성이 높은 상태에서 혈관 내로 수분을 이동시켜 조직 관류를 높일 때 사용한다.

    ㉡ 혈액제제 : 일반적으로 주입되는 혈액 성분으로는 농축 적혈구(Packed RBC), 백혈구(WBC), 혈소판, 혈장 및 응고인자 등이다.

    ㉢ 볼륨확장제 : 혈액제제 이외의 혈장을 증량시키는 용액이다. 알부민, 덱스트란, 만니톨, 헤타스타치 등이 있다.

    ㉣ 비경구영양(TPN) : IV경로를 통해 공급되는 영양소이다. 20 ~ 50%의 당, 단백질, 비타민, 전해질을 함유하고 있는 고장성 용액이다. 주된 경로인 중심정맥관에 주입한다. 위장관에서 영양소 흡수에 문제가 있거나 치료를 위해 완전한 휴식이 필요할 때 사용한다.

⑨ 말초정맥 부위

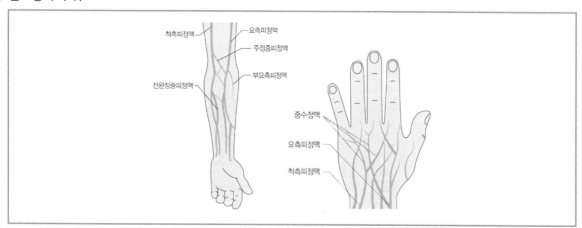

    ㉠ 가장 많이 선택하는 부위로 치료기간이 1주 이내이거나 정맥주입으로 인한 합병증 발생 가능성이 낮은 경우 선택하게 된다.

    ㉡ 용도 : 투약, 수액 주입, 혈액 채취, 특수검사를 위한 방사선 물질을 주입 등에 이용된다.

    ㉢ 사용부위 : 중수정맥, 요측피정맥, 척측피정맥, 전완정중피정맥, 주정중피정맥, 부요측피정맥, 요골정맥이 있다.

⑩ 주의사항

    ㉠ 정맥의 접근성 : 가장 접근하기 쉬운 정맥을 선정한다. 특히 환자가 오른손잡이 또는 양손잡이일 경우 왼팔의 정맥 선택한다. 환자 상태를 고려하여 선정한다. 주정중피정맥에 장기간 수액을 주입하는 경우에 사용하지 않지만 응급 시, 단기간 주입, 소량의 약물 주입, 채혈 시 이용한다. 영아의 경우 두피정맥에 하는 것이 접근이 쉬우며 바늘 빠짐을 예방 할 수 있다.

    ㉡ 정맥의 상태 : 정맥벽이 얇고 조직손상이 있거나 딱딱한 경우는 피한다.

ⓒ 주입용액의 유형 : 고장성 용액, 자극적인 약물이 포함된 용액, 빠른 속도로 주입해야 하는 용액, 점도가 높은 용액 등은 큰 혈관을 선택한다.

ⓔ 주입예상기간 : 단기간이 아닌 중장기에 적용하는 경우에는 움직임의 제한이 적은 부위 선택하며 관절부위도 피하고 심장에서 먼 부위에서 천자를 시작하여 근위부를 향해 이동하되 양쪽 팔을 교대로 사용하도록 한다.

⑪ 중심정맥

ⓐ 신체의 중심에 위치한 큰 정맥에 카테터를 삽입한다. 중심정맥관을 이용한다.

ⓑ 중심정맥관 삽입부위 : Jugular Vein(경정맥, 내외정맥), Subclavian Vein(쇄골하정맥, 빗장밑정맥)이 있다.

ⓒ 삽입목적

* 항암화학요법이 3개월 이상 예상될 때
* 환자의 상태가 임상적으로 불안정하고 다수의 수액주입이 필요할 때
* 작은 혈관에 심한 자극을 주는 영양액·약물과 고삼투성 용액 및 혈액과 혈액제제 등의 지속적 주입했을 때
* 중심정맥압(CVP)을 측정과 같은 침습적인 혈역학적 모니터링이 필요할 때
* 장기간 간헐적 주입을 하거나 말초정맥관 삽입이 어렵고 또는 실패한 과거력이 있는 경우

⑫ 중심정맥관의 종류

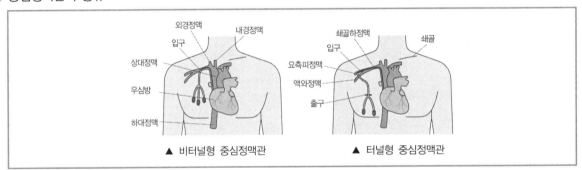

▲ 비터널형 중심정맥관　　　　▲ 터널형 중심정맥관

ⓐ 비터널형 중심정맥관 : 응급상황 시 정맥을 빠르게 확보하고자 할 때 사용한다. 이용되는 정맥은 쇄골하정맥, 경정맥이다. 삽입 후 수일에서 수 주 동안에 사용한다. 기흉, 감염위험이 높게 나타나지만 경제적이고 쉬운 제거가 가능하다.

ⓑ 터널형 중심정맥관 : 쇄골하정맥 천자 후 흉골과 유두 사이까지 피하에 터널을 만들어 카테터를 유치한다. 수술실, 진단방사선실 등에서 이용되며 6개월 이상 장기간 사용하기 위해 실시한다.

ⓒ 말초삽입 중심정맥관 : 팔의 척측피정맥, 주정중피정맥, 요측피정맥을 천자 후 상대정맥이나 쇄골하정맥까지 삽입한다. 길이가 길지만 시술은 간단하다. 기흉, 혈흉 발생 위험이 낮고 수주~6개월간 유치 가능한 장점이 있다. 삽입한 부위 팔에서 혈압측정은 하지 않고 만성 신질환, 혈액투석환자의 경우도 협착, 동정맥루 시술 가능성 있어 금지하도록 한다.

ⓔ 이식포트 : 반복적으로 정맥주사나 채혈이 필요 할 때 시행한다. 포트는 실리콘 재질로 기간 사용이 가능하며 피하에 매립되어 있어 외관상 나쁘지 않고 관리가 용이하다. 심각한 응고장애, 패혈증, 이식부위 화상, 흉벽 암 등이 있을 시 사용을 금지하도록 한다.

⑬ 중심정맥관 상비 시 합병증

    ㉠ **기흉·혈흉** : 바늘 삽입 시 늑막이나 혈관파열로 인해 발생한다. 호흡곤란, 기침, 흉통 등을 동반한다.

    ㉡ **침습적 절차로 인한 감염** : 외과적 무균술을 적용하여 예방한다.

    ㉢ **공기 색전증** : 카테터 삽입 중 혹은 제거 시에 발생하게 되는데 흉통, 저산소증, 무호흡, 빈맥, 저혈압, 불안, 의식저하 등을 동반한다. 예방하기 위해서 발살바방법, 트렌델렌부르크 자세 등을 적용한다.

⑭ 중심정맥관 관리

    ㉠ 기흉, 출혈, 공기색전증, 통증, 부정맥, 감염 등의 증상유무 관찰한다.

    ㉡ 삽입 부위 드레싱을 유의하며 철저하게 처치한다. 모든 처치는 반드시 무균적 방법으로 시행한다.

    ㉢ 통증, 발적, 부종 발열 등의 감염 여부는 처치 시마다 사정하여야 한다.

⑮ 투여 방법

    ㉠ **일회용량 한 번에 투여하기**(Intravenous Bolus) : 농축된 약물을 주사기를 이용하여 직접 순환계로 주입하는 방법이다. 수분을 제한하는 환자에게 적절하다. 실수할 경우 이를 교정할 시간이 없으므로 정맥 내에 투약방법 중 가장 위험한 방법이다. 정맥 천자 후 주사바늘을 뒤로 당겨서 혈액 역류 확인한다. 약물이 잘못 주입되면 통증, 조직손상, 농양 생길 위험이 증가한다. 정맥 수액주입을 하고 있는 중에 다른 약을 일회성으로 주입하는 경우 기존에 있는 정맥투여 경로를 이용한다.

    ㉡ **수액에 약물을 혼합하여 투여하기** : 정맥 내에 투약의 방법 중 가장 쉽고 안전한 방법이다. 생리식염수나 링거액과 같은 많은 용량의 수액에 약물을 희석하여 주입하는 것이다. 약물이 농축된 상태가 아니므로 처방된 시간 간격대로 주입하면 부작용이나 치명적인 반응이 일어날 위험이 감소한다. 예로는 비타민과 포타슘이 있으며 약물 혼합 과정은 무균술을 철저히 지키며 준비한다.

    ㉢ **소량 용액에 혼합하여 투여** : 소량의 용액(25 ~ 100mL)과 약물을 혼합하는 것이다. 피기백, 용량조절 주입세트를 이용한다. 약물이 30 ~ 60분 정도의 다소 긴 시간 간격을 두고 희석되어 IV Push로 인해 약물이 빠르게 주입될 위험을 줄일 수 있다는 장점이 있다.

⑯ 수액의 주입속도 조절

    ㉠ 일반적으로 처방의사는 수액의 양과 주입기간만 처방한다.

    ㉡ 정확한 주입속도를 계산하고 조절하는 것은 간호사의 책임이다.

    ㉢ 보통 수액세트 점적통에 떨어지는 수액의 속도를 Drip Factor(Drop Factor)이라 하며 수액세트의 포장 겉면에 표시한다.

⑰ 약물계산식

    ㉠ 시간당 주입량 $= \dfrac{\text{총 주입량}(ml)}{\text{총 주입시간}(\text{hr})}$

    ㉡ 분당 방울 수$(gtt) = \dfrac{drip\,factor}{60\text{min}} \times$ 시간당 주입량

    ㉢ 한 방울이 떨어지는 시간(초) = 분당 방울수$(gtt) \times x = 60\text{sec}$

⑱ 수액 주입속도에 영향을 미치는 요인

  ㉠ 대상자의 자세 : 팔의 위치 변화에 따라 수액의 흐름에 영향을 받는다. 주입되고 있는 팔을 높이 올리면 수액이 더 천천히 주입된다. 손목이나 팔꿈치를 구부리면 주입속도가 느려질 수 있다.

  ㉡ 바늘·카테터의 개방성 : 카테터 굵기, 카테터에 응고된 혈액이 막히는 경우, 카테터 끝부분이 혈관벽에 닿아 있는 경우, 수액튜브가 눌리거나 꼬인 경우 등이 영향을 주는 카테터 요소이다.

  ㉢ 수액병의 높이 : 수액병 높이가 높을수록 주입속도가 빨라진다.

  ㉣ 침윤 및 수액 누출 : 침윤 시 주입이 중단 되거나 주입속도가 감소한다.

⑲ 정맥 내 투약 시 간호

  ㉠ 무균상태 유지 : 오염을 예방하고 무균상태를 유지한다.

  ㉡ 수액과 수액세트 교환 : 수액의 주입구는 알코올이 함유된 0.5% 클로르헥시딘, 포비돈 아이오 다인, 70% 알코올 사용하여 소독한다. 주입 중인 정맥주입세트는 멸균상태를 96시간 동안 유지한다. 수혈, TPN, 지질영양제 등을 주입하는 경우 세균 성장을 촉진시킨다. 24시간 이후나 새로운 용액 연결 시에 교환한다.

⑭ 국소 약물 투여

① 정의 : 로션이나 연고의 형태이다. 피부와 눈, 귀, 코, 질, 항문 등의 점막에 약물을 국소적으로 투여하는 것이다.

② 피부도포

  ㉠ 도찰 : 약물을 연고 같은 제제에 첨가하여 흡수를 위해 피부에 문지르는 방법을 말한다.

  ㉡ 흡수율 높이는 방법 : 피부에 약물을 묻혀서 문지르기 전에 비누나 세정제로 피부를 깨끗이 씻으면 흡수를 높일 수 있다. 필요하면 도포 부위에 국소적으로 열을 가하면 혈액순환이 증가하고 흡수가 촉진될 수 있다.

  ㉢ 주의사항 : 국소 약물을 도포할 때 장갑 착용하여 피부에 흡수되는 것을 방지한다. 개방상처가 있는 경우에는 멸균법을 적용하고 바르는데 약물이 옷에 묻거나 닦이지 않도록 거즈를 덧대어준다.

③ 피부 통과(경피, Transdermal) : 매일이나 긴 시간 동안 사용할 용도로 만들어진 약이 들어 있는 원반이나 패치를 피부에 붙이는 것을 말한다.

④ 눈 : 눈은 감염과 손상에 감수성이 강한 섬세한 기관이다. 미생물이 없지만 결막의 분비물이 많은 병원체에 대항해 보호 작용을 한다.

⑤ 눈 점적

  ㉠ 공막(Sclera)은 섬유로 되어 있고 단단하지만 쉽게 외상으로 손상되기 때문에 눈에 약을 직접 도포하지 않는다.

  ㉡ 각막은 민감하여 주입하기 어렵기 때문에 도포제는 눈이나 눈꺼풀에 작용 목적으로 아래 결막주머니(결막낭)에 묻히거나 점적주입을 하거나 세척한다.

⑥ **점안약(Eye Drop)**
  ⊙ 눈을 검사할 때 국소적 작용을 일으키기 위해, 감염을 치료하기 위해, 녹내장이 있는 환자의 안구 내 안압 조절을 위해 점적한다.
  ⓒ **예시** : 녹내장 치료에 쓰이는 약으로 필로카르핀이 있다.
  ⓒ **사용원칙** : 각막에는 통증섬유가 많이 분포하여 어떤 물질이 들어가든 매우 자극이 될 수 있으므로 각막에 직접 안약이 닿지 않도록 약물을 투여한다. 한쪽 눈에서 다른 쪽 눈으로 교차감염의 위험이 높으므로 안검이나 눈의 다른 부위에 안약 점적기나 안연고 튜브가 닿지 않도록 한다. 안약은 문제가 있는 쪽 눈에만 사용하며 다른 사람이 쓰던 약물은 절대로 사용하지 않는다.

⑦ **눈 연고**
  ⊙ 연고는 일반적으로 국소감염이나 자극이 있을 때 사용한다. 주로 튜브 형태로 조제된다.
  ⓒ **사용방법**
    • 눈꺼풀과 속눈썹을 닦은 후에 적은 양의 연고를 노출된 아래쪽 결막낭을 따라 눈의 내안각에서 외안각으로 이동한다. 노출된 결막낭을 따라 연고를 약 1/2inch(1.25cm) 짜준다.
    • 눈꺼풀 아래와 안구의 표면 위로 연고가 퍼지게 하기 위해 환자에게 눈을 굴리도록 알려준다. 눈을 비비지 않도록 교육하며 연고가 일시적으로 시각을 흐릿하게 할 수도 있다고 설명해준다.

⑧ **눈 세척**
  ⊙ 분비물이나 이물질을 빼내거나 눈을 깨끗하게 하고 진정시키기 위해 시행하는 방법이다.
  ⓒ 응급 상황에서 눈 세척은 화학물질을 제거하는 데 이용된다. 산과 같은 화학물질을 제거하는 데 엄청난 양의 수돗물이 사용된다.
  ⓒ 세척은 최소한 15분 동안 지속하고 나서 전문가의 도움을 받는다.
  ⓔ 눈 세척 시 과도하게 물이 흘러 다른 눈까지 오염시키지 않도록 주의한다.

⑨ **귀 점적**
  ⊙ 국소적 효과를 위해 귀 길에 점적한다.
  ⓒ 귀지를 부드럽게 하거나, 통증을 완화시키거나, 국소마취제를 도포하거나, 병원균을 사멸하거나, 귀 길에 들어와서 극심한 불편감을 주는 벌레를 죽이는 데 사용한다.
  ⓒ 외이는 약물이 반드시 무균적이어야 하는 것은 아니지만 고막이 파열된 경우에는 멸균된 용액을 사용한다. 약물이 외이에 깊숙이 들어가기 위해 이도가 일직선이 되도록 한다.
  ⓔ 성인의 경우 이개를 후상방, 3세 이하의 아동은 후하방으로 잡아당기면 이도가 일직선이 된다.

⑩ **귀 세척**
  ⊙ 바깥귀길의 세척은 대개 세정 목적을 위해 또는 그 부위에 열을 가하기 위해 실시하는데 생리식염수, 소독액을 사용할 수 있다.
  ⓒ 세척 용액은 최소한 상온을 유지하여 통증을 줄이고 주로 세척 주사기를 이용한다.

⑪ 코

　㉠ 후각기관으로 역할을 할 뿐만 아니라 하기도로 가는 통로 기능을 한다.

　㉡ 들숨으로 들어오는 공기를 청소하여 깨끗하게 함으로써 통로를 보호한다.

　㉢ 코 점막의 대부분에 섬모들이 돌출되어 있다.

　㉣ 들숨으로 들어온 공기로부터 먼지 입자를 걸러내고 말하고 노래 부를 때 울림통 역할을 한다.

⑫ 코 점적주입

　㉠ 알레르기, 부비동염, 코울혈을 치료하는 데 이용된다.

　㉡ 스프레이, 점적약, 탐폰을 이용하여 투약하게 된다.

　㉢ 점적 시에는 내과적 무균술이 적용된다. 다량의 충혈완화제를 삼킬 경우 심박동수 증가와 혈압 상승 등의 전신반응을 주의한다.

　㉣ 어린이의 경우 교감신경흥분제가 포함된 충혈완화제보다는 생리식염수로 점적하는 것이 바람직하다.

⑬ 코 내 약물 주입 시

　㉠ 환자가 일어나 앉아 머리를 뒤로 젖히거나 침대 머리를 올려 베개에 머리를 기대게 한 후 환자가 숨을 들이 쉬는 동안 약물을 주입한다.

　㉡ 앉은 자세에서는 머리를 뒤로 젖힌 채 용기 끝의 주입구 부분을 콧구멍 안에 넣고 분무가 비도를 지날 때 흡입한다.

⑭ 반복 비강스프레이 사용자

　㉠ 구멍 자극 정도를 사정한다.

　㉡ 어린이는 분무를 삼킴 방지를 위해 머리를 똑바로 세우고 비강 스프레이를 사용한다.

　㉢ 점적 후 몇 분 동안 자세를 유지하고 점적기는 콧구멍에 닿지 않도록 점적하고 한쪽 콧구멍에 주입 후 다른 쪽도 주입한다.

⑮ 질 내 투여

　㉠ 질은 병원체가 거의 없지만 많은 비병원성 미생물이 존재한다.

　㉡ 비병원체는 병원체의 침입으로부터 질을 보호하는 역할을 한다.

　㉢ 질 분비물은 산성이며 질을 보호하는 역할을 하므로 정상적인 점막이 최적의 보호 기능을 하게 된다.

⑯ 질에 투여되는 약물 형태

　㉠ 좌약, 거품, 젤리, 크림 등이 있고 좌약의 경우 낱개로 포장 녹지 않도록 냉장고에 보관된 것을 질강 내에 삽입한다.

　㉡ 삽입 후 체온에 녹아서 분포 흡수된다. 거품, 젤리, 크림 형태로 된 약물은 내관이 달린 주입기로 투여하게 된다.

⑰ **곧창자 내 투여**

 ㉠ 배변을 촉진하는 완하제 등을 좌약의 형태로 곧창자 내에 투여한다.

 ㉡ 국소작용으로는 완하제, 대변연화제가 있다. 전신효과로는 아세트아미노펜 좌약으로 해열제의 작용, 항
  구토제 좌약으로 오심과 구토를 완화가 있다.

 ㉢ 좌약은 투약 직전까지 냉장고에 보관하여 녹지 않게 한다.

 ㉣ 좌약이 내괄약근을 지나 직장 점막에 놓이도록 삽입되지 않으면 좌약이 항문에서 녹아서 점막에서 흡수
  되기 전에 배출되므로 주의한다.

 ㉤ 좌약이 투여된 후에 환자는 5분 동안 좌약을 그 상태로 유지하여야 하며 삽입 시에는 좌측위를 취해 준
  다. 입으로 호흡을 유도하여 항문괄약근의 이완에 도움을 준다.

 ㉥ 삽입 시 대변 덩어리 안으로 밀어 넣어서는 안된다. 직장에 변이 차 있는 경우 좌약을 넣기 전에 청결
  관장을 하여 직장을 깨끗하게 한 다음에 투여하도록 한다.

 ㉦ 금기로는 혈소판감소증이나 중성구감소증이 있는 환자, 심장부정맥의 위험이 있는 환자, 곧창자나 전립
  샘 수술을 받은 환자 등이 있다.

⑱ **흡입을 통한 약물 투여**

 ㉠ 환자가 숨을 쉬는 동안 분무되어 작은 입자로 전달된다.

 ㉡ 흡입 투여 약물은 기관지확장제로 분류되는 약물로 기류에 저항성을 감소시키는 작용을 하게 된다.

 ㉢ **정량흡입기** : 종종 부정확하게 사용되고 약의 올바른 용량이 전달되지 않는 것이 특징이다. 아동의 경우
  약의 전달을 위해 스페이서를 사용한다. 이는 정량흡입기에서 약물이 쉽게 분무되도록 만든 장치이다.
  약통과 환자의 입 사이에 관이나 용기 형태로 이용된다. 두 개의 흡입기를 사용하는 경우, 기관지 확장
  제 약물을 먼저 흡입한 후 다른 약물을 흡입한다. 아동의 마스크 Spacer는 마스크가 코와 입을 완전히
  덮을 수 있도록 얼굴에 고정한다.

 ㉣ **건조분말흡입기** : 공기를 들이마시는 흡입력에 의해 작용하는 것으로 흡입기를 작동시키는 과정이 없다.
  분무되는 약물 배출량과 분산되는 정도는 어느 정도 그 장치의 흐름 속도에 비례하므로 빠르고 세고 깊
  이 흡입하도록 교육한다. 습도가 높은 경우 분산 저하의 위험으로 흡입기 구멍에 숨을 내쉬지 않도록
  교육한다.

# 출제 예상 문제

**1** 환자에게 경구투여 시 주의사항으로 옳은 것은?

① 부유물이 생긴 약은 투여 전 흔들어서 사용한다.
② 투여하지 못한 액체 약은 다시 약병에 넣어 보관한다.
③ 설하투여 시 입 안에서 약이 녹은 후에 물을 마시게 한다.
④ 투약시간에 환자가 자리에 없으면 해당 환자 침상 옆에 올려둔다.

> **TIP** ③ 설하 투여 약은 복용 중 물을 마시지 않고 혀 밑에서 약이 다 녹으면 물을 마신다.
> ① 부유물이 생긴 약은 즉시 폐기한다.
> ② 투여하지 못한 액체 약은 다시 약병에 넣지 않고 폐기한다.
> ④ 투약시간에 환자가 자리에 없으면 약을 그대로 가지고 나온다.

**2** 근육주사 시 Z – track 기법을 사용하는 이유로 옳은 것은?

① 공기 투여
② 약물 흡수 촉진
③ 피하자극의 최소화
④ 혈관 손상 위험의 감소

> **TIP** ③ 피하조직의 영구변색이나 자극·통증을 유발하는 약물을 Z – track 기법으로 투여한다.

**Answer** 1.③ 2.③

**3** 항생제 투여 전 과민반응 예방을 위한 피부반응검사를 시행하고자 할 때 간호수행 방법은?

① 피하주사를 한다.

② 전완 외측면에 주사 한다.

③ 주사 후 마사지를 시행한다.

④ 반응검사 15분 후에 판독한다.

> **TIP** ① 피내주사 한다.
> ② 전완 내측면에 주사 한다.
> ③ 주사 후 마사지 하지 않는다.
> ※ 항생제 피부 반응 검사
> ㉠ 전완 내측면에 피내주사한다.
> ㉡ 주사기 삽입 시 주사바늘이 피부와 거의 평행(10 ~ 15°)이 되도록 한다.
> ㉢ 주사기 삽입 부위는 마사지 하지 않는다.
> ㉣ 즉시 부위 및 삽입 시간, 양을 표시한다.
> ㉤ 15분 후 팽진 여부를 사정한다.

**4** 항암제를 투여하는 환자에게 나타나는 보편적인 부작용은?

① 빈혈

② 탈모

③ 임신

④ 맥박 상승

> **TIP** ② 탈모, 구내염, 오심, 구토, 위장관계 장애 등이 발생한다.
> ※ 항암제 사용 부작용
> ㉠ 성장속도가 빠른 암세포를 타겟으로 만든 약물로 정상세포의 파괴도 함께 일어난다.
> ㉡ 모발, 입 속 세포, 위장세포, 정자와 난자 생성 및 성숙세포 등이 손상을 받는다.

**5** 환자에게 정맥 주입 시 주입속도에 영향을 미치는 것은?

① 약물의 양

② 수액 line길이

③ 약물의 점성도

④ 정맥 천자 바늘 크기

> **TIP** ③ 주사액의 농도가 짙을수록, 밀도가 클수록 주입속도가 감소한다.
> ※ 정맥주사 주입속도에 영향을 주는 요인
> ㉠ 바늘 굵기 : 바늘의 굵기가 클수록 주입속도가 증가한다.
> ㉡ 농도 및 밀도 : 짙은 농도와 큰 밀도일수록 주입속도가 감소한다.
> ㉢ 수액병 높이 : 병의 높이가 높을수록 주입속도는 증가한다.
> ㉣ 라인이 꼬이거나 눌렸을 때, 주사바늘이 막힌 경우 주입속도가 감소하거나 정지한다.

**Answer** 3.④ 4.② 5.③

**6** 근육주사 처방약물을 투여할 때 주사부위가 옳게 짝지어진 것은?

① 삼각근 : 상박 내측 부위

② 대퇴직근 : 대퇴 안쪽 부위

③ 외측광근 : 대퇴 바깥쪽 부위

④ 배둔부위 : 둔부 아래쪽 바깥 부위

> **TIP** ① 삼각근은 상박 외측 부위에 주사한다.
> ② 대퇴직근은 대퇴 전면에 주사한다.
> ④ 배둔부위는 둔부 위쪽 바깥쪽인 대둔군에 주사한다.

**7** 헤파린 16unit가 처방 났을 때 환자에게 투여하는 용량은? (단, 헤파린 주사 시 1ml가 80unit이다)

① 0.1ml

② 0.2ml

③ 0.3ml

④ 0.4ml

> **TIP** ② 1unit = 1/80이므로 16unit는 0.0125 × 16 = 0.2ml이다.

**8** 환자에게 질 좌약을 시행하고자 할 때 절차로 옳은 것은?

① 환자가 기상 한 직후에 투여한다.

② 약물 투여 후에 심스 체위를 취해준다.

③ 좌약을 투여하기 전에 소변을 참도록 한다.

④ 질강 속에 7.5 ~ 10cm의 깊이로 삽입한다.

> **TIP** ① 취침 전에 약물을 투여하여 질 내에 약물이 오래 남아있게 한다.
> ② 약물이 흡수될 수 있도록 10 ~ 20분간 앙와위로 누워있게 한다.
> ③ 투여 후 불편감 감소를 위해 좌약을 넣기 전 소변을 보도록 한다.

**9** 한 정에 250mg인 Ampicillin이 있다. Ampicillin 2.0g을 하루 동안 나누어 환자에게 qid 경구 투여하고자 할 때, 1회 투여되는 Ampicilin은 몇 정인가?

① 2정

② 3정

③ 4정

④ 5정

> **TIP** ① qid = 하루 네 번, 2.0g = 2,000mg, 2,000mg ÷ 4회 = 500mg,
> 따라서 500mg = 250mg × 2정이다.

**Answer** 6.③ 7.② 8.④ 9.①

**10** 환자에게 수혈을 할 때 부적합한 혈액형 수혈로 나타날 수 있는 부작용은?

① 침윤　　　　　　　　　　　② 정맥염

③ 용혈성 반응　　　　　　　　④ 발열성 반응

> **TIP** ③ ABO가 맞지 않는 경우 항원 - 항체 반응이 발생하며 급성 용혈성 반응이 나타난다.

**11** 투약처방 중 특정시간 한 번만 투여하는 처방으로 옳은 것은?

① 일회처방　　　　　　　　　② 즉시처방

③ 구두처방　　　　　　　　　④ 필요시 처방

> **TIP** ② 즉시처방 : 일회처방의 한 종류로 처방 즉시 투여한다.
> ③ 구두처방 : 서면화시키지 않고 구두로 내리는 처방이다.
> ④ 필요시 처방 : 의사가 미리 내놓은 처방을 필요시 투여한다.

**12** 약물작용에 영향을 미치는 요인에 대한 설명으로 옳은 것은?

① 경구투약은 공복 시 빨리 흡수된다.

② 페니실린은 우유와 복용하여 체내 흡수를 높인다.

③ 노인은 간과 콩팥 기능 저하로 약물 배설이 증가된다.

④ 아동의 흡수력은 성인보다 떨어져 더 많은 양이 필요하다.

> **TIP** ① 경구투약은 공복 시 더 빨리 흡수된다.
> ② 페니실린은 우유와 복용하면 체내 흡수가 저하된다.
> ③ 노인은 약물에 대한 반응이 민감하고 약물대사가 저하되어 약물 배설이 감소된다.
> ④ 아동은 약물대사에 필요한 효소가 부족하여 적은 용량을 투여한다.

**13** 환자에게 Digitalis를 투여하고자 할 때 간호사가 투여 전 측정해야 하는 것으로 옳은 것은?

① 혈압　　　　　　　　　　　② 호흡

③ 체온　　　　　　　　　　　④ 맥박

> **TIP** ④ 강심제를 과다투여 시 심박동 저하를 일으킬 수 있으므로 약 투여 전과 후에 맥박을 측정한다.

**Answer** 10.③ 11.① 12.① 13.④

**14** 간호사는 환자의 귀를 세척하기 위해 체온과 비슷한 온도의 약물을 준비하였다. 약물온도를 따뜻하게 하여 환자로부터 예방하고자 하는 증상은?

① 경련, 구역

② 구역, 현기증

③ 중이염, 경련

④ 귀울림, 중이염

**TIP** ② 외이도 세척 시 차가운 용액을 이용하면 내이기관을 자극하여 현기증과 구역을 유발한다. 따라서 체온과 비슷한 정도의 용액을 준비한다.

**15** 약물 부작용으로 같은 치료효과를 보기 위해 더 많은 양의 약물을 필요로 하는 상태는?

① 내성

② 의존성

③ 금단현상

④ 축적효과

**TIP** ① 내성 : 특정 약물에 대한 대사작용 저하로 나타난다.
② 의존성 : 약물을 얻기 위한 강박적 행동반응의 심리적 의존과 금단증상이나 내성이 생기는 신체적 의존을 보이는 것이다.
③ 금단현상 : 약물을 갑자기 중단함으로 인해 나타나는 증상이다.
④ 축적효과 : 약물 흡수에 비해 배출이 저하된 상태일 때 발생한다.

**16** 환자에게 24시간 동안 2,000ml 수액 주입 처방이 났다. 수액 주입을 위해 간호사가 계산한 정확한 drop수는? (1cc＝20drop)

① 22

② 25

③ 28

④ 31

**TIP** ③ (2000 × 20drop) ÷ (24 × 60분) = 27.78drop/min

**17** 환자에게 처방된 수액 5%DS 1L에 vitamin 0.5ample mixed fluid를 시간 당 60ml로 투여하고자 할 때 분당 주입되는 gtt수는? (1cc＝20gtt)

① 10 gtt/min

② 15 gtt/min

③ 20 gtt/min

④ 30 gtt/min

**TIP** ③ 60ml × 20gtt ÷ 60분 = 20gtt/min

**Answer** 14.② 15.① 16.③ 17.③

**18** 혈종 형성 방지를 위한 헤파린 피하주사 부위로 옳은 것은?

① 복부

② 견갑골

③ 전완내측

④ 대퇴전면

**TIP** ① 혈관분포가 좋은 다리나 팔을 피해 복부에 투여한다.

※ 헤파린 주사(피하주사) 주의사항

㉠ 혈종 형성 방지를 위해 혈관분포가 좋은 다리나 팔은 피한다.

㉡ 피부에 90°로 바늘을 삽입하여 주입한다.

㉢ 혈액이 나오는지 내관을 당겨보지 않아도 된다.

㉣ 주사침을 움직이거나 투약 후 주사부위를 문지르지 않는다.

**19** 정맥으로 수액을 투여하고 있는 환자가 주사부위 통증을 호소하며 수액이 들어가지 않는다고 한다. 환자를 사정한 결과 정맥 주사부위에 부종과 냉감이 있고 눌렀을 때 통증을 호소하는 경우 의심되는 정맥주사 합병증은?

① 혈전

② 침윤

③ 정맥염

④ 국소감염

**TIP** ② 침윤 : 주사액이 정맥이 아닌 주위 조직으로 주입되면서 통증과 종창이 유발된다.

① 혈전 : 혈관 속에서 피가 굳어진 덩어리를 말한다.

③ 정맥염 : 주사가 삽입된 정맥에 염증이 발생한다.

④ 국소감염 : 주사 삽입부위 미생물 침입으로 발생한다.

**20** 둔부 배면에 근육주사로 약물을 투여할 때 주의사항은?

① 복위를 취하고 발끝을 내전시킨다.

② 약물 주입 전 바늘을 새것으로 교환한다.

③ 한 손은 피부를 당기고 다른 한 손으로 투약한다.

④ 약물을 주위조직으로 퍼질 수 있게 천천히 주입한다.

**TIP** ① 둔부위 배면에 근육주사를 시행할 때 복위를 취하고 발끝을 내전시키면 근육 이완으로 통증이 감소한다.

※ 둔부 배면 근육주사

㉠ 근육주사에서 가장 많이 쓰이는 부위이다.

㉡ 좌골신경과 큰 혈관, 뼈에 이접해 있어 주의해야 한다.

㉢ 3세 이상 어린이와 어른의 근육주사 부위로 사용한다.

**Answer** 18.① 19.② 20.①

# 06 영양

## ① 영양의 이해

### (1) 영양

① **정의** : 영양은 생명과 건강에 중요한 요소이다. 영양부족은 건강수준의 저하를 가져오며 생명유지의 필요한 양분을 말한다.

② **영양학** : 신체에 음식이 영양을 공급하는 방법을 연구하는 학문이다.

③ **영양소**

  ㉠ 성장, 발달, 활동, 생식, 젖 분비, 건강유지, 질병과 손상 회복 등을 위해 신체가 사용하게 되는 특수한 생화학물질이다.

  ㉡ 영양소들은 혼자 작용하기보단 함께 활동하며 신체 활동, 성장, 발달, 크기, 상태변화에 따라 생애주기 변화가 요구된다.

  ㉢ 필수 영양소는 체내 합성이 되지 않아서 식이와 보충제의 보충이 필요하다.

  ㉣ 다량영양소는 에너지 공급과 조직형성에 맞는 필수 영양소이다.

  ㉤ 미량영양소는 비타민과 무기질 같은 신체작용 조절·통제 하는 역할을 한다.

④ **영양소의 3가지 주요 기능**

  ㉠ **열량영양소** : 에너지 공급을 담당하며 해당 영양소로는 탄수화물, 지방, 단백질이 있다.

  ㉡ **구성영양소** : 신체 조직의 구성물질로 단백질·무기질·물로 구성된다.

  ㉢ **조절영양소** : 신체 기능 조절을 담당하며 단백질·비타민·무기질·물로 구성된다.

### (2) 에너지 균형

① **정의**

  ㉠ 신체 기능에는 에너지가 요구되며, 음식섭취로 얻어진 에너지와 신체가 소모한 에너지와 관계를 나타낸 것이 에너지의 균형이다.

  ㉡ 획득한 에너지는 킬로칼로리(Kilocalories) 형식으로 측정되고 칼로나 Cal로 쓰인다.

② **기초대사**(Basal Metabolism)

　ⓐ 안정 상태에서 불수의적인 활동을 수행하는데 필요한 에너지이다.

　ⓑ 세포와 조직의 대사활동을 유지에 필요한 에너지이다.

　ⓒ 체온, 근육긴장 유지, 분비물 생성, 위창자길 음식 이동, 폐 부풀리기, 심장근육 수축 등의 일을 행한다.

　ⓓ 신체활동 사용 에너지의 양이 감소하면 기초대사 사용 칼로리 비율은 증가하게 된다.

③ **기초대사율**(BMR, Basal Metabolic Rate) : 남성은 여성보다 BMR이 더 높게 나타난다. 남성의 경우 시간 당 1Cal/kg이다.

　ⓐ **증가요인** : 성장, 감염, 발열, 정서적 긴장, 특정한 호르몬 상승이 있다.

　ⓑ **감소요인** : 노화, 오랜 시간의 공복, 수면 등이 있다.

④ **표준체중**

　ⓐ 개인의 에너지 섭취량이 에너지 소비량과 다르면 체중은 변한다.

　ⓑ 이상적인 체중을 의미한다. 표준체중에서 건강한 체중은 최적 건강을 유지하기 위한 최적 체중을 추산 한 값을 말한다.

⑤ **신체질량지수**(신체질량지수, BMI Body Mass Index)

　ⓐ 이상적 체중을 설정할 때 선호되는 방법이다.

　ⓑ BMI의 증가는 심장병, 당뇨병, 고혈의 위험도 높지만 운동선수 부종이나 탈수인 경우, 노인의 경우 정 확하지 않을 수 있는 결과인 것을 고려한다.

　ⓒ BMI계산식 $= \dfrac{체중(kg)}{\{신장(m)\}^2}$

⑥ **체중 감소율**(BWL, Percentage Of Body Weight Loss)

　ⓐ 의미 있는 체중변화율을 말할 때 사용하는 지표이다.

　ⓑ 비의도적 체중감소는 다음의 공식과 세부적 구분을 갖는다.

　ⓒ **계산식** : (평상시 체중 − 현재 체중)÷평상 시 체중 × 100

⑦ **허리둘레**(Waist Circumference)

　ⓐ 배꼽높이에서 허리 주변을 줄자로 둘러서 측정한다.

　ⓑ 배(복부)의 지방을 알려주는 지표이다. 과다한 경우는 2형 당뇨병, 이상지질혈증, 고혈압, 심장혈관 질 병의 위험도를 알려준더,

　ⓒ 남성의 경우 40인치 이상, 여성 35인치 이상일 때 질병 위험도가 올라간다.

⑧ **이상적 체중**(표준체중, IBW, Idel Body Weight)

　ⓐ **정의** : 신장을 바탕으로 산출되는 건강한 체중을 의미한다.

　ⓑ **160cm 이상인 경우** : (키 − 100) × 0.9

　ⓒ **150 ~ 160cm 미만인 경우** : (키 − 150) ÷ 2 + 50

　ⓓ **150cm 미만인 경우** : (키 − 100) × 1.0

⑩ 이상적 체중 백분율 : 현재 체중 ÷ 이상적 체중 × 100

　⑨ 에너지 필요량

　　　㉠ 에너지 필요량은 다양한 방법으로 결정된다. 에너지 필요량을 결정한 후 체중 증가·감량을 조절할 수 있다.

　　　㉡ 평소활동 수준에 따른 총 에너지를 계산하며 활동 설명 범주를 선택한다.

　　　㉢ 활동 수준에 맞는 퍼센트에 BMR을 곱한다.

　　　㉣ 일일 총 에너지 요구량 계산식 : 기초대사량 + 활동대사량

(3) 탄수화물(Carbohydrate)

① 탄소, 수소, 산소로 구성된다. 단순당과 이당류 또는 복합당으로 분류된다.

② 가장 풍부하고 저렴한 칼로리 공급원이다. 탄수화물 섭취율은 소득과 관련된다.

③ 소득 증가는 탄수화물 섭취 감소를 나타내고 단백질 섭취가 증가하게 된다.

④ 대사

　　　㉠ 단백질이나 지방보다 빠르고 쉽게 소화되며 포도당으로 분해되어 에너지원으로 쓰이거나 혈액 내에서 순환한다. 나머지는 글리코겐으로 전환되어 저장된다.

　　　㉡ 간은 포도당을 저장하며 혈액으로 들어가는 포도당 양을 조절한다.

　　　㉢ 인슐린과 글루카곤은 혈청 포도당 농도 일정하게 유지하는 역할을 한다.

　　　㉣ 간과 근육에 글리코겐 저장이 부족할 때 포도당은 글리코겐으로 전환되어 저장되는 것은 글리코겐 합성이다.

　　　㉤ 포도당 공급을 위해 분해되는 것을 글리코겐 분해이다.

　　　㉥ 기능 : 1g에 4Kcal의 에너지를 공급하며 1일 섭취 권장량은 성인 총 칼로리 중 45 ~ 65%를 차지한다.

⑤ 영양소 개요

　　　㉠ 주된 영양소는 단순당과 녹말, 셀룰로오스와 다른 수용성 섬유질, 수용성 섬유질이 있다.

　　　㉡ 공급원으로는 채소, 과일, 곡물, 우유, 설탕, 통밀가루, 사과, 귀리 시리얼, 오트밀, 말린 완두콩, 강낭콩 등이 있다.

　　　㉢ 에너지 공급과 케톤증이 비효율 대사를 하지 않게 예방하며 수분 흡수로 대변부피를 증가시키고 창자의 수송시간을 감소시킨다.

(4) 단백질

① 살아있는 세포의 제 1구성 영양소이다.

② 유전자, 효소, 근육, 뼈의 바탕질, 피부, 혈액 등 신체의 구조 형성에 필요하다.

③ 탄소·수소·산소·질소로 구성된다. 질소의 유일한 자원이기도 하다. 필수 아미노산 9개는 신체에서 합성할 수 없으므로 음식으로 공급받는다. 나머지 13개 아미노산도 질소 공급으로 신체가 합성 가능하여 비필수 아미노산으로 분류된다.

④ 영양학적 분류
   ㉠ 완전 단백질 : 모든 필수아미노산 포함하고 성장을 지원한다.
   ㉡ 불완전 단백질 : 하나 이상의 필수아미노산 부족한 경우이다.

⑤ 대사
   ㉠ 동화작용 : 간에서 아미노산이 다시 결합되고 새로운 단백질이 된다. 조직과 세포의 단백질 합성에 이용되도록 혈류로 방출하는 것을 말한다.
   ㉡ 이화작용 : 과잉의 아미노산은 지방산, 케톤체, 포도당으로 전환된다. 대사 연료로 저장되거나 사용하는 것을 말한다.

⑥ 질소평형
   ㉠ 합성대사(동화작용)와 분해대사(이화작용) 간의 균형이다.
   ㉡ 질소 섭취(단백질 섭취)와 질소 배설(소변, 요소, 대변, 털, 손톱, 피부)을 비교해서 측정이 가능하다.
   ㉢ 양성질소평형 : 질소섭취가 질소배설보다 많은 경우이다. 조직의 성장을 의미한다. 아동기, 임신, 수술 후 회복기를 말한다.
   ㉣ 음성질소평형 : 질소섭취가 질소배설보다 적을 때이다. 조직의 합성보다 분해가 빠름을 의미한다. 수술, 질병, 외상, 스트레스, 부동, 기아 등이 해당된다.

⑦ 기능
   ㉠ 신체조직을 유지하고 새로운 조직의 성장 지원한다.
   ㉡ 1g당 4Kcal 공급하며 대사 후 남은 질소는 신장에 부담을 주며 배설 시 에너지를 사용된다.
   ㉢ 과잉 단백질의 경우 지방으로 전환된 후 저장되고 성인 총 에너지 섭취의 10 ~ 26% 차지한다.
   ㉣ 1일 섭취 권장량은 체중의 0.8/kg이다.

⑧ 영양소의 개요
   ㉠ 공급원으로 우유와 유제품, 육류, 가금류, 생선, 달걀, 말린 완두콩, 강낭콩, 견과류가 있다.
   ㉡ 조직의 성장, 복원, 신체구성요소의 구성, 체액성분 구성, 삼투압으로 체액평형 조절, 산염기 평형 조절, 해로운 물질의 해독, 항체 형성, 탄수화물 섭취 불가능할 때 에너지 제공, 지방과 다른 물질 혈액의 이동 등의 기능이 있다.

## (5) 지방

① 탄소, 수소, 산소로 구성된다. 식이로 먹는 지질 중에서 95%는 중성지방 형태로 존재한다.

② 화학구조에 따른 지질의 분류

    ㉠ **단순지질** : 트리글리세라이드, 디글리세라이드 등

    ㉡ **복합지질** : 당지질, 인지질, 지단백 등

    ㉢ **콜레스테롤**

③ 지방산에 따른 분류

    ㉠ **포화지방산** : 실온에서 고체상태인 동물성 식품이다. 혈청 콜레스테롤의 농도 상승을 가져온다.

    ㉡ **불포화지방산** : 실온에서 액체상태의 기름(Oil)으로 존재한다. 혈청 콜레스테롤 농도 저하를 가져온다.

④ 기타 분류

    ㉠ **트랜스지방** : 액체 기름에 수소를 첨가시킨 물질로 혈청 콜레스테롤 상승을 가져온다. 하루당 포화지방의 총량으로 집계된다. 식품 영양성분에 표기하도록 요구된다.

    ㉡ **콜레스테롤** : 동물성 제품에서만 발견되는 지방과 같은 물질이다. 세포막의 중요한 구성성분으로 뇌와 신경세포에 풍부하며 담즙산 합성에 사용된다. 스테로이드 호르몬과 비타민 D의 전구체이다.

⑤ 기능

    ㉠ 1g당 9Kcal 공급한다.

    ㉡ 음식의 감칠맛과 포만감도 증가하며 지용성 비타민의 흡수에 도움을 준다.

    ㉢ 절연 체온조절에 관여하며 호르몬과 신경보호막 등의 체내 구성성분이다.

    ㉣ 1일 섭취 권장량은 전체 에너지 섭취의 20%를 넘지 않도록 한다.

## (6) 비타민

① 신체에서 합성되지 않거나 불충분한 양으로 만들어지므로 식이를 통해 섭취한다.

② 탄수화물, 단백질, 지방의 대사에 쓰인다.

③ 부족 시 특별한 결핍증후군 발생할 수 있으며 가공식품보다 수확한 직후의 신선식품에 가장 풍부하다.

④ **강화** : 음식에 비타민이 자연적 발생하지 않을 때 첨가하는 과정이다.

⑤ 종류

    ㉠ **수용성 비타민** : 비타민 C와 비타민 B군이며 체내에 저장될 수 없으므로 매일 필요량 섭취가 권장된다.

    ㉡ **지용성 비타민** : 비타민 A, D, E, K가 해당되며 과량 섭취 시 간과 지방조직에 저장된다.

## (7) 무기질

① 모든 체액, 조직의 염분 형태나 유기화합물과 결합하는 무기원소이다.

② 신체 내에 구조를 만들거나 신체 작용을 조절하는 기능을 한다.

③ 원소로서 무기질은 분해되지 않거나 신체에서 재배열되지만 소화 후에 남아있는 무기질은 노폐물에 포함된다. 일반적으로 식품가공과정에서는 파괴되지 않는다.

④ 분류

 ㉠ **다량 무기질** : 1일 100mg 이상이 필요한 무기질이다. 칼슘, 인, 황, 나트륨, 염소, 칼륨, 마그네슘으로 구성된다.

 ㉡ **미량 무기질** : 1일 100mg 미만 필요한 무기질이다. 철, 아연, 망간, 크롬, 구리, 몰리브덴, 셀레늄, 불소 등으로 구성된다.

⑤ 무기질의 공급원

 ㉠ **다량무기질** : 우유, 유제품, 생선, 뼈, 통조림, 녹색채소, 곡류, 육류, 달걀, 소금, 전곡류, 과일 등이 있다. 기능은 뼈와 치아 형성, 혈액응고, 에너지대사, 산 − 염기 균형, 특정 효소 반응, 해독반응 촉진, 세포내액의 주요이온 등이다.

 ㉡ **미량무기질** : 간, 살코기, 강화 곡물, 요오드화 된 소금, 해산물, 식품첨가물, 굴, 육류, 말린 완두콩, 견과류, 조개류, 불소화된 물, 생선, 차 등이 있다. 기능은 갑상샘호르몬의 성분, 혈색소 경유 산소 운반, 뼈와 치아 형성, 인슐린 보조인자, 적절한 포도당 대사, 산화 등이 있다.

## (8) 물

① 성인 체중의 50 ~ 60% 차지한다.

② 성인에 비해 영아의 물의 비율이 더 많다. 노인에 가까워질수록 전체 신체의 물과 세포바깥액은 줄어든다.

③ 모든 화학반응의 매개체가 되고 많은 반응에 참여하며 소화·흡수·순환·배설에 관여한다.

④ 체온조절에 도움을 주며 점액분비, 관절의 움직임에서 윤활제 역할을 수행한다.

⑤ 탄수화물·단백질·지방의 대사로 물을 생성한다.

⑥ 성인 1일 수분 섭취량은 2,200 ~ 3,000mL이다.

## (9) 소화(Digestion)

① 음식을 세포의 일부가 될 정도의 작은 입자로 분해하여 세포가 사용하도록 만드는 과정이다.

② 흡수는 소화된 영양소는 작은 창자벽을 통과하면서 일어난다.

③ 영양소 섭취 기준(DRI, Dietary Reference Intake)

　　㉠ 1일 섭취 권장량(RDA) : 거의 모든 건강한 사람들의 필요량을 충족시키는데 충분한 평균 1일 영양소 섭취량을 말한다.

　　㉡ 적정섭취량(AI, Adequate Intake) : 1일 섭취권장량이 파악되지 않을 때 정해진다.

　　㉢ 상한섭취량(UL, Tolerable Upper Intake Level) : 거의 모든 사람들에게 해로울 가능성이 없는 가장 많은 1일 영양소 섭취량이다.

　　㉣ 추정평균필요량(EAR, Estimated Average Requirement) : 모든 건강한 사람들의 절반가량의 필요 충족을 하는 것으로 추정되는 영양소의 양이다.

④ 영양 성분 표시

　　㉠ 영양 표시제도로 「표준식품표시법」이 제정되었다.

　　㉡ 1일 영양성분 기준치에 따른 비율에 따라 나트륨, 탄수화물, 당류, 지방, 트랜스지방, 포화지방, 콜레스테롤, 단백질 등의 영양정보를 표기한다.

(3) 영양요구량에 영향을 미치는 심리적·신체적요인

① 성장발달

　　㉠ 생애 주기에 따라 영양소의 요구량은 발달, 활동, 성장, 대사, 체성분의 연령 관련 변화에 영향을 받는다.

　　㉡ 영아와 청소년기에는 급격한 성장발달로 영양 요구량이 증가한다.

　　㉢ 임신과 모유수유 때는 영향 요구량이 증가한다.

　　㉣ 노인의 경우 관상동맥질환·골다공증·고혈압의 위험이 높아서 칼로리 낮추고 식이의 변화 필요하다.

② 영아(출생 ~ 1세)

　　㉠ 성장이 가장 빠른 시기이다.

　　㉡ 영양공급원으로 모유수유 권장된다.

　　㉢ 1세 미만의 영아에게 우유 섭취 금지한다.

　　㉣ 고형식의 경우 발달적으로 준비가 되었을 때 가능하다.

　　㉤ 이유식(생후 6개월)은 새로운 음식을 5 ~ 7일간 주는 것이 좋다.

　　㉥ 1세의 영아는 성인과 유사한 음식 섭취 가능하며 철분 강화 음식 권장한다.

③ 유아와 미취학 아동(1 ~ 6세)

　　㉠ 점차 성장이 느려진다. 스스로 먹을 수 있고 좋고 싫음을 말로 표현할 수 있다.

　　㉡ 식욕은 감소하거나 불규칙적으로 변화한다.

　　㉢ 식품의 부적절한 사용은 부적절한 식생활 태도로 이어질 수도 있다.

　　㉣ 과일과 채소 섭취가 불충분하거나 설탕 섭취가 과도할 수도 있으니 유의한다.

④ **취학 아동(6 ~ 12세)**

　㉠ 개인별로 다르거나 불규칙적인 성장 양상을 보인다.

　㉡ 식욕이 증가하지만 불규칙적일 수도 있다.

　㉢ 부모보다 광고가 아동의 식품 선택에 더 많은 영향을 끼친다.

⑤ **청소년**

　㉠ 성장 속도가 빠르게 나타나는 시기이므로 영양소(단백질, 칼슘, 비타민 B, 비타민 D, 철분, 요오드)와 열량 요구량 증가한다.

　㉡ 섭식장애, 근육 소모, 억제된 성 발달, 식사 거부, 특이한 식습관의 경우 전문적인 의료인의 도움 필요하다.

　㉢ 정크푸드와 패스트푸드 대신에 좋은 식습관 교육이 필요하다.

⑥ **성인** : 성장이 멈추고 기초대사량 저하가 일어나지만 신체활동 감소도 같이 일어나 체중이 증가할 수 있다. 에너지 섭취 조절이 필요한 시기이다.

⑦ **임신부와 수유부**

　㉠ 중요한 영양소로는 단백질, 칼로리, 철분, 엽산, 칼슘, 요오드이다.

　㉡ 임신 2기는 하루 340kcal 요구량이 증가하고 임신 3기에는 하루 450kcal 요구량이 증가한다.

　㉢ 수유부는 임신 시 보다 에너지 요구량이 증가하는 특징이 있다.

⑧ **노인**

　㉠ 기초대사율, 신체활동, 체지방 · 체중 감소로 에너지 소비는 감소하나 영양소에 대한 요구를 같거나 증가한다.

　㉡ 치아의 상실과 치주질환으로 섭취 곤란의 위험성이 있다. 장운동의 저하로 변비 유발의 위험도도 증가한다.

　㉢ 미각이 변화하고 갈증에 대한 감각이 감소한다.

　㉣ 퇴행성 질병과 약물 사용 증가한다. 만성질환, 부족한 소득, 고립감, 연령으로 영양부족의 위험 증가한다.

⑨ **성별**

　㉠ 남성은 근육이 많아 더 높은 칼로리와 단백질이 필요하다.

　㉡ 여성은 월경으로 인한 더 많은 철분이 필요하게 된다.

　㉢ 임신부 · 수유부는 더 많은 열량과 수분이 필요하다.

⑩ **건강상태**

　㉠ 열은 에너지와 수분의 요구량 증가한다.

　㉡ 대수술 · 화상 · 부상 등은 호르몬 변화 유발하고 스트레스 후 적응기에 영양요구량 급격히 증가한다.

　㉢ 우울 · 혼돈은 잊어버리거나 동기 결핍으로 영양부족의 위험도가 증가한다.

⑪ 알코올 남용

   ㉠ 영양소 흡수 방해하며 알코올 대사를 위한 비타민 B군의 요구량이 증가된다.

   ㉡ 영양소 저장의 방해, 영양소 분해대사의 증가, 영양소 배설의 증가가 이루어지며 간 손상을 초래하기도 한다.

⑫ 약물과 치료

   ㉠ 식욕의 변화, 미각 저하, 영양소의 흡수와 배설의 방해가 일어난다.

   ㉡ 특정 질병에 처방된 치료는 화학요법과 방사선 등 치료는 식이 형태와 영양에 부정적인 영향을 미친다.

## (4) 식품선택에 영향을 미치는 요인

① 경제적 요인

   ㉠ 구매 능력이 부족한 경우 육류와 신선한 채소 구입을 못할 수도 있다.

   ㉡ 음식을 저장할 설비나 조리도구가 없을 수도 있다.

② 종교

   ㉠ 모르몬교의 경우 커피, 차, 알코올 섭취를 금하고 육류 섭취를 제한한다.

   ㉡ 힌두교는 소고기 섭취를 금하고 이슬람교는 돼지고기를 금한다.

   ㉢ 유대교의 경우 음식 준비 시 특별한 방법을 요구하고 돼지고기와 조개류를 금한다.

③ 음식의 의미

   ㉠ 영양공급 외에도 축하 행사, 사회적 모임, 보상의 의미도 하며 기억(즐거운 혹은 불행한)과 관련되어 있다.

   ㉡ 체중 감량을 위한 체중 감량 식이요법에 의지하는 경우도 있다.

④ 문화 : 문화나 민족에 따라 식이를 선택하는 고유한 특성이 있으므로 간호사는 다양한 문화를 가진 환자의 욕구와 믿음을 알아야 효과적으로 의사소통이 가능하다.

⑤ 그 밖의 사회문화적 요인 : 사회적 고립감, 식품을 얻거나 구매할 수 있는 능력의 부족, 요리 능력 또는 음식 준비 능력의 부족, 정보 이해력(문해력), 언어 장벽, 영양에 대한 지식, 돌봄제공자 혹은 사회적 지원 결여 등이 해당한다.

## (5) 음식섭취

① 음식 섭취의 감소

   ㉠ BMI 18.5 미만인 경우 저체중으로 간주한다. 식욕 부진 또는 입맛의 감소는 전신질환, 국소질환, 심리사회, 후각, 미각능력 저하 등으로 나타난다.

   ㉡ 약물 치료, 내과적 치료에 영향을 받으며 씹기와 삼키기가 어려운 사람, 만성 위장질환자, 수술 받은자, 만성질환자, 식품 예산이 부족한 사람 등의 원인이 있다.

② 음식 섭취의 증가

　　㉠ 이상적인 체중보다 20% 초과, 체질량 지수 30 이상이면 비만으로 정의한다.

　　㉡ 비만의 원인은 유전적 이론, 생리적 요인, 환경적 요인, 심리적 요인 등이 있다.

## ❷ 영양의 간호과정

### (1) 간호사정

① **영양상태** : 건강과 질병에 모두 상당한 영양을 미치므로 영양사정은 모든 환자에게 필요하다.

② **수집방법** : 문진을 통한 사정으로 식이, 진료, 사회경제적 자료를 수집한다.

③ **신체검진** : 인체측정 자료, 임상자료, 검사실 검사 자료가 있다.

④ **영양검사**

　　㉠ 선별검사로서 간이영양사정도구(MNA)가 사용된다. 노인의 영양부족 위험이 있는지를 사정하기 위한 도구이다.

　　㉡ 질문으로 체질량 지수와 인체 측정치를 포함한다.

　　㉢ 위험군으로 확인되면 종합적인 영양사정을 위해 영양사에게 의뢰한다.

⑤ **식이 섭취 사정하기**

　　㉠ **24시간 회상법** : 평상시 섭취하는 모든 음식과 음료를 24시간 내에 기억하여 정보 수집하는 방법이다.

　　㉡ **음식일기 · 에너지 계산** : 특정한 시간에 섭취한 음식과 음료 기록한다.

　　㉢ **식사 빈도 기록** : 하루 또는 일주일이나 한 달에 특정 음식의 음식군을 섭취한 평균 횟수를 기록한다.

　　㉣ **식사력** : 과거와 현재의 음식섭취와 습관에 대한 정보 수집하는 방법이다.

⑥ **진료 자료와 사회경제적 자료**

　　㉠ **의학적 자료** : 병력과 현재의 질병, 약물력, 약물 의존도나 남용 병력, 입안의 증상, 치아 상태, 씹고 삼키는 능력 등이 해당된다.

　　㉡ **사회적 자료** : 연령, 성별, 가족력, 생활양식, 교육수준, 직업, 운동, 수면양상, 종교, 문화적 · 민족적 배경 등이 해당된다.

　　㉢ **경제적 자료** : 소득자료, 식품예산 등이 해당된다.

⑦ **인체 계측 자료**

　　㉠ 신체 지수 파악에 이용된다. 아동은 성장률을 사정하고 성인은 신체의 단백질과 지방 저장의 간접적인 측정치를 제공한다.

　　㉡ **체중** : 아침식사 전 같은 시간에 같은 체중계로 측정해야 한다.

ⓒ 상완삼두근 피부두겹측정치(TSF, Triceps Brachii Muscle) : 캘리퍼 사용하여 위팔 삼두근 부위의 근육을 제외한 피하지방 주름두께 측정하는 것으로 피하지방을 나타낸다. 일반적으로 성인의 남자는 9.5mm, 여자는 18.1mm이며 표준의 85% 이하일 때 영양불량으로 판정된다.

ⓔ 위팔 중간둘레(MAC) : 피하지방, 골격, 근육을 측정할 수 있다. 서거나 앉은 자세에서 팔을 수평으로 굽혀 상박의 중앙부 둘레를 cm단위로 측정한다. 위팔중간둘레와 상완삼두근 피부두겹측정치를 이용한 공식은 MAMC = MAC(cm) − (0.314 x TSF(mm))이다. 일반적으로 성인의 남자는 30.3cm, 여자는 26.3cm이다. 표준의 85% 이하일 때 영양불량으로 판정된다.

ⓜ 위팔 중간근육둘레(MAMC) : 피하지방, 골격, 근육을 측정할 수 있으며 신체질량, 골격근량의 추정치를 나타낸다.

⑧ 체질량지수와 허리둘레 : 이상적인 체중을 알고, 체질량 지수를 확인한 후 허리둘레를 측정하여 표준 지침과 비교한다.

⑨ 임상자료

ⓐ 영양 사정을 위한 임상적 관찰이 포함된다. 전반적인 모습, 활력, 체중, 털, 얼굴, 눈, 입술, 혀, 샘, 피부, 손톱, 근육, 뼈대 신경계통 등에 적용된다.

ⓑ 영양상태가 좋을 때와 나쁠 때의 현상을 구분하여 관찰한다. 삼킴곤란 같은 경우는 흡인의 위험성이 높다.

ⓒ 감각기관 능력 저하도 영양섭취에 영향을 준다.

⑩ 생화학적 자료

ⓐ 특징 : 혈액 또는 소변 내에 영양소 농도나 충분한 영양공급에 영향을 받는다. 생화학적 기능을 측정하는 검사실 검사는 초기단계 영양문제를 객관화 할 수 있는 자료이므로 확인해야 한다.

ⓑ 혈색소 : 정상은 12 ~ 18g/dL이다. 혈액의 산소와 철분의 운반능력 측정한다. 감소하면 빈혈이 발생한다.

ⓒ 헤마토크릿 : 정상은 40 ~ 50%이다. 혈액 내 적혈구 용적을 %로 나타내는 지표이다. 감소는 빈혈이고 증가는 탈수를 나타낸다.

ⓓ 혈청 알부민 : 정상은 3.5 ~ 5.5g/dL이다. 장기간(몇 주)의 영양결핍을 예측할 수 있는 지표이다. 감소하면 영양부족, 흡수장애 등을 의미한다.

ⓔ 프리알부민 : 단기간의 영양상태 변화를 반영하는 지표이다. 정상은 23 ~ 43mg/dL이고. 감소하면 단백질 부족, 영양부족을 의미한다.

ⓕ 트란스페린 : 정상은 240 ~ 480mg/dL이다. 철분과 결합하여 장에서 혈청으로 철분을 운반하는 단백질이다. 감소하면 빈혈, 단백질 부족을 의미한다.

ⓖ 총림프구수 : 면역상태 반영한다.

ⓗ 혈중요소질소 : 정상은 17 ~ 18mg/dL이다. 단백질을 섭취하고 단백질 대사를 해독하고 배설하는 신체의 능력을 반영한다. 증가하면 기아, 고단백질 섭취, 심각한 탈수를 의미한다. 감소하면 영양부족, 수분과다 공급을 의미한다.

ⓘ 크레아티닌 : 근육대사 산물로 근육무게에 비례하다. 유리되어 소변으로 배설되는 것을 의미한다. 정상은 0.4 ~ 1.5mg/dL이다. 증가는 탈수를 감소는 총 근육량 감소와 심각한 영양부족을 의미한다.

## (2) 간호진단

### ① 문제로서의 영양 불균형
  ㉠ 영양부족(Imbalance nutrition : Less Than Body Requirement)
  ㉡ 영양과다(Risk for Imbalance Butrition : More Than Body Requilement)
  ㉢ 영양과다위험(Risk of Imbalance Butrition : More Than Body Requilement)

### ② 병인으로서의 영양 불균형
  ㉠ 부족한 수분 섭취로 인한 체액의 부족이다.
  ㉡ 불충분한 에너지 섭취이다. 즉 부족한 단백질 섭취로 인한 감염의 위험이다.
  ㉢ 가족을 위해 구매하거나, 저장하거나, 준비하는 능력의 결여로 인한 비효과적 가족 건강관리이다.
  ㉣ 영양에 대한 지식 부족으로 인한 비효과적 건강관리이다.
  ㉤ 수분 또는 식이섬유의 부족한 섭취로 인한 변비이다.

## (3) 기대되는 결과 및 계획

① 체질량지수와 허리둘레로 알 수 있는 이상적인 체중을 달성하고 유지한다.

② 세끼 이상의 식사마다 다양한 음식을 먹는다.

③ 건강을 회복하고, 질병 재발을 피하며, 잠재적인 합병증을 예방하거나 지연시키기 위해 변경된 식이를 이행한다.

④ 환자식이 안내서, 1일 섭취 기준량, 건강기관과 청부기관에서 발행한 식이 권장 사항 및 지침을 토대로 모든 영양소가 들어 있는 충분한 식이를 섭취하고 과식하지 않는다.

## (4) 간호 중재

① 환자의 생활습관, 지적능력, 동기부여 수준에 맞춰 조정하여야 성공적인 교육이 이루어질 수 있다.

② 식품안전에 대한 교육 : 식품을 만지고 준비하기 전 손 씻기, 살균되지 않은 우유나 날달걀 섭취 금기, 냉장 보관 시 온도 준수(5℃ 이하), 조리되지 않은 육류, 가금류, 살균되지 않은 주스, 생새싹 섭취 금기, 안전한 온도로 음식 조리하기, 과일과 채소는 먹거나 준비하기 전 세척하기 등이 있다.

③ 영양상태 관찰하기
  ㉠ 영양 부족 예방은 환자의 치료 결과에 긍정적 영향을 미칠 수 있으므로 환자의 식이 변경 처방이 내려진 경우에 시행된다.
  ㉡ 초기 식이에 대한 환자의 내성을 사정한다. 사정에 근거해서 식이를 변경하거나 개선 할 수 있다.
  ㉢ 식이에 대한 내성 사정 : 식판 중 최소한 20 ~ 75%를 섭취할 수 있을 때, 구역과 구토 또는 설사가 없을 때, 포만감이 없을 때, 배고픔이 없을 때, 복부통증과 팽만이 없을 때 시행한다.

④ 식욕 자극하기
  ㉠ 가능하면 좋아하는 음식과 집에서 준비한 음식 권장한다. 소량씩 자주 그리고 즐거운 환경을 제공하며 식욕을 방해 받을 가능성이 적은 시간대에 처치와 투약 일정을 잡는다.
  ㉡ 구강위생을 지키고 필요시 통증과 우울은 약으로 조절하며 식사 구역에서 자극적인 냄새가 나지 않도록 환경조절을 하며, 식사 시간을 방해하지 않도록 한다.

⑤ 식사 돕기
  ㉠ 편안한 분위기 조성하고 가능하면 빨대나 특수한 기구 사용, 음식을 먹는 순서, 장소에 대한 선택권 주고 적절한 음료 제공한다.
  ㉡ 환자가 원하는 대로 고기를 썰거나 소스를 부어주고 틀니, 보청기, 안경 착용 시 식사 전에 한다.

⑥ 시각장애가 있는 환자 도울 때
  ㉠ 접시와 식판에 있는 음식의 위치를 설명한다.
  ㉡ 특수한 보호판, 식기구, 이중 손잡이, 구획된 접시나 식판 제공하고 필요한 경우 옆에서 지켜본다.
  ㉢ 연하곤란이 있는 경우 가능하면 음료수에 빨대 제공하고 이전 식사와 비슷한 위치에서 음식과 접시를 제공한다.

⑦ 경구영양 제공
  ㉠ 정상식이·가정식 : 어떤 음식도 제외하지 않고 제공량을 제한하지 않는다.
  ㉡ 채식주의자 식이 : 다양한 유형의 채식주의를 고려한다. 육류는 콩류, 곡류, 채소로 대체한다. 식기 구성 표 내에서 사용 가능한 다양한 식품의 영양가 있는 음식을 선택권을 주며 지지해준다.
  ㉢ 특별식이(변경된 농도식이 포함) : 유동식은 주로 수술, 비경구영양, 급성질환자들의 식사 다시 시작의 전환식이로 사용된다. 대부분의 영양소, 칼로리, 단백질이 부족하여 빠른 전환을 고려된다.
  ㉣ 금식 : 수술 전 마취와 관련된 흡인 예방과 수술 후 장음이 돌아올 때 까지를 위해 금식(NPO, Nothing Per Os[Nothing By Monuth])를 시행한다.

(5) 장관영양

① 장관영양 제공하기(Enteral Nutrition)
  ㉠ 관을 위장관 안에 넣어 영양소가 충분히 들어있는 유동식을 투여하는 것이다.
  ㉡ 식이를 경구로 섭취하여도 영양요구량을 충족할 수 없을 때 대체 영양공급방법으로 적용한다.
  ㉢ 영양공급관 선택 시 고려 요소 : 흡인 위험, 환자의 전반적인 상태와 예후, 위장관의 기능, 영양관의 예상된 지속 시간 등이 있다.

② 비위관(NG Tube, Nasogastric Tube)
  ㉠ 특징 : 코에 삽입하여 위까지 넣는 관이다. 관을 통한 영양 공급액이 폐로 흡인될 위험성이 있다.
  ㉡ 금기 대상자 : 구역반사가 없거나 흡인 위험이 높을 때, 위 배출이 지연될 때, 위식도 역류가 있을 때, 영양공급동안 머리를 올릴 수 없는 경우이다.
  ㉢ 관의 종류 : Levin Tube, Dobbhoff Tube, Salem Sump 등이 있다.

③ 비장관
  ㉠ 코에 삽입하여 작은창자 윗부분까지 삽입한다.
  ㉡ 구역반사가 감소했거나 위 운동성이 느려서 흡인 위험이 높은 환자에게 적합하다.
  ㉢ 위의 역류 가능성을 줄여준다. 위 배출 지연되거나 위종양을 진단 받은 경우에 쓰인다.
  ㉣ 덤핑 증후군의 발생 위험이 높다.
  ㉤ **관의 종류** : Cantor Tube, Miller – Abbott Tube, Harris Tube 등이 있다.

④ 비위관의 삽입 목적
  ㉠ 단기간의 영양 공급에 이용된다.
  ㉡ 수술 후 오심, 구토, 위 팽만을 예방할 수 있다.
  ㉢ 투약, 진단적 검사, 약물중독, 약물 용량 과다인 경우 세척을 위해 사용된다.

⑤ 비위관의 삽입 방법
  ㉠ 튜브 끝에 수용성 윤활제를 도포한다.
  ㉡ 체위는 높은 파울러 체위가 권장된다.
  ㉢ 삽입길이는 코끝 – 귓불 – 검상돌기(NEX)로 측정하고 구강인두 도착 시 환자에게 삼키라고 지시한다.
  ㉣ 삽입 동안 잘 들어가지 않거나 호흡곤란 증상이 있으면 즉시 중단한다. 위치확인하고 튜브로 반창고를 고정하고 마개를 닫아서 유지한다.

⑥ 비위관의 위치 확인
  ㉠ 방사선 검사는 표준검사이다.
  ㉡ 흡인물 ph검사의 기준은 5.5 미만이다.
  ㉢ 흡인물의 색깔 확인으로 연초록, 황갈색, 황백색, 붉은 색, 갈색 일 경우 위에 안착한 것을 판단 할 수 있다.
  ㉣ 영양공급관이 폐로 잘못 들어가는 경우 흡인의 위험이 높다.
  ㉤ 다른 검사로는 관 길이 측정과 관 표시 검사, 이산화탄소 감시, 관의 끝을 물에 담가 보아 기포 발생 여부 확인 등이 사용된다.

⑦ 비장관 위치 확인 : 방사선 검사, 흡인물 ph 검사(7.0 이상)를 시행한다.

⑧ 위루
  ㉠ 복벽을 통해 위로 뚫어 놓은 외과적 누공으로 관을 삽입한다.
  ㉡ 비위관 영양공급보다 역류와 흡인의 위험 감소한다.
  ㉢ 위식도 조임근이 완전한 무의식 환자에게 적용된다.

⑨ 경피적내시경 위루관(PEG)

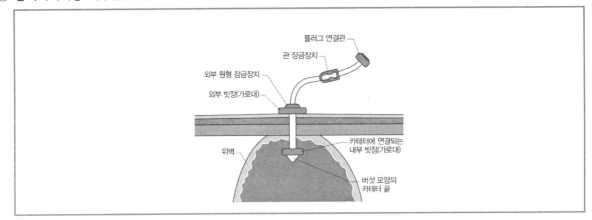

ㄱ 내시경으로 위 내부를 보면서 위에 구멍을 뚫어 관을 삽입한다.

ㄴ 전신마취가 필요 없는 것이 특징이다.

⑩ 공장루 : 위에 문제가 있고 장기간 영양공급을 해야 하는 경우 적용하게 된다.

⑪ 저측면(평면) 위조루 장치(LPGD) : 활동적이지만 장기간의 영양공급이 필요한 환자(아동)에게 주로 적용된다.

⑫ 위루 · 공장루관의 위치 확인

ㄱ 관을 삽입할 때 지워지지 않은 펜으로 출구지점과 관의 길이를 기록한다.

ㄴ 기록한 관 길이 측정치와 비교하여 제대로 된 위치에 들어갔는지 확인한다.

⑬ 장관영양의 관리

ㄱ 지속적 영양공급 : 펌프를 이용한 지속적 주입이다. 느린 속도로 12 ~ 24 시간 동안 주입한다.

ㄴ 간헐적 영양공급 : 중력 또는 펌프를 이용한다. 4 ~ 6시간마다 200 ~ 500mL를 30 ~ 60분에 걸쳐 공급한다.

ㄷ 간헐적 집중식 영양공급 : 주사기 또는 중력을 이용한 점적법이다. 위관(비위관, 위루관) 영양에만 적용한다. 200mL 내외를 단시간 내로 보통 10 ~ 15분에 주입하며 1일 3 ~ 8회 실시한다. 간편하고 경제적이지만 오심, 구토, 설사의 위험성이 존재한다.

ㄹ 주기적 영양공급 : 중력 또는 펌프를 이용하는 방식이다. 1일 12 ~ 16시간 동안 밤에 공급한다. 낮 동안 활동이 필요하거나 구강섭취와 병행할 때 실시한다.

⑭ 위관영양 유동식

ㄱ 이용 시 영양학적 성분 고려 사항으로 공급 경로, 소화 · 흡수능력, 영양소 · 수분 필요량 등과 이용 가능성과 비용, 내과질환, 식품내성, 알레르기를 주의한다.

ㄴ 표준 유동식은 물, 단백질, 탄수화물, 지방, 비타민, 전해질이 포함되며 소화가 거의 또는 전혀 필요 없는 것이 특징이다.

ㄷ 주입률은 의료기관의 방침에 따라 시간당 25 ~ 50mL로 시작하여 환자가 견디는 능력에 따라 변경된다.

ⓔ 영양공급을 견디는 능력을 평가할 때 고려 기준으로는 구역과 구토가 없고 위 잔여물이 최소한이거나 없어야 한다. 설사와 변비, 배의 통증과 배의 팽만이 없고 정상적인 범위 내에서 장음이 존재하여야 한다.

⑮ **위관영양 펌프** : 위관영양 펌프의 기능으로 환자에게 전달되는 영양 공급액의 양을 조절할 수 있다.

⑯ **위관영양을 간호할 때 주의 사항**
- ㉠ **환자 안전의 증진** : 영양공급을 하는 동안 약물 투여 금지한다. 위관영양액의 오염 방지, 배에 이상이 있는지 확인이 필요하다. 수분·약물·영양을 공급하기 전에 위관의 위치 확인을 한다. 지속적인 영양공급 시 기관의 방침에 따라 위 잔여량 확인한다. 영양 공급을 받는 동안이나 공급 후 1시간 동안 몸을 세운다.
- ㉡ **합병증 감시** : 합병증 주된 원인은 영양공급관이 막히는 것이다. 흡인된 위 내용물, 약물의 잔여물, 영양 급식의 느린 흐름 속도, 장치로 유입되는 부족한 물의 양, 크기가 작은 영양공급관의 사용 등의 요인이 있다.
- ㉢ **안위 제공하기** : 2 ~ 4시간마다 구강위생을 자주 진행하여 점막의 자극과 건조함 예방한다. 콧구멍과 관 주위를 깨끗하게 유지한다. 자극되는 목구멍에 진통제 목 캔디나 스프레이 사용한다. 불편한 경우 말로 표현하도록 격려한다. 관의 장력과 빠짐 예방을 위해 관이 환자의 코와 환자복에 고정되어 있는지 확인한다.
- ㉣ **교육하기** : 관이 빠진 경우, 관 위치 확인 방법, 속도 조절, 펌프 작동을 교육한다. 관 삽입부위의 관리와 의료인에게 알려야 할 합병증과 기구의 적절한 준비·세척·관리방법, 응급 시 연락 가능한 전화번호를 알려준다. 가정간호사와의 연계를 돕는다.

⑰ **비경구영양**
- ㉠ 경구·창자로 영양욕구를 충족시키지 못하는 환자에게 정맥을 통해 영양 제공하는 것이다.
- ㉡ **대상자** : 위창자가 기능을 하지 못하는 환자, 혼수상태인 환자, 질병이나 부상으로 고칼로리가 필요하고 영양 요구량이 높은 환자 등이 있다.
- ㉢ **경로** : 주입되는 용액의 농도에 따라 중심정맥 장치(완전비경구영양, TPN), 말초정맥 장치(말초정맥영양, PPN)가 있다.

⑱ **완전비경구영양**
- ㉠ 구강·경장영양으로 섭취를 전혀 할 수 없는 환자에게 완전한 영양 제공하는 방법이다. 짙게 농축된 고장성 영양소 용액을 투여한다.
- ㉡ **대상자** : 장에 접근하지 못하거나 유지하지 못하는 경우, 운동장애가 있는 경우, 치료하기 어려운 설사, 소화기계의 영양소 흡수 장애, 7 ~ 14일 동안 경구섭취가 부족했거나 부족할 것으로 예상될 때 적용된다.

⑲ **말초정맥영양** : 소화기계가 기능을 제대로 하지 못하는 환자, 2주 미만의 단기간 동안 지속적인 영양이 필요한 환자에게 덜 농축된 영양소 제공할 수 있다.

⑳ 비경구영양 용액과 투여

    ㉠ 완전비경구영양 용액 : 고장성 용액이다. 단백질, 탄수화물, 지방, 전해질, 비타민, 미량무기질 함유되어 있다. 고농축 포도당(25%)으로 혈당수치에 대한 감시가 필요하다.

    ㉡ 말초정맥영양 용액 : 완전비경구영양 용액과 성분은 비슷하지만, 덜 농축되고 적은 양이 일반적이다. 10% 이하의 포도당 함유로 말초혈관에도 투여가 가능한 것이 특징이다.

    ㉢ 주의사항 : 투여 장치를 다른 목적으로 사용하지 않고, 비경구영양액에 약물을 첨가하지 않는다.

㉑ 합병증 예방하기 : 잠재적으로 발생가능성이 높은 합병증은 기흉과 혈전색전증, 감염과 패혈증, 고혈당증, 저혈당증, 수분·전해질·산－염기 불균형, 정맥염, 고지혈증, 간질환 등이 있다.

㉒ 가정에서의 비경구영양 : 장기간의 비경구영양이 필요한 경우나 가정에서 치료 지속하는 경우에는 환자 교육이 요구된다.

## (6) 간호 평가

① 영양적 결과를 충족시키기 위해 환자의 진행과정에 대한 평가한다.

② 필요하면 식이요법을 환자가 잘 견디고 지키는지 확인해야 하고, 식이요법에 대한 환자의 이해 수준 또는 식이와 관련된 중재, 더 세부적인 지도나 강화 교육의 필요성을 사정한다.

③ 의료팀의 다른 구성원들과 사정 결과를 논의하고 필요하면 간호계획을 수정하거나 간호를 종료한다.

# 출제 예상 문제

**1** 완전비경구영양을 하는 환자 합병증을 최소화하기 위한 간호중재는?

① 주입관은 72시간마다 교체한다.

② 용량을 서서히 줄여가며 감량한다.

③ 탈수 증상이 있는지 자주 확인한다.

④ 카테터 삽입부위 발적이나 열감이 있으면 얼음찜질을 한다.

> **TIP** ② 고장성 용액의 빠른 주입으로 세포내 탈수가 나타날 수 있다. 완전비경구영양의 시작과 종료 시 용량을 서서히 증량하거나 감량
> 해야 한다.
> ① 주입관은 1~2일마다 교체한다.
> ③ 갑작스런 주입으로 인한 수분과잉 증상을 자주 확인한다.
> ④ 카테터 삽입부위 발적이나 열감이 있으면 카테터를 제거한다.

**2** 위관영양을 시행하는 적응증으로 옳지 않은 것은?

① 외상

② 패혈증

③ 위장관 폐색

④ 위암수술 직후

> **TIP** ④ 수술 직후 위관영양으로 인한 자극을 주지 않는다.
> ①②③ 위관영양이 가능하다.
> ※ 위관영양 적응증
>   ㉠ 식욕부진: 의식불명, 정신질환, 암, 화상, 외상 등으로 인한 양적·질적의 영양불량상태 시 적용한다.
>   ㉡ 기계적 위장관 기능부전: 소화흡수를 방해하는 위장관 폐색이나 안면 외상, 위장관 누공 시 적용한다.
>   ㉢ 대사기능 부전: 흡수능력 이상이나 염증성 장 질환, 화학요법 사용, 다종 식품 알레르기 증상을 보일 시 적용한다.
>   ㉣ 대사 항진: 심한 화상이나 외상, 패혈증, 수술 후 회복 시에 적용한다.

**Answer** 1.② 2.④

**3** 환자에게 비위관 튜브 삽입 후 위치를 확인할 때 관이 잘못 삽입된 경우는?

① 맑고 황갈색 액체가 흡인 된다.

② 주사기를 통해 공기 주입 시 환자가 트림을 한다.

③ 공기 주입 후 청진 시 상복부에서 쉭 소리가 난다.

④ 관 끝을 물에 담가도 환자가 불편감 없이 숨을 쉰다.

> **TIP** ② 상복부에 청진기를 대고 비위관을 통해 공기를 삽입 시 환자가 트림을 하면 관이 식도로 잘못 들어간 것이다.
> ① 위액 흡인 결과 산도는 pH 3 이하 강산의 맑은 황갈색이나 녹색의 액체가 흡인 된다.
> ③ 비위관이 위에 제대로 삽입 했을 시 공기 주입 후 청진 하면 상복부에서 쉭 소리가 난다.
> ④ 관 끝을 물에 담갔을 때 호흡에 문제가 있다면 비위관이 식도가 아닌 기도를 통해 삽입된 것이다.

**4** 병원에 입원한 환자가 식욕부진을 보일 때 간호중재로 옳은 것은?

① 즉시 위관영양으로 식이를 제공할 수 있게 한다.

② 환자에게 식사량 부족을 알리고 다 먹도록 격려한다.

③ 불쾌감을 초래하는 치료나 간호는 가능한 식사 전후에 하지 않도록 한다.

④ 통증으로 인한 식욕부진 시 통증이 완화될 때까지 참을 수 있도록 지지한다.

> **TIP** ③ 식전 불쾌감을 초래하는 치료나 간호는 악순환이 지속될 수 있으므로 피한다.
> ① 환자가 식욕부진을 보이는 원인을 먼저 자세하게 사정 해야 한다.
> ② 식사 강요는 오히려 식사에 대한 거부감을 더욱 증가시킬 수 있다.
> ④ 식사 전 진통제 투여로 통증으로 인한 식사 불편감을 감소시킨다.

**5** 충수돌기염 수술을 받은 환자가 수술 후 장음이 들렸을 때 제공할 수 있는 식이는?

① 경식            ② 일반식

③ 맑은 유동식         ④ 특별치료 식이

> **TIP** ③ 수술 후 장음소기가 나기 전까지 금식을 유지하고 장음 소리가 난 후 가스 발생을 시키지 않는 식이인 맑은 유동식 시작으로 섭취하게 한다.
> ※ 치료 식이 종류
> ㉠ 일반식 : 특별한 제한 없이 제공되는 식이이다.
> ㉡ 경식 : 일반식보다 소화하기 좋고 위장에 부담에 가지 않는 식이이다.
> ㉢ 연식 : 씹지 못하거나 소화기가 좋지 않은 환자에게 섬유소나 양념, 고형 식이를 제한한 식이이다.
> ㉣ 유동식 : 액체형태로 당질과 물로만 구성되어 있는 식이이다.

**Answer**   3.②   4.③   5.③

**6** 비위관을 삽입하고 있는 환자에게 식이 공급을 위해 식전 잔류량을 확인 해보니 200cc일 때 해야 하는 간호중재는?

① 의사에게 알린다.

② 주사기로 물을 공급한다.

③ 2시간 간격으로 영양액을 공급한다.

④ 흡인하여 제거 후 식이를 공급한다.

> **TIP** ① 잔여량 확인 시 100cc 이상이면 공복 지연 이유를 찾고 의사에게 알린다.

**7** 비위관 삽입 과정에 대한 설명으로 옳은 것은?

① 삽입 후 바로 영양공급을 시행한다.

② 삽입 후 비위관 끝을 물에 담그면 기포가 발생한다.

③ 성인의 비위관 삽입 길이는 20cm 정도로 삽입한다.

④ 코를 통한 비위관 삽입 시 목을 뒤로 젖힐 수 있게 한다.

> **TIP** ① 삽입 후 관이 식도록 잘 들어갔는지 확인하고 바로 영양공급을 시행한다.
> ② 삽입 후 비위관 끝을 물에 담가 기포가 발생한다면 비위관이 기도로 잘못 삽입된 것이다.
> ③ 비위관 삽입 시 길이는 환자의 목에서 귀, 귀에서 검상돌기까지 총 길이의 합으로 정한다.

**8** 무의식 환자의 비위관 영양 공급 시 간호수행으로 옳은 것은?

① 투약 시 약물은 유동식에 섞어서 투약한다.

② 30cm 정도 높이에서 중력을 이용해 천천히 주입한다.

③ 유동식 공급 시 욕창방지를 위해 앙와위를 취할 수 있게 한다.

④ 유동식이 모두 주입된 후 튜브 개방성을 위해 잠시 개방해 놓는다.

> **TIP** ① 투약 시 유동식 주입이 끝난 후 물에 섞어 투약한다.
> ③ 역류 방지를 위해 환자를 좌위나 반좌위를 취한 후 유동식을 주입한다.
> ④ 공기유입의 방지를 위해 주사기가 비워지지 않도록 주의하며 튜브는 닫아 놓는다.

**Answer** 6.① 7.④ 8.②

**9** 혈액응고에 관여하는 비타민으로 옳은 것은?

① 비타민 A

② 비타민 C

③ 비타민 K

④ 비타민 E

**TIP** ③ 비타민 K : 혈액응고 인자 생성을 돕는다.
   ① 비타민 A : 뼈와 치아의 성장과 발달을 돕고 어두운 곳에서의 시력을 유지한다.
   ② 비타민 C : 콜라겐과 적혈구를 형성하고 모세혈관벽 통합성을 유지한다.
   ③ 비타민 E : 혈색소 헤모(Hemo)를 합성하고 세포막 통합성을 유지한다.

**10** 섬유소와 유제품을 제한하는 부분적 장폐색 환자에게 제공할 수 있는 식이는?

① 유동식이

② 저잔사식이

③ 저나트륨식이

④ 저지방식이

**TIP** ② 저잔사식이 : 섬유질이나 잔사물의 양을 적게 섭취하는 것이다. 위장에 소화되지 않는 음식물이 남지 않도록 제공하는 식이로, 위
   장관에 질환이 있을 때 적용한다.
   ① 유동식이 : 액상으로 된 음식물을 섭취하는 것이다. 주로 소화기 질환이 약화된 경우, 수술 이후 회복기 환자에 주어진다.
   ③ 저나트륨식이 : 나트륨이 함유된 음식의 섭취를 제한하는 것이다. 고혈압, 심부전, 신장병, 간경변 등 환자에게 적용된다. 혈압을
   조절하거나 부종을 방지하기 위해서 적용되는 식사이다.
   ④ 저지방식이 : 지방의 섭취를 제한하는 식사이다. 협심증, 고지혈증, 동맥경화 등을 예방하고 치료하는 목적으로 지방을 제한한다.

**11** 우리 몸의 체액 기능에 대한 설명으로 옳지 않은 것은?

① 체온 유지

② 노폐물 운반

③ 영양소 운반

④ 산 – 염기 완충

**TIP** 체액의 기능
   ㉠ 세포로 영양공급
   ㉡ 노폐물 운반의 매개체
   ㉢ 소화작용과 배설 촉진
   ㉣ 조직 윤활류
   ㉤ 체온 유지
   ㉥ 세포대사와 화학적 작용
   ㉦ 전해질과 비전해질의 용매작용

Answer 9.③ 10.② 11.④

**12** 호흡성 알칼리증이 나타난 환자의 증상으로 옳은 것은?

① 고칼륨혈증      ② 심부건 반사저하

③ 뇌척수액 pH 증가      ④ 손발 저림과 얼얼함

> **TIP** ① 저칼륨혈증
> ② 심부건 반사 항진
> ③ 뇌척수액 pH 증가는 대사성 알칼리증의 증상이다.
> ※ 호흡성 알칼리증
>     ㉠ 이산화탄소 과잉배출을 초래하는 상태이다.
>     ㉡ 동맥혈 가스분석 : pH > 7.45, $PaCO_2$ < 35mmHg, $HCO_3^-$ 정상이다.
>     ㉢ 과도한 불안, 체온상승, 두통, 손발저림 증상이 나타난다.
>     ㉣ 심할 경우 심부건 반사 항진 및 경련이 발생한다.
>     ㉤ 저칼슘혈증, 저칼륨혈증이 나타난다.

**13** 탈수로 인해 체내 수분결핍이 심한 환자의 일반적 특징으로 옳은 것은?

① 신장에서의 $Na^+$ 재흡수 증가

② 헤마토크릿 감소

③ 1회 심박출량 증가

④ 항이뇨호르몬 분비 감소

> **TIP** ② 혈액 내 혈장 부족으로 인한 헤마토크릿이 증가 한다.
> ③ 빠른 심박동으로인한 1회 심박출량이 감소한다.
> ④ 뇌하수체에서 항이뇨호르몬 분비 증가로 신장에서 수분재흡수가 증가한다.
> ※ 체액량 결핍(FluiD volume Deficiency)
>     체액량 감소 → 혈관 내 혈액량 감소 → 신장 혈액량 감소 → 레닌분비 증가 → Angiotensin의 Angiotensin ⅱ로 전환 → Angiotensin
>     Ⅱ의 혈중농도 증가 → 교감신경 자극, 심장수축 자극 → 혈관 수축과 혈압 상승

**14** 환자의 동맥혈 가스 분석 결과 pH 6.90, $PaO_2$ 95mmHg, $PaCO_2$ 40mmHg, $HCO_3^-$ 28mmHg일 때 환자에게 발생한 산 – 염기 불균형의 종류는?

① 정상      ② 호흡성 산증

③ 대사성 산증      ④ 호흡성 알칼리증

> **TIP** ③ 환자의 동맥혈가스 분석결과 $PaO_2$정상, pH와 $HCO_3^-$의 감소, $PaCO_2$가 증가되었다. $HCO_3^-$의 수치 변화로 대사성 불균형이
> 발생한 것을 알 수 있고, pH가 감소하였으므로 산증상태이다. 따라서 환자는 대사성 산증이 발생한 상태이다.

**Answer**    12.④   13.①   14.③

**15** 체내에 존재하는 전해질 기능으로 옳지 않은 것은?

① $Cl^-$ : 삼투압 조절

② $Na^+$ : 혈장량 조절

③ $H^+$ : 신경자극전달 관여

④ $K^+$ : 세포막 흥분성 변화

**TIP** ③ $H^+$는 산 – 염기 균형에 관여한다. 신경자극전달에 관여하는 것은 $Cl^-$ 이다.


**16** 환자의 배설량 측정 항목에 포함되는 것은?

① 상처배액            ② 수액 주입

③ 비강세척액         ④ 복막주입액

**TIP** ① 배설량 측정에는 소변, 대변, 구토, 흡인, 상처배액, 출혈 등이 포함된다.


**17** 심한 화상을 입고 응급실에 내원한 환자에게서 부정맥과 서맥이 발생하고 저알도스테론증이 나타났다. 환자의 증상으로 의심할 수 있는 상태는?

① 저칼슘혈증

② 고칼륨혈증

③ 고단백혈증

④ 저마그네슘혈증

**TIP** ② 혈액순환 감소로 인한 세포 허혈로 조직과 혈구가 손상되고 칼륨이 유리되어 고칼륨혈증이 나타난다.
　　※ 화상으로 인한 체액상실기
　　　　㉠ 혈관에서 간질강으로 세포외액 이동→화상을 입은 조직 부종 발생
　　　　㉡ 급속한 혈액량 감소→저혈압, 핍뇨
　　　　㉢ 나트륨, 중탄산염, 단백질의 간질 이동→저나트륨혈증, 대사성 산독증, 저단백혈증
　　　　㉣ 혈액 순환감소→세포 허혈→조직, 혈구 손상→칼륨 유리→고칼륨혈증


**Answer** 15.③ 16.① 17.②

**18** 구강점막이 건조하고 체온 38.8℃, 요비중 1.035인 환자에게 내릴 수 있는 간호진단은?

① 피부통합성 장애

② 탈수와 관련된 고체온

③ 감염과 관련된 고체온

④ 고열과 관련된 체액감소

> **TIP** ④ 고열과 요비중 상승이 나타난 환자는 현재 고열로 인한 불감성 수분 배설량이 증가한 상태로 소변 비중이 증가하고 구강점막이 건조하게 되었다.

**19** 인체 내 체액에 관한 설명을 옳은 것은?

① 수분함량은 지방보다 근육이 많다.

② 성인 체중의 80% 이상을 수분이 차지한다.

③ 세포내액에서 세포외액으로 이동하지 않는다.

④ 체액의 세포외액이 차지하는 비율은 유아보다 성인이 높다.

> **TIP** ① 근육 수분함량은 70% 정도, 지방 수분함량은 25 ~ 30% 정도로 지방보다 근육 수분함량이 많다.
> ② 성인 체중의 50 ~ 70% 이상을 수분이 차지한다.
> ③ 세포내액과 세포외액은 서로 이동 가능하다.
> ④ 유아기 세포외액은 체액의 50%를 차지하며 성인기로 갈수록 점차 감소하여 30%가 된다.

**20** 당뇨병 환자 대사산물인 케톤 축적으로 인해 대사성 산증 상태인 환자의 호흡양상은?

① Apnea        ② Orthopnea

③ Bradypnea      ④ Kussmaul 호흡

> **TIP** ④ Kussmaul 호흡 : 대사성산증에서 나타나는 깊고 빠른 호흡
> ① Apnea : 무호흡
> ② Orthopnea : 기좌호흡
> ③ Bradypnea : 느린호흡

**Answer** 18.④ 19.① 20.④

# 07 산소화 요구

## ❶ 산소화 및 관류

### (1) 호흡기계
① 생명은 지속적 산소공급인 심폐에 의해 이루어진다.

② 산소공급은 심혈관계와 호흡기계에 의해 영향을 받는다.

### (2) 호흡기계의 해부구조
① **호흡기계** : 호흡기계에서는 허파꽈리를 통한 산소와 이산화탄소의 교환으로 가스교환이 필수적이다.

② 호흡기계 구조
  - ㉠ **기도** : 산소와 이산화탄소의 운반과 교환을 위한 통로로 기능한다. 기도는 상부기도와 하부기도로 나뉜다.
  - ㉡ **상부기도** : 구성은 코, 인두, 후두, 후두개로 되어있다. 기능은 가온, 가습, 필터링을 한다.
  - ㉢ **하부기도** : 구성은 기관, 좌우기관지, 분절기관지, 말단 기관지, 폐와 폐실질이 있다. 기능은 공기전도, 점액 섬모 제거, 계면활성제 생산을 한다.
  - ㉣ **기도의 점액** : 세포, 미립자 및 감염성 잔해 제거와 자극과 감염으로 기저 조직을 보호한다.
  - ㉤ **섬모** : 점액을 상부기도 쪽으로 밀어내어 기침으로 제거한다. 점액은 수분이 많으면 쉽게 제거된다. 호흡 기계 정상적인 점액 생산과 작용 위해 적절한 수분섭취는 필수적이다.
  - ㉥ **늑막** : 늑막은 장측 늑막과 벽측 늑막으로 구성된다.
  - ㉦ **늑막강** : 두 겹의 막 사이의 공간을 의미한다.
  - ㉧ **늑막액** : 두 겹의 막 사이 공간에 존재하는 20 ~ 25mL의 삼출액을 의미하고 윤활제로서 작용한다.
  - ㉨ **늑막 내 압력** : 항상 음압을 유지하고 늑막의 삼출액, 일정한 음압은 폐를 확장된 상태로 유지시키는 작용한다.

③ 호흡기계의 구성
  - ㉠ 폐 첨부는 제 1 늑골 위이다. 폐 기저부는 횡격막 위이다.
  - ㉡ 우폐는 3개 폐엽이고 좌폐 2개 폐엽으로 구성된다. 우폐는 10분절, 좌폐는 8분절로 나뉜다.
  - ㉢ 산소는 말단 세기관지 → 종말 세기관지 → 호흡 세기관지 → 폐포관 → 폐포로 이동한다.

ㄹ 폐포는 가스교환 장소이다. 단층편평상피세포로 구성되고 성인기준 평균 약 3억개가 있다.

ㅁ 폐포세포는 1형과 2형으로 나뉜다. 1형의 경우 폐포의 주된 상피세포로 가스교환에 참여하고, 2형의 경우 폐포 막 사이의 표면장력을 감소시키는 계면활성제(Surfactant)를 생산한다.

## (3) 호흡기계의 생리

### ① 허파환기(Pulmonary Ventilation)

ㄱ 정의 : 대기와 폐 사이의 공기 움직임을 의미하며 흡기와 호기로 구성된다.

ㄴ 흡기(Inspiration) : 능동적이며 횡격막 수축과 하강하며 이루어지고 이때 흉강이 길어게 된다. 외늑간근 수축으로 늑골 거상하여 흉강의 전후가 넓어진다. 이로 인해 부피 증가, 폐 내압 감소, 대기와 폐 사이 압력차로 대기 중의 공기가 폐 내로 이동한다.

ㄷ 호기(Expiration) : 수동적이며 횡격막 이완과 외늑간근 이완, 늑골 하강으로 이루어지는데. 부피가 감소하고 폐 내압은 증가하며 대기와 폐 사이 압력차로 폐 내의 공기가 대기 중으로 이동한다.

ㄹ 영향요인 : 호흡근의 약화는 환기의 효율성을 감소시키며 호흡이 어려울 때 호흡 보조근을 사용한다.

ㅁ 폐 팽창의 용이성과 폐의 용적에 영향을 주며 정상적 탄성도 유지를 위해 계면활성제가 필요하다.

ㅂ 공기가 기도를 통과할 때 만나는 방해물이나 방해물의 결과이며 기관지 직경을 변화 시키는 모든 과정은 기도저항을 유발하는 원인이다.

### ② 호흡

ㄱ 정의 : 폐포와 폐 모세혈관 사이의 가스교환(Gas Exchange)을 의미한다. 확산+에 의하며 폐포와 폐 모세혈관 사이의 고농도에서 저농도로의 산소와 이산화탄소의 이동이 이루어진다.

ㄴ 영향요인 : 이용 가능한 폐의 표면적 변화를 주는 무기폐, 폐 절제술 등이 있다. 폐 모세혈관막 두께의 변화를 초래하는 폐렴, 폐 부종 등이 있다. 가스 분압의 변화를 초래하는 고도의 변화, 유독가스, 높은 산소 제공 등의 영향을 받는다.

### ③ 관류

ㄱ 폐포로 산소를 받은 폐 모세혈관 속의 혈액이 신체조직으로 이동하는 과정이다. 폐를 통해 흐르는 혈액의 양은 산소와 기타 가스교환량을 결정한다.

ㄴ 폐 혈액량의 영향요인 : 중력에 의해 아래쪽 영역 관류 증가를 이룬다.

ㄷ 대상자의 활동영향 : 신체활동은 산소요구도 증가를, 심박출량 증가는 관류의 증가를 가져온다.

### ④ 산소와 이산화탄소의 운반

ㄱ 산소 운반 : 적혈구는 헤모글로빈에 의해 97% 이상이 운반되고 혈장에 용해되어 운반된다. 전체 운반의 1 ~ 2%를 차지하게 된다.

ㄴ 이산화탄소 운반 : 대부분 $HCO_3^-$ 로서의 $CO_2$(60%)가 이동된다. 카르바미노 형태의 $CO_2$(30%)이고 용해 $CO_2$(10%)로 이동된다. $O_2$보다 약 20배나 용해도가 높다.

⑤ 호흡기계 조절

    ㉠ 호흡조절은 중추인 뇌간에서 호흡조절 중추 활성화로 이루어진다.

    ㉡ 이산화탄소와 수소농도 증가, 동맥혈 내 산소량 감소에 활성화되고 대동맥궁, 경동맥 화학수용체의 경우 동일한 동맥혈가스 수준 및 혈압에 민감하게 반응한다.

    ㉢ 높은 이산화탄소, 수소·산소의 낮은 수치는 호흡조절 중추를 자극하여 호흡근육 수축을 위해 척수 아래로 자극이 전달된다. 환기의 빈도와 깊이 증가를 가져오며 이산화탄소와 수소 배출 증가 및 산소 수준 증가가 이루어진다.

    ㉣ 산소와 이산화탄소 만성적 이상이 있는 경우에는 화학수용체 민감성 저하되어 환기를 적절하게 조절하지 못하는 문제점이 있다.

⑥ 호흡기능의 변화

    ㉠ 환기, 가스교환, 관류에 문제가 있는 경우 저산소증이 발생한다.

    ㉡ 조직세포에 이용한 충분한 산소가 공급되지 않는 상태로 공기 이동의 속도와 깊이가 감소한 과소환기에 의해 유발된다.

⑦ 증상

    ㉠ 호흡곤란, 맥압이 약간 상승하고 혈압 상승, 호흡 및 맥박 증가, 창백, 청색증, 불안, 안절부절, 혼란 및 졸음 등이 있다.

    ㉡ 만성으로 발전할 경우 모든 신체에서 증상이 발현한다.

    ㉢ 사고과정의 변화, 두통, 가슴통증, 확대된 심장, 곤봉형 손가락과 발가락, 식욕부진, 변비, 소변량 감소, 성욕감소, 말단 근육의 약화, 근육통 등의 증상을 동반한다.

## (4) 심혈관계 해부

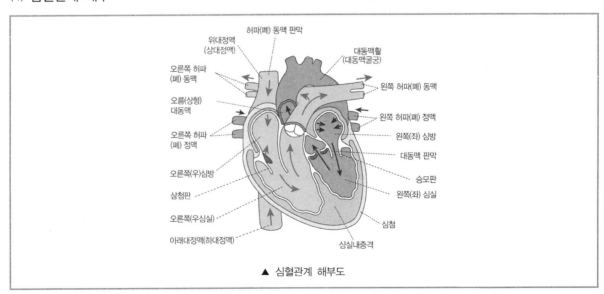

▲ 심혈관계 해부도

① **심혈관계 구성** : 심혈관계는 심장과 혈관으로 이루어진다.

② **심장**

　㉠ **특징** : 혈액순환(Circulation)을 돕는 주요 기관으로 주로 펌프기능을 하며 혈액이 한 방향으로 흐르게 한다.

　㉡ **위치** : 폐 사이의 가슴 안에 있으며 몸의 중앙에서 약간 왼쪽에 위치한다.

　㉢ **모양** : 심장은 원뿔 모양의 근육펌프, 4개의 방과 상하좌우로 나뉜다.

③ **심장의 구성**

　㉠ 위쪽 두 개의 심방은 우심방, 좌심방이다. 아래쪽 2개의 심실은 우심실, 좌심실로 나뉜다.

　㉡ 좌우 심방과 심실 사이 일방향 밸브(판막) 위치한다. 우심방과 우심실 사이는 삼첨판막, 좌심방과 좌심실 사이는 승모판막이 존재한다.

　㉢ 심실과 대혈관 사이 일방향 밸브(판막)이 존재한다. 좌심실과 대동맥 사이는 대동맥 판막, 우심실과 폐동맥 사이는 폐동맥 판막이 있다.

④ **심장의 혈관구성**

　㉠ 심장과 체세포 사이 혈액을 운반하는 폐쇄회로를 구성한다.

　㉡ 동맥 및 세동맥은 심실에서 모세혈관으로 혈액을 이동시키고 모세혈관은 혈액과 체세포 사이 물질 교환을 이룬다.

　㉢ 정맥은 혈액을 모세혈관에서 심방으로 혈액을 귀환시키는 역할을 한다.

⑤ **심혈관계의 생리**

　㉠ **우심장** : 이산화탄소가 많은 혈액을 폐로 이동시키고 폐포에서 가스교환을 한다.

　㉡ **좌심장** : 산소가 첨가된 혈액을 신체로 박출하는 역할을 한다.

　㉢ **일박출량**(SV, Stroke Volume) : 일회 수축 때 심실에서 분출되는 혈액의 양이다.

　㉣ **심박출량**(CO, Cardiac Output) : 1분 동안 심실에서 분출되는 혈액의 양이다.

 심전도 모니터링 확인
- 표준 12 리드 심전도는 12개의 리드에서 심장 평가를 실행한다.
- 4개의 사지 전극, 6개의 흉부 전극으로 구성된다.
- 각 리드의 전극 부위의 전위 차이를 측정하여 그래프로 확인한다.
- 표준 ECG 복합체는 P, QRS, T 로 구성된다.

　㉤ **심박동수**(HR, Heart Rate) : 1분 동안의 심장의 박동수로 공식은 심박출량(CO)＝일박출량(SV)×심박동수(HR)이다.

　㉥ **내호흡**(Internal Respiration) : 순환혈액과 조직세포 사이의 산소와 이산화탄소 교환이다. 혈액량의 감소, 심박출량 감소, 헤모글로빈의 감소는 내호흡에 영향을 줄 수 있다.

⑥ 심혈관계의 조절

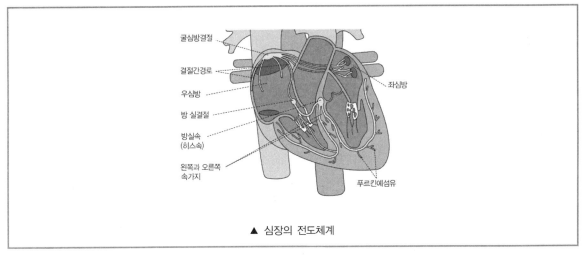

굴심방결절
결절간경로
우심방
방실결절
방실속
(히스속)
왼쪽과 오른쪽
속가지

좌심방

푸르킨예섬유

▲ 심장의 전도체계

　㉠ 심장의 전도체계에 의해 심혈관계가 조절된다.
　㉡ **동방결절**(SA node) : 상대정맥이 열리는 부위 바로 위 우심방 안의 조직 덩어리이다. 전기충격 전달의
　　 시작이고 일정한 간격으로 전기충격 일으켜서 인공심박조율기(Pacemaker)라고도 불린다.
　㉢ 동방결절 다음에 방실결절(Av Node), 히스속(Bundle Of His), 푸르킨예섬유(Purkinje Fiber) 순으로
　　 전달된다.
　㉣ 교감신경계 자극은 심장박동 수 증가와 심수축력 증가를, 부교감신경계 자극은 심박동 감소를 초래한다.

⑦ **심혈관계로의 혈류** : 관상동맥(Coronary Artery)은 심장근육 자체에 산소와 영양분을 공급하고 노폐물을 제
　거하는 혈관으로 심실 이완 중 혈액이 채워진다.

⑧ **심혈관 기능의 변화**
　㉠ **부정맥**(Dysrhythmia) : 심장 리듬의 교란이다. 증상으로는 혈압감소, 현기증, 심계항진, 허약감, 실신
　　 등이 있다.
　㉡ **심근허혈**(Ischemia) : 심장에 혈액 공급이 감소된 상태이다. 원인으로는 죽상동맥경화증이 원인이다. 협
　　 심증, 심근경색의 발생위험을 높인다.
　㉢ **심부전**(Heart Failure) : 심장이 필요한 충분한 혈액을 박출할 수 없는 상태를 의미한다.

## (5) 산소화에 영향을 미치는 요인

① 건강수준
　㉠ 급 · 만성 질환은 심폐기능에 영향을 준다.
　㉡ 신장 · 심장질환은 수분 축적 및 조직 관류 저하로 호흡기능 저하를 일으킨다.
　㉢ 만성질환자의 근육량 손실은 호흡기계를 포함한 심장의 부적절한 기능을 일으킨다.
　㉣ 빈혈은 신체조직으로의 산소 전달 부족, 이산화탄소의 폐로 전달 부족을 일으킬 수 있다.

ⓜ 심근경색은 심장 근육의 혈액 공급 부족, 척추측만증은 호흡 양상에 변화, 비만, 만성 기관지염 등이 있다.

② 생애주기

ⓐ 영아 : 빠른 호흡률, 빠른 맥박수, 작은 흉곽, 짧은 기도 등의 특징이 있다. 34주 이전 출생한 신생아의 경우 계면활성제 부족으로 폐포 붕괴 및 가스교환 장애가 일어날 수 있다.

ⓑ 유아기 · 학령전기 · 학령기 · 청소년기 : 손 위생 교육, 간접흡연 노출 예방 등 필요하다.

ⓒ 노인 : 신체변화의 영향을 받아서 호흡기계 조직과 기도 탄력성 감소가 일어난다. 횡격막 움직임 효율성이 저하되며 최대 흡기 및 호기 감소가 일어나며 기도허탈도 쉽게 발생된다.

③ 약물

ⓐ 아편계 약물의 경우 호흡중추 억제와 호흡의 속도와 깊이 감소를 발생시킨다.

ⓑ 마약 · 진정제 투여 시 호흡 억제 또는 호흡부전 발생 가능성을 주의한다.

④ 생활양식

ⓐ 운동은 심장 · 근육의 건강증진과 심장 질환 위험의 감소로 이어진다.

ⓑ 흡연은 폐 질환, 호흡곤란, 심장질환, 폐암 주요 원인이며 만성폐쇄성폐질환의 가장 중요한 위험 요인이기도 하다.

⑤ 환경

ⓐ 고도가 높아지면 대기 중 산소분압은 낮아지는데 이때 흡입산소비율, 동맥내산소 분압은 낮아진다.

ⓑ 호흡수, 깊이, 심박동수, 적혈구수의 증가로 이어지며 더위의 경우 기온이 높을수록 말초혈관이 이완되어 피부로 혈액순환이 증가한다.

ⓒ 혈관저항은 감소하고 혈압 유지 위한 심박출량은 증가하면서 산소요구량 증가와 호흡수와 깊이 증가로 이어진다.

ⓓ 공기오염도 환경요인으로 작용한다.

ⓔ 직업환경은 오염된 환경 노출(석면, 석탄 등)이 해당된다.

⑥ 심리적 건강 : 스트레스는 한숨이나 과도환기가 발생하고 과환기는 동맥의 이산화탄소 수준을 경감시킨다. 범불안장애는 기관지 경련 발생 위험이 존재한다.

## ❷ 간호과정

### (1) 사정

#### ① 간호력

㉠ 면담을 통해 환자가 산소공급에 불편 여부를 확인하고 호흡곤란을 겪는다면 즉각적 완화 조치를 취한다.

㉡ 응급사항이 아니라면 세밀한 정보 수집으로 변화의 속도가 급작스러운지 점진적인지도 사정한다.

㉢ 사정 요인 질문으로 일반적인 호흡양상, 약물, 최근 변화, 건강력, 생활양식, 환경, 기침, 객담, 통증, 호흡곤란 등과 관련해서 진행한다.

#### ② 신체검진 : 활력징후 중 맥박, 호흡 수, 혈압 기록이 필요하며 시진, 촉진, 타진, 청진이 행해진다.

#### ③ 시진

㉠ 환자 모습에서 불안, 의식수준, 지남력(사람, 장소, 시간)을 확인한다.

㉡ 산소공급 변화에 따른 정신상태 변화를 관찰한다.

㉢ 피부, 점막, 전반적인 순환상태를 확인한다. 창백하거나 청색증의 저산소증의 여부를 판단한다.

㉣ 흉곽구조에서 정상은 복장뼈 함몰 없이 약간 볼록한 상태이고 전후직경이 좌우 직경보다 작아야 한다.

㉤ 좌우 대칭 호흡이 편안하며 호흡수는 12 ~ 20회/분으로 환자와 정상지표를 비교한다.

#### ④ 촉진(Palpation)

㉠ 피부 온도, 색 기록하고 흉곽의 좌우대칭, 부종, 압통 유무를 확인한다.

㉡ 심첨박동(PMI) 포인트를 촉진하고 흉곽의 다른 부위에 박동 유무도 확인한다.

㉢ 심첨의 비정상적 크기 · 위치 · 진동은 심장질환의 의미이다.

㉣ 사지촉진은 피부 온도 · 색, 맥박, 모세혈관 재충전 부종을 평가한다.

㉤ 낮은 온도와 창백, 청색증, 감소된 맥박 등은 심장기능 저하와 저산소증을 의미한다.

#### ⑤ 타진 : 폐의 위치, 폐 조직의 밀도, 조직의 변화를 확인한다. 숙련된 간호사 및 전문가에 의해 시행되어야 한다.

#### ⑥ 청진

㉠ 정상과 비정상 호흡음, 심장음을 확인하여야 한다.

㉡ **정상 호흡음** : 기관음(Tubular Sound), 기관지음(Bronchial Sound), 기관지폐포음(Bronchovesicular Sound), 폐포성 호흡음(Vesicular Sound)이 있다.

㉢ **수포음 · 나음**(Crackles · Rale) : 비정상적인 분비물이 폐포에서 지나갈 때마다 들리는 소리이다. 영아는 정상이나 성인에게는 비정상이며 흡기 때 잘 들린다.

㉣ **천식음**(Wheezing) : 기도가 좁아졌을 때 들리는 소리이며 호기 때 잘 들린다.

㉤ **악설음**(Rhonchi, Gurgle) : 가래 끓는 소리이며 중재로 기침을 유도하여 뱉게 해준다.

⑦ 일반적 진단 검사

㉠ **심전도**(Electrocardiogram, ECG) : 심장의 전기활동을 측정하여 기록한 그림으로 EKG라고도 불린다.

㉡ **심전도 모니터링**(EKG Monitor) : 심장 전기기록의 그림을 모니터 한다.

> **TIP** 심박출량에 영향을 주는 요인
> 신체활동, 수면, 신체의 크기, 신진대사 요구 등이 있다. 산소 운반은 적혈구가 헤모글로빈에 의해 97% 이상 운반하고 혈장에 용해되어 운반되는데 전체 운반의 1∼2%를 차지한다.

㉢ **폐기능검사**(Pulmonary Function Test, PFT) : 호흡기능평가에 이용되며 폐기능 장애평가, 질병진단, 질병의 중증도 평가, 질병관리지원, 호흡중재평가에 활용된다. 관리자로는 호흡치료사, 전문간호사, 의사가 있다.

> **TIP** 폐기능 검사 확인
> • 1회호흡량(TV) : 1회 호흡한 흡기 및 호기의 총 공기량
> • 폐활량(VC) : 최대한 들이마신 후 최대한 내쉴 수 있는 공기의 양
> • 강제환기량(FVC) : 흡기 후 최대한 세고 빠르게 내쉰 최대 공기량
> • 강제호기량(FEV) : 최대 흡기 후 1초 내에 호기되는 공기의 양
> • 총 폐용적(TLC) : 최대 흡기 시 폐에 남아있는 공기의 양
> • 잔기량(RV) : 최대 호기 후 폐에 남아있는 공기의 양
> • 최고 호기 유속(PEER) : FVC동안 얻은 최대 유속

㉣ **맥박산소포화도**(Pulse Oximetry) : 동맥혈의 동맥 산소 헤모글린 포화도를 측정하는 비침습적 기술이다. 표시는 $SaO_2$ 또는 $SpO_2$로 한다. 정상범주는 95%∼100%로 90% 이하인 경우 조직에 산소가 부족한 것을 의미한다.

㉤ **호기말 이산화탄소 분압** : 환기 모니터링, 폐를 통한 혈류 모니터링하는 방법이다. 숨을 내쉰 $CO_2$양을 측정한다. 호흡수, 깊이, 무호흡상태, 가스 교환 효율에 대해 알 수 있다.

㉥ **흉막 천자** : 흉곽에 구멍을 뚫어 흉막 삼출액(늑막액)을 흡입하는 절차이다. 공기 또는 액체 제거를 통한 치료와 흉수 검체 채취가 목적이다.

> **TIP** 흉막 천자 시행
> • 시행 전 검사에 대한 설명 및 동의서 필수이다.
> • 외과적 무균술이 적용되는 시술이다.
> • 흉막 천자 시행 시 간호사의 책임은 검사 전에 대상자 준비, 시술 중 기침이나 숨을 깊게 쉬지 않도록 교육하는 것이다.
> • 검사 중에는 대상자의 피부색 · 맥박 · 호흡수 · 구역 및 구토 등을 모니터링하고, 검체물은 검사실로 이송한다.
> • 검사 후에는 활력징후와 호흡 변화를 사정한다.

㉦ **흉부 X - Ray 검사** : 흉강 내 질환에 기본정보 제공하며 건강검진 시 필수항목이다.

㉧ **기관지 내시경 검사** : 기관지까지 내시경을 삽입하여 살펴보는 검사이다.

## (2) 진단

① **산소화 문제로 인한 변화** : 비효과적 기도청결, 심박출량 감소, 가스교환 장애 등이 있다.

② **원인적 측면에서의 산소화 변화** : 산소공급과 수요의 불균형과 관련된 활동 지속성 장애, 질식할 것 같은 감정과 관련된 불안, 손상된 산소운반체계와 관련된 피로, 호흡 곤란과 관련된 영양 불균형(영양부족), 기좌호흡 및 기관지 확장제와 관련된 수면 양상 장애 등이 있다.

## (3) 계획

① 환자에게 청색증이나 가슴통증이 없으며 환자의 맥박산소 포화도는 95% 이상 나타나면 가스교환이 향상되었음을 보여준다.

② 원인이 무엇인지 알 수 있으면 환자는 원인을 조절하고 극복하는 방법을 설명할 수 있다.

③ 환자는 최적의 활동 수준을 유지함으로써 심폐기능을 유지할 수 있다.

④ 환자는 증상 완화 및 심폐 기능 이상을 예방하는 자기돌봄 행동을 시범 보일 수 있다.

## (4) 수행

① **최적의 기능 증진**
　　㉠ **건강한 생활 습관** : 좋은 식단, 적정 체중 유지, 규칙적 운동, 금주, 금연, 혈압 및 혈액 내 지질 상태 모니터링 등이 있다.
　　㉡ **예방접종** : 인플루엔자, 폐렴 알균 질병 등을 시행한다.
　　㉢ **공해 없는 환경에 대한 교육** : 자신을 둘러싼 환경의 중요성을 인식한다.
　　㉣ **불안 줄이기** : 스트레스 감소를 목표로 한다.
　　㉤ **좋은 영양상태 유지** : 낮은 포화지방, 콜레스테롤, 나트륨을 권장하고 높은 섬유소 함유 음식물 격려하며 질환에 따른 영양 섭취 필요하다.

② **안위 증진**
　　㉠ 횡격막의 자유로운 이동과 흉벽 확장을 허용하는 자세를 권장한다. 좌위는 호흡 부속근육 사용 용이하여 호흡 촉진하게 된다.
　　㉡ 호흡곤란 및 기좌호흡 대상자에게는 좌위가 권장된다.
　　㉢ 적절한 수분 공급으로 대상자의 상태가 허락하는 경우 매일 1.5 ~ 3L의 수분 섭취 권장하도록 하여 호흡기계 분비물 묽게 유지한다.
　　㉣ 건조한 공기는 자극과 감염으로부터 호흡기를 보호하기 위해 가습 공기를 공급한다.

③ 적절한 호흡 촉진

　　㉠ **심호흡** : 과소환기는 폐로 들어가고 나오는 공기 양의 감소로 극복하는데 심호흡 운동이 이용된다. 비강을 통해 숨을 쉬고 흉곽이 팽창되는 것이 보일 때까지 천천히 점진적으로 시행한다. 최대 흡기 말에서 3 ~ 5초간 정지하고 구강을 통해 천천히 숨을 내쉰다. 깨어 있는 매 시간 또는 하루 4회 수행한다.

　　㉡ **강화 폐활량계 사용** : 강화 폐활량계는 환자의 심호흡 상태에 대한 정보를 시각적으로 제공하는 기구이다. 환자가 자신의 폐활량의 개선 정도를 측정한다. 폐의 팽창을 극대화하여 무기폐 예방·감소에 효과가 있으며 최적의 가스교환, 분비물 제거 및 배출에 도움이 된다.

　　㉢ **입술 오므리기 호흡** : 똑바로 앉은 상태에서 셋 동안 코를 통해 흡기하고, 입술을 오므리고 천천히 균일한 속도를 일곱 셀 때 까지 호기한다. 기도팽창 상태를 유지하여 기도허탈을 방지한다.

　　㉣ **횡격막 호흡** : 한 손은 환자 배 위에 두고 다른 한 손은 가슴 중앙에 위치한다. 코를 통해 천천히 흡기하면서 복부를 최대한 멀리 볼록하게 유지한다. 복부 근육을 수축시키면서 입을 통해 숨을 내쉬고 한 손으로 복부의 안쪽과 위쪽을 누르게 된다. 이 단계를 1분간 반복하고 2분간 휴식하도록 한다.

④ 기침 촉진 및 조절

　　㉠ **기침 기전** : 기침은 신체 정화기전에 해당한다. 초기자극, 깊은 흡기, 늑간근의 강한 수축 동반한 성문의 빠르고 단단한 닫힘과 횡격막 거상으로 일련의 사건이 진전되며 기침이 발생한다. 분비물, 기타 잔해로부터 기도를 보호하는 수단으로 작용한다.

　　㉡ **자발적 기침** : 수술 전 및 수술 후 관리 중요하며 심호흡과 병행하면 좋다.

　　　• 이른 아침 기침 : 밤에 축적된 분비물 제거하는 작용을 한다.

　　　• 식전 기침 : 식욕 촉진, 산소화 증진하게 된다.

　　　• 취침 전 기침 : 분비물 축적 제거와 수면 양상 향상을 가져온다.

　　　• 자발적 기침을 할 수 없는 경우 : 기관부위를 자극하면 호기 연장에 도움이 된다.

　　㉢ **비자발적 기침** : 호흡기 감염이나 손상이 있을 때 나타나며 호흡기 감염은 분비물 생성하고 분비물 자극으로 기침을 유발한다. 비자발적 기침 지속 시 피로 및 자극이 유발된다.

⑤ 기침 관련 약물

　　㉠ **거담제** : 분비물 점도를 약화시키며 분비물 제거를 원활하게 촉진한다. 분비물 정체 없는 대상자에게 부적절하다.

　　㉡ **기침억제제** : 기침반사 억제에 효과적이며 분비물 정체 없고 자극성의 비생산적인 기침에 효과적이다.

　　㉢ **함당정제** : 분비물 정체가 없고 비생산적 기침 조절에 효과적이고 입 안에서 녹을 때 까지 입에 물고 있는 작은 정제로 구성되어있다.

⑥ 흉부물리요법

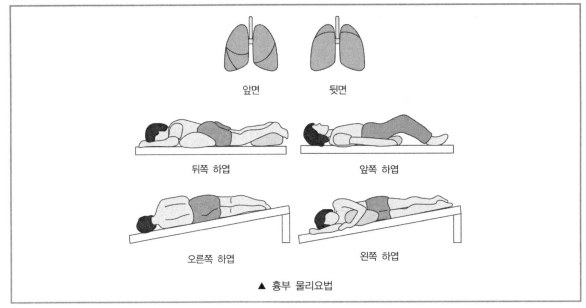

앞면　　　　뒷면

뒤쪽 하엽　　　　앞쪽 하엽

오른쪽 하엽　　　　왼쪽 하엽

▲ 흉부 물리요법

㉠ 타진법 : 폐에 부착된 분비물을 느슨하게 하기 위해 손바닥을 컵 모양으로 두드리는 것이다. 각 부위 하루에 여러 번 30 ～ 60초 동안 두드린다. 끈적끈적한 분비물은 그 부위를 3 ～ 5분가량 여러 번 위로 향하여 두드린다. 금기부위인 외과적 절개 부위, 갈비뼈, 척추, 유방위는 조직손상의 위험이 있다.

㉡ 진동법 : 분비물의 액화와 배출이 용이하며 간호사의 손바닥을 평평하게 유지한다. 팔과 어깨 근육의 수축과 이완을 반복하여 시행한다. 환자의 호기에 적용하며 몇 분 동안 하루에 여러 번 수행한다. 금기부위로는 유방, 척추, 흉골, 아래쪽 늑골이다.

⑦ 체위배액

㉠ 중력을 이용하여 작은 폐 분지에서 큰 분지로 폐의 분비물을 제거하는 것이다.

㉡ 기침과 분비물 배출 시 사용하는 곡반 준비하여 20 ～ 30분 동안 하루 2 ～ 4회 시행한다.

㉢ 대상자가 허약감과 기절할 것 같은 느낌을 호소하면 체위 배액을 중단한다.

㉣ 가능하면 식전에 시행한다. 식사시간 직후는 피로 유발 및 구토 우려 있으므로 피한다.

㉤ 적용 전 기관지 확장제 투여나 분무요법 받을 수 있다.

㉥ 폐 상엽보다 폐 하엽에서 배액이 더 중요하다.

㉦ 의사의 지시로 시행한다.

㉧ 체위배액 다음 순서는 타진법, 진동법, 기침, 흡인으로 진행한다.

⑧ 기도 흡인 : 기도유지, 타액, 폐 분비물, 혈액, 구토, 이물질 제거에 이용된다. 구강인두 흡인, 비강인두 흡인 필요시 수행하게 된다.

㉠ 흡인 빈도는 분비물의 양에 따라 다르며 흡인은 저산소증 유발 가능성 있음을 유의한다.

㉡ 흡인 전 산소 제공이 요구되는데 산소요법 적용, 심호흡 등을 시행한다.

ⓒ 흡인 합병증으로는 감염, 심부정맥, 저산소증, 점막외상, 사망 등이 있다. 환자의 피부색, 심박동수, 분비물 색, 양, 농도에 대한 지속적 모니터가 필요하다.

ⓔ 청색증, 너무 느리거나 빠른 심박동수, 갑자기 피가 나오는 경우에는 흡인을 즉시 중단하고 산소를 투여 후에 의사에게 알린다. 혈액이 나오는 경우는 점막손상을 의미한다.

⑨ 기도흡입약물

㉠ **기관지 확장제** : 협착이 된 기도 개방에 이용된다.

㉡ **점액 용해제** : 분비물 액화에 이용된다.

㉢ **염증성 스테로이드** : 기도 염증 감소에 이용된다.

⑩ 약물형태

㉠ **네뷸라이져**(Nebulizers) : 액체 약물의 미세입자를 호흡기관 깊은 통로로 분산과 흡수에 도움을 준다.

㉡ **정량흡입기**(MDI. Metered - Dose - Inhaler) : 의사 처방에 의해 분무화가 된 약제를 사용 시 캐니스터(Canister)를 눌러서 사용한다.

> 🔊 **TIP** 정량흡입기 사용법
> • 구강에서 3 ~ 4cm 전방으로 흡기 시 분무하여 구강 내에 분무약 부착을 방지한다.
> • 흡식 후 10초간 숨을 참았다가 호식하여 약이 배출되는 것을 방지한다.
> • 사용 시 용기를 흔들고 흡입기는 정방향으로 들고 사용한다.
> • 입을 통한 흡입을 진행한다.
> • 흡입속도는 적당해야 하며 목을 넘어 약물이 흡입되도록 중간에 멈추지 않는다.
> • 흡입 후 충분한 흡입을 위해 숨을 멈춘다. 한 번의 숨에 분무는 1회 사용하도록 한다.

㉢ **건조 분말 흡입기**(DPI, Dry Powder Inhaler) : 호흡으로 환자의 깊은 숨이 약물의 흐름을 활성화시킨다.

⑪ 흡입 약물에 대한 환자 교육

㉠ 네뷸라이저 이용 환자의 경우 사용 후 청소가 꼭 필요함을 알려준다. 비어 있는 MDI을 사용하지 않도록 한다. DPI로 약물과 공기를 들이마시고 DPI로 숨을 내뱉지 않도록 교육한다.

㉡ 스페이서 사용 시 천천히 깊게 공기 들이마시는 것을 교육한다.

⑫ 산소요법

㉠ 혈액으로 운반되는 산소의 양을 증가시켜 저산소증 예방하는 요법이다.

㉡ 의사의 처방이 필요하고 응급 상황에서 의사 처방이 없더라도 산소투여를 지연해서는 안 된다.

㉢ **구성 물품** : 벽면 콘센트, 휴대용 실린더, 탱크, 산소농축기(가정에서 주로 사용되는 물품), 유량계(1분당 리터 단위의 산소 유량을 조절)이다.

⑬ 산소요법 사용법

㉠ 분당 리터 단위로 측정한 산소 유속은 전달되는 산소의 양을 결정한다.

㉡ 유속은 환자 상태와 산소투여 방법에 따라 다르다.

㉢ 정확한 산소 흡입이 필요하면 유속보다 흡입산소 농도가 중요하다.

ⓔ 환자에게 제공할 때 처방된 유속을 확인하고 환자 호흡수, 동맥혈 가스, 맥박산소 포화도 등을 모니터링을 한다.

ⓜ 산소는 호흡기 점막 건조 유발하므로 가습장치 사용이 필요하다.

ⓗ 산소가습에 일반적으로 증류수나 멸균수가 사용된다. 가습 장치의 물이 환자에게 흡입되지 않도록 주의한다.

⑭ 산소 전달체계

| 구분 | 내용 |
|---|---|
| 비강캐뉼라 | • 가장 일반적으로 사용하는 전달 장치이다.<br>• 캐뉼라는 콧구멍에 삽입되는 두 개의 튀어 나온 갈래가 있는 일회용 플라스틱 장치이다.<br>• 캐뉼라를 착용한 상태에서 말하기와 식사가 가능하지만 비강 건조, 정확한 산소 농도 제공이 어렵다. |
| 비인두 카테터 | • 호흡기 점막 손상 가능성으로 사용빈도가 적다.<br>• 비인두 카테터는 하나의 콧구멍으로 삽입하고 끝은 구인두에 위치시킨다.<br>• 공기가 위장으로 전달되어 위 팽창의 위험성이 있다. |
| 단순마스크 | • 측면 환기구로 이산화탄소의 배출구조로 측면 환기구로 산소가 누출된다.<br>• 단기간 산소 공급 필요한 경우에 적합하다.<br>• 얼굴에 밀착되어야 산소농도가 원활하게 높아질 수 있다.<br>• 압력과 습기로 피부 손상의 위험이 있다.<br>• 마스크 적용 상태로 식사나 대화가 불가하다. |
| 부분 재호흡 마스크 | • 마스크 하단의 저장백이 부착된다.<br>• 사용 전 저장백에 100% 산소 채우고 착용한다.<br>• 환자 호기 공기의 약 1/3이 재순환되는 것이 특징이다.<br>• 흡기 시에는 저장백이 약간 수축된다.<br>• 압력과 습기로 인한 피부 손상 가능성이 있다.<br>• 마스크 적용 상태로 식사나 대화가 불가하다. |
| 비재호흡마스크 | • 저장백에 100% 산소를 채우고 착용한다.<br>• 가장 높은 농도의 산소를 전달한다.<br>• 두 개의 일방향 밸브는 저장주머니, 마스크, 측면 배출구에 위치한다.<br>• 환자가 호흡한 공기의 재흡입을 방지하는 기능을 하는 장치이다. |
| 벤투리마스크 | • 가장 정확한 농도의 산소를 전달하는 마스크이다.<br>• 만성폐쇄성폐질환 대상자에게 적용한다.<br>• 측면 포트 개방의 확인이 요구된다. |
| 산소텐트 | • 투명한 플라스틱으로 만들어진 모터 운전 장치가 부착된 텐트이다.<br>• 모터는 텐트 내 공기 순환하고 냉각시켜 공기를 차갑게 만든다.<br>• 온도조절장치로 환자가 편안하다고 여겨지는 온도로 텐트 내에 유지된다.<br>• 습도 높은 공기 흐름이 필요한 아동에게 흔히 사용된다.<br>• 정확한 산소 농도 유지가 어렵고 저체온증을 유발할 우려가 있다. |

⑮ 산소 투여 시 주의사항

　㉠ 산소는 무미 · 무색 · 무취이고 연소가 가능하므로 환자의 방에 화기 피하고 환자 눈에 쌀 띄는 곳에 '금연'표시와 환자 · 방문객에게 금연을 권고한다.

　㉡ 전기 장비 올바르게 작동되는지 확인하고 불꽃을 예방한다.

　㉢ 정전기 발생시키는 합성 섬유 착용 · 사용을 금하고, 산소 사용 장소에서 기름사용을 자제한다.

⑯ 양압 호흡기

　㉠ 기도가 열린 상태의 유지를 위한 경도의 공기압력을 사용한다. 주로 폐쇄성 수면 무호흡증, 비만 저환기 증후군, 심부전, 조산아 등에게 사용된다.

　㉡ 지속적 양압 호흡기(CPAP, Continuous Positive Airway Pressure) : 지속적으로 경도의 공기압을 유지시킨다.

　㉢ 양위 양압 호흡기(BiPAP, Bilevel Positive Airway Pressure) : 환자의 들숨 날숨 동안 공기압이 변화하며 양압 호흡기의 기계 적응 시간이 필요하다.

⑰ 흉관 관리

　㉠ 흉막강 내 체액 · 혈액 · 공기를 배출하기 위한 플라스틱 관을 삽입한다.

　㉡ 밀폐형 드레싱을 적용하고 밀봉흉곽배액을 적용한다.

　㉢ 배액물의 종류에 따라 흉관 위치를 결정한다.

　㉣ 공기 배출은 가슴보다 더 높이의 튜브를 삽입하고 체액(혈액, 농 등) 배출을 위해서는 폐 아래쪽에 튜브를 삽입한다.

　㉤ 흉관 삽입과 제거 지원은 간호사의 책임이다. 흉관 삽입 후 호흡상태, 활력징후 모니터링, 드레싱 확인, 배액의 개방시스템을 유지한다.

　㉥ 흉관 제거 후 제거 전 처방된 진통제 투여, 흉곽 냉요법 적용을 시행하여 불편감을 감소시킨다.

　㉦ 호흡상태, 활력징후 모니터링, 통증 및 제거 부위 드레싱의 확인이 필요하다.

⑱ 인공기도

　㉠ 구인두 기도유지기(Oropharyngeal Tube) : 플라스틱 반원형의 관으로 입을 통해 인두 뒤쪽까지 삽입하여 혀가 기도를 막는 것을 예방한다. 수술 후 환자가 의식을 되찾을 때까지 사용하고 의식이 돌아오면 제거한다.

　㉡ 비인두 기도유지기(Nasopharyngeal Tube) : 고무로 만든 반원형의 관이다. 코를 통해 인두 뒤쪽까지 삽입한다. 튜브를 통한 흡인 시 비강통로의 손상을 예방한다. 주로 의식이 있는 환자에게 적용한다.

　㉢ 기관내관(Endotracheal Tube) : 후두경을 사용하여 코나 입을 통해 기관으로 삽입되는 관이다.

　㉣ 기관절개관(Tracheostomy Tube) : 기관내관의 대체, 인공호흡기 적용, 상부기도 폐쇄 시 공기 우회로 제공, 기관 · 기관지 분비물 흡인이 목적이다.

⑲ 기관절개관(Tracheostomy Tube)

　㉠ 싱글·더블 타입(Single·Double Type) : 싱글 타입은 외관과 폐쇄관으로 구성된다. 더블 타입은 외관, 폐쇄관, 내관으로 구성된다. 내관은 청결을 위해 주기적인 교체하여 축적된 분비물로 인한 폐쇄를 예방한다.

　㉡ 커프(Cuff)의 유무 : 커프가 있는 것은 기관절개술 직후나 기계적 환기가 필요한 경우 사용하고, 커프가 없는 것은 소아환자에게 적용한다.

　㉢ 창문형 기관절개관(Fenestrated Tracheostomy Tube) : 외관에 한 개나 여러 개의 작은 개구부가 있다.

⑳ 기관절개관의 관리

　㉠ 내관을 세척·교체하여 분비물 건조로 인한 기도 폐쇄를 예방한다.

　㉡ 절개부위 드레싱으로 피부손상·감염의 위험성을 예방한다.

　㉢ 습기가 있는 산소를 제공하여 분비물 건조를 예방한다.

　㉣ 기관절개관으로 이물질·비멸균 물질 흡인을 주의한다.

　㉤ 고정 끈으로 고정하여 교체 시 안전하게 부착될 때까지 더러워진 끈은 풀지 말고 제자리에 유지한다.

㉑ 기관흡인 : 올바른 흡인은 호흡곤란 완화와 안위증진을 가져온다. 잘못된 흡인은 불안·통증이 증가하여 호흡부전의 위험성이 증가한다.

㉒ 기도흡인

　㉠ 기관내관·기관절개관을 멸균 카테터를 통과시켜 수행한다.

　㉡ 흡인의 빈도는 분비물의 양에 따라 다르게 시행한다.

　㉢ 흡인이 필요한 신호를 확인할 때 적용한다.

　㉣ 가래 끓는 소리, 호흡곤란, 청색증과 같은 피부색의 변화, 산소포화도 감소 등이 있다.

　㉤ 폐쇄형 기도흡인 : 기관내관·기관절개관 대상자의 흡인 동안 개방된 기도의 유지가 가능하다.

㉓ 환기보조

　㉠ 기계적 인공호흡기 : 호흡보조와 완전한 호흡 조절에 용이하다. 기관내관·기관절개관 삽관 대상자에게 적용한다. 응급상황, 갑작스러운 사건, 장기 환자의 산소화·환기개선, 호흡기능 지원 시 사용한다.

　㉡ 간헐적 양압 호흡 : 기도에 증가된 압력의 일정량의 공기, 산소, 분무형 약물 호흡기 공급에 적용된다.

　㉢ 수동소생백 : 호흡이 중지된 환자의 환기 보조를 위해 적용된다.

㉔ **폐쇄된 기도 개방** : 부분 기도 폐쇄는 기침을 유도하고 완전 기도 폐쇄는 하임리히법으로 복부밀어내기를 시행한다.

㉕ **심폐소생술** : 가슴압박(C, Chest Compression), 기도개방(A, Airway), 호흡(B, Breathing), 제세동(D, Defibrillation)을 실시한다.

## (5) 평가

① 대상자의 건강상태와 기대되는 결과를 비교하고 환자가 결과를 얼마나 충족하였는지를 검토한다.

② 결과 달성의 효과적인 중재를 확인한다.

③ 결과 미달성 발생 시 이유를 파악해서 간호계획의 조정이 필요하다.

# 출제 예상 문제

## 1 흉부물리요법 시행에 대한 간호중재로 옳은 것은?

① 진동법, 타진법, 흡인이 포함된다.

② 손바닥을 펴고 타진법을 적용한다.

③ 식사 직후 흉부물리요법을 시행한다.

④ 진동법은 호기 시 적용하면 효과적이다.

**TIP** ① 진동법, 타진법, 체위배액이 포함된다.
② 손바닥을 컵모양으로 유지한 후 타진법을 적용한다.
③ 식사 직후 흉부물리요법은 소화를 방해하고 불편감을 유발할 수 있다.
※ 흉부물리요법
　㉠ 진동법
　• 흉벽에 진동을 가해 기도와 폐포에 부착된 분비물을 떨어뜨린다.
　• 폐포가 최대 확장되는 호기 시 진동법을 적용하고 흡기 시는 중지한다.
　• 분당 200회의 속도로 빠르게 진동하며 한 번 진동 시 3 ~ 5회 시행한다.
　• 유방, 척추, 흉골 부위는 불편감을 유발하므로 피하고, 골절환자나 영유아는 적용하지 않는다.
　㉡ 타진법
　• 중간 정도의 물리적 힘을 가해 호흡기 분비물 배출을 돕는 방법으로 흉벽의 양압 작용으로 분비물을 떨어뜨린다.
　• 환자의 피부보호와 안위를 위해 얇은 수건을 덮어준다.
　• 손을 컵 모양으로 유지하고 손가락은 늑골에 평행하게 하고 두드린다.
　• 뼈 돌출 부위와 연조직은 피한다.
　• 3 ~ 5분간 지속한다.
　㉢ 체위배액
　• 세기관지의 분비물을 큰기관지로 이동시켜 구강배출을 돕는다.
　• 타진법과 진동법을 함께 시행한다.

**Answer** 1.④

**2** 이산화탄소를 재흡인하지 않으며 고농도의 산소를 투여하는 산소공급 방법은?

① 비강캐뉼라
② 벤츄리마스크
③ 단순안면마스크
④ 비재호흡마스크

**TIP** ④ 비재호흡마스크: 가장 높은 농도의 산소를 제공하는 방법으로 이산화탄소 재호흡을 하지 않는다.
　　① 비강캐뉼라: 비강에 삽입하여 산소를 공급하는 방식으로 35% 농도 산소를 2 ~ 4/분 속도로 공급한다.
　　② 벤츄리마스크: 가장 정확한 농도의 산소를 공급하는 방법이다.
　　③ 단순안면마스크: 짧은 시간 내에 많은 양의 산소공급이 필요할 때 사용한다.

**3** 호흡법에 관한 설명 중 옳은 것은?

① 가로막호흡: COPD 환자에게 적용
② 복식호흡: 기능적 잔류용적 감소 목적
③ 심호흡: 입술을 오므린 채 의식적으로 하는 긴 호흡
④ Pursed Lip 호흡: 배보다 가슴이 상승되도록 하는 호흡

**TIP** ① COPD 환자에게 유용한 호흡법은 Pursed Lip 호흡이다.
　　③ 입술을 오므린 채 의식적으로 하는 긴 호흡은 Pursed Lip 호흡이다.
　　④ 가슴보다 배가 상승되도록 하는 호흡법은 가로막호흡이다.
　　※ 호흡법
　　　⑦ 가로막호흡: 가스교환량을 호기, 흡기 모두에서 증진시키고자 하는 호흡법이다.
　　　⑥ 심호흡: 최대량의 공기를 들이마셔 폐포를 확장하도록 하는 호흡법으로 많은 공기를 들이마시고 잠시 숨을 멈춘 후 천천히 뱉는다.
　　　⑥ Pursed Lip 호흡: 호기 시 입술을 오므리고 흡기보다 2 ~ 3배 길게 호흡한다.
　　　⑧ 강화폐활량계: 수술 후 대상자에게 주로 적용하며 대상자의 흡입량을 직접 관찰하고 싶은 호흡을 격려할 수 있다.

**Answer** 2.④ 3.②

**4** 간호사가 환자 기도흡인을 수행하면서 흡인시간을 10 ~ 15초 이상 적용하지 않는 이유는?

① 과호흡

② 고혈압

③ 저산소증

④ 기도점막 감염 위험

TIP ③ 흡인을 10 ~ 15초 이상 수행 시 산소교환 방해로 저산소증이 유발된다. 따라서 흡인은 10 ~ 15초 이상 넘지 않게 신속하고 빠르게 수행한다.

**5** 심한 호흡곤란을 호소하는 환자 간호 사정 시 간호사가 수집해야 하는 자료로 옳은 것은?

① 성별

② 체중

③ I/O 측정량

④ 호흡 시 흉부의 움직임

TIP ⑤ 호흡곤란 시 보조호흡근 사용으로 인한 늑간 함몰이 발생한다.

**6** 청색증이 발생한 만성폐쇄성폐질환 환자의 ABGA 검사결과 $PaO_2$ 60mmHg 체크되었다. 환자에게 필요한 산호호흡기 중재는?

① 비강캐뉼라

② 벤츄리 마스크

③ 비재호흡 마스크

④ 부분재호흡 마스크

TIP ② 벤츄리 마스크 : 조절이 가능한 산소제공 방식이다. 가장 정확한 농도의 산소를 투여하고 COPD 환자에게 적용할 수 있는 대표적 산소방법이다.
① 비강캐뉼라 : 2 ~ 4L/min 산소를 제공하는 방법이다. 분당 4L 이상의 산소를 공급할 경우 비강과 인두점막의 자극이 발생한다.
③ 비재호흡 마스크 : 6 ~ 15L/min 산소를 제공하며 이산화탄소를 재호흡하지 않는다.
④ 부분재호흡 마스크 : 6 ~ 10L/min 산소를 제공하며 호기된 이산화탄소의 일부가 산소와 혼합되는 것이 특징이다.

**Answer**  4.③  5.④  6.②

**7** 저산소혈증 환자에게 나타나는 증상 및 징후로 옳지 않은 것은?

① 빈맥

② 청색증

③ 혈압 상승

④ 느리고 깊은 호흡

> **TIP** ④ 산소요구량 증가로 교감신경이 자극되어 호흡이 빠르고 증가하게 된다.
>
> ※ 저산소혈증 보상기전
>
> ㉠ 혈중 산소농도 감소 → 조직 내 산소농도 감소 → 청색증 발생
>
> ㉡ 조직 내 산소 요구량 증가 → 교감신경 자극 → 심박동, 호흡수 증가 → 빈맥 발생
>
> ㉢ 심부담 증가 → 혈압 상승

**8** 흡인 수행 시 주의사항으로 적절한 것은?

① 흡인압은 60 ~ 70mmHg로 유지한다.

② 카테터를 삽입하는 동안은 음압을 가하지 않는다.

③ 카테터 삽입에서 제거까지 약 1분 정도 소요된다.

④ 손상방지를 위해 카테터는 회전시키지 않고 그대로 빼낸다.

> **TIP** ② 카테터를 삽입하는 동안은 음압을 가하지 않는다.
>
> ① 흡인압은 성인의 경우 100 ~ 140mmHg 정도가 적절하다.
>
> ③ 1회 흡인 시 15초 이내로 하고 총 흡인시간은 5분을 초과하지 않도록 한다.
>
> ④ 카테터의 조절구멍을 막고 부드럽게 회전시키면서 분비물을 제거한다.

**9** 효과적인 객담배출을 위한 방법으로 옳은 것은?

① 실내습도를 낮춘다.

② 네뷸라이저를 사용한다.

③ 누워서 안정을 취한다.

④ 인공기도 삽관을 한다.

> **TIP** ② 네뷸라이저는 수분과 약물을 흡인한다.
>
> ① 습도를 올려 점막건조를 예방하고 기관지 내 점액 애과를 돕는다.
>
> ③ 폐확장을 용이하게 하기 위해 반좌위를 취한다.
>
> ④ 효과적인 기침법을 시행한다.

**Answer** 7.④ 8.② 9.②

**10** 혈액 내 산소부족으로 인해 나타내는 임상증후는?

① 빠른 맥박

② 호흡수 감소

③ 심박동수 감소

④ 부교감신경 자극

TIP ② 호흡수 증가
　③ 심박동수 증가
　④ 교감긴경 자극
　⑤ 산소요구량 증가
　※ 산소부족 시 맥박 상승기전
　　혈중 산소 농도 감소→조직 내 산소 농도 감소→산소요구량 증가→교감신경 자극→심박동 및 호흡수 증가→정상보다 빠른 맥박


**11** 전신마취 후 수술을 받는 대상자에게 적용하는 인공기도 종류는?

① 기관내관

② 비강인두관

③ 구강인두관

④ 커프가 있는 기관절개관

TIP ① 전신마취 시 기관내관을 삽입하여 환자의 폐로 마취가스와 산소가 직접 흡입한다.


**12** 호흡중추를 흥분시키는 자극요소로 옳은 것은?

① $PO_2$ 증가

② $PO_2$ 감소

③ $PCO_2$ 증가

④ $PCO_2$ 감소

TIP ③ 혈액 내의 이산화탄소의 축적으로 자극된다.
　※ 호흡중추
　　㉠ 뇌의 연구에 있으며 호흡운동을 조절하는 신경세포 집단이다.
　　㉡ 혈중 이산화탄소에 매우 민감하다.
　　㉢ 혈액 내 이산화탄소의 축적으로 호흡중추가 흥분하면서 호흡근 수축이 일어난다.

**Answer** 10.① 11.① 12.③

## 13 환자 동맥혈 가스분석 시 정상범위가 아닌 것은?

① pH : $7.35 \sim 7.45$

② $PaO_2$ : $80 \sim 100$mmHg

③ $PaCO_2$ : $45 \sim 55$mmHg

④ $HCO_3^-$ : $22 \sim 26$mEq/L

**TIP** 동맥혈가스분석(ABGA) 정상범위
　　㉠ pH : $7.35 \sim 7.45$
　　㉡ $PaO_2$ : $80 \sim 100$mmHg
　　㉢ $PaCO_2$ : $35 \sim 45$mmHg
　　㉣ $HCO_3^-$ : $22 \sim 26$mEq/L
　　㉤ Base Excess : $\pm 2$mEq/L

## 14 간헐적 양압호흡기를 적용하는 환자에게 나타나는 부작용은?

① 혈흉

② 뇌내압 상승

③ 무기폐 발생

④ 호흡기 분비물 증가

**TIP** 간헐적 양압호흡(IPPB, Intermittent Positive Pressure Breathing)
　　㉠ 스스로 호흡하는 대상자에게 $10 \sim 20$분간 압력을 가해서 호흡을 돕는다.
　　㉡ 기침을 잘하지 못하거나 무기폐, 분무요법으로 약을 투여하고자 할 때, 과소호흡 교정 시 사용한다.
　　㉢ 기흉, 심맥관 장애, 이산화탄소 정체, 뇌내압 상승 환자에게는 적용하지 않는다.

**Answer** 13.③ 14.②

**15** 폐 우측 하엽 농양이 있는 대상자에게 취해줄 자세로 옳은 것은?

① 복위를 취해준다.

② 슬흉위를 유지한다.

③ 앙와위로 눕힌다.

④ 좌측으로 기울인 트렌델렌버그 자세를 취한다.

> **TIP** ④ 중력을 이용한 분비물 배액법으로 농양이 폐 우측 하엽에 있으므로 좌측 상체를 높여준다.
> ※ 트렌델렌버그 체위(Trendelenburg Posi tion)
> ㉠ 바로 누운 자세에서 다리 쪽을 45℃ 정도 높여 다리가 어깨보다 높게 하는 체위이다.
> ㉡ 쇼크 환자에게 취해주는 대표적인 체위이며 순환기계 문제가 있는 대상자에게도 취해준다.


**16** 호흡기계 문제가 있는 환자에게 수분섭취량 증가와 가습기 사용이 미치는 영향은?

① 기관지를 확장시킨다.

② 성문운동을 억제한다.

③ 기침반사를 억제한다.

④ 분비물을 액화시킨다.

> **TIP** ④ 수분공급과 가습요법을 통해 분비물을 묽게 하여 배출이 용이하게 한다.


**17** 환자에게 저산소 공급을 위해 비강캐눌라로 분당 5L의 산소를 투여할 때 $FiO_2$는?

① 10%  ② 20%

③ 30%  ④ 40%

> **TIP** ④ $FiO_2$ =(대기 중 포함 산소 농도 20%)+(5L×4)=40%
> ※ 흡기산소농도($FiO_2$, Fraction Of Inspi red Oxygen)
> ㉠ 호흡을 통해 흡기된 기체 중 산소가 차지하는 농도이다.
> ㉡ 대기 중 산소분압은 약 20%, 1L의 산소는 $FiO_2$ 4% 증가시킨다.


**Answer** 15.④ 16.④ 17.④

**18** 기관내 삽관 환자를 위한 간호중재에 대한 설명으로 옳은 것은?

① 좌측위를 유지한다.

② 흡인 전 산소를 5분간 100%로 공급한다.

③ 튜브 빠짐을 방지하기 위해 체위변경은 하지 않는다.

④ 삽관 직후 제대로 삽입되었는지 확인하기 위해 호흡음을 청진한다.

**TIP** ①③ 분비물 이동을 위해 체위변경을 자주 시행한다.
    ② 흡인 전 산소는 1～2분간 100% 공급한다.

**19** 간호사는 지속적 산소 제공을 받는 환자에게 구강간호를 제공하는 이유는?

① 안위감 도모를 위해

② 감염위험이 있기 때문에

③ 점막 건조를 예방하기 위해

④ 체내 산소 확산을 돕기 위해

**TIP** ③ 지속적 산소공급으로 인해 구강 내 수분 건조로 인한 점막 건조 예방을 위해 구강간호를 시행한다.

**20** 심폐소생술을 시행할 때 성인 대상자의 맥박을 측정하는 위치는?

① 경동맥

② 요골동맥

③ 심첨맥박

④ 상완동맥

**TIP** ① 경동맥 확인 후 맥이 뛰지 않을 경우 환자를 딱딱한 바닥에 눕힌 후 마사지를 시행한다.

**Answer** 18.④ 19.③ 20.①

# ❏8 배뇨와 배변

## ❶ 배뇨

### (1) 해부구조와 생리

① 콩팥과 요관

   ㉠ 콩팥(신장, Kidney) : 상복부에서 배막 뒤 척주의 양쪽에 위치한다.

   ㉡ 중요 기능으로 체액성분과 체액량을 유지한다. 필요하지 않은 혈액성분을 여과·배설한다. 배설물은 소변으로 유기·무기·액체 노폐물을 함유한다.

   ㉢ 백만 개의 콩팥단위(신원, Nephron)으로 구성되며 콩팥단위는 각 복잡한 체계의 세동맥, 모세혈관, 세관으로 이루어진다.

   ㉣ 혈장에서 빠져나와 소변을 형성하는 요소, 크레아티닌, 요산과 같은 대사작용 부산물을 제거한다.

   ㉤ 콩팥단위는 선택적 재흡수 기전, 물, 전해질, 다른 물질 분비기전을 통한 체액균형을 유지·조절하게 된다.

   ㉥ 콩팥단위에서 형성된 소변은 콩팥 깔때기로 흐르며 연동운동으로 요관을 통과하여 방광으로 운반된다.

② 방광

   ㉠ 소변의 일시 저장소로 민무늬근육 주머니이다. 3개의 근육조직층으로 안쪽세로층, 중간돌림층, 바깥쪽 세로층으로 구성된다.

   ㉡ 방관근에는 자율신경계가 분포되어 있다.

   ㉢ 교감신경계의 억제성 자극을 방광으로 전달하고 운동성 자극을 속조임근에 보낸다.

   ㉣ 부교감신경계는 운동성 자극을 방광으로 전달하고 억제성 자극을 속조임근에 보낸다.

   ㉤ 자극으로 배뇨근의 수축과 조임근의 이완이 일어난다.

   ㉥ 압력이 방광벽 신장수용체의 신경을 자극할 정도로 충분해지면 요의를 느낀다.

③ 요도

   ㉠ 방광에서 신체를 외부로 소변을 운반하는 통로 역할이다.

   ㉡ 남성의 경우 배설·생식의 기능이 동시에 이루어진다. 길이는 약 13.7~16.2cm이다. 전립샘요도, 막요도, 요도해면체로 구성된다. 바깥조임근의 경우 수의적으로 조절된다.

   ㉢ 여성의 경우 3.7~6.2cm 길이이다. 바깥조임근과 수의적조임근이 요도 중간에 위치한다. 남성처럼 신체바깥쪽에 위치하지 않지만 바깥조임근이라 칭한다.

④ 배뇨의 작용

　㉠ 배뇨 : 방광을 비우는 작용으로 신경중추는 뇌와 척수에 위치한다.

　㉡ 불수의적 반사작용이지만 조절은 학습될 수 있다. 수의적 조절을 영아기 이후에 신경중추 발달로 이루어진다.

　㉢ 자율방광 : 조절기능이 손상되거나 질환으로 인해 뇌에서 방광조절이 실패하여 반사로 이루어지는 경우를 의미한다.

　㉣ 신장수용체 : 소변이 수집될 때 자극을 받는다. 방광 안의 압력은 방광이 차있을 때보다 배뇨할 때 몇 배는 더 높다.

　㉤ 배뇨작용 : 통증이 없는 것이 정상이다. 수의적 조절로 배뇨의 시작 · 자제 · 중단이 가능하다.

　㉥ 요실금 : 기침이나 재채기로 복압이 증가하여 나타나는 불수의적 소변배출이다. 요도가 짧은 여성에게 빈번하다.

⑤ 배뇨의 빈도

　㉠ 빈도 : 생산된 소변량에 비례하게 결정된다. 소변이 많이 생산되는 것과 비례하게 배뇨를 자주 한다.

　㉡ 소변정체 : 소변이 정상적으로 생산되지만 완전 배설이 이루어지지 않을 때 일어난다. 투약, 전립샘 비대, 질 탈출 등이 요인이다.

## (2) 배뇨에 영향을 미치는 요인

① 영아 발달적 고려사항

　㉠ 배뇨 수의적 조절능력이 없어 소변 농축시키는 능력도 없다.

　㉡ 생후 약 6주쯤 영아의 콩팥 단위는 세관에서 수분의 재흡수를 조절하고 효과적으로 소변 농축이 가능하다.

　㉢ 성장하면서 방광용적은 증가한다.

② 배뇨훈련

　㉠ 요도조임근의 수의적 조절은 생후 18 ～ 24개월에 일어난다.

　㉡ 방광기능의 의식적 조절이 가능하게 될 요인인 2시간 동안 소변참기가 가능할 때, 방광이 찼다는 느낌을 인식할 때, 변기에 앉을 때까지 소변을 봐야한다 말하고 배뇨억제가 가능할 때 등을 고려하려 배뇨훈련을 시작한다.

　㉢ 배뇨훈련 시 낮에 나타나는 요실금은 걱정할만한 요인이 아니다. 배뇨훈련 연령이 지나서 계속되는 요실금은 유뇨증(야뇨증, Enuresis)라고 하며 보통 6세경에 사라지게 된다.

③ 노화 발달적 고려사항

　㉠ 배뇨에 영향을 주는데 소변을 농축하는 콩팥능력이 저하되어 밤중에 야간뇨(야뇨증, Nocturia)가 발생할 수 있다.

　㉡ 방광근 긴장 감소로 방광용적이 줄어들어 배뇨빈도가 증가한다.

　㉢ 신경근육문제, 퇴행성 관절문제, 사고과정의 변화, 쇠약 등으로 수의적 조절, 화장실을 제시간에 가는 능력을 방해한다.

④ 음식과 수분섭취

　　㉠ 콩팥은 정상적으로 수분섭취량과 배출량을 거의 같도록 균형을 유지한다.

　　㉡ **수분섭취** : 탈수상태가 되면 수분을 재흡수하고 생성 소변이 농축되며 양적으로 감소하고, 수분과잉일 때는 많은 양의 희석뇨를 배설한다.

　　㉢ **알코올** : 항이뇨호르몬 분비의 억제로 이뇨작용을 자극한다. 소변생성이 증가하고 나트륨이 많은 음식의 경우에도 소변형성을 감소시킨다.

⑤ 심리적 요인

　　㉠ 스트레스는 잦은 간격으로 적은양의 소변을 배출한다.

　　㉡ 바깥요도조임근의 이완능력을 방해하여 요의는 느끼지만 완전한 방광 비우기를 불가능하게 할 수 있다.

⑥ 활동과 근육긴장

　　㉠ 규칙적인 운동은 대사증가, 적절한 소변 생성과 배출을 돕는다.

　　㉡ 부동의 기간이 늘어나면 방광과 조임근 긴장이 감소하여 소변이 정체된다.

⑦ 생리적 상태

　　㉠ **콩팥 · 비뇨기계 문제** : 생성 소변의 양과 질에 영향을 미친다.

　　㉡ **콩팥문제의 질병** : 선천성 요로 이상, 다낭성 콩팥질환, 요로감염, 요도결석, 고혈압, 당뇨병, 통풍 등으로 나타난다.

　　㉢ **콩팥기능상실**(신부전, Renal Failure) : 콩팥이 혈액으로 대사 최종산물을 제거하지 못한다. 수분, 전해질, pH균형을 조절하지 못하는 상태이다.

　　㉣ 신체활동을 떨어뜨리는 관절염, 파킨슨병, 퇴행관절질환은 전신허약을 유발하여 원활한 배뇨활동에 방해된다.

⑧ 약물

　　㉠ **콩팥독성**(신독성, Nephrotoxic) : 과다 처방약 · 비처방약으로 인한 콩팥의 손상으로 심각한 문제에 해당한다.

　　㉡ **고혈압 · 다른 질환 약물** : 이뇨제로 작용하여 세관의 수분, 전해질의 재흡수를 방해한다.

　　㉢ **항응고제** : 혈뇨(Hematuria)를 야기한다.

　　㉣ **이뇨제** : 소변색의 경감을 야기한다.

　　㉤ **비뇨기계 진통제 페나조피리딘**(Phenazopyridine) : 오렌지색, 붉은색의 소변을 야기한다.

　　㉥ **항우울제 아미트리프틸린**(Amitriptyline) · **비타민 B군** : 녹색이나 푸른빛의 녹색의 소변을 야기한다.

　　㉦ **항파킨슨제 레보도파**(Levodopa) · **주사용 철분제제** : 갈색이나 검은색의 소변을 유발할 위험이 있다.

⑨ 소변의 성분

　　㉠ **유기성분** : 요산, 크레아티닌, 히푸르산, 인디칸, 우렌 색소, 미확인된 질소이다.

　　㉡ **무기성분** : 암모니아, 나트륨, 염화물, 극소량의 철, 인, 황, 칼륨, 칼슘이다.

　　㉢ **비정성적 성분** : 혈액, 고름, 알부민, 포도당, 케톤체, 농도 짙은 세균, 쓸개즙 등이 있다.

## ❷ 배뇨의 간호과정

### (1) 사정

① 배뇨 문제

    ㉠ **요실금**(Urinary Incontinence) : 불수의적 소변배출을 의미한다.

    ㉡ **절박뇨**(Urgency) : 강한 배뇨 욕구를 의미한다.

    ㉢ **억제뇨**(Suppression) : 소변생성이 중단된다. 정상적인 성인콩팥은 소변을 시간당 60 ~ 120mL로 계속해서 생성해야 된다.

    ㉣ **농뇨**(Pyuria) : 고름이 있는 소변으로 희뿌옇게 보이게 된다.

    ㉤ **단백뇨**(Proteinuria) : 콩팥질환의 징후로 소변 내에 단백질이 검출되는 것이다.

    ㉥ **다뇨**(Polyuria) : 소변배출량이 과도함을 말한다.

    ㉦ **핍뇨**(Oliguria) : 24시간 소변 배출량이 400mL 미만이다. 일정한 시간에 배뇨된 소변량이 약간 또는 상당히 감소한 것이다.

    ㉧ **야간뇨**(야뇨증, Nocturia) : 밤에 소변을 보기 위해 깨는 것이다.

    ㉨ **당뇨**(Glycosuria) : 소변에 당이 존재하는 것이다.

    ㉩ **빈뇨**(Urinary Frequency) : 배뇨의 빈번한 증가하는 것이다.

    ㉺ **배뇨통 · 배뇨장애**(Dysuria) : 배뇨할 때 통증이 있어서 배뇨에 어려움을 느끼는 것이다.

    ㉻ **무뇨**(Anuria) : 24시간 소변 배출량은 50mL 미만이다. 콩팥정지, 콩팥기능상실(신부전, Renal Failure)라고도 명한다.

② **중점적 사정 지침** : 평상 시 배뇨양상, 최근 배뇨의 변화, 배뇨에 필요한 도움, 현재나 과거의 배뇨곤란, 인공요도의 유무에 대해 질문한다.

③ **신체사정**

    ㉠ 방광, 요도구, 피부, 소변검사가 포함된다.

    ㉡ 방광의 경우 배뇨에 어려움을 겪거나 다른 대체 배뇨경로를 가지고 있을 때 필요한 사정이다.

    ㉢ 방광은 두덩결합(치골결합, Pubic Symphysis) 아래에 있는 것이 정상이다.

    ㉣ 방광이 비어 있을 경우 촉진이나 타진이 될 수 없다. 방광이 팽만하게 되면 두덩결합보다 올라가서 배꼽 바로 아래까지 이를 수 있다.

    ㉤ 촉진 전에는 환자의 마지막 배뇨를 물어보고 어떤 부기가 있는지 관찰하며 압통을 촉진한다. 방광의 둥근 정도 가장자리 높이가 두덩결합보다 위에 있는지도 측정한다. 비침습적이고 무통증 방광스캔을 행할 수 있다. 소변량 측정에서 도뇨관 삽입보다 위험이 적은 대체방법이다.

    ㉥ 요도구의 경우 염증, 분비물, 악취를 사정한다.

    ㉦ 여성의 요도구의 위치는 음핵 아래 갈라진 틈 같은 구멍으로 질구 위에 위치하게 된다.

ⓞ 남성의 요도구는 음경 끝에 있으며 포경수수을 하지 않은 경우 음경꺼풀(음경표피, Foreskin)을 뒤로 밀고 확인한다.

ⓩ 피부통합성과 수분공급의 경우 비뇨기계 문제로 수분균형과 신체 노폐물 배설이 방해 될 수 있으므로 피부의 색·질감·긴장도를 관찰하며 피부가 완전한지 사정하게 된다.

④ 소변의 특성

㉠ 색 : 금방 배뇨된 정상소변은 옅은 노란색, 담황색, 황색을 띤다. 소변이 농축되면 어둡다. 과하거나 희석이 되었을 때는 정상보다 색이 더 옅다.

㉡ 냄새 : 정상적 소변은 특별한 냄새가 없다. 소변이 고여 있으면 암모니아 냄새가 나기도 하는데 세균의 작용에 의한 것이다. 아스파라거스와 같은 특정 음식은 퀴퀴한 냄새를 유발한다.

㉢ 혼탁도 : 금방 배뇨된 소변은 맑고 반투명하며 차갑지만, 고이게 되면 희뿌옇게 된다. 탁한 소변은 비정상이다.

㉣ pH : 정상 pH는 4.6 ～ 8이며 약 6.0을 띤다. 정체된 소변의 경우 공기 중에 이산화탄소 분산으로 알칼리성이 된다.

㉤ 비중 : 소변에서 용해된 고형물의 농도 측정이다. 정상범위는 1.015 ～ 1.025이다. 콩팥질환이 없는 경우 높은 비중은 탈수이고, 낮은 비중은 과다 수분공급을 의미한다.

⑤ 소변 검체물 수집하기

㉠ 일반소변검사(Routine Urinalysis) : 정기적 소변검사에는 멸균 소변 검체물이 필요하지 않고 깨끗한 변기나 소변기에 배뇨하게 하여 수집하게 된다. 대변과 같은 오염물을 주의하며 월경 중인 여성의 경우 적혈구가 섞일 수 있으므로 기록하여 표시한다.

㉡ 중간뇨 검사 : 깨끗한 소변검체물이 필요할 경우 수행하며 처음 배출되는 적은 양의 소변을 버리고 멸균 용기에 배뇨하여 소변을 수집한다. 일정량 수집되면 배뇨를 멈추고 용기를 제거하고 소변을 마저 배출한다.

㉢ 멸균소변검사 : 환자의 방광에 도뇨관 삽입, 이미 삽입된 유치도뇨관에서 검체물을 채취하게 된다.

㉣ 요로전환술 환자의 소변검사 : 요로전환장치에서 소변을 채취할 수 있으며 깨끗한 용기에 담은 뒤 일반 소변검사에 사용할 수 있다. 배양검사, 민감도 검사를 위해 2가지 방법으로 수집하게 되는데 장루(인공 요도)에서 도뇨관을 삽입하는 방법이 선호된다.

㉤ 24시간 소변 검사 : 환자가 소변을 버리지 않도록 하며 특정시간에 배뇨하라고 요청하며 시작하게 된다. 첫 시각 소변은 버린 후에 24시간 동안 배뇨된 모든 소변을 수집한다. 24시간이 지난 마지막 시간에 배뇨하도록 요청하며 모든 소변을 포함하여 검사실로 보낸다.

(2) 진단

① 요역동학적 검사(Urodynamic Study)

㉠ 특징 : 소변이 어떻게 흐르는지, 저장, 하부요로 배출 등을 측정하는 검사이다. 요실금이나 정상적 배뇨가 불가한 사람의 비정상적인 배뇨양상 확인에 이용된다.

ⓛ **검사 전 간호** : 검사 전에 도뇨관 삽입을 알리고 방광이 차있어야 한다. 검사 전에 음료나 음식을 제한하지 않는다.

ⓒ **검사 후 간호** : 요로감염 징후와 증상에 대해 즉시 알린다. 검사 후 24시간 안에 약 240mL의 잔으로 물을 8 ~ 10회 마시도록 교육한다.

② **방광경검사(Cystoscopy)**

ⓐ **특징** : 방광경으로 방광, 요도구, 요도를 직접 들여다보는 검사이다. 하부요로, 방광안쪽, 요도, 남성 전립샘요도, 요도구 질환의 확인과 치료에 이용된다.

ⓛ **검사 전 간호** : 동의서의 서명, 당일 아침 음료 허용, 진통제와 진정제의 처방, 검사 중에는 통증이 없음을 알린다.

ⓒ **검사 후 간호** : 검사 외상으로 인한 부기, 배뇨통, 혈뇨가 생기는지 사정한다. 일반 음료섭취를 권하며 최소 24시간 동안 소변배출량을 관찰·측정하면서 소변정체와 감염의 징후를 관찰한다.

③ **경정맥신우조영술(배설성 요로조영술)**

ⓐ **특징** : 조영제를 정맥주사로 주입하여 콩팥, 요관을 방사선 검사하는 것이다. 콩팥질환, 요관질환, 콩팥기능장애에 이용된다.

ⓛ **검사 전 간호** : 음료나 음식을 제한한다. 조개나 해산물 민감도를 측정하며 알레르기 병력을 조사한다. BUN, 크레아티닌 농도가 높은 환자, 임신 환자에게 금기이다. 동의서의 서명, 검사 전 배뇨증진, 대변과 가스가 방해하는 것을 금지하기 위한 완화제 복용과 검사 당일의 관장제 투여를 알린다.

ⓒ **검사 후 간호** : 검사 직후에 음료 및 음식을 제공한다. 검사 전 손실된 수분을 보충하기 위해 충분한 음료를 제공한다. 조영제에 반응하는 발진, 오심, 두드러기 같은 징후를 관찰하며 급성신부전 여부를 사정한다.

④ **역방향신우조영술(Retrograde Pyelogram)**

ⓐ **특징** : 조영제를 요관에 콩팥깔때기로 주입하고 콩팥과 요관 방사선·내시경검사를 한다.

ⓛ **검사 전 간호** : 음료 및 음식을 제공하지 않는다. 임신이나 요오드 알레르기 환자는 금기이다. 검사 전날은 완화제를 복용하고 당일 아침엔 관장제를 투여한다. 검사 전에는 배뇨를 권장하며 동의서에 서명을 요청한다.

ⓒ **검사 후 간호** : 마취제를 미사용하는 경우 음식 및 음료를 제공한다. 마취제 사용 시에는 활력징후의 규칙적 확인이 필요하다. 발진, 오심, 두드러기 같은 조영제 알레르기에 주의한다. 최소 24시간 동안 소변의 배출량과 양상을 관찰하고 혈뇨 및 배뇨장애를 주의한다.

⑤ **콩팥 초음파검사(Renal Ultrasound)**

ⓐ **특징** : 콩팥실질, 콩팥혈관을 투시하기 위해 초음파를 사용하는 비침습적 검사이다. 콩팥종양, 감염, 결석, 콩팥기형을 알아보고 생검이나 선천성 질환의 아동의 콩팥이식과 발달상태를 관찰한다.

ⓛ **검사 전 간호** : 동의서 서명, 검사 전 8 ~ 12시간 음식 및 음료 제한, 환자에게 공기를 삼키지 않도록 한다. 흡연과 껌을 금지한다.

ⓒ **검사 후 간호** : 특별한 처치를 하지 않아도 된다.

⑥ **컴퓨터단층촬영(CT, Computer Tomography)**

㉠ **특징** : X－ray로 신체부위를 다양한 각도로 촬영하며 컴퓨터가 다양한 조직밀도를 계산하고 단층영상을 기록하는 비침습적 방사선 검사이다.

㉡ **검사 전 간호** : 동의서 서명과 조영자 사용의 경우 8시간 동안 금식 후 시행한다. 조개 · 요오드 · 조영제 알레르기 반응, 과민반응의 환자의 병력을 확인한다. 환자에게 모든 금속물질을 제거하고 검사 2시간 전까지 약 복용이 가능하다.

㉢ **검사 후 간호** : 조영제 반응을 확인하고 이상이 없으면 평상시 식이와 활동을 재개하도록 권장한다.

⑦ **콩팥 생검(Renal Biopsy)**

㉠ **특징** : 작은 조각의 콩팥조직을 채취하여 현미경으로 검사하는 침습적 검사이다. 검체는 피부천자, 바늘과 주사기를 넣어 작은 절개 구멍으로 채취한다. 개방시술 동안 조직을 쐐기형으로 떼거나 방광경을 넣어 브러쉬로 조직파편을 채취한다.

㉡ **검사 전 간호** : 혈액응고검사나 헤마크리트검사를 시행하고 활력징후를 측정한다. 음식 및 음료를 제한하고 동의서의 서명을 요청한다.

㉢ **검사 후 간호** : 4시간 동안 가만히 누워있기를 권한다. 첫 24시간의 혈뇨 여부를 관찰하고 각각 배뇨된 소변을 수집한다. 쇼크, 출혈 징후, 활력징후, 드레싱을 관찰한다. 며칠 동안 무거운 짐을 들거나 격렬한 활동을 하는 것을 제한하도록 교육한다.

## (3) 수행

① **정상적인 배뇨촉진**

㉠ 정상적 배뇨활동을 촉진하기 위해 정상적인 배뇨습관, 수분섭취, 근육긴장 강화에 대한 중재들이 행한다.

㉡ 배뇨자극과 소변정체 해결하고 화장실 활동을 돕는다.

㉢ 정상적 배뇨 습관 유지를 위해 주의해야 할 요인은 평상시 배뇨양상을 유지하기 위한 일정과 배뇨욕구를 처음 느낄 때 배뇨하도록 돕는 절박욕구이다.

㉣ 도움이 필요치 않은 경우 의료시설과 가정에서 소변을 볼 때 사생활을 보호하고, 평상시의 배뇨자세를 취하도록 돕는다.

㉤ 침대에만 있는 환자의 경우 샅부위 위생이 시행하기 어렵기 때문에 환자를 편안하게 하고, 감염을 예방하기 위해 생식기를 청결하게 닦도록 한다.

㉥ 수분섭취를 증진시키기 위해 금기가 아니라면 신선한 물, 주스, 선호하는 음료를 제공한다.

㉦ 아동이나 혼수상태의 경우에도 수분을 섭취하도록 제공한다.

㉧ 근육긴장 강화를 위해 골반저근육훈련(PEMT)으로 배의 근육긴장을 강화하여 배뇨의 수의적 조절 향상하고 복압성 요실금의 문제를 감소시킨다.

㉨ 화장실 사용을 돕기 위해 움직임이 가능하다면 화장실 사용을 권한다. 소변을 확인하기 위해 간호사가 확인할 때 까지 물을 내리지 않도록 교육한다.

㉩ 침대에 일어설 수 있지만 화장실까지 가기 힘든 환자에게 변기 겸용 의자(Commode)를 제공한다.

② 요로감염환자 간호

　㉠ **요로감염**(UTI, Urinary Tract Infectionas) : 모든 연령층에서 이환되는 질환이며 위험인자이다. 위험한 대상자는 성교가 잦은 여성, 피임용 다이아프램, 완경 후 여성, 유치도뇨관 삽입 대상자, 당뇨병 환자, 노인 등이 있다.

　㉡ **소변을 배양 및 민감도검사**(C&S, Culture And Sensitivity Test) : 진단검사를 실시하며 중간뇨나 멸균 소변 검체물에서 세균의 존재, 증상의 동반 등으로 요로감염을 알 수 있다.

③ 요실금환자 간호

　㉠ **요실금의 종류** : 일시적 요실금, 복압성 요실금, 절박성 요실금, 복합성 요실금, 범람실금(일출실금), 기능성 요실금, 완전 요실금로 나뉜다.

　㉡ **치료법** : 행동기술로 골반저 운동, 바이오 피드백, 전기적자극, 배뇨나 방광훈련을 시행한다.

　㉢ **약리학적 치료**

　　• 에스트로겐 도포제 : 근육의 위축을 완화한다. 완경 후 여성에서 사용된다.

　　• 콜라겐 : 요도 주변 조직에 삽입되어 조직을 부풀려 요도구멍을 닫는데 도움을 준다.

　㉣ **기계적 치료** : 페서리(Pessaries), 외부장벽장치(External Barriers), 요도삽입기(Urethral Insert), 수술중재(Surgical Intervention)이 행해진다.

④ 환자 방광의 도뇨관 삽입

　㉠ 소변 배출을 목적으로 도뇨관의 요도를 통한 방광삽입을 말한다.

　㉡ **도뇨관 삽입하는 이유** : 멸균 소변 채취, 다른 방법으로 소변검체 수집이 힘들 때, 수술 중이거나 수술 전후의 특정 진단검사 등을 위해 방광을 비우기 위해, 중환자의 콩팥기능을 감시하기 위해, 말기 환자의 안위 증진을 위해, 소변정체의 완화를 위해 실시한다.

⑤ **간헐적 도뇨관**(Intermittent Urethral Catheter)

　㉠ 직선형 도뇨관이다. 짧은 시간 동안 방광에서 소변을 배출하는데 사용된다.

　㉡ 도뇨관 삽입으로 인한 요로감염을 감소시키기 위해 단기간이나 장기간의 유치도뇨관 삽입의 대안으로 고려한다.

　㉢ 수술 후 배뇨기능 이상의 관리에 이용된다. 유치도뇨관보다 합병증 위험이 낮아 안전한 선택법이다.

⑥ **유치도뇨관**(Indwelling Urethral Catheter)

　㉠ 지속적 소변배출을 위해 이용된다. 정체(Retention)도뇨관, 폴리카테터라고도 부른다.

　㉡ 방광에 도뇨관을 삽입하고 풍선을 부풀려 도뇨관이 방광에서 **빠지지 않도록** 한다.

　㉢ 간헐적 방광배액, 세척, 지속적 방광배액, 과도한 팽만 방광을 감압을 위해 사용한다.

⑦ **치골상도뇨**(Suprapubic Catheter)

　㉠ 장기간 · 지속적 배출을 위해 사용된다. 두덩부위 작은 절개수술로 삽입한다.

ⓛ 부상, 협착, 전립샘 막힘, 부인과나 배의 수술로 인한 요도 소변흐름 저하 등으로 인해 요도로부터 소변을 우회로 배출한다.

ⓒ 장기간 소변배출로 유치도뇨관보다 더 선호된다. 대변 오염과 요도손상을 감소시키고 환자의 만족감을 증진하면서 요로감염의 위험을 감소시킨다.


### ❸ 배변

(1) 해부구조와 생리

① 위(Stomach)

　ⓐ 구조 : 속이 빈 J자 형태의 기관으로 배의 좌상부에 위치한다.

　ⓑ 기능 : 사람이 먹은 음식물을 저장하고 소화액을 분비한다. 소화를 돕기 위해 음식물을 뒤섞으며 부분적으로 소화된 음식물인 유미즙을 작은창자로 밀어낸다.

② 작은창자(소장, Small Intestine)

　ⓐ 구조 : 길이는 약 6m이며 너비는 2.2cm이다.

　ⓑ 구성 : 샘창자(십이지장), 빈창자(공장), 돌창자(회장)로 나뉜다.

　ⓒ 기능 : 간과 이자에서 분비된 소화액이 샘창자의 작은 구멍으로 작은창자로 들어간다. 음식의 소화에서 발생하는 영양소를 흡수한다.

③ 큰창자(대장, Large Intestine)

　ⓐ 돌막창자판막(회맹판)에 의해 작은창자와 연결된다. 배변의 주요 기관에 해당하며 항문까지 이어진다.

　ⓑ 1.5m 정도의 길이이며 사람마다 길이 차이가 있다. 너비는 막창자에서 항문으로 갈수록 좁아진다.

　ⓒ 막창자(맹장)에서 큰창자의 앞부분으로 소화된 음식물이 유입된다. 내림결장으로 연결된 구불창자(S상결장)에 대변이 있다.

　ⓓ 분변은 큰창자의 먼 쪽 끝의 고형의 노폐물로 배출될 준비가 된다.

　ⓔ 곧창자(직장)와 연결되어 이 곳의 정맥이 비정상적 팽창하면 치핵의 위험이 있다. 곧창자는 배변 직전이나 배변 중을 제외하고 비어 있다.

　ⓕ 대변은 항물관을 통해 곧창자를 지나 배출된다. 배출구는 항문이며 큰창자의 주요 기능으로는 수분을 흡수하고 대변의 형성·배출을 담당한다.

　ⓖ 소화의 산물인 유미즙은 작은창자에서 나와 돌막창자판막을 지나 막창자로 간다. 큰창자를 지나면서 수분의 대부분이 흡수된다. 수분의 흡수로 반고형의 정상적 대변양상을 띄게 된다.

④ 신경계의 조절

　ⓐ 자율신경계의 조절을 받는 큰창자 근육은 부교감신경계에 의해 움직임이 자극되고 교감신경계에 의해 억제되게 된다.

ⓛ 창자의 원형근육·세로근육의 수축인 연동운동(Peristalsis)으로 노폐물이 이동한다.

ⓒ 24시간에 1 ~ 4회씩 음식물의 섭취 후에 대규모 연동운동이 일어난다.

ⓔ 음식물의 1/3, 1/2는 24시간 내에 배출되며 나머지는 24 ~ 48시간 후에 배출된다.

⑤ 배변(Defication)

ⓖ 배변반사는 큰창자를 비우는 일로 숨뇌(연수, Myelencephalon)와 척수계통의 지배를 받는다.

ⓛ 부교감신경은 속조임근의 이완, 큰창자 수축으로 대변을 곧창자로 보낸다.

ⓒ 대변에 의해 팽창된 곧창자는 배변반사를 위한 주요 자극이 되어 배변욕구를 느끼게 된다.

ⓔ 배변을 위한 힘을 주면 배와 가슴 안에 압력이 증가하게 되고 심방과 심실로 가는 혈류가 줄어 심박출량이 일시적으로 감소한다.

ⓜ 배변을 위해 힘을 주는 발살바 수기(Valsalva Maneuver)는 심장 혈관의 문제 환자에게는 금기가 될 수 있다.

ⓗ 배변은 보통 통증이 없으며 정상적 배변 양상은 사람마다 다양하게 나타난다.

## (2) 배변에 영향을 미치는 요인들

① 발달과 배변

ⓖ 모유수유 영아의 경우 대변을 더 자주 본다. 노란색이나 황금색을 띄고 묽다. 냄새가 거의 없는 것이 특징이다.

ⓛ 우유를 먹는 영아의 경우 색이 다양하다. 죽과 같은 형태이며 단백질의 분해로 인한 냄새가 발생한다.

ⓒ 유아의 경우 생후 18 ~ 24개월은 배변의 수의적 조절이 가능하다. 배변훈련이 시행되며 보통 생후 30개월에 완성된다.

ⓔ 노인의 경우 변비가 만성 문제로 나타나는 경우가 많다. 분변매복(Fecal Impaction), 변실금(Fecal Incontinence) 등으로 나타날 수 있다.

② 평상시 배변양상

ⓖ 배변의 빈도·시간·자세·장소는 사람마다 다르고 양상의 변화는 변비를 초래할 수 있다.

ⓛ 배변 시에 쪼그려 앉거나, 변기에 앉아 몸을 약간 앞으로 기울인 자세를 취한다. 이 자세는 배의 내압과 곧창자 아랫방향의 압력 증가시켜 배변을 촉진한다.

③ 음식과 수분

ⓖ 섭취한 음식 유형·양, 섭취 수분의 양 등은 배변에 영향을 준다. 섬유질, 충분한 수분 섭취는 배변을 촉진한다. 음식 소화능력과 배설능력은 사람마다 다르다.

ⓛ 음식못견딤증(식품불내성증, Food Intolerance) : 배변 이상을 유발하여 설사, 가스팽만, 경련을 유발한다.

ⓒ 변비 유발 음식 : 가공치즈, 살코기, 달걀, 파스타 등이 있다.

ⓔ 완화작용을 하는 음식 : 특정한 과일, 채소, 초콜릿, 매운 음식, 알코올, 커피 등이 있다.

ⓜ 가스를 생성하는 음식 : 양파, 양배추, 콩, 콜리플라워 등이 있다.

④ 활동과 근긴장
　㉠ 규칙적 운동은 위장운동과 근긴장에 도움을 준다.
　㉡ 오랜 질환으로 운동량이 감소한 환자들은 변비 유발의 위험이 높다.

⑤ 정신적 요인
　㉠ 스트레스는 다양하게 영향을 준다. 극심한 불안은 설사를 동반하게 될 수 있다.
　㉡ 걱정이 많은 사람들의 경우 변비를 자주 경험할 수 있다.

⑥ 병리적 상태
　㉠ 설사의 원인 : 곁주머니염, 감염, 흡수장애 증후군, 신생물, 당뇨성 신경병증, 갑상샘항진증, 요독증이 있다.
　㉡ 변비의 원인 : 큰창자나 곧창자 질환, 척수의 손상이나 퇴행, 거대결장 등이 있다.
　㉢ 식중독 · 설사 : 심각한 위장관 증상의 발생을 불러온다.
　㉣ 기계적 막힘 : 장벽의 압력이 받을 때 발생한다. 원인으로는 종양, 협착, 유착, 탈장 등이 있다.
　㉤ 기능적 막힘 : 장근육이 내용물을 이동시키지 못할 때 발생한다. 근위축, 당뇨병, 파킨슨병, 수술 중의 장조작 등이 있다.

⑦ 약물
　㉠ 연동운동 촉진 약물로 설사제와 완화제가 있다.
　㉡ 아편유사제, 알루미늄 함유 제산제, 황산철, 항콜린제 등은 변비를 유발할 수 있다.

⑧ 진단검사 : 진단 검사를 위한 금식, 바륨으로 인한 변비, 막힘, 스트레스, 식사의 변화로 배변양상에 장애가 발생 할 수 있다.

⑨ 수술과 마취
　㉠ 배수술 시 창자의 직접 조작은 연동운동이 억제되면서 마비성 장폐색증(paralytic ileus)을 유발할 수 있다.
　㉡ 마약성진통제의 경우 연동운동의 억제가 악화되면서 팽만과 급성폐색의 증상이 발생 할 수 있다. 심할 경우 수술이 요구되기도 한다.
　㉢ 전신마취제도 부교감신경의 자극을 차단하여 연동운동이 억제된다.

# ❹ 배변의 간호과정

## (1) 사정

### ① 신체사정

㉠ 배의 사정은 시진, 청진, 타진, 촉진 순서로 실시하게 되며 촉진은 연동운동, 장운동 방해 가능성 때문에 시진과 청진을 먼저 실시한다.

㉡ 항문과 곧창자의 경우 배변을 돕거나 씻길 때 간단한 검사를 실시한다. 시진을 우선 실시하며 병변, 궤양, 열창, 염증, 외치핵의 여부를 사정한다.

㉢ 배변을 할 때 내치핵, 열창을 검진하며 설사나 변실금으로 피부자극, 손상 여부도 확인한다.

### ② 대변의 특성

㉠ **양** : 다양하다. 다량의 설사 지속은 작은창자나 큰창자의 문제를 말한다.

㉡ **색** : 영아의 경우 노란색이나 갈색으로 나타나며 성인은 갈색이 정상이다. 상부 위장관의 출혈이 있는 경우 대변은 검은색이 되며 하부 위장관의 출혈이 있는 경우 붉은 혈액이 섞여 나오게 된다.

㉢ **냄새** : 자극적이며 섭취한 음식의 영향을 반영한다. 부패가 과도하게 진행되는 경우 냄새가 진해지며 혈액이 섞이면 독특한 냄새가 난다.

㉣ **굳기** : 부드럽고 반고형이며 형체가 있다.

㉤ **모양** : 큰창자와 같은 원통형이며 지름은 약 2.5cm로 나타나며 사람에 따라 다양하게 나타나기도 한다.

㉥ **구성물** : 소화노폐물인 담즙, 장 분비물, 탈락한 상피세포, 세균, 무기질, 고기섬유질, 지방이 소량 섞이기도 한다. 내출혈, 감염, 염증 등으로 혈액, 고름, 과다 지방, 기생충, 난자, 점액 등이 섞일 수 있다.

### ③ 진단검사

㉠ **채변검사** : 대변 배양검사의 경우 세균, 바이러스, 곰팡이, 기생충 감염이 의심될 때 실시된다. 감염치료 전에 대변검체를 채집하고, 치료가 이미 실시된 경우에는 어떤 약물인지 기록한다.

㉡ **대변잠혈검사** : 대변 안에 육안으로 측정되지 않은 혈액에 대한 선별검사로 잠혈을 찾는 검사이다. 궤양성 질환, 염증성 장질환, 결장암 등의 장출혈 위험성에 대한 검사이다. 대변의 검은색은 상부 위장관계 출혈, 선홍색, 붉은색은 하부 위장관계 출혈을 말한다.

> 📢**TIP** 대변잠혈검사 환자 유의사항
> - 검사결과에 영향을 줄 수 있는 음식·약물은 4 ~ 7일 전부터 피한다.
> - 3일 전에는 관장, 좌약 등을 사용하지 않는다.
> - 월경 중 여성의 경우 월경이 끝나고 3일 후로 검사를 연기한다.
> - 혈뇨나 출혈 중인 치핵이 있으면 검사를 연기한다.
> - 청색 색맹이 있는 사람은 검사 결과를 해석하지 않도록 한다.

ⓒ 요충검사 : 요충은 장의 기생충이며 막창자에 사는 충이다. 흔한 증상은 항문 주위의 가려움이며 아침 기상직후 대소변이나 목욕 전에 검체를 채집한다.

ⓔ 위내시경(EGD) : 길고 유연하며 조명이 달린 광섬유 내시경을 이용해서 식도·위·샘창자 상부를 눈으로 보는 검사이다.

ⓜ 큰창자(대장)내시경 : 광섬유 내시경으로 곧창자, 큰창자, 먼 쪽 작은창자를 눈으로 볼 수 있다.

ⓗ 구불창자(S자결장)내시경 : 유연하거나 뻣뻣한 내시경으로 먼 쪽 구불창자(S상결장), 곧창자, 항문관을 눈으로 볼 수 있다.

ⓢ 위창자 상부 및 작은창자 조영검사 : 황산 바륨을 섭취한 후 실시한다. 식도·위·작은창자의 투시검사이다.

ⓞ 바륨관장 : 황상바륨을 직장 투입하여 큰창자의 방사선 사진을 연속 촬영한다.

ⓩ 배 초음파 : 피부에 댄 작은 탐침을 통한 초음파로 기관을 눈으로 볼 수 있다.

ⓩ 자기공명영상(MRI) : 초전도자석, 무석주파수 신호로 생리적 정보를 얻고 조직의 구조를 볼 수 있다.

## (2) 수행

### ① 규칙적인 배변습관의 증진

㉠ 평소와 같은 시간대에 배변하도록 권장한다. 보통 식후 한 시간이 지나고 변의를 느끼는 경우가 많다.

㉡ 변기에 똑바로 앉으면 배변이 더 쉬우며 사적인 행동으로서 프라이버시를 존중하며 배변환경을 조성한다.

㉢ 배변 문제를 발생시키는 음식을 차단하고 도움을 주는 식단을 분석하여 권하며 수분섭취를 권장한다.

㉣ 규칙적인 운동으로 위장관 운동성을 증진시키며 배 근육 강화운동, 넙다리 근육 강화 운동을 권장한다.

㉤ 배변 관련된 편안함을 제공하여 샅부위의 위생과 피부건강을 유지한다.

㉥ 좌욕, 목욕으로 샅부위를 진정시킨다.

### ② 변비의 예방과 치료

㉠ 변비 : 대변이 마르고 딱딱해지며 배변이 힘든 상태가 지속되고 나오다가 끊기는 배변상황이다. 위 운동성 저하는 큰창자에서 대변의 이동이 느려지게 되고 대변의 수분흡수량이 증가하여 마르고 딱딱한 대변을 보게 된다.

㉡ 변비 고위험군

• 움직이지 못하거나 누워있는 상태에서 변비 유발 약물을 투여 받은 환자

• 식이에서 수분·섭취량·섬유질이 감소한 환자

• 우울한 환자

• 중추신경계 질환이나 배변 시 통증 유발의 국소병변이 있는 환자

㉢ 영양에 대한 교육 : 섬유질이 풍부한 음식과, 충분한 수분공급과 위장운동을 증가시키는 운동량 증진을 권장한다. 섬유질이 풍부한 음식으로 왕겨, 과일, 채소, 통곡물이 있다.

㉣ 완하제(Laxative) : 피마자유, 카스카라, 센나, 페놀프탈레인, 비사코딜은 연동운동을 자극하는 화학작용한다.

㉤ 미네랄오일·도큐세이트 나트륨(Docusate Sodium) : 대변을 부드럽게 만든다.

ⓑ 금기 : 복통이 있는 환자에게 완화제는 금기되며 습관적 사용은 만성 변비의 위험이 증가되므로 남용을 금한다.

③ 설사의 예방과 치료

　ㄱ 설사 : 묽은 대변을 하루 세 번보다 많이 보는 경우이다. 배변을 자주한다고 해서 설사는 아니다. 보통 장경련과 관계가 있다. 설사 시에 구토와 구역을 동반하기도 하며 혈액이 보일 수도 있다. 치료하지 않으면 수분과 전해질의 소실이 일어나며 치명적 합병증 발생 위험이 증가한다. 차가운 음료, 기름진 음식, 단 것 등은 증세를 악화시킨다.

　ㄴ 설사 시 음식에 대한 교육
- 포장지가 손상된 음식은 구입하지 않는다.
- 냉장해야 하는 음식은 즉시 냉장보관을 한다.
- 손을 자주 씻고 주방을 자주 청소한다.
- 고기, 어패류, 달걀 조리 시 다른 도마와 접시를 사용하며, 고기는 절대 나무 도마 위에서 자르지 않는다.
- 채소나 과일의 경우 잘 씻어서 섭취한다.
- 살모넬라 바실루스의 감염 위험이 있으므로 달걀과 해산물은 날 것으로 섭취하지 않는다.
- 음식물은 내부까지 충분히 익혀서 섭취하며 요리 후 음식을 뜨겁게 유지한다.
- 어린 아동의 과일주스 섭취 시 살균된 주스만을 선택한다.

　ㄹ 설사별 특징
- 급성설사 : 수분보충을 중점으로 하며 손위생의 중요성을 교육한다. 원인이 세균이 아님을 확인하기 전까지 지사제는 피한다.
- 만성설사 : 대개 3 ~ 4주 이상 지속되면 만성설사이다. 기저 원인을 찾아야 한다. 원인으로는 과민성 큰창자중후군, 흡수장애 증후군, 장종양, 대사질환, 기생충 감염, 약물의 부작용, 완화제의 남용, 수술, 알코올 남용, 방사선, 화학요법 등으로 다양하다. 약물중재, 수분과 전해질 보충을 행한다.

　ⓑ 지사제 : 위장평활근 작용에 영향을 주는 아편(Paregoric), 디페녹시레이트(Diphenoxylate), 아트로핀(Atropine), 로페라미드(Loperamide) 등이 있다. 흡수에 영향을 주는 카올린 – 펙틴(Kaolin – Pectin)이 있다. 항균제역할을 하는 차살리실산 비스무트(Bismuth Subsalicylate)가 있다.

　ㅅ 예방과 치료 : 양념이 강한 음식, 완화 작용을 하는 음식을 피하며 섬유질이 적은 음식을 권장한다. 달걀, 잘 익힌 육류, 생선, 가금류, 섬유소가 없는 주스, 정제 곡물로 만든 빵과 시리얼, 열을 가해 익힌 채소와 과일이 있다.

④ 위장관 내 고창감소

　ㄱ 고창(Flatulence) : 위와 장에 가스가 과다하게 생성된 상태이다. 가스가 배출되지 않고 장에 축척되어 장 팽만, 가스 팽만이라고도 한다.

　ㄴ 유발 음식 : 콩, 양배추, 양파, 콜리플라워, 맥주 등이 있다.

　ㄷ 배출 촉진을 위해 자극적 음식을 피하고 식사 후 눕지 않고 움직이도록 교육한다.

⑤ 큰창자 내의 분변 제거

　㉠ 청결관장(Cleansing Enema) : 변비, 분변매복 완화, 수술 중의 불수의적 배변을 예방, 방사선 촬영, 기구검사 시 장을 볼 수 있도록 하기 위해, 규칙적 배변기능 확립을 돕기 위하여 실시한다. 사용되는 용액으로는 수돗물, 생리식염수, 비눗물, 고장액 등이 사용된다.

　㉡ 정체관장(Retention Enemas) : 관장액이 긴 시간 동안 장내에 머무르도록 하는 것이다. 대변과 장점막 사이 윤활작용으로 작용하는 기름정체관장, 곧창자의 가스를 배출한다.

　㉢ 가스배출관장 : 가스팽만을 완화한다.

　㉣ 약물관장 : 곧창자 점막으로 흡수되는 약물 주입하는 관장이다.

　㉤ 구충관장 : 장내 기생충을 없애는 관장이다.

　㉥ 곧창자 좌약 : 곧창자 좌약은 원뿔형ㆍ타원형 고체로 된 물질로 체온에 녹는다. 대변의 연화작용을 하는 좌약, 곧창자 점막의 신경말단에 작용하는 좌약, 이산화탄소 방출하는 좌약 등이 있다.

　㉦ 구강 장세척 : 폴리에틸렌글리콜, 코리트산 등의 용액으로 장 속의 분변을 세척하는데 이용한다. 창자 진단검사, 창자 수술 전에 투여한다. 노인은 전해질 불균형에 취약하므로 노인의 경우 주의 깊게 사정한다.

　㉧ 용수관장(Digital Removal Of Stool) : 식이중재, 충분한 수분섭취, 약물 조정을 실시 이후 기름청결관장으로도 분변 배출이 되지 않으면 손으로 대변을 배출한다. 관장 후에는 좌욕ㆍ목욕으로 회음부 자극을 진정시킨다. 시술 전에는 대변을 부드럽게 하기 위해 기름정체관장을 지시하기도 한다.

⑥ 변실금 관리

　㉠ 변실금(Bowel Incotinence) : 항문조임근이 대변과 가스를 배출을 조절하지 못하는 상태이다. 항문조임근 기능을 방해하는 기계적 상태가 발생하거나 신경에 장애가 있는 경우에 발생한다.

　㉡ 환자의 수치심, 우울증 위험, 피부손상의 위험으로 간호를 제공한다.

　㉢ 간호중재로는 변실금이 일어날 가능성이 높은 시간에 변기를 제공한다.

　㉣ 적절한 위생수단으로 피부를 청결하고 건조하게 유지한다. 씻은 후 피부보호제품을 사용한다. 필요할 경우 침구를 교환하고 옷을 갈아입힌다. 좌약 사용과 청결관장 시행 등은 의사와 상의한 후 사용한다.

⑦ 장전환술 환자의 간호

　㉠ 장조루술(Ostomy) : 기관의 안쪽에서 바깥쪽으로 구멍을 만드는 수술이다. 장점막을 복벽외부로 꺼내 점막을 피부에 봉합하고 장이 피부에 부착된 부분인 장루(Stoma)를 만든다.

　㉡ 회장조루술(Ileostomy) : 작은창자의 회장에서 묽은 대변이 장루를 통해 배출되도록 하는 시술이다.

　㉢ 결장조루술(Colostomy) : 큰창자 내 모양을 갖춘 대변이 장루를 통해 배출되도록 하는 시술이다.

　㉣ 일시적인 장조루술 : 염증성 장질환, 일부 유형의 장수술, 손상 후 창자에 회복시간을 주기 위해 실시한다.

　㉤ 영구 장조루술 : 창자질환, 큰창자암, 곧창자암의 경우 실시하며 영구적으로 상태가 유지된다.

　㉥ 회장항문저장술 : 체외에 장루를 만들지 않는 수술로 항문은 온전히 남아있으며 큰창자만 제거 되는 경우 이용된다.

ⓐ 저장형 회장조루술 : 곧창자, 항문의 손상으로 회장항문 저장술이 용이하지 않다. 장루술 주머니를 착용하기를 원하지 않는 환자에게 적용된다.

⑧ 장루술 환자의 간호

ⓐ 악취를 가능한 억제하기 위한 대변수집 주머니를 자주 비우고 장루를 자주 사정해준다.

ⓑ 장루의 창백함은 빈혈의 신호일 수 있다. 어두운 색이나 보라색의 경우 허혈과 순환저하를 의미한다.

ⓒ 출혈은 매우 적어야 정상이며 크기는 6 ～ 8주 내에 안정되어야 한다.

ⓓ 배 표면에서 1 ～ 2.5cm가량 튀어나와야 하며 부종은 6주 후 완화된다.

ⓔ 절개부위 드레싱이 있는 경우는 고름과 출혈 여부를 사정한다. 장루부위 피부는 청결하고 건조하게 유지하고 수분섭취량과 배출량을 측정한다.

ⓕ 자가 간호 시작 시 관리의 모든 측면과 환자가 수행할 역할을 교육하며 장조루술 부위를 직접 보고 관리에 동참하도록 권유한다.

# 출제 예상 문제

**1** 환자에게 유치도뇨를 시행하는 목적으로 옳은 것은?

① 시간당 배뇨량 측정

② 배뇨 후 방광의 잔뇨량 측정

③ 요정체로 인한 방광팽만 완화

④ 신경계 퇴행 환자의 장기적 관리

> **TIP** ②③④ 단순도뇨의 목적이다.
> ※ 유치도뇨 목적
> ㉠ 팽창된 방광의 점진적 감압
> ㉡ 계속적 또는 간헐적 방과세척
> ㉢ 요도 주위 조직 수술을 한 환자
> ㉣ 중증 환자의 시간당 배뇨량 측정
> ㉤ 혈액응고물질로부터 요도폐쇄 예방
> ㉥ 요실금이 있는 환자의 피부손상 예방
> ㉦ 요도 협착 등과 같은 소변배출의 폐쇄가 있을 경우

**2** 유치도뇨관을 유지하고 있는 환자가 검사실로 이동할 때 환자의 소변주머니를 방광 위치보다 낮게 유지하는 이유는?

① 소변 역류 방지

② 도뇨관 풍선 파열 방지

③ 도뇨관과 연결관 감염방지

④ 도뇨관과 연결관 개방성 유지

> **TIP** ① 소변주머니로 이미 배출되어 고여 있는 소변이 중력에 의해 다시 방광으로 흘러들어가면 발생할 수 있는 감염위험성을 방지하지 위해 소변주머니는 항상 방광보다 낮게 유지한다.

**Answer** 1.① 2.①

**3** 비정상적 배뇨 형태의 종류와 그 설명으로 옳은 것은?

① Dysuria : 소변에서 농이 검출 됨

② Nocturia : 야간 중 요의가 자주 느껴 짐

③ Oliguria : 24시간 동안 소변량이 100cc 이하

④ Polyuria :  24시간 동안 소변량이 500cc 이상

> **TIP** ① 소변에서 농이 검출 되는 것은 Pyuria이다.
> ③ Oliguria는 24시간 동안 소변량이 400cc 이하이다.
> ④ Polyuria는 24시간 동안 소변량이 3,000cc 이상이다.
> ※ 소변유형에 따른 배뇨형태
> ㉠ Pyuria : 농뇨, 소변에서 농이 검출된다.
> ㉡ Nocturia : 야뇨, 야간 중 요의가 자주 느껴진다.
> ㉢ Oliguria : 핍뇨, 24시간 동안 소변량이 400cc 이하이다.
> ㉣ Hematuria : 혈뇨, 소변에서 적혈구 및 혈액이 검출된다.
> ㉤ Polyuria : 다뇨, 24시간 동안 소변량이 3,000cc 이상이다.
> ㉥ Dysuria : 배뇨곤란, 배뇨 시 불편감이 있거나 배뇨가 어렵다.
> ㉦ Anuria : 무뇨, 24시간 동안 소변량이 100cc 이하이거나 소변배출량이 없다.

**4** 배뇨관련 요인에 대한 설명으로 옳은 것은?

① 카페인 섭취 시 항이뇨호르몬이 억제된다.

② 이뇨제는 수분전해질 재흡수를 촉진시킨다.

③ 알코올을 섭취하면 항이뇨호르몬이 분비된다.

④ 스트레스는 부교감신경을 항진시켜 배뇨를 증진한다.

> **TIP** ② 이뇨제는 수분전해질 분비를 촉진하여 재흡수를 억제한다.
> ③ 알코올이나 카페인 섭취는 뇌하수체 후엽 항이뇨호르몬 분비를 억제하여 수분 재흡수가 방해되고 이뇨작용이 나타난다.
> ④ 스트레스는 교감신경 항진으로 내괄약근을 수축시켜 배뇨를 억제한다.

**Answer** 3.② 4.①

**5** 방광문제로 소변이 배출되지 않는 환자의 소변생성 확인 결과 소변생성에는 특별한 문제가 없었다. 환자의 소변이 배출되지 않아 생기는 배뇨문제는?

① 요정체

② 유뇨증

③ 무뇨증

④ 빈뇨증

> **TIP** ① 요정체 : 소변이 배출되지 않아 방광 내 소변이 남아 있는 상태이다.
> ② 유뇨증 : 어린이가 밤 수면 중 무의식적으로 소변을 보는 질환이다.
> ③ 무뇨증 : 신장 기능이 정지되거나 요관이 막혀 소변을 보지 못한다.
> ④ 빈뇨증 : 하루 배뇨량에는 변화가 없으나 배뇨횟수가 많아지는 증상이다.

**6** 소변 검사결과 정상 소변의 특징 및 양상으로 옳은 것은?

① pH 7.0

② 비중 1.020

③ 불투명 진한 노란색

④ 하루 평균 소변량 1500ml

> **TIP** ① 소변의 정상 pH는 4.6 ~ 7.5이다.
> ② 비중은 1.010 ~ 1.030이 정상이다.
> ③ 결정이나 혈액조직없이 옅은 노란색을 띤다.
> ④ 하루 평균 소변량은 1,200 ~ 1,500ml 정도이다.

**7** 변비를 호소하는 환자의 직장 내부를 자극하여 변이 배출되도록 돕는 약물은?

① 광유

② 마그밀

③ 콜락스

④ 둘코락스

> **TIP** ① 윤활제이다.
> ②③ 변 연하제이다.

**8** 요실금 유형과 설명이 올바르게 연결 된 것은?

① 일출성 요실금은 방광기능 저하로 인한 소변이 배출되는 것이다.

② 기능성 요실금은 화장실을 찾을 수 없어 배뇨조절이 되지 않아서 발생한다.

③ 절박성 요실금은 소변이 조금이라도 차면 요의를 느끼기도 전에 배뇨한다.

④ 복압성 요실금은 방광 과민으로 비정상 수축이 일어나 소변이 새는 증상이 나타난다.

**TIP** ② 화장실을 찾을 수 없어 배뇨조절이 안되어 발생하는 것은 기능성 요실금이다.
　　③ 소변이 조금이라도 차면 요의를 느끼기도 전에 배뇨하는 것은 반사성 요실금이다.
　　④ 방광 과민으로 비정상 수축이 일어나 소변이 새는 증상이 나타나는 것은 절박성 요실금이다.
　　※ 요실금의 종류와 특징
　　　　㉠ 반사성 요실금 : 척추손상 등으로 인한 방광 압력반사 중추 과민 상태로 척추에서 신경이 차단되어 방광에 소변이 조금이라도
　　　　　　차면 요의를 느끼기도 전에 방광 수축작용이 일어난다.
　　　　㉡ 일출성 요실금 : 이완성 신경인성 방광 시 소변이 많이 차도 요의를 느끼지 못해 소변이 넘쳐서 발생한다.
　　　　㉢ 기능성 요실금 : 화장실을 찾을 수 없음으로 인해 배뇨조절이 안되어 소변 배출이 발생한다.
　　　　㉣ 절박성 요실금 : 소변이 자주 마렵거나 참기 힘든 상태의 방광 과민증상을 보인다.
　　　　㉤ 복압성 요실금 : 긴장성 요실금으로 복압이 증가하는 행동을 하면 소량의 소변이 배출된다.

**9** 움직이지 못하는 침상환자에게 변기를 대줄 때 간호중재로 옳은 것은?

① 침상머리는 45° 이상 올려준다.

② 프라이버시를 위해 이불은 허리까지 올려준다.

③ 대상자를 한쪽으로 눕혀 둔부에 변기를 대고 다시 돌아 눕힌다.

④ 금속변기를 차게 하여 환자 항문 조임근 수축이 잘 되도록 한다.

**TIP** ① 편안한 체위를 유지한 상태로 침상머리를 30° 올려준다.
　　② 프라이버시를 위해 이불은 환자의 무릎 쪽으로 접어 내린다.
　　④ 금속변기를 사용할 경우 따뜻하게 데워서 사용한다.

**Answer** 8.① 9.③

**10** 관장 시 복통을 호소하는 환자의 간호중재는?

① 관장액을 높이 들어준다.

② 복부마사지를 시행하며 주입한다.

③ 행위를 멈추고 지속여부를 확인한다.

④ 심호흡을 하도록 하고 주입속도를 늦춘다.

> **TIP** ③ 관장액의 빠른 유입이나 과다주입으로 복통을 일으킬 수 있으므로 관장을 잠시 멈추고 원인을 사정한다.

**11** 만성변비를 호소하는 노인환자에게 적용할 수 있는 간호중재는?

① 운동 제한

② 저섬유식이

③ 저칼륨식이

④ 충분한 수분섭취

> **TIP** ①② 운동을 권장하고 고섬유식이 식사를 한다.

**12** 관장튜브를 삽입하는 환자 간호중재로 옳은 것은?

① 좌측위를 취하도록 한다.

② 기침을 유도하여 복압을 낮추도록 한다.

③ 직장관은 바닥방향을 향하도록 삽입한다.

④ 통증 호소 시 관장통의 높이를 높여준다.

> **TIP** ①③ 좌측위를 취해 직장과 S결장의 모양에 따라 관이 부드럽게 삽입한다.
> ② 입으로 '아' 소리를 내게 하고 복부와 항문에 힘을 주지 않도록 하여 복압을 낮춘다.
> ④ 관장통을 높이 들면 주입속도가 더 빨라지고 많은 양이 주입되어 통증이 심해질 수 있다.

**13** 장배설에 영향을 미치는 요인에 대한 설명으로 옳은 것은?

① 노화는 음식 배설에 영향을 미치지 않는다.

② 섬유질이 많이 포함된 음식은 장 연동운동을 증진시킨다.

③ 불안과 스트레스는 변비를, 우울 증상은 설사를 유발한다.

④ 자극적인 음식은 장을 자극하여 도와 원활한 배변을 유도한다.

> **TIP** ① 노화로 인한 복부 근육긴장도 감소 등으로 배변장애를 일으킨다.
> ③ 불안과 스트레스는 설사를 우울은 변비를 유발한다.
> ④ 자극적인 음식은 장을 자극하여 설사와 가스를 유발한다.

**14** 배출관장에 사용하는 용액에 대한 설명으로 옳은 것은?

① 비눗물은 전해질 불균형을 일으킬 수 있다.

② 수돗물은 체내수분에 비해 고장성 용액이므로 탈수를 일으킬 수 있다.

③ 생리식염수는 등장액으로 노인과 유아에게 사용이 가능하다.

④ 저장성 식염수는 탈수를 유발시킬 수 있다.

> **TIP** ① 전해질 불균형을 일으키는 것은 고장성 식염수이다.
> ② 수돗물은 자극이 적으나 체내수분에 비해 저장성 용액이므로 수분중독을 일으킬 수 있다.
> ④ 체수분과 가장 비슷하지만 탈수 가능성이 있는 것은 생리식염수이다.
> ※ 관장용액 종류와 특성
> ㉠ 수돗물
> • 자극이 적다.
> • 체내 수분에 비해 저장성 용액이므로 수분중독, 전해질 불균형을 유발할 수 있다.
> ㉡ 비눗물 : 직장점막에 화학적 자극을 줄 수 있다.
> ㉢ 생리식염수
> • 체수분과 가장 비슷하다.
> • 등장액으로 노인과 유아에게도 사용이 가능하다.
> • 탈수 가능성이 있다.
> ㉣ 고장성식염수
> • 비교적 적은 관장용액 사용으로 피로와 통증이 적다.
> • 수분 – 전해질 불균형이 초래될 수 있다.

**Answer** 13.② 14.③

**15** 배변문제가 있는 환자의 증상에 따른 간호중재로 옳은 것은?

① 설사환자의 수분을 제한한다.

② 설사환자에게 하제를 투여한다.

③ 변비환자의 규칙적 운동을 격려한다.

④ 위식도 역류환자는 식후 앙와위를 유지시킨다.

> **TIP** ① 설사환자는 설사로 인해 탈수가 초래되므로 충분한 수분섭취를 할 수 있도록 한다.
> ② 하제는 장 내용물을 배설시키기 위해 사용하는 약으로 변비환자에게 투여한다.
> ④ 위식도 역류환자는 식후 좌위를 취해 음식물이 중력에 의해 잘 내려가도록 소화작용을 돕는다.

**16** 저섬유식이의 적용 목적은?

① 설사 유발　　　　　　　　② 분변 부피 감소

③ 장 연동운동 촉진　　　　　④ 영양공급 제한

> **TIP** ① 변비가 유발된다.
> ③ 장 연동운동이 감소한다.
> ④ 대장암 발생률이 증가한다.

**17** 장루 환자 관리를 위한 간호중재로 옳은 것은?

① 주머니는 2/3 이상 찼을 때 비운다.

② 장루 주변 피부는 중성비누로 닦아준다.

③ 찬물을 이용하여 장루 주머니를 세척한다.

④ 주머니 부착 부위는 항상 습윤제를 도포한다.

> **TIP** ① 주머니는 1/2 ~ 1/3 정도 찼을 때 비운다.
> ③ 따뜻한 수돗물을 이용하여 장루 주머니를 세척한다.
> ④ 주머니 부착 부위는 항상 건조하게 유지한다.
> ※ 장루 환자 간호
> 　ⓣ 장루주변 피부손상 유무를 주기적으로 확인한다.
> 　ⓛ 주머니 부착부위는 항상 건조하게 유지한다.
> 　ⓒ 장루주변 피부는 중성세제를 사용하여 닦는다.
> 　ⓔ 주머니는 1/2 ~ 1/3 정도 찼을 때 비우고 수돗물로 세척한다.
> 　ⓜ 주머니 장루보다 3 ~ 5mm 정도 크게 하여 장루자극을 예방한다.

**18** 직장 좌약을 처방받은 환자의 간호중재 사항으로 옳은 것은?

① 좌약은 따뜻하게 준비한다.

② 환자는 심스체위를 취해준다.

③ 삽입 시 직장 벽에 닿지 않게 조심한다.

④ 좌약 삽입 직후 배변욕구를 느끼면 지체 없이 화장실에 가게 한다.

> **TIP** ① 좌약은 차갑게 준비한다.
> ③ 삽입 시 직장 벽에 닿게 한다.
> ④ 삽입 후 적어도 15분 정도 좌약을 보유하고 있도록 해야 한다.
> ※ 직장 좌약
> ㉠ 건조한 대변을 부드럽게 하고 평활근 수축으로 직장을 더욱 팽만하게 해 배변을 유도한다.
> ㉡ 좌약은 냉장고에 보관하여 삽입을 쉽게 한다.
> ㉢ 천천히 심호흡하여 근육이완을 돕는다.
> ㉣ 성인은 10cm, 소아는 5cm정도 삽입한다.
> ㉤ 좌약을 직장 벽에 밀착시켜 삽입해야 효과가 나타난다.

**19** 고칼륨혈증 환자에게 관장을 시행하기로 하였을 때 환자에게 처방된 관장은?

① 비눗물 관장

② 글리세린 관장

③ 인산나트륨 관장

④ 케이엑살레이트 관장

> **TIP** ④ 양이온 교환수지로 수지내 다른 양이온과 장관내 포타슘을 교환시켜 포타슘을 대변으로 배출한다.

**20** 배출관장을 시행하는 환자 중재는?

① 관장액 주입 후 3분 정도 최대한 보유한다.

② 소량의 용액을 주입하여 연동운동을 자극한다.

③ 직장에서부터 30 ~ 45cm 높이에서 주입한다.

④ 관장용액의 빠르게 주입하여 효과를 높인다.

> **TIP** ① 관장액 주입 후 10 ~ 15분가량 보유한다.
> ② 관장용액은 생리식염수, 수돗물, 비눗물 등을 사용할 수 있다.
> ④ 관장용액은 중력을 이용하여 천천히 주입한다.
> ※ 배출관장(Cleansing Enema)
> ㉠ 장으로부터 변을 완전한 배출을 돕는다.
> ㉡ 다량의 용액 주입으로 장의 연동운동을 자극한다.

**Answer** 18.② 19.④ 20.③

# 05 활동 · 안전 · 안위 · 임종

## ❶ 활동

### (1) 신체선열과 운동

① 자세와 움직임

ㄱ 벌림(외전, Abduction) : 신체 중심선에서 멀어진 신체 일부의 움직임을 말한다.

ㄴ 모음(내전, Adduction) : 신체 중심선을 향한 신체 일부의 움직임을 말한다.

ㄷ 휘돌림(순환, Circumduction) : 원을 그리듯 돌리는 자세로 벌림, 모음, 폄, 굽힘이 혼합된 것을 말한다.

ㄹ 굽힘(굴곡, Flextion) : 구부러지는 상태를 말한다.

ㅁ 폄(신전, Extension) : 직선으로 있는 상태를 말한다.

ㅂ 젖힘(과신전, Hypertension) : 과도하게 펴진 상태로 180°가 넘는 각도를 말한다.

ㅅ 손(발)등굽힘(족배굴곡, Dorsiflexion) : 손이나 발이 뒤로 굽혀진 상태를 말한다.

ㅇ 발바닥쪽굽힘(족저굴곡, Palntar Flextion) : 발이 아래로 굽혀진 상태를 말한다.

ㅈ 돌림(회전, Rotation) : 중심축에서 돌아가는 것이며 관절의 중심축에 있는 신체 일부의 돌아감을 말한다.

ㅊ 안쪽돌림(내회전, Internal Rotation) : 신체의 중심선을 향해 신체 일부가 중심축에서 돌아가는 것을 말한다.

ㅋ 바깥돌림(외회진, External Rotation) : 신체 일부가 중심축에서 떨어져 돌아가는 것을 말한다.

② **정상적인 신체움직임** : 자세가 좋거나 신체 선열이 적절하면 신체 부위 정렬로 뼈대근육이 최적의 균형을 이뤄서 최적 작용과 건강한 생리적 기능을 한다.

③ 신체선열

ㄱ 신체 올바른 선열 상태를 균형이 잡혀있다고 말하며 물체의 무게 중심이 기저면에 가깝고 무게 중심선이 기저면을 통과하며 기저면이 넓을 때 물체는 균형을 유지한다.

ㄴ 협응이 되는 신체의 움직임은 목적을 갖고 움직이기 위해 근육들이 함께 작용한다. 약한 근육근 보다는 크고 강한 근육근의 사용, 지렛대 원리를 활용한 물체의 이동으로 촉진된다.

ㄷ 쉬고 있거나 운동할 때 자세나 평형을 유지하는 자세 반사는 신체선열과 균형을 위해 뼈대근육, 신경계의 통합적 기능이 필요하다.

② 무게 중심의 힘에 저항한 인체의 똑바른 자세는 뼈대근육의 긴장으로 몇 가지 자세반사 기능에 따라 나타난다. 미로감각(Labyrinthine Sense), 고유감각기(운동감각, Kinesthetic Sense, Proprioceptor), 시각반사(Visual Reflex), 폄근반사(신근반사, Extensor Reflex) 등이 있다.

④ 신체의 움직임과 신체선열에 영향을 미치는 요인
  ㉠ 신체적 건강으로 뼈대근육계, 신경계의 문제는 선열과 움직임에 유해한 영향을 미치게 된다.
  ㉡ 신체질병, 손상을 신체 움직임을 방해할 수 있으며 간호사는 급성건강문제, 만성 건강문제에 대한 전반적 환자의 모습, 일상생활 활동의 능력과 관련된 영향을 확인한다.
  ㉢ 근육계통, 뼈대계통, 신경계통의 문제는 선천적인 자세 이상, 후천적인 자세 이상, 뼈 형성이나 근육발달의 문제, 관절의 움직임에 영향을 미치는 문제, 뼈대근육계통의 외상, 중추신경계통에 영향을 미치는 문제 등을 살피며 간호중재를 제공한다.
  ㉣ 정신건강에서는 우울한 상태의 환자는 신체작용이 느리게 나타난다. 자세는 축 처지고 얼굴의 움직임이 거의 없다.
  ㉤ 생활습관으로는 많은 요인들이 작용한다. 직업, 선호 여가활동, 문화적 영향, 좌식생활 습관 등이 있다.
  ㉥ 피로와 스트레스는 규칙적인 운동을 방해하며 과도한 운동은 오히려 신체에 스트레스를 주기도 한다.

⑤ 운동
  ㉠ 등장성 운동(Isotonic Exercise) : 근육의 수축형태에 따라 근육의 단축과 능동적 움직임을 의미한다. 예로는 일상생활 활동을 수행할 때, 관절가동범위 운동을 혼자 힘으로 수행할 때, 수영, 걷기, 조깅, 자전거타기 등이 해당한다.
  ㉡ 등척성 운동(Isometric Exercise) : 근육의 단축이 없는 근육 수축이다. 요가 자세를 취할 때 넙다리네갈래근, 볼기근의 수축을 예로 들 수 있다.
  ㉢ 등속성 운동(Isokinetic Exercise) : 저항에 대항하는 근육수축이다. 외부 기구가 일정한 속도로 제공한다. 기구는 변동이 심한 저항력을 가진다. 예로는 부상을 당한 무릎과 팔꿈치의 재활운동 등이 있다.
  ㉣ 유산소 운동(Aerobic Exercise) : 심장혈관 조절을 촉진시켜 혈류, 심장박동 수, 산소요구량을 증가시키는 지속적 근육운동이다.
  ㉤ 스트레칭운동(Stretching Exercise) : 완전 관절가동범위로 근육과 관절을 부드럽게 뻗어지도록 하는 운동이다.
  ㉥ 근력 및 근지구력 운동(Strength And Endurance Exercises) : 다양한 근육형성 프로그램의 요소이다.
  ㉦ 신체움직임과 일상생활활동(Movement And ADLs) : 집안 활동과 능동적 생활양식이다.

⑥ 운동이 신체에 미치는 영향
  ㉠ 심장혈관계통 : 규칙적인 운동으로 인해 심장의 효율성이 증가한다. 심장 박동수와 혈압이 감소하며 혈류, 정맥귀환혈, 섬유소 용해소의 순환이 증가한다.
  ㉡ 호흡계통 : 폐 기능 향상을 가져온다. 폐포환기, 가로막 운동이 증가하고 호흡작업이 감소하게 된다.
  ㉢ 뼈대근육계통 : 근력과 유연성, 협응력, 신경자극전달의 효율성이 증가하고 뼈손실이 감소한다.

② 대사과정 : 트리글리세리드 분해, 위 운동성, 신체의 열생산이 증가한다.

⑩ 위창자계통 : 식욕, 창자의 긴장, 소화, 배설이 증가하며 체중조절이 나타난다.

⑪ 비뇨계통 : 신장으로 가는 혈류가 증가되며 순환이 증진한다.

⑭ 피부 : 영양의 공급으로 건강이 촉진된다.

⑮ 심리사회학적 : 에너지, 활력, 안녕감, 적극적 건강행위가 증가되고 수면, 외모, 자아개념의 개선이 이루어진다.

⑦ 운동과 관련된 위험

㉠ 심장마비의 유발 위험이 있다.

㉡ 정형외과적 불편감과 장애로 부상인 뼈, 힘줄, 인대, 근육의 자극으로 인한 문제가 발생할 수 있다.

㉢ 내적요인을 비롯한 외적요인으로 인한 건강문제가 발생 할 수 있다.

㉣ 열탈진(열피로, Heat Exhaustion), 열사병(Heat Stroke), 가슴통증, 운동으로 인한 천식 등이 있다.

⑧ 부동이 신체에 미치는 영향

㉠ 심장혈관계통 : 심장부하, 기립성 저혈압, 정맥울혈 증가, 정맥혈전증 등이 있다.

㉡ 호흡계통 : 환기노력 감소, 호흡분비물 증가로 이어지며 호흡의 깊이, 호흡수가 감소한다.

㉢ 뼈대근육계통 : 근육의 크기 감소, 긴장과 근력의 감소, 관절의 운동성과 유연성 감소, 뼈 무기질 소실, 지구력 제한으로 이어진다.

㉣ 대사과정 : 세포산소 요구량이 감소함에 따라 대사율 감소로 이어진다. 많은 부동환자들은 열, 외상, 만성질환 등의 원인으로 신체 대사요구량이 증가되고 분해대사가 증가한다. 이 과정이 억제되지 않으면 근육을 소모시키고 음성질소평형이 일어나면서 근육위축과 허약을 악화시킨다.

㉤ 위창자계통 : 식욕장애, 음식섭취 감소, 단백질대사의 변화, 소화감소, 음식활용이 감소한다.

㉥ 비뇨계통 : 소변정체로 인하여 세균성장이 촉진되며 요로감염 위험성이 증가된다.

㉦ 피부 : 욕창의 위험이 증가되며 심리적으로 자아의식의 위협의 위험도가 높아진다.

## (2) 간호과정

① 사정

㉠ 신체사정으로 움직임과 운동에는 일상활동 수준, 지구력, 운동, 체력, 활동의 문제, 신체건강과 정신건강의 변화, 운동성에 미치는 외적요인들을 사정한다.

㉡ 신체선열과 움직임과 관련하여 걸음걸이, 자세, 정렬, 관절구조와 기능, 근육량, 근육긴장, 근력, 지구력 등을 사정한다.

㉢ 관절의 구조와 기능에서는 관절가동범위(ROM, Range Of Motion)에 따라 정상적인 관절 움직임을 사정하게 된다.

② 손상을 예방하기 위한 신체역학의 적용

 ㉠ 환자 간호에 있어서 간호사의 **뼈대근육계**가 이용된다. 필요한 기구사용과 환자를 옮기는 과정 등에 적용된다.

 ㉡ 뼈대근육의 긴장과 손실을 예방하기 위해 올바른 수행이 필요하다.

 ㉢ 올바른 신체선열로 서있는 습관을 기른다.

 ㉣ 힘이 많이 드는 활동은 팔과 다리의 가장 길고 강한 근육을 사용한다.

 ㉤ 몸을 구부리거나 손을 뻗거나 들어 올리거나 당길 때 골반을 안정화한다.

 ㉥ 내장보호를 위한 배중심 근육군과 긴 몸통을 사용한다.

 ㉦ 들어 올리거나 옮길 물체는 가깝게 접근하여 움직인다.

 ㉧ 움직이는 방향을 마주하고 체중을 사용하여 앞으로 숙여서 물건을 밀고 뒤로 젖혀서 물건을 들어 올린다.

 ㉨ 가능하면 기구를 당기기보단 밀어준다. 기저면을 넓혀서 활동한다.

③ **장비와 보조기구** : 환자를 옮기거나, 자세를 바꾸거나, 들어 올릴 때 도움을 주는 장비, 보조기구를 사용한다. 종류로는 보행벨트(Gait Belt), 선자세 고정보조기, 자세변경 보조기, 측면보조기(Lateral − Assist Device), 마찰감소시트(Friction − Reducing Sheet), 측면보조기구(Mechanical Lateralassist Device), 이동의자, 전동전신리프트 등을 사용한다.

## ❷ 안위와 통증

### (1) 안위와 통증

① 통증은 사람이 통증이 있다고 말할 때마다 나타나고 원인이 없는 통증도 발현한다.

② 환자의 통증설명에 의존하며 환자만이 인식하며 묘사할 수 있는 주관적 증상이다.

### (2) 통증과정

① **변환**(Transduction)

 ㉠ 통증 수용체의 활성화이다.

 ㉡ 고통스런 자극이 말초에서 척수의 뒷뿔(후각, Dorsal Horn)로 이동하는 전기충격으로 전환까지를 포함한다.

 ㉢ 통각수용체(Nociceptor)와 말초수용체(Peripheral Receptor)는 특정 유해자극에 선택적 반응하며 통증인지에 대한 역치에 도달한다. 손상된 조직이 있을 때 신경말단을 자극하고 활성화하는 화학물질을 방출한다.

② 전달(Transmission)
  ㉠ 손상·염증 부위의 통증감각이 경로를 따라 척수와 중추로 전달된다. 특정부위에 한정되어 있지만 어느 정도 여전히 다른 부위에 불분명하다.
  ㉡ 전달의 전반적인 과정으로 몸에는 특정한 통증기관과 세포가 존재하지 않는다. 자유신경종말에서 통증자극을 수용한다.

③ 지각(Perception)
  ㉠ 통증자극이 생길 때 일어나는 감각과정이다.
  ㉡ 통증지각은 통증을 해석하는 것이다.
  ㉢ 통증역치(Pain Threshold)는 지각의 역치로 그 대상에게 통증을 인식시키는 최저 강도의 자극을 말한다.

④ 조절(Modulation)
  ㉠ 통증감각의 억제와 조정되는 과정이다.
  ㉡ 통증감각은 신경조절물질로 조절·조정된다.
  ㉢ 신경조절물질(Neuromodulator)은 내인성 아편유사제 화합물이다. 척수와 뇌에서 자연적으로 생기는 모르핀 같은 화학조절인자로 진통활동, 통증지각을 변화시키는 역할을 한다.

## (3) 통증 종류

① 통증의 지속시간
  ㉠ 급성통증(Acute Pain) : 지속시간에 따른 빠르게 시작하여 경증에서 중증까지 다양한 강도로 나타난다.
  ㉡ 만성통증(Chronic Pain) : 한정적·간헐적·지속적 등의 특징이 있다. 정상 치유기간보다 오래 지속된다.

② 통증의 근원
  ㉠ 피부통증(Cutaneous Pain) : 위치에 따라 얕은 통증으로 피부와 피하조직에 나타난다.
  ㉡ 몸통증(체성통, Somatic Pain) : 힘줄, 인대, 뼈, 혈관, 신경등에 나타나며 분산, 산발적인 특징을 가진다.
  ㉢ 내장통증(Visceral Pain) : 불완전하게 국소적이며 가슴·머리·배의 몸통 장기에서 발생한다.

③ 전달 범위 : 근원지점에서 멀리 떨어진 지점에서 지각되는 연관통증이 있다.

④ 원인
  ㉠ 통각수용통증(Nociceptive Pain) : 유해한 자극을 고통스러운 것으로 인식하는 정상과정이다.
  ㉡ 통각수용기(Nociceptor) : 몸과 내장 부위에 통증을 전달하는 말초신경섬유이다.
  ㉢ 신경병증통증(Neuropathic Pain) : 말초신경계통과 중추신경계통의 비정상적인 기능에 영향을 주는 병변과 질병의 결과로 나타난다.
  ㉣ 난치성(Intractable) : 통증의 치료와 중재에도 지속되는 경우로 적절한 통증치료가 요구된다.

### (4) 통증반응

① **행동적 반응** : 얼굴 찡그림, 신음, 울음, 안절부절못함, 고통스런 부위를 보호하고 움직이지 않고, 자극을 피하려는 동작 등이다.

② **생리적 반응**

    ㉠ 중등도이거나 표재성 통증일 때 혈압 증가, 맥박수, 호흡수의 증가, 동공확장, 근육 긴장, 경축, 창백, 혈당 증가 등으로 나타난다.

    ㉡ 중증이거나 심부통증일 때는 구역, 구토, 실신, 무의식, 혈압 감소, 맥박수 감소, 탈진 등으로 나타난다.

③ **정서적 반응** : 과도한 울음과 안절부절못함, 금단증상, 무관심, 불안, 우울, 분노, 두려움 등으로 나타난다.

### (5) 통증에 영향을 미치는 요인

① 문화적 다른 요인으로는 가족, 성별, 연령, 종교적 믿음 등에 영향을 받는다.

② 환경에 따라서도 다르게 나타날 수 있는데 낯선 의료 환경, 불빛, 소음, 수면 부족 등은 통증 경험을 악화시킨다.

③ 불안과 다른 스트레스는 통증강도를 증가시키고, 과거의 통증경험 역시 영향을 준다.

### (6) 통증의 간호과정

① **사정** : 5번째 활력징후로서 통증관리는 중시된다.

    ㉠ **통증사정의 요소** : 통증에 대한 환자의 표현, 설명, 지속시간, 위치, 정도, 강도, 특성, 시간적 변화, 악화 및 완화 요인, 생리적 지표, 행동반응, 통증경험이 일상생활 활동과 생활양식에 미치는 변화 등을 사정한다.

    ㉡ **통증사정 척도** : COMFORT(안위)척도, CRIES(울음)통증 척도, FLACC척도, Wong – Baker FACES(얼굴)통증 평가척도, 비구두적 지수 점검표, Oucher통증척도 등이 있다.

② **수행**

    ㉠ **통증원인을 제거하거나 변화시키기** : 이상적인 중재로 방광비우기, 변비, 가스 완화 처치, 체위 변경 시 신체선열을 올바르게 한다. 피부자극의 오염된 침구, 드레싱 교체 등을 행한다. 특정 약물의 경우 고통스런 자극 제거하고 강도변화에 유용하게 이용된다. 통증내성(Pain Tolerance)을 감소시키는 요인들을 확인하여 완화시킨다.

    ㉡ **보완적·대체적 완화 시행하기** : 관심 전환하기로 통증경험은 의식적인 주의가 필요하지만 다른 곳으로의 전환으로 통증의 역치와 내성을 높인다. 유머 이용, 음악 듣기, 심상 이용, 이완법 이용, 피부자극, 침술, 최면술, 치유, 치료적 접촉 제공, 동물매개 치료 등을 사용한다.

③ 약물적 중재

  ㉠ 진통제(Analgesic) : 통증완화에 사용되는 약물로 통증지각을 감소시키고 불편반응을 감소시킨다.

  ㉡ 일반적으로 사용되는 약물 : 아편유사제 진통제인 모르핀, 코데인(Codein), 옥시코딘(Oxycodone), 메페라딘(Meperidine), 하이드로포르폰(Hydromorphone) 등이 있다.

  ㉢ 비아편유사 진통제 : 아세트아미노펜(Acetaminophen), 비스테로이드항염증약(NSAID, Nonsteroidal Anti - Inflammatory Drugs), 기타 보조진통제가 있다.


(7) 수면생리

① 정의 : 뇌줄기(뇌간, Brainstem)의 두 계통인 망상활성화체계(망성활성계, RAS, Reticular Activating System), 숨외동시활동영역(연수동시활동영역, Bulbar Synchronizing Region)이 수면주기를 조절한다.

② 24시간주기 리듬

  ㉠ 수면 - 각성은 시상하부에 있는 내부 생체시계를 따를 때 24시간 주기 동시화(Synchronization)가 발생한다.

  ㉡ 밝음과 어두움은 수면과 각성의 24시간 주기에 강력한 조절인자로 작용한다.

  ㉢ 정상주기의 방해는 24시간 주기나 시간의 붕괴를 가져온다.

③ 수면단계

  ㉠ 구분 : 빠른 눈운동이 없는 수면(비급속안구운동수면, Non - Rapid Eye Movement Sleep, Nrem), 빠른눈운동수면(급속안구운동수면, Rapid Eye Movement Sleep, REM)으로 구분된다.

  ㉡ NREM수면 : 전체수면 75% 차지하며 4단계로 구분된다. 1단계와 2단계는 쉽게 깨어난다. 3단계와 4단계의 경우 깊은 수면상태로 델타수면(Delta Sleep), 느린파수면(Slow - Wave Sleep)이다. 각성의 역치 역시 4단계 중 가장 크게 나타난다.

  ㉢ REM수면 : 각성이 가장 힘든 상태이다. 야간 수면의 20 ~ 25%를 차지한다. REM수면 상태의 꿈은 깨고 나서도 기억난다.

④ 수면주기 : NREM 수면의 4단계가 연속적으로 거친다. 그 다음은 역행되고 대부분은 수면 시 4 ~ 5번의 수면주기를 거치게 된다.

⑤ 수면양상

  ㉠ 성인의 경우 평균 8시간 수면이 안정된 기준이다.

  ㉡ 공식이 존재하지 않으나 각 자신의 안녕감 유지하는 휴식유형을 따르는 것이 중요하다. 성인은 권장 수면량은 7 ~ 9시간이다.

(8) 수면에 영향을 미치는 요인

① 연령

    ㉠ 아동 : 짧은 수면양상은 정기적으로 사정하고 수면문제와 수면방해요인을 확인한다.

    ㉡ 65세 이상의 노인 : 대부분 잠들기 어려워하며 낮잠을 자며 만성질환도 수면양상에 영향을 준다.

② 깨어나서 정신을 차리려는 동기나 욕구가 졸음과 수면 극복에 영향을 준다.

③ 문화적 신념이나 관습은 휴식과 수면에 영향을 준다.

④ 낮교대나 교대근무 등의 수면주기 변화로 수면양상의 조절이 어려울 수 있다.

⑤ 습관도 수면에 영향을 미치게 된다.

⑥ 신체활동과 운동으로 인해 수면에 영향을 준다.

⑦ 단백질 · 탄수화물이 함유된 간식이나 알코올을 섭취하면 수면에 영향을 준다.

⑧ 카페인과 흡연은 수면을 방해한다.

⑨ 환경적 요인으로 일반적으로 평상시 가정환경에서 가장 잘 잠들며 스트레스는 수면을 방해하는 요소이다.

⑩ 질병이나 약물도 수면장애를 일으킬 수 있다. 수면을 감소시키는 약물로는 항파킨슨병제, 스테로이드, 이뇨제, 충혈제거제, 카페인, 천식약 등이 있다.

(9) 수면이상증

① **불면증**(Insomnia)

    ㉠ 잠들기 어렵고 간헐적 잠에서 깨어나거나 잠에서 일찍 깨는 것이 특징이다.

    ㉡ 수면장애 중 가장 흔하다. 60세 이상, 여성, 우울증 병력이 있는 경우 호발한다.

② **과다수면**(Hypersomnia)

    ㉠ 낮에 과도한 잠을 자게 되는 것이 특징이다. 특발성 수면과다라고도 한다.

    ㉡ 먹거나 대화할 때나 근무 중에도 잠이 들 수 있다.

    ㉢ 낮잠은 수면부족을 완화시키지 못한다.

③ **발작수면**(기면증, Narcolepsy)

    ㉠ 참을 수 없을 정도로 잠자고 싶은 욕구가 증상이며 서있거나 차를 운전하거나 대화 중 수영 중에도 잠이 든다.

    ㉡ 빠르게 잠들고 일어나기 힘들다. 다른 사람에 비해 적은 시간을 자고 편하게 쉴 정도의 수면을 취하지 못하는 증상으로 신경장애로 구분된다.

    ㉢ 발작수면의 흔한 특징으로는 수면발작(Sleep Attack), 허탈발작(Cataplexy), 입면환각(Hypnagogic Hallucination), 수면시작 REM수면기, 수면마비(Sleep Paralysis) 등이 있다.

④ 하지불안증후군(RLS, Restless Leg Syndrome)

    ㉠ 중년이나 성인인구 중 15% 정도 영향을 미친다.

    ㉡ 수면장애이며 다리에 무언가 살금살금 움직이거나 기어 다니는 느낌, 저린 감각 등이 느껴져서 수면방해를 받는 것을 말한다.

⑤ 수면무호흡(Sleep Apnea)

    ㉠ 수면호흡장애(SDB)라고 한다. 수면 중에 코 고는 사이 호흡이 없거나, 호흡노력이 사라지는 증상이다.

    ㉡ 10 ～ 20초 정도 멈추기도 하며 길게는 2분간 멈추기도 한다.

    ㉢ 비만인 키 작은 중년남성, 목이 짧고 두꺼운 여성, 다른 연령층에서 다양하게 호발된다.

    ㉣ 후두인두가 오그라들어 기도가 막혔을 때, 편도비대나 아데노이드 같은 다른 구조적 이상, 비틀어진 코 사이막, 갑상샘 비대로 폐쇄성수면무호흡(obstructive sleep apnea : OSA) 등이 나타나기도 한다.

⑥ 수면박탈(Sleep Deprivation)

    ㉠ 수면량, 수면의 일관성, 수면의 질이 감소하는 것이다. REM수면, NREM수면이 감소하면서 일어날 수 있다.

    ㉡ 증상은 과민함과 정신능력 저하에서 전체적 인격 분열로 나타난다.

    ㉢ 수면박탈 효과는 30시간 지속적 각성 후 점차 분명하게 나타난다.

    ㉣ 부분적 수면박탈은 집중력 소실, 부주의 정보처리과정의 저하, 심각한 안전위험을 유발하게 된다.

⑽ 사건수면

① 몽유병(Somnambulism) : 침대에 앉아 있거나 방을 돌아다니거나 집 안과 밖을 돌아다니는 것 등 다양하게 나타난다. 증상을 본인은 인식하지 못한다.

② REM수면행동장애(RBD, REM Behavior Disorder) : 잠을 자는 동안 꿈을 실연해 보이는 것이 특징이다. 침대에서 신음, 몸부림 등으로 표현된다.

③ 야경증(수면공포증, Sleep Terror) : 아동에게 주로 나타난다. 가장 깊은 수면단계에서 비명을 지르며 깨어나고 침대에 앉아있게 된다.

④ 악몽(Nightmare) : 생생하고 불안감을 주는 무서운 꿈으로 아동에게 주로 호발한다.

⑤ 이갈이(Bruxism) : 이를 가는 것이다. 과도한 스트레스로 주로 발생한다.

⑥ 유뇨증(야뇨증, Enuresis) : 자다가 소변을 보는 증상이다. 3세 이상 남아에게 흔하게 발생한다.

⑦ 수면 중 식이장애(Sleep ‒ Related Disorder) : 잠자면서 먹을 때 발생하며 깨어나서 먹었다는 기억을 하지 못한다.

(11) 수면의 간호과정

① 사정

　㉠ 수면력으로 문제의 특성, 원인, 징후, 증상, 언제 시작되었는지 등을 사정한다.

　㉡ 수면일지를 작성하여 수면 – 각성 양상에 대한 자세한 자료를 사정한다.

　㉢ 수면일지에 포함되는 내용으로는 환자가 침대에 들어간 시간, 잠들려고 노력한 시간, 잠드는 시간의 근
　　사치, 아침에 일어나는 시간 등이 있다.

② 수행

　㉠ 수면문제의 해결을 위해 휴식 수면을 촉진한다.

　㉡ 편안한 환경 마련, 수면습관촉진, 취침 시 적당한 간식, 음료를 제공하기, 휴식촉진, 편암함의 증진, 정
　　상적인 수면 – 각성 양상 지키기, 불필요한 수면방해요소를 피하기 위해 간호일정 계획하기, 수면촉진
　　제의 사용, 휴식과 수면에 관한 교육 등이 행해진다.

## ❸ 안전

(1) 안전의 의의

① 안전은 기본적인 인간의 욕구로서 안전이나 위험, 상해, 위협이 없는 상황은 모든 간호의 기본이 된다.

② 환자의 안전은 모든 의료인의 책임이기도 하다.

(2) 안전에 영향을 미치는 요인

① 발달적 고려사항

　㉠ 각 발달 수준에 따른 위험은 다르게 나타나는데 신체적 · 인지적 변화는 영아에서 노인까지 순차적인 발
　　달단계를 반영한다. 환경의 안전을 위해서 각 발달 수준의 잠재적 위험을 인지한다.

　㉡ 아동 : 운동기술의 발달로 환경이 확대되어 잠재적인 위험이 증가한다.

　㉢ 유아 : 활동 증가로 낙상 위험이 높아진다.

　㉣ 청소년 : 약물이나 알코올 남용이 있다.

　㉤ 성인 : 스트레스 문제가 있다.

　㉥ 노인 : 균형감각이나 인지능력의 저하로 낙상 위험이 높다.

② 직업

　㉠ 직업과 근무환경 등은 개인의 안전에 영향을 미친다.

　㉡ 특정 직업에서 일하는 사람들은 소음, 오염, 독성 화학물질, 증기, 감염물질 등 다양하게 건강상 위험이
　　노출된다.

© 간호사의 경우 안전캡 주삿바늘을 사용함에도 바늘 찔림 손상, 혈액매개감염의 위험이 높은 직업군이다.

③ **사회적 행동**
　　㉠ 일부 사람들은 천성적 위험을 감수하며 부상당할 위험에 스스로를 내모는 경향이 있다.
　　㉡ 스트레스 약물, 알코올의 남용은 건강하지 않은 생활습관을 촉발하며 좋지 않은 생활습관을 선택하는
　　　취약한 집단의 사람들에게는 지원과 주의가 필요하게 된다.
　　㉢ 간호사의 취약집단을 향한 안전의 옹호자의 역할이 수반된다.

④ **환경**
　　㉠ 범죄율이 높은 특정 지역 환경의 경우 건강을 해칠 물질에 노출 위험도가 높다. 범죄 만연한 지역에서
　　　는 신체 안전과 정서적 건강을 위협받을 수 있다.
　　㉡ 지역사회간호사들은 폭력과 개인적 상해 유발 가능성의 특정 환경의 위험성을 파악한다.

⑤ **이동능력**(Mobility)
　　㉠ 어떤 이동능력의 제한도 잠재적 안전을 보장받지 못한다.
　　㉡ 꾸준히 걷지 않는 노인환자는 낙상 위험이 더 높다. 보조도구 사용 대상자의 경우 철저한 교육과 준비
　　　가 필요하다. 의료기관과 같은 낯선 상황에서는 위험도가 더 증가하게 된다.
　　㉢ 간호사는 독립성 유지, 자존감의 증진을 위해 안전하고 예측 가능한 환경을 제공하며 환자의 상해위험
　　　을 사정한다.

⑥ **감각인지**
　　㉠ 감각인지의 변화는 안전에 악영향을 미친다.
　　㉡ 시각, 청각, 후각, 미각, 촉각 등의 저하는 환경에 대한 사람의 민감성 감소로 이어져 안전사고 발생 위
　　　험률을 높이게 된다.

⑦ **지식** : 평생 동안 건강을 유지하고 증진하기 위해 안전과 보안 조치에 대한 의식이 중요하므로 안전에 대한
　환자교육이 중요하다.

⑧ **의사소통능력** : 많은 안전실천을 위해서는 의사소통능력이 기본이다. 간호사의 정확한 사정으로 환자의 이해
　수준의 파악하고 긍정적인 의사소통의 증진을 가져온다.

⑨ **신체적 건강상태** : 대상자의 건강상태에 영향을 미치는 것은 환경의 안전에 영향을 미칠 가능성이 있다. 합
　병증 예방과 최적의 수준으로의 기능회복을 위해서는 안전에 주의해야 한다.

⑩ **심리사회적 건강상태** : 스트레스에 많이 노출된 사람은 주의 집중 시간이 단축되어 사고발생 위험성이 높다.
　우울은 의식저하를 동반하고, 사회적 고립과 접촉 부족은 집중력을 감소시키고 외부자극에 대한 의식이 느
　려진다.

(3) 간호과정

① 대상자 사정

    ⊙ 간호력 : 낙상과 사고병력에 대한 사정으로 이루어진다. 낙상 경험은 또 다른 재발위험이 높다. 보조기구, 알코올, 약물 등의 병력에도 주의한다.

    ⓛ 신체사정 : 기동력 상태, 의사소통능력, 의식수준, 지남력, 감각 인지 등을 사정한다.

② 환경 사정

    ⊙ 가정, 지역사회, 의료기관의 위험은 상해를 유발할 수 있다.

    ⓛ 환경적 안전위험에는 낙상, 화재, 중독, 질식, 자동차 · 기구 · 시술 사고 등을 초래하는 것이다.

③ 낙상

    ⊙ 정의 : 65세 이상의 고령 노인들에게 상해 사망을 일으키는 주요 원인으로 넘어지거나 떨어져서 생기는 상해를 말한다.

    ⓛ 사정 : 간호력과 신체사정으로 이루어진다.

    ⓒ 요인 : 문진과 시진하여 낙상의 종류나 원인을 파악하는 것이다.

    ⓔ 고위험군 : 65세의 연령, 낙상 병력, 시각이나 균형감각의 저하, 걸음걸이나 자세의 변화, 이뇨제나 정신안정제, 진정제, 수면제, 진통제를 포함한 약물처방, 체위성 저혈압, 느려진 반응시간, 혼돈, 지남력장애, 감소한 기동성, 허약과 신체적 허약, 익숙하지 않은 환경이 있다.

④ 화재

    ⊙ 가정에서 발생하는 화재위험성이 높다. 담배, 양초, 전기히터 등으로 발생 위험이 높다.

    ⓛ 의료시설의 경우 화재예방과 응급 상황 대응훈련은 환자 상해보호 준비로 필요하다.

    ⓒ 간호사는 의료기관의 화재 관련 정책을 알고 기구의 적절한 작동여부를 확인하며 언제, 얼마나 훈련이 시행되는지 사정한다.

⑤ 중독

    ⊙ 안전 사정 시에는 그 사람의 발달단계를 고려한다.

    ⓛ 유아 : 가정용 화학물질을 섭취하기 쉽다.

    ⓒ 미취학 아동 : 가정의 납 함유 물질 섭취 위험이 있다.

    ⓔ 청소년 · 성인기 : 약물 실험으로 인해 위험이 있다.

    ⓜ 노인 : 혼돈과 건망증 때문에 발생되는 과다복용의 위험 등이 있다.

    ⓗ 독성 매연의 노출은 대부분 가정에서 일어난다.

(4) 수행

① 의료기관에서의 낙상예방

　　㉠ 의료시설에서 낙상 예방하는 간호중재는 위험사정을 완료하고 환자의 방문, 의무기록에 낙상위험을 표시한다.

　　㉡ 침대를 낮게 위치하고 침대와 휠체어 바퀴를 잠금상태로 유지한다.

　　㉢ 환자의 손이 뻗을 수 있는 지점에 호출벨을 두며 호출벨의 사용에 대해 환자를 교육하고 호출벨에 신속하게 답한다.

　　㉣ 야간등을 켜두며 병실의 모든 신체 위험요소들을 치우고 미끄럼 방지 신발을 제공한다.

　　㉤ 환자가 닿을 수 있는 범위의 물, 화장지, 환자용 변기를 둔다.

　　㉥ 환자의 인지상태의 변화를 기록하고 다른 의료진들에게 알린다.

　　㉦ 필요하다면 억제대를 대신할 대체전략을 이용한다.

　　㉧ 기관의 정책에 따라 마지막 수단으로 최소한의 제한적 억제대를 사용한다.

　　㉨ 억제대의 적용 시 필요한 시간 간격으로 환자를 사정하도록 한다.

② 가정에서의 낙상예방

　　㉠ 가정에서 일어나는 주요 낙상 원인으로는 미끄러운 표면, 약한 조명, 어지럽혀져 있는 것, 잘 맞지 않는 옷, 슬리퍼 등이 있다.

　　㉡ 욕실과 계단에 손잡이를 설치하고 조명을 환하게 밝히고 고장이 난 기구는 버리거나 수선한다.

　　㉢ 가정간호사의 경우 가정에서 노인의 낙상 위험을 사정하기 위해 DAME을 적용한다.

> 📢 **TIP** DAME
> - D(Drug And Alcohol Use) : 약물과 알코올 사용
> - A(Age – Related Physiologic Status) : 연령 관련 생리적 상태
> - M(Medical Problems) : 의학적 문제
> - E(Environment) : 환경

③ 의료시설에서의 보호대 적용

　　㉠ 보호대(억제대, Restraints)는 환자의 움직임 제한을 위해 신체적 장치이다.

　　㉡ 침대난간이나 트레이가 부착된 노인용 의자, 손목·발목·허리 등에 묶는 장치이다.

　　㉢ 보호대(억제대)는 모든 노력에도 불구하고 어느 상황에서는 보호대가 유일한 해결책일 수 있으므로 최소한의 제한적인 보호대 적용이 첫 번째 선택이다. 보호대를 직원의 편리를 위해서 사용하지 않는다.

　　㉣ 장기요양시설의 경우 보호대 사용 전 환자의 가족과의 상담내용을 계획에 포함한다.

　　㉤ 응급실에서의 보호대는 적용될 수 있으나 평가위원회의 기준에 따라 의사와 치료전문가로부터 즉시, 몇 분 내 처방을 받아야 한다.

## ❹ 임종

### (1) 정의

① WHO의 정의 : 소생할 수 없는 삶의 영원한 종말이라 하였다.

② 웨버(Webster) 사전(1991)의 정의 : 동·식물에서 소생의 가망이 없는 모든 생체 기능의 영구적 정지, 생명 종결, 죽는다는 사실이나 행동 및 과정을 의미한다. 임종이란 생명이 끝나가는 것, 죽음이 임박한 것, 점차 소멸되는 것이라 하였다.

### (2) 죽음의 판정

① 신체의 모든 장기가 기능을 멈출 때를 의미한다.

② 심혈관, 호흡기, 뇌기능의 비가역적인 중단을 말한다.

③ 1968년에는 국제의학총회에서 뇌사도 죽음이라고 선언하는 '시드니 선언'이 나오게 되었다.

### (3) 죽음과 관련된 두려움

① 임종하는 이의 두려움으로는 죽음의 과정, 생을 잃어버리는 것, 사후에 대한 두려움으로 나타난다.

② 고통이나 신체변화, 버림받는 것 등에 대한 두려움을 느끼게 되고 상실, 사후의 심판과 벌에 두려움을 느끼게 된다.

③ 사별가족의 두려움은 소중한 사람을 잃는 것에 고통을 받게 되며, 돌보는 이들의 두려움으로는 너무 많은 개입으로 상실의 두려움이 나타날 수 있다.

### (4) 죽음에 대한 반응

① 제1단계(부정) : 부정으로 죽을 병이라는 통지를 받고 보이는 첫 반응을 말한다. 심리적으로 완충작용을 한다. 환자에게 자신의 마음을 정리할 수 있는 여유를 가지게 한다. 현실부정하며 나에게 일어날 수 없는 일이라고 여러 병원 다니는 양상이 나타난다.

② 제2단계(분노) : 분노를 표현한다. 부정의 단계를 더 이상 유지할 수 없게 되면 분노, 원망, 질투의 감정으로 바뀐다. 왜 하필이면 자신에게 이러한 일이 일어났는지에 대해 모든 대상에게 분노를 표현한다. 인내심을 갖고 환자의 분노감 수용이 필요하다.

③ 제3단계(타협) : 죽임이 어쩔 수 없는 것임을 알게 되면 이를 연기시키려는 노력으로 타협을 시도한다. 현실을 직시하도록 도와야 한다.

④ 제4단계(우울) : 더 이상 부인할 수 없을 정도로 병이 악화되거나 몸이 현저하게 쇠약해지면서 우울해진다. 위로보다는 감정을 표현하도록 곁에 조용히 있어주거나 손을 잡아주는 등의 행위를 취한다.

⑤ 제5단계(수용) : 자아실현의 단계로서 자신에게 임박한 죽음과 우주를 평화롭게 느낀다. 가족의 도움과 이해와 격려가 필요하다. 평온한 시간을 가질 수 있도록 방문객을 줄이고 가족과 함께 있도록 배려한다. 조용한 환경을 유지한다.

### (5) 임종간호의 윤리적 쟁점

① 삶의 질의 선택과 생명연장을 선택할 것인지 결정하는 갈림길에 서게 된다.

② 환자의 알 권리에 대해 인간의 기본적인 권리로 보장받아야 하지만 우리나라의 경우 의사가 환자를 제외한 가족에게만 진단명을 알리는 경우가 있다.

③ 환자는 임종을 맞이할 준비를 하지 못하며 의구심과 불안감을 느낄 수 있다.

④ 치료의 딜레마는 임종을 앞둔 환자의 치료 시작과 끝에는 언제든 발생할 수 있다.

⑤ 의사결정이 가능한 성인의 경우 자신이 원하는 치료 선택이 가능하다. 사전치료계획 및 사전의료의향서로서 표현하게 된다.

⑥ 심폐소생술(CPR, Cardiopulmonary Resuscitation)의 거부권인 DNR(Do Not Resuscitate)은 논란의 여지가 아직 존재한다.

⑦ 심한 부작용이나 생명위협의 경우에도 치료 종결은 신중히 한다. 인공호흡기나 약물치료의 중단은 심각한 문제이므로 치료를 지속하더라도 상태가 호전되지 않는 경우에도 환자나 가족이 원한다면 존중한다.

### (6) 임종대상자의 간호사정

① 자료수집에 있어 병력, 간호력을 수집한다.

② 신체요구로 의식수준, 신체기능, 수면시간, 호흡기 변화, 의식수준 등을 사정한다.

③ 임종이 임박한 환자의 신체적 징후
    ㉠ 촉각이 감소한다.
    ㉡ 청각은 가장 마지막에 사라지는 감각이다.
    ㉢ 시각에서 복시가 나타난다. 눈이 게슴츠레해지고 눈 주위가 함몰된다. 눈 깜박임 반사의 소실이 나타난다.
    ㉣ 심박동수의 증가 후 느려지며 맥박이 약해지고, 불규칙한 리듬, 혈압감소, 호흡수의 증가, 체인 – 스톡 호흡, 느려지고 얕고 헐떡거리는 불규칙한 호흡이 나타난다.
    ㉤ 소변량 감소, 요실금, 위장관 기능의 저하 · 정지, 가스 축척, 구토, 메스꺼움이 나타난다.
    ㉥ 점차 움직이는 능력이 상실되고 말하기나 삼키기가 어려워진다.
    ㉦ 안면근력 상실로 턱이 아래로 처지고 구개반사가 소실된다.
    ㉧ 손, 발, 팔, 다리가 얼룩덜룩해지고 피부가 차갑고 끈적해진다.
    ㉨ 코, 손발톱, 무릎에 청색증이 발생한다.

(7) 임종대상자의 간호수행

① 신체적 간호

　ⓐ 통증관리 : 남은 삶의 질을 위해 적극적인 통증관리, 규칙적인 진통제 투여, 심상요법, 마사지, 지압, 냉온요법, 이완요법 등을 실시한다.

　ⓑ 호흡증진 : 혼자 있지 않도록 하고 안심시킨다. 반좌위를 유지하고 산소를 공급하며 기관지 확장제를 공급하고 기도분비물 흡인, 수분섭취 증가, 습도 증가를 제공한다.

　ⓒ 영양관리 : 오심과 구토 시 원인을 파악하고 진통제를 투여한다. 식사는 소량씩 자주 섭취한다. 구토 후 구강간호를 실시하고 기호식품을 제공하며 가족과 함께 식사하도록 한다.

　ⓓ 배설간호 : 분변매복을 제거하고 신체활동을 격려한다. 수분과 섬유질 많은 음식을 제공한다. 기저귀를 적용하며 유치도뇨관을 삽입한다.

　ⓔ 피부 : 청결을 유지한다.

　ⓕ 휴식 · 수면 : 취침 전 따뜻한 음료를 제공하며 정서적 지지를 도와주고 필요시 수면제를 제공한다.

　ⓖ 욕창 · 위생관리 : 체위변경, 부분목욕, 오일이나 크림 바르기를 실시한다. 외모관리로 깨끗한 옷을 입히고 머리를 단정히 해준다.

　ⓗ 냄새관리 : 욕창이나 실금으로 인한 냄새 가능성이 있으므로 자주 환기하고 청결한 공기를 유지한다.

② 심리적 간호

　ⓐ 불안과 우울과 관련하여 약물요법이나 격려, 지지, 교육을 실시한다.

　ⓑ 두려움 완화를 위해 통증, 호흡곤란, 외로움, 소외감, 무의미한 것에 대한 두려움을 지지하고 표현하도록 격려하여 대처를 도와준다.

　ⓒ 의사소통 시 감정이입과 적극적인 경청이 필요하다.

③ 영적간호

　ⓐ 삶과 고통과 죽음, 사후세계의 철학과 자세, 믿음과 희망을 다룬다.

　ⓑ 영적간호는 환자의 죽음 수용, 평안한 죽음을 맞이하도록 도와준다.

　ⓒ 영적요구 구분 : 의미추구의 요구, 용서에 대한 요구, 사랑에 대한 요구, 희망에 대한 요구가 있다.

④ 임종간호

　ⓐ 저체온(차가워짐)은 담요를 덮어 보온을 증진한다.

　ⓑ 수면 시간의 증가는 환자 옆에서 손을 잡고 자연스럽게 이야기를 한다.

　ⓒ 혼돈의 간호는 환자에게 먼저 자신의 이름을 말한다. 의사소통 시 부드럽고 명확히 얘기한다.

　ⓓ 기도분비물은 고개를 옆으로 돌려 배액 유도하고 필요하면 흡인을 시행한다.

　ⓔ 불안정함은 영적인 고통이 있는지 확인하며 이마를 가볍게 문질러 준다. 책 읽어주기, 편안한 음악 들려주기 등을 시행한다.

　ⓕ 호흡양상이 체인 – 스톡(Cheyne – Stokes)호흡이 되면 머리를 높여주는 등의 호흡간호를 행한다.

⑤ 가족돌봄

   ⑦ 말기환자의 가족은 환자의 신체·정신적 요구 충족에 중요역할을 수행한다. 환자가 원하는 것의 해결과 정서적 지지를 도와준다.

   ⓛ 가족이 임종과정을 함께하는 것은 매우 고통스러운 것이다. 환자를 돌보는 가족이 가능한 일상적 활동을 지속하도록 배려하며 휴식할 수 있는 자원 연계를 돕고 지지체계의 구축을 돕는다.

⑥ 간호사 자신을 위한 돌봄

   ⑦ 말기환자를 간호하는 간호사는 문제로 압도당하거나 지나친 동일시, 회피가 나타난다.

   ⓛ 스트레스 완화를 위한 취미와 관심 있는 활동에 참여하고 자신만의 시간을 가지고 동료 지지체계를 유지한다.

   ⓒ 임종하는 환자로 인해 슬퍼하는 동료를 피하지 말고 서로 지지하여 정서적 소진과 고독감을 완화하는 데 도움을 주고 받는다.

# 출제 예상 문제

**1** 노인전문병동에서 간호사가 낙상 예방을 위해 세운 간호중재로 옳은 것은?

① 억제대를 적용한다.

② 병실과 복도에 밝은 조명을 사용한다.

③ 사용하기 쉽게 물건을 바닥에 내려놓는다.

④ 부축없이 혼자서 걸을 수 있게 유도한다.

> **TIP** ② 노인환자의 활동 구역은 조명을 밝게 한다.
> ① 억제대가 필요한 경우에만 사용목적을 설명하고 사용한다. 꼭 필요한 경우가 아리라면 사용은 자제한다.
> ③ 주로 사용하는 물건은 손이 닿는 높이에 두도록 한다.
> ④ 노인환자를 부축하거나 정서적 지지를 하며 함께 할 수 있도록 한다.

**2** 왼쪽 편마비 환자의 보행을 도와주기 위한 간호수행으로 옳은 것은?

① 신체접촉을 하지 않는다.

② 환자의 오른쪽에서 보행을 지지한다.

③ 환자의 겨드랑이 부위에서 팔을 지지한다.

④ 간호사에게 환자의 체중이 실리지 않게 한다.

> **TIP** ① 환자의 보행을 지지하기 위해 신체접촉이 불가피하다.
> ② 환측의 운동기능 소실로 넘어질 수 있으므로 환측에서 보행을 지지한다.
> ④ 환자의 체중이 간호사에게 50 ~ 60% 실리기 때문에 두명의 간호사가 돕거나 벨트를 이용한다.

**Answer** 1.② 2.③

**3** 환자 낙상 위험 사정 시 낙상 위험이 가장 높은 환자는?

① 장루를 갖고 있는 환자

② 2일 전 복부수술을 받은 환자

③ 호르몬제제를 투여 중인 환자

④ 과거 낙상 경험이 있는 뇌졸중환자

> **TIP** 낙상 고위험 대상자
> ㉠ 65세 이상 노인
> ㉡ 낙상 과거력
> ㉢ 균형감각 손상이나 보행 혹은 자세의 변화
> ㉣ 이뇨제, 신경안정제, 진정제 등의 약물 복용환자
> ㉤ 체위성 저혈압

**4** 병원에 화재 발생 시 먼저 대피시켜야 하는 환자는?

① 무의식 환자                  ② 보조기구 착용 환자

③ 움직임 시 통증이 있는 환자      ④ 스스로 움직일 수 있는 환자

> **TIP** ④ 화재 발생 시 대피 순서에 따라 스스로 움직이며 이동능력이 있는 환자부터 대피시킨다.
> ※ 병원 화재 발생 시 대처
> ㉠ 화재 경보 울리기 → 산소통 잠금 → 환자 대피 → 중요서류 운반 → 대피환자 상태 파악
> ㉡ 환자 대피 순서 : 이동능력이 있는 환자 → 보조기구 사용 환자 → 거동 불가능 환자 순으로 대피시킨다.

**5** 난동이 심한 섬망 환자에게 의사 처방에 따라 억제대를 적용하기로 하였다. 억제대를 3시간 정도 적용 후 나타날 수 있는 부작용은?

① 욕창 발생                  ② 혈압 상승

③ 골밀도 감소                ④ 혈액순환 저하

> **TIP** ④ 억제대 사용으로 압박이나 움직임 감소하여 환자는 혈액순환 저해의 부작용이 나타날 수 있다.
> ※ 억제대 사용 주의점
> ㉠ 억제대 사용에 대한 의사의 처방 확인 후 환자나 보호자의 동의여부를 확인한다.
> ㉡ 억제대 사용 시 제한된 범위 내에서 환자가 움직일 수 있도록 한다.
> ㉢ 적용부위의 혈액순환, 피부상태를 지속적으로 사정하며 순환장애, 피부손상, 압박 등을 관찰한다.

**Answer**  3.④  4.④  5.④

**6** 노인 안전사고 발생 위험요인으로 옳은 것은?

① 통증 역치 감소
② 말초 순환 증가
③ 수정체 조절 감소
④ 관절운동 범위증가

**TIP** ① 통증 역치 증가
② 말초 순환 감소
④ 관절운동 범위 감소

**7** 거동이 불편한 환자를 검사실로 이송하기 위해 간호사는 휠체어를 사용하기로 했다. 환자의 낙상 예방을 위해 적용할 수 있는 억제대는?

① 사지 억제대
② 조끼 억제대
③ 전신 억제대
④ 팔꿈치 억제대

**TIP** ② 조끼 억제대 : 조끼 형태로 입는 억제대로 침대나 휠체어에서의 낙상을 방지한다.
① 사지 억제대 : 움직임을 제한하기 위해 사용하는 억제대로 팔이나 다리 모두 혹은 일부를 고정시킨다.
③ 전신 억제대 : 몸 전체를 억제하는 방법으로 머리 부위 채혈 시 움직임 방지를 위해 영아에게 주로 적용한다.
④ 팔꿈치 억제대 : 팔꿈치 굽힘을 방지하기 위한 억제대로 영아나 혼미한 대상자에게 사용한다.

**8** 환자에게 억제대 적용 시 해야 하는 간호중재는?

① 전신 억제대는 고정하지 않는다.
② Clove Hitch는 주로 하지 움직임을 제한한다.
③ 가능한 움직임을 최소한으로 제한해야 한다.
④ 중간에 억제대를 풀지 않는다.

**TIP** ② Clove Hitch는 팔, 다리 억제대로 붕대와 패드를 이용하여 주로 대퇴에 사용한다.
① 전신 억제대는 침상 틀에 고정한다.
③ 억제대 적용 시 호흡과 혈액순환을 방해받지 않도록 제한된 범위 내에서 환자가 움직일 수 있도록 한다.
④ 억제대 사용으로 인한 손상 예방을 위해 3 ~ 4시간마다 10분 정도 풀어 놓는다.

**Answer** 6.③ 7.② 8.②

**9** 발달단계별 수면양상 특징은?

① 노인기 총 수면시간은 감소된다.

② 유아기 REM수면은 NREM수면보다 짧다.

③ 신생아는 REM수면은 NREM수면보다 길다.

④ 학령전기 아동은 NREM수면이 REM수면과 같다.

> **TIP** ① 노인기 총 수면시간은 성인기와 비슷하다.
> ③ 신생아는 REM수면은 NREM수면과 같다.
> ④ 학령전기 아동은 NREM수면이 REM수면보다 길다.
> ※ 발달단계별 수면 양상
> ㉠ 신생아 및 영아 : REM수면이 전체 수면의 50%를 차지한다.
> ㉡ 유아기 : REM수면은 전체 수면의 25%로 낮잠이 필요하다.
> ㉢ 학령전기 : REM수면이 전체 수면의 20% 이고 악몽을 자구 꾼다.
> ㉣ 학령기 : 성인의 수면주기와 비슷하다.
> ㉤ 청소년기 : 급격한 성장시기에는 수면요구가 부족하고 수면이 불충분하다.
> ㉥ 성인기 : REM수면은 전체수면의 20% 이고, NREM 1 ~ 2단계 50 ~ 60%, 3 ~ 4단계 수면이 20%로 감소하고 깊은 잠을 이루지 못한다.
> ㉦ 노년기 : 총 수면 시간은 성인과 비슷하지만 REM 수면주기가 짧아지고 NREM수면 4단계에서 없어진다.

**10** 불면증을 호소하는 환자의 수면을 돕기 위한 간호중재는?

① 수면 전 배뇨한다.

② 취침 전 충분한 수분섭취를 권장한다.

③ 높은 조도와 시원한 침구를 제공한다.

④ 이뇨제 투약환자는 취침 전 미리 투약한다.

> **TIP** ② 취침 전 과나한 수분 섭취는 수면 중 요의를 발생시킨다.
> ③ 낮은 조도와 건조하고 따뜻한 침구를 제공하여 수면에 알맞은 환경을 조성한다.
> ④ 이뇨제 투약은 취침 전에 피하도록 한다.

**Answer** 9.② 10.①

**11** 일상생활 중 운전을 하다가 갑자기 수면에 빠져 곤란한 적이 있다고 이야기 하던 환자가 대화 도중 갑자기 수면에 빠지는 환자가 보이는 수면 곤란증의 유형은?

① 불면증                          ② 사건수면

③ 수면발작                        ④ 수면무호흡

> **TIP** ③ 수면발작 : 행동의 형태와는 상관없는 억제할 수 없는 수면이 나타난다.
> ② 사건수면 : 수면과 관련하여 나타나는 생리현상이다. 이 갈기, 악몽, 수면 보행증 등이 발생한다.
> ① 불면증 : 스트레스 상황이나 시차, 약물 부작용 등으로 나타날 수 있다.
> ④ 수면무호흡 : 수면 중 코를 고는 사이 호흡을 하지 않는 기간을 말한다.

**12** 간호사가 대상자의 체위변경할 때 적절한 방법은?

① 다리와 팔 근육만을 사용한다.

② 무릎을 굽혀 대상자를 들어올린다.

③ 환자를 굴리거나 돌리지 않도록 한다.

④ 가능한 침대에 멀리 서서 힘을 사용한다.

> **TIP** ① 강한 근육인 둔부와 다리근육을 사용하여 근육 손상을 예방 한다.
> ③ 금기가 아니라면 직접적으로 드는 것보다 힘을 적게 사용할 수 있는 환자를 돌리거나 굴린다.
> ④ 가능한 침대에 가까이 서서 힘을 사용한다.
> ※ 신체역학(Body Mechanics)
> ㉠ 중력에 대항하여 물체를 들어 올리는 것보다 굴리거나 돌리는 방법을 사용하는 것이 힘이 덜 든다.
> ㉡ 물체를 올릴 때는 강한 근육군을 사용하는 것이 근육의 피로와 손상을 예방할 수 있다.
> ㉢ 낮은 무게중심과 넓은 기저면을 이용하여 신체의 안정성이 높아진다.
> ㉣ 힘의 기저면과 중력선이 일치할수록 안정성을 유지할 수 있다.

**13** 호흡곤란을 호소하는 환자에게 Fowler's Position을 취해주는 방법으로 옳은 것은?

① 침상다리를 45° 상승시킨다.

② 발바닥 굴곡을 위해 발판을 대어준다.

③ 요추부위에 베개를 넣어 지지해 준다.

④ 팔꿈치는 내린 상태로 신전을 유지한다.

> **TIP** ① 침상머리를 45 ~ 60°가량 올려준다.
> ② 발바닥 신전을 위해 발판을 대어준다.
> ④ 팔꿈치는 베개로 지지해 굴곡된 상태로 유지한다.

**Answer**  11.③  12.②  13.③

**14** 유아의 통증을 사정하기 위한 척도는?

① 서술적 척도

② PAR Score

③ Faces Rating Scale

④ Visual Analog Scale

> **TIP** ③ 얼굴모양을 이용하여 자신의 통증을 표현한다.
> ※ Faces Rating Scale
> ㉠ 얼굴평가 척도
> ㉡ 표현력이 부족한 3세 이하 유아에게 유용하다.
> ㉢ 자신의 통증을 가장 잘 표현하는 얼굴 모양을 고른 얼굴에 해당하는 숫자를 기록하여 평가한다.

**15** 대상자들이 호소하는 통증의 종류와 설명을 알맞게 연결한 것은?

① 환상통 : 절단부위의 통증 수용체와 무관한 통증이다.

② 표재성 통증 : 말초신경 손상 나타나는 타는 듯한 통증이다.

③ 방사통 : 통증 최초 발생지점과 떨어진 부위에서 통증을 지각한다.

④ 연관통 : 신경통증 부위에서 주위 기관으로 통증이 확산한다.

> **TIP** ② 표재성 통증 : 짧은 기간 동안 피부와 피하조직의 화끈거림이나 예리한 통증의 국소화가 나타난다.
> ③ 방사통 : 신경통증 부위에서 시작되어 인접한 조직이나 주위 기관으로 통증이 확산한다.
> ④ 연관통 : 통증의 최초 발생지점과 떨어진 부위에서 통증을 지각한다.

**16** 갑작스런 통증을 호소하는 대상자의 통증반응은?

① 호흡이 느려진다.

② 동공이 확대한다.

③ 서맥이 나타난다.

④ 근육긴장도가 감소한다.

> **TIP** ① 빈호흡이 나타난다.
> ③ 빈맥이 나타난다.
> ④ 근육긴장도가 증가한다.

**Answer** 14.③ 15.① 16.②

**17** 화상으로 입원한 환자에게 적용하는 bed는?

① Open Bed

② Closed Bed

③ Cradle Bed

④ Bradford Bed

**TIP** ③ Cradle Bed : 크래들 위에 윗 침구를 덮는 형태이다. 침구무게로 인한 통증을 느끼지 않게 화상환자, 감각이상 환자에게 적용할 수 있다.

① Open Bed : 위 침구만 걷어 놓은 형태로 수술이나 검사 후 환자가 침상에 쉽게 누울 수 있도록 한다.

② Closed Bed : Open Bed에서 윗 침구를 덮어 놓은 상태로 입원환자를 위한 침상 준비 시 적용한다.

④ Bradford Bed : 척수손상으로 움직이지 못하는 대상자가 변기를 사용할 때 유용한 방법이다.

**18** 사망 직전 환자에게 나타나는 임상적 징후는?

① 근육수축

② 체온 상승

③ 동공의 수축

④ 축축한 사지 말단

**TIP** ④ 발에서 시작하여 손, 귀, 코, 순으로 피부가 차갑게 되며 사지말단이 축축해진다.

① 근육 긴장도 상실로 인해 근육이 이완된다.

② 혈액순환 속도 저하로 체온이 감소한다.

③ 감각손상으로 동공은 확대되어 고정되고 반사가 소실된다.

**19** 임종환자의 피부가 차고 축축하며 청색증이 일어나는 신체적 징후의 원인은?

① 탈수현상

② 혈압 상승

③ 말초혈관 순환장애

④ 체온조절중추 기능부전

**TIP** ③ 혈액순환 속도저하로 피부는 차갑고 창백해지며, 감각작용이 감소하거나 소실되게 된다.

**20** 임종환자를 간호할 때 중요하게 여겨야 하는 것은?

① 의사의 원칙

② 간호사의 판단

③ 환자 회복에 대한 바람

④ 환자의 치료에 대한 느낌과 정서

**TIP** ④ 존엄한 죽음을 맞이하는 대상자의 권리를 존중하며 환자의 심리상태를 파악하고 말을 경청하여 요구를 최대한 수용할 수 있는 간호를 제공한다.

**Answer** 17.③ 18.④ 19.③ 20.④

# 10 수술 주기 간호

## ① 수술 전 간호

### (1) 수술의 분류

① 목적에 따른 분류 : 진단적수술, 치료적수술, 재구성술, 고식적 수술, 미용적 수술로 나뉜다.

② 위험도에 따른 분류 : 대수술, 소수술로 나뉜다.

③ 범위에 따른 분류 : 단순수술, 근치수술로 나뉜다.

④ 긴급도에 따른 분류 : 응급수술, 긴급수술, 계획수술로 나뉜다.

### (2) 수술 전 간호의 목표

① 수술 위험요인을 규명하고 수술 후 평가에 이용할 수 있는 기초자료를 수집한다.

② 대상자가 최적의 상태에서 수술 받을 수 있도록 정서적 지지와 신체적 안위를 도모한다.

③ 수술 후 합병증을 예방하여 빠른 회복을 돕는다. 수술 후 간호는 대상자를 참여시키기 위한 준비과정이다.

### (3) 간호사정 주관적 자료

① 심리 사회적 사정

   ㉠ 불안감소를 위한 간호로 감정을 표현하도록 수용적인 태도로 경청한다. 무조건적인 안심은 오히려 부정적 결과를 초래한다.

   ㉡ 수술과정, 수술실의 구조, 수술전 후 상황 등에 대해 미리 안내하고 질문에 답변하고 이완요법, 심상요법 등을 적용한다.

   ㉢ 일반적 두려움으로 나타나는 것은 수술로 인한 사망, 영구적 장애이다. 수술 중 마취제, 진통제에 대하여 알려준다.

   ㉣ 수술 후 통증 심화는 진통제를 요청하도록 교육한다.

② 수술의 위험을 증가시키는 요인

   ⊙ 연령으로 65세 이상이 심장, 간, 신장, 폐기능 약화로 인해 위험이 있다.

   ⊙ 흡연, 알코올, 약물복용이 영향을 주게 된다.

   ⓒ 질병력은 순환장애질환(동맥경화증), 말초혈관변화를 가중시키는 당뇨병은 조직의 회복을 방해하는 경향이 있다.

   ⓔ 과거의 수술과 마취 경험 등에 의한 과민반응 여부를 확인한다.

   ⓜ 가족력에서 종양, 출혈성질환, 악성고열증 등을 확인한다.

③ **영양상태** : 영양상태에 대한 확인으로 조직의 재생에 필수적인 단백질, 비타민, 탄수화물 산화 및 위장관계 기능 유지를 위한 B1(Thiamine), 상처치유 및 콜라겐 합성을 위한 C(Ascorbic Acid) 혈액응고 및 프로트롬빈 생성에 관여하는 K, 산 – 염기 균형, 체액균형의 무기질, 탄수화물, 지방, 수분, 비만도에 대한 측정을 이룬다.

## (4) 간호사정 객관적 자료

① 신체사정

   ⊙ **감염주의** : 가벼운 감기라도 수술과정에 불리한 영향을 미칠 수 있으므로 재채기, 기침, 인후통, 체온상승 등을 사정한다.

   ⊙ **호흡기계** : 호흡기계 감염은 마취하면 무기폐, 폐렴으로 이어지므로 X – 선 검사, 폐기능 검사, ABGA를 시행하며 COPD, 기흉, 만성기관지염, 천식의 경우 투약을 지속하고 수술 전과 마취 전에 추가로 투약을 진행한다.

   ⓒ **심맥관계** : 수술 중 산소, 체액, 영양공급에 관여하며 심전도, 혈액검사를 시행한다. 항응고제 투여환자의 경우 의사처방에 의해 수술 전 투약 중지 시행여부를 확인한다.

   ⓔ **간기능** : 약물, 마취제 해독에 관여하므로 간기능 검사를 실시한다.

   ⓜ **신장기능** : 마취제 및 대사물 배설에 관여한다.

② 정신·사회적 사정

   ⊙ 불안, 두려움이 나타날 수 있는데 통증, 신체상 변화, 마취, 죽음 등에 대한 불안이다.

   ⊙ 수술에 대한 지식, 지지체계, 과거 입원 및 수술 횟수, 재정상태 즉 병원비 지불(보험) 등에 따라 다르다.

③ **임상검사** : 수술 전 행해지는 진단검사로 일반 혈액검사, 전해질 및 기타 검사, 혈액응고검사, 흉부방사선검사, 심전도, CT, MRI 등이 적용된다.

## (5) 간호계획과 수행

① 생리적 준비

   ⊙ **위험요인의 최소화** : 심장, 간, 신장 기능장애와 당뇨병 상태를 조절하며 흡연을 금한다. 호흡기계 기능을 확인하고 영양상태를 확인하며 감염예방에 주의한다.

ⓛ 위장관계 준비 목적 : 마취 중 구토와 흡인 가능성을 감소시키며 장폐색 가능성을 감소하는데에 있다. 장 손상 후 대변으로 인한 위험성을 감소시키고 수술 시야의 확대에 있다.

ⓒ 적용 : 수술 8 ~ 10시간 전부터 금식을 실시하여 수술 중 흡인과 구토를 예방한다. 복부 및 장 수술의 경우 비위관을 삽입한다. 위장관, 항문주변, 회음부, 골반강 수술 시 관장을 실시하고 수술에 따른 일반적 장 준비를 행한다.

ⓔ 투약 상태 : 금식 시 의사와 상의 후 투약 여부를 결정한다. 출혈 위험성 약물을 확인하여 수술 7 ~ 14일 전에 중단한다. 혈중 농도 유지 약물은 정맥 투여하며 인슐린주사 투여 대상자의 경우 요당, 혈당을 측정한 후 결정한다.

ⓜ 피부준비 : 수술 예상 위치에 상처를 확인하며 수술부위의 청결을 유지하고 제모를 행한다.

② 심리적 준비

ⓖ 대상자 관리 : 대상자 교육과 의사소통을 격려하며 휴식을 권장한다. 관심을 전환하여 불안을 감소시킨다.

ⓛ 가족관리 : 수술 당일이나 후에 예상되는 일을 알려준다. 준비를 도울 내용, 당일 대상자와의 동행, 회복실에서 1 ~ 2시간 후 만날 수 있는 것 등을 알려준다.

③ 법적준비 : 수술동의서를 받는다. 수술방법, 수술하는 이유에 대한 내용, 선택할 수 있는 다른 방법은, 각 방법에 따른 위험요인, 수술에 따른 위험 · 결과, 마취에 따른 위험 등을 포함한다. 충분한 설명으로 수술 목적, 절차, 부작용에 대한 안내가 되어야 한다.

④ 소생술 처방 : 소생술금지(DNR)처방을 확인하고 명확하게 문서에 기록한다.

⑤ 수술 전 교육

ⓖ 목적은 대상자의 만족도 증가, 수술 후 두려움, 불안, 스트레스, 합병증 발생, 입원기간, 회복기간 등을 감소이다.

ⓛ 점검표에 기록을 하여 활용하며 수술대상자가 받아야 될 정보는 수술 전 절차, 수술 기술정보, 수술일, 회복실 등에 대한 것이다.

⑥ 수술 직전 일반적 준비

ⓖ 환자 손목 명찰을 확인한다.

ⓛ 의치나 껌을 제거하여 마취 동안 기도 흡인을 방지한다.

ⓒ 장식류인 머리핀, 보철장치, 보청기, 안경, 콘택트 렌즈, 의치 등을 제거하고 속옷을 제거하고 머리카락을 정돈한다.

ⓔ 화장, 매니큐어를 제거하여 혈색을 확인한다.

ⓜ 도뇨관 삽입이 이뤄지지 않는 경우는 투약 이전에 방광을 비운다.

ⓗ 콩팥기능, 비뇨생식기 수술, 대수술, 소변정체가 일어나는 수술의 경우 수술동안 실금을 방지하고 장기관에 접근이 용이하게 하기위해 유치도뇨관을 적용한다.

⑦ 수술 전 의료정보지 점검 : 수술 전에 점검표를 작성하도록 한다.

⑧ 수술 전 단순도뇨의 적용 : 급성 방광 팽만의 즉각적인 완화를 위함이다. 요도 외상 후 급성 요정체 시 진정제나 진통제의 효과로 배뇨할 수 없을 때 사용하게 되는 경우, 방광기능 장애 대상자들의 장기간 관리를 위해, 무균적인 소변 검사물을 얻기 위해, 배뇨 후 잔뇨량의 측정을 위해 적용한다.

⑨ 수술 전 유치도뇨의 삽관 : 소변 배출의 폐쇄가 있을 때에 적용한다. 전립선 비대, 요도협착증, 방광종양 등을 예방한다. 요도와 주위조직의 외과적 수술 대상자들은 요도 폐쇄를 방지, 중환자의 계속적인 소변량 측정을 위해, 실금하는 혼수환자에게 계속적이거나 간헐적 방광 세척을 위해 적용한다.

⑩ 수술 전 투약

　　㉠ 목적으로는 수술 전 환자의 불안이나 흥분을 경감시키는 진정작용으로 수면제, 최면제를 투약한다.

　　㉡ 타액과 위액의 분비를 감소시키고 기도 분비물을 억제하기 위해 항콜린제를 투여한다.

　　㉢ 통증과 불편감을 완화시키기 위해 진통제를 투여한다.

　　㉣ 종류는 진정제, 항불안제(Sedatives)로 벤조다이아제핀계, Midazolam(Versed), Diazepam(Valium), Lorazepam(Ativan)이다.

　　㉤ 불안감소, 기억상실효과, 진정유도의 효과를 내며 부교감신경억제제(항콜린제)는 미주신경의 자극을 차단하는 약물이다.

　　㉥ 호흡기계에 타액분비를 감소시켜 기도가 폐쇄되는 것을 예방하는 것으로 Atropine Sulfate, Glycopyrolate, Scopolamine가 있다.

　　㉦ 마약성진통제(Narcotics)로는 마취유지에 필요한 전신마취제의 농도를 보다 감소시킬 수 있는 Meperidine (Demerol), Morphine, Fentanyl이 있다.

⑪ 통원(당일)수술 준비 : 입원 전 정보를 제공하며 위장관계 준비, 마취종류에 따른 간호가 행해진다.

## ❷ 수술 중 간호

(1) 수술 중 간호

① 소독간호사의 역할

　　㉠ 해부와 생리, 수술과정을 명확히 숙지하며 필요한 멸균된 물품과 기구를 준비한다.

　　㉡ 철저한 외과적 손소독을 실시하여 무균적으로 가운과 소독장갑을 착용한다.

　　㉢ 수술과정 참여하며 수술 동안에는 사용된 물품의 수를 확인하는데 거즈, 바늘 및 기구 수를 확인한다.

② 순환간호사의 역할

　　㉠ 수술계획표에 따라 수술방과 수술장비를 준비 및 점거하며 수술에서 멸균물품을 공급한다.

　　㉡ 수술 전 과정 동안 대상자의 신체적 · 정서적 상태를 사정한다.

　　㉢ 대상자에게 적절한 수술 체위를 취해주고 소독간호사와 함께 3회 이상 거즈, 바늘과 기구 수를 확인한다.

② 손실된 혈액과 체액을 추정하며 회복실 간호사에게 필요한 정보를 인계한다.

⑩ 대상자의 상태나 사용물품 등 필요한 사항을 기록하고 검사나 배양을 위한 검사물도 관리한다.

③ 외과적 손소독(Surgical Scrub)

㉠ 미생물의 수를 감소시키기 위해 3 ~ 5분간 실시하게 되며 손톱은 짧게 깎고, 손톱 및 청결을 유지한다.

㉡ 브러쉬나 스펀지에 피부소독제 묻혀 숟가락~팔꿈치 위 2인치까지 씻고 흐르는 수돗물로 손가락 끝부터 팔꿈치까지 헹구며 헹구는 동안 손끝의 위치가 팔꿈치보다 높게 위치한다.

㉢ 소독수건으로 손, 전박을 닦은 후 소독가운과 장갑을 착용한다.

④ 기본무균술

㉠ 수술부위를 중심으로 하는 무균영역을 정하고 무균상태를 유지하는 무균술을 시행한다.

㉡ 수술실은 무균술의 원칙이 적용되어야 하는데 멸균영역에 들어오는 모든 물품은 멸균 상태로 한다.

㉢ 멸균물품이 비멸균물품과 접촉하면 오염된 것으로 간주하고 오염된 물품은 즉시 멸균영역에서 제거한다.

㉣ 수술영역에서 일하는 수술팀원은 멸균가운, 장갑을 착용하고 멸균영역과 비멸균영역 사이에는 넓은 안전구역을 유지한다.

㉤ 테이블 윗면 높이만을 멸균된 것으로 간주하고 미생물은 환자, 팀원들의 체모, 피부, 호흡기에 존재하므로 적절한 복장으로 덮는 등의 원칙을 준수한다.

⑤ 수술실 환경 유지

㉠ 온도는 20 ~ 23℃, 습도는 50 ~ 60%을 유지하여 미생물성장 감소와 정전기를 예방한다.

㉡ 바닥은 젖은 걸레와 습식 진공청소기를 사용하며 비로 쓸거나 건식 진공청소기는 사용을 금지한다.

㉢ 수술 중 혈액, 분비물로 바닥이 오염되면 건조해지면 비말성 미생물이 되므로 즉시 소독수로 닦도록 한다.

⑥ 대기실 : 목적으로는 수술실 들어가기 전 대상자 상태 사정과 확인이 이루어지는 곳이며 위치는 수술실 안쪽 또는 수술실 근처에 자리하게 된다.

⑦ 안전을 위한 고려사항

㉠ 모든 전기적 수술 장비와 접지패드는 정확한 부위에 놓으며 화재위험을 방지하기 위해 안전수칙을 지키고 위험성을 인식한다.

㉡ 마취가스의 만성적 노출은 건강에 악영향을 주므로 노출을 최소화한다.

㉢ 레이저시술 등으로 발생한 연기입자에는 호흡기 자극, 암 유발의 위험으로 흡인과 바깥으로 배출이 가능한 적절한 환기시설이 필요하다.

## (2) 전신마취

① **전신마취 목적** : 중추신경계를 차단하여 의식, 감각, 기억이 모두 상실에 있다.

② **전신마취의 단계**

　㉠ **1단계** : 마취유도기(Analgesia And Sedation, Relaxation)로 유도기에서 의식소실까지이고 어지럽고 졸음, 통증감각 소실이 일어나고 청력은 강화된다.

　㉡ **2단계** : 흥분기(Excitement, Delirium)로 의식소실에서 이완, 규칙적 호흡, 안검반사 소실이 일어나며 불규칙한 호흡, 근긴장도 긴장, 사지의 불수의적 움직임이 나타나며 후두경련, 구토 위험이 발생하고 외부자극에 민감해진다.

　㉢ **3단계** : 외과적 수술기(Surgical Anesthesia)로 전신근육 이완, 반사소실, 주요기능 저하로 나타나며 턱 이완, 조용하고 규칙적 호흡, 청력소실, 감각소실이 일어난다.

　㉣ **4단계** : 위험기(Danger)로 주요기능 저하, 호흡부전, 심장마비, 사망, 호흡근마비로 인한 무호흡, 동공의 확장과 고정이 일어난다.

③ **흡입마취**

　㉠ **종류** : 휘발성 액체인 Desflurane(Suprane), Enflurane(Ethrane), Isoflurane (Forane), Sevoflurane (Ultane), 가스형태 약제인 Nitrous Oxide이 있다.

　㉡ **장점** : 마취 효과가 나타나는 시간이 빠르고 마취시간 조절이 용이하며 환자에게 투여하기 쉽다. 여러 장기에 대한 생리적인 변화가 적으며 불활성으로 생체 내에서 대사되지 않고 인체에 독성이 없고 근육 이완작용이 좋으며 진통효과가 좋다. 기억상실효과와 화학적 안정성이 높으며 비가연성이며 보관이 용이하고 가격이 상대적으로 저렴하다.

　㉢ **단점** : 배설이 신속한 만큼 통증을 빨리 느끼고 저혈압, 간독성, 두개강내압상승, 경련의 위험이 있고 작용기간 예측이 어렵다.

④ **정맥마취제**

　㉠ Barbiturates계 약물로 Thiopental(Pentothal), Methohexital(Brevital)이 있다.

　㉡ Nonbarbiturates Hypnotics계 약물로 Etomidate(Amidate), Propofol (Diprivan)이 있다.

　㉢ 해리성마취제로 Ketamine(Ketalar)이 있다.

　㉣ **장점** : 별도의 마취기가 없어도 간편하게 시행되며 거부감과 심혈관계영향이 적으며 마취도입, 각성이 원활하고 심장의 피자극성을 높이지 않으며 독성이 적고, 간장, 신장, 내분비대사에 영향을 크게 주지 않는다. 마취 후 구토발생 빈도가 적으며 흡입마취와 달리 화기가 있는 곳에서 실시 가능하다.

　㉤ **단점** : 흡입마취에 비해 조절성이 크게 떨어지고 마취 후 각성지연의 위험, 마취의 깊이, 약제 추가 투여 결정이 어렵고 근이완작용이 약하거나 거의 없고 마취지속기간의 제약이 있다.

⑤ **전신마취 보조제** : 벤조디아제핀(Benzodiazepine)약물은 진정상태를 유도하고 불안과 초조를 조절할 수 있으며 근이완제로 골격근의 이완을 이루며 이 밖에도 마약성 진통제, 항콜린제, 항구토제 등이 사용된다.

⑥ **전신마취의 합병증**

    ㉠ **호흡기계** : 기도폐색, 위내용물의 폐로 흡인, 기관 내 삽관에 따른 합병증, 저산소혈증, 단산혈증의 위험이 있다.

    ㉡ **순환기계** : 심장박동장애, 말초순환부전, 심장기능상실, 심근경색증, 공기색전증이 있다.

    ㉢ **신경계** : 체온조절의 변화, 뇌의 저산소증, 뇌신경 손상 등이 있다.

    ㉣ **요로계** : 수분과 전해질 불균형, 핍뇨, 다뇨, 요정체가 있다.

    ㉤ **소화기계** : 구역과 구토, 치아와 잇몸손상, 그 밖에 간손상, 수혈부작용, 자궁 내 태반혈류 감소, 태아억압, 자궁이완증, 신생아의 과소환기, 무호흡 등이 나타날 수 있다.

## (2) 국소마취(부위마취)

① **목적**

    ㉠ 깨어 있는 상태에서 수술부위의 감각과 운동을 정지시킨다.

    ㉡ 신체의 일부에 대해서 그 부위를 지배하는 신경의 전도를 화학적 및 가역성으로 차단한다.

    ㉢ 심장박동장애나 호흡기질환 때문에 전신마취가 금기인 경우, 과거에 전신마취의 부작용을 경험한 경우, 부위마취로 수술 후 통증관리가 잘 되는 경우에 시행한다.

② **약물** : Lidocaine(Xylocaine), Mepivacaine(Carbocaine), Bupivacaine (Marcaine), Procaine(Novocain), Tetracaine(Pontocaine)이 있다.

③ **장점**

    ㉠ 별도의 마취가 불필요하며 간장, 신장, 내분비, 대사에 많은 영향을 미치지 않는다.

    ㉡ 마취 후에 구토가 적게 나타나고 금식시간이 충분하지 않은 응급환자에게 시행 가능하다.

    ㉢ 수술 후 폐합병증 발생 빈도가 낮고 화기가 있는 곳에서도 시행 가능하다는 점이 있다.

④ **단점**

    ㉠ 마취의 조절성이 부족하고 급성독성반응이나 아나필락틱 쇼크 유발 될 수 있다.

    ㉡ 약한 근 이완 작용, 환자의 의식으로 불안이나 공포를 느낄 수 있고 소아일 경우 협조를 구하기가 어렵다.

⑤ 척수마취

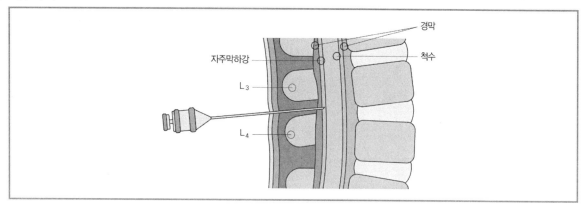

○ **작용부위** : 전근으로 운동신경, 교감신경 섬유, 후근 차단으로 감각신경을 차단한다. 자율신경, 감각신경, 운동신경을 모두 차단할 수 있다.

○ **천자부위** : L(요추)3, 4의 지주막하강에 실시된다.

○ **마취관리** : 초기 생리적 변동이 많기 때문에 투입 후 초기 15분 사정이 중요하다. 투약 후 1 ~ 2분 이내 약효가 시작되며 다리에 온감, 저린 느낌을 주면서 효과가 시작된다.

○ **합병증** : 저혈압, 호흡억제, 정지, 오심, 구토 등이 있다.

○ **적응증** : 하복부, 서혜부, 하지, 회음부 수술, 기도확보가 곤란한 경우, 간 또는 신장 기능이 저하된 환자가 있다.

○ **금기증** : 중추신경계의 종양이나 질환환자, 척추 및 천자부위의 감염, 중증 심부전증 등이 있다.

⑥ **경막 외 마취**

○ **작용부위** : 척수신경, 후근신경절을 차단하는데 저용량으로 감각섬유만을 차단하고 고용량은 감각, 운동 섬유 모두를 차단한다.

○ **천자부위** : 경막외강이며 천자바늘 카테터를 통해 나오는 척수액, 혈액의 유무를 확인한 후 이상이 없으면 시험량 주입 후 5분간 기다린다. 운동마비, 감각차단이 즉시 나타나면 지주막하강의 주입을 의심한다. 주입 직후 심장이 빨리 뛰면서 귀가 멍멍하다면 정맥 내 주입을 의심한다.

○ **합병증** : 혈압하강은 척수마비보다 느리고 호흡마비, 순환장애, 경련, 저혈압, 의식소실이 나타날 수 있다.

○ **적응증** : 수술 후 통증관리, 진단 및 급·만성 통증치료와 금식기간이 충분치 못할 때, 질식, 제왕절개술이 있다.

○ **금기증** : 뇌압 상승, 출혈성 경향이 있는 환자, 쇼크, 저혈압이 있다.

⑦ **국소마취** : 나트륨이온이 신경세포 내로 이동하는 것을 차단하고 통증과 운동감각은 차단되고 의식은 유지되며 국소 침윤 마취, 국소 도포 마취로 이용된다.

⑧ **기타마취** : 기타 마취들로는 영역차단마취, 신경차단마취, 정맥 내 부위 차단 마취, 침술 등이 있다.

## (3) 수술 중 처치

### ① 피부준비와 방포

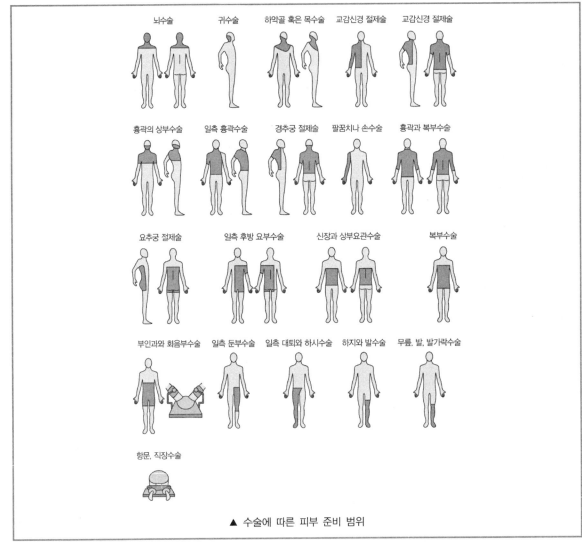

뇌수술　귀수술　하악골 혹은 목수술　교감신경 절제술　교감신경 절제술

흉곽의 상부수술　일측 흉곽수술　경추궁 절제술　팔꿈치나 손수술　흉곽과 복부수술

요추궁 절제술　일측 후방 요부수술　신장과 상부요관수술　복부수술

부인과와 회음부수술　일측 둔부수술　일측 대퇴와 하시수술　하지와 발수술　무릎, 발, 발가락수술

항문, 직장수술

▲ 수술에 따른 피부 준비 범위

ⓐ **피부준비** : 피부손상 없이 피부 박테리아의 감소를 위해 실시되며 절차로는 수술 전날 밤 베타딘 비누로 목욕하고 제모는 면도보다는 탈모제 크림으로 안전하게 실시하며 준비부위로는 몸통의 경우 유두에서 치골결합 부위까지, 시험적 개복술의 경우 액와선에서 서혜부까지 준비하도록 한다.

ⓑ **방포덮기** : 목적으로는 미생물전파차단으로 수술 절개부위의 오염을 방지하며 면으로 만든 멸균포와 수술용 플라스틱 접착포가 있다.

② 수술 중 체위 종류

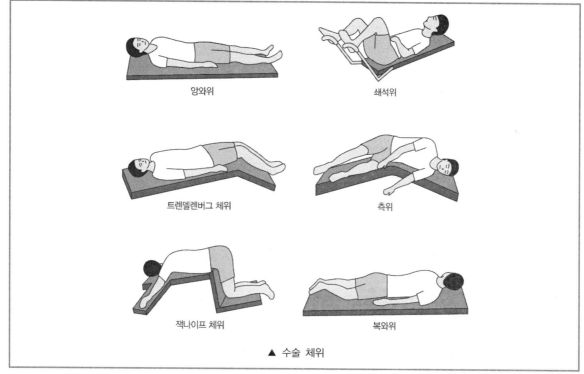

▲ 수술 체위

㉠ 앙와위(바로누운자세) : 배부측위로 복부수술, 얼굴, 목, 어깨, 가슴, 유방 수술에 적용된다.

㉡ 트렌델렌버그(Trendelenburg) 체위 : 하복부, 복강 내 수술에 이용된다.

㉢ 역트렌델렌버그(Reverse Trendelenburg) 체위 : 담낭, 담도 수술에 이용된다.

㉣ 쇄석위 : 질, 직장 수술, D&C에 이용된다.

㉤ 신장체위 : 신장이식수술에 이용된다.

㉥ 측위 : 한쪽 폐 수술, 신장수술, 고관절수술에 이용된다.

㉦ 추궁절제 체위 : 척수수술에 이용된다.

㉧ 잭나이프(Jackknife) 자세 : 항문수술에 이용된다.

③ 체위고정 시 주의점 : 낙상을 예방하여야 하며 돌출부위 압박방지로 신경, 근육, 혈액순과 추위예방과 호흡의 원활함을 유지하여야 한다.

④ 외과적 기술

㉠ 기본수술수기 : Scalpel Blade(Knife), 절개용 가위, 전기소작기로 조직을 절개하는 절개과정, 혈액의 유출, 출혈을 방해하거나 저지하는 지혈과정, 봉합침, 봉합사, 봉합법을 이용한 봉합의 과정으로 구성된다.

ⓛ 봉합사의 종류

| 구분 | 천연 | 합성 |
|---|---|---|
| 흡수성 | • 빨리 치유되는 조직에 사용<br>• 산부인과, 비뇨기과 수술<br>• 합성흡수성사 발달로 잘 쓰이지 않음<br>• catgut<br>• 주의 : 감염이 있을 때 빨리 흡수되어 상처 파열 위험 | • 적은 피부반응<br>• 취급용이<br>• 보다 큰 강도<br>• 감염 시에도 사용 가능<br>• 위장계 효소에 영향 받지 않음<br>• 예 : vicryl, PDS, monocry |
| 비흡수성 | mersilk | prolene, ethilon, ethibond |

⑤ 특수수술방법

ⓐ **저체온술(Hypothermia)** : 마취를 유도하면서 실시하는 저체온술로 체온을 28 ~ 30℃로 저하시켜 신진대사율을 낮추고 조직의 산소요구량을 저하시켜 수술을 효율적으로 시행하는 방법이다. 주로 심장과 뇌 수술에 이용되며 체온저하를 위해 냉담요나 얼음주머니, 찬 혈액수혈을 실행한다. 과도한 저체온술로 오한이 나타나면 심근에 과중한 부담을 주어 순환부전의 위험성이 존재한다.

ⓑ **의도성 저혈압술** : 출혈을 감소시키기 위한 방법으로 의도적으로 혈압을 저하시켜 혈류량을 감소시키는 방법이다.

⑥ **기타 수술방법** : 수술용 현미경, 레이저, 냉동수술, 체외충격파 쇄석술 등이 있다.

⑦ **최소침습수술(MIS, Minimal Invasive Surgery)** : 수술 시 절개부위를 줄여 수술상처도 최소한으로 줄인 방법이다. 복강경 및 내시경수술, 의료용 로봇수술, 자가수혈, 무혈수술 등이 활용되는 기술적 진보를 지닌 수술이다.

### (4) 간호사정

① 대상자 확인은 개방형 질문으로 이루어진다.

② 의료정보지 확인으로 병력, 신체검진 결과, 동의서 서명, 간호사정, 마취 전 사정 등과 같은 관련 기록, 마취제와 수혈 알레르기 유무, 수술 전 병력, 활력징후를 포함한 신체검진 결과는 수술 후 상태와의 비교를 위해 기초자료로 사용하는 등의 절차가 이루어진다.

### (5) 간호계획과 수행

① **수술 중 안전** : 감염예방, 수술부위 오류방지, 수술타임아웃제 실시, 간호기록, 이물질 잔류방지, 실혈량 측정, 라텍스 알레르기 등과 관련된 중재를 실시한다.

② **손상의 위험성**

ⓐ 수술체위에 따른 합병증 예방을 위한 중재를 실시한다.

ⓑ 플라스틱접착포(필름), 피부봉합 등에 의한 피부보호와 조직손상에 철저한 무균술, 피부봉합, 드레싱 등을 실시한다.

ⓒ 비효율적 호흡양상 가능성을 염두하고 대상자의 불안관리에 중재를 행한다.

## ❸ 수술 후 간호

### (1) 수술 후 간호단계

① 1단계 : 심전도와 집중적 감시와 마취 직후 기간 동안 제공하는 간호를 말하며 목표로는 대상자를 2단계나 병실로 이송하기 위해 준비시키는 것이다.

② 2단계 : 외래 수술환자 대상이다. 목표로 대상자를 3단계, 가정 또는 확대 간호시설로 이송하기 위해 준비 시키는 것이다.

③ 3단계 : 확대 간호, 관찰병동이다. 목표로는 대상자가 자가간호를 할 수 있도록 준비시키는 것이다.

### (2) 간호사정

① 회복실 PACU 간호사정(Post Anesthetic Care Unit)

  ㉠ ECG, 활력징후의 지속적 모니터와 일반적인 간호인 호흡기능사정, 기도청결, 기도개방성, 산소공급 필요성 등을 행한다.

  ㉡ 심맥관계 기능 관찰을 실시한다. 첫 1시간 동안은 매 15분마다, 그 후 1~2시간 사이에는 매 30분마다, 그 후 4시간은 1시간마다 한다. 이후에는 4시간 마다 활력징후 사정한다.

  ㉢ 보고사항은 수축기압 90 이하 또는 160mmHg 이상, 맥박이 60 이하 또는 120회/분 이상, 불규칙한 심장 리듬, 혈압이 큰 차로 감소할 때 등이 있다.

  ㉣ 섭취·배설량의 경우 6~10시간 이상 배설 못하면 인공도뇨를 실시하고 수술부위를 관찰하여 출혈과 드레싱을 관찰하고 배액관의 개방상태, 정맥투여상태, 안위수준과 피부상태를 포함한 전신상태를 사정한다.

  ㉤ 통증 정도에 따른 관리 및 휴식, 안정을 제공하고 침대 난간을 올려놓아 안전에 유의하며 감각, 운동기능 회복의 사정으로 손을 꽉 쥐어보게 하여 운동기능 회복 정도를 측정한다.

② 마취회복수준 사정

  ㉠ 마취 후 회복상태 평가표(Par Score=Post Anesthetic Recovery) : Activity(활동), Respiration(호흡), Circulation(순환), Consciousness(의식), Color (피부색)을 평가한다.

ⓛ **의식수준** : Glasgow Coma Scale을 이용한 의식수준을 사정한다.

| 반응 | 점수 | 반응 | 9:00 | 9:30 | 10:00 | 10:30 | 11:00 | 11:30 | 12:00 | 12:30 | 13:00 |
|---|---|---|---|---|---|---|---|---|---|---|---|
| 눈뜨는 반응 (E) | 4 | 자발적으로 눈을 뜬다. | | | | | | | | | |
| | 3 | 부르면 눈을 뜬다. | ● | ● | ● | ● | ● | | | | |
| | 2 | 통증 자극에 의해 눈을 뜬다. | | | | | | ● | | | |
| | 1 | 전혀 눈을 뜨지 않는다. | | | | | | | ● | ● | ● |
| 언어 반응 (V) | 5 | 지남력 있음 | ● | ● | ● | ● | ● | | | | |
| | 4 | 혼돈된 대화 | | | | | | ● | ● | | |
| | 3 | 부적절한 언어 | | | | | | | | | |
| | 2 | 이해 불명의 소리 | | | | | | | | ● | |
| | 1 | 전혀 없음 | | | | | | | | | ● |
| 운동 반사 반응 (M) | 6 | 명령에 따른다. | ● | ● | ● | ● | ● | ● | ● | | |
| | 5 | 통증에 국소적 반응이 있다. | | | | | | | | ● | |
| | 4 | 자극에 움츠린다. | | | | | | | | | ● |
| | 3 | 비정상 굴절 반응 | | | | | | | | | |
| | 2 | 비정상 신전 반응 | | | | | | | | | |
| | 1 | 전혀 없음 | | | | | | | | | |
| 총합계 | | | 14 | 14 | 14 | 14 | 14 | 12 | 11 | 8 | 6 |

③ 산화가 적절하지 않을 때 임상증상

ㄱ **중추신경계** : 안절부절못함, 동요, 근육의 비틀림, 경련, 혼수로 나타난다.

ㄴ **심혈관계** : 고혈압, 저혈압, 빈맥, 서맥, 부정맥으로 나타난다.

ㄷ **피부계** : 청색증, 모세혈관의 재충만(Capillary Refill) 지연, 축축한 피부로 나타난다.

ㄹ **호흡기계** : 호흡노력이 증가하며 호흡보조근육을 사용하고 비정상적 호흡음, 비정상적 동맥혈 가스분석 소견이 보인다.

ㅁ **신장계** : 소변배설량이 시간당 0.5mL/kg 미만으로 나타난다.

④ 수술 후 체온변화의 의미

ㄱ 12시간 이내는 저체온에서 36℃ 정도는 마취의 효과, 수술하는 동안 체열의 손실을 의미한다.

ㄴ 첫 24 ~ 48시간 동안의 38℃까지 상승은 수술 스트레스의 염증성 반응이다.

ㄷ 38℃ 이상은 폐 울혈, 무기폐를 의미한다. 3일 이후의 37.7℃ 이상의 상승은 창상감염, 요로감염, 호흡 기계감염, 정맥염 등을 의미한다.

⑤ PACU 간호계획과 수행

　　㉠ 안전한 마취회복 : 심호흡, 사지 움직임을 격려하며 척수마취 시 두통 발생을 관찰한다. 그 밖에 수분섭취를 증가시키고 낙상예방을 실시한다.

　　㉡ 가스교환증진 : 인두반사 회복 시까지 측위로 질식을 예방하며 기침을 격려하고 필요시 흡인을 실시하며 산소요법, 심호흡을 격려한다.

　　㉢ 적절한 순환기능 : 매 15분마다 활력징후를 측정하고 저혈압, 산소포화도, 환기를 관찰한다. 쇼크증상 시 산소공급, 다리거상, 정맥주입 등을 실시한다.

　　㉣ 수분과 전해질 균형 : 정맥주입을 통한 전해질 균형을 유지한다.

　　㉤ 통증관리 : 절개부위 통증 양상 및 정도를 사정하고 필요시 진통제는 소량을 투여한다.

　　㉥ 수술 상처간호 : 출혈 유무를 확인하고 배액관이 눌리거나 꼬임의 여부를 확인하며 배액량을 확인한다.

　　㉦ 체온변화 : 고열 증상을 확인하며 저체온시 담요를 적용한다.

　　㉧ 위장관계 회복 : 오심 및 구토 발생시 완화 간호를 실시한다. 보통 수술 직후 2시간 안에 많이 발생하며 휴식, 심호흡 격려, 시원한 수건과 얼음 제공과 구강간호를 실시한다.

　　㉨ 불안감소 : 회복실에 있다는 것을 설명하며 시술에 대해 자세히 설명하고 프라이버시를 유지한다.

　　㉩ 심리 · 사회적지지 : 대상자와 가족의 정서적 요구에 관심을 두며 퇴실 시간을 설명한다.

　　㉪ 병동으로 이송 : 병실로 이동 조건을 확인하고 퇴실을 실시한다. 보통 Aldrete Postanesthesia Recovery Scoring System(ARCCC)로 점수화 한다.

　　㉫ 당일 수술퇴원 : ARCCC 10점 이상일 경우 허용된다.

## (3) 수술 후 병동간호

### ① 호흡기계 간호

　　㉠ 간호사정 : 보통 복부나 흉부 수술 후 무기폐, 폐렴의 위험성이 증가하므로 호흡상태를 사정한다.

　　㉡ 간호중재 : 심호흡(복식호흡)을 시간당 5 ~ 10회 격려하며 기침은 시간당 10회 정도 실시한다. 조기이상으로 연동운동 회복, 분비물의 배출을 촉진하고 경구 · 비경구로 수분을 공급한다. 필요시 객담용해제를 투여하며 감염 시 항생제를 투여한다.

### ② 심혈관계

　　㉠ 간호사정 : 활력징후 측정, 말초혈관의 관찰, 발등맥박 촉지, 양쪽 발의 색 · 온도 · 움직임 · 감각을 비교한다.

　　㉡ 간호중재 : 출혈, 혈장보충제, 알부민, 수액, 수술 후 다리운동, 조기이상, 항색전 스타킹, 수분 공급, 다리 상승, 저용량의 헤파린 투여 등의 간호중재를 실시한다.

### ③ 신경계

　　㉠ 간호사정 : 지남력, 얼굴표정, 질문이나 자극에 대한 반응, 과민반응 여부, 감각여부 등을 사정한다.

　　㉡ 간호중재 : 합병증을 확인하며 부동으로 인한 근육 약화, 관절강직, 감각박탈 등에 대한 중재를 실시한다.

④ 영양 및 수분, 전해질 균형

　㉠ 간호사정 : 섭취배설량의 균형, 산과 염기의 균형을 사정한다.

　㉡ 간호중재 : I/O측정, 체중측정, 소화기능 회복 시 까지 금식유지, 정맥으로 수액 공급, TPN(총비경구영양)으로 고열량식이 투여 등을 중재한다.

⑤ 위장관계

　㉠ 간호사정 : 구역·구토 여부, 창자 꿈틀거림(연동운동)의 감소, 비위관 배액 등을 사정한다.

　㉡ 간호중재 : 연동운동 회복될 때까지 가스배출을 확인하고 장음을 청진한다. 가스배출이 안될 시 직장관을 삽입하여 가스배출을 유도한다. 가스배출을 확인 후 제공되는 식사로는 'SOW → 유동식 → 연식 → 일반식' 순서로 진행된다. 비위관을 통한 위장의 감압과 배액의 색과 양을 관찰한다. 조기이상, 수분과 고섬유식이을 권장하고 구토 시 측위로 기도흡인을 방지하는 것을 실시한다.

⑥ 배설간호

　㉠ 간호사정 : 요정체, 유치도뇨관을 관찰하여 사정한다.

　㉡ 간호중재 : 유치도뇨관을 관찰하여 소변색, 혼탁도, 양을 사정한다. 배뇨곤란 시 따뜻한 변기, 물 흐르는 소리, 회음부 열적용, 침상변기, 수분섭취의 증가, 운동, 인공도뇨 등을 실시한다.

⑦ 통증간호

　㉠ 간호사정 : 수술과 관련된 통증을 사정한다.

　㉡ 간호중재 : 진통제 투여, 체위 변경, 등 마사지, PCA의 적용 등 중재를 실시한다.

⑧ 수술부위 피부간호

　㉠ 간호사정 : 정상적인 상처치유 과정, 상처치유의 장애여부 등을 사정한다.

　㉡ 간호중재 : 드레싱, 배액, 감염관리, 상처열개와 내장 탈출 관리, 켈로이드 등을 사정하고 중재를 행한다.

⑨ 심리사회적 간호

　㉠ 간호사정 : 신체상이나 생활양식의 변화 등에 대하여 사정하고 행동의 변화를 관찰한다.

　㉡ 간호중재 : 대상자의 감정표현 기회를 제공하며 지지 집단을 알려준다.

⑩ 퇴원계획과 추후관리 : 자가간호, 보고해야 할 증상, 목욕 권장사항을 포함한 절개부위 관리법, 드레싱 방법, 배액관이나 카테터 관리법, 허용되는 활동과 금지된 활동, 식이, 활동, 투약 관련 교육과 추후 치료계획, 문제 해결을 위한 지지 자원을 소개, 이용할 수 있는 지역사회기관이나 가정 간호 연락처, 개인적인 질문 등을 행한다.

(4) 수술 후 합병증

① 호흡기계 : 수술대상자에게 가장 흔하고 심각한 문제로 여겨지며 예방에는 심호흡, 기침 격려, 흡기측정계 사용, 조기이상이 있다.

② 혈전증

　㉠ 원인 : 장기간 부동 시 혈전이 형성되어 발생한다.

　㉡ 증상 : 족배굴곡시 장딴지 통증(Homan's Sing 양성), 환측 다리 부종, 열감, 발적으로 나타난다. 혈괴가 기종하여 폐나 뇌로 색전증을 유발할 위험성이 있다. 폐색전증, 갑작스럽고 돌발적 발생, 예리하게 찌르는 듯한 흉통, 호흡곤란, 불안, 동공확대, 식은 땀, 맥박 증가 등이 있다. 신속히 치료하지 않으면 사망 위험성이 있다.

　㉢ 간호중재와 치료 : 다리 운동, 낮은 용량의 헤파린 주사, 탄력스타킹, 탄력붕대, 조기이상, 수분섭취 권장으로 중재를 실시한다. 정맥결찰, 항응고 요법, 혈전 용해요법, 침상안정, 온습포 적용, 마사지 금지 등으로 치료한다.

③ 요정체 : 유치도뇨관의 삽입으로 완화할 수 있다.

④ 장폐색

　㉠ 원인 : 수술·마취로 인한 연동운동의 저하로 장유착이 발생하는 것이다.

　㉡ 증상 : 체온·호흡은 정상, 국소 통증, 짧은 간격으로 복부통증, 복부팽만, 딸꾹질, 구토 등이다.

　㉢ 간호중재와 치료 : 비장관 또는 직장관을 삽입하고 수술을 행한다.

⑤ 피부손상관리

　㉠ 드레싱·배액 : 상처드레싱 및 배액관리인 수술부위 드레싱은 병원의 지침에 따라 행하며 배액관의 개방 여부, 양, 색깔, 냄새 등을 확인한다.

　㉡ 감염관리 : 수술 후 5～7일에 가장 잘 호발하고 원인균으로는 Staphylococcus Aureus, E－Coli, Proteus Vulgatis, Pseudomonas Aeruginosa, MRSA감염이 있다.

　㉢ 간호중재 : 예방이 중요한데, 철저한 무균술 적용, 광범위 항생제 사용, 그리고 맥박 증가, 체온 증가, 절개부위 압통, 열감 시 의사에게 보고하도록 한다.

　㉣ 상처열개와 내장탈출관리 : 대상자가 움직이거나 이동할 때 복대로 지지한다. 상처열개의 경우 신속히 비부착성 드레싱과 생리식염수 드레싱 후 의사에게 보고한다. 내장 돌출의 경우 외과적 응급 상황으로 심한 통증과 구토 증상을 보인다. 간호중재로는 즉시 외과의에게 보고하고 반좌위, 돌출된 장을 소독된 생리식염수에 적신 거즈로 덮어주고, 활력징후를 측정하며 쇼크증상인 저혈압, 빈맥 등을 확인한다.

　㉤ 켈로이드(Keloid) : 외과적 처치로 생긴 흉터가 과다하게 성장하고 압통이 생기는 것을 말하며 예측이 어렵고 섬세한 봉합, 완전한 지혈, 적절한 압박이 도움이 된다.

⑥ 영양 섭취

　㉠ 수술 후 구강섭취를 할 수 없는 대상자는 수술 후 처음 24～36시간 동안 오심과 구토를 할 수 있다. 식욕 감소, 위장의 연동운동의 감소가 보인다.

　㉡ 의사가 허락하는 대로 액체(맑은 국물, 과일주스, 젤리 등)를 주고 처음 고형식이로는 죽이나 소화 잘되게 조리한 고기나 야채 등을 제공한다.

　㉢ 식욕이 좋아져서 식사를 잘하게 되면 정상식이를 제공하여 비타민, 무기질 균형과 질소 균형을 적절히 유지를 증진한다.

　㉣ 상처 치유를 촉진하기 위하여 비타민 C와 단백질을 공급하여 주는 것이 좋다.

# 출제 예상 문제

**1** 수술 전 투약의 목적과 종류에 대한 설명으로 옳지 않은 것은?

① 통증과 불안감 완화를 위해 진통제를 사용한다.

② 마취성 진통제는 마취유지에 필요한 전신마취제 농도를 보다 증가 시킨다.

③ 항콜린제는 침과 위액의 분비를 감소시켜 기도 분비물을 억제한다.

④ 수술 전 환자의 불안이나 흥분을 경감를 위해 진정작용 약물을 사용한다.

**TIP** ② 마취성 진통제는 마취유지에 필요한 전신마취제 농도를 감소시킨다.

**2** 수술 시 Lithotomy Position을 유지하는 수술은?

① 척추수술        ② 담낭수술

③ 회음부수술        ④ 유방절제술

**TIP** ① 척추수술 : Reverse Trendelenburg Position
② 담낭수술 : Trendelenburg Position
④ 유방절제술 : Dorsal Recumbent Pos ition

**3** 전신 마취 후 의식이 깨어나는 환자가 오심과 구토 증상을 호소할 때 가장 먼저 시행할 간호중재는?

① 머리를 높여준다.

② 진토제를 투여한다.

③ 기관 흡인을 시행한다.

④ 머리를 옆으로 돌린다.

**TIP** ④ 구토로 인한 분비물로 발생하는 기도 흡인을 예방하기 위해서 고개를 옆으로 돌려둔다.

**Answer** 1.② 2.③ 3.④

**4** 척추마취 수술 대상자의 간호중재로 옳은 것은?

① 수분섭취를 제한한다.
② 활력징후 변화를 관찰한다.
③ 수술 후 조기이상을 한다.
④ 조용한 환경은 피한다.

> **TIP** ② 마취 초기 발생하는 생리적 변동 관찰을 위해 마취 후 15분간 활력징후를 관찰한다.
> ① 충분한 수분공급을 한다.
> ③ 뇌척수액 유출로 인한 두통 유발 방지를 위해 앙와위로 취한다.
> ④ 조용한 환경을 유지한다.

**5** 수술 후 발생할 수 있는 무기폐와 폐색전증 예방을 위한 사항으로 옳지 않은 것은?

① 기계적 환기와 산소공급을 시행한다.
② Percussion과 Vibration을 실시한다.
③ 침상에서 체위변경과 다리운동을 시행한다.
④ 구토반사가 있어도 호흡기 문제가 없으면 인공기도는 제거한다.

> **TIP** ④ 인공기도는 호흡기 문제가 없고 구토반사의 회복 시 제거한다.

**6** 수술 후 대상자 간호에서 1차적 우선순위는?

① 심리적지지          ② 합병증 예방
③ 대인관계 격려       ④ 대상자 가족교육

> **TIP** ② 수술 후 대상자 간호 목적은 최적 기능 수준의 회복으로 수술로 인한 합병증 예방이 중요하다.

**Answer** 4.② 5.④ 6.②

**7** 수술 후 통증을 호소하는 환자 사정을 위해 사용하는 PQRST에 대한 설명으로 옳은 것은?

① S는 통증의 빈도를 의미한다.
② T는 통증부위나 방사부위를 사정한다.
③ Q는 통증을 경감시키는 것에 대한 해결방안을 뜻한다.
④ P는 통증의 원인으로 통증을 자극하는 원인에 대한 사정이다.

> **TIP** PQRST 통증사정척도
> ㉠ P(Provoking Factors) : 자극요인을 의미한다. 통증을 악화시키거나 경감시키는 것이다.
> ㉡ Q(Quality) : 통증의 특성이다. 무딘, 으스러지는, 쑤시는, 예리한 등으로 통증을 표현한다.
> ㉢ R(Region Or Radiation) : 통증이 일어나는 부위와 통증의 방사부위이다.
> ㉣ S(Severity Or Intensity) : 통증의 심각성이나 그 강도를 말한다.
> ㉤ T(Time) : 통증의 발병시기나 빈도, 지속시간을 의미한다.


**8** 수술 후 합병증으로 혈전증이 발생한 대상자의 증상과 간호중재는?

① 높은 용량의 헤파린을 주사한다.
② 환측 반대쪽 다리에 부종이 발생한다.
③ 증상이 사라진 후에 탄력스타킹을 신는다.
④ 항응고요법을 시행한다.

> **TIP** ① 낮은 용량의 헤파린을 주사한다.
> ② 환측 다리에 부종이 발생한다.
> ③ 증상의 유무와 상관없이 탄력스타킹을 신는다.


**Answer** 7.④ 8.④

**9** 수술 후 자가 통증 조절장치를 통해 진통제를 투여하는 환자에게 해야 하는 간호사의 설명은?

① "내성이 생길 수 있어요."

② "간호사의 감독 하에 투여하세요."

③ "근육주사에 비해 흡수가 느립니다."

④ "정맥이나 피하의 도관을 통해 투여할겁니다."

> **TIP** ① 혈청 내 일정한 마약수준으로 지속적 진통 유지가 가능한다.
> ② 환자가 직접 약물 용량을 조절하므로 환자의 통제감과 독립성이 유지된다.
> ③ 마약성 진통제가 정맥내로 주입되어 근육주사보다 흡수가 빠르고 효과예측이 가능하다.

**10** 수술 후 환자에게 Bicarbonate를 투여할 때 예방하고자 하는 것은?

① 고칼슘혈증

② 대사성 산증

③ 호흡성 산증

④ 호흡성 알칼리증

> **TIP** ② 수술로 인한 대사성 산증 예방을 위해 Bicarbonate를 투여한다.
> ※ 대사성 산증
> ⊙ pH : 7.35 이하
> ⓒ $HCO_3^-$ : 22mmHg 이하
> ⓒ $PCO_2$ : 정상
> ⓒ 증상 : 고칼륨혈증, 저칼슘혈증, 뇌척수액 pH감소, 보상성 과호흡, 두통, 복통, 졸림, 혼동, 혼수

**11** 전신마취를 시행하는 환자의 2기에 속하는 반응으로 옳은 것은?

① 오심, 구토 증상이 나타난다.

② 안검반사가 소실되면서 턱이 이완된다.

③ 의식은 있으나 팔과 다리를 움직일 수 없다.

④ 호흡이 불규칙해지면서 외부자극에 민감하다.

> **TIP** ④ 흥분상태로 호흡이 불규칙하고 사지를 움직이며 외부자극에 극히 민감하다.
> ※ 마취의 4단계
> ㉠ 제1단계 : 가스나 약물 투여에서 의식상실까지의 단계이다. 졸리고 현기증이 나타난다.
> ㉡ 제2단계 : 의식상실에서 이완 전까지의 단계이다. 외부자극에 극히 민감해지고 호흡은 불규칙하며 팔과 다리 및 몸을 움직인다.
> ㉢ 제3단계 : 이완에서 제반사 상실, 활력기능 억제 전까지의 단계이다. 정상적 호흡과 동공수축, 턱 이완, 안검반사와 청각의 소실이 나타난다.
> ㉣ 제4단계 : 활력기능 억제에서 갑작스런 심정지가 나타나는 단계이다. 호흡이 멈추고 심박동이 거의 없거나 없어진다.

**12** 복부 수술을 받은 환자의 심호흡을 돕기 위한 간호중재로 옳은 것은?

① 호흡수를 최대한 늘린다.

② 복부에 손을 대고 호흡한다.

③ 코로 호기하고 입으로 흡기한다.

④ 복대를 하지 않는다.

> **TIP** ①③ 최대한 많은 공기를 들이마시고 숨을 참은 후 천천히 호기한다.
> ④ 불편감 완화를 위해 복대를 착용한다.
> ※ 심호흡
> ㉠ 조직 산소화 촉진하며 수술로 인한 비효율적 호흡을 예방한다.
> ㉡ 최대 공기를 들이마셔 폐포를 확장시킨다.
> ㉢ 심호흡을 하는 방법은 공기를 들이 마신 후 잠시 숨을 참은 후 천천히 호기하는 것이다.
> ㉣ 복대 착용이나 손을 복부에 댄 후 호흡하여 복부 불편감을 완화할 수 있다.
> ㉤ 배와 가슴에 손을 얹고 호흡 시 배가 확장될 수 있게 한다.

**Answer** 11.④  12.②

**13** 수술 후 발생할 수 있는 합병증 예방을 위한 간호중재는?

① 체액결핍 시 수액공급을 증가한다.

② 쇼크 발생 시 수액공급을 중단한다.

③ 마비성 장폐색 시 구강 섭취는 가능하다

④ 무기폐 시 수분공급을 중단하고 반좌위를 취해준다.

> **TIP** ② Shock 발생 시 수액을 공급하고 필요하면 수혈을 한다.
> ③ 마비성 장폐색 시 장운동 회복 시까지 금식한다.
> ④ 무기폐 시 수분공급유지하고 Semi – Fowler's Position을 취해준다.

**14** 긴급 정도에 따른 수술분류로 옳은 것은?

① 긴급 수술은 즉각적인 수술을 시행한다.

② 응급 수술은 24 ~ 48시간 내에 수술을 시행한다.

③ 선택적 수술은 개인의 의향에 따른 단순한 수술이다.

④ 계획된 수술은 수주 또는 수개월 내로 계획된 필수 수술이다.

> **TIP** ① 즉각적인 수술이 필요한 것은 응급 수술이다.
> ② 24 ~ 48시간 내 수술을 요하는 것은 긴급 수술이다.
> ③ 개인의 의향에 따른 단순한 수술은 임의적 수술이다.

**15** 수술 시 소독간호사의 역할로 옳은 것은?

① 검체물 보내기

② 수술실 조명 조절

③ 멸균물품의 신속한 공급

④ 수술의에게 멸균기구와 물품 전달

> **TIP** ①②③ 순환간호사의 역할이다.
> ※ 소독간호사
>   수술 중 수술의에게 멸균 상에서 멸균기구와 물품을 전달하고 외과적 무균상태를 유지한다.

**Answer** 13.① 14.④ 15.④

**16** 수술 후 대상자의 소변량이 감소했고 혈압 저하가 관찰되며 빈맥이 나타났을 때 간호사가 예측할 수 있는 합병증은?

① 저혈량

② 장폐색

③ 무기폐

④ 요로감염

TIP ① 저혈량 시 빈맥, 소변량 감소, 혈압 저하의 증상이 나타난다.
② 장폐색 시 복부통증, 복부팽만, 장음소실, 구토 증상이 나타난다.
③ 무기폐 시 호흡곤란, 빈맥, 빈호흡, 발한, 흉통 등의 증상이 나타난다.
④ 요로감염 시 배뇨곤란, 탁한 소변, 하복부 통증, 긴박뇨 증상이 나타난다.


**17** 간호사가 수술 후 대상자에게 심호흡과 기침운동에 대해 설명할 때 옳은 것은?

① 심호흡 시 복식호흡을 한다.

② 침대에 비스듬히 누워 호흡운동을 한다.

③ 천천히 입으로 공기를 들이마시고 코로 내쉰다.

④ 깊이 숨을 들이마신 직후 2 ~ 3회 연속해서 기침한다.

TIP ② 좌위나 기립위로 곧은 자세를 유지하는 것이 횡격막 운동과 흉곽 확장을 촉진한다.
③ 천천히 깊게 코로 공기를 들이마신다.
④ 충분한 흡기 후 셋까지 숨을 멈춘 후 2 ~ 3회 연속해서 크게 기침한다.


**18** 수술 후 추위를 호소하는 환자의 추위와 관련된 원인은?

① 혈액순환 촉진

② 산소요구량 증가

③ 마취제 및 근육이완제 주입

④ 수액 및 혈액제제 주입

TIP ③ 수술 시 마취제와 근육이완제 투여로 비정상적 혈압상태가 될 수 있고 이것이 순환장애를 초래해 체온조절을 어렵게 한다.


**Answer** 16.① 17.① 18.③

**19** 수술 후 대상자에게 간호사는 심호흡을 격려하는 이유는?

① 빠른 상처치유를 위해

② 폐 확장 도모와 마취가스 배출을 위해

③ 수술부위 통증 경감을 위해

④ 수술 후 불안과 공포를 줄이기 위해

**TIP** ② 심호흡으로 인한 폐포 과다 환기로 폐의 허탈을 예방하며 폐 확장과 용량을 증진시킨다. 또한 흡입성 마취제와 점액을 배출시켜 조직의 산소화를 촉진한다.

**20** 수술 후 조기이상을 하는 이유로 옳은 것은?

① 정맥울혈 감소

② 장관 연동운동 감소

③ 폐의 과도한 확장 억제

④ 산소요구량 감소

**TIP** ① 혈액순환을 촉진시켜 회복을 증진시킨다.
② 장관의 연동운동을 증진한다.
③ 전신마취로 인한 허탈된 폐의 확장을 도모한다.
④ 대사요구가 증가하여 산소요구량이 증가한다.

**Answer** 19.② 20.①

# Look Forward !

# Go Ahead !